MICHELIN

ATLAS ROUTIER *et* TOURISTIQUE
TOURIST *and* MOTORING ATLAS
STRASSEN- *und* REISEATLAS
TOERISTISCHE WEGENATLAS

Europe

Sommaire

IV Grands axes routiers
VIII Tableau des distances
X Conduire en Europe

1 Légende multilingue
2 L'Europe

130 Index des localités
73 plans de ville

Verso de couverture
Tableau d'assemblage

Index

IV Main road map
VIII Distances
X Driving in Europe

1 Legend
2 Europe

130 Place name index
73 Town Plans

Back cover
Key to map pages

Inhaltsübersicht

IV Durchgangsstraßen
VIII Entfernungstabelle
X Autofahren in Europa

1 Mehrsprachige Legende
2 Europa

130 Ortsregister
mit 73 Stadtplänen

Einband-Rückseite
Übersicht

Inhoud

IV Grote verbindingswegen
VIII Afstandstabel
X Autorijden in Europa

1 Meertalige verklaring van de tekens
2 Europa

130 Register van plaatsnamen
73 stadsplattegronden

Binnenzijde voorplat
Overzichtskaart met Kaartnummers

Plans de villes / Town plans / Stadtpläne / Stadsplattegronden

131 Amsterdam
133 Antwerpen
134 Athena
135 Barcelona
136 Basel
136 Belfast
137 Berlin
138 Bern
139 Birmingham
140 Bologna
140 Bonn
141 Bordeaux
142 Bratislava
142 Bremen
143 Brugge
144 Bruxelles
143 Budapest
148 Dijon
149 Dublin
148 Düsseldorf
150 Edinburgh
151 Essen
151 Firenze
152 Frankfurt am Main
153 Genève
154 Genova
154 Gent
155 Glasgow
156 Göteborg
157 Den Haag
158 Hamburg
159 Hannover
159 Helsinki
160 Istanbul
162 Köln
163 København
164 Lausanne
165 Liège
166 Lille
167 Lisboa
170 Liverpool
168 London
170 Luxembourg
171 Lyon
172 Madrid
173 Manchester
174 Marseille
175 Milano
176 Monaco
177 München
179 Nantes
180 Napoli
181 Nice
182 Nürnberg
183 Oslo
184 Paris
186 Palermo
188 Porto
189 Praha
191 Roma
192 Rotterdam
194 Salzburg
196 Sevilla
198 Stockholm
199 Strasbourg
200 Stuttgart
201 Torino
202 Toulouse
204 Valencia
205 Venezia
207 Warszawa
208 Wien
209 Zürich

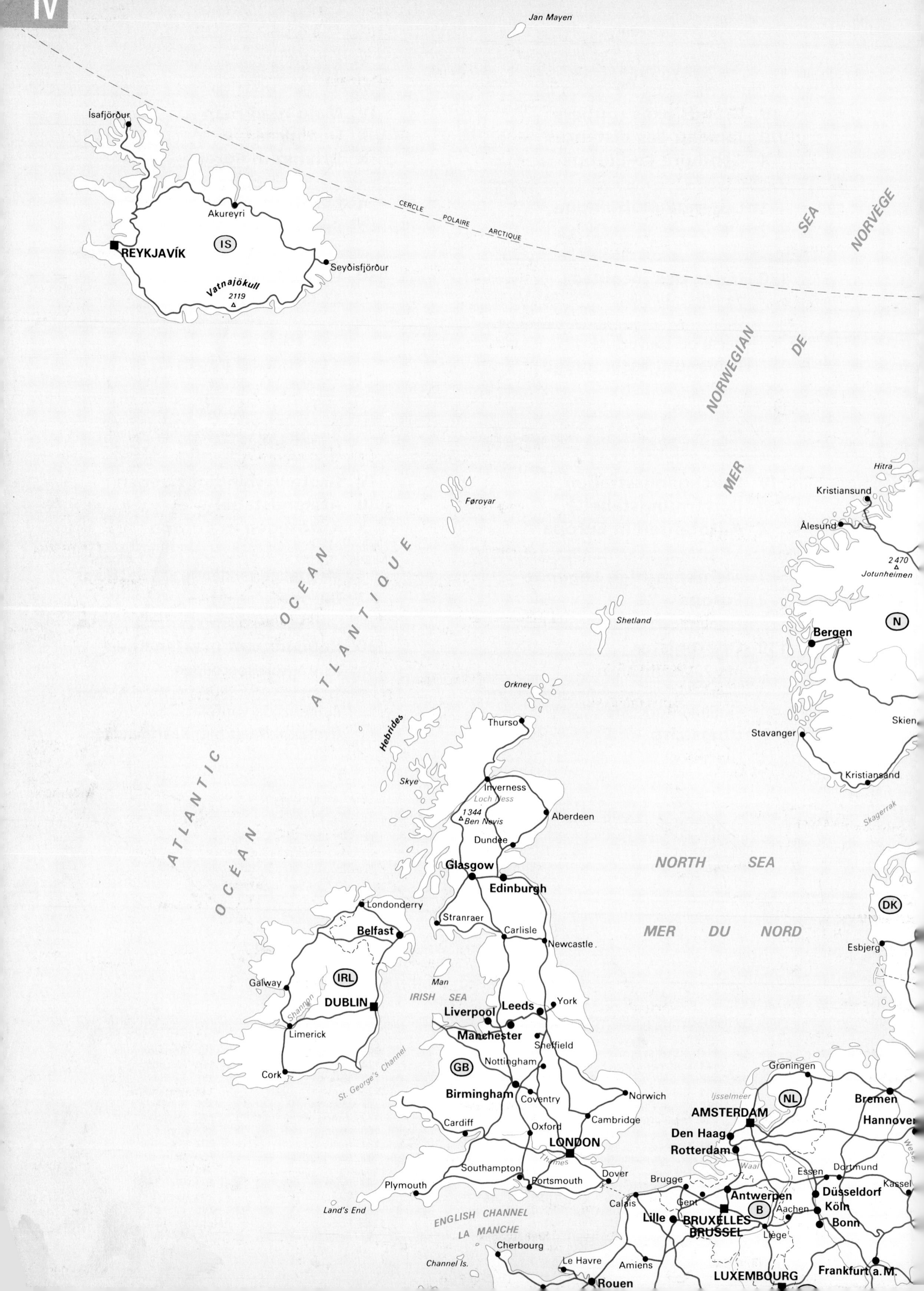
Jan Mayen
Ísafjörður
Akureyri
IS
REYKJAVÍK
Seyðisfjörður
Vatnajökull
2119
CERCLE POLAIRE ARCTIQUE
SEA
NORVÈGE
NORWEGIAN
DE
MER
Hitra
Kristiansund
Ålesund
2 470
Jotunheimen
Føroyar
OCEAN
ATLANTIQUE
Shetland
N
Bergen
Orkney
Thurso
Hebrides
Skien
Stavanger
Kristiansand
Skye
Inverness
Loch Ness
1344
Ben Nevis
Aberdeen
Skagerrak
ATLANTIC
OCEAN
OCÉAN
Dundee
NORTH SEA
Glasgow
Edinburgh
DK
Londonderry
Stranraer
Carlisle
MER DU NORD
Belfast
Newcastle
Esbjerg
IRL
Galway
Man
Shannon
DUBLIN
IRISH SEA
York
Leeds
Liverpool
Limerick
Manchester
Sheffield
St. George's Channel
GB
Nottingham
Groningen
Cork
Birmingham
Coventry
Norwich
Ijsselmeer
NL
Bremen
AMSTERDAM
Hannover
Cardiff
Oxford
Cambridge
Den Haag
LONDON
Rotterdam
Thames
Weser
Southampton
Waal
Essen
Dortmund
Dover
Brugge
Kassel
Plymouth
Portsmouth
Antwerpen
Düsseldorf
Calais
Gent
B
Aachen
Köln
Land's End
ENGLISH CHANNEL
Lille
BRUXELLES
BRUSSEL
Bonn
LA MANCHE
Liège
Cherbourg
Le Havre
Amiens
Channel Is.
LUXEMBOURG
Frankfurt a.M.
Rouen

Nordkapp
MER DE BARENTS
BARENTS SEA
Kanin Poluostrov
Hammerfest
Kirkenes
Murmansk
Tromsø
Vesterålen
Inarijärvi
Ivalo
D
N
A
L
P
A
L
Kol'skij Poluostrov
ARCTIC CIRCLE
Mezen
Lofoten
Narvik
Kiruna
2111 Kebnekaise
Kousomen'
MER BLANCHE
WHITE SEA
Bodø
Malmberget
Archangel'sk
Tornionjoki
Tornealven
Rovaniemi
Kuusamo
Kem'
Kemi
Mo i/Rana
Dønna
Luleå
Severnaja Dvina
Oulu
Oulujärvi
BOTHNIA
BOTNIE
S
Umeå
Pielinen
FIN
Kuopio
Joensuu
Petrozavodsk
Onežkoje Oz.
OF
Vaasa
Trondheim
Östersund
L
DE
Jyväskylä
Sundsvall
GULF
Saimaa
Ładozskoje oz.
Päijänne
Tampere
Vologda
GOLFE
Pori
Lahti
Lillehammer
Čerepovec
Mora
FINLAND
FINLANDE
Turku
HELSINKI
St. Peterburg
Glomma
Gävle
Rybinsk
Rybinskoje Vdchr.
Dalalven
OF
DE
Uppsala
Åland
GULF
GOLFE
OSLO
TALLINN
Novgorod
Västerås
STOCKHOLM
Čudskoje Oz.
Moss
EST
Örebro
Volga
Vänern
Saaremaa
Tver'
Sergiev Posad
Pskov
Norrköping
SEA
Linköping
Rižskij Zaliv
MOSKVA
Vättern
Gotland
BALTIC
RĪGA
LV
RUS
Göteborg
Jönköping
Frederikshavn
Ålborg
Daugava
Kattegat
Kalmar
Öland
Vitebsk
Århus
Smolensk
MER BALTIQUE
Klaipéda
LT
KØBENHAVN
Malmö
Kaunas
Odense
VILNIUS
Mogil'ov
Fyn
Sjælland
RUS
Br'ansk
Or'ol
Bornholm
Kaliningrad
MINSK
Lolland
Rügen
Kiel
Gdańsk
Nemunas
Desna
Rostock
Dnepr
Lübeck
BY
Gomel'
Hamburg
Szczecin
Toruń
Elbe
Oder
Prip'at
Černihiv
Wisła
Poznań
WARSZAWA
Brest
BERLIN
PL
Odra
Łódź
Lublin
KYÏV
Poltava
Magdeburg
D
UA
Žytomir
Dresden
Kremenčuc'ke Vodoschovyšče
Erfurt
Leipzig
Wrocław
Częstochowa
Erzgebirge
Labe
Kraków
L'viv
Vinnycja
Main
PRAHA
CZ
KARPA
Plzeň
Nürnberg
Pivdennyj
Kryvyj Rih

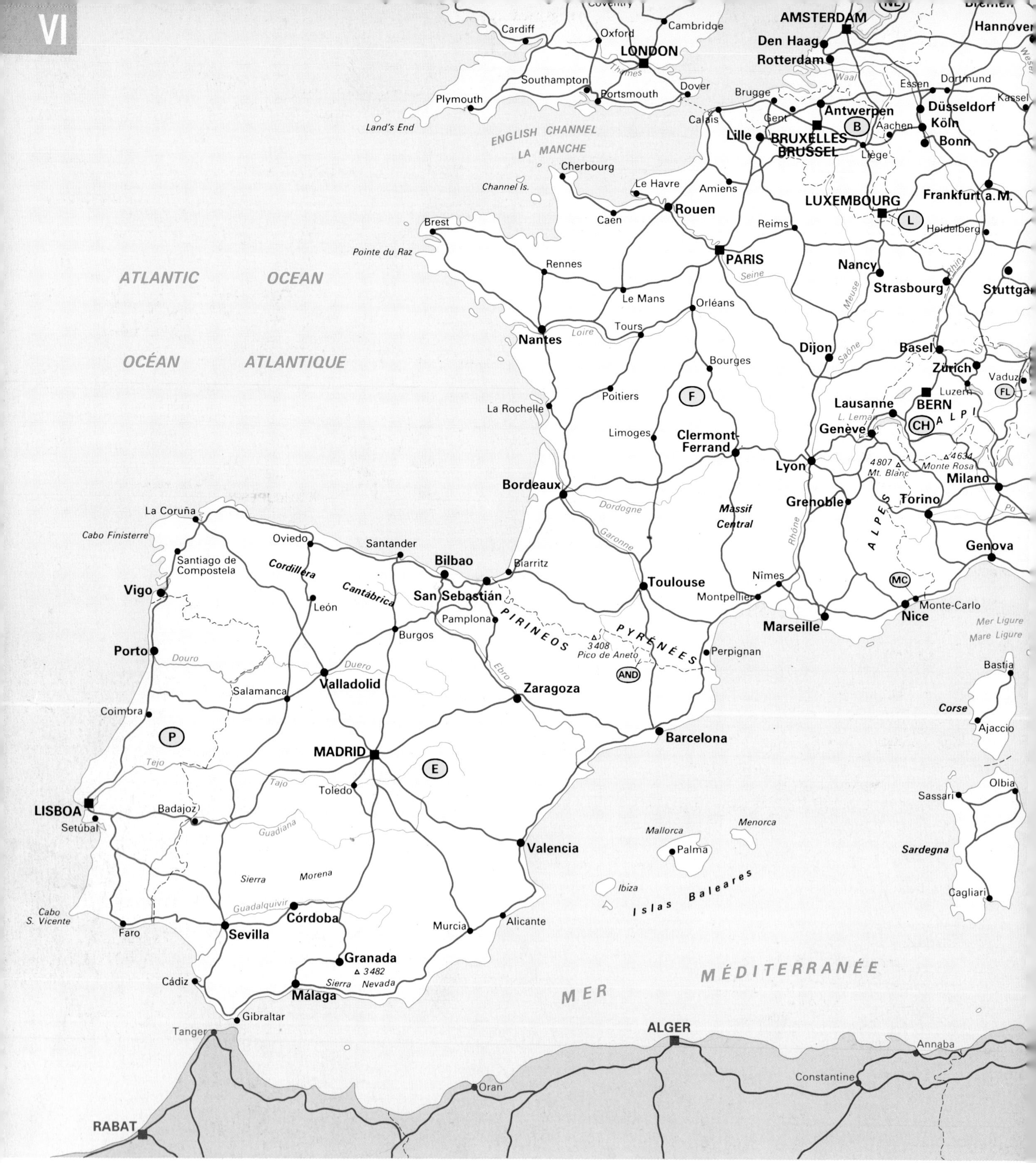

1:1 000 000	A	Österreich
1:700 000	AL	Shqipëria
1:1 000 000	AND	Andorra
1:1 000 000	B	Belgique, België
1:3 000 000	BG	Bălgarija
1:1 000 000	BIH	Bosna i Hercegovina
1:3 000 000	BY	Belarus'
1:1 000 000	CH	Schweiz, Suisse, Svizzera
1:3 000 000	CZ	Česká Republika
1:1000 000	D	Deutschland
1:1 500 000	DK	Danmark
1:1 000 000	E	España
1:3 000 000	EST	Eesti
1:1 000 000	F	France
1:1 500 000	FIN	Suomi, Finland
1:1 000 000	FL	Liechtenstein
1:1 000 000	GB	Great Britain
1:700 000	GR	Elláda
1:3 000 000	H	Magyarország
1:1 000 000	HR	Hrvatska
1:1 000 000	I	Italia
1:1 000 000	IRL	Ireland
1:2 400 000	IS	Ísland

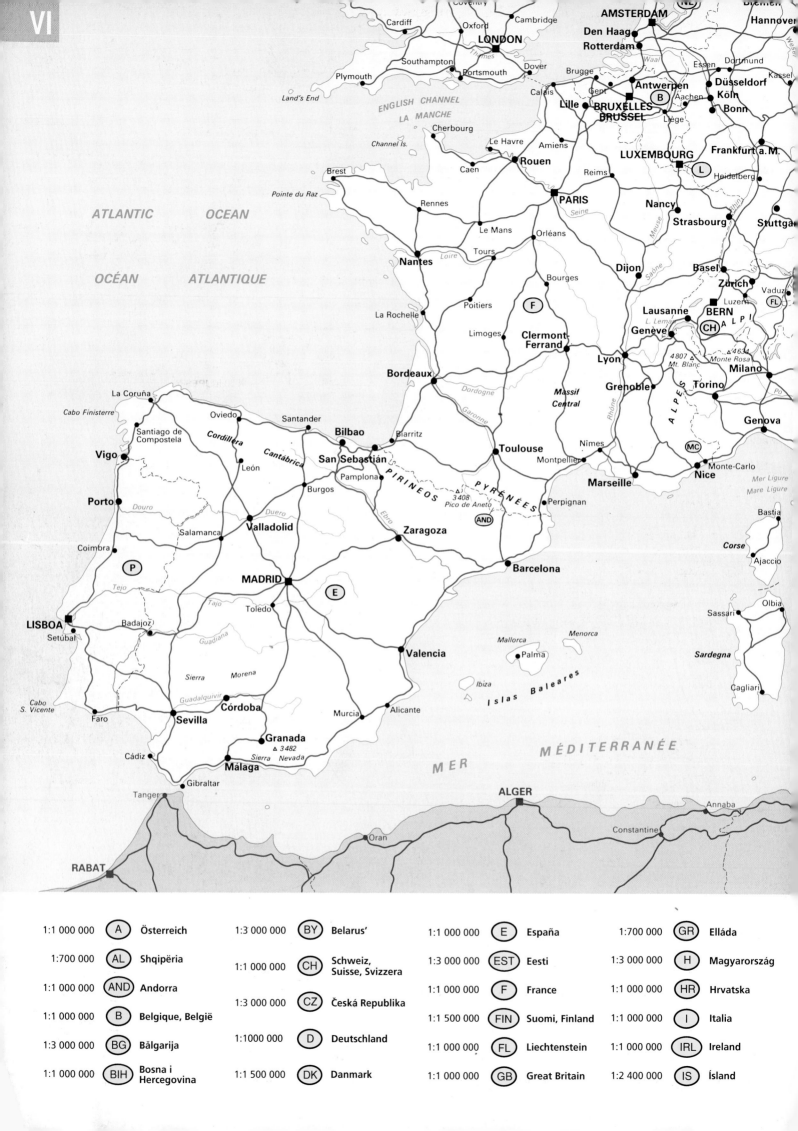

1:1 000 000	L	Luxembourg	1:3 000 000	MOL	Moldova	1:3 000 000	RSM	San Marino	1:3 000 000	TR	Türkiye
1:3 000 000	LT	Lietuva	1:1 500 000	N	Norge	1:3 000 000	RUS	Rossija	1:3 000 000	UA	Ukraïna
1:3 000 000	LV	Latvija	1:1 000 000	NL	Nederland	1:1 000 000	S	Sverige	1:140 000	V	Vaticano
1:1 000 000	M	Malta	1:1 000 000	P	Portugal	1:1 000 000	SK	Slovenská Republika	1:1 000 000	YU	Jugoslavija
1:1 000 000	MC	Monaco	1:3 000 000	PL	Polska	1:1 000 000	SLO	Slovenija			
1:1 000 000	MK	Makedonija	1:3 000 000	RO	România						

	Amsterdam	Athína	Barcelona	Bari	Basel	Belfast	Beograd	Bergen	Berlin	Bilbao	Birmingham	Bordeaux	Brest	Bruxelles/Brussel	Bucuresti	Budapest	Clermont-Ferrand	Dublin	Dubrovnik	Edinburgh	Firenze	Frankfurt am Main	Genève	Göteborg	Hamburg	Hannover	Helsinki	Istanbul	Kyïv	København	Köln	Lille	Lisboa	Liverpool
Athína	2836																																	
Barcelona	1552	3090																																
Bari	1922	2621	1747																															
Basel	697	2466	1019	1226																														
Belfast	1174	3874	2141	2709	1484																													
Beograd	1718	1118	1972	1503	1348	2756																												
Bergen	1507	4017	2817	3059	1864	335	2899																											
Berlin	668	2584	1856	1809	865	1744	1466	1320																										
Bilbao	1426	3422	613	2095	1193	1726	2304	2866	1974																									
Birmingham	682	3316	1649	2217	992	501	2198	352	1252	1223																								
Bordeaux	1085	3240	566	1895	849	1384	2122	2525	1632	338	882																							
Brest	1004	3501	1180	2284	1065	508	2383	756	1575	960	399	618																						
Bruxelles/Brussel	211	2792	1365	1767	542	1011	1674	1625	776	1235	519	893	832																					
Bucuresti	2221	1238	2611	2142	1987	3259	639	3200	1711	2943	2701	2761	2886	2177																				
Budapest	1407	1510	1910	1431	1080	2378	392	2179	852	2258	1886	2061	2075	1363	828																			
Clermont-Ferrand	926	2752	627	1488	494	1522	1634	2261	1304	703	1030	361	805	733	2273	1598																		
Dublin	953	3586	1920	2488	1263	171	2468	465	1523	1505	280	1163	337	790	2971	2157	1302																	
Dubrovnik	2024	1265	2049	1580	1425	2892	525	3204	1771	2381	2333	2199	2480	1970	1164	787	1711	2604																
Edinburgh	1099	3823	2066	2633	1408	216	2705	191	1669	1948	477	1607	867	935	3208	2302	1448	386	2840															
Firenze	1340	2115	1084	662	644	2127	997	2476	1226	1432	1635	1232	1690	1185	1636	929	886	1906	1074	2051														
Frankfurt am Main	446	2396	1324	1555	332	1416	1278	1537	538	1491	924	1149	1163	401	1781	970	771	1195	1583	1340	973													
Genève	909	2446	761	1198	259	1560	1328	2120	1074	1109	1068	678	1061	721	1967	1280	319	1339	1405	1484	604	588												
Göteborg	1043	3205	2354	2433	1389	589	2087	791	656	2404	289	2063	2003	1162	2388	1517	1797	579	2392	485	1851	1061	1644											
Hamburg	467	2780	1778	2010	816	1577	1662	1050	284	1828	1085	1486	1427	585	2026	1145	1221	1356	1967	1501	1428	488	1071	584										
Hannover	385	2637	1642	1867	673	1462	1519	1210	287	1693	970	1351	1292	493	2022	1036	1085	1241	1824	1386	1285	345	928	735	161									
Helsinki	1204	2540	2388	2346	1397	2441	1422	1186	505	2525	1883	2182	2199	1316	1858	1030	1846	2153	1893	2390	1766	1101	1656	662	776	823								
Istanbul	2665	1171	2919	2450	2295	3703	947	3846	2413	3251	3145	3069	3330	2621	692	1339	2581	3415	1326	3652	1944	2225	2275	3034	2609	2466	2369							
Kyïv	2017	2311	3114	2644	2187	3254	1336	2844	1383	3338	2696	2995	3012	2129	1073	1162	2636	2966	1861	3203	2138	1914	2339	2032	1670	1636	1146	489						
København	780	2938	2091	2170	1126	590	1820	1029	392	2141	1398	1799	1740	898	2121	1253	1534	1669	2125	487	1587	798	1381	241	321	467	795	2767	1765					
Köln	264	2579	1352	1717	494	1226	1461	1465	573	1411	734	1070	1010	211	1964	1152	795	1005	1766	1150	1134	191	709	1002	425	290	1110	2408	1923	738				
Lille	284	2910	1266	1861	636	921	1792	1726	854	1149	429	807	722	120	2295	1472	648	700	2088	845	1279	510	685	1263	686	571	1384	2739	2197	999	320			
Lisboa	2269	4320	1241	2970	2242	2569	3202	3709	2817	883	2066	1188	1802	2077	3841	3133	1549	2348	3279	2790	2307	2333	1983	3246	2669	2535	3423	4149	4236	2982	2253	1990		
Liverpool	839	3504	1806	2374	1149	381	2386	286	1409	1391	165	1049	555	675	2889	2042	1188	168	2522	358	1792	1081	1225	446	1241	1127	2071	3333	2884	1554	891	585	2233	
London	478	3252	1445	2013	788	688	2134	485	1048	1328	186	986	432	315	2637	1681	827	467	2270	641	1431	720	864	139	881	766	1819	3081	2632	1194	530	225	2170	353
Luxembourg	381	2637	1153	1555	330	1226	1519	1655	766	1271	734	929	942	215	1993	1184	596	1005	1758	1150	973	237	510	1192	625	490	1302	2466	2115	938	191	309	2113	891
Lyon	920	2559	634	1296	414	1560	1441	2186	1224	982	1068	531	1016	733	2080	1431	171	1339	1518	1484	695	691	151	1722	1146	1010	1758	2388	2548	1459	721	684	1857	1224
Madrid	1779	3760	618	2346	1618	2078	2642	3219	2326	394	1575	697	1311	1586	3281	2510	1059	1857	2719	2299	1683	1842	1360	2755	2179	2044	2913	3589	3726	2492	1762	1499	622	1744
Málaga	2303	4086	966	2702	1975	2603	2968	3743	2812	919	2100	1222	1836	2111	3607	2866	1582	2382	3045	2824	2039	2279	1716	3280	2704	2569	3384	3915	4110	3017	2287	2024	610	2269
Marseille	1231	2621	504	1282	698	1870	1503	2496	1535	852	1378	652	1266	1044	2142	1446	476	1649	1580	1795	619	1003	439	2033	1456	1321	2069	2450	2645	1769	1031	994	1727	1535
Milano	1040	2128	982	878	344	1827	1010	2165	1034	1330	1335	995	1404	885	1649	944	636	1606	1087	1751	296	673	318	1690	1117	974	1575	1957	2151	1427	834	978	2205	1492
Moskva	2463	3169	3630	3306	2639	3700	2194	2313	1829	3784	3142	3441	3458	2575	1931	1918	3088	3412	2705	3649	2800	2360	2898	1789	2116	2082	1127	1347	858	2211	2369	2643	4682	3330
München	834	1621	1347	1220	394	1773	663	1835	585	1696	1281	1242	1422	729	860	654	911	1552	567	1697	637	397	593	1209	786	643	490	2381	637	946	580	823	2570	1437
Nantes	886	874	881	1973	853	1060	710	2326	1434	662	558	320	300	694	372	1861	461	839	1482	1037	1371	950	737	1863	1287	1152	1121	1617	1415	1600	870	607	1504	726
Napoli	1807	2443	1551	253	1111	2594	1102	2943	1693	1899	2102	1699	2157	1652	1603	1396	1353	2373	1675	2518	466	1440	1071	2318	1895	1752	1599	2584	1746	2054	1601	1745	2774	2259
Nice	1389	1877	663	1084	659	2029	454	2479	1347	1011	1537	811	1425	1202	931	1247	634	1808	1329	1953	421	988	458	2003	1430	1287	1134	1696	1400	1740	1149	1153	1886	1693
Nürnberg	667	1486	1431	1390	439	1638	719	1667	437	1673	1145	1331	1345	623	782	745	878	1417	419	1562	808	230	649	1061	619	476	323	2464	489	798	412	731	2515	1302
Oslo	1049	993	2359	2749	1406	830	1732	472	972	2409	606	2068	2009	1167	1509	1833	1802	1000	1058	726	2167	1078	1661	320	592	748	907	3365	900	557	1007	1268	3252	822
Palermo	1814	2449	1557	656	1118	2601	1109	2950	1700	1905	2109	1705	2164	1658	1610	1403	1360	2380	1682	2525	473	1447	1078	2324	1901	1758	1605	2591	1753	2061	1608	1752	2780	2265
Paris	501	946	1040	1727	502	1098	510	1941	1049	923	606	581	595	309	29	1487	422	877	1097	1022	1133	575	504	1478	902	767	736	1878	1030	1215	485	222	1765	762
Porto	2076	2189	1131	2744	1842	2375	1693	3516	2624	690	1873	994	1608	1883	1561	2907	1356	2154	2671	2597	2081	2139	1758	3052	2476	2341	2311	869	2604	2789	2059	1796	304	2041
Praha	855	1753	1700	1603	708	1905	988	1659	338	1942	1413	1600	1614	890	1051	514	1147	1684	257	1829	1020	497	918	997	625	516	431	2733	440	734	658	998	2784	1569
Roma	1608	2244	1352	413	912	2395	903	2744	1494	1700	1903	1500	1958	1453	1404	1197	1154	2174	1476	2319	267	1241	872	2119	1696	1553	1400	2385	1547	1855	1402	1546	2575	2060
Rovaniemi	2483	4683	3844	3910	2853	3778	3565	2824	2129	3862	3220	3519	3536	2635	3866	3038	3302	3490	3870	3727	3330	2530	3112	1528	2050	2193	837	4512	2557	1745	3288	2721	4760	3408
St. Peterburg	1637	2973	2821	2779	1830	2874	1855	1619	938	2958	2316	2615	2632	1749	2625	1463	2279	2588	2326	2823	2199	1534	2089	1095	1209	1256	433	2041	1552	1228	1543	1817	3856	2504
Salzburg	977	1777	1510	1172	533	1928	802	1978	728	1858	1436	1381	1578	885	1015	547	1050	1707	632	1853	629	540	732	1352	929	786	633	2544	780	1089	723	978	2733	1593
Sevilla	2305	2418	1010	2747	2019	2604	1696	3745	2856	920	2102	1223	1837	2112	1790	2910	1627	2383	2838	2826	2084	2324	1761	3281	2705	2570	2511	205	2833	3018	2288	2025	400	2270
Sofia	2104	818	2358	1889	1734	3142	386	3285	1852	2690	2584	2508	2769	2060	420	778	2020	2854	765	3091	1383	1664	1714	2473	2048	1905	1808	561	1493	2206	1847	2178	3588	2772
Stockholm	1387	1126	2698	2777	1733	1066	2058	1009	1000	2748	767	2406	2347	1505	1848	1861	2141	1056	1086	963	2195	1405	1988	481	928	1075	1234	3704	928	585	1345	1606	3590	923
Strasbourg	601	1277	1123	1370	147	1429	473	1751	752	1406	937	1065	1078	432	516	1012	571	1208	734	1353	788	219	402	1276	702	559	406	2157	758	1012	355	525	2249	1093
Stuttgart	604	1409	1252	1361	227	1561	518	1708	631	1538	1068	1197	1210	517	647	874	700	1340	613	1485	778	191	447	1232	659	516	363	2286	683	969	352	610	2380	1225
Thessaloníki	2350	511	2604	2135	1980	3388	632	3531	2098	2936	2830	2754	3015	2306	727	1024	2266	3100	779	3337	1629	1910	1960	2719	2294	2151	2054	660	1800	2452	2093	2424	3834	3018
Torino	1102	1656	866	996	408	1807	250	2259	1127	1214	1315	861	1327	947	773	1075	501	1586	1109	1731	394	737	248	1783	1210	1067	914	1900	1180	1520	898	931	2089	1472
Toulouse	1200	1645	323	1648	920	1796	597	2640	1758	452	1304	248	862	1007	685	1812	372	1575	1740	1721	985	1225	662	2177	1600	1465	1412	1304	1764	1913	1183	920	1294	1461
Tromsø	3041	5241	4402	4468	3411	4336	4123	1893	2687	4420	3778	4077	4094	3193	4424	3596	3860	4048	4428	4285	3888	3088	3670	2570	2608	2751	1367	5070	3087	2303	3026	3279	5316	3966
Trondheim	1865	4065	3226	3292	2235	3160	2947	717	1511	3244	2602	2901	2918	2017	3238	2420	2684	2872	3252	3109	2712	1912	2494	1394	1432	1575	949	3894	2892	1127	1850	2103	4142	2790
Valencia	1899	2335	357	2093	1365	2487	1043	3164	2203	602	1995	796	1410	1711	1376	2257	973	2266	2185	2411	1430	1670	1107	2700	2124	1988	1857	688	2209	2437	1699	1611	970	2152
Venezia	1242	1928	1236	755	597	2080	643	2311	1061	1584	1588	1257	1666	1137	1112	692	898	1859	1043	2004	255	829	580	1685	1262	1119	966	2269	1113	1422	990	1231	2459	1744
Warszawa	1223	2149	2339	2003	1347	2300	1627	1907	591	2531	1808	2190	2131	1332	1631	670	1786	2079	567	2224	1502	1062	1557	1084	874	843	948	3372	689	982	1129	1410	3374	1965
Wien	1151	1970	1793	1314	824	2122	1094	1943	622	2147	1630	1805	1819	1107	1256	243	1342	1901	540	2046	812	714	1024	1281	909	800	807	2827	724	1017	897	1215	3016	1787
Zagreb	1347	2166	1592	1113	953	2318	1000	2348	999	1940	1826	1614	1995	1303	1432	356	1255	2097	917	2242	611	910	936	1704	1299	1156	1003	2626	1132	1441	1093	1412	2815	1983
Zürich	810	1418	1046	1162	86	1569	356	1914	837	1394	1077	935	1151	627	597	984	604	1348	819	1493	580	397	286	1438	865	722	569	2080	889	1175	558	720	2269	1234

Distances Entfernungen Afstandstabel

Les distances sont comptées à partir du centre-ville et par la route la plus pratique, c'est-à-dire celle qui offre les meilleures conditions de roulage, mais qui n'est pas nécessairement la plus courte.

Die Entfernungen gelten ab Stadmitte unter Berücksichtigung der günstigsten, jedoch nicht immer kürzesten Strecke.

Distance are shown in kilometres and are calculated from town/city centres along the most practicable roads, although not necessarily taking the shortest route.

De afstanden zijn in km berekend van centrum tot centrum langs de geschicktste, dus niet noodzakelijkerwijze de kortste route.

Luxembourg - Warszawa 1289 km

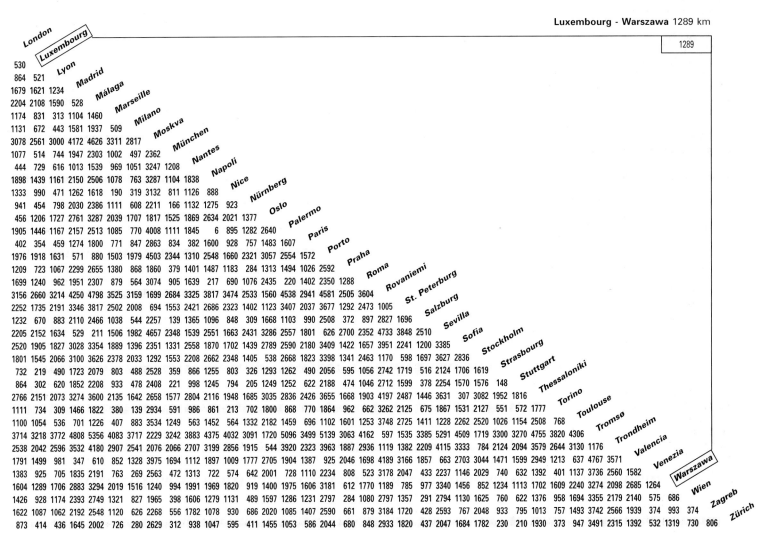

1289

	London	Luxembourg	Lyon	Madrid	Málaga	Marseille	Milano	Moskva	München	Nantes	Napoli	Nice	Nürnberg	Oslo	Palermo	Paris	Porto	Praha	Roma	Rovaniemi	St. Peterburg	Salzburg	Sevilla	Sofia	Stockholm	Strasbourg	Stuttgart	Thessaloníki	Torino	Toulouse	Tromsø	Trondheim	Valencia	Venezia	Warszawa	Wien	Zagreb
Luxembourg	530																																			
Lyon	864	521																																		
Madrid	1679	1621	1234																																	
Málaga	2204	2108	1590	528																																
Marseille	1174	831	313	1104	1460																															
Milano	1131	672	443	1581	1937	509																														
Moskva	3078	2561	3000	4172	4626	3311	2817																													
München	1077	514	744	1947	2303	1002	497	2362																												
Nantes	444	729	616	1013	1539	969	1051	3247	1208																											
Napoli	1898	1439	1161	2150	2506	1078	763	3287	1104	1838																										
Nice	1333	990	471	1262	1618	190	319	3132	811	1126	888																									
Nürnberg	941	454	798	2030	2386	1111	608	2211	166	1132	1275	923																								
Oslo	456	1206	1727	2761	3287	2039	1707	1817	1525	1869	2634	2021	1377																							
Palermo	1905	1446	1167	2157	2513	1085	770	4008	1111	1845	6	895	1282	2640																						
Paris	402	354	459	1274	1800	771	847	2863	834	382	1600	928	757	1483	1607																					
Porto	1976	1918	1631	571	880	1503	1979	4503	2344	1310	2548	1660	2321	3057	2554	1572																				
Praha	1209	723	1067	2299	2655	1380	868	1860	379	1401	1487	1183	284	1313	1494	1026	2592																			
Roma	1699	1240	962	1951	2307	879	564	3074	905	1639	217	690	1076	2435	220	1402	2350	1288																		
Rovaniemi	3156	2660	3214	4250	4798	3525	3159	1699	2684	3325	3817	3474	2533	1560	4538	2941	4581	2505	3604																	
St. Peterburg	2252	1735	2191	3346	3817	2502	2008	694	1553	2421	2686	2323	1402	1123	3407	2037	3677	1292	2473	1005																
Salzburg	1232	670	883	2110	2466	1038	544	2257	139	1365	1096	848	309	1668	1103	990	2508	372	897	2827	1696															
Sevilla	2205	2152	1634	529	211	1506	1982	4657	2348	1539	2551	1663	2431	3286	2557	1801	626	2700	2352	4733	3848	2510														
Sofia	2520	1905	1827	3028	3354	1889	1396	2351	1331	2558	1870	1702	1439	2789	2590	2180	3409	1422	1657	3951	2241	1200	3385													
Stockholm	1801	1545	2066	3100	3626	2378	2033	1292	1553	2208	2662	2348	1405	538	2668	1823	3398	1341	2463	1170	598	1697	3627	2836												
Strasbourg	732	219	490	1723	2079	803	488	2528	359	866	1255	803	326	1293	1262	490	2056	595	1056	2742	1719	516	2124	1706	1619											
Stuttgart	864	302	620	1852	2208	933	478	2408	221	998	1245	794	205	1249	1252	622	2188	474	1046	2712	1599	378	2254	1570	1576	148										
Thessaloníki	2766	2151	2073	3274	3600	2135	1642	2658	1577	2804	2116	1948	1685	3035	2836	2426	3655	1668	1903	4197	2487	1446	3631	307	3082	1952	1816									
Torino	1111	734	309	1466	1822	380	139	2934	591	986	861	213	702	1800	868	770	1864	962	662	3262	2125	675	1867	1531	2127	551	572	1777								
Toulouse	1100	1054	536	701	1226	407	883	3534	1249	563	1452	564	1332	2182	1459	696	1102	1601	1253	3748	2725	1411	1228	2262	2520	1026	1154	2508	768							
Tromsø	3714	3218	3772	4808	5356	4083	3717	2229	3242	3883	4375	4032	3091	1720	5096	3499	5139	3063	4162	597	1535	3385	5291	4509	1719	3300	3270	4755	3820	4306						
Trondheim	2538	2042	2596	3532	4180	2907	2541	2076	2066	2707	3199	2856	1915	544	3920	2323	3963	1887	2936	1119	1382	2209	4115	3333	784	2124	2094	3579	2644	3130	1176					
Valencia	1791	1499	981	347	610	852	1328	3975	1694	1112	1897	1009	1777	2705	1904	1387	925	2046	1698	4189	3166	1857	663	2703	3044	1471	1599	2949	1213	637	4767	3571				
Venezia	1383	925	705	1835	2191	763	269	2563	472	1313	722	574	642	2001	728	1110	2234	808	523	3178	2047	433	2237	1146	2029	740	632	1392	401	1137	3736	2560	1582			
Warszawa	1604	1289	1706	2883	3294	2019	1516	1240	994	1991	1969	1820	919	1400	1975	1606	3181	612	1770	1189	785	977	3340	1456	852	1234	1113	1702	1609	2240	3274	2098	2685	1264		
Wien	1426	928	1174	2393	2749	1321	827	1965	398	1606	1279	1131	489	1597	1286	1231	2797	284	1080	2797	1357	291	2794	1130	1625	760	622	1376	958	1694	3355	2179	2140	575	686	
Zagreb	1622	1087	1062	2192	2548	1120	626	2268	556	1782	1078	930	686	2020	1085	1407	2590	661	879	3184	1720	428	2593	767	2048	933	795	1013	757	1493	3742	2566	1939	374	993	374	
Zürich	873	414	436	1645	2002	726	280	2629	312	938	1047	595	411	1455	1053	586	2044	680	848	2933	1820	437	2047	1684	1782	230	210	1930	373	947	3491	2315	1392	532	1319	730	806

Conduire en Europe

Les tableaux d'information suivants indiquent les principaux règlements routiers communiqués au moment de la rédaction de cet atlas (01.07.97) ; la signification des symboles est indiquée ci-dessous, ainsi que quelques notes supplémentaires.

FIA AIT Organisations routières nationales :

Ces initiales désignent un membre des associations internationales de tourisme – Fédération Internationale de l'Automobile et Alliance Internationale de Tourisme.

Limitations de vitesse en kilomètres/heure s'appliquant aux :

- autoroutes,
- routes à une seule chaussée,
- routes à chaussées séparées,
- agglomérations urbaines

- Péage sur les autoroutes ou toute autre partie du réseau routier
- Taux maximum d'alcool toléré dans le sang. On ne doit pas considérer ceci comme acceptable; il n'est JAMAIS raisonnable de boire et de conduire.
- Âge minimum des enfants admis à l'avant.
- Triangle de présignalisation
- Trousse de premiers secours
- Extincteur
- Jeu d'ampoules de rechange
- Age minimum du conducteur
- Port de la ceinture de sécurité à l'avant
- Port de la ceinture de sécurité à l'avant et à l'arrière
- Port du casque pour les motocyclistes
- Port du casque pour les motocyclistes et les passagers
- Allumage des codes jour et nuit
- Pneus cloutés

Documents nécessaires obligatoires à tous les pays : certificat d'immatriculation du véhicule ou certificat de location, assurance responsabilité civile, plaque d'identification nationale.

Il est vivement conseillé de se renseigner auprès de l'Automobile Club.

Driving in Europe

The information panels which follow give the principal motoring regulations in force when this atlas was prepared for press (01/07/97). An explanation of the symbols is given below, together with some additional notes.

FIA AIT National motoring organisations:

These symbols indicate membership of the international touring associations Fédération Internationale de L'Automobile and Alliance Internationale de Tourisme.

Speed restrictions in kilometres per hour applying to:

- motorways,
- single carriageways,
- dual carriageways,
- urban areas

- Whether tolls are payable on motorways and/or other parts of the road network.
- Maximum permitted level of alcohol in the bloodstream. This should not be taken as an acceptable level - it is NEVER sensible to drink and drive.
- Minimum age for children to sit in the front passenger seat.
- Whether a warning triangle must be carried
- Whether a first aid kit must be carried
- Whether a fire extinguisher must be carried
- Whether a spare bulb set must be carried
- Minimum age for drivers
- Whether seatbelts must be worn by the driver and front seat passenger
- Whether seatbelts are compulsory for the driver and all passengers in both front and back seats
- Whether crash helmets are compulsory for motorcyclists
- Whether crash helmets are compulsory for both motorcyclists and their passengers
- Whether headlights must be on at all times
- Whether studded tyres are required

Documents required for all countries: vehicle registration document or vehicle on hire certificate, third party insurance cover, national vehicle identification plate.

You are strongly advised to contact the national Automobile Club for full details of local regulations.

Autofahren in Europa

Die nachfolgenden Tabellen geben Auskunft über die wichtigsten Verkehrsbestimmungen in den einzelnen Ländern dieses Atlasses; (Stand 01.07.97) die Erklärung der Symbole sowie einige ergänzende Anmerkungen finden Sie im Anschluß an diesen Text.

FIA AIT Nationale Automobilclubs :

Diese Abkürzungen verweisen auf die Mitgliedschaft bei den internationalen Touring-Organisationen, Fédération Internationale de l'Automobile und Alliance Internationale de Tourisme.

Geschwindigkeitsbegrenzungen in km/h bezogen auf :

- Autobahnen,
- Straßen mit einer Fahrbahn,
- Schnellstraßen mit getrennten Fahrbahnen,
- geschlossene Ortschaften

- Autobahn-, Straßen- oder Brückenbenutzungsgebühren
- Promillegrenze : Es sei darauf hingewiesen, daß auch die kleinste Menge Alkohol am Steuer das Fahrvermögen beeinträchtigt.
- Mindestalter, ab welchem Kinder vorne sitzen dürfen.
- Mitführen eines Warndreiecks
- Mitführen eines Verbandkastens
- Mitführen eines Feuerlöschers
- Mitführen eines Satzes von Glühbirnen als Reserve
- Mindestalter für Kfz-Führer
- Anschnallpflicht vorne
- Anschnallpflicht vorne und hinten
- Helmpflicht für Motorradfahrer
- Helmpflicht für Motorradfahrer und Beifahrer
- Abblendlicht vorgeschrieben (Tag und Nacht)
- Spikereifen

Notwendige und vorgeschriebene Dokumente in allen Staaten : Fahrzeugschein oder Mietwagenbescheinigun, Internationale grüne Versicherungskarte, Nationalitätskennzeichen.

Es empfiehlt sich, genauere Informationen bei den jeweiligen Automobilclubs einzuholen.

Autorijden in Europa

In de tabellen hierna staan de voornaamste verkeersregels medegedeeld bij het opstellen van deze Atlas (01-07-97); de betekenis van de symbolen is hieronder beschreven met enkele toelichtingen.

FIA AIT Nationale automobielclubs :

Deze initialen geven aan dat het om een lid van een internationale toeristische federatie gaat, nl. de Fédération Internationale de l'Automobile en de Alliance Internationale de Tourisme.

Snelheidsbeperkingen in km/uur op :

- autosnelwegen,
- wegen met één rijbaan,
- wegen met gescheiden rijbanen,
- binnen de bebouwde kom

- Tol op de autosnelwegen of op een ander gedeelte van het wegennet
- Maximum toegestaan alcoholgehalte in het bloed. Dit dient niet beschouwd te worden als een aanvaardbaar gehalte; het is NOOIT verstandig om te rijden na gebruik van alcohol.
- Minimumleeftijd voor kinderen voorin het voertuig.
- Gevarendriehoek verplicht
- EHBO-pakket verplicht
- Brandblusapparaat
- Reservelampen verplicht
- Minimumleeftijd bestuurder
- Autogordel verplicht voor bestuurder en passagier voorin
- Autogordel, verplicht voor- en achterin
- Valhelm verplicht voor motorrijders
- Valhelm verplicht voor motorrijders en passagiers
- Dimlichten verplicht zowel 's nachts als overdag
- Spijkerbanden

Vereiste documenten in alle landen : kentekenbewijs van het voertuig of huurcertificaat, verzekering burgerlijke aansprakelijkheid, plaat land van herkomst.

Het verdient aanbeveling informatie in te winnen bij de automobielclub.

(A) ÖSTERREICH	90 110-130		100	50	0,08	●		12	●	●			18		●	●		
(AL) SHQIPËRIA *																		
(AND) ANDORRA	90	90	90	40	0,08			10	○	○		●	18		●			
(B) BELGIQUE, BELGIË	120	90-120	75-90	40-50	0,05		●	12	●	●	●		18	●		●		
(BG) BÃLQARIJA	120	80	80	60	0,00		●	12	●	●	●		18		●	●		
(BIH) BOSNA I HERCEGOVINA *																		
(BY) BELARUS' *																		
(CH) SCHWEIZ, SUISSE, SVIZZERA	120	100	80	50	0,08	●			●				18		●	●		
(CZ) ČESKÁ REPUBLIKA	110	110	90	60	0,00	●		12	●	●		●	18		●	●		
(D) DEUTSCHLAND	130	130	80	50	0,08	●		12	●	●			18		●			
(DK) DANMARK	110	80	80	50	0,08	●		*	●	○	○		18		●		●	1/10-30/4
(E) ESPAÑA	120	120	90-100	50	0,08	●		12	●			●	18	●		●		
(EST) EESTI		90	90	50	0,00	●		12	●	●		○	18		●	●		
(F) FRANCE	110-130	110	90	50	0,05	●		10	○	○		○	18		●	●		
(FIN) SUOMI, FINLAND	100-120		80-100	50	0,05	●			●	○		○	18		●		●	
(GB) GREAT BRITAIN	112	112	96	48	0,08	●			○	○			17		●	●		
(GR) ELLÁDA	120	110	90	50	0,05		●	10	●	●	●		18	●		●		
(H) MAGYARORSZÁG	120	100	80	50	0,00	●		12	●	●		●	21		●		●	⬤
(HR) HRVATSKA		130	90-100	60	0,05	●		12	●	●		●	18		●	●		⬤
(I) ITALIA	130	110	90	50	0,08	●		12	●	○		●	18		●	●		
(IRL) IRELAND	112	96	64-80	48	0,08	●		12	○	○		○	17		●	●	●	1/11-30/4
(IS) ÍSLAND		80-90	80-90	35-50	0,05	●			●	○	○	○	17		●		●	15/11-30/4
(L) LUXEMBOURG	120	90	90	50	0,08	●		12	●	○			18		●	●		
(LT) LIETUVA		90	90	60	0,00		●	12	●	●	●	●	18		●	●		
(LV) LATVIJA		90	90	60	0,00		●	12					18		●			
(MK) MAKEDONIJA *																		
(MOL) MOLDOVA *																		
(N) NORGE	80-90	80-90	80-90	50	0,05	●			●	○		○	18-20		●	●	●	
(NL) NEDERLAND	120	100	80	50	0,05	●		12	●				18		●	●		
(P) PORTUGAL	120	90	90	50	0,05	●		12	●	○		○	18	●		●		
(PL) POLSKA	110	90	90	60	0,02	●		10	●	○	●	○	17		●		●	⬤
(RO) ROMÂNIA	70-90	60-90	60-90	60	0,00	○		12	●	●		○	18		●	●		
(RUS) ROSSIJA	110	110	110	60	0,00		●	12	●	●	●	○	18		●	●		
(S) SVERIGE	90-110	70-110	70-110	50	0,02	●			●	○	○		18		●		●	
(SK) SLOVENSKÁ RÉPUBLIKA	110	90	90	50	0,00	●		12	●	●		●	18		●			
(SLO) SLOVENIJA	120	100	80	60	0,05	●		12	●	●	●	●	18	●		●		⬤
(TR) TÜRKIYE		90	90	50	0,05	●		12	●	●	●		18	●		●		⬤
(UA) UKRAÏNA *																		
(YU) JUGOSLAVIJA	120	100	80	60	0,05	●		12	●	●			18		●	●	●	

● Obligatoire / Compulsory / Vorgeschrieben / Verplicht

○ Recommandé / Recommended / Empfohlen / Aanbevolen

⬤ Interdit / Prohibited / Verboten / Verboden

1/10-3/4 Période d'autorisation / Periode of regulation enforcement / Genehmigungsdauer / Toegelaten periode

* Renseignement non communiqué / No information currently available / Keine Auskunft erhalten / Informatie niet meegedeeld

(A) Österreich

Österreichischer Automobil-, Motorrad- und Touring Club (ÖAMTC) AIT FIA Schubertring 1-3, 1010 Wien
✆ (43) 1 711990 Fax (43) 1 713 18 07
http: //www.oeamtc-co.at/oeamtc

(AND) Andorra

Automobil Club d'Andorra FIA
Babot Camp 13, Andorra la Vella
✆ (376) 8-20-8-90

(B) Belgique, België

Royal Automobile Club de Belgique (RACB) FIA rue d'Arlon 53, 1040 Bruxelles
✆ (32) 2 287 09 11 Fax (32) 2 230 75 84
Touring Club Royal de Belgique (TBC) AIT rue de la Loi 44, 1040 Bruxelles
✆ (32) 2 233 22 11 Fax (32) 2 233 22 05
Vlaamse Automobilistenbond (VTB-VAB) Sint-Jakobs-Markt 45, 2000 Antwerpen ✆ (03) 220 34 34

(BG) Bălgarija

Union des Automobilistes Bulgares (UAB) AIT FIA
3 Place Positano, Sofia 1090
✆ (359) 2 86 151 Fax (359) 287 63 61

(BIH) Bosna Hercegovina

ACNAIT ✆ 0387 71 664 374

(BY) Belarus'

Fédération de l'Automobile de Byelorus P.O.B. 50, 22090 Minsk 90
✆ (375) 17 269 56 42 / 269 56 11
Fax (375) 17 227 43 88

(CH) Schweiz, Suisse, Svizzera

Automobile Club de Suisse (ACS) FIA
Wasserwerkgasse 39, 3000 bern 13
✆ (41) 31 328 31 11
Fax (41) 31 311 03 10
Touring Club Suisse (TCS) AIT
9 rue Pierre-Fatio, 1211 Genève 3
✆ (41) 22 737 12 12
Fax (41) 22 786 0992

(CZ) Česká Republika

Ústredni Automotoklub CR (UAMK) AIT FIA Na rybničku 16, 120 76 Praha 2
✆ (42) 2 24 911 830
Fax (42) 2 24 22 37 11
Autoklub Ceské Republiky (ACR) FIA
Opletalova 29, 110 Praha 1
✆ (42) 2 24 21 02 66
Fax (42) 2 26 14 69

(D) Deutschland

Allgemeiner Deutscher Automobil-Club (ADAC) AIT FIA
Am Westpark 8, 81373 München 70
✆ (49) 89 76760 Fax (49) 89 76762500
Automobil-Club von Deutschland (AvD) FIA Lyonerstraße 16, 60258 Frankfurt-am-Main
✆ (49) 69 66060 Fax (49) 69 66 06 210

(DK) Danmark

Forenede Danske Motorejere (FDM) AIT Firskovvej 32, 2800 Lyngby
✆ (45) 45 27 07 07 Fax (45) 45 27 09 93

(E) España

Real Automóvil Club de España (RACE) AIT FIA José Abascal 10, 28003 Madrid ✆ (34) 1 447 3200
Fax (34) 1 447 79 48

(EST) Eesti

Estonian Motor Sport Union (EASU) FIA
1-5P Regati ave suite 304, 0019 Tallim
✆ (372) 2 23 75 33 Fax 23 74 17

(F) France

Automobile Club de France (ACF) FIA
6 Place de la Concorde, 75008 Paris
✆ (33) 1 43 12 43 12
Fax (33) 1 43 12 43 43
Automobile Club National (ACN) AIT FIA 5 rue Auber, 75009 Paris
✆ (33) 1 44 51 53 99
Fax (33) 1 49 24 93 99

(FIN) Suomi, Finland

Autoliitto (Automobile and Touring Club of Finland) (ATCF) AIT FIA
Hämeentie 105 00550 Helsinki 10
✆ (358) 0 774 761 / (358) 0 774 764 00
Fax (358) 0 774 76 444

(FL) Liechtenstein

Automobilclub des Fürstentums Liechtenstein (ACFL) FIA
Pflugstrasse 20, 9490 Vaduz
✆ (41) 75 232 67 67
Fax (41) 75 233 30 50

(GB) Great Britain

Automobile Association (AA) AIT FIA
Fanum House, Basingstoke, Hampshire RG21 2EA
✆ (44) 1256 20123
Fax (44) 1256 493389
http: //www.theaa.co.uk
Royal Automobile Club (RAC) AIT FIA
RAC House, Bartlett Street, South Croydon CR2 6XW
✆ (44) 181 686 0088
Fax (44) 81 681 0182
http: //www.rac.co.uk

(GR) Elláda

Automobile et Touring Club de Grèce (ELPA) AIT FIA 2-4 Messogion
115 27 Athina ✆ (30) 1 748 8800
Fax (30) 1 778 6642
Touring Club Hellénique AIT
12 Politehniou, 104 33 Athina
✆ (30) 1 524 0854 Fax (30) 1 778 6642

(H) Magyarország

Magyar Autóklub (MAK) AIT FIA
Rómer Flóris utca 4/a, 1024 Budapest
✆ (36) 1 212 29 38 Fax (36) 1 212 3890

(HR) Hrvatska

Hrvatski Auto-Klub (HAK) AIT FIA
Draskoviceva 25, 41000 Zagreb, P.O.B. 0218 ✆ (385) 1 454 433
Fax (385) 1 448 630
Centre d'Information Derencinova 20, 41000 Zagreb ✆ (385) 1 415 800
Fax (385) 1 476 688

(I) Italia

Automobile Club d'Italia (ACI) AIT FIA
Via Marsala 8, 00185 Roma
✆ (39) 6 49981 Fax (39) 6 499 82234
Touring-Club Italiano (TCI) AIT
Corso Italia 10, 20122 Milano
✆ (39) 2 85261 Fax (39) 2 8526 347
http: //www.tci.iol.it
Federazione Italiana del Campeggio e del Caravanning AIT **(FICC)**
Federcampeggio via Vittorio Emanuele, 11 I 50041 Calenzano
✆ (39) 55 882 391 Fax (39) 55 882 5918

(IRL) Ireland

Automobile Association (AA) AIT
23 Rock Hill, Blackrock Co. Dublin
✆ (353) 1 283 355 Fax (353) 1 283 3660
Royal Automobile Club (RAC) FIA
34 Dawson Street, Dublin 2
✆ (353) 1 775 141 Fax (353) 1 710 793

(IS) Ísland

Félag Islenzkra Bifreidaeigenda (FIB), AIT FIA Borgatun 33, 105 Reykjavik
✆ (354) 5 62 99 99 Fax (354) 5 290 71
http: //www.itn.is/fib

(L) Luxembourg

Automobile Club du Grand Duché de Luxembourg (ACL) AIT FIA
54 route de Longwy, 8007 Bertrange
✆ (352) 1 45 00 45 Fax (352) 1 45 04 55

(LT) Lietuva

Lietuvos Automobilininku Sajunga (LAS) Lvovo 9, 2005 Vilnius
✆ (370) 2 35 21 86 Fax (370) 2 35 89 19

(LV) Latvija

Auto-moto Society of Latvia (LR AMB) AIT 16b Raunas, 1039 Riga
✆ (371) 2 56 83 39 Fax (371) 2 56 14 34

(MK) Makedonija

Automoto AMSM
Mitropolit Teodosij Gologanov 51
91000 Skopje
✆ (389) 91 226 825
Fax (389) 91 236 658

(MOL) Moldova

Asociatia de Autotransport International din Moldova (AITA)
Vlad Tepes Str. 3, BP 6964, 277028 Chisinău ✆ (373) 2 735 290
Fax (373) 2 729 527

(N) Norge

Kongelig Norsk Automobiliklub (KNA) FIA Drammensveien 20c, 0201 Oslo 2
✆ (47) 22 56 19 00 Fax (47) 22 55 23 54
Norges Automobil-Forbund (NAF) AIT
Storgaten 2, 0155 Oslo 1
✆ (47) 22 34 15 00
Fax (47) 22 33 13 72/3

(NL) Nederland

Koninklijke Nederlandse Automobiel Club (KNAC)
Westvlieturg 118, Leidschendam
✆ (31) 70 399 74 51
Fax (31) 70 390 53 71
Koninklijke Nederlandse Toeristenbond (ANWB) AIT
Wassenaarseweg 220, 2596 EC Den Haag
✆ (31) 70 314 71 47 Fax (31) 70 314 69 69
http: //www.anwb.nl

(P) Portugal

Automóvel Club de Portugal (ACP), AIT FIA Rua Rosa Araújo 24, 1200 Lisboa
✆ (351) 1 356 3931 Fax (351) 1 574 732

(PL) Polska

Polski Zwiazek Motorowy (PZM) AIT FIA
66 ul. Kazimierzowska, 02-518 Warszawa
✆ (48) 22 49 93 61 Fax (48) 22 48 19 51
Polskie Towarzystwo Turystyczno-Krajornawcze (PTTC) AIT
11 ul, Senatorska, 00-075 Warszawa
✆ (48) 22 265 735 Fax (48) 22 262 505
Auto Assistance P O Box 470, 17 ul, Sniadeckich, 00-950 Warszawa
✆ (48) 22 25 95 39 / 25 97 34 / 29 03 74
Fax (48) 22 25 97 33

(RO) România

Automobile-Club Roumain (ACR) AIT FIA Strada Take Ionescu 27, 70154 Bucuresti 22 ✆ (40) 1 659 39 10
Fax (40) 1 312 84 62

(ROS) Rossija

Intourist AIT FIA 13 Mokhovaya st., 103009 Moscow ✆ (7) 095 292 3786
Fax (7) 095 230 2387 / (7) 095 200 0271
Federacia Automobilnozo Sporta (SSSR) BP 395, Moscow D-362
✆ (7) 095 491 8661
Fax telex : (7) 095 411 852 TANT/SU

(S) Sverige

Kungl Automobil Klubben (KAK) FIA
Södra Balsieholmshamnen 16, 111 48 Stockholm
✆ (46) 8 678 00 51 Fax (46) 8 678 06 68
Motormännens Riksförbund (M) AIT
Sveavägen 159, 104 35 Stockholm
✆ (46) 8 690 38 00 Fax (46) 8 690 38 24
Sveriges Motorcyklisters Centralorganisation (SMC) AIT
Brudtallsvägen 14, Mora
✆ (46) 250 395 00 Fax (46) 250 395 18
http://www.algonet.sc/~smc
Svenska Turistföreningen (STF) AIT
Stureplan 4c, Stockholm
✆ (46) 8 463 21 00 Fax (46) 8 678 19 58
http://www.stfturist.sc

(SK) Slovenská Republika

Ústredni Automotoklub SR, AIT FIA
Wolkrova ul. C.4, 85101 Bratislava
✆ (42) 7 85 09 11 Fax (42) 7 85 09 10

(SLO) Slovenija

Auto-Moto Zveza Slovenije (AMZS)
Dunajska 128, 61 113 Ljubljana
✆ (386) 61 168 11 11
Fax (386) 61 34 23 78

(TR) Türkiye

Turkish Touring and Automobile Association (TTOK) AIT FIA
Oto Sanayi Sitesi Yani 4, Levent, Istanbul
✆ (90) 212 282 8140
Fax (90) 212 282 8042

(UA) Ukraïna

Fédération Automobil d'Ukraine (FAU) 317 Schevtchenko str. Lviv, Ukraine
✆ (380) 33 93 32 / 75 50 68
Fax (380) 76 15 85 / 34 03 23

(YU) Jugoslavija

Auto-Moto Saver Jugoslavije (AMSJ) AIT FIA Ruzveltova 18, 11000 Belgrade
✆ (381) 11 401 699
Fax (381) 11 402 520
http: //solair.eunet.yu/~amsj

Légende

Importance des itinéraires

Autoroute à chaussées séparées
Échangeurs : complet, demi-échangeur, partiel, sans précision
Numéro d'échangeur
Double chaussée de type autoroutier
Route de liaison internationale ou nationale
Route de liaison interrégionale ou de dégagement
Route de liaison régionale ou locale
Autoroute , route en construction
(le cas échéant : date prévisible de mise en service)

Largeur des routes - Obstacles

Chaussées séparées — 2 voies larges
4 voies — 2 voies
3 voies — 1 voie
Forte déclivité (montée dans le sens de la flèche) - péage sur route

Distances (totalisées et partielles)

sur autoroute : section à peage - section libre
12 — 5 / 7 — 12 — 5 / 7
GB et IRL 39 en kilomètres, 24 en miles
39 24 — 19 12 — 5 / 7

Numéros des routes

Autoroute, route européenne, autre route — A 6 E 10 N 51
Ville signalisée en vert sur les grandes liaisons routières — YORK Wells

Administration - Ressources

Frontiere : Douane principale - Douane avec restriction
Capitale de division administrative — A L P
Localité ayant des ressources hôtelières
Refuge - Camping

Transport

Voie ferrée, train auto - Bac — B
Liaison maritime : Permanente - saisonnière
Aéroport

Principales curiosités isolées

Édifice religieux
Château
Pierre runique
Grotte
Église en bois debout
Ruines
Gravure rupestre
Autres curiosités
Itinéraire agréable
Monastère
Site antique
Monument mégalithique
Parc national

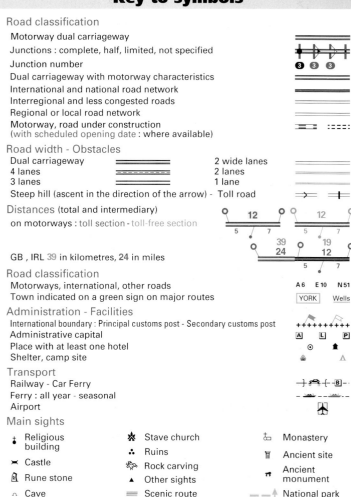

Key to symbols

Road classification

Motorway dual carriageway
Junctions : complete, half, limited, not specified
Junction number
Dual carriageway with motorway characteristics
International and national road network
Interregional and less congested roads
Regional or local road network
Motorway, road under construction
(with scheduled opening date : where available)

Road width - Obstacles

Dual carriageway — 2 wide lanes
4 lanes — 2 lanes
3 lanes — 1 lane
Steep hill (ascent in the direction of the arrow) - Toll road

Distances (total and intermediary)

on motorways : toll section - toll-free section
12 — 5 / 7 — 12 — 5 / 7
GB , IRL 39 in kilometres, 24 in miles
39 24 — 19 12 — 5 / 7

Road classification

Motorways, international, other roads — A 6 E 10 N 51
Town indicated on a green sign on major routes — YORK Wells

Administration - Facilities

International boundary : Principal customs post - Secondary customs post
Administrative capital — A L P
Place with at least one hotel
Shelter, camp site

Transport

Railway - Car Ferry — B
Ferry : all year - seasonal
Airport

Main sights

Religious building
Castle
Rune stone
Cave
Stave church
Ruins
Rock carving
Other sights
Scenic route
Monastery
Ancient site
Ancient monument
National park

Zeichenerklärung

Verkehrsbedeutung der Straßen

Autobahn: getrennte Fahrbahnen
Anschlußstellen: Autobahnein- und/oder -ausfahrt - ohne Angabe
Nummern der Anschlußstellen
Schnellstraße mit getrennten Fahrbahnen
Internationale bzw. nationale Hauptverkehrsstraße
Überregionale Verbindungsstraße oder Entlastungsstraße
Regionale oder lokale Verbindungsstraße
Autobahn, Straße im Bau
(ggf. voraussichtliches Datum der Verkehrsfreigabe)

Straßbenbreite - Verkehrsbeschränkungen, Hindernisse

Getrennte Fahrbahnen — 2 breite Fahrspuren
4 Fahrspuren — 2 Fahrspuren
3 Fahrspuren — 1 Fahrspur
Starkes Gefälle (Steigung in Pfeilrichtung) - Gebührenpflichtige Straße

Entfernungen (Gesamt - und Teilentfernungen)

auf der Autobahn : gebührenpflichtiger Abschnitt
gebührenfreier Abschnitt
12 — 5 / 7 — 12 — 5 / 7
GB , IRL: 39in Kilometern, 24 in Meilen
39 24 — 19 12 — 5 / 7

Straßennummern

Autobahn, Europastraße, sonstige Straße — A 6 E 10 N 51
Grün beschilderte Ortsdurchfahrt an Fernverkehrsstrecken — YORK Wells

Verwaltung - Unterkunft

Staatsgrenze : internationale Zollstation - Zollstation mit Einschränkungen
Verwaltungshauptstadt — A L P
Ort mit Übernachtungsmöglichkeiten
Schutzhütte, Campingplatz

Transport

Bahnlinie - Autozug, Bahnverladung - Fähre — B
Schiffsverbindung : ganzjährig - während der saison
Flughafen

Abgelegene, wichtige Sehenswürdigkeiten

Kirchliches Gebäude
Schloß, Burg
Runenstein
Höhle
Strabkirche
Ruine
Felsenmalerei
Sonstige Sehenswürdigkeit
reizvolle Strecke
Kloster
antike Fundstätte
Steindenkmal
Nationalpark

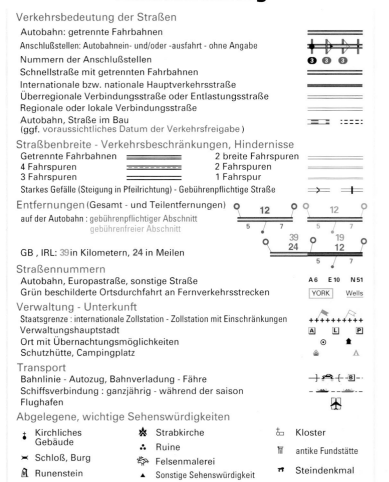

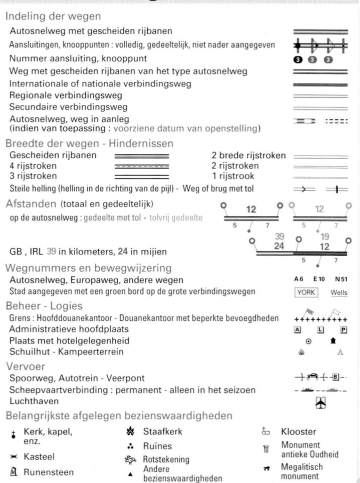

Verklaring van de tekens

Indeling der wegen

Autosnelweg met gescheiden rijbanen
Aansluitingen, knooppunten : volledig, gedeeltelijk, niet nader aangegeven
Nummer aansluiting, knooppunt
Weg met gescheiden rijbanen van het type autosnelweg
Internationale of nationale verbindingsweg
Regionale verbindingsweg
Secundaire verbindingsweg
Autosnelweg, weg in aanleg
(indien van toepassing : voorziene datum van openstelling)

Breedte der wegen - Hindernissen

Gescheiden rijbanen — 2 brede rijstroken
4 rijstroken — 2 rijstroken
3 rijstroken — 1 rijstrook
Steile helling (helling in de richting van de pijl) - Weg of brug met tol

Afstanden (totaal en gedeeltelijk)

op de autosnelweg : gedeelte met tol - tolvrij gedeelte
12 — 5 / 7 — 12 — 5 / 7
GB , IRL 39 in kilometers, 24 in mijien
39 24 — 19 12 — 5 / 7

Wegnummers en bewegwijzering

Autosnelweg, Europaweg, andere wegen — A 6 E 10 N 51
Stad aangegeven met een groen bord op de grote verbindingswegen — YORK Wells

Beheer - Logies

Grens : Hoofddouanekantoor - Douanekantoor met beperkte bevoegdheden
Administratieve hoofdplaats — A L P
Plaats met hotelgelegenheid
Schuilhut - Kampeerterrein

Vervoer

Spoorweg, Autotrein - Veerpont — B
Scheepvaartverbinding : permanent - alleen in het seizoen
Luchthaven

Belangrijkste afgelegen bezienswaardigheden

Kerk, kapel, enz.
Kasteel
Runensteen
Grot
Staafkerk
Ruïnes
Rotstekening
Andere bezienswaardigheden
Aangenaam parcours
Klooster
Monument antieke Oudheid
Megalitisch monument
Nationaal park

A
B
C
1
2
3
4
Tory I.
Fanad Head
Sheep Haven
Bloody Foreland Head
Dunfanaghy
Portsalon
Creeslough
Carrigart
Errigal Mt.
Derryveagh Mountains
Aran Island
Crolly
Millford
Rathmelton
Dunglow
Gweebarra Bay
Letterkenny / Leitir Ceanainn
Fintown
DONEGAL
Glenties
Ardara
Stranorlar
Ballybofey
Rossan Point
Glencolumbkille
Blue Stack Mts.
Killybegs
Finn
Castlederg
Donegal / Dún na nGall
Lough Derg
Donegal Bay
Bundoran / Bun Dobhráin
Ballyshannon
Pettigoe
Kesh
Inishmurray
Erne
Belleek
Lower Lough Erne
L. Melvin
Irvinestown
Erris Head
Broad Haven
Belmullet
Ballycastle
Glenamoy
Killala Bay
Easky
Rosses Point
Sligo Bay
MAYO
Inishkea
Bangor
Inishcrone
Strandhill
Sligo / Sligeach
Manorhamilton
FERMANAGH
Enniskillen
Belcoo
Blacksod Bay
Ballina / Béal an Átha
Ox Mountains
Ballysadare
L. Gill
Crossmolina
L. Conn
SLIGO
Dowra
Upper Lough Erne
Keel
Ballycroy
Nephin Beg Range
Nephin
Achill Island
Foxford
Pontoon
Tobercurry
Ballymote
Drumkeeran
Lough Allen
Swanlinbar
Belturbet
Corraun
Mulrany
Castlebar / Caisleán an Bharraigh
Swinford
Charlestown
Boyle / Mainistir na Búille
Arrow
Drumshanbo
Ballyconnell
Clare Island
Clew Bay
Newport
Gorteen
L. Gara
L. Key
Keadew
Ballinamore
LEITRIM
Carrick-on-Shannon / Cora Droma Rúisc
Killashandra
Kiltamagh
Connaught
Ballaghaderreen
Inishturk
Louisburgh
Croagh Patrick
Westport / Cathair na Mart
Frenchpark
Elphin
Mohill
Ballintober
ROSCOMMON
Inishbofin
Mweelrea Mts.
Partry Mountains
Claremorris
Ballyhaunis
Castlerea
Tulsk
Strokestown
LONGFORD
Inishshark
Rinvyle Pt.
Killary Harbour
Letterfrack
Leenane
Lough Mask
Ballinrobe
Ballymoe
Granard
Longford / An Longfort
The Twelve Pins
Maumturk Mts.
Kilmaine
Dunmore
Lanesborough
Clifden / An Clochán
Connemara
Clonbur
Cong
Glennamaddy
Roscommon / Ros Comáin
Mostrim (Edgeworthstown)
L. Derravaragh
Slyne Head
Roundstone
Maam Cross
Lough Corrib
Headford
Tuam / Tuaim
IRELAND
Royal Canal
L. Owel
Gortmore
Oughterard
Ballymahon
Carna
Mount Bellew
Ballyforan
Lough Ree
Ballymore
Kilkieran Bay
GALWAY
Athlone / Baile Átha Luain
WESTMEATH
L. Ennell
Lettermullan
Spiddal
Galway / Gaillimh
Athenry
Ballinasloe / Béal Átha na Sluaighe
Moate
Gorumna Island
Barna
Oranmore
River Shannon
Suck
Aran Islands
Inishmore
Galway Bay
Craughwell
Clonmacnoise
Clara
Kilbeggan
Kilronan
Black Head
Loughrea
Ferbane
Tullamore / Tulach Mhór
Ardrahan
Clonfert
Grand Canal
Inishmaan
Ballyvaughan
Kinvarra
Cloghan
OFFALY
Inisheer
Banagher
Kilcormac
Gort
Portumna
Lisdoonvarna
Kilfenora
Birr
Kinnitty
Slieve Bloom Mts.
Cliffs of Moher
Ennistimon
Lahinch
Mountmellick
Monasterevin
4

3
ISLAY
Port Askaig
Port Charlotte
Bridgend
Portnahaven
Rinns Point
Beinn Bheigeir
Ardbeg
Port Ellen
Mull of Oa
Craighouse
Tarbert
Kennacraig
Claonaig
Gigha I.
Tayinloan
Carradale
Kintyre
Machrihanish
Campbeltown
Southend
Mull of Kintyre
ARRAN
Goat Fell
Lochranza
Brodick
Lamlash
Blackwaterfoot
Bute
Rothesay
Greenock
Gourock
Wemyss Bay
Largs
Millport
Paisley
GLASGOW
Kilbirnie
Dalry
Beith
W. Kilbride
Ardrossan
Saltcoats
Kilwinning
Irvine
Troon
Kilmarnock
East Kilbride
Prestwick
Ayr
Galston
Mauchline
Cumnock
New Cumnock
Maybole
Turnberry
Ailsa Craig
Dalmellington
Girvan
Galloway
Ballantrae
Barrhill
Merrick
Forest Park
New Galloway
Cairnryan
Kirkcolm
Stranraer
Portpatrick
Newton Stewart
Glenluce
Wigtown
Gatehouse of Fleet
Luce Bay
Port William
Whithorn
Isle of Whithorn
Burrow Head
Drummore
Mull of Galloway
Firth of Clyde
NORTH CHANNEL
Malin Head
Inishtrahull
Culdaff
Carndonagh
Inishowen
Slieve Snaght
Moville
Inishowen Head
Buncrana
Quigley's Point
Lough Foyle
Muff
Londonderry
Eglinton
Limavady
Portstewart
Portrush
Castlerock
Coleraine
Bushmills
Giant's Causeway
Antrim Coast
Rathlin Island
Fair Head
Ballycastle
Cushendun
Cushendall
Red Bay
Trostan
Glenariff or Waterfoot
Ballymoney
Garvagh
Dungiven
Claudy
Dunnamanagh
Strabane
Sperrin Mountains
Sawel Mountain
Plumbridge
Gortin
Kilrea
Maghera
Tobermore
Clogh Mills
Carnlough
Glenarm
Antrim Mountains
Portglenone
Broughshane
Ballymena
Larne
Island Magee
Castledawson
Magherafelt
Randalstown
Ballyclare
Whitehead
Carrickfergus
Moneymore
Cookstown
Antrim
Lough Neagh
Crumlin
Newtownabbey
Belfast Lough
Bangor
Holywood
Donaghadee
BELFAST
Newtownards
Coalisland
Dungannon
Fintona
Ballygawley
Aughnacloy
Lisburn
Comber
Greyabbey
Lurgan
Craigavon
Portadown
Armagh
Gilford
Dromore
Ballynahinch
Saintfield
Strangford Lough
Ards Peninsula
Portavogie
Killyleagh
Portaferry
Strangford
Downpatrick
Ardglass
St John's Point
Fivemiletown
Monaghan
Muineachán
Rossle
Tandragee
Banbridge
Keady
Markethill
Clones
Newtownhamilton
Castlewellan
Rathfriland
Newry
Newcastle
Dundrum Bay
Slieve Donard
Mourne Mts
Ballybay
Castleblayney
Cootehill
Crossmaglen
Warrenpoint
Rostrevor
Carlingford Lough
Kilkeel
Carlingford
Shercock
Carrickmacross
Dundalk/
Dun Dealgan
Dundalk Bay
Bailieborough
Kingscourt
Virginia
Castlebellingham
Ardee
Oldcastle
Monasterboice
Clogherhead
Kells
Old Mellifont
Slane
Drogheda/
Droichead Átha
Newgrange
Duleek
Navan/
An Uaimh
Delvin
Athboy
Trim
Naul
Balbriggan
Skerries
Lusk
Rush
Dunshaughlin
Ashbourne
Swords
Malahide
Portmarnock
Howth
Innfield
Kilcock
Maynooth
Lucan
Clondalkin
DUBLIN/BAILE ÁTHA CLIATH
Dún Laoghaire
Dalkey
Bray
Enniskerry
Kippure
Russborough
Naas
Newbridge
(An Droichead Nua)
Kildare
LONDONDERRY
NORTHERN IRELAND
TYRONE
ANTRIM
ARMAGH
DOWN
MONAGHAN
LOUTH
MEATH
FINGAL
KILDARE
S. DUBLIN
AYR
DUMF
ISLE OF MAN
Point of Ayre
Ballaugh
Ramsey
Snaefell
Peel
Douglas
Port Erin
Port St. Mary
Castletown
Ronaldsway
IRISH SEA
Liverpool
Douglas (I. of Man)
Holyhead
Caergybi
Holy I.
Amlwch
Llanerchymedd
Great Ormes Head
Beaumaris
ANGLESEY

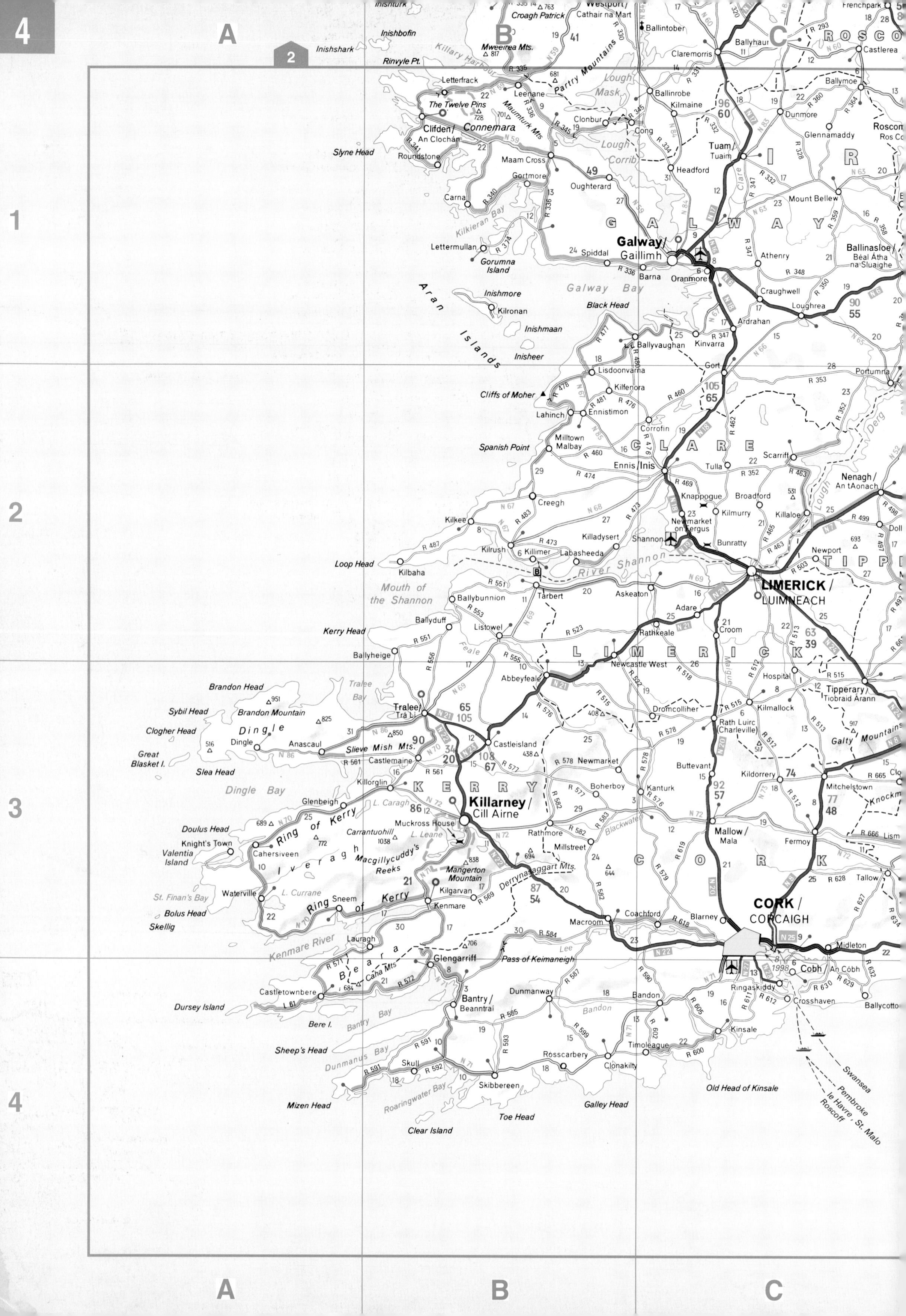
A
B
C
1
2
3
4
2
Inishturk
Inishbofin
Inishshark
Croagh Patrick
Westport/
Cathair na Mart
Ballintober
Frenchpark
ROSCO
Mweelrea Mts.
Killary Harbour
Rinvyle Pt.
Partry Mountains
Ballyhaunis
Castlerea
Claremorris
Letterfrack
Leenane
Lough Mask
Ballinrobe
Ballymoe
The Twelve Pins
Maumturk Mts
Kilmaine
Dunmore
Clifden/
An Clochán
Connemara
Clonbur
Cong
Glennamaddy
Roscommon
Ros Comáin
Slyne Head
Roundstone
Maam Cross
Lough Corrib
Tuam/
Tuaim
Headford
Gortmore
Oughterard
Carna
G A L W A Y
Mount Bellew
Kilkieran Bay
Galway/
Gaillimh
Athenry
Ballinasloe/
Béal Átha na Sluaighe
Lettermullan
Gorumna Island
Spiddal
Barna
Oranmore
Galway Bay
Craughwell
Inishmore
Kilronan
Aran Islands
Black Head
Loughrea
Inishmaan
Ardrahan
Inisheer
Ballyvaughan
Kinvarra
Gort
Lisdoonvarna
Portumna
Cliffs of Moher
Kilfenora
Lahinch
Ennistimon
Corrofin
Lough Derg
Spanish Point
Milltown Malbay
C L A R E
Scarriff
Ennis/Inis
Tulla
Nenagh/
An tAonach
Knappogue
Broadford
Creegh
Kilmurry
Killaloe
Kilkee
Newmarket on Fergus
Killadysert
Shannon
Bunratty
Kilrush
Killimer
Labasheeda
Newport
TIPP
Loop Head
Kilbaha
River Shannon
Mouth of the Shannon
LIMERICK/
LUIMNEACH
Ballybunnion
Tarbert
Askeaton
Adare
Ballyduff
Listowel
Croom
Kerry Head
Rathkeale
Ballyheige
Feale
L I M E R I C K
Newcastle West
Hospital
Tralee Bay
Abbeyfeale
Tipperary/
Tiobraid Árann
Brandon Head
Brandon Mountain
Dromcolliher
Kilmallock
Sybil Head
Tralee/
Trá Li
Rath Luirc
(Charleville)
Clogher Head
Dingle
Galty Mountains
Great Blasket I.
Anascaul
Slieve Mish Mts.
Castleisland
Slea Head
Castlemaine
Newmarket
Buttevant
Kildorrery
Mitchelstown
Dingle Bay
Killorglin
K E R R Y
Boherboy
Kanturk
Glenbeigh
L. Caragh
Killarney/
Cill Airne
Ring of Kerry
Muckross House
Carrantuohill
L. Leane
Rathmore
Mallow/
Mala
Fermoy
Doulus Head
Knight's Town
Millstreet
Blackwater
Valentia Island
Cahersiveen
Iveragh
Macgillycuddy's Reeks
Mangerton Mountain
Derrynasaggart Mts.
C O R K
Tallow
St. Finan's Bay
Waterville
L. Currane
Kilgarvan
Bolus Head
Skellig
Ring of Kerry
Sneem
Kenmare
CORK/
CORCAIGH
Coachford
Blarney
Macroom
Kenmare River
Lauragh
Midleton
Beara
Caha Mts
Glengarriff
Pass of Keimaneigh
Lee
Cobh/An Cóbh
Castletownbere
Dursey Island
Bantry/
Beanntraí
Dunmanway
Bandon
Ringaskiddy
Crosshaven
Ballycotton
Bere I.
Bantry Bay
Sheep's Head
Dunmanus Bay
Skull
Rosscarbery
Clonakilty
Timoleague
Kinsale
Skibbereen
Roaringwater Bay
Mizen Head
Galley Head
Old Head of Kinsale
Toe Head
Clear Island
Swansea
Pembroke
le Havre, St. Malo
Roscoff

D
E
F
3
CAVAN
LONGFORD
LOUTH
Dundalk/
Dún Dealgan
Dundalk Bay
Castlebellingham
Carrickmacross
Bailieborough
Ballyjamesduff
Virginia
Kingscourt
Ardee
Mohill
Elphin
Strokestown
Granard
Longford/
An Longford
Lanesborough
Mostrim
(Edgeworthstown)
Oldcastle
Castlepollard
Kells
Monasterboice
Old Mellifont
Slane
Clogherhead
Drogheda/
Droichead Átha
Newgrange
Navan/
An Uaimh
Duleek
Delvin
Athboy
Trim
MEATH
Ballymahon
Ballymore
Mullingar/
An Muileann gCearr
Athlone/
Baile Átha Luain
WESTMEATH
Moate
Kinnegad
Innfield
Dunshaughlin
FINGAL
Balbriggan
Skerries
Lusk
Rush
Ashbourne
Swords
Malahide
Portmarnock
Howth
Maynooth
Kilcock
Lucan
Clondalkin
DUBLIN/BAILE ÁTHA CLIATH
Dún Laoghaire
Dalkey
S. DUBLIN
Bray
Greystones
Douglas (I. of Man)
10
1
Clonmacnoise
Kilbeggan
Clara
Tullamore/
Tulach Mhór
Edenderry
Ferbane
Clonfert
Cloghan
Banagher
Kilcormac
OFFALY
KILDARE
Newbridge
(An Droichead Nua)
Portarlington
Kildare
Naas
Monasterevin
Mountmellick
Birr
Kinnitty
Slieve Bloom Mts.
Russborough
Kippure
Enniskerry
Powerscourt
Poulaphouca Resr.
Hollywood
Kilcullen
Portlaoise
Mountrath
Roscrea
LAOIS
Athy
WICKLOW
Wicklow Mountains
Glendalough
Laragh
Rathnew
Wicklow/Cill Mhantáin
Wicklow Head
Lugnaquillia Mountain
Baltinglass
Abbeyleix
Rathdowney
Durrow
Castledermot
Rathdrum
Templemore
Castlecomer
Carlow/
Ceatharlach
Aughrim
Tinahely
2
Thurles/
Durlas
Freshford
Urlingford
CARLOW
Tullow
Arklow/
An tInbhear Mór
Muine Bheag
(Bagenalstown)
Holy Cross
KILKENNY
Kilkenny/
Cill Chainnigh
Carnew
Rock of Cashel
Ballingarry
Borris
Bunclody
Gorey
Courtown
Cashel/
Caiseal
Killenaule
Callan
Thomastown
Kiltealy
Fethard
Jerpoint
Graiguenamanagh
Blackstairs Mts.
Enniscorthy/
Inis Córthaidh
Cahore Point
Slievenamon
Caher
Carrick-on-Suir/
Carraig na Siúire
New Ross
WEXFORD
Blackwater
Clonmel/
Cluain Meala
Comeragh Mts.
Waterford/
Port Láirge
Wexford/
Loch Garman
3
Cappoquin
WATERFORD
Arthurstown
Wellington Bridge
Rosslare
Rosslare Harbour/
Calafort Ros Láir
Bunmahon
Tramore
Dunmore East
Kilmore Quay
Carnsore Point
Dungarvan/
Dún Garbhán
Dungarvan Harbour
Helvick Head
Hook Head
Saltee Islands
Waterford Harbour
Cherbourg
le Havre
Roscoff
Pembroke
ST. GEORGE'S CHANNEL
12
Ardmore
Youghal/
Eochaill
Youghal Bay
Cardigan/
Aberteifi
Strumble Head
Newport
Pembrokeshire Coast National Park
Fishguard/
Abergwaun
St. David's Head
St. David's
PEMBROKESHIRE
16
St. Bride's Bay
Haverfordwest/
Hwlffordd
Narberth
Milford Haven/
Aberdaugleddau
Neyland
Pembroke Dock/
Doc Penfro
Pembroke
Rosslare
Cork
St. Govan's Head
4
12
D
E
F

A
B
C
3
8
Solway
CUMBRIA
Port William
Whithorn
Isle of Whithorn
Burrow Head
Mull of Galloway
Newtownards
Greyabbey
Strangford Lough
Ards Peninsula
Portavogie
Portaferry
Strangford
Downpatrick
Ardglass
St.John's Point
Maryport
Aspatria
Bothel
Thursby
Cockermouth
Penrith
Cross Fell
893
Workington
Keswick
Skiddaw
931
Whitehaven
St. Bees Head
Frizington
Buttermere
Derwent water
Ullswater
Rosthwaite
Patterdale
Egremont
Lake District National Park
Cumbrian Mountains
Gosforth
Scafell Pikes 977
Grasmere
Ambleside
Windermere
Shap
Orton
Tebay
Coniston
Bowness
Kendal
Broughton-in-Furness
Greenodd
Sedbergh
Millom
Ulverston
Grange-Over-Sands
Whernside
736
Kirkby Lonsdale
Dalton
Carnforth
Ingleton
Barrow-in-Furness
Morecambe
Morecambe Bay
Heysham
Lancaster
560
Point of Ayre
Ballaugh
Ramsey
Snaefell
621
Belfast
Ardrossan
ISLE OF MAN
Peel
Douglas
Port Erin
Port St. Mary
Castletown
Ronaldsway
Dublin
Fleetwood
Cleveleys
LANCASHIRE
Long Preston
Gisburn
Ribble
Clitheroe
BLACKPOOL
Kirkham
Blackburn
Padiham
Lytham St. Anne's
Preston
IRISH SEA
Southport
Leyland
Darwen
Accrington
Chorley
Bury
Ainsdale
Ormskirk
Bolton
Formby
Skelmersdale
Wigan
Belfast
Douglas (I. of Man)
LIATH
LIVERPOOL
Bootle
Leigh
Liverpool Bay
Wallasey
St. Helens
Hoylake
Birkenhead
Warrington
Altrincham
Amlwch
Holyhead / Caergybi
Llanerchymedd
Great Ormes Head
Llandudno
Colwyn Bay / Bae Colwyn
Rhyl
Prestatyn
Bebington
Widnes
Runcorn
Knutsford
Wilmslow
Holy Island
ANGLESEY
Beaumaris
Conwy
Llangefni
Penmaenmawr
Abergele
Holywell
Ellesmere Port
Frodsham
Northwich
Rhosneigr
Isle of Anglesey
Menai Bridge
Bangor
Llanfairfechan
St. Asaph
Flint / Fflint
Queensferry
CHESHIRE
Macclesfield
Newborough
Bethesda
Carnedd Llewelyn
1062
Denbigh / Dinbych
Mold / Yr Wyddgrug
Winsford
Caernarfon
Llanberis
Capel Curig
Llanrwst
Chester
Tarporley
Middlewich
Congleton
Caernarfon Bay
Snowdon
1085
Snowdonia
Betws-y-Coed
Ruthin / Rhuthun
Sandbach
Crewe
Pentrefoelas
Beddgelert
Blaenau Ffestiniog
Cerrigydrudion
Wrexham
Wrecsam
Nantwich
Nefyn
Lleyn Peninsula
Porthmadog
Ffestiniog
Ruabon
Newcastle-under-Lyme
Criccieth
Penrhyndeudraeth
Corwen
Llangollen
Whitchurch
Audlem
Pwllheli
Abersoch
Harlech
GWYNEDD
Bala
Berwyn
827
Ellesmere
Aberdaron
and National
Oswestry
Market Drayton
Wem
Hodnet
Eccleshall
Barmouth
Dolgellau
Llanfyllin
Llynclys
Crudgington
Cader Idris
893
Park
Mallwyd
Shrewsbury
Newport
Telford
Tywyn
MOUNTAINS
Welshpool / Y Trallwng
Minsterley
Iron-Bridge
Machynlleth
SHROPSHIRE
Aberdovey
Cardigan Bay
Montgomery
Church Stretton
Much Wenlock
WOLVERHAMPTON
Caersws
Newtown / Drenewydd
Bishop's Castle
Bridgnorth
Dudley
Aberystwyth
752
Llanidloes
Severn
CAMBRIAN
BIRMINGHAM
Devil's Bridge
Llangurig
Clun
Craven Arms
Stourbridge
Llanrhystud
593
Rhayader / Rhaeadr
POWYS
Knighton
Ludlow
Kidderminster
Bewdley
Aberaeron
CEREDIGION
Stourport
Bromsgrove
New Quay
Tregaron
Llandrindod Wells
Presteigne
Tenbury Wells
HEREFORD
Aberporth
Synod Inn
Kington
Leominster
Worcester
Cardigan / Aberteifi
Lampeter
Builth Wells / Llanfair-ym-Muallt
Bromyard
Cemaes Head
Llanwrtyd Wells
12
13
1
2
3
4
5

SUNDERLAND
Seaham
Consett
Chester-le-Street
Lanchester
Houghton-le-Spring
Wolsingham
Durham
Horden
Crook
Spennymoor
Peterlee
Hartlepool
DURHAM
Middleton-in-Teesdale
W. Auckland
Bishop Auckland
Sedgefield
Newton Aycliffe
Redcar
Marske-by-the-Sea
Saltburn-by-the-Sea
Billingham
Brotton
Barnard Castle
Stockton-on-Tees
Guisborough
Darlington
Loftus
Bowes
Tees-side
Middlesbrough
Eaglescliffe
Kirkby Stephen
Scotch Corner
Whitby
Reeth
Richmond
Swale
Cleveland Hills
North York Moors National Park
Northallerton
Leyburn
Hawes
Bedale
Yorkshire Dales
Thirsk
Helmsley
Pickering
Scalby
Scarborough
NORTH YORKSHIRE
Filey
National Park
Ripon
Pateley Bridge
Fountains Abbey
Easingwold
Malton
Norton
Threshfield
Boroughbridge
Flamborough Head
Knaresborough
E. RIDING OF YORKSHIRE
Bridlington
Harrogate
YORK
Wetwang
Gt. Driffield
Skipton
Ilkley
Otley
Harewood
Wetherby
Tadcaster
Beeford
Market Weighton
Colne
Keighley
Leven
Hornsea
Nelson
Bingley
Beverley
Burnley
BRADFORD
LEEDS
Selby
Barlby
Halifax
Garforth
Castleford
Howden
KINGSTON-UPON-HULL
Todmorden
Brighouse
Snaith
Goole
Hedon
Withernsea
Rochdale
Dewsbury
Pontefract
Humber Bridge
Barton-upon-Humber
Patrington
Wakefield
Huddersfield
Oldham
Holmfirth
Barnsley
Thorne
Crowle
Scunthorpe
N. LINCS
Immingham Dock
Immingham
Kilnsea
MANCHESTER
Bentley
Great Grimsby
Spurn Head
N.E. LINCS
Cleethorpes
Ashton-under-Lyne
Glossop
Stocksbridge
Conisbrough
Doncaster
Brigg
Humberside
Epworth
Caistor
Hyde
Peak District
Rotherham
Rotterdam
Zeebrugge
Stockport
High Peak
SHEFFIELD
Bawtry
Maltby
Castleton
Gainsborough
Market Rasen
Whaley Bridge
Chapel-en-le-Frith
Dronfield
Worksop
East Retford
Louth
Mablethorpe
Buxton
Staveley
Sutton-on-Sea
Baslow
Wragby
Chesterfield
NOTTS.
Bakewell
Chatsworth House
Tuxford
Lincoln
Alford
Hardwick Hall
Horncastle
Partney
Clay Cross
Ollerton
Woodhall Spa
Spilsby
Skegness
Matlock
Alfreton
Mansfield
Newark-on-Trent
Leek
Sutton-in-Ashfield
DERBY
LINCOLN
Southwell
Ashbourne
Ripley
Heanor
Leadenham
Belper
STOKE-ON-TRENT
Hucknall
NOTTINGHAM
Sleaford
Ilkeston
Bingham
Boston
Hunstanton
Stone
Uttoxeter
Derby
West Bridgford
Grantham
Wells-next-the-Sea
Blakeney
Sudbury
Long Eaton
The Wash
Sutterton
Donington
Stafford
Abbots Bromley
Burton-upon-Trent
Rempstone
Sandringham House
Fakenham
Rugeley
Shepshed
Holbeach
Swadlincote
Loughborough
Long Sutton
Guist
Cannock
Ashby de la Zouch
Melton Mowbray
Bourne
Spalding
King's Lynn
Lichfield
Coalville
Brownhills
LEICESTERSHIRE
NORFOLK
Oakham
Stamford
Crowland
Wisbech
East Dereham
Tamworth
Walsall
Sutton Coldfield
LEICESTER
Outwell
Swaffham
Oadby
Eye
Guyhirn
Atherstone
Uppingham
Stradsett
Hinckley
Peterborough
Downham Market
Watton
Nuneaton
Market Harborough
Corby
Whittlesey
March
Mundford
ENGLAND
Halesowen
Solihull
Bedworth
Lutterworth
Weldon
Oundle
Attleborough
COVENTRY
Husbands Bosworth
Desborough
Ramsey
Chatteris
Littleport
Brandon
Rugby
Kettering
Thetford
Kenilworth
Rothwell
Thrapston
Ely
WARWICK
NORTHAMPTON
CAMBRIDGE
Huntingdon
Earith
Soham
Redditch
Henley
Royal Leamington Spa
Wellingborough
Higham Ferrers
St. Ives
Warwick
Rushden
Godmanchester
Ixworth
Alcester
Daventry
Southam
St. Neots
NORTHAMPTON
Newmarket
Bury St. Edmunds

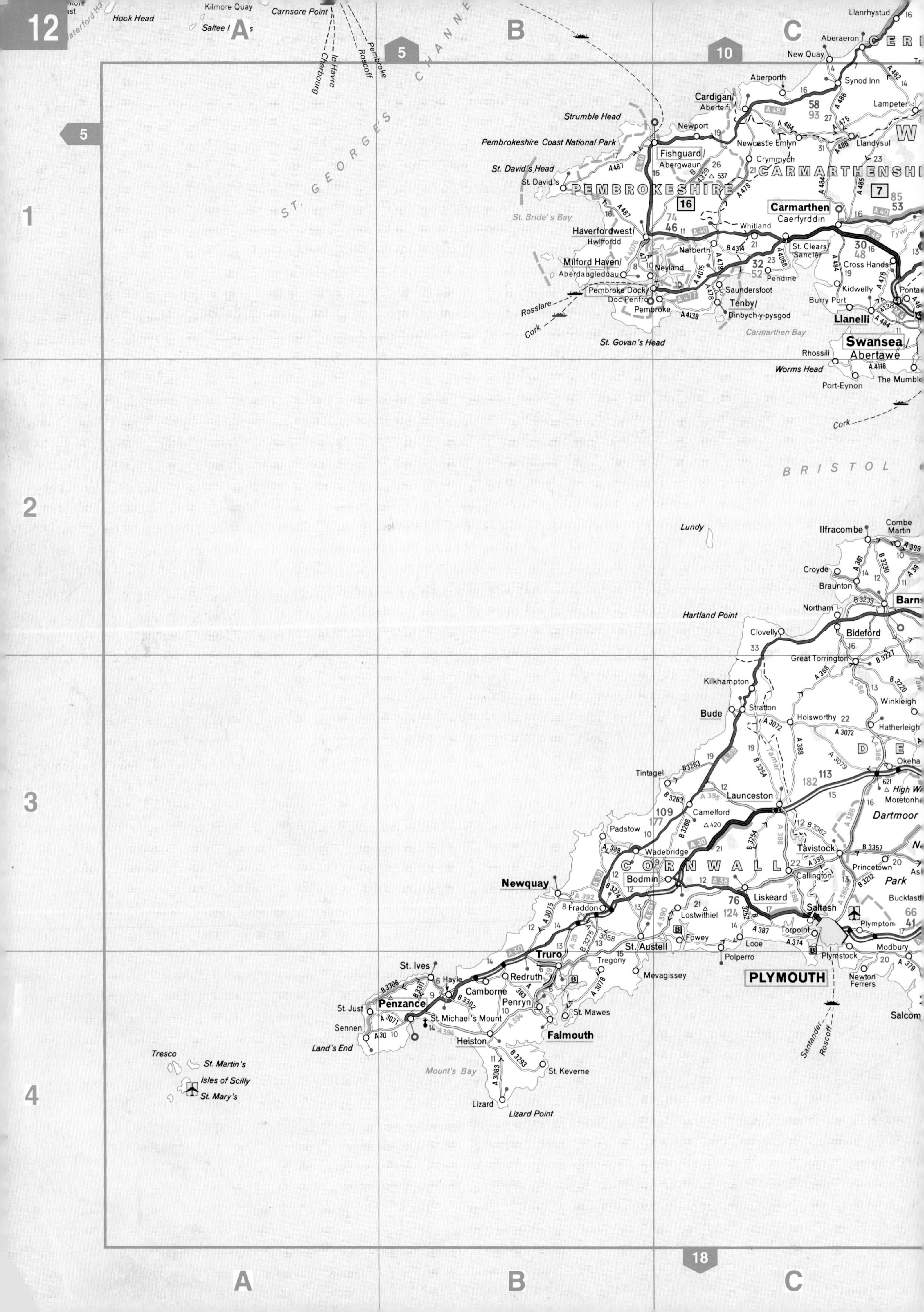
A
B
C
1
2
3
4
5
10
18
Hook Head
Kilmore Quay
Saltee Is
Carnsore Point
Cherbourg
le Havre
Roscoff
Pembroke
ST. GEORGE'S CHANNEL
Llanrhystud
Aberaeron
New Quay
Aberporth
Synod Inn
Lampeter
Cardigan/
Aberteifi
Strumble Head
Newport
Newcastle Emlyn
Llandysul
Pembrokeshire Coast National Park
Fishguard/
Abergwaun
Crymych
St. David's Head
St. David's
PEMBROKESHIRE
CARMARTHENSHIRE
Carmarthen
Caerfyrddin
St. Bride's Bay
Haverfordwest/
Hwlffordd
Whitland
St. Clears/
Sanclêr
Narberth
Milford Haven/
Aberdaugleddau
Neyland
Cross Hands
Pendine
Kidwelly
Pembroke Dock/
Doc Penfro
Pembroke
Saundersfoot
Tenby/
Dinbych-y-pysgod
Burry Port
Llanelli
Rosslare
Cork
St. Govan's Head
Carmarthen Bay
Swansea/
Abertawe
Rhossili
Worms Head
Port-Eynon
The Mumbles
Cork
BRISTOL
Lundy
Ilfracombe
Combe Martin
Croyde
Braunton
Northam
Hartland Point
Clovelly
Bideford
Great Torrington
Kilkhampton
Winkleigh
Bude
Stratton
Holsworthy
Hatherleigh
Tintagel
Okehampton
High Willhays
Moretonhampstead
Launceston
Camelford
Dartmoor
Padstow
Wadebridge
Tavistock
CORNWALL
Bodmin
Callington
Princetown
Park
Newquay
Liskeard
Saltash
Buckfastleigh
Fraddon
Lostwithiel
Plympton
Torpoint
Fowey
Looe
St. Austell
Truro
Plymstock
Modbury
Tregony
Polperro
Mevagissey
St. Ives
Hayle
Redruth
Camborne
Penryn
PLYMOUTH
Newton Ferrers
St. Just
Penzance
St. Michael's Mount
St. Mawes
Sennen
Falmouth
Salcombe
Land's End
Helston
Santander
Roscoff
Tresco
St. Martin's
Isles of Scilly
St. Mary's
Mount's Bay
St. Keverne
Lizard
Lizard Point

COVENTRY
Rugby
Kidderminster
Worcester
Hereford
Gloucester
Cheltenham
Stratford-upon-Avon
NORTHAMPTON
OXFORD
Aylesbury
Swindon
NEWPORT / CASNEWYDD
CARDIFF / CAERDYDD
BRISTOL
Bath
Reading
Newbury
Basingstoke
Salisbury
Winchester
SOUTHAMPTON
PORTSMOUTH
BOURNEMOUTH
Poole
Weymouth
Dorchester
Yeovil
Taunton
Bridgwater
EXETER
Exmouth
Torquay
Torbay
Paignton
Merthyr Tydfil
Swansea
Port Talbot
Weston-super-Mare
Wells
Glastonbury
Sidmouth
Honiton
Lyme Regis
ISLE OF WIGHT
Lyme Bay
Start Point
Bill of Portland
St. Catherine's Point
The Needles
WALES
POWYS
HEREFORD AND WORCESTER
GLOUCESTER
OXFORD
WARWICK
BERKSHIRE
WILTSHIRE
HAMPSHIRE
SOMERSET
DORSET
DEVON
BUCKINGHAM
M
A
N
Alderney
Cap de la Hague
Cap Lévy
Jersey-Guernsey
Cherbourg
St. Malo
Caen
le Havre
Rosslare
Poole
Portsmouth
D
E
F
10
14
19
20
1
2
3
4

A
B
C
1
2
3
4
DERBY
LINCOLN
STAFFORD
LEICESTER
ENGLAND
CAMBRIDGE
NORTHAMPTON
WARWICK
BEDFORD
OXFORD
BUCKINGHAM
HERTFORD
GLOUCESTER
ESSEX
BERKSHIRE
WILTSHIRE
SURREY
HAMPSHIRE
W. SUSSEX
E. SUSSEX
KENT
DORSET
Kidsgrove
Leek
Matlock
Alfreton
Mansfield
Newark-on-Trent
Woodhall Spa
Spilsby
Skegness
STOKE-ON-TRENT
Ashbourne
Belper
Ripley
Heanor
Sutton-in-Ashfield
Southwell
Hucknall
NOTTINGHAM
Leadenham
Sleaford
Audlem
Market Drayton
Stone
Uttoxeter
Derby
Ilkeston
Bingham
Grantham
Boston
Hunstanton
The Wash
Hodnet
Eccleshall
Sudbury
Burton-upon-Trent
Long Eaton
West Bridgford
Donington
Crudgington
Stafford
Abbots Bromley
Rempstone
Newport
Rugeley
Swadlincote
Shepshed
Loughborough
Melton Mowbray
Holbeach
Long Sutton
Telford
Cannock
Ashby de la Zouch
Coalville
Bourne
Spalding
King's Lynn
Gailey
Brownhills
Lichfield
Oakham
Stamford
Crowland
Wisbech
WOLVERHAMPTON
Walsall
Tamworth
LEICESTER
Sutton Coldfield
Atherstone
Oadby
Uppingham
Eye
Peterborough
Outwell
Guyhirn
Bridgnorth
Dudley
Hinckley
Downham Market
Stradsett
BIRMINGHAM
Nuneaton
Market Harborough
Corby
Whittlesey
March
Stourbridge
Bedworth
Lutterworth
Weldon
Oundle
Kidderminster
Halesowen
Solihull
Bewdley
COVENTRY
Husbands Bosworth
Desborough
Chatteris
Ramsey
Littleport
Stourport
Bromsgrove
Rugby
Kettering
Ely
Tenbury Wells
Kenilworth
Rothwell
Thrapston
Huntingdon
Soham
Redditch
Henley
Royal Leamington Spa
Wellingborough
Higham Ferrers
Earith
Droitwich
Warwick
Daventry
Rushden
St Ives
Worcester
Alcester
Southam
NORTHAMPTON
Godmanchester
St. Neots
Newmarket
Bromyard
Stratford-upon-Avon
Eltisley
Great Malvern
Pershore
Evesham
Ettington
Towcester
Bedford
Sandy
Potton
Cambridge
Upton
Chipping Campden
Shipston-on-Stour
Banbury
Wolverton
Newport Pagnell
Biggleswade
Haverhill
Broadway
Brackley
Milton Keynes
Shefford
Royston
Saffron Walden
Tewkesbury
Winchcombe
Moreton
Chipping Norton
Buckingham
Ampthill
Woburn
Letchworth
Hitchin
Baldock
Gloucester
Cheltenham
Stow-on-the-Wold
Bletchley
Leighton Buzzard
Buntingford
Finchingfield
Bicester
Linslade
Luton
Stevenage
Stansted
Puckeridge
Great Dunmow
Northleach
Woodstock
Dunstable
Painswick
Burford
Blenheim Palace
Kidlington
Bishop's Stortford
Stroud
Bibury
Witney
Aylesbury
Harpenden
Welwyn Garden City
Hertford
Ware
Sawbridgeworth
Witham
Lydney
Cirencester
OXFORD
Tring
St Albans
Hatfield
Harlow
Chelmsford
Nailsworth
Fairford
Lechlade
Thames
Thame
Berkhamsted
Hemel Hempstead
Cheshunt
Hoddesdon
Epping
Dursley
Tetbury
Faringdon
Abingdon
High Wycombe
Amersham
Potters Bar
Billericay
Chipping Sodbury
Malmesbury
Cricklade
Wantage
Wallingford
Beaconsfield
Watford
Brentwood
Swindon
Chiltern Hills
Marlow
Wickford
Wroughton
Streatley
Henley-on-Thames
Maidenhead
LONDON
Basildon
Chippenham
Slough
Heathrow
Dagenham
Grays Thurrock
Benfleet
Corsham
Calne
Marlborough
Pangbourne
Reading
Bath
Avebury
Hungerford
Windsor
Staines
Richmond
Kingston
Dartford
Tilbury
Gravesend
Bradford-on-Avon
Melksham
Devizes
Newbury
Wokingham
Bracknell
Esher
Sutton
Croydon
Orpington
Swanley
Rochester
Radstock
Trowbridge
Pewsey
Camberley
Woking
Epsom
Chatham
Beckington
Westbury
Upavon
Farnborough
Frome
Warminster
Weyhill
Andover
Basingstoke
Aldershot
Shepton Mallet
Shrewton
Farnham
Guildford
Dorking
Reigate
Redhill
Sevenoaks
Knole
Maidstone
Longleat House
Stonehenge
Amesbury
Godalming
Alton
Milford
Bruton
Lopcombe Corner
Horley
Gatwick
Tonbridge
Southborough
Wilton
Stockbridge
Hindhead
Crawley
Mere
Salisbury
Winchester
New Alresford
Haslemere
East Grinstead
Gillingham
Shaftesbury
Royal Tunbridge Wells
Billingshurst
Horsham
Crowborough
Henstridge
Romsey
Petersfield
Hawkhurst
Sherborne
Fordingbridge
Eastleigh
Midhurst
Petworth
Haywards Heath
Cuckfield
Sturminster Newton
Cranborne
Botley
Uckfield
Heathfield
Blandford Forum
Ringwood
Lyndhurst
New Forest
Burgess Hill
Pulborough
Cowfold
Wimborne Minster
SOUTHAMPTON
Cosham
Havant
Chichester
Arundel
BRIGHTON
Hailsham
Battle
Fareham
Beaulieu
Fawley
PORTSMOUTH
Shoreham
Lewes
Polegate
Bexhill
Gosport
Lymington
Cowes
Southsea
Littlehampton
Worthing
Hove
Newhaven
Seaford
Eastbourne
Bere Regis
Christchurch
Solent
Yarmouth
Fishbourne
Ryde
Bognor Regis
Selsey
Selsey Bill
Beachy Head
Poole
BOURNEMOUTH
Wareham
Freshwater
Newport
Foreland
Brading
Sandown
Shanklin
Niton
Ventnor
The Needles
Corfe Castle
Weymouth
Swanage
Fortuneswell
St. Alban's Head
ISLE OF WIGHT
St. Catherine's Point
Le Havre
Caen
Dieppe
St. Malo
Cherbourg
Jersey

11
13
16

MER DU NORD
Sheringham
Cromer
Blakeney
Holt
Mundesley
Fakenham
North Walsham
Guist
Aylsham
Low Street
NORFOLK
East Dereham
Swaffham
NORWICH
Acle
Great Yarmouth
Gorleston-on-Sea
Watton
Wymondham
Mundford
Attleborough
Lowestoft
Thetford
Bungay
Beccles
Harleston
Diss
Scole
Halesworth
Southwold
Ixworth
Bury St. Edmunds
Dennington
Yoxford
Saxmundham
Leiston
Stowmarket
SUFFOLK
Aldeburgh
Lavenham
IPSWICH
Woodbridge
Hadleigh
Felixstowe
Harwich
The Naze
Walton-on-the-Naze
Esbjerg
Göteborg
Hoek van Holland
Hamburg
Colchester
Frinton-on-Sea
Brightlingsea
Clacton-on-Sea
W. Mersea
Bradwell-on-Sea
Burnham-on-Crouch
Foulness Point
Southend-on-Sea
Sheerness
Isle of Sheppey
Leysdown-on-Sea
Birchington
Margate
Herne Bay
North Foreland
Whitstable
Sittingbourne
Broadstairs
Ramsgate
Oostende
Faversham
Canterbury
Sandwich
Deal
Ashford
South Foreland
Terminal
Dover
Tunnel sous la Manche
Hythe
Folkestone
New Romney
Lydd
Rye
Dungeness
Dunkerque
Malo-les-Bains
Bray-Dunes
Gravelines
Calais
Cap Blanc Nez
Wissant
Cap Gris Nez
Marquise
Guines
Ardres
Audruicq
Wimereux
Boulogne
PAS DE CALAIS
St. Omer
Arques
Cassel
Lumbres
Desvres
Hardelot-Plage
Samer
Fauquembergues
Thérouanne
Hucqueliers
Etaples
Le Touquet-Paris-Plage
Fruges
Heuchin
Aire
Merville
Hazebrouck
Steenvoorde
Wormhout
Bergues
Hondschoote
Béthune
Bruay-la-Buissière
Estaires
Armentières
Bailleul
LILLE
Haubourdin
Seclin
Carvin
Pont-à-Marcq
Roubaix
Tourcoing
Mouscron
Tournai (Doornik)
Renaix (Ronse)
Oudenaarde
Kortrijk (Courtrai)
Menen
Wervik
Ieper (Ypres)
Poperinge
Roeselare (Roulers)
WEST VLAANDEREN
Diksmuide
Veurne
De Panne
Koksijde-Bad
Nieuwpoort
Middelkerke-Bad
Oostende
De Haan
Blankenberge
Zeebrugge
Heist
Knokke-Heist
BRUGGE (BRUGES)
Jabbeke
Gistel
Torhout
Oostkamp
Aalter
Tielt
Deinze
Waregem
Harelbeke
Ingelmunster
Eeklo
Evergem
GENT (GAND)
Zelzate
Maldegem
Sluis
IJzendijke
Breskens
Vlissingen
Middelburg
Walcheren
Domburg
Veere
Haamstede
Kingston upon Hull
Ramsgate
Hoedeken
Lessines
Leuze
Péruwelz
Villers
Cysoing

A
B
C
15
14
21
2
3
4
Maldon
Bradwell-on-Sea
Burnham-on-Crouch
Foulness Point
Brentwood
Billericay
Wickford
Rayleigh
LONDON
Basildon
Dagenham
Benfleet
Southend-on-Sea
Canvey Island
Grays Thurrock
Dartford
Tilbury
Grain
R. Thames
Gravesend
Sheerness
Isle of Sheppey
Leysdown-on-Sea
Orpington
Swanley
Rochester
Gillingham
Chatham
Whitstable
Herne Bay
Birchington
Margate
North Foreland
Broadstairs
Ramsgate
Croydon
Sittingbourne
Faversham
Canterbury
Sandwich
Deal
Sevenoaks
Knole
Maidstone
KENT
Tonbridge
Southborough
Ashford
Royal Tunbridge Wells
Biddenden
Terminal
South Foreland
Dover
Tenterden
Folkestone
Hythe
Crowborough
Hawkhurst
Haywards Heath
Heathfield
Uckfield
New Romney
Lydd
E. SUSSEX
Burgess Hill
Rye
Winchelsea
Dungeness
Hailsham
Battle
Lewes
Polegate
Hastings
Bexhill
Newhaven
Seaford
Eastbourne
Beachy Head
Dieppe
Ramsgate
Oostende
Tunnel sous la Manche
Dunkerque
Malo-les-Bains
Bray-Dunes
De Panne
Koksijde-Bad
Nieuwpoort
Middelkerke-Bad
Oostende
Veurne
Diksmuide
Gravelines
Calais
Bergues
Hondschoote
Cap Blanc Nez
Wissant
Terminal
Guînes
Bourbourg
Audruicq
Wormhout
Cap Gris Nez
Marquise
Ardres
Poperinge
Ieper (Ypres)
Cassel
Steenvoorde
Wimereux
St Omer
Arques
Bailleul
Boulogne
PAS-DE-CALAIS
Lumbres
Hazebrouck
Armentières
Desvres
Aire
Merville
Estaires
LILLE
Hardelot-Plage
Samer
Thérouanne
Fauquembergues
Norrent-Fontes
Lillers
La Bassée
Hucqueliers
Le Touquet-Paris-Plage
Étaples
Fruges
Heuchin
Béthune
Bruay-la-Buissière
Montreuil
Noeux
Houdain
Bully
Berck-Plage
Campagne-lès-H.
Hesdin
Liévin
Lens
Aubigny
Fort-Mahon-Plage
St Pol-s-T.
Frévent
Avesnes-le-Cte
Arras
Rue
Crécy-en-P.
Auxi-le-Chau
Beaumetz-lès-L.
le Crotoy
Nouvion
Cayeux
St Valery
Pas-en-Artois
Abbeville
St Riquier
Bernaville
Doullens
Ault
Mers
Ailly-le-Ht Clocher
Bapaume
le Tréport
Criel
Eu
Domart-en-P.
Acheux
Hallencourt
Villers-Bocage
Albert
Gamaches
Dieppe
Airaines
Picquigny
Blangy
Oisemont
Veules-les-Roses
Varengeville
Envermeu
SOMME
St Valery-en-Caux
Molliens-Dreuil
Corbie
Bray
Veulettes
Londinières
AMIENS
Villers-Bretonneux
Chaulnes
Cany-Barville
Fontaine-le-Dun
Offranville
St Nicolas-d'A.
Arques
Hornoy
Bacqueville
Fécamp
Yport
Longueville-s-S.
Aumale
Poix
Ailly-s-N.
Rosières
Moreuil
Etretat
Cap d'Antifer
Valmont
Ourville
Doudeville
Bellencombre
Neufchâtel-en-B.
Conty
SEINE-MARITIME
Yerville
St Saëns
Montdidier
Criquetot-l'Esneval
Goderville
Fauville
Tôtes
Grandvilliers
Roye
LE HAVRE
Bolbec
Yvetot
Formerie
Forges-les-Eaux
Breteuil
Montivilliers
Caudebec
Pavilly
Crèvecoeur-le-Gd
Maignelay-Montigny
Harfleur
Lillebonne
Barentin
Clères
Buchy
Marseille-en-B.
Froissy
Ressons
St Romain-de-C.
Quillebeuf
St Wandrille
Duclair
Argueil
Songeons
St Just-en-Chaussée
Tancarville
ROUEN
Gournay-en-B.
Beauvais
Trouville
Deauville
Honfleur
Jumièges
Estrées-St Denis
Clermont
Blonville
Beuzeville
Lyons-la-F.
Boos
OISE
Pont-Audemer
Bourg-Achard
Bourgtheroulde
Grd Couronne
Auneuil
Bresles
Arsy
Fleury-s-A.
Noailles
Pont-Ste Maxence
Verberie
Pont-l'Évêque
Montfort-s-R.
le Bec-Hellouin
Elbeuf
Pont-de-l'Arche
Val de Reuil
Gisors
Chaumont-en-V.
Mouy
Crépy-en-Valois
Cormeilles
Étrépagny
Méru
Neuilly-en-T.
Creil
Dozulé
Lieurey
Les Andelys
Blangy-le-Chau
Brionne
Louviers
Gaillon
Senlis
Cambremer
le Neubourg
Écos
Magny-en-V.
Chambly
Chantilly
Thiberville
Marines
L'Isle-Adam
Beaumont
Ermenonville
Nanteuil-le-H.
Lisieux
la Rivière-Thibouville
EURE
Vernon
La Roche-Guyon
Luzarches
Bernay
Beaumont-le-Roger
Orbec
Évreux
Bonnières
Pontoise
DU NORD
AUTOROUTE
printemps 1998
fin 1998

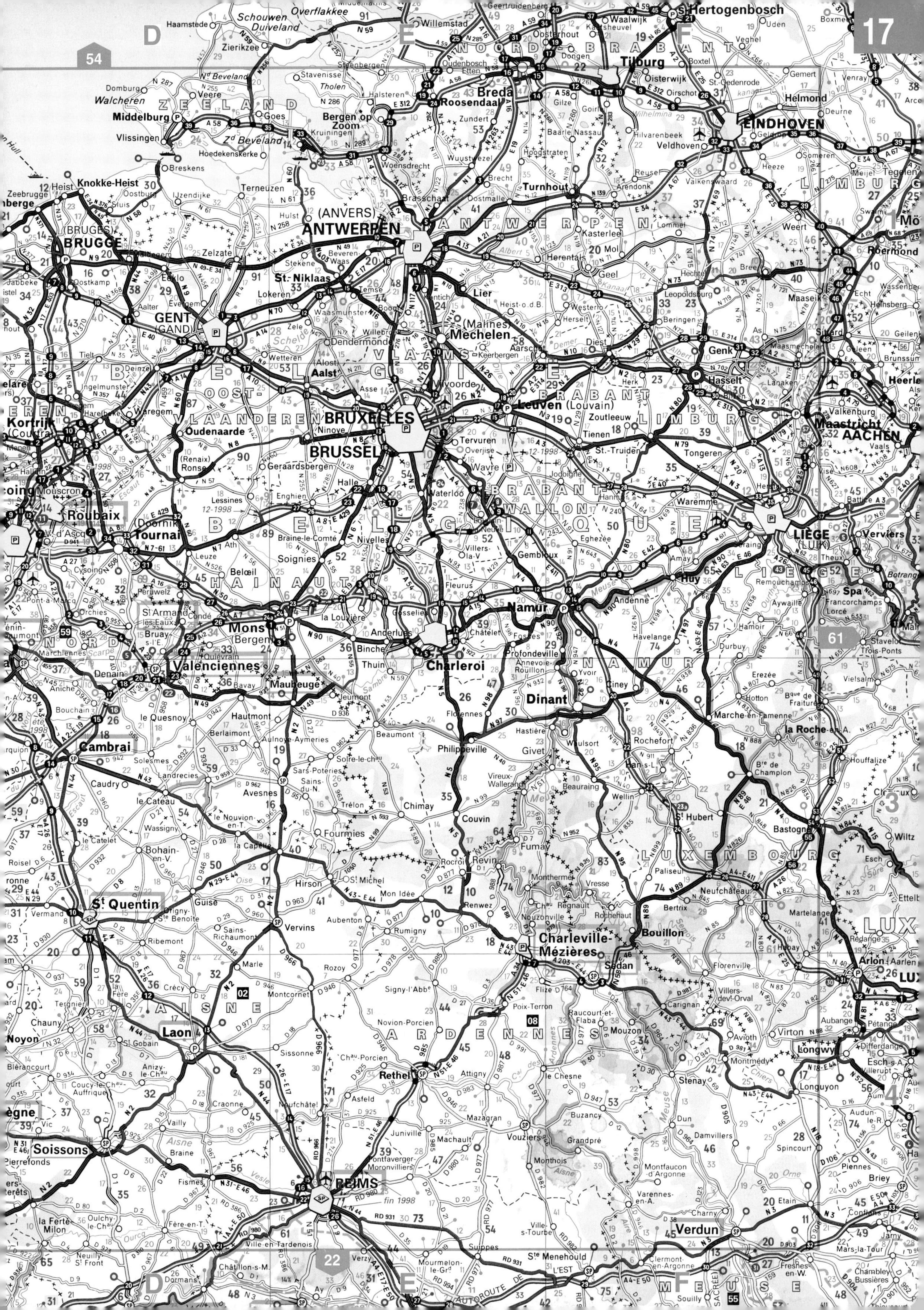

D
E
F
54
's Hertogenbosch
Schouwen Duiveland
Overflakkee
Willemstad
Zierikzee
Waalwijk
Tilburg
Oosterhout
Breda
Roosendaal
Bergen op Zoom
Goes
Middelburg
Vlissingen
Walcheren
Z E E L A N D
N O O R D - B R A B A N T
Oisterwijk
Boxtel
EINDHOVEN
Helmond
Veldhoven
Breskens
Knokke-Heist
Terneuzen
Zeebrugge
BRUGGE
(BRUGES)
(ANVERS)
ANTWERPEN
A N T W E R P E N
Turnhout
Hoogstraten
Brasschaat
St. Niklaas
Lokeren
Herentals
Geel
Mol
Lier
GENT
(GAND)
Mechelen
(Malines)
Aalst
(Alost)
Dendermonde
Hasselt
Genk
Diest
Aarschot
Weert
Roermond
L I M B U R G
Sittard
Maastricht
AACHEN
Tongeren
St.-Truiden
Tienen
Leuven (Louvain)
BRUXELLES
BRUSSEL
V L A A N D E R E N
OOST-
Oudenaarde
Kortrijk
(Courtrai)
Mouscron
Roubaix
Tournai
(Doornik)
Waterloo
Wavre
Halle
Nivelles
Soignies
B R A B A N T - W A L L O N
B E L G I Q U E
LIÈGE
(LUIK)
Verviers
Spa
Huy
Namur
Charleroi
Mons
(Bergen)
H A I N A U T
Valenciennes
Maubeuge
Dinant
N A M U R
Ciney
Marche-en-Famenne
La Roche-en-A.
Bastogne
St. Hubert
L U X E M B O U R G
Neufchâteau
Bouillon
Philippeville
Couvin
Chimay
Givet
Rochefort
Cambrai
Le Cateau
Avesnes
Fourmies
St Quentin
Guise
Vervins
Hirson
Rocroi
Revin
Fumay
Charleville-Mézières
Sedan
Arlon
Longwy
Montmédy
Virton
A I S N E
Laon
Soissons
A R D E N N E S
Rethel
Vouziers
REIMS
Verdun
Stenay
Noyon
Chauny
Épernay
Ste Menehould
M E U S E
Étain
LUX
22
61

A B C

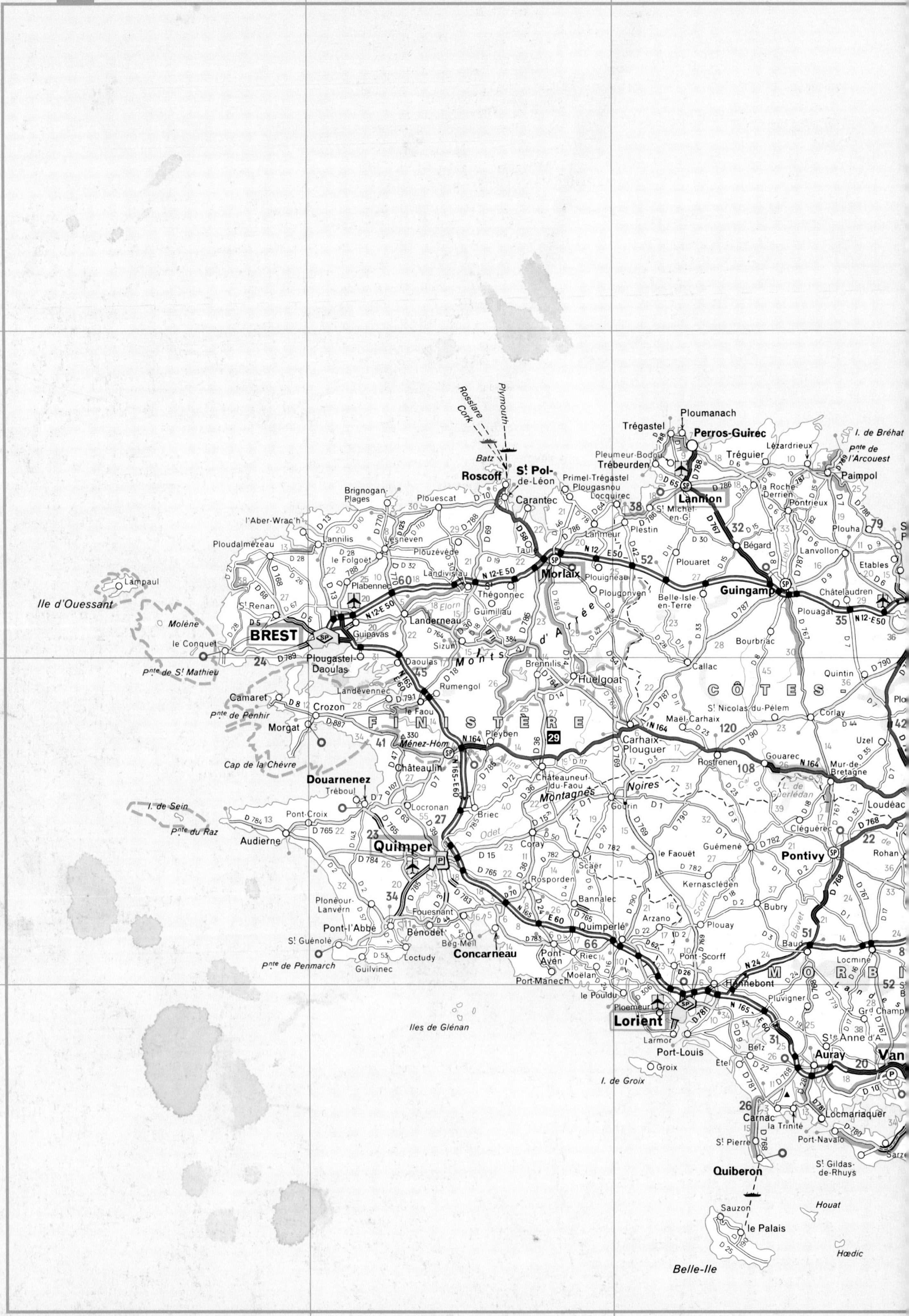
12
1
2
3
4
Plymouth
Rosslare
Cork
Batz
Roscoff
St Pol-de-Léon
Carantec
Ploumanach
Trégastel
Perros-Guirec
Pleumeur-Bodou
Trébeurden
Lannion
Tréguier
Lézardrieux
I. de Bréhat
Pnte de l'Arcouest
Paimpol
Primel-Trégastel
Plougasnou
Locquirec
Lanmeur
Plestin
St Michel-en-G.
Brignogan-Plages
Plouescat
l'Aber-Wrac'h
Lannilis
Lesneven
Ploudalmézeau
le Folgoët
Plouzévédé
Landivisiau
St Thégonnec
Taulé
Morlaix
Plouigneau
Plougonven
Belle-Isle-en-Terre
Plouaret
Bégard
Guingamp
Pontrieux
La Roche-Derrien
Plouha
Lanvollon
Etables
Châtelaudren
Plouagat
Lampaul
Ile d'Ouessant
Molène
le Conquet
St Renan
Plabennec
BREST
Gulpavas
Landerneau
Guimiliau
Sizun
Pnte de St Mathieu
Plougastel-Daoulas
Daoulas
Monts d'Arrée
Brennilis
Huelgoat
Callac
Bourbriac
Quintin
CÔTES
Camaret
Pnte de Penhir
Crozon
Morgat
Landévennec
Rumengol
le Faou
FINISTÈRE
29
Pleyben
Ménez-Hom
Cap de la Chèvre
Châteaulin
Carhaix-Plouguer
Maël-Carhaix
St Nicolas-du-Pélem
Corlay
Uzel
Rostrenen
Gouarec
Mur-de-Bretagne
Douarnenez
Tréboul
Châteauneuf-du-Faou
Montagnes Noires
Gourin
L. de Guerlédan
Loudéac
I. de Sein
Pnte du Raz
Audierne
Pont-Croix
Locronan
Briec
Quimper
Odet
Coray
Le Faouët
Guémené
Cléguérec
Pontivy
Rohan
Scaër
Rosporden
Bannalec
Kernascléden
Bubry
Plouay
Arzano
Quimperlé
Ploneour-Lanvern
Pont-l'Abbé
Fouesnant
Bénodet
Beg-Meil
Concarneau
St Guénolé
Pnte de Penmarch
Guilvinec
Loctudy
Pont-Aven
Riec
Moëlan
Port-Manech
le Pouldu
Pont-Scorff
Hennebont
Baud
Locminé
Pluvigner
Ploemeur
Lorient
Larmor
Port-Louis
Iles de Glénan
Groix
I. de Groix
Etel
Belz
Auray
Ste Anne d'A.
Carnac
la Trinité
Locmariaquer
Port-Navalo
St Pierre
Quiberon
St Gildas-de-Rhuys
Houat
Hœdic
Sauzon
le Palais
Belle-Ile
N 12-E 50
N 164
N 165-E 60
N 24
MORBI

A B C

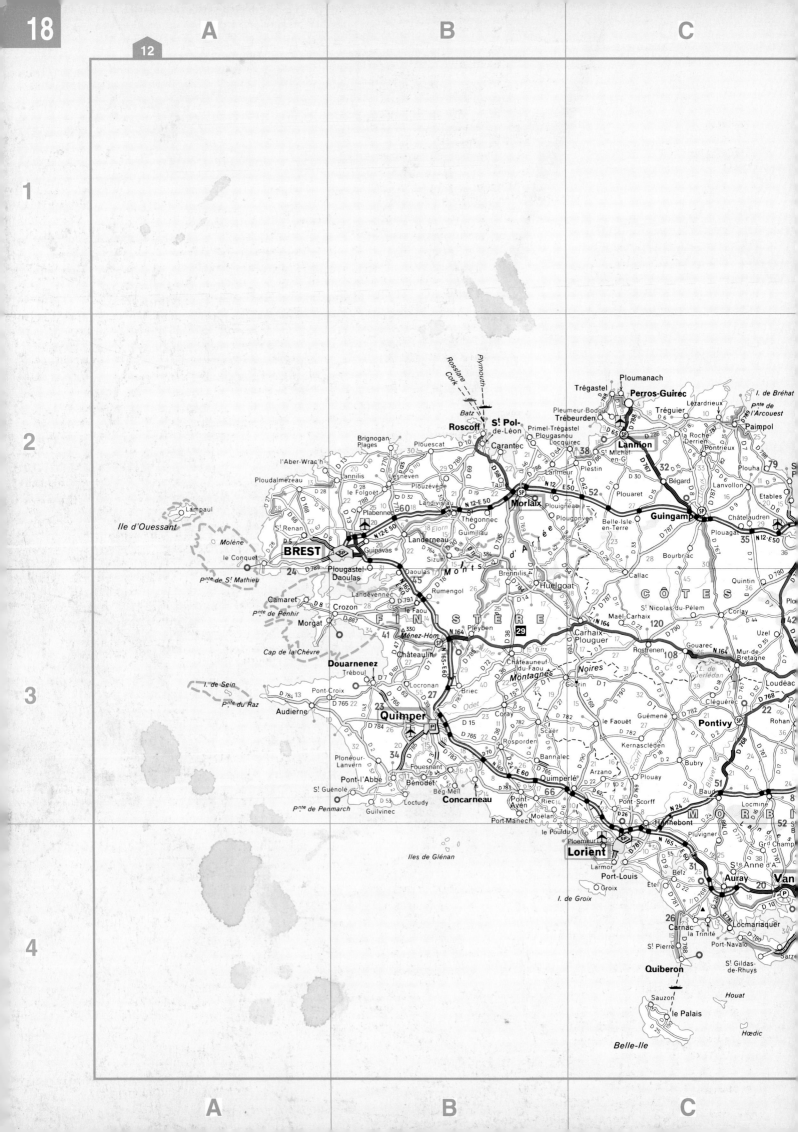

D
E
F
13
20
24
Alderney
Cap de la Hague
Nez de Jobourg
Cap Lévy
Pte de Barfleur
Cherbourg
Beaumont
St Pierre-Eglise
Barfleur
Quettehou
St Vaast-la-Hougue
Valognes
les Pieux
Montebourg
Bricquebec
Barneville-Carteret
Carteret
Portbail
St Sauveur-le-V.
Carentan
la Haye-du-Puits
Lessay
Périers
St Jean-de-Daye
Isigny
Guernsey
St. Peter Port
Sark
Jersey
St-Hélier
Gorey
Weymouth
Poole
Portsmouth
Plymouth
Cork
Rosslare
Grandcamp-Maisy
St Laurent
Port-en-Bessin
Arromanches
Courseulles
St Aubin
Langrune
Luc
Ouistreham
Lion
Cabourg
Houlgate
Dives
Villers
Deauville
Trouville
Honfleur
LE HAVRE
Ste Adresse
Montivilliers
Criquetot-l'E.
Etretat
Cap d'Antifer
Trévières
Bayeux
Creully
Douvres-la-D.
CAEN
Troarn
Dozulé
Cambremer
Mézidon
Livarot
St Pierre-s-D.
Tilly-s-S.
Balleroy
Villers-Bocage
Evrecy
Caumont-l'Eventé
St Clair-s-l'E.
St Lô
Marigny
Canisy
Torigni
Tessy
Coutances
Agon-Coutainville
St Malo-de-la-Lande
St Sauveur-Lendelin
Cerisy-la-S.
Montmartin
Bréhal
Gavray
Hambye
Percy
Villedieu-les-Poêles
Granville
Vire
Le Bény-Bocage
Aunay-s-O
Thury-Harcourt
Potigny
Falaise
Clécy
Condé-s-Noireau
Vassy
Pont-d'Ouilly
Trun
Argentan
Exmes
Ecouché
Putanges
Flers
Tinchebray
St Sever
St Pois
Brécey
Sourdeval
Mortain
Juvigny-le-T.
Messei
Briouze
Nonant-le-Pin
Mortrée
La Ferté-Macé
Bagnoles-de-l'Orne
Domfront
Barenton
le Teilleul
St Hilaire-du-Harcouët
Ducey
Pontaubault
Avranches
la Haye-Pesnel
St Pair
Jullouville
Carolles
Sartilly
Pte du Grouin
Cancale
le Mont-St Michel
le Vivier
St Malo
Paramé
Rothéneuf
Dinard
St Lunaire
Cap Fréhel
Sables-d'Or
Erquy
St Cast
St Briac
Matignon
St Jacut
St Servan
Châteauneuf
Pontorson
Dol-de-B.
Pleine-Fougères
St Brieuc
Pléneuf
Val-André
Lamballe
Jugon
Plancoët
Ploubalay
Dinan
Plélan-le-P.
Broons
Evran
Caulnes
Combourg
Tinténiac
Hédé
Antrain
St Brice-en-Coglès
Louvigné-du-Désert
St James
Landivy
Passais
Juvigny-s/s-A.
Couptrain
Carrouges
la Ferté-Macé
Lassay
Ambrières-les-Vallées
Gorron
Fougères
St Aubin-d'Aubigné
St Aubin-du-Cormier
Liffré
Ernée
Mayenne
Chailland
Javron
Pré-en-Pail
Mt des Avaloirs
Villaines-la-Juhel
Fresnay-s-S.
Alençon
Beaumont
Bais
Sillé-le-Guillaume
Evron
Montsûrs
Ste Suzanne
Conlie
St Denis d'Orques
Vaiges
LE MANS
Loué
Brûlon
Meslay
Laval
Loiron
Argentré-du-Plessis
Vitré
Champeaux
Châteaubourg
RENNES
Montfort
Montauban-de-Bretagne
St Méen-le-Grd
Merdrignac
Plouguenast
Collinée
Moncontour
Bécherel
Mordelles
St Jacques
Châteaugiron
Plélan-le-Grd
Mauron
la Chèze
la Trinité-Porhoët
Josselin
Ploërmel
Guer
Maure-de-Bretagne
Malestroit
Pipriac
Guichen
Janzé
Retiers
la Guerche-de-B.
Bain-de-Bretagne
Martigné-Ferchaud
Rougé
Grd Fougeray
Châteaubriant
Pouancé
St Aignan-s-Roë
Renazé
Craon
Château-Gontier
Cossé-le-Vivien
Grez-en-Bouère
Sablé
Solesmes
la Suze
Malicorne
Pontvallain
la Flèche
Bierné
Segré
Châteauneuf-s-S.
Durtal
Le Lude
Baugé
Noyant
le Lion-d'A.
Tiercé
Seiches
ANGERS
les Ponts-de-Cé
St Georges
Beaufort-en-V.
Longué
les Rosiers
Gennes
Allonnes
Bourgueil
Saumur
Doué-la-Fontaine
Candes
Brissac-Quincé
Thouarcé
Chemillé
Chalonnes
Montjean
Ingrandes
Varades
Ancenis
St Florent
Champtoceaux
Beaupréau
Montrevault
Candé
le Louroux-Béconnais
St Mars-la-Jaille
Riaillé
Nort
Moisdon
St Julien-de-Vouvantes
Derval
Nozay
Blain
Redon
Guémené-Penfao
Rochefort-en-T.
Questembert
Allaire
Muzillac
Damgan
Pénestin
la Roche-Bernard
Herbignac
St Gildas-des-B.
Pontchâteau
Savenay
Donges
Paimbœuf
St Etienne-de-Montluc
Carquefou
NANTES
St Herblain
Bl Pellerin
le Loroux-Bottereau
Mindin
St Brevin
St Père-en-R.
St Nazaire
Pornichet
la Baule
Guérande
Piriac
Turballe
Batz
le Pouliguen
Pte de St Gildas
MANCHE
CALVADOS
ORNE
MAYENNE
SARTHE
ILLE-ET-VILAINE
CÔTES-D'ARMOR
LOIRE-ATLANTIQUE
MAINE-ET-LOIRE
Loire
Vilaine
Rance
fin 1998
début 1998

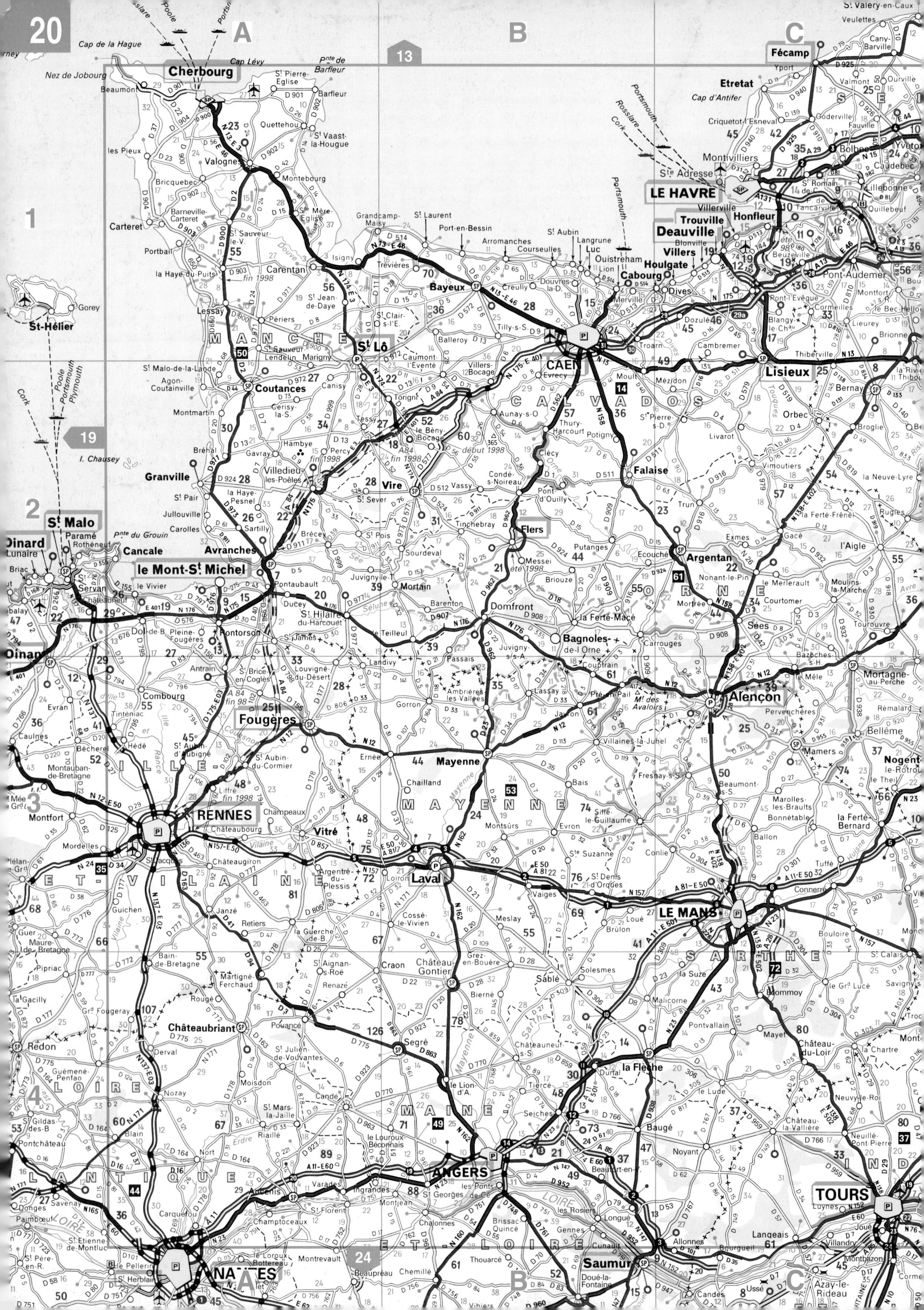
A
B
C
13
19
24
1
2
3
4
Cherbourg
Cap de la Hague
Nez de Jobourg
Cap Lévy
Pte de Barfleur
St Pierre-Eglise
Barfleur
Beaumont
Quettehou
St Vaast-la-Hougue
les Pieux
Valognes
Montebourg
Bricquebec
Barneville-Carteret
Carteret
Ste Mère-Eglise
St Sauveur-le-V.
Portbail
la Haye-du-Puits
Carentan
Isigny
Grandcamp-Maisy
St Laurent
Port-en-Bessin
Arromanches
Courseulles
St Aubin
Langrune
Luc
Ouistreham
Lion
Cabourg
Houlgate
Dives
Trévières
Bayeux
Creully
Douvres-la-D.
Merville
Lessay
Périers
St Jean-de-Daye
St Clair-s-l'E.
Balleroy
Tilly-s-S.
CAEN
Troarn
Dozulé
Cambremer
St Lô
Marigny
St Sauveur-Lendelin
Caumont-l'Éventé
Villers-Bocage
Evrecy
Moult
Mézidon
Lisieux
Coutances
Agon-Coutainville
St Malo-de-la-Lande
Canisy
Torigni
Cerisy-la-S.
Tessy
Aunay-s-O
Thury-Harcourt
Potigny
St Pierre-s-D.
Livarot
Orbec
Bernay
Montmartin
Hambye
Gavray
Percy
le Bény-Bocage
Bréhal
Granville
Villedieu-les-Poêles
Vire
Vassy
Condé-s-Noireau
Clécy
Falaise
Vimoutiers
Pont-d'Ouilly
St Pair
la Haye-Pesnel
St Sever
Jullouville
Carolles
Sartilly
Tinchebray
Flers
Trun
Brécey
St Pois
Sourdeval
Putanges
Argentan
Exmes
Gacé
l'Aigle
Avranches
Cancale
Pte du Grouin
St Malo
Dinard
Paramé
Rothéneuf
le Mont-St Michel
le Vivier
Juvigny-le-T.
Mortain
Messei
Briouze
Ecouché
Nonant-le-Pin
le Merlerault
Moulins-la-Marche
Pontaubault
Ducey
St Hilaire-du-Harcouët
Barenton
Domfront
la Ferté-Macé
Mortrée
Courtomer
Sées
Tourouvre
Pontorson
Dol-de-B.
Pleine-Fougères
le Teilleul
Bagnoles-de-l'Orne
Carrouges
Châteauneuf
Dinan
St James
Passais
Juvigny-s/s-A.
Couptrain
Bazoches-s-H.
Mortagne-au-Perche
Mêle
Antrain
St Brice-en-Coglès
Louvigné-du-Désert
Landivy
Ambrières-les-Vallées
Lassay
Pré-en-Pail
Mt des Avaloirs
Alençon
Pervenchères
Combourg
Evran
Tinténiac
Gorron
Javron
Villaines-la-Juhel
Bellême
Fougères
Ernée
Mayenne
Fresnay-s-S.
Beaumont-s-S.
Mamers
Nogent-le-Rotrou
Hédé
Bécherel
Caulnes
St Aubin-d'Aubigné
St Aubin-du-Cormier
Chailland
Bais
Montauban-de-Bretagne
Liffré
Marolles-les-Braults
Bonnétable
la Ferté-Bernard
Montfort
RENNES
Champeaux
Vitré
Châteaubourg
Montsûrs
Evron
Sillé-le-Guillaume
Mordelles
St Jacques
Châteaugiron
Laval
Argentré-du-Plessis
Loiron
Ste Suzanne
Conlie
Ballon
Tuffé
Vaiges
St Denis-d'Orques
Connerré
Guichen
Janzé
Retiers
Cossé-le-Vivien
Meslay
Loué
Brûlon
LE MANS
Guer
Maure-de-Bretagne
la Guerche-de-B.
Bouloire
St Calais
Bain-de-Bretagne
Pipriac
Martigné-Ferchaud
St Aignan-s-Roë
Renazé
Craon
Château-Gontier
Grez-en-Bouère
Sablé
Solesmes
la Suze
le Grd Lucé
Savigny
Redon
la Gacilly
Grd Fougeray
Rougé
Châteaubriant
Derval
Pouancé
Bierné
Malicorne
Écommoy
Segré
Pontvallain
Mayet
Château-du-Loir
la Chartre
St Julien-de-Vouvantes
Châteauneuf-s-S.
la Flèche
Guémené-Penfao
Nozay
Moisdon
le Lion-d'A.
Durtal
le Lude
Candé
St Mars-la-Jaille
Tiercé
Seiches
Baugé
Château-la-Vallière
Neuvy-le-Roi
Neuillé-Pont-Pierre
St Gildas-des-B
Pontchâteau
Blain
Riaillé
le Louroux-Béconnais
Noyant
Nort
ANGERS
Beaufort-en-V.
Ancenis
Varades
Ingrandes
St Georges
les Ponts-de-Cé
Montjean
Savenay
Donges
Paimbœuf
Carquefou
St Florent
Champtoceaux
Chalonnes
Brissac Quincé
les Rosiers
Gennes
Longué
Allonnes
Bourgueil
Langeais
TOURS
Luynes
Joué
St Etienne-de-Montluc
St Père-en-R.
le Loroux-Bottereau
Montrevault
Thouarcé
Cunault
Saumur
Doué-la-Fontaine
Villandry
Montbazon
Azay-le-Rideau
Ussé
Candes
St Herblain
le Pellerin
NANTES
Beaupréau
Chemillé
Vihiers
Etretat
Cap d'Antifer
Fécamp
Yport
Valmont
Ourville
Cany-Barville
Veulettes
St Valery-en-Caux
Criquetot-l'Esneval
Goderville
Fauville
Yvetot
Bolbec
Caudebec
Montivilliers
Ste Adresse
LE HAVRE
Lillebonne
Quillebeuf
St Romain-de-C.
Pont de Tancarville
Villerville
Trouville
Honfleur
Deauville
Blonville
Villers
Beuzeville
Pont-Audemer
Pont-l'Evêque
Cormeilles
Montfort-s-R.
le Bec-Hellouin
Blangy-le-Chau
Lieurey
Brionne
Thiberville
Broglie
la Neuve-Lyre
la Ferté-Frênel
Rugles
la Rivière-Thibouville
St-Hélier
Gorey
I. Chausey
Portsmouth
Poole
Rosslare
Cork
Plymouth
Cancale
MANCHE
CALVADOS
ORNE
ILLE-ET-VILAINE
MAYENNE
SARTHE
MAINE-ET-LOIRE
LOIRE-ATLANTIQUE
INDRE-ET-LOIRE
SEINE-MARITIME
EURE
A 84
A 11-E 60
A 81-E 50
A 13
A 28
N 12
N 13
N 137
N 157
N 158
N 162
N 165
N 171
N 175
N 176
fin 1998
début 1998

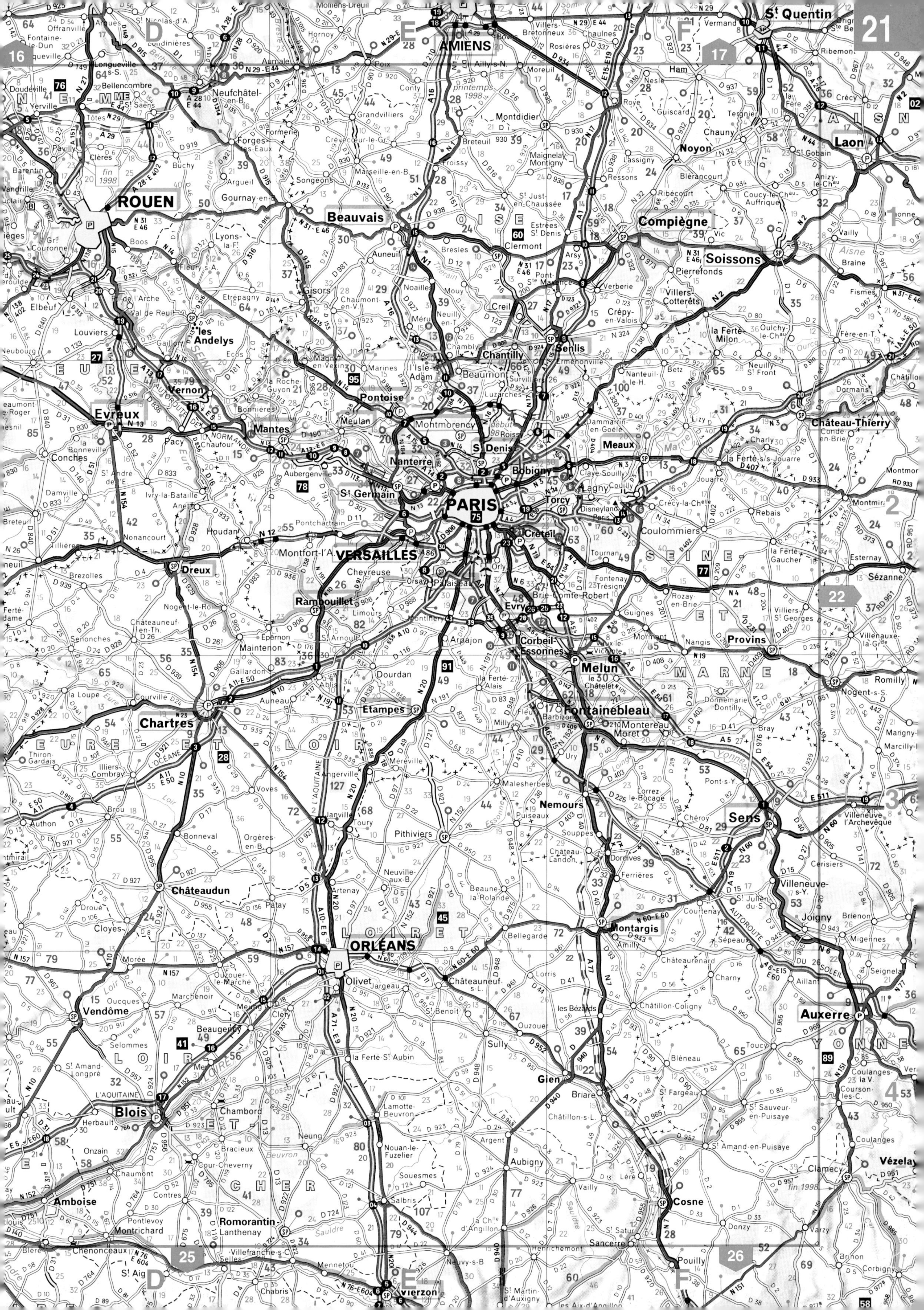

16
17
22
25
26
D
E
F
AMIENS
St Quentin
Laon
ROUEN
Beauvais
Compiègne
Soissons
Evreux
Vernon
Mantes
Pontoise
Senlis
Chantilly
Meaux
Château-Thierry
PARIS
VERSAILLES
St Denis
Nanterre
Bobigny
Créteil
Evry
Melun
Fontainebleau
Provins
Sens
Dreux
Chartres
Rambouillet
Etampes
Nemours
Montargis
ORLÉANS
Châteaudun
Vendôme
Blois
Amboise
Romorantin-Lanthenay
Auxerre
Gien
Cosne
Vierzon
Vézelay
OISE
SEINE-ET-MARNE
EURE
EURE-ET-LOIR
LOIRET
LOIR-ET-CHER
CHER
YONNE
AISNE

A
B
C
LUXEMBOURG
Charleville-Mézières
Sedan
Bouillon
Arlon (Aarlen)
Laon
AISNE
ARDENNES
Rethel
Reims
Soissons
Château-Thierry
Epernay
Châlons-en-Champagne
MARNE
Vouziers
Verdun
MEUSE
Longwy
Briey
Metz
Pont-à-Mousson
St Mihiel
Commercy
Toul
MEURTHE
Bar-le-Duc
Vitry-le-François
St Dizier
Provins
Nogent-s-S.
Romilly
Sézanne
AUBE
Troyes
Sens
Joigny
Auxerre
YONNE
Avallon
Vézelay
Clamecy
Tonnerre
Châtillon-s-S.
Chaumont
HAUTE-MARNE
Langres
Neufchâteau
Vittel
Contrexéville
Joinville
Bar-s-Aube
Bar-s-Seine
Montbard
Semur-en-Auxois
CÔTE-D'OR
Dijon
Saulieu
17
21
26
1
2
3
4

Trier
SAARBRÜCKEN
Kaiserslautern
Ludwigshafen
MANNHEIM
HEIDELBERG
Worms
Speyer
Landau
Pirmasens
Zweibrücken
Homburg
Saarlouis
Völklingen
Merzig
Thionville
METZ
Sarreguemines
Wissembourg
KARLSRUHE
Pforzheim
Heilbronn
Baden-Baden
Haguenau
Saverne
STRASBOURG
Offenburg
Freudenstadt
Tübingen
NANCY
Lunéville
Épinal
St Dié
Sélestat
COLMAR
FREIBURG
Villingen-Schwenningen
Gérardmer
Remiremont
Plombières
Guebwiller
MULHOUSE
Lörrach
BASEL
Schaffhausen
Winterthur
ZÜRICH
Belfort
Montbéliard
Vesoul
Luxeuil
BESANÇON
Biel/Bienne
Solothurn
Zug
S A A R L A N D
M O S E L L E
B A S - R H I N
H T - R H I N
V O S G E S
S A Ô N E
D O U B S
J U R A
A A R G A U

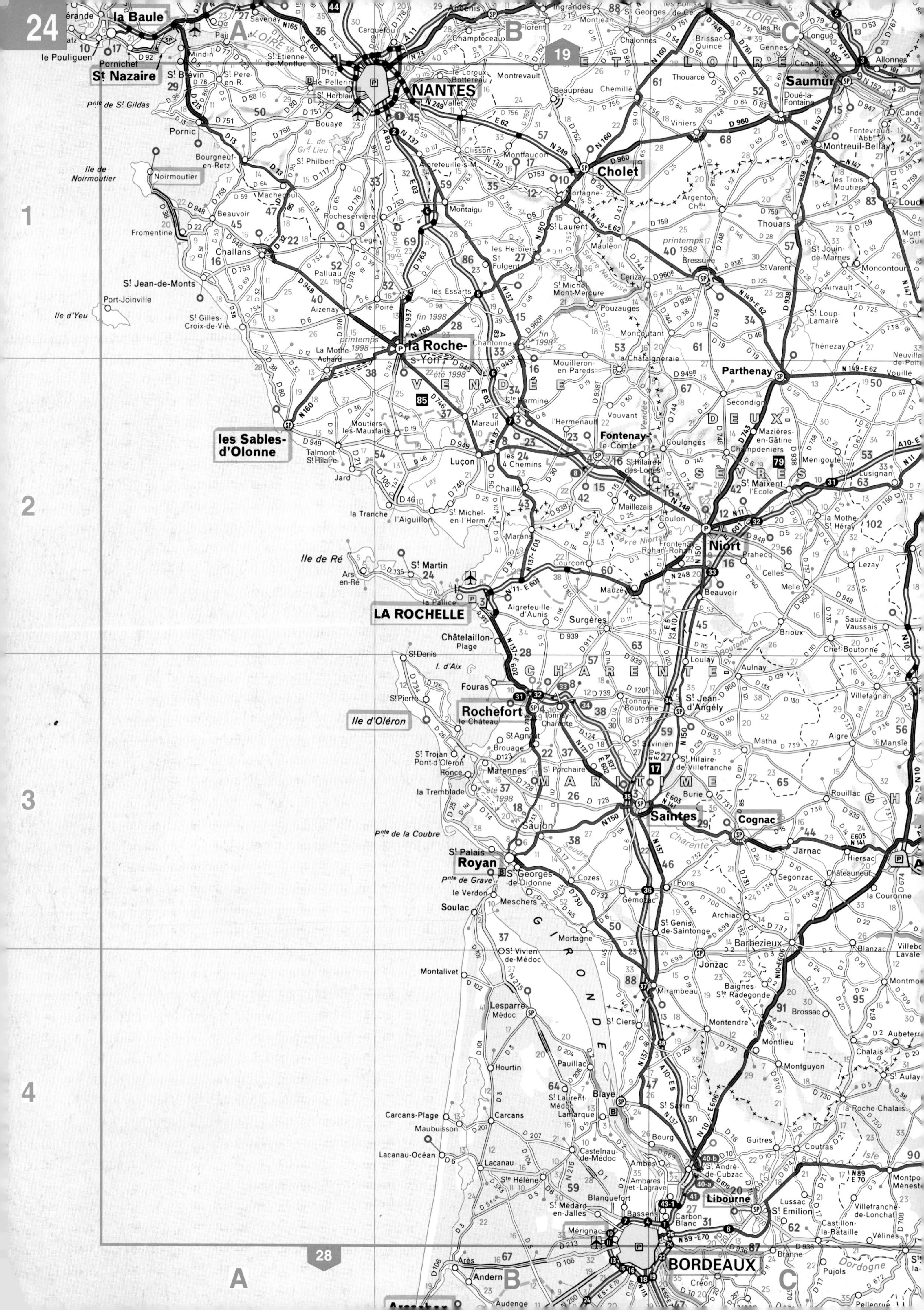

la Baule
le Pouliguen
Pornichet
St Nazaire
St Brévin
Pnte de St Gildas
Pornic
Bourgneuf-en-Retz
Ile de Noirmoutier
Noirmoutier
Machecoul
Beauvoir
Fromentine
Challans
St Jean-de-Monts
Port-Joinville
Ile d'Yeu
St Gilles-Croix-de-Vie
Savenay
Carquefou
Ancenis
Ingrandes
St Georges
Champtoceaux
St Florent
Montjean
Chalonnes
Brissac Quincé
Gennes
Longué
Allonnes
Saumur
Doué-la-Fontaine
Cunault
St Etienne-de-Montluc
le Loroux-Bottereau
Montrevault
Beaupréau
Chemillé
Thouarcé
NANTES
St Herblain
le Pellerin
Bouaye
Vallet
Vihiers
Clisson
Montfaucon
Cholet
Aigrefeuille-s-M
St Philbert
Rocheservière
Legé
Montaigu
Mortagne-s-S.
Argenton-Chau
Montreuil-Bellay
Fontevraud-l'Abbaye
les Trois Moutiers
Thouars
St Laurent
Mauléon
Bressuire
St Jouin-de-Marnes
St Varent
Moncontour
Airvault
les Herbiers
St Fulgent
St Michel-Mont-Mercure
Cerizay
Pouzauges
Palluau
Aizenay
le Poiré
les Essarts
Chantonnay
Moncoutant
St Loup-Lamairé
Thénezay
la Mothe-Achard
la Roche-s-Yon
Mouilleron-en-Pareds
la Châtaigneraie
Parthenay
Secondigny
Vouillé
les Sables-d'Olonne
Talmont-St Hilaire
Jard
Moutiers-les-Mauxfaits
Mareuil
Ste Hermine
l'Hermenault
Vouvant
Fontenay-le-Comte
Coulonges
Mazières-en-Gâtine
Champdeniers
Ménigoute
Luçon
les 4 Chemins
St Hilaire-des-Loges
St Maixent-l'Ecole
Lusignan
VENDÉE
DEUX-SÈVRES
la Tranche
l'Aiguillon
St Michel-en-l'Herm
Chaillé
Maillezais
Coulon
Marans
la Mothe-St Héray
Ile de Ré
Ars-en-Ré
St Martin
Courçon
Frontenay-Rohan-Rohan
Niort
Prahecq
Celles
Melle
Lezay
Mauzé
Beauvoir
la Pallice
LA ROCHELLE
Aigrefeuille-d'Aunis
Surgères
Châtelaillon-Plage
Brioux
Sauzé-Vaussais
Chef-Boutonne
St Denis
I. d'Aix
Fouras
St Pierre
Ile d'Oléron
Rochefort
le Château
Tonnay-Charente
Tonnay-Boutonne
Loulay
Aulnay
St Jean-d'Angély
Villefagnan
CHARENTE-MARITIME
St Agnant
Brouage
St Trojan
Pont-d'Oléron
Ronce
Marennes
la Tremblade
St Porchaire
St Savinien
St Hilaire-de-Villefranche
Matha
Aigre
Mansle
Saujon
Saintes
Burie
Cognac
Rouillac
Jarnac
Hiersac
Pnte de la Coubre
St Palais
Royan
St Georges-de-Didonne
Pnte de Grave
le Verdon
Soulac
Meschers
Cozes
Pons
Gémozac
Segonzac
Châteauneuf
la Couronne
St Genis-de-Saintonge
Archiac
Barbezieux
Blanzac
Mortagne
St Vivien-de-Médoc
Jonzac
Montalivet
Baignes-Ste Radegonde
Mirambeau
GIRONDE
Lesparre-Médoc
St Ciers
Montendre
Brossac
Aubeterre
Chalais
Montlieu
Montguyon
Hourtin
Pauillac
St Laurent-Médoc
Blaye
la Roche-Chalais
Carcans-Plage
Carcans
Maubuisson
Lamarque
St Savin
Bourg
Guîtres
Coutras
Lacanau-Océan
Lacanau
Castelnau-de-Médoc
Ambès
St André-de-Cubzac
Ste Hélène
Ambares-et-Lagrave
Blanquefort
Libourne
Lussac
St Emilion
Villefranche-de-Lonchat
Montpon-Ménestérol
St Médard-en-Jalles
Bassens
Carbon Blanc
Castillon-la-Bataille
Mérignac
BORDEAUX
Branne
Pujols
Arès
Andernos
Créon
Audenge
Pellegrue

TOURS
Amboise
Chenonceaux
Montrichard
Romorantin-Lanthenay
Vierzon
BOURGES
Chinon
Loches
Azay-le-Rideau
Issoudun
Châteauroux
Châtellerault
POITIERS
Chauvigny
le Blanc
Argenton-s-C.
la Châtre
Montluçon
Guéret
Bellac
Confolens
LIMOGES
Aubusson
Châtelguyon
Royat
le Mont-Dore
la Bourboule
Ussel
Uzerche
Tulle
Brive-la-Gaillarde
Périgueux
Bergerac
Sarlat-la-Canéda
Aurillac
St Flour
Mauriac
Nontron
Brantôme
I N D R E
C H E R
V I E N N E
C R E U S E
C O R R È Z E
D O R D O G N E
C A N T A L

35
A
B
C
SANTANDER
Santillana del Mar
Llanes
Nueva
Cangas de Onís
Covadonga
S. Vicente de la Barquera
Comillas
Autovía en construcción
C. Mayor
C. de Ajo
Noja
Santoña
Laredo
Castro Urdiales
Plentzia
Getxo
Las Arenas
Santurtzi
Portugalete
Barakaldo
Zalla
Güeñes
Sodupe
Arrigorriaga
Balmaseda
Carranza
Torrelavega
Vargas
El Astillero
Solares
Liérganes
Colindres
Ampuero
Sarón
Fuente Viesgo
Corvera de Toranzo
Ontaneda
Alceda
Villacarriedo
Arredondo
Ramales de la Victoria
Sierra de Cuera
Carreña de Cabrales
Arenas de Cabrales
Panes
Unquera
Colombres
Cuevas de Altamira
Cabezón de la Sal
Las Caldas de Besaya
Los Corrales de Buelna
Desfiladero de la Hermida
La Hermida
Puentenansa
Cabuérniga
PICOS DE EUROPA
Lago Enol
Lago de la Ercina
Desfiladero de los Beyos
Campo de Caso
Soto de Sajambre
Oseja de Sajambre
Pto de Tarna
Pto de San Isidro
Pto del Pontón
Fuente Dé
Sta Marina
Espinama
Camaleño
Potes
Peña Sagra
CANTABRIA
Arenas de Iguña
Mirador de Llesba
Pto de San Glorio
Puebla de Lillo
Mampodre
Embalse del Porma
Embalse de Riaño
Riaño
Portilla de la Reina
Piedrasluengas
Pico de Tres Mares
Pto de Palombera
Pto del Escudo
Corconte
Pto de las Estacas de Trueba
Pto de Braguia
Pto de la Sía
Espinosa de los Monteros
Villasante
Artziniega
Villasana de Mena
Laudio
Amurrio
Orduña
Pto de Orduña
Peña Prieta
Alto Campoo
Espinilla
Fontibre
Reinosa
Espigüete
S. Salvador de Cantamuda
Valdecebollas
Brañosera
Barruelo de Santullán
Cervatos
Pto de Pozazal
Arija
Embalse del Ebro
Cilleruelo de Bezana
Soncillo
Villarcayo
Medina de Pomar
Quincoces de Yuso
Berberana
PAÍS
Boñar
La Vecilla
Sabero
Cistierna
Pto de Monteviejo
Besande
Velilla del Río Carrión
Embalse de Camporredondo
Cantoral
Cervera de Pisuerga
Guardo
Santibáñez de la Peña
Dehesa de Montejo
Aguilar de Campóo
Valdenoceda
Escalada
Pto de la Mazorra
Trespaderne
Quintana Martín Galíndez
Subijana
Vegas del Condado
Gradefes
Almanza
Villalba de Guardo
Congosto de Valdavia
Basconcillos del Tozo
Tubilla del Agua
Sedano
Oña
Frías
E. de Sobrón
Alar del Rey
Amaya
Humada
Altotero
Poza de la Sal
Busto de Bureba
Pancorbo
Miranda de Ebro
S. Miguel de Escalada
Buenavista de Valdavia
Herrera de Pisuerga
Mansilla de las Mulas
Saldaña
La Nuez de Arriba
Pto de Páramo de Masa
Briviesca
Villadiego
Santas Martas
El Burgo Ranero
Castrillo de Villavega
Osorno la Mayor
Monasterio de Rodilla
Cerezo de Riotirón
Casalarreina
Castrotierra
Sahagún
Villasarracino
Melgar de Fernamental
Villanueva de Argaño
Sotopalacio
Rubena
Pto de la Brújula
Montes de Oca
Belorado
Sto Domingo de la Calzada
Carrión de los Condes
Villalcázar de Sirga
Villasandino
BURGOS
Villafranca-Montes de Oca
Arlanzón
Cervatos de la Cueza
Villada
Melgar de Abajo
Frómista
Castrojeriz
Las Huelgas Reales
Miraflores
Ezcaray
S. Millán de la Cogolla
Cisneros
Villoldo
Piña de Campos
Támara
Arcos
Sarracín
Pradoluengo
Valdezcaray
Mayorga
Becilla de Valderaduey
Frechilla
Paredes de Nava
Ribas de Campos
Amusco
Astudillo
Pampliega
Pineda de la S.
San Millán
Sierra de la Demanda
S. Lorenzo
Anguiano
Villalón de Campos
Fuentes de Nava
Monzón de Campos
Fuentes de Valdepero
Sta María del Campo
Cuevas de S. Clemente
Riocavado de la Sierra
S. Millán de Lara
Canales de la Sierra
E. de Mansilla
Castroverde de Campos
Villarramiel
Villamartín de Campos
Torquemada
Quintana del Puente
Villahoz
Covarrubias
Palencia
Lerma
Barbadillo del Mercado
Salas de los Infantes
Neila
Montenegro de Cameros
Villamayor de Campos
Villafrechós
Medina de Rioseco
Ampudia
Magaz
Baltanás
Espinosa de C.
Sto Domingo de Silos
Castrillo de la Reina
Quintanar de la Sierra
Laguna Negra
Sierra de Urbión
Montealegre
Baños de Cerrato
Dueñas
Cevico de la Torre
Villafruela
Valdosa
Palacios de la Sierra
Duruelo
Villabrágima
CASTILLA-LEÓN
Peñas de Cervera
Vinuesa
Castromonte
Villardefrades
La Mudarra
Mucientes
Valoria la Buena
Tórtoles de E.
Hontoria del Pinar
Navaleno
E. de la Cuerda del Pozo
Mota del Marqués
Villanubla
Cabezón
Esguevillas de E.
Fombellida
Olmedillo de Roa
La Horra
Gumiel de Hizán
Caleruega
Huerta del Rey
S. Leonardo de Yagüe
Pto de Mojón Pardo
Abejar
Torrelobatón
Zaratán
VALLADOLID
Villafuerte
Roa
Alcubilla de Avellaneda
Sa de Cabrejas
Morales de Toro
Simancas
Laguna de Duero
Tudela de Duero
Quintanilla de Onésimo
Peñafiel
Fuentecén
Aranda de Duero
Peñaranda de Duero
Langa de Duero
Calatañazor
Tordesillas
Boecillo
Montemayor de Pililla
Cogeces del Monte
El Burgo de Osma
Pollos
Serrada
Valdestillas
Portillo
E. de Linares del Arroyo
S. Esteban de Gormaz
Fuentepinilla
Castronuño
Rueda
La Seca
Mojados
Campaspero
Sacramenia
Honrubia de la Cuesta
Nava del Rey
S. Miguel del Arroyo
Fuentidueña
Maderuelo
Alaejos
Iscar
Cuéllar
Olombrada
Rubio
Ayllón
Recuerda
Hortezuela
Berlanga de Duero
Medina del Campo
Pedrajas de S. Esteban
Hontalbilla
Montejo de Tiermes
Castrejón
Rubí de Bracamonte
Olmedo
Boceguillas
Samboal
Sepúlveda
Riaza
Fuente el Sol
Cantalapiedra
Ataquines
Coca
Navas de Oro
Navalmanzano
Aguilafuente
Cantalejo
Retortillo de Soria
Barcones
Sa de Ayllón
Madrigal de las Altas Torres
S. Cristóbal de la Vega
Nava de la Asunción
Turégano
Cerezo de Abajo
La Pinilla
Lobo
Somolinos
Ragama
Rasueros
Arévalo
Montuenga
Sta María la Real de Nieva
Carbonero el Mayor
Pedraza de la Sierra
Prádena
Puerto de Somosierra
Atienza
Riba de Santiuste
Peñaranda de Bracamonte
Fontiveros
Tiñosillos
Adanero
La Salceda
Pto de Navafría
GUADARRAMA
Buitrago del Lozoya
E. de El Vado
E. de Pálmaces
E. de Alcorlo
Sigüenza
Sangarcia
Sanchidrián
Segovia
San Ildefonso-la Granja
Torrecaballeros
E. de El Villar
E. de El Atazar
E. de Beleña
Hernansancho
Abades
Madrona
Rascafría
Lozoyuela
Salmoral
S. Pedro del Arroyo
Labajos
Velayos
El Paular
La Cabrera
Peñalara
Pto de la Morcuera
Torrelaguna
Puebla de Beleña
Jadraque
42

D
E
F
28
38
43
1
2
3
4
BIARRITZ
Bayonne
Anglet
Boucau
Tarnos
St Martin-de-Seignanx
Peyrehorade
Amou
Geaune
Arzacq-Arraziguet
Orthez
Salies-de-Béarn
Sauveterre-de-B.
Mourenx
Navarrenx
Monein
Lescar
PAU
Morlaàs
Lembeye
Thèze
St Jean-de-Luz
Hendaye
Bidart
Guéthary
Ustaritz
Hasparren
la Bastide-Clairence
Grtes d'Isturits et d'Oxocelhaya
Cambo-les-Bains
Espelette
Ainhoa
St Pée
Ascain
Behobia
la Rhune
Bera
St Palais
PYRÉNÉES
ATLANTIQUES
Mauléon-Licharre
Oloron-Ste Marie
Aramits
Lurbe-St Christau
Arudy
Nay
Lestelle-Bétharram
Grtes de Bétharram
LOURDES
Argelès-Gazost
Ct d'Aubisque
P. de Pibeste
Laruns
Eaux-Bonnes
Arrens-Marsous
Cauterets
Pont-d'Espagne
Pyrénées
Parc National
Vignemale
Pic du Midi d'Ossau
Col du Somport
Puerto de Somport
Visaurin
Candanchú
Canfranc-Estación
Sallent de Gállego
Balneario de Panticosa
Garganta del Escalar
Cirque de Gavarnie
El Formigal
C. du Pourtalet
Pto del Portalet
túnel: en constr.
Biescas
Broto
Jaca
Sabiñánigo
Oroel
S. Juan de la Peña
Sierra de la Peña
Puente la Reina de Jaca
Río Aragón
Hecho
Ansó
Accous
Lescun
Urdos
Isaba
Roncal
Burgui
Navascués
Ochagavía
Escároz
Alto Laza
Pto de Larrau
C. de la Pierre St Martin
C. de la Piedra S. Martin
Pic d'Orhy
Pico d'Orhi
Tardets-Sorholus
St Jean-Pied-de-Port
St Étienne-de-Baïgorry
Erratzu
Elizondo
Valcarlos
Urepel
Orreaga
Pto Ibañeta
Auritz
Aribe
Agoitz
E. de Itoiz
Lumbier
Leyre
Yesa
Embalse de Yesa
Sangüesa
Sos del Rey Católico
Uncastillo
Sádaba
Castillo de Loarre
Pto de Monrepós
Arguis
Ayerbe
Sa de Guara
ARAGÓN
Huesca
Esquedas
Ardisa
Luna
Valpalmas
Erla
E. de Sotonera
Tormos
Piedratajada
Almudébar
Las Pedrosas
Gurrea de Gállego
Castejón de Valdejasa
Ejea de los Caballeros
Valareña
Loma Negra
Asín
Angüés
Novales
Pertusa
Sesa
Tardienta
Grañén
Huerto
Berbegal
Robres
Lalueza
Alcubierre
Sa de Alcubierre
Sariñena
Lanaja
Farlete
Monegrillo
Castejón de Monegros
DONOSTIA / S. SEBASTIÁN
Hondarribia
Pasaia
Irun
Oiartzun
Hernani
Andoain
Lasarte
Zarautz
Zumaia
Deba
Zestoa
Azpeitia
Santuario de S. Ignacio de Loyola
Villabona
Tolosa
Leitza
Lekunberri
Betelu
Alsasua
Altsasu
Irurtzun
Etxarri-Aranatz
Olazti
Ordizia
Beasain
Zumárraga
Bergara
Azkoitia
Elgoibar
Eibar
Markina-Xemein
Ondarroa
Lekeitio
Bermeo
Gernika-Lumo
Costa Vasca
Machichaco
G. de Arteaga
Durango
Abadiño
Pto Urquiola
Arrasate-Mondragón
Oñati
Eskoriatza
Pto de Arlaban
Legutiano
Arantzazu
Altzgorri
Pto de Etxegarate
VASCO/ EUSKADI
GASTEIZ/ VITORIA
Salvatierra-Agurain
Pto Azáceta
Sierra de Urbasa
Pto de Urbasa
Sta Cruz de Campezo
Acedo
Pto de Herrera
Laguardia
Viana
Oion
Cenicero
Fuenmayor
Logroño
Navarrete
Mendavia
Sesma
Lodosa
Lerín
Allo
Los Arcos
Torres del Río
Lizarra/ Estella
Puente la Reina
Artajona
Larraga
Tafalla
Olite
NAVARRA
Campanas
Noáin
Egüés
IRUÑEA/ PAMPLONA
Oricáin
Velate
Donezetebe
Falces
Peralta
Andosilla
Carcastillo
La Oliva
Caparroso
Marcilla
Villafranca
Milagro
Valtierra
Arguedas
Castejón
Tudela
Corella
Cintruénigo
Fitero
Murchante
Cascante
Fustiñana
Buñuel
Cortes
Mallén
Gallur
Tauste
Alfaro
Rincón de Soto
Aldeanueva de Ebro
Calahorra
S. Adrián
El Villar de Arnedo
LA RIOJA
Arnedo
Arnedillo
Autol
Villarroya
Gravalos
Cornago
Yanguas
Puerto de Piqueras
Ayedo
S. Pedro Manrique
Cervera del Río Alhama
Villanueva de Cameros
Almarza
Pto de Oncala
Magaña
Valverde
Castilruiz
Matalebreras
Matute
Pto del Madero
El Royo
Almajano
Garray
Numancia
Cidones
Soria
Almenar de Soria
Gómara
Ciria
Torrelapaja
Almazán
Serón de Nágima
Alto Cruz
Morón de Almazán
Adradas
Monteagudo de las Vicarías
Deza
Torrijo
Embid de Ariza
Villalengua
Ariza
Cetina
Sta María de Huerta
Arcos de Jalón
Medinaceli
Esteras de Medina
Sierra Ministra
Alcolea del Pinar
Maranchón
Pto de Maranchón
Mazarete
Turmiel
Riba de Saelices
Ágreda
Olvega
Sa del Moncayo
Tarazona
Borja
Veruela
Ainzón
Magallón
Luceni
Remolinos
Pedrola
Alagón
Fuendejalón
Tabuenca
Calcena
Tierga
Illueca
Brea
Cabrera
Villarroya de la Sierra
Cervera de la Cañada
Calatayud
Ateca
Alhama de Aragón
Jaraba
Nuévalos
Monasterio de Piedra
E. de la Tranquera
Campillo de Aragón
Milmarcos
Cubel
Daroca
Sta Cruz
Paracuellos de Jiloca
Maluenda
Miedes
Mainar
Badules
Herrera
Villar de los Navarros
Ferreruela de Huerva
Burbáguena
Embid
Cillas
Codos
Almonacid de la Sierra
Cariñena
Longares
Pto de Paniza
Morata de Jalón
Ricla
Calatorao
La Almunia de Doña Godina
Epila
Rueda de J.
La Muela
Saviñán
Casetas
Utebo
Villanueva de Gállego
Zuera
S. Mateo de Gállego
Leciñena
Montañana
Villamayor
ZARAGOZA
Alfajarín
Osera de Ebro
Fuentes de Ebro
Pina
Bujaraloz
Gelsa
Quinto
Sástago
Escatrón
Azaila
La Puebla de Hijar
Samper de Calanda
Híjar
Albalate del Arzobispo
Lécera
Belchite
Villanueva del Huerva
Fuendetodos
Azuara
Moyuela
Muel
Muniesa
Fonfría
Cortes de Aragón
Ariño
Autovía en constr.
8-1998
E. de Caspe II

TOULOUSE
PAU
Tarbes
LOURDES
Auch
Foix
Pamiers
St Gaudens
St Girons
Bagnères-de-Bigorre
Bagnères-de-Luchon
Andorra la Vella
Huesca
Lleida/Lérida
Tarragona
Reus
Manresa
Terrassa/Tarrasa
Jaca
Sabiñánigo
Barbastro
Monzón
Fraga
Caspe
Alcañiz
Balaguer
Tàrrega
Cervera
Igualada
Sitges
Vilanova i la Geltrú
Puigcerdà
La Seu d'Urgell
Berga
Solsona
Tremp
Vielha
Muret
Mirande
Lannemezan
Argelès-Gazost
Cauterets
Ax-les-Thermes
Tarascon
PYRÉNÉES
HAUTE GARONNE
ARIÈGE
ARAGÓN
CATALUNYA
CATALUÑA
Monte Perdido
Pico de Aneto
MALADETA
Parque nacional de Ordesa
Parc national d'Aigüestortes
Serra del Cadí
Serra de Montsec
Sa de Guara
Embalse de Mequinenza
EBRO
Col du Tourmalet
Col d'Aspin
Pto de la Bonaigua
Pte de Envalira
Col de Puymorens
Pto de Monrepós
A
B
C
1
2
3
4
28
29
37
44

D
E
F
1
2
3
4
30
45
MONTPELLIER
HÉRAULT
BOUCHES-DU-RHÔNE
Castres
Mazamet
Montagne Noire
Lamalou
Bédarieux
Clermont-l'Hérault
Gignac
Lunel
Aimargues
St Gilles
Aigues-Mortes
Palavas
Carnon
la Gde Motte
le Grau-du-Roi
Vaccarès
Stes Maries-de-la-Mer
Port-St-Louis
Roquecourbe
Labruguière
Anglès
Labastide-Rouairoux
St Pons-de-Thomières
Roquebrun
Roujan
Pézenas
Montagnac
Murviel
Servian
Florensac
Mèze
Balaruc
Frontignan
Sète
Bn de Thau
St Amans-Soult
Mas-Cabardès
Saissac
Caunes
Peyriac-Minervois
Olonzac
St Chinian
Puisserguier
Capestang
Béziers
Vias
Agde
Marseillan
le Cap d'Agde
Valras-Plage
CARCASSONNE
Alzonne
Montréal
Capendu
Lézignan-Corbières
Narbonne
Coursan
Narbonne-Plage
Gruissan
Abbe de Fontfroide
Limoux
St Hilaire
Lagrasse
AUDE
Durban-Corbières
Sigean
Port-la-Nouvelle
Mouthoumet
Couiza
Rennes-les-Bs
Quillan
Tuchan
GOLFE DU LION
Salses-le-Chau
Port-Leucate
Port-Barcarès
St Paul-de-Fenouillet
Axat
Rivesaltes
St Laurent-de-la-Salanque
Latour-de-France
Estagel
Sournia
Millas
PERPIGNAN
Canet-Plage
St Cyprien-Plage
Ille-s-Têt
C. de Jau
Molitg-les-Bains
Prades
Vinça
Thuir
Elne
Argelès
Collioure
Port-Vendres
Banyuls
Cerbère
Portbou
PYRÉNÉES-ORIENTALES
Olette
Col de la Quillane
Vernet-les-Bs
St Martin
Pic du Canigou
Mont-Louis
Céret
Amélie-les-Bs-Palalda
Arles
le Boulou
le Perthus
Roc de France
Roc de Frausa
La Jonquera
la Preste
Prats-de-Mollo
Col d'Ares
Pto de Ares
Núria
Setcases
Queralbs
Camprodon
Capmany
El Port de Llançà
Llançà
El Port de la Selva
S. Pere de Roda
Cadaqués
Roses
Figueres/Figueras
Castelló d'Empúries
Golfo de Roses
Ribes de Freser
Sant Joan de les Abadesses
Sant Pau de Seguries
Castellfollit de la Roca
Ripoll
Collado de Coubet
Olot
Besalú
Bàscara
Sant Martí d'Empúries
L'Escala
Puigsacalm
Sta Pau
Sant Esteve d'en Bas
Sant Quirze de Besora
Banyoles
Viladamat
L'Estartit
Torroella de Montgrí
Manlleu
E. de Sau
E. de Susqueda
Amer
Río Ter
Girona/Gerona
Parlavà
Pals
Begur
La Bisbal d'Empordà
Vilanova de Sau
Anglès
Sta Coloma de Farners
Cassà de la Selva
Palafrugell
Aigua Blava
Vic
Tona
Viladrau
Sant Hilari Sacalm
Calonge
Calella
Palamós
Caldes de Malavella
Llagostera
Sant Antoni de C.
La Platja d'Aro
S' Agaró
Costa Brava
Montseny
Arbúcies
Sta Fe
Hostalric
Sils
Vidreres
S. Feliu de Guíxols
Centelles
El Figueró
Breda
Sant Celoni
Tossa de Mar
Lloret de Mar
Blanes
La Garriga
Cardedeu
Tordera
Sta Susanna
Malgrat de Mar
Pineda de Mar
Calella
Sant Pol de Mar
Granollers
Sant Andreu de Llavaneres
Canet de Mar
Arenys de Mar
Sabadell
La Roca
Argentona
Mataró
Premià de Mar
El Masnou
Badalona
BARCELONA
El Prat de Llobregat
Genova
Castelldefels

A
B
C
34
46
1
2
3
4
Aveiro
Praia da Barra
Ílhavo
Vagos
Águeda
Oliveira de Frades
Vouzela
Viseu
Sátão
Penalva do Castelo
Caramulo
Campo de Beijteiros
Mangualde
Praia de Mira
Mamarrosa
Oliveira do Bairro
Anadia
Tondela
Canas de Senhorim
Nelas
Mira
Curia
Mealhada
Luso
Sta Comba Dão
Praia de Tocha
Cantanhede
Mortágua
Buçaco
Carregal do Sal
Gouveia
Tocha
Pampilhosa
Oliveira do Hospital
S. Romão
Seia
Manteigas
Arazede
Tábua
Loriga
Penhas da Saúde
Cabo Mondego
Montemor-o-Velho
COIMBRA
Penacova
Torre
Unhais da Serra
Buarcos
Figueira da Foz
Vila Nova de Poiares
Arganil
SERRA
S. Pedro de Açor
Tortosendo
Condeixa-a-Nova
Miranda do Corvo
Góis
Soure
Lousã
Paúl
Fundão
Louriçal
Degracias
Penela
Castanheira de Pêra
Pampilhosa da Serra
Silvares
Pedrógão
Sicó
Orvalho
S. Vicente da Beira
Praia da Vieira
Vieira
Monte Redondo
Pombal
Pontão
Pedrógão Grande
Cambas
Foz Giraldo
Monte Real
Ansião
Figueiró dos Vinhos
Oleiros
S. Pedro de Moel
Marinha Grande
Alvaiázere
Barqueiro
Salgueiro do Campo
Alcains
Leiria
Cernache do Bonjardim
Sertã
Sarzedas
Martingança
Batalha
Sobreira Formosa
Castelo Branco
Nazaré
Cruz da Légua
Ourém
Proença-a-Nova
Porto de Mós
Ferreira do Zêzere
Vila de Rei
Alcobaça
Fátima
S. Martinho do Porto
Alfeizerão
Mira de Aire
Tomar
Vila Velha de Ródão
Bgem de Cedillo
Foz del Arelho
Torres Novas
Castelo de Bode
Sardoal
Ilha Berlenga
Caldas da Rainha
Mação
Fratel
Cedillo
Cabo Carvoeiro
Baleal
Constância
Montalvão
Peniche
Óbidos
Alcanena
Entroncamento
Almourol
Abrantes
Alcanede
Golegã
Vila Nova da Barquinha
Tramagal
Atouguia da Baleia
Rio Maior
Rossio
Gavião
Nisa
Póvoa
Arez
Bombarral
Chamusca
Lourinhã
Cadaval
Alcanhões
Bemposta
Tolosa
Castelo de Vide
Alpalhão
Marvão
Cercal
Santarém
Praia de Sta Cruz
Alpiarça
Chouto
Mte da Pedra
Flor da Rosa
Portalegre
Sa de Montejunto
Almeirim
Ponte de Sor
Cartaxo
Crato
Torres Vedras
Aldeia Gavinha
Aveiras de Cima
Azambuja
Muge
Alter do Chão
Alenquer
Sobral de Mte Agraço
Galveias
Ericeira
Sapataria
Carregado
Salvaterra de Magos
São José da Lamarosa
Montargil
Cabeço de Vide
Mafra
Arruda dos Vinhos
Vila Franca de Xira
Bgem de Montargil
Avis
Malveira
Benavente
Bgem do Maranhão
Fronteira
Cabo da Roca
Bucelas
Lousa
Alverca do Ribatejo
Porto Alto
Coruche
Couço
Monforte
Colares
Sintra
Loures
Sto Estêvão
Mora
Casa Branca
Sousel
Sta Eulália
Amadora
Sacavém
Malveira
LISBOA
Queluz
Pavia
Veiros
Cabo Raso
Cascais
Estoril
Oeiras
Alcochete
Montijo
Tajpadas
Canha
Brotas
Vimieiro
Estremoz
Vila Fernando
Trafaria
Almada
Lavre
Costa da Caparica
Barreiro
Seixal
Moita
Pinhal Novo
Cruzamento de Pegões
Arraiolos
Évoramonte
Borba
Vila Viçosa
Coina
Vendas Novas
Bgem do Divor
Azaruja
Juromenha
Palmela
Montemor-o-Novo
Alandroal
Vila Nogueira de Azeitão
Marateca
Setúbal
Santana
Sa da Arrábida
Santiago do Escoural
S. Miguel de Machede
Redondo
Terena
Portinho
Évora
Cabo Espichel
Sesimbra
Península de Tróia
S. Cristóvão
Bgem de Pego do Altar
Comporta
Montoito
Cheles
Alcácer do Sal
Alcáçovas
Aguiar
S. Manços
Monsaraz
Casa Branca
Reguengos de Monsaraz
Viana do Alentejo
São Marcos do Campo
Mourão
S. Leonardo
Torrão
Bgem do Alvito
Portel
Alvito
Melides
Grândola
Costa de Sto André
Bgem de Odivelas
Vidigueira
Granja
Alqueva
Vila Nova de Sto André
Sta Margarida do Sado
Odivelas
Cuba
Bgem de Alqueva
Amareleja
Santiago do Cacém
Azinheira dos Barros
Sines
Cabo de Sines
S. Matias
Beringel
Pedrógão
Moura
Safara
Abela
Ferreira do Alentejo
Ermidas
BEIRA
LITORAL
BEIRA BAIXA
ESTREMADURA
RIBATEJO
PORTUGAL
ALENTEJO
Rio Mondego
Rio Tejo
Rio Sorraia
Rio Sado
Rio Zêzere
Rio Guadiana
Sa da Estrela

SALAMANCA
Ciudad Rodrigo
Guarda
Celorico da Beira
Sabugal
Béjar
Plasencia
Coria
Cáceres
Trujillo
Navalmoral de la Mata
Oropesa
Guadalupe
Alcántara
Valencia de Alcántara
Alburquerque
Elvas
Badajoz
Mérida
Montijo
Almendralejo
Zafra
Jerez de los Caballeros
Don Benito
Medellín
Villanueva de la Serena
Castuera
Cabeza del Buey
Almadén
Llerena
Fuente Obejuna
Peñarroya-Pueblonuevo
Arenas de S. Pedro
El Barco de Ávila
Piedrahita
Sierra de Ávila
Sierra de Gredos
Sª de Peña de Francia
Sª de Gata
Sierra de Guadalupe
Sª de S. Pedro
Río Tajo
Embalse de Alcántara
Embalse de Valdecañas
Embalse de la Serena
Embalse de Orellana
Embalse de García de Sola
Embalse de Cíjara
E X T R E M A D U R A

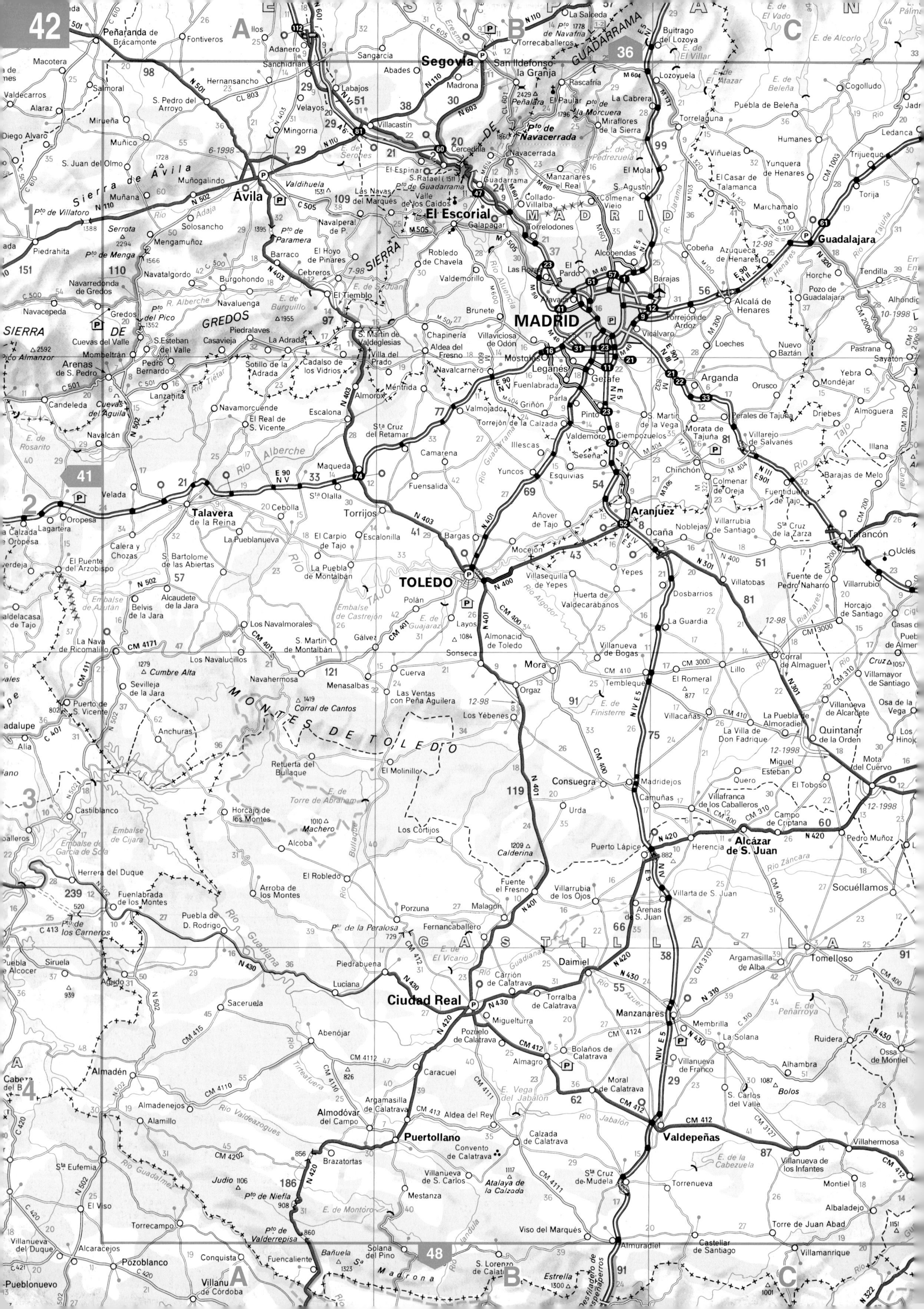

MADRID
TOLEDO
Segovia
Ávila
El Escorial
Guadalajara
Ciudad Real
Puertollano
Valdepeñas
Aranjuez
Talavera de la Reina
Alcázar de S. Juan
Tomelloso
Manzanares
Daimiel
Tarancón
Alcalá de Henares
Getafe
Leganés
Móstoles
Ocaña
Consuegra
Madridejos
Almadén
Almagro
Torrijos
Oropesa
Peñaranda de Bracamonte
Piedrahita
Arenas de S. Pedro
Sierra de Ávila
Sierra de Gredos
Guadarrama
Montes de Toledo
Castilla-La Mancha
Río Tajo
Río Guadiana
Río Alberche
Sierra Madrona
36
41
48

Sigüenza
Sierra Ministra
Medina
Alcolea del Pinar
Maranchón
Pto de Maranchón
Mazarete
Monasterio de Piedra
Campillo de Aragón
Milmarcos
Cubel
Sta Cruz
Daroca
Badules
Herrera
Moyuela
Lécera
Híjar
Albalate del Arzobispo
Ferreruela de Huerva
Turmiel
Embid
Laguna de Gallocanta
Burbáguena
Fonfría
Muniesa
Ariño
Oliete
Algora
Embalse de la Tajera
Riba de Saelices
Cillas
Rillo de Gallo
Bello
Calamocha
Retuerta
Sa de Cucalón
Segura de los Baños
Cortes de Aragón
E. de Cueva Foradada
Alloza
Andorra
Masegoso
Cifuentes
Huertahernando
Corduente
Molina de Aragón
Castellar de la Muela
Caminreal
Monreal del Campo
Barrachina
Bañón
Pto Mínguez
Vivel del Río Martín
Obón
Alcorisa
Calanda
Portalrubio
Utrillas
Montalbán
Mas de las Matas
Castellote
Molinos
Ejulve
Zaorejas
Trillo
El Pobo de Dueñas
Ojos Negros
Villanueva de Alcorón
Terzaga
Tordesilos
Pto de Singra
Argente
Rillo
Mezquita de Jarque
Sa de S. Just
Aliaga
E. de Santolea
Forcall
Olocau del Rey
Mantiel
Pareja
Poveda
Alustante
Ródenas
Torre la Carcel
Palomera
Perales del Alfambra
Camarillas
Alcarria
Hoz de Beteta
Beteta
Salmerón
Peralejos de las Truchas
Orea
Orihuela del Tremedal
Pozondón
Sta Eulalia
Aguilar del Alfambra
Escorihuela
Alfambra
Cañada de Benatanduz
Cantavieja
Aldocer
Priego
Bronchales
Sa Alta
Villarquemado
Villarroya de los Pinares
Pto de Villarroya
Tarayuela
La Iglesuela del Cid
Mar de Castilla
Embalse de Buendía
Buendía
La Frontera
Albalate de las Nogueras
Villalba del Rey
Serranía
S. Felipe
Noguera
Sa de Albarracín
Cella
Cedrillas
Allepuz
Sa de Gúdar
Cañaveras
Guadalaviar
Albarracín
E. del Arquillo de S. Blas
Teruel
Alcalá de la Selva
Peñarroya
Valdelinares
Vilafranca
Tragacete
Frías de Albarracín
Terriente
Bezas
Huélamo
Mogorrit
Montes Universales
Mosqueruela
Villalba de la Sierra
Gargantas
Valdemeca
Pto de Escandón
Vistabella del Maestrat
Linares de Mora
Villar de Dº García
Ciudad Encantada
Collado Bajo
Javalón
El Cañigral
Villel
Mora de Rubielos
La Puebla de Valverde
Valdecabras
Cuenca
Penyagolosa
Rubielos de Mora
Port del Remolcador
Atzeneta del Maestrat
Carrascosa del Campo
Puerto de Cabrejas
Huérguina
Salvacañete
Ademuz
Torrebaja
Javalambre
Sarrión
Lucena
Zucaina
Torrejoncillo del Rey
Cañete
El Cubillo
Manzanera
Torrijas
Sa de Javalambre
Montanejos
Ludiente
l'Alcora
E. de María Cristina
Palomares del Campo
Cuerda
Sta Cruz de Moya
Aras de Alpuente
Fuentes de Ayódar
E. de Sitjar
Onda
Entredichos
Montalbo
Carboneras de Guadazaón
Landete
Abejuela
Caudiel
Villares del Saz
S. Lorenzo de la Parrilla
Villarejo de Fuentes
Valeria
Talayuelas
Titaguas
La Yesa
Cerro
Jérica
Espadà
Segorbe
Nules
Villar de Cañas
Olivares
Valverde del Júcar
Cardenete
Guadazaón
Pelado
Altura
la Vall d'Uixó
Villalgordo del Marquesado
Almodóvar del Pinar
Mira
Aliaguilla
E. del Generalísimo
Chelva
Alcublas
Algar de Palancia
Almenara
La Almarcha
Buenache de Alarcón
Enguídanos
Sinarcas
Villar del Arzobispo
Casinos
Autovía
Villaescusa de Haro
Honrubia
Embalse de Alarcón
Campillo de Altobuey
E. de Contreras
Camporrobles
E. de Loriguilla
Serra
Sagunt
Belmonte
Sta María del Campo Rus
Motilla del Palancar
Alarcón
Minglanilla
Villargordo de Cabriel
Utiel
Pedralba
Llíria
la Pobla de Vallbona
Bétera
Puçol
Pedernoso
La Alberca de Záncara
Chera
Benaguasil
Hierbas
Vilamarxant
Massamagrell
Burjassot
Las Pedroñeras
El Picazo
Iniesta
Villalpardo
Requena
Manises
Chiva
Cheste
VALENCIA
S. Clemente
Sisante
Villanueva de la Jara
Riu Magre
Buñol
Turís
el Grau de V.
Provencio
Casasimarro
Casas de Fernando Alonso
Quintanar del Rey
Ledaña
Sa Martes
E. de Forata
Torrent
Picassent
Silla
El Saler
Villagarcía del Llano
Villatoya
Riu Cabriol
Montserrat
l'Albufera
Villarrobledo
Minaya
Tarazona de la Mancha
Casas Ibáñez
Alborea
Benifaió
Sollana
el Perelló
MANCHA
La Roda
Mahora
Alcalá del Júcar
Cofrentes
Millares
Riu Xúquer
Alginet
Carlet
l'Alcúdia
Guadassuar
Algemesí
Sueca
Cullera
Munera
La Gineta
Valdeganga
Casas de Juan Núñez
Alatoz
Jarafuel
E. de Tous
Alzira
Carcaixent
Favara
Sotuélamos
Barrax
Albacete
Caroch
Navarrés
Alberic
la Pobla Llarga
Tavernes de la Valldigna
Los Barreros
El Bonillo
Lezuza
Higueruela
Molatón
Cueva de la Vieja
Ayora
Enguera
Xàtiva
Xeresa
Gandia
Chinchilla de Monte Aragón
Sta Ana
Balazote
El Salobral
Alpera
l'Alcúdia de Crespins
Canals
Quatretonda
Villalonga
Viveros
Pozo Cañada
Bonete
Almansa
Moixent
l'Olleria
Castelló de Rugat
S. Pedro
Pozuelo
Pétrola
la Font de la Figuera
Ontinyent
Albaida
Port d'Albaida
Robledo
Peñascosa
Roble
Peñas de S. Pedro
Pozohondo
Montealegre del Castillo
Caudete
Bocairent
Muro d'Alcoi
Cocentaina
Alcaraz
Sa de Alcaraz
Alcadozo
Fuente-Álamo
Banyeres de Mariola
Alcoi / Alcoy
Almenaras
Fábricas de Riópar
Bogarra
Ayna
Liétor
Tobarra
Albatana
Ontur
de Jumilla
Yecla
Villena
Biar
Ibi
Aitana
Castalla
Port de la Carrasqueta
Callosa d'en Sarrià
Hellín
Sax
Xixona
Cova dels Canelobres

Caspe
La Puebla de Hijar
Samper de Calanda
Hijar
Albalate del Arzobispo
Alcañiz
Nonaspe
Fabara
Maella
La Pobla de Massaluca
Batea
Flix
Ascó
Móra d'Ebre
Móra la Nova
Gandesa
Calaceite
Prat de Compte
El Pinell de Brai
Rasquera
Tivissa
Vandellòs
Reus
La Selva del Camp
Vila-seca
Riudoms
Montbrió del Camp
Mont-roig del Camp
Cambrils
Salou
Port Aventura
Tarragona
El Vendrell
Calafell
Coma-Ruga
Torredembarra
Vilanova
Cap de Salou
L'Hospitalet de l'Infant
L'Ametlla de Mar
Muniesa
Oliete
Ariño
Andorra
Alloza
Obón
Alcorisa
Calanda
Castelserás
Valjunquera
Valderrobres
Arnes
L'Espina
Xerta
Tivenys
El Perelló
Tortosa
Montalbán
Molinos
Ejulve
Castellote
Mas de las Matas
Aguaviva
Monroyo
Beceite
Mas de Barberans
Torre Miró
la Pobla de Benifassà
Sta Bàrbara
Amposta
Deltebre
L'Ampolla
L'Aldea
Riomar
Golfo de St. Jordi
Cabo de Tortosa
I. de Buda
Aliaga
Camarillas
Forcall
Olocau del Rey
Morella
Cañada de Benatanduz
Villarroya de los Pinares
Cantavieja
Cinctorres
La Sénia
Bel
Rossell
Ulldecona
S. Carles de la Ràpita
Alcanar
Xert
Traiguera
Pto de Villarroya
Tarayuela
Pto de Las Cabrillas
Allepuz
La Iglesuela del Cid
Mole d'Ares
Sant Mateu
Tirig
la Jana
Càlig
Vinaròs
Benicarló
Peñarroya
Valdelinares
Vilafranca
Benassal
Albocàsser
Mosqueruela
Vistabella del Maestrat
les Coves de Vinromà
Alcalà de Xivert
Peníscola
Sta Magdalena de Polpis
Linares de Mora
la Torre d'en Besora
Vilanova d'Alcolea
Alcossebre
Penyagolosa
Rubielos de Mora
Atzeneta del Maestrat
Torreblanca
Port del Remolcador
Lucena
Vall d'Alba
les Useres
Cabanes
Zucaina
Ludiente
l'Alcora
Vilafamés
la Pobla Tornesa
Orpesa
Montanejos
Borriol
Benicàssim/Benicasim
Fuentes de Ayódar
Castelló de la Plana/Castellón de la Plana
el Grau de C.
Caudiel
Onda
Vila-real
Almassora
Jérica
Burriana
els Columbrets
Segorbe
Altura
la Vall d'Uixó
Nules
Moncofa
Algar de Palancia
Almenara
Casinos
Serra
Sagunt/Sagunto
el Port de Sagunt
Llíria
la Pobla de Vallbona
Bétera
Puçol
Massamagrell
Burjassot
Manises
Cheste
VALENCIA
el Grau de V.
Torrent
Turís
Picassent
Silla
El Saler
l'Albufera
Montserrat
Benifaió
Sollana
el Perelló
Alginet
Carlet
l'Alcúdia
Guadassuar
Algemesí
Sueca
Alzira
Cullera
Favara
Alberic
Carcaixent
la Pobla Llarga
Tavernes de la Valldigna
Xàtiva
Xeresa
Platja i Grau de Gandia
Gandia
Daimús
Piles
Oliva
Canals
Quatretonda
l'Olleria
Castelló de Rugat
Vilallonga
Albaida
Dénia
Pego
Ondara
el Montgó
Cap de Sant Antoni
Xàbia/Jávea
Gata
Orba
Muro d'Alcoi
Cocentaina
Alcoi/Alcoy
Benissa
Cap de la Nau
Guadalest
el Portet de Moraira
Cap de Moraira
Aitana
Callosa d'en Sarrià
Penyal d'Ifac
Calp
Port de la Carrasqueta
Cova dels Canelobres
Xixona
Benidorm
GOLFO DE VALENCIA
Costa del Azahar
Costa Daurada
IBIZA
Cala de Portinatx
Sant Joan
Sant Miquel
Furnàs
Sant Antoni de Portmany
Sta Eulària des Riu
Sant Josep
Atalayassa
Eivissa/Ibiza
I. Vedrá
Formentera
Sant Francesc
Caló de Sant Agustí
Pta Rotja
Cap de Barbaria
8-1998

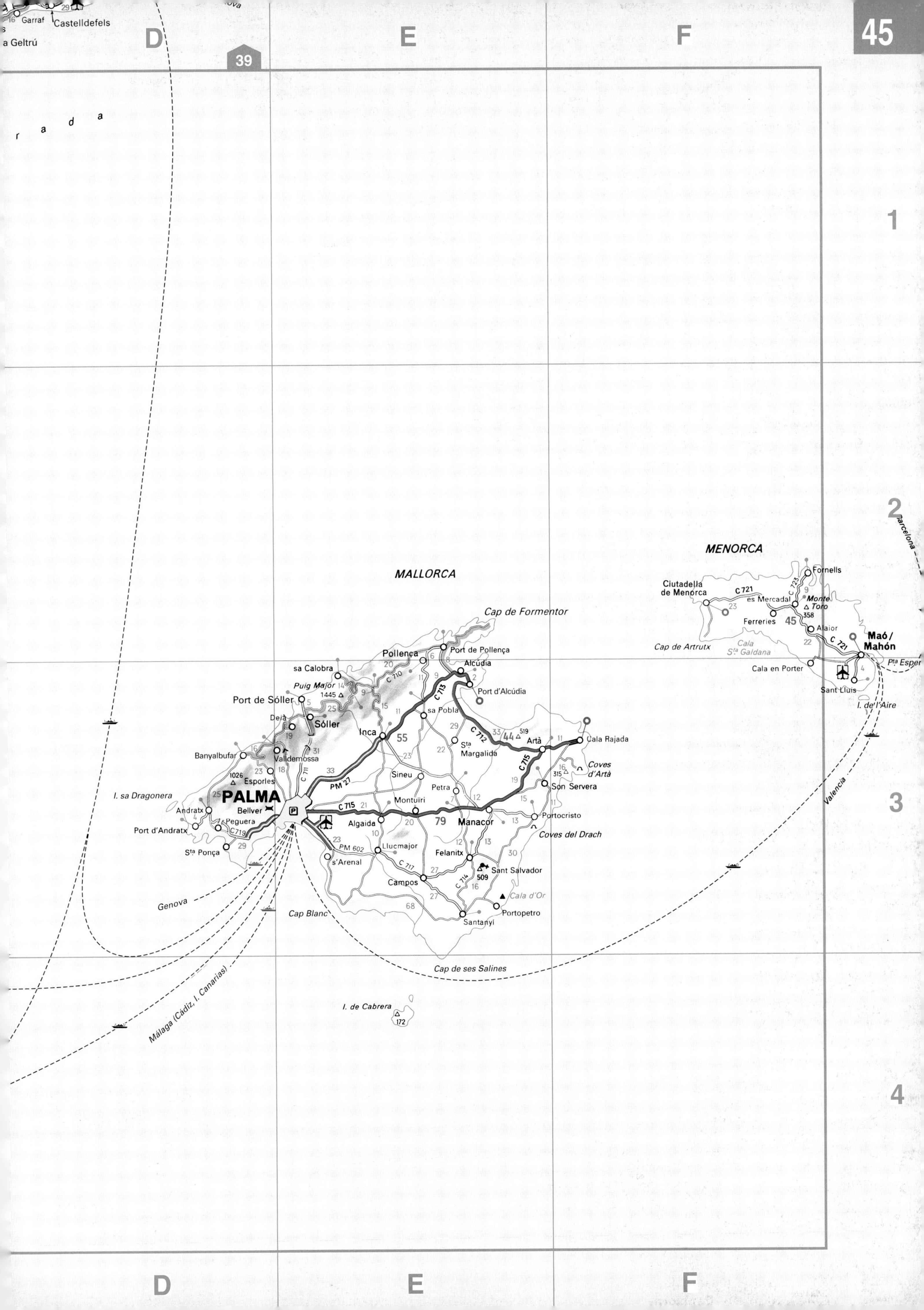

D
E
F
39
Garraf
Castelldefels
a Geltrú
r a d a
1
2
3
4
MALLORCA
MENORCA
Cap de Formentor
Pollença
Port de Pollença
Alcúdia
Port d'Alcúdia
sa Calobra
Puig Major
1445
Port de Sóller
Sóller
Deià
Inca
sa Pobla
C 713
C 710
C 712
C 715
C 711
C 714
C 719
C 717
C 715
PM 27
PM 602
55
44
79
519
Artà
Cala Rajada
Sta Margalida
Coves d'Artà
Son Servera
Valldemossa
Banyalbufar
1026
Esporles
Sineu
Petra
PALMA
Bellver
I. sa Dragonera
Andratx
Port d'Andratx
Peguera
Sta Ponça
Montuïri
Manacor
Algaida
Portocristo
Coves del Drach
Llucmajor
s'Arenal
Felanitx
509
Sant Salvador
Campos
Cala d'Or
Portopetro
Santanyí
Cap Blanc
Cap de ses Salines
Genova
I. de Cabrera
172
Málaga (Cádiz, I. Canarias)
Valencia
Barcelona
Ciutadella de Menorca
C 721
C 723
es Mercadal
Fornells
Monte Toro
358
Ferreries
45
Alaior
Maó / Mahón
Cap de Artrutx
Cala Sta Galdana
Cala en Porter
Sant Lluís
Pta Esper
I. de l'Aire
D
E
F

40
A
B
C
1
2
3
4
A L E N T E J O
A L G A R V E
Melides
Grândola
Costa de Sto André
Vila Nova de Sto André
Santiago do Cacém
Sines
Cabo de Sines
Abela
Ermidas-Aldeia
Azinheira dos Barros
Sta Margarida do Sado
Odivelas
Bgem de Odivelas
Alvito
Cuba
Vidigueira
Alqueva
Bgem de Alqueva
Amareleja
Granja
Zahinos
Jerez de los Caballeros
Oliva de la Frontera
S. Matias
Beringel
Ferreira do Alentejo
Beja
Baleizão
Pedrógão
Moura
Safara
Barrancos
Encinasola
Brinches
Pias
Sobral da Adiça
Serpa
Rosal de la Frontera
Aroche
Vila Nova de São Bento
Vila Verde de Ficalho
Cortegana
Almonaster la Real
Cabezo Gordo
Sta Bárbara
S. Telmo
Paymogo
Cabezas Rubias
El Cerro de Andévalo
Mina de S. Domingos
Mértola
Puebla de Guzmán
Calañas
Tharsis
Alosno
Ervidel
Bgem do Roxo
Albernoa
Alvalade
S. Domingos
Bgem de Campilhas
Tanganheira
Cercal
Aljustrel
Vila Nova de Milfontes
Sta Luzia
Bgem de Monte da Rocha
Vale de Açor
Castro Verde
Garvão
S. Martinho das Amoreiras
Odemira
Ourique
Alcaria Ruiva
Sta Clara-a-Velha
Bgem de Sta Clara
S. Teotónio
Sabóia
Santana da Serra
S. João dos Caldeireiros
Almodôvar
Odeceixe
Nave Redonda
Aljezur
Monchique
Alfambra
S. Marcos da Serra
Martim Longo
Alcoutim
Sanlúcar de Guadiana
El Almendro
Villanueva de los Castillejos
Ameixial
Cachopo
S. Bartolomeu de Messines
Carrapateira
Porto de Lagos
Silves
Barranco Velho
Peralva
Odeleite
S. Silvestre de Guzmán
S. Bartolomé de la Torre
Gibraleón
Beas
Trigueros
Vila do Bispo
Cabo de São Vicente
Sagres
Ponta de Sagres
Lagos
Alvor
Portimão
Praia da Rocha
Lagoa
Algoz
Alcantarilha
Paderne
Boliqueime
Loulé
Alcaria do Cume
Sta Catarina
Castro Marim
Villablanca
Lepe
Cartaya
Huelva
San Juan del Puerto
Moguer
Carvoeiro
Armação de Pêra
Ferreiras
Albufeira
Quarteira
Almansil
S. Brás de Alportel
Estói
Tavira
Cacela
Vila Real de Sto António
Ayamonte
Isla Cristina
La Antilla
El Rompido
La Rábida
Palos de la Frontera
Punta Umbría
Moncarapacho
Fuzeta
Faro
Olhão
Cabo de Sta Maria
Mazagón
GOLFO DE CADIZ
RIO GUADIANA
Embalse del Chanza
Rio Mira
Rio Chança
Sa de Monchique
Sa do Caldeirão
Sa da Adiça
IP 1
IP 2
IP 8
E 1
N 120
N 125
N 260
N 431
A 493
N 435
N 442
H 120
C 439

D
E
F
41
48
1
2
3
4
Zafra
Llerena
Usagre
Bienvenida
Valencia de las Torres
Peraleda Zaucejo
Hinojosa del Duque
El Viso
Torrecampo
Valderrepisa
Fuencaliente
Conquista
Pozoblanco
Alcaracejos
Villanueva del Duque
La Granjuela
Granja de Torrehermosa
Berlanga
Azuaga
Fuente Obejuna
Peñarroya-Pueblonuevo
Bélmez
Villanueva de Córdoba
Fuente de Cantos
Valencia del Ventoso
Fregenal de la Sierra
Higuera la Real
Segura de León
Calera de León
Cumbres Mayores
Monesterio
Pto de Sto Domingo
Tentudía
Pto Cañada
Fuentes de León
Arroyomolinos del León
Cañaveral de León
Galaroza
Aracena
Sa de Aracena
Higuera de la Sierra
Zufre
Sta Olalla del Cala
El Real de la Jara
Almadén de la Plata
Pto de las Marismas
Embalse de Aracena
Guadalcanal
Alanís
S. Nicolás del Puerto
Cazalla de la Sierra
Las Navas de la Concepción
Sa Norte de Sevilla
Constantina
El Pedroso
Ojuelos Altos
E. de Sierra Boyera
Espiel
Chimorra
Villanueva del Rey
Erillas
Villaharta
Obejo
E. de Puente Nuevo
Villaviciosa de Córdoba
Embalse de Bembézar
Sa de Hornachuelos
Adamuz
Montoro
E. del Guadalmellato
E. de S. Rafael de Navallana
Sa de Cardeña y Montoro
Azuel
Cardeña
Alcolea
Pedro Abad
Villa del Río
El Carpio
Bujalance
Cañete de las Torres
Medina Azahara
CÓRDOBA
Almodóvar del Río
Posadas
Hornachuelos
E. de la Breña
E. del Retortillo
E. de José Toran
La Puebla de los Infantes
Minas de Riotinto
Nerva
El Madroño
El Castillo de las Guardas
E. de Zufre
E. de la Minilla
E. de la Cala
El Ronquillo
E. de Huesna
Castilblanco de los Arroyos
Villanueva del Río y Minas
Peñaflor
Palma del Río
Fuente Palmera
Río Guadalquivir
Alcolea del Río
Lora del Río
Cantillana
Villaverde del Río
E. de Gergal
Las Pajanosas
Tocina
Guillena
Brenes
Alcalá del Río
La Rinconada
Aznalcóllar
Gerena
La Algaba
Santiponce
Sanlúcar la Mayor
Camas
La Palma del Condado
Castilleja del Campo
SEVILLA
Carmona
Fuentes de Andalucía
La Campana
La Luisiana
Écija
La Carlota
Aldea Quintana
Fernán Núñez
Montemayor
La Rambla
Santaella
Montilla
Espejo
Castro del Río
Baena
Nueva Carteya
Doña Mencía
Luque
Cabra
Aguilar
A N D A L U C I A
Bollullos del Condado
Almonte
Bollullos de la M.
Pilas
Aznalcázar
Coria del Río
La Puebla del Río
Mairena del Alcor
El Viso del Alcor
Alcalá de Guadaira
Dos Hermanas
Paradas
Marchena
La Lantejuela
El Arahal
El Rubio
Herrera
Puente Genil
Lucena
Carcabuey
Sa Subbética
Rute
Iznájar
Benamejí
Badolatosa
E. de Cordobilla
Casariche
Estepa
Aguadulce
Osuna
Pedrera
Colinas
El Rocío
Villafranco del Guadalquivir
Los Palacios y Villafranca
Utrera
La Puebla de Cazalla
Pto de la Encina
Morón de la Frontera
El Coronil
E. de la Puebla
El Saucejo
Martín de la Jara
Sierra de Yeguas
La Roda
Alameda
Cuevas de S. Marcos
Villanueva de Algaidas
Mollina
Fuente de Piedra
Archidona
Salinas
Campillos
Antequera
Villanueva del Trabuco
Pto de las Pedrizas
Matalascañas
Parque nacional de Doñana
Isla Mayor
Río Guadalquivir
Las Cabezas de S. Juan
Lebrija
Trebujena
El Cuervo
Montellano
Coripe
Puerto Serrano
Pruna
Olvera
Algodonales
Almargen
Teba
Cañete la Real
Setenil
E. del Guadalteba-Guadalhorce
Valle de Abdalajís
El Torcal
Villanueva de la Concepción
Riogordo
Colmenar
Casabermeja
Periana
Sanlúcar de Barrameda
Chipiona
Jerez de la Frontera
Espera
Bornos
Villamartín
Arcos de la Frontera
Prado del Rey
E. de Bornos
Grazalema
Pinar
El Bosque
E. de Zahara
Cuevas del Becerro
Ardales
Garganta del Chorro
Alora
El Burgo
Almogía
Casarabonela
Pizarra
Finca de la Concepción
Benamargosa
Almáchar
Rincón de la Victoria
Rota
El Puerto de Sta María
Bahía de Cádiz
CÁDIZ
El Portal
La Barca de la Florida
E. de Guadalcacín
E. de los Hurones
Algar
Ubrique
Benaoján
Cueva de la Pileta
Ronda
Serranía de Ronda
Yunquera
Alozaina
Torrecilla
Tolox
Coín
Cártama
MÁLAGA
Torremolinos
Benalmádena
Benalmádena Costa
Alhaurín el Grande
Mijas
Fuengirola
Puerto Real
S. Fernando
Chiclana de la Frontera
Paterna de Rivera
Pto de Galis
Cortes de la Frontera
Algatocín
Monda
Istán
Ojén
Marbella
S. Pedro de Alcántara
Sancti Petri
Medina-Sidonia
Alcalá de los Gazules
Aljibe
Gaucín
Sa Bermeja
Reales
Jimena de la Frontera
Parque natural de los Alcornocales
Casares
Manilva
Estepona
S. Luis de Sabinillas
Naveros
E. de Barbate
E. del Guadarranque
E. del Celemín
Conil de la Frontera
Vejer de la Frontera
Cabo de Trafalgar
Barbate
E. de Charco Redondo
Guadiaro
Sotogrande
San Roque
Los Barrios
La Línea de la Concepción
Zahara de los Atunes
Facinas
Algeciras
Pto del Bujeo
Gibraltar
Punta Grande de Europa
Tarifa
Alto El Cabrito
Punta Marroquí o de Tarifa
Costa del Sol
Costa de la Luz
ESTRECHO DE GIBRALTAR
Jbel Musa
Mte Hacho
El Biutz
Ceuta
Fnideq
Ksar-es-Seghir
TANGER
Cabo Spartel
Sète
Palma
N 432
N 630
N IV E 5
A 92
A 382
N 340
E 15
A 4 E 5
N 331
A 49 E 1
N 431

A
B
C
42
47
1
2
3
4
Pozoblanco
Conquista
Fuencaliente
Pto de Valderrepisa
Pto de Niefla
Mestanza
Solana del Pino
Bañuela
Sa Madrona
S. Lorenzo de Calatrava
Viso del Marqués
Almuradiel
Desfiladero de Despeñaperros
Estrella
Castellar de Santiago
Torre de Juan Abad
Albaladejo
Villamanrique
Alcaraz
Almenaras
Fábricas de Riópar
Villanueva de Córdoba
Azuel
Cardeña
Sa de Cardeña y Montoro
Sa de Andújar
E. del Jándula
Virgen de la Cabeza
E. del Rumblar
El Centenillo
Sta Elena
La Carolina
Puente de Génave
Siles
La Puerta de Segura
Orcera
Arguellite
Arroyo del Ojanco
Santisteban del Puerto
Castellar de Santisteban
Navas de S. Juan
Segura de la Sierra
Yelmo
Cortijos Nuevos
Hornos
Beas de Segura
Villanueva del Arzobispo
Garganta
Casicas del Río Segura
Adamuz
Montoro
Marmolejo
Andújar
Las Viñas
Baños de la Encina
Bailén
Guarromán
Linares
Vilches
Arquillos
E. de Giribaile
Sabiote
Villacarrillo
Pontones
Santiago de la Espada
Nerpio
Alcolea
Pedro Abad
Villa del Río
Lopera
Villanueva de la reina
Higuera de Arjona
Arjona
Mengíbar
Baeza
Úbeda
Torreperogil
Sto Tomé
Mogón
Sa de Cazorla
Sa de Segura
El Carpio
CÓRDOBA
Bujalance
Porcuna
Cañete de las Torres
Fuerte del Rey
Pto de las Palomas
Puebla de Don Fadrique
Peal de Becerro
Cazorla
Quesada
Pto de Tiscar
Cabañas
La Losa
Sa de la Sagra
Torre del Campo
Torredonjimeno
Jaén
Jimena
Bedmar
Jódar
Mancha Real
Sa Mágina
Pegalajar
La Guardia de Jaén
Martos
Castro del Río
Espejo
Fernán Núñez
Montemayor
Montilla
Nueva Carteya
Baena
Los Villares
Fuensanta de Martos
Alcaudete
Valdepeñas de Jaén
Cambil
Huelma
Cabra del Sto Cristo
Huesa
Hinojares
Pozo Alcón
Castril
Huéscar
Castilléjar
Galera
Orce
Doña Mencía
Luque
Aguilar
Cabra
Castillo de Locubín
Priego de Córdoba
Alcalá la Real
Campillo de Arenas
Pto del Castillo
Montejícar
Alicún de Ortega
Guadahortuna
Villanueva de las Torres
Cuevas del Campo
Cortes de Baza
Benamaurel
Cúllar Baza
Las Vertientes
Lucena
Carcabuey
Almedinilla
Frailes
Benalúa de las Villas
Moreda
Mencal
Zújar
Baza
Caniles
Lúcar
Rute
Benamejí
Iznájar
Algarinejo
Montefrío
Embalse de Iznájar
Parapanda
Illora
Moclín
Colomera
Iznalloz
Diezma
Huélago
Benalúa de Guadix
Purullena
Guadix
Gor
Sta Bárbara
Sierra de Baza
Olula del Río
Tíjola
Purchena
Serón
Cuevas de S. Marcos
Villanueva de Algaidas
Huétor-Tájar
Pinos Puente
Albolote
Huétor-Santillán
GRANADA
Pto de la Mora
Alcudia de Guadix
Autovía en construcción
Mollina
Archidona
Loja
Salar
Moradela de Zafayona
Sta Fé
Armilla
Ventas de Huelma
Pto del Suspiro del Moro
Sierra Nevada
Pico Veleta
Mulhacén
Horcajo de Trevélez
Pto de la Ragua
Calahorra
Fiñana
Escúllar
Doña María Ocaña
Abla
Sierra de los Filabres
Tetica
Calar Alto
Uleila del Campo
Antequera
Villanueva del Trabuco
Pto de las Pedrizas
Alhama de Granada
Zafarraya
Padul
Dúrcal
SIERRA NEVADA
Trevélez
Capileira
Laroles
Ohanes
Canjáyar
Alboloduy
Gérgal
Tabernas
Torcal
Riogordo
Colmenar
Periana
E. Bermejales
Sa de Tejeda
Sa de Almijara
Lanjarón
Las Alpujarras
Cádiar
Ugíjar
Laujar de Andarax
Illar
Gádor
Alhamilla
Casabermeja
Pto del León
Benamargosa
Vélez-Málaga
Cómpeta
Navachica
Frigiliana
Cueva de Nerja
Béznar
Órgiva
Pto Camacho
Contraviesa
Morrón
Sierra de Gádor
Alhama de Almería
Benahadux
Almogía
Finca de la Concepción
Almáchar
Rincón de la Victoria
Algarrobo
Torrox
Nerja
Otívar
Vélez de Benaudalla
Albuñol
Berja
Dalías
ALMERÍA
Cártama
MÁLAGA
Torre del Mar
La Herradura
Almuñécar
Salobreña
Motril
Castell de Ferro
La Rábita
Adra
Balanegra
Balerma
El Ejido
Aguadulce
Roquetas de Mar
Punta del Río
El Alquián
Cabo de Gata
Torremolinos
Benalmádena
Benalmádena Costa
Fuengirola
Cabo Sacratif
Calahonda
Guardias Viejas
Almerimar
Golfo de Almería
Melilla
Palma
Costa del Sol
MAR MEDI
12-1998

A
B
C

D
E
F
43
1
2
3
4
Pozohondo
Peñas de S. Pedro
Alcadozo
Bogarra
Ayna
Liétor
Hellín
Tobarra
Fuente-Álamo
Albatana
Ontur
Caudete
Yecla
Villena
Jumilla
Cancárix
Elche de la Sierra
Letur
Socovos
Las Minas
Calasparra
Moratalla
Caravaca de la Cruz
Cehegín
Bullas
Barranda
El Moral
Revolcadores
Cieza
Blanca
Archena
Ceutí
Mula
Molina de Segura
Pliego
Alcantarilla
MURCIA
Cresta del Gallo
Librilla
Alhama de Murcia
Totana
Aledo
La Paca
Zarcilla de Ramos
Casas Nuevas
Lorca
Puerto Lumbreras
Vélez Blanco
Vélez Rubio
María
Baños de la Fuensanta
Sta María de Nieva
Pozo Higuera
Águilas
Cope
Cabo Cope
Golfo de Mazarrón
Puerto de Mazarrón
Mazarrón
Cabo Tiñoso
La Azohía
Cartagena
La Unión
Portman
Escombreras
Cabo de Palos
La Manga del Mar Menor
El Algar
Los Alcázares
Mar Menor
S. Javier
Santiago de la Ribera
S. Pedro del Pinatar
Torre-Pacheco
Los Dolores
Albujón
Tallante
Fuente Álamo
Corvera
Gañuelas
Carrascoy
Sucina
Balsicas
Torrevieja
S. Miguel de Salinas
Orihuela
Almoradí
Rojales
Guardamar del Segura
Dolores
Catral
Callosa de S.
Albatera
Fortuna
Abanilla
Crevillent
Elx/Elche
Sta Pola
Illa de Tabarca
Aspe
Novelda
Elda
Petrer
Monòver
el Pinós
Casas del Puerto
Carche
Sax
Castalla
Biar
Banyeres de Mariola
Alcoi / Alcoy
Cocentaina
Muro d'Alcoi
Ibi
Xixona
Agost
S. Vicent del Raspeig
ALACANT / ALICANTE
Platja de Sant Joan
S.Joan d'Alacant
el campello
La Vila Joiosa
Benidorm
Altea
l'Alfàs del Pi
Calp
Callosa d'en Sarrià
Guadalest
Port de la Carrasqueta
Cova dels Canelobres
Costa Blanca
Huércal-Overa
Pulpí
S. Juan de los Terreros
Cuevas del Almanzora
Los Lobos
Villaricos
Vera
Antas
Albox
Albánchez
Lubrín
Los Gallardos
Garrucha
Turre
Mojácar
Sorbas
Lucainena de las Torres
Carboneras
La Mesa Roldán
S. Isidro
Parque natural de Cabo de Gata - Níjar
Las Negras
Pta de la Polacra
S. José
M E D I T E R R Á N E O

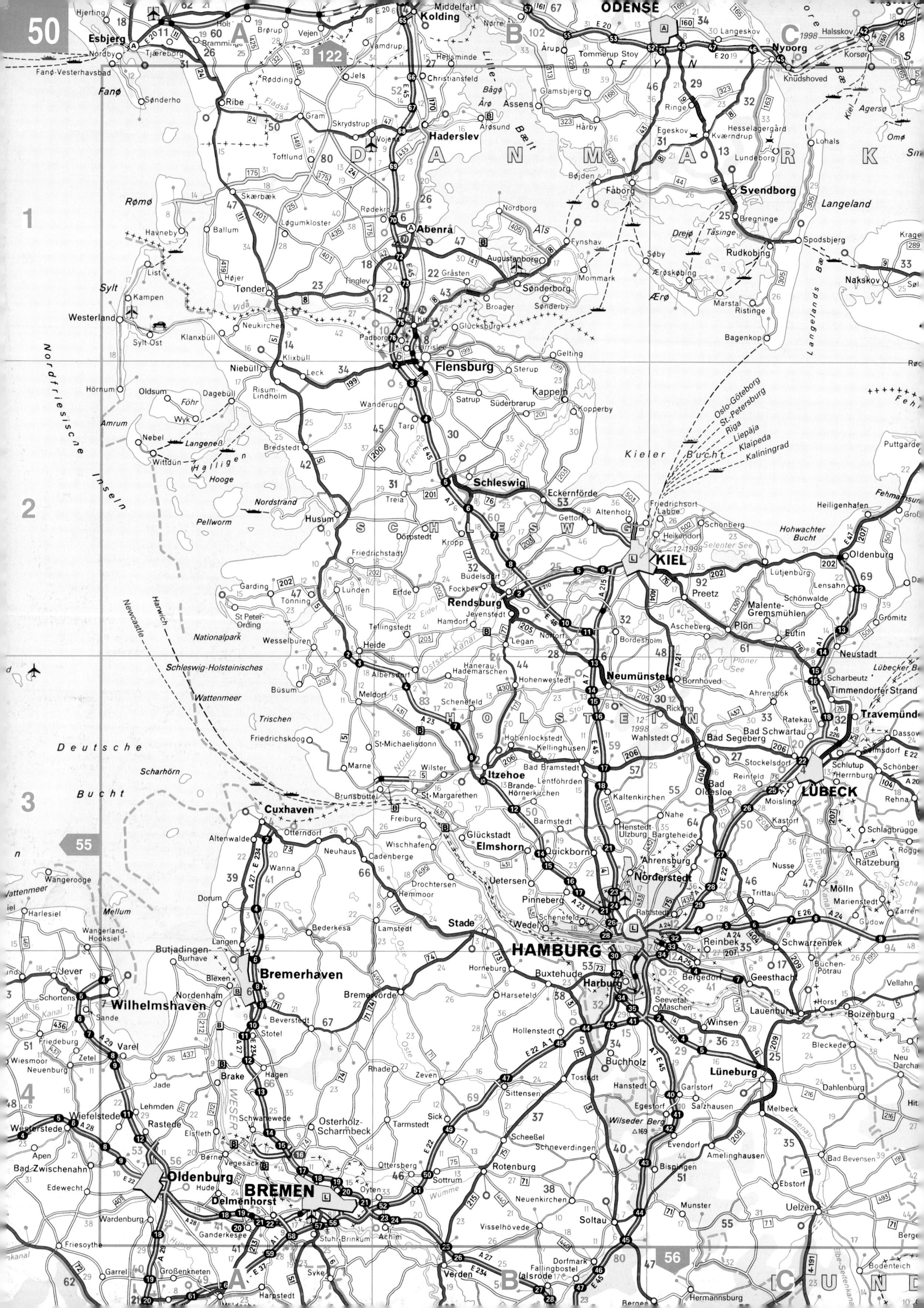

Esbjerg
Fanø
Kolding
Middelfart
ODENSE
Nyborg
Korsør
Ribe
Haderslev
Assens
Svendborg
Langeland
Rømø
Abenrå
Sylt
Westerland
Tønder
Augustenborg
Sønderborg
Ærø
Rudkøbing
Nakskov
Niebüll
Flensburg
Föhr
Amrum
Kappeln
Nordfriesische Inseln
Halligen
Schleswig
Eckernförde
Husum
Pellworm
Nordstrand
KIEL
Kieler Bucht
Oslo-Göteborg
St.Petersburg
Riga
Liepāja
Klaipeda
Kaliningrad
Rendsburg
Heide
Neumünster
Plön
Eutin
Oldenburg
Puttgarden
Fehmarnsund
Travemünde
LÜBECK
Itzehoe
Cuxhaven
Deutsche Bucht
Schleswig-Holsteinisches Wattenmeer
Nationalpark
Bad Segeberg
Bad Oldesloe
Elmshorn
Norderstedt
Pinneberg
Stade
HAMBURG
Harburg
Bremerhaven
Wilhelmshaven
Wangerooge
Jever
Lüneburg
Buchholz
Oldenburg
BREMEN
Delmenhorst
Verden
Rotenburg
Soltau
Uelzen
Walsrode

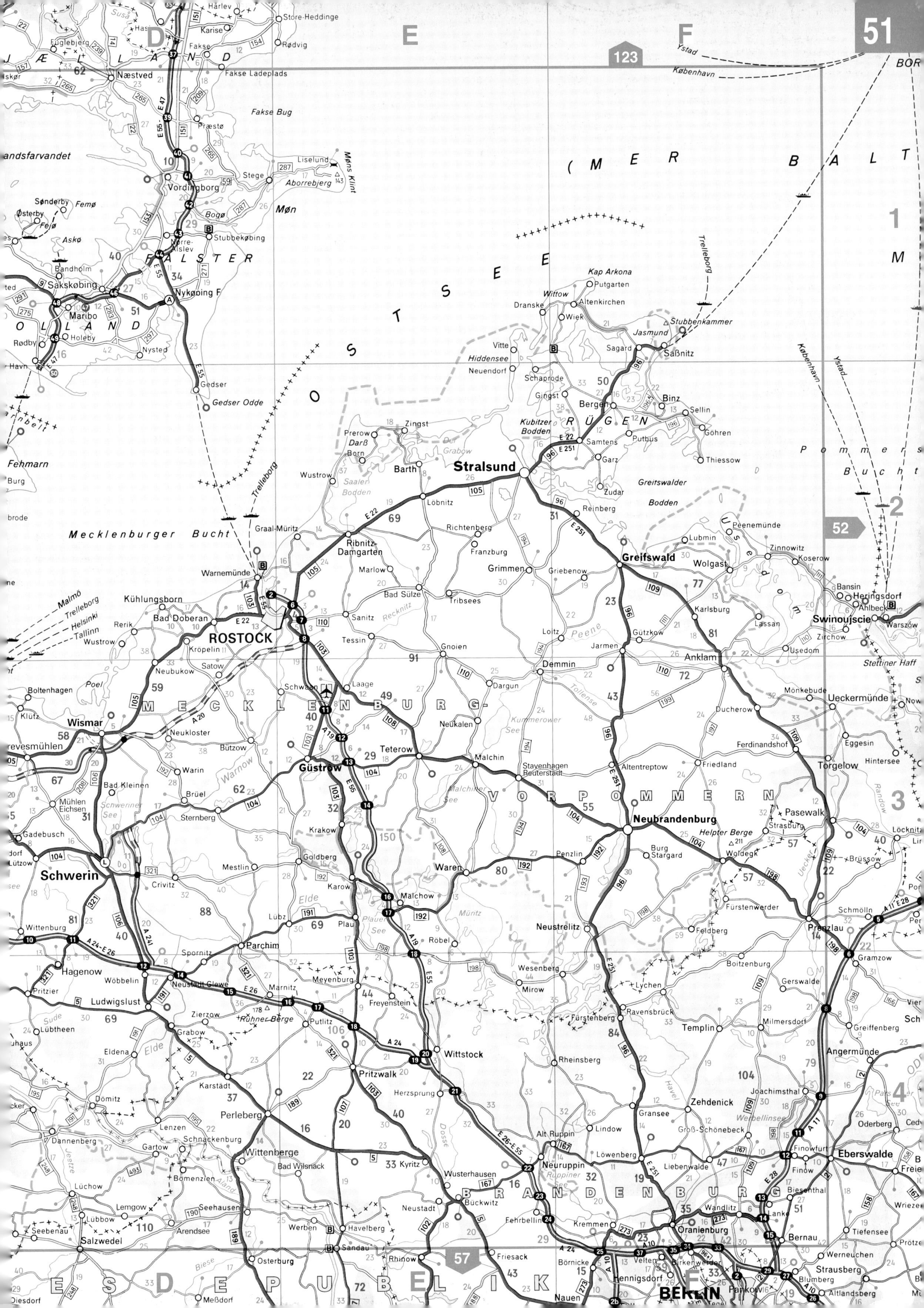
D
E
F
123
Ystad
København
BOR
Harlev
Store-Heddinge
Karise
Fakse
Rødvig
Fuglebjerg
Næstved
Fakse Ladeplads
Fakse Bug
Præstø
andsfarvandet
Liselund
Møns Klint
Stege
Aborrebjerg
Vordingborg
Sønderby
Femø
Østerby
Fejø
Askø
Bogø
Møn
Stubbekøbing
Nørre-Alslev
FALSTER
Bandholm
Sakskøbing
Nykøbing F
Maribo
OLLAND
Rødby
Holeby
Nysted
Havn
Gedser
Gedser Odde
(MEER
BALT
M
OSTSEE
Kap Arkona
Putgarten
Wittow
Altenkirchen
Dranske
Wiek
Trelleborg
Stubbenkammer
Jasmund
Vitte
Hiddensee
Neuendorf
Sagard
Saßnitz
Schaprode
Gingst
Bergen
Binz
Sellin
Kubitzer Bodden
RÜGEN
Göhren
Zingst
Prerow
Darß
Born
Barth
Stralsund
Samtens
Putbus
Garz
Thiessow
Pommersche Bucht
Fehmarn
Burg
Wustrow
Saaler Bodden
Zudar
Greifswalder Bodden
Löbnitz
Reinberg
Peenemünde
Mecklenburger Bucht
Graal-Müritz
Ribnitz-Damgarten
Richtenberg
Franzburg
Lubmin
Zinnowitz
Koserow
52
Greifswald
Wolgast
Usedom
Grimmen
Griebenow
Marlow
Warnemünde
Kühlungsborn
Bad Doberan
Bad Sülze
Tribsees
Bansin
Heringsdorf
Ahlbeck
Swinoujście
Warszów
Malmö
Trelleborg
Helsinki
Tallinn
Rerik
ROSTOCK
Sanitz
Karlsburg
Lassan
Tessin
Loitz
Peene
Gützkow
Zirchow
Usedom
Kröpelin
Gnoien
Jarmen
Anklam
Stettiner Haff
Satow
Neubukow
Demmin
Dargun
Laage
Schwaan
Boltenhagen
Poel
MECKLENBURG-
VORPOMMERN
Klütz
Wismar
Neukloster
Bützow
Neukalen
Tollense
Kummerower See
Ducherow
Mönkebude
Ueckermünde
Eggesin
Grevesmühlen
Güstrow
Teterow
Malchin
Stavenhagen Reuterstadt
Altentreptow
Friedland
Ferdinandshof
Torgelow
Hintersee
Warin
Bad Kleinen
Brüel
Mühlen Eichsen
Schweriner See
Sternberg
Malchiner See
Neubrandenburg
Pasewalk
Strasburg
Helpter Berge
Gadebusch
Krakow
Burg Stargard
Woldegk
Brüssow
Löcknitz
Schwerin
Lützow
Crivitz
Mestlin
Goldberg
Waren
Penzlin
Karow
Müritz
Malchow
Elde
Plauer See
Plau
Lübz
Fürstenwerder
Neustrelitz
Feldberg
Prenzlau
Schmölln
Wittenburg
Röbel
Parchim
Spornitz
Hagenow
Wöbbelin
Neustadt-Glewe
Marnitz
Meyenburg
Freyenstein
Wesenberg
Mirow
Lychen
Boitzenburg
Gerswalde
Gramzow
Pritzier
Ludwigslust
Zierzow
Ruhner Berge
Putlitz
Fürstenberg
Ravensbrück
Templin
Milmersdorf
Greiffenberg
Lübtheen
Grabow
Wittstock
Rheinsberg
Angermünde
Eldena
Karstädt
Pritzwalk
Herzsprung
Zehdenick
Joachimsthal
Dömitz
Perleberg
Gransee
Lindow
Groß-Schönebeck
Werbellinsee
Oderberg
Dannenberg
Lenzen
Gartow
Schnackenburg
Wittenberge
Bad Wilsnack
Kyritz
Alt Ruppin
Neuruppin
Ruppiner See
Löwenberg
Liebenwalde
Finowfurt
Finow
Eberswalde
Lüchow
Bömenzien
Aland
Wusterhausen
BRANDENBURG
Biesenthal
Lemgow
Seehausen
Neustadt
Bückwitz
Fehrbellin
Kremmen
Oranienburg
Wandlitz
Lanke
Bernau
Wriezen
Lübbow
Seebenau
Salzwedel
Arendsee
Werben
Havelberg
Sandau
Rhinow
57
Friesack
Tiefensee
Werneuchen
Strausberg
Blumberg
Altlandsberg
Osterburg
Biese
Börnicke
Hennigsdorf
Velten
Birkenwerder
Nauen
BERLIN
Pankow
Diesdorf
Meßdorf
DEUTSCHE REPUBLIK
1
2
3
4

A
B
C
123
1
2
3
4
51
58
Rytterknægten
Rønne
Neksø
Aakirkeby
BORNHOLM
BALTIQUE)
MORZE BAŁTYCKIE
København
Ystad
Pommersche Bucht
Słowiński Park
Rowy
Gardna
Objazda
Ustka
Jarosławiec
J. Wicko
J. Kopań
Słupsk
Dębnica Kaszubska
Darłowo
Sławno
J. Bukowo
Malechowo
Łazy
Kępice
J. Jamno
Mielno
Sarbinowo
Sianów
Ustronie Morskie
Koszalin
Polanów
Kołobrzeg
Mostowo
Miastko
Mrzeżyno
Dźwirzyno
Parsęta
Radew
Karlino
Białogard
Gościno
Bobolice
Biały Bór
Niechorze
Rewal
Trzebiatów
Byszyno
Tychowo
J. Wierzchowo
Pobierowo
Dziwnów
Zalew Kamieński
Świerzno
Rega
Rymań
Sławoborze
Parsęta
J. Wielimie
Peenemünde
Zinnowitz
Koserow
Usedom
Wolin
Wisełka
Kamień Pomorski
Gryfice
Połczyn-Zdrój
Barwice
Szczecinek
Bansin
Heringsdorf
Ahlbeck
Międzyzdroje
Woliński Park Narodowy
Świnoujście
Lassan
Zirchow
Warszów
Golczewo
Płoty
Resko
Świdwin
Kluczewo
Kręgi
Okonek
Stettiner Haff
Zalew Szczeciński
Przybiernów
J. Drawsko
J. Pile
Mönkebude
Ueckermünde
Nowe Warpno
Nowogard
Łobez
Czaplinek
Jastrowie
Ferdinandshof
Trzebież
Stepnica
Dobra
J. Woświn
Węgorzyno
Złocieniec
Drawsko Pomorskie
Hintersee
Dobieszczyn
Goleniów
Ińsko
J. Lubie
Racza
Łowicz
Torgelow
Police
Jezioro Dąbie
Maszewo
Chociwel
Mirosławiec
Wałcz
Pasewalk
Strasburg
SZCZECIN
Dobrzany
J. Betyń
Löcknitz
Lubieszyn
Linken
Dąbie
Stargard Szcz.
Kalisz Pomorski
Brüssow
Podjuchy
Morzyczyn
Recz
Tuczno
Piła
Prenzlau
Pomellen
Kołbacz
Jezioro Miedwie
Suchań
Drawno
Schmölln
Penkun
Gryfino
Mescherin
Gartz
Str. Czarnowo
Ina
Choszczno
Drawa
Człopa
Ujście
Trzcianka
Gramzow
Pyrzyce
J. Płoń
Gerswalde
Banie
Pełczyce
Dobiegniew
Czarnków
Vierraden
Schwedt
Barlinek
J. Osiek
Wieleń
Milmersdorf
Greiffenberg
Krajnik Dln
Lipiany
Krzyż
Lubasz
Angermünde
Trzcińsko-Zdrój
J. Myśliborskie
ODER
Chojna
Strzelce Krajeńskie
Drezdenko
Piłka
Joachimsthal
Myślibórz
Parsteiner See
Noteć
Wronki
Obrzycko
Werbellinsee
Oderberg
Cedynia
Moryń
Mysla
Santok
WARTA
Ostroróg
Szamotuły
Siekierki
Baczyna
Lipki Wlk.
Sieraków
Eberswalde
Finowfurt
Bad Freienwalde
Mieszkowice
Gorzów Wlkp.
Wiejce
Finow
Oderbruch
Dębno
Międzychód
Biesenthal
Boleszkowice
Witnica
Bogdaniec
Skwierzyna
Kamionna
Pniewy
Wriezen
Alte Oder
Sarbinowo
J. Bytyński
Lanke
Tiefensee
WARTA
Krzeszyce
Obra
Bernau
Protzel
Kostrzyn
Lubniewice
Pszczew
Lwówek
BERLIN
Neuhardenberg
Werneuchen
J. Lubniewsko
J. Wielkie
Buk
Strausberg
Manschnow
Kietz
Międzyrzecz
Blumberg
Buckow
Seelow
Ośno Lubuskie
Sulęcin
Pieski
Trzciel
Nowy Tomyśl
Opalenica
Altlandsberg
Müncheberg
E 28
E 65
E 30

124
D
E
F
Łeba
Żelazno
J. Żarnowieckie
Puck
Jastarnia
Jurata
Hel
Helsinki
Zatoka Pucka
Rewa
Kaliningradzkij
Kornevo
Mamonovo
Toprzyny
Głębock
Zatoka Gdańska
Reda
Rumia
GDYNIA
Orłowo
Sopot
Westerplatte
Wicko
Jezioro Łebsko
Wejherowo
Główczyce
Lębork
Darżyno
Łupawa
Sierakowice
Kartuzy
Żukowo
GDAŃSK
Pruszcz Gd.
Sobieszewo
Stegna
Nowy Dwór Gdański
Nowy Staw
Nowa Karczma
Krynica Morska
Przebrno
Tolkmicko
Pogrodzie
Frombork
Braniewo
Pieniężno
Górowo Iławieckie
Babiak
Lidzbark Warmiński
Orneta
Nowica
Milejewo
Młynary
Elbląg
Pasłęk
Miłakowo
Dobre Miasto
Czarna Dąbrówka
J. Raduńskie
Klukowa Huta
Wieżyca
Egiertowo
Unichowo
J. Jasień
J. Mausz
Kościerzyna
Nw. Karczma
Godziszewo
Skarszewy
Tczew
Czarlin
Malbork
Str. Pole
Rychliki
Morąg
OLSZTYN
Gutkowo
Bytów
Starogard Gd.
Pelplin
Sztum
Dzierzgoń
Stary Dzierzgoń
Jerzwałd
Zalewo
Miłomłyn
Łukta
Biesal
Zblewo
J. Wdzydze
Gniew
Brachlewo
Prabuty
Siemiany
Ostróda
Olsztynek
Rychnowo
Karsin
Czarna Woda
Skórcz
Kwidzyn
Licze
Susz
Iława
Brusy
Czersk
Trumieje
Kisielice
Frygnowo
J. Karsińskie
Nowe
Gardeja
Lubawa
Przechlewo
J. Charzykowskie
Biskupiec
Rybno
Uzdowo
J. Szczytno
Chojnice
Osie
Warlubie
Łasin
Nowe Miasto Lubawskie
Człuchów
Tuchola
Grudziądz
Mełno
Jabłonowo Pomorskie
Zbiczno
Działdowo
Ostrowite
Radzyń Chełmiński
Lidzbark
Kamień Krajeński
Bartniczka
Debrzno
Przechowo
Świecie
Chełmno
Lisewo
Wąbrzeźno
Brodnica
Górzno
Lędyczek
Sępólno Krajeńskie
J. Koronowskie
Stolno
Lipnica
Więcbork
Koronowo
Trzeciewiec
Unisław
Chełmża
Kowalewo Pomorskie
Golub-Dobrzyń
Ostrowite
Rypin
Żuromin
Radzanów
Złotów
Fordon
Zbójno
Bieżuń
Łobżenica
Mrocza
BYDGOSZCZ
TORUŃ
Lubicz
J. Stawianowskie
Wyrzysk
Nakło n. Notecią
Solec Kujawski
Kikół
Sierpc
Wysoka
Noteć
Szubin
Aleksandrów Kujawski
Ciechocinek
Lipno
Drobin
Gniewkowo
Nieszawa
Tłuchowo
Szamocin
Kcynia
Łabiszyn
Bielsk
Chodzież
Margonin
Barcin
Inowrocław
Zakrzewo
Gołańcz
Wapno
Żnin
Dobrzyń n. Wisłą
Włocławek
PŁOCK
Budzyń
Pakość
Janikowo
J. Pakoskie
Brześć Kujawski
Kruszwica
J. Gopło
Radziejów
Kowal
Wągrowiec
Janowiec Wlkp.
Rogowo
Mogilno
Strzelno
Lubraniec
Gostynin
Gąbin
Wełna
Rogoźno
Skoki
Piotrków Kujawski
J. Ostrowskie
Trzemeszno
Lubień Kujawski
Chodecz
Izbica Kujawska
Sanniki
Kłecko
Oborniki
Kiszkowo
Gniezno
Anastazewo
Sompolno
Przedecz
Murowana Goślina
Lednogóra
Witkowo
J. Powidzkie
Kleczew
Ślesin
Żychlin
Kutno
Pobiedziska
Czerniejewo
Krośniewice
Kłodawa
Bzura
Kiekrz
Gosławice
Kramsk
Koło
Kostrzyn
Swarzędz
Września
Słupca
Golina
Konin
Grabów
Piątek
POZNAŃ
Giecz
Kościelec
Łęczyca
Luboń
Wielkopolski Park Narodowy
Puszczykowo
Środa Wlkp.
Miłosław
Warta
Lad
Zagórów
Pyzdry
Tuliszków
Dąbie
Głowno
Ozorków
Stryków
Rogalin
Kórnik
L
S
K
A
59
126
1
2
3
4
E 28
E 75
E 77
E 261
E 30
A 2

A
B
C
1
2
3
4
NOORDZEE
MER DU NORD
Waddeneilanden
Schiermonnikoog
Ameland
Nes
Buren
Hollum
Oosterend
Terschelling
West-Terschelling
Oost-Vlieland
Vlieland
Holwerd
Dokkum
Leeuwarden
Bergum
Franeker
Harlingen
Drachten
FRIESLAND
Bolsward
Sneek
Heerenveen
Workum
Sloten
Stavoren
Lemmer
Wolvega
De Koog
Texel
Den Burg
Den Helder
Den Oever
Afsluitdijk
IJsselmeer
Noord-Oost-Polder
Emmeloord
Urk
NOORD-HOLLAND
NEDERLAND
Schagen
Medemblik
Enkhuizen
Bergen
Bergen aan Zee
Egmond aan Zee
Alkmaar
Hoorn
Markermeer
Kampen
IJsselmuiden
Dronten
Lelystad
Lelystad Haven
Edam
Volendam
Purmerend
Wormerveer
Monnickendam
Marken
Beverwijk
IJmuiden
Zaandam
Bloemendaal
Haarlem
AMSTERDAM
FLEVOLAND
Oostelijk-Flevoland
Zuidelijk-Flevoland
Almere Stad
Elburg
Oldebroek
Nunspeet
Harderwijk
Epe
Zandvoort
Heemstede
Amstelveen
Hillegom
Keukenhof
Lisse
Sassenheim
Bussum
Abcoude
Aalsmeer
Uithoorn
Hilversum
Huizen
Spakenburg
Laren
Baarn
Soestdijk
Soest
Noordwijk aan Zee
Katwijk aan Zee
Leiden
Wassenaar
Alphen a/d Rijn
UTRECHT
De Bilt
Zeist
Amersfoort
Nijkerk
Voorthuizen
Putten
Apeldoorn
Vaassen
GELDERLAND
Barneveld
Otterlo
Kröller Müller
ARNHEM
Scheveningen
DEN HAAG
('S-GRAVENHAGE)
Voorschoten
Zoetermeer
Boskoop
Bodegraven
Woerden
Driebergen
Doorn
Veenendaal
Amerongen
Rhenen
Wageningen
Renkum
Oosterbeek
Ede
Kingston upon Hull
Harwich
Hoek van Holland
Delft
ZUID
Europoort
Schiedam
Maassluis
Brielle
Vlaardingen
Gouda
Schoonhoven
Krimpen
Vianen
Culemborg
Tiel
NIJMEGEN
Göteborg
Kristiansand
Newcastle
ROTTERDAM
Zwijndrecht
Leerdam
Gorinchem
Zaltbommel
Haringvlietdam
Goeree
Ouddorp
Spijkenisse
Oud Beijerland
Hellevoetsluis
HOLLAND
Sliedrecht
Biesbosch
Dordrecht
's-Gravendeel
MAAS
WAAL
Oss
Grave
Cuijk
Kranenburg
Middelharnis
Overflakkee
Schouwen Duiveland
Haamstede
Zierikzee
Willemstad
Geertruidenberg
Waalwijk
Kaatsheuvel
's-Hertogenbosch
Uden
Boxmeer
Veghel
Oosterhout
Dongen
NOORD-BRABANT
Tilburg
Boxtel
Oisterwijk
Gemert
St.-Oedenrode
Steenbergen
Stavenisse
Tholen
Oudenbosch
Etten
Breda
Gilze
Goirle
Oirschot
Helmond
Deurne
Domburg
Noord Beveland
Veere
Walcheren
ZEELAND
Middelburg
Goes
Vlissingen
Zuid Beveland
Halsteren
Roosendaal
Bergen op Zoom
Kruiningen
Zundert
Baarle Nassau
Wilhelmina
Hilvarenbeek
Veldhoven
EINDHOVEN
Geldrop
15
17

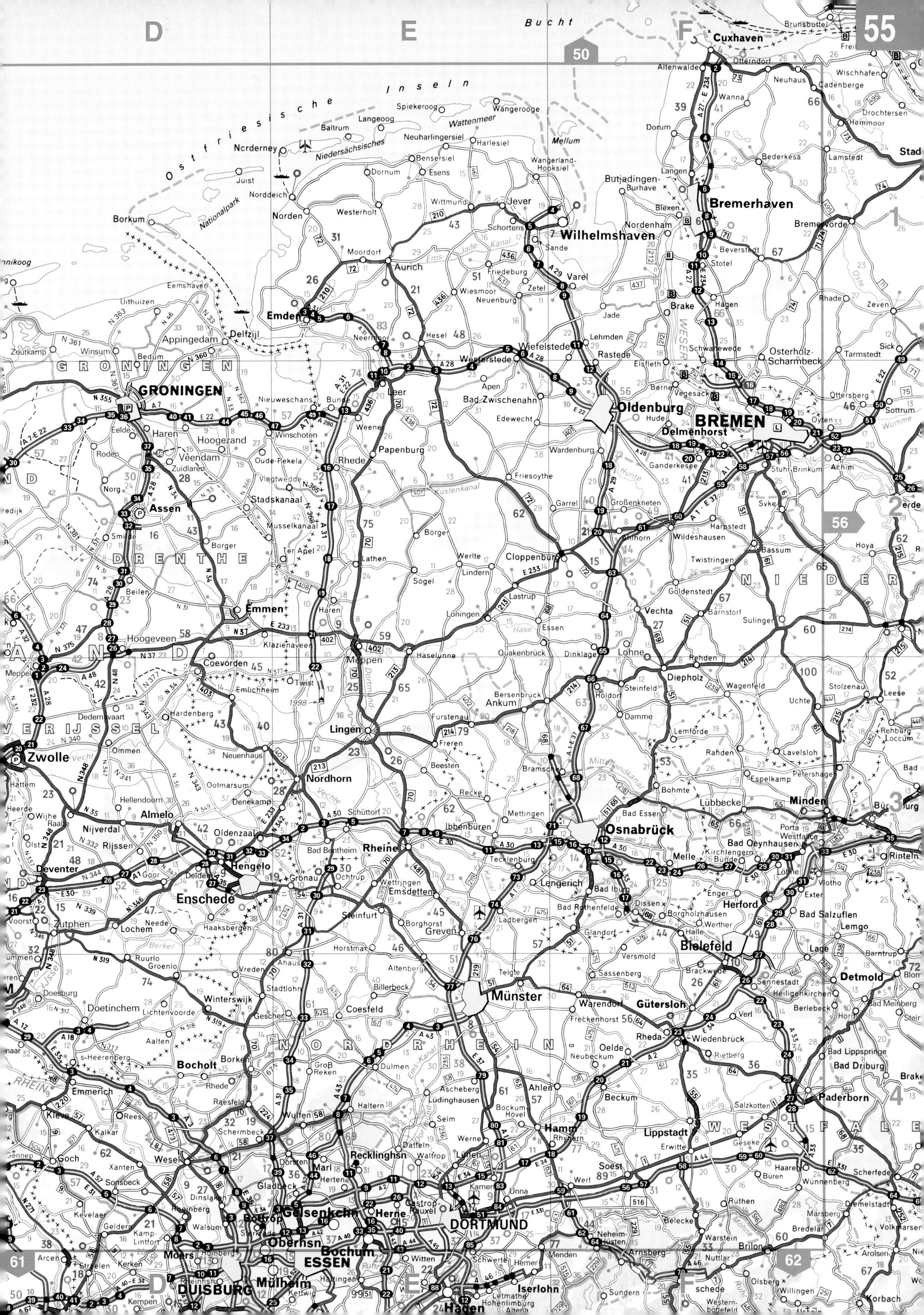
D
E
F
Bucht
50
Cuxhaven
Brunsbüttel
Ostfriesische Inseln
Spiekeroog
Wangerooge
Langeoog
Baltrum
Wattenmeer
Neuharlingersiel
Harlesiel
Mellum
Norderney
Niedersächsisches
Juist
Nationalpark
Borkum
Norddeich
Norden
Westerholt
Dornum
Esens
Bensersiel
Wangerland-Hooksiel
Jever
Wittmund
Schortens
Wilhelmshaven
Butjadingen-Burhave
Nordenham
Bremerhaven
Bremervörde
Aurich
Moordorf
Emden
Eemshaven
Uithuizen
Delfzijl
Appingedam
Groningen
Winsum
Zoutkamp
Bedum
Leer
Hesel
Westerstede
Wiefelstede
Rastede
Varel
Zetel
Friedeburg
Wiesmoor
Neuenburg
Sande
Jade
Brake
Hagen
Stotel
Beverstedt
Schwanewede
Osterholz-Scharmbeck
Zeven
Rhade
Tarmstedt
Sick
Lehmden
Elsfleth
Oldenburg
Hude
Delmenhorst
BREMEN
Berne
Vegesack
Apen
Bad Zwischenahn
Edewecht
Wardenburg
Ganderkesee
Stuhr-Brinkum
Achim
Ottersberg
Oyten
Sottrum
Langen
Dorum
Wanna
Otterndorf
Altenwalde
Neuhaus
Cadenberge
Wischhafen
Hemmoor
Drochtersen
Bederkesa
Lamstedt
Stade
Nieuweschans
Bunde
Weener
Winschoten
Hoogezand
Haren
Eelde
Roden
Veendam
Zuidlaren
Oude-Pekela
Vlagtwedde
Stadskanaal
Musselkanaal
Ter Apel
Papenburg
Rhede
Friesoythe
Küstenkanal
Garrel
Großenkneten
Ahlhorn
Wildeshausen
Harpstedt
Syke
Bassum
Twistringen
Hoya
Norg
Assen
Smilde
Borger
Drenthe
Emmen
Beilen
Hoogeveen
Meppel
Klazienaveen
Coevorden
Emlichheim
Twist
Lathen
Sögel
Börger
Werlte
Lindern
Cloppenburg
Lastrup
Löningen
Essen
Vechta
Goldenstedt
Barnstorf
Sulingen
Diepholz
Rehden
Wagenfeld
Lohne
Dinklage
Quakenbrück
Haselünne
Meppen
Haren
Holdorf
Steinfeld
Damme
Bersenbrück
Ankum
Fürstenau
Freren
Lingen
Nordhorn
Neuenhaus
Ootmarsum
Denekamp
Hardenberg
Dedemsvaart
Ommen
Zwolle
Hattem
Overijssel
Niedersachsen
Lemförde
Rahden
Espelkamp
Petershagen
Minden
Lübbecke
Bohmte
Bad Essen
Bramsche
Mittellandkanal
Osnabrück
Mettingen
Recke
Beesten
Ibbenbüren
Tecklenburg
Lengerich
Bad Iburg
Dissen
Bad Rothenfelde
Borgholzhausen
Melle
Bünde
Bad Oeynhausen
Porta Westfalica
Löhne
Vlotho
Herford
Enger
Werther
Halle
Bielefeld
Bad Salzuflen
Lemgo
Lage
Detmold
Rinteln
Almelo
Hellendoorn
Nijverdal
Rijssen
Wierden
Oldenzaal
Hengelo
Enschede
Gronau
Bad Bentheim
Schüttorf
Rheine
Ochtrup
Emsdetten
Wettringen
Steinfurt
Borghorst
Greven
Ladbergen
Glandorf
Versmold
Sassenberg
Warendorf
Gütersloh
Rheda
Wiedenbrück
Rietberg
Verl
Harsewinkel
Deventer
Goor
Delden
Haaksbergen
Neede
Lochem
Zutphen
Ruurlo
Groenlo
Vreden
Ahaus
Stadtlohn
Winterswijk
Doetinchem
Lichtenvoorde
Aalten
Bocholt
Borken
Rhede
Gescher
Coesfeld
Billerbeck
Altenberge
Horstmar
Münster
Telgte
Nordrhein
Westfalen
Dülmen
Reken
Haltern
Lüdinghausen
Ascheberg
Selm
Werne
Lünen
Hamm
Bockum-Hövel
Ahlen
Beckum
Oelde
Neubeckum
Lippstadt
Erwitte
Geseke
Salzkotten
Paderborn
Bad Lippspringe
Bad Driburg
Soest
Werl
Unna
Kamen
Bönen
Emmerich
Kleve
Rees
Kalkar
Goch
Xanten
Wesel
Hamminkeln
Schermbeck
Dorsten
Marl
Recklinghausen
Datteln
Waltrop
Herten
Gladbeck
Bottrop
Gelsenkirchen
Herne
Castrop-Rauxel
Dortmund
Bochum
Oberhausen
Essen
Mülheim
Duisburg
Moers
Kamp-Lintfort
Geldern
Kevelaer
Straelen
Kerken
Kempen
Rheinberg
Dinslaken
Witten
Hattingen
Schwerte
Hemer
Iserlohn
Hagen
Menden
Arnsberg
Neheim-Hüsten
Sundern
Meschede
Warstein
Brilon
Büren
Wünnenberg
Marsberg
Bredelar
Rüthen
Belecke
Olsberg
Willingen
Korbach
Scherfede
Warburg
Haaren
Borchen
Schwelm
Ennepetal
56
61
62

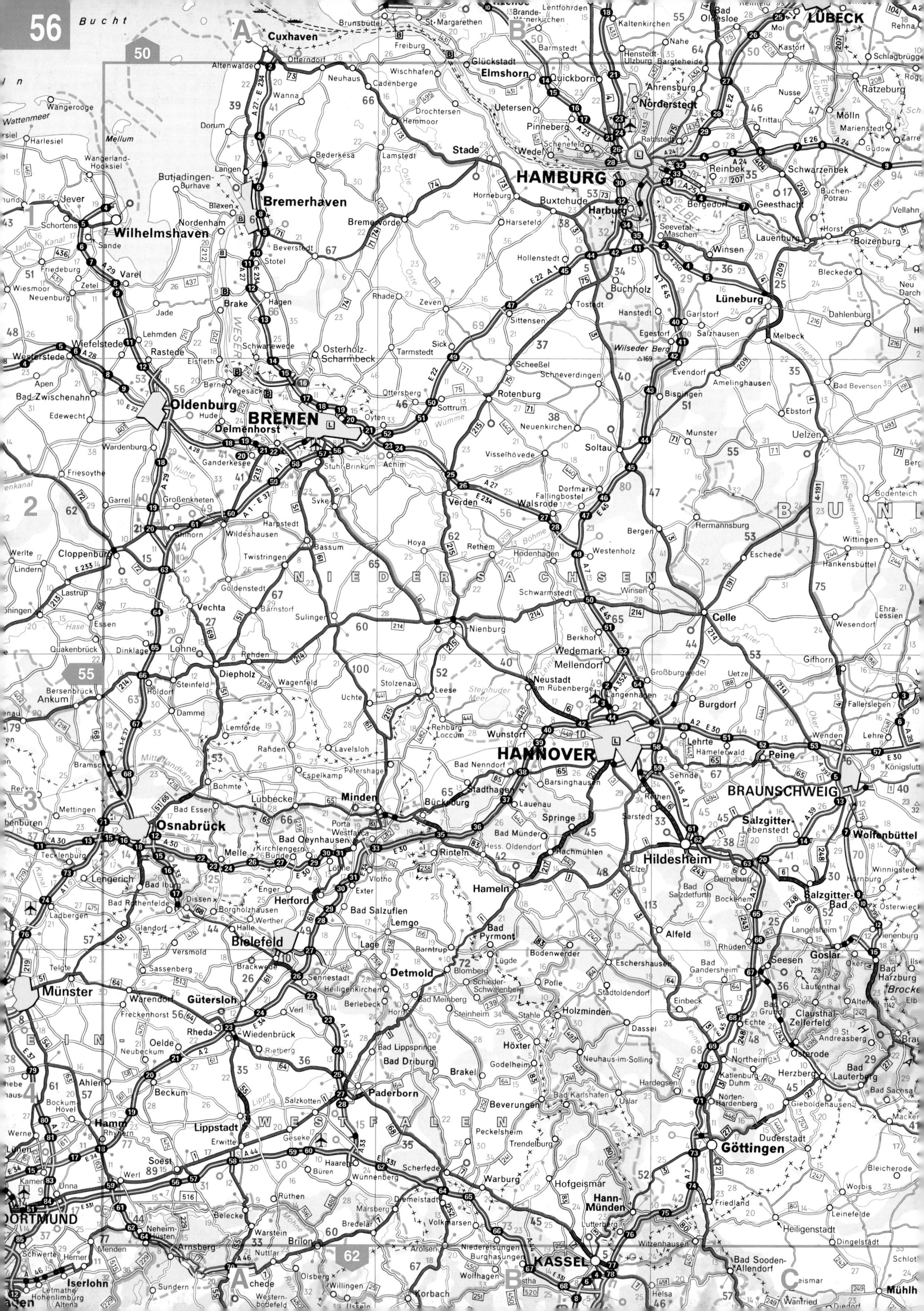
Bucht
A
B
C
1
2
3
4
Cuxhaven
Brunsbüttel
St. Margarethen
Glückstadt
Elmshorn
Lübeck
Bad Oldesloe
Ratzeburg
Wangerooge
Wattenmeer
Mellum
Harlesiel
Jever
Wilhelmshaven
Bremerhaven
Nordenham
Stade
Buxtehude
HAMBURG
Harburg
Norderstedt
Pinneberg
Uetersen
Wedel
Reinbek
Geesthacht
Schwarzenbek
Mölln
Lauenburg
Winsen
Lüneburg
Buchholz
Bremervörde
Varel
Brake
Wiefelstede
Westerstede
Rastede
Oldenburg
Bad Zwischenahn
Delmenhorst
BREMEN
Osterholz-Scharmbeck
Zeven
Rotenburg
Sittensen
Tostedt
Wilseder Berg
Soltau
Uelzen
Verden
Walsrode
Achim
Syke
Cloppenburg
Friesoythe
Wildeshausen
Vechta
Diepholz
Nienburg
Celle
Gifhorn
NIEDERSACHSEN
Quakenbrück
Bersenbrück
Ankum
Neustadt am Rübenberge
Wunstorf
HANNOVER
Langenhagen
Burgdorf
Lehrte
Peine
BRAUNSCHWEIG
Wolfenbüttel
Salzgitter-Lebenstedt
Salzgitter-Bad
Hildesheim
Hameln
Bad Pyrmont
Osnabrück
Minden
Bückeburg
Stadthagen
Rinteln
Bad Oeynhausen
Herford
Bielefeld
Lemgo
Detmold
Münster
Gütersloh
Rheda-Wiedenbrück
Lippstadt
Paderborn
Höxter
Holzminden
Einbeck
Goslar
Seesen
Osterode
Clausthal-Zellerfeld
Bad Harzburg
Herzberg
Northeim
Göttingen
Hann. Münden
KASSEL
Warburg
Brilon
Soest
Hamm
Unna
DORTMUND
Iserlohn
Arnsberg
Witzenhausen
Heiligenstadt
Duderstadt
Bad Sooden-Allendorf
WESTFALEN
50
55
62

V O R P O M M E R N
B R A N D E N B U R G
R E P U B L I K
S A C H S E N - A N H A L T
D
E
F
1
2
3
4
51
58
63
Schwerin
Gadebusch
Mühlen Eichsen
Bad Kleinen
Brüel
Sternberg
Schweriner See
Crivitz
Mestlin
Goldberg
Krakow
Karow
Malchow
Waren
Penzlin
Neubrandenburg
Burg Stargard
Helpter Berge
Woldegk
Strasburg
Pasewalk
Löcknitz
Brüssow
Fürstenwerder
Prenzlau
Schmölln
Gramzow
Gerswalde
Boitzenburg
Feldberg
Neustrelitz
Wesenberg
Mirow
Röbel
Müritz
Plau
Lübz
Parchim
Spornitz
Wittenburg
Hagenow
Wöbbelin
Neustadt Glewe
Ludwigslust
Pritzier
Marnitz
Meyenburg
Freyenstein
Ruhner Berge
Putlitz
Zierzow
Grabow
Lübtheen
Eldena
Karstädt
Pritzwalk
Wittstock
Herzsprung
Dömitz
Dannenberg
Lenzen
Perleberg
Schnackenburg
Gartow
Wittenberge
Bad Wilsnack
Kyritz
Bömenzien
Lüchow
Lemgow
Lübbow
Seebenau
Salzwedel
Seehausen
Arendsee
Werben
Havelberg
Sandau
Osterburg
Rhinow
Wusterhausen
Neuruppin
Alt Ruppin
Lindow
Rheinsberg
Fürstenberg
Lychen
Ravensbrück
Templin
Milmersdorf
Greiffenberg
Angermünde
Gransee
Zehdenick
Joachimsthal
Groß-Schönebeck
Werbellinsee
Oderberg
Finowfurt
Eberswalde
Finow
Löwenberg
Liebenwalde
Biesenthal
Wandlitz
Lanke
Bernau
Tiefensee
Prötzel
Werneuchen
Strausberg
Blumberg
Altlandsberg
Vogelsdorf
Rüdersdorf
Köpenick
Erkner
Oranienburg
Kremmen
Fehrbellin
Buckwitz
Neustadt
Friesack
Börnicke
Velten
Birkenwerder
Hennigsdorf
Falkensee
Spandau
Pankow
BERLIN
Nauen
Tempelhof
Schönefeld
Teltow
Babelsberg
Ketzin
POTSDAM
Werder
Michendorf
Ludwigsfelde
Königs-Wusterhausen
Mittenwalde
Rangsdorf
Friedersdorf
Zossen
Trebbin
Wünsdorf
Teupitz
Märkisch Buchholz
Halbe
Beelitz
Lehnin
Golzow
Wollin
Brück
Belzig
Treuenbrietzen
Luckenwalde
Baruth
Jüterbog
Niemegk
Wiesenburg
Golßen
Luckau
Dahme
Duben
Lübben
Zahna
Seyda
Wittenberg
Jessen
Schweinitz
Schönewalde
Schlieben
Herzberg
Uebigau
Doberlug-Kirchhain
Finsterwalde
Lauchhammer
Bad Liebenwerda
Elsterwerda
Mühlberg
Gröditz
Strehla
Riesa
Großenhain
Meißen
Radeburg
Moritzburg
Coswig
DRESDEN
Freital
Tharandt
Wilsdruff
Nossen
Siebenlehn
Döbeln
Roßwein
Hartha
Waldheim
Leisnig
Colditz
Geringswalde
Rochlitz
Grimma
Wurzen
Oschatz
Dahlen
Belgern
Torgau
Schildau
Mügeln
Wermsdorf
Mutzschen
Trebsen
Naunhof
Brandis
Taucha
Eilenburg
Delitzsch
Brehna
Bad Düben
Dommitzsch
Prettin
Bad Schmiedeberg
Pretzsch
Kemberg
Gräfenhainichen
Oranienbaum
Wörlitz
Coswig
Roßlau
Dessau
Zerbst
Aken
Köthen
Raguhn
Jeßnitz
Wolfen
Bitterfeld
Zörbig
Landsberg
LEIPZIG
Schkeuditz
Engelsdorf
Markkleeberg
Markranstädt
Zwenkau
Lützen
Rötha
Böhlen
Borna
Bad Lausick
Frohburg
Geithain
Pegau
Groitzsch
Lucka
Meuselwitz
Weißenfels
Hohenmölsen
Teuchern
Naumburg
Bad Kösen
Osterfeld
Merseburg
Leuna
Bad Dürrenberg
Mücheln
Braunsbedra
Nebra
Freyburg
Bad Bibra
Eckartsberga
Rastenberg
Kölleda
Sömmerda
Weißensee
Kindelbrück
Straußfurt
Greußen
Bad Tennstedt
Bad Frankenhausen
Heldrungen
Wiehe
Artern
Querfurt
Allstedt
Schafstädt
Bad Lauchstädt
HALLE
Halle-Neustadt
Wettin
Löbejün
Könnern
Alsleben
Gerbstedt
Hettstedt
Mansfeld
Eisleben
Riestedt
Sangerhausen
Kelbra
Berga
Nordhausen
Sondershausen
Stolberg
Harzgerode
Hasselfelde
Benneckenstein
Ballenstedt
Ermsleben
Gernrode
Quedlinburg
Thale
Blankenburg
Wernigerode
Derenburg
Halberstadt
Wegeleben
Gröningen
Kroppenstedt
Hadmersleben
Egeln
Staßfurt
Hecklingen
Güsten
Aschersleben
Hoym
Bernburg
Nienburg
Förderstedt
Calbe
Barby
Schönebeck
Gommern
Leitzkau
Loburg
Möckern
Görzke
Ziesar
Hohenseeden
Genthin
Kirchmöser
Plaue
Brandenburg
Pritzerbe
Premnitz
Rathenow
Wachow
Burg
Rogätz
Wolmirstedt
Haldensleben
Calvörde
Weferlingen
Oebisfelde
Velpke
Wolfsburg
Grasleben
Helmstedt
Schöningen
Schöppenstedt
Uhrsleben
Morsleben
Eilsleben
Seehausen
Wanzleben
Oschersleben
Schwanebeck
Dardesheim
MAGDEBURG
Tangerhütte
Dolle
Letzlingen
Gardelegen
Jävenitz
Tangermünde
Fischbeck
Jerichow
Stendal
Bismark
Kalbe
Beetzendorf
Klötze
Mellin
Meßdorf
Elbe
Havel
Saale
Spree
Dahme

A
B
C
52
SZCZECIN
Maszewo
Chociwel
Mirosławiec
Wałcz
Strasburg
Pasewalk
Löcknitz
Lubieszyn
Linken
Brüssow
Dąbie
Podjuchy
Pomellen
Kołbaskowo
Morzyczyn
Stargard Szcz.
Dobrzany
Kalisz Pomorski
Recz
Suchań
Drawno
Tuczno
Schmölln
Penkun
Mescherin
Gartz
Gryfino
Kołbacz
Czarnowo
Jezioro Miedwie
Choszczno
Człopa
Trzcianka
Ujście
Prenzlau
Gramzow
Fürstenwerder
Boitzenburg
Gerswalde
Milmersdorf
Greiffenberg
Vierraden
Schwedt
Angermünde
Pyrzyce
Banie
Lipiany
Barlinek
Pełczyce
Dobiegniew
Czarnków
Wieleń
Krzyż
Lubasz
Piłka
Krajnik Dln
Trzcińsko-Zdrój
Chojna
Myślibórz
Strzelce Krajeńskie
Drezdenko
Joachimsthal
Werbellinsee
Oderberg
Cedynia
Moryń
Parsteiner See
Santok
Lipki Wlk.
Wronki
Obrzycko
Ostroróg
Sieraków
WARTA
Noteć
Baczyna
Gorzów Wlkp.
Wiejce
Międzychód
Finowfurt
Finow
Eberswalde
Bad Freienwalde
Siekierki
Mieszkowice
Dębno
Boleszkowice
Witnica
Bogdaniec
Skwierzyna
Kamionna
Pniewy
Biesenthal
Lanke
Bernau
Wriezen
Sarbinowo
Kostrzyn
Kietz
Manschnow
Neuhardenberg
Tiefensee
Prötzel
Werneuchen
Strausberg
Krzeszyce
Lubniewice
Pszczew
Lwówek
Buk
Międzyrzecz
Nowy Tomyśl
Opalenica
Trzciel
Blumberg
Altlandsberg
Vogelsdorf
Rüdersdorf
Buckow
Müncheberg
Seelow
Lebus
Ośno Lubuskie
Sulęcin
Pieski
Łagów
Zbąszynek
Zbąszyń
Grodzisk Wlkp.
BERLIN
Köpenick
Erkner
Tempelhof
Frankfurt a.d. Oder
Słubice
Rzepin
Torzym
Świebodzin
Rakoniewice
Fürstenwalde
Bad Saarow-Pieskow
Müllrose
Świecko
Cybinka
Babimost
Wielichowo
Wolsztyn
Friedersdorf
Storkow
Königs-Wusterhausen
Rangsdorf
Mittenwalde
Sulechów
Kargowa
Eisenhüttenstadt
Beeskow
Krosno Odrzańskie
ODRA
Bojadła
Zabór
Zossen
Wünsdorf
Teupitz
Halbe
Märkisch Buchholz
Neu Lübbenau
Schwielochsee
Lieberose
Guben
Gubin
Zielona Góra
Świdnica
Sława
Wschowa
Baruth
Nowa Sól
Nowogród Bobrzański
Kożuchów
Szlichtyngowa
Bytom Odrz.
Golßen
Lübben
Spreewald
Straupitz
Peitz
Lubsko
Brody
Jasień
Nowe Miasteczko
Głogów
Dahme
Duben
Lübbenau
Boblitz
Luckau
Vetschau
Cottbus
Forst
Zasieki
Żary
Żagań
Szprotawa
Radwanice
Przemków
Polkowice
Małomice
Rudawica
Calau
Roggosen
Döbern
Trzebiel
Niwica
Łęknica
Bad Muskau
Iłowa
Gozdnica
Chocianów
Lubin
Schlieben
Herzberg
Finsterwalde
Drebkau
Altdöbern
Großräschen
Welzau
Spremberg
Weißwasser
Doberlug-Kirchhain
Uebigau
Senftenberg
Schwarzheide
Lauchhammer
Lauta
Hoyerswerda
Klitten
Chojnów
Bad Liebenwerda
Ruhland
Elsterwerda
Bernsdorf
Wittichenau
Rothenburg
Niesky
Węgliniec
Bolesławiec
Ortrand
Pieńsk
Nowogrodziec
Złotoryja
Strehla
Thiendorf
Kamenz
SACHSEN
Görlitz
Zgorzelec
Lubań
Lwówek Śląski
Großenhain
Riesa
Königsbrück
Bautzen
Weißenberg
Reichenbach
Olszyna
Wleń
Świerzawa
Radeburg
Pulsnitz
Ohorn
Burkau
Bischofswerda
Löbau
Leśna
Gryfów Śląski
Lubomierz
Wojcieszów
Lommatzsch
Moritzburg
Coswig
Radeberg
Großröhrsdorf
Neukirch
Oppach
Ostritz
Zawidów
Mirsk
Meißen
DRESDEN
Radebeul
Ebersbach
Herrnhut
Habartice
Jelenia Góra
Cieplice-Śląskie-Zdrój
Bolków
Döbeln
Roßwein
Stolpen
Neustadt
Sluknov
Neugersdorf
Seifhennersdorf
Bogatynia
Świeradów-Zdrój
Mysłakowice
Kowary
Nossen
Wilsdruff
Freital
Tharandt
Heide
Pirna
Stadt Wehlen
Sebnitz
Rumburk
Dol. Poustevna
Krásná Lípa
Varnsdorf
Großschönau
Zittau
Oybin
Hrádek nad Nisou
Chrastava
Frýdlant
Liberec
64
Jakuszyce
Szklarska Poręba
Piechowice
Sobieszów
Karkonosze
Kamienna Góra
Bogusżów
Lubawka
Ogorzelec
Harrachov
Tanvald
Špindlerův
Siebenlehn
Hainichen
Bad Schandau
Königstein
57

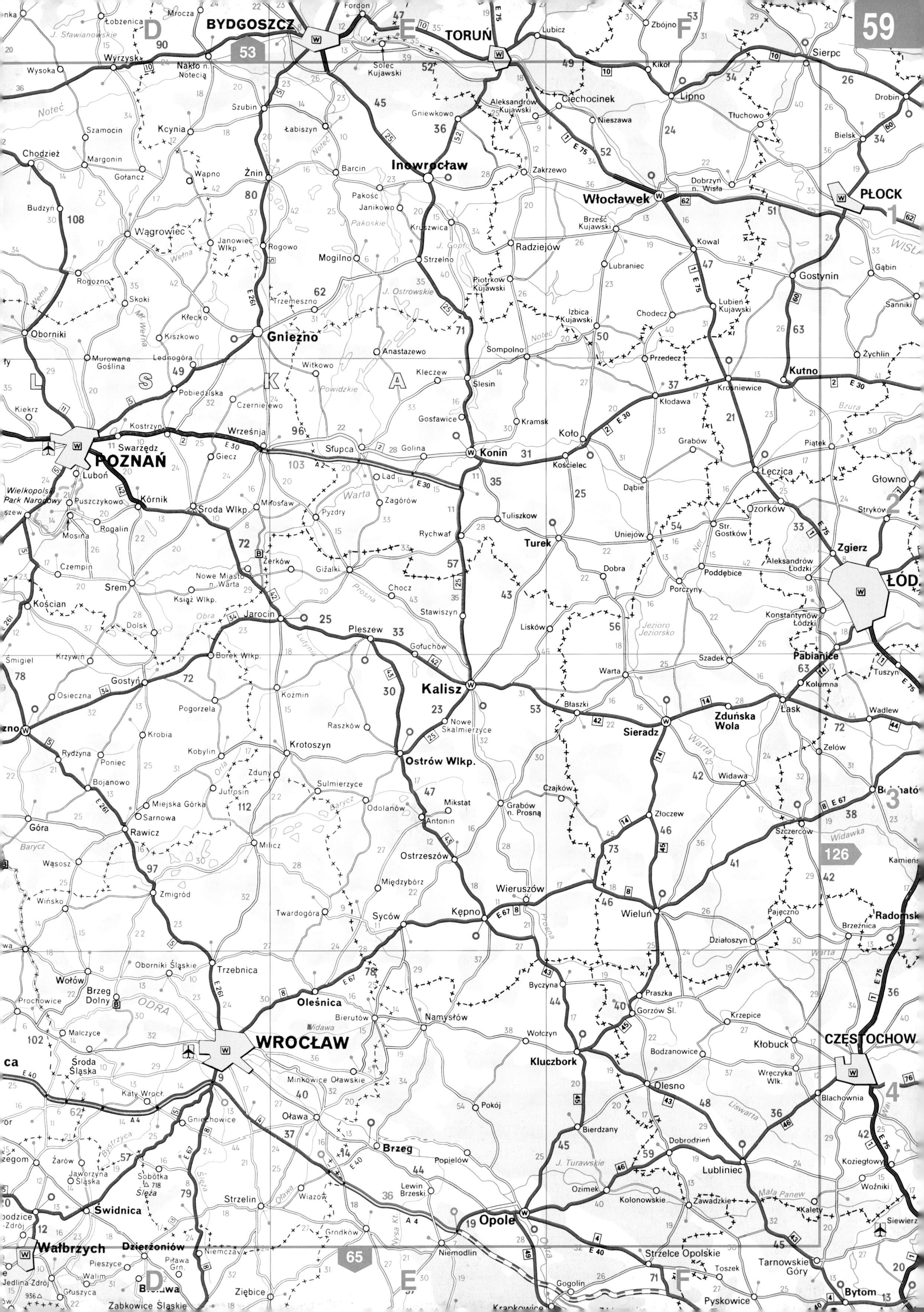
BYDGOSZCZ
TORUŃ
Fordon
Łobżenica
Mrocza
Wyrzysk
Nakło n. Notecią
Lubicz
Zbójno
Sierpc
Wysoka
Solec Kujawski
Kikół
Lipno
Drobin
Szubin
Gniewkowo
Aleksandrów Kujawski
Ciechocinek
Nieszawa
Tłuchowo
Bielsk
Szamocin
Kcynia
Łabiszyn
Chodzież
Margonin
Gołańcz
Wapno
Żnin
Barcin
Inowrocław
Zakrzewo
Dobrzyń n. Wisłą
PŁOCK
Włocławek
Budzyń
Pakość
Janikowo
Kruszwica
Brześć Kujawski
Wągrowiec
Janowiec Wlkp.
Rogowo
Mogilno
Strzelno
Radziejów
Kowal
Gąbin
Lubraniec
Rogoźno
Skoki
Trzemeszno
Piotrków Kujawski
Gostynin
Lubień Kujawski
Chodecz
Sanniki
Izbica Kujawska
Kłecko
Oborniki
Kiszkowo
Gniezno
Anastazewo
Sompolno
Przedecz
Żychlin
Murowana Goślina
Lednogóra
Witkowo
Kleczew
Ślesin
Kutno
Krośniewice
Pobiedziska
Czerniejewo
Kłodawa
Kiekrz
Kostrzyn
Gosławice
Kramsk
Września
Koło
Swarzędz
POZNAŃ
Słupca
Golina
Konin
Kościelec
Grabów
Piątek
Giecz
Luboń
Lad
Łęczyca
Głowno
Wielkopolski Park Narodowy
Kórnik
Środa Wlkp.
Miłosław
Zagórów
Tuliszków
Dąbie
Ozorków
Stryków
Puszczykowo
Pyzdry
Rychwał
Turek
Uniejów
Str. Gostków
Zgierz
Rogalin
Mosina
Żerków
Aleksandrów Łódzki
Czempiń
Giżałki
Dobra
Poddębice
ŁÓDŹ
Nowe Miasto n. Wartą
Śrem
Książ Wlkp.
Chocz
Porczyny
Kościan
Stawiszyn
Konstantynów Łódzki
Dolsk
Jarocin
Lisków
Jezioro Jeziorsko
Krzywiń
Pleszew
Gołuchów
Borek Wlkp.
Szadek
Pabianice
Śmigiel
Warta
Tuszyn
Gostyń
Kalisz
Kolumna
Osieczna
Koźmin
Błaszki
Zduńska Wola
Łask
Wadlew
Pogorzela
Raszków
Nowe Skalmierzyce
Sieradz
Krobia
Rydzyna
Kobylin
Krotoszyn
Ostrów Wlkp.
Zelów
Poniec
Zduny
Widawa
Bojanowo
Jutrosin
Sulmierzyce
Czajków
Miejska Górka
Sarnowo
Odolanów
Mikstat
Grabów n. Prosną
Złoczew
Góra
Rawicz
Antonin
Szczerców
Milicz
Ostrzeszów
Wąsosz
Międzybórz
Wieruszów
Kamieńsk
Winsko
Zmigród
Twardogóra
Syców
Kępno
Wieluń
Pajęczno
Radomsko
Brzeźnica
Działoszyn
Oborniki Śląskie
Trzebnica
Wołów
Brzeg Dolny
Byczyna
Praszka
Prochowice
Oleśnica
Bierutów
Namysłów
Gorzów Śl.
Krzepice
Malczyce
Wołczyn
Kłobuck
WROCŁAW
Kluczbork
Bodzanowice
CZĘSTOCHOWA
Środa Śląska
Olesno
Wręczyca Wlk.
Katy Wrocł.
Minkowice Oławskie
Pokój
Blachownia
Gniechowice
Oława
Bierdzany
Brzeg
Dobrodzień
Koziegłowy
Żarów
Popielów
J. Turawskie
Lubliniec
Jaworzyna Śląska
Sobótka
Ślęża
Lewin Brzeski
Ozimek
Kolonowskie
Zawadzkie
Woźniki
Świdnica
Strzelin
Wiązów
Kalety
Opole
Grodków
Siewierz
Wałbrzych
Dzierżoniów
Niemcza
Niemodlin
Strzelce Opolskie
Tarnowskie Góry
Pieszyce
Piława Grn.
Toszek
Walim
Jedlina-Zdrój
Głuszyca
Bielawa
Gogolin
Pyskowice
Bytom
Ziębice
Ząbkowice Śląskie
Krapkowice
Noteć
Warta
Prosna
Barycz
Odra
Wisła
Bzura
Widawka
Liswarta
Mała Panew
Oława
Ślęza
Nysa Kł.
Bystrzyca
Obra
Orla
Ner
Welna
J. Gopło
J. Ostrowskie
J. Powidzkie
J. Pakoskie
D
E
F
L
S
K
A
53
65
126
1
2
3
4
E 30
E 40
E 67
E 75
E 261
A 2
A 4

ZEELAND
Middelburg
Vlissingen
Breskens
Terneuzen
Goes
Bergen op Zoom
Roosendaal
Breda
Turnhout
Knokke-Heist
Blankenberge
Oostende
(BRUGES)
BRUGGE
(ANVERS)
ANTWERPEN
St. Niklaas
Lokeren
GENT
(GAND)
Mechelen
(Malines)
Lier
Dunkerque
De Panne
Veurne
Calais
Roeselare
(Roulers)
Kortrijk
(Courtrai)
Ieper
(Ypres)
Aalst
(Alost)
Oudenaarde
BRUXELLES
BRUSSEL
Leuven
WEST-VLAANDEREN
OOST-VLAANDEREN
VLAAMS-BRABANT
BRABANT WALLON
St Omer
Hazebrouck
Armentières
Tourcoing
Roubaix
LILLE
Tournai
(Doornik)
HAINAUT
Mons
(Bergen)
la Louvière
Charleroi
Namur
Wavre
Nivelles
Soignies
Béthune
Lens
Douai
Arras
PAS-DE-CALAIS
NORD
Valenciennes
Maubeuge
Cambrai
Dinant
Philippeville
Givet
Abbeville
Amiens
SOMME
Albert
Péronne
St Quentin
AISNE
Laon
Soissons
Compiègne
OISE
Beauvais
Senlis
Chantilly
Creil
Pontoise
Reims
Rethel
ARDENNES
Charleville-Mézières
Châlons-en-Champagne
Epernay
Château-Thierry
Meaux

Tilburg
Oisterwijk
EINDHOVEN
Helmond
Veldhoven
Venlo
Krefeld
Moers
DUISBURG
Mülheim
Gelsenkchn
Herne
Oberhsn
Bochum
ESSEN
DORTMUND
Witten
Hagen
Iserlohn
Lüdenscheid
WUPPERTAL
DÜSSELDORF
Neuss
Mönchengladbach
Viersen
Remscheid
Solingen
Leverkusen
Gummersbach
Bergisch Gladbach
KÖLN
Roermond
Weert
Maaseik
Genk
Hasselt
Sittard
Heerlen
Maastricht
AACHEN
Jülich
Düren
Eschweiler
Stolberg
Siegburg
BONN
Bad Godesberg
Tongeren
St.-Truiden
LIÈGE
(LUIK)
Verviers
Eupen
Spa
Huy
Malmédy
Euskirchen
Bad Neuenahr
Koblenz
Neuwied
Andernach
Mayen
Montabaur
Bad Ems
Daun
Prüm
Bitburg
Wittlich
Cochem
Bastogne
St. Hubert
Clervaux
Wiltz
Ettelbruck
Echternach
Arlon
LUXEMBOURG
Trier
Idar-Oberstein
Bad Kreuznach
Bingen
Kaiserslautern
Homburg
Zweibrücken
Saarlouis
Völklingen
SAARBRÜCKEN
Sarreguemines
Thionville
Longwy
Sedan
Bouillon
Verdun
METZ
Pirmasens
LIMBURG
LUXEMBOURG
RHEINLAND
PFALZ
SAARLAND
MOSELLE
MEUSE

A
B
C
56
61
66
Kassel
Hann.-Münden
Arnsberg
Brilon
Meschede
Iserlohn
Korbach
Winterberg
Bad Wildungen
Fritzlar
Melsungen
Eschwege
Heiligenstadt
Frankenberg
Bad Hersfeld
Eisenach
Siegen
Marburg
Alsfeld
Dillenburg
Herborn
Gießen
Wetzlar
Lauterbach
Fulda
Schotten
Vogelsberg
Koblenz
Limburg
Bad Nauheim
Friedberg
Bad Homburg
Büdingen
Bad Kissingen
Schweinfurt
Frankfurt a.M.
Hanau
Offenbach
Wiesbaden
Mainz
Darmstadt
Aschaffenburg
Würzburg
Bad Kreuznach
Worms
Bensheim
Heppenheim
Wertheim
Miltenberg
Tauberbischofsheim
Ludwigshafen
Mannheim
Heidelberg
Kaiserslautern
Neustadt a.d.W.
Speyer
Mosbach
Bad Mergentheim
Rothenburg ob der Tauber
Zweibrücken
Pirmasens
Landau
Heilbronn
Schwäbisch Hall
Crailsheim
Wissembourg
Karlsruhe
Bruchsal
Ludwigsburg
Pforzheim
Stuttgart
Schwäbisch Gmünd
Aalen
Ellwangen
Backnang

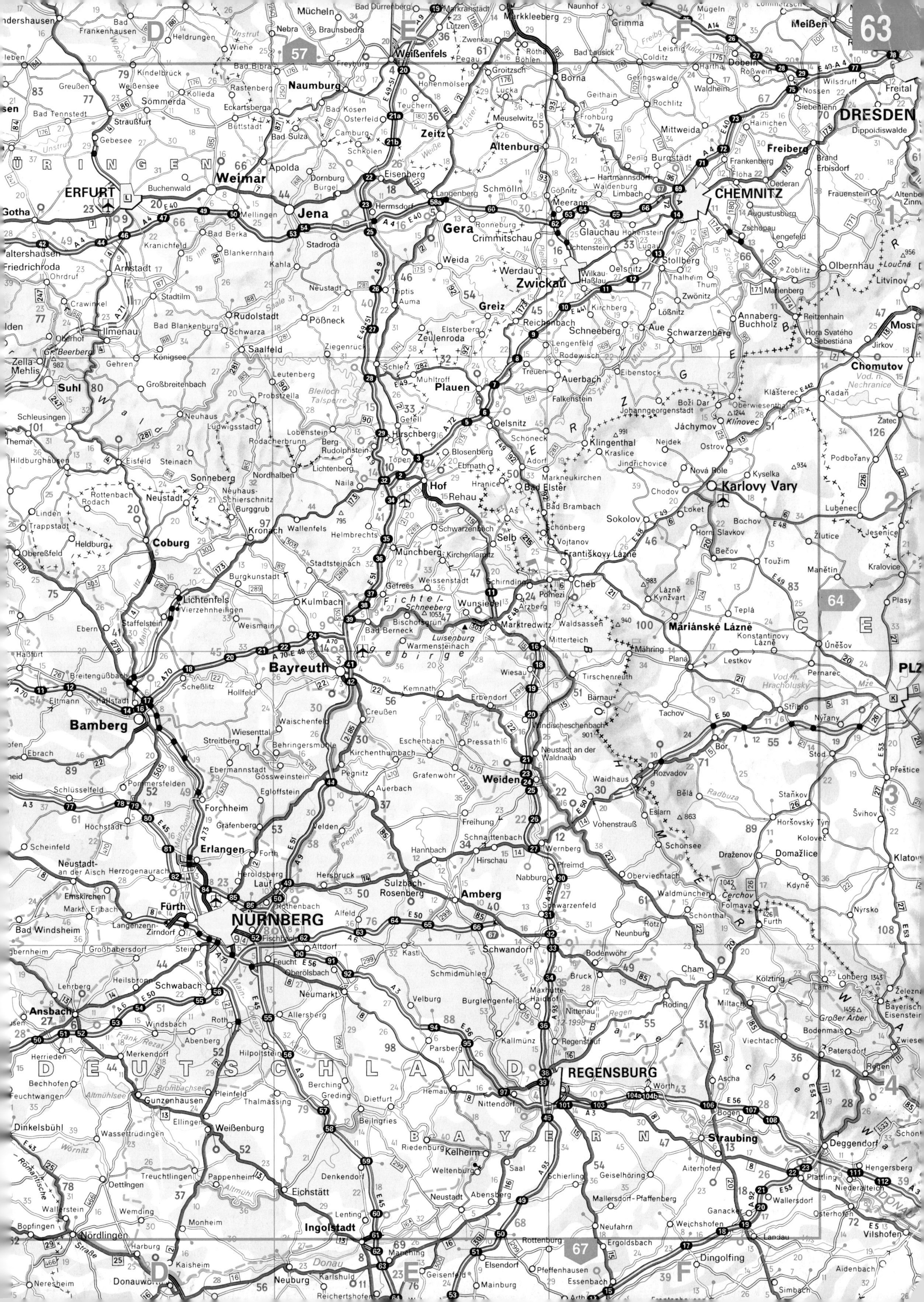
57
64
67
D
E
F
ERFURT
Weimar
Jena
Gera
Naumburg
Weißenfels
Zeitz
Altenburg
CHEMNITZ
DRESDEN
Meißen
Freiberg
Zwickau
Plauen
Hof
Karlovy Vary
Chomutov
Most
Suhl
Coburg
Bamberg
Bayreuth
Erlangen
Fürth
NÜRNBERG
Amberg
Weiden
Schwandorf
REGENSBURG
Straubing
Deggendorf
Ingolstadt
Eichstätt
Ansbach
Nördlingen
Mariánské Lázně
Cheb
Sokolov
Plzeň
D E U T S C H L A N D
B A Y E R N
T H Ü R I N G E N
E R Z G E B I R G E
Fichtelgebirge
Oberpfälzer Wald
Bayerischer Wald

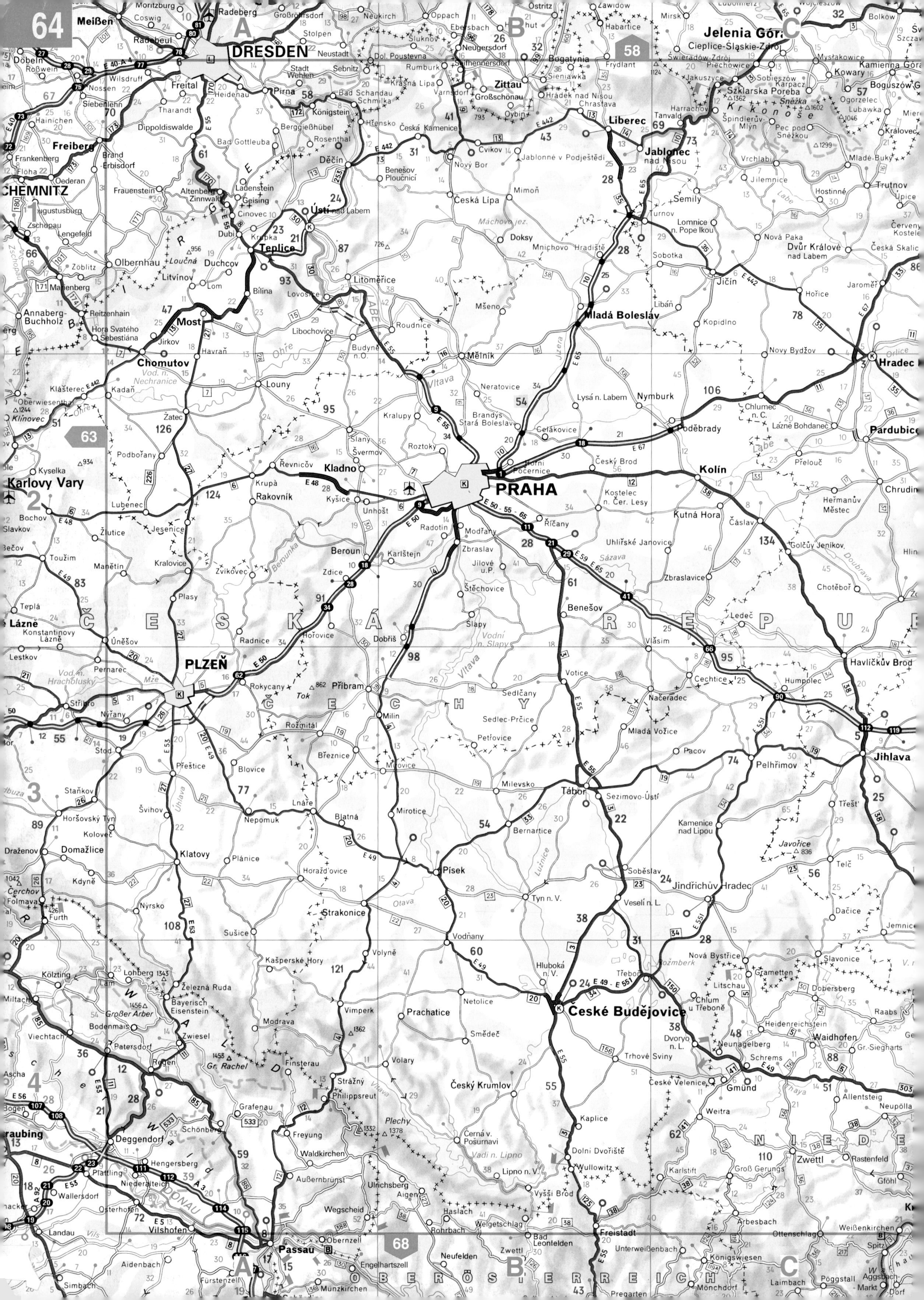
DRESDEN
Meißen
Radebeul
Freital
Pirna
Chemnitz
Freiberg
Jelenia Góra
Liberec
Jablonec nad Nisou
Zittau
Děčín
Ústí nad Labem
Teplice
Most
Chomutov
Karlovy Vary
Kladno
PRAHA
Mladá Boleslav
Hradec Králové
Pardubice
Kolín
Kutná Hora
Jičín
Litoměřice
Mělník
Česká Lípa
Louny
Rakovník
Beroun
Příbram
PLZEŇ
Klatovy
Domažlice
Strakonice
Písek
Tábor
Benešov
Jihlava
Havlíčkův Brod
Pelhřimov
Jindřichův Hradec
České Budějovice
Český Krumlov
Prachatice
Deggendorf
Passau
Freistadt
Gmünd
Zwettl
Waidhofen
Straubing
Krkonoše
Sněžka
Vltava
Labe
Ohře
Sázava
Donau
Č E S K Á   R E P U B
Č E C H Y
O B E R Ö S T E R R E I C H
N I E D E
W A L D
E R Z G E B I R G E
63
58
68

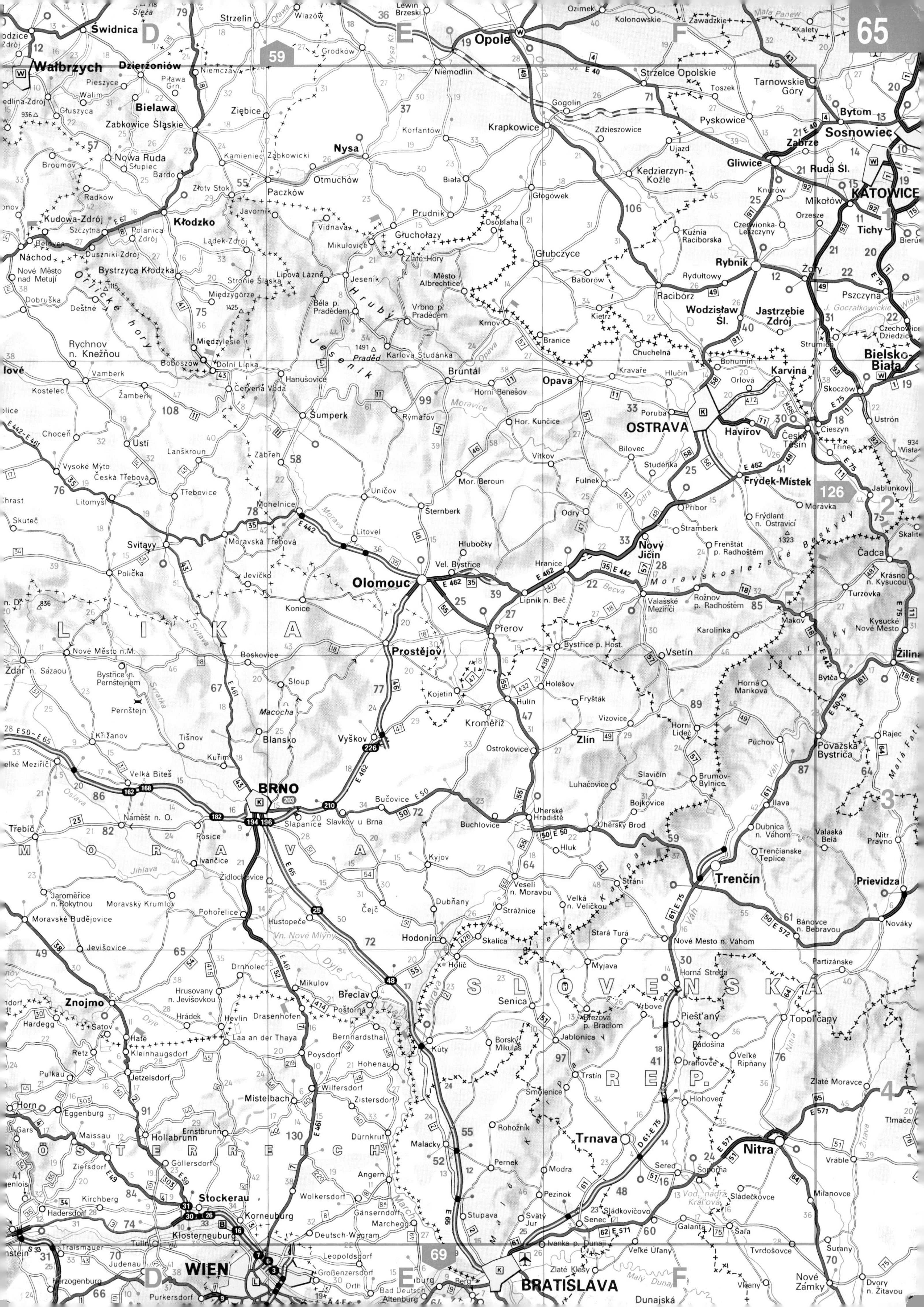
Opole
Wałbrzych
Świdnica
Dzierżoniów
Bielawa
Nysa
Kłodzko
Strzelce Opolskie
Krapkowice
Kędzierzyn-Koźle
Gliwice
Zabrze
Sosnowiec
Bytom
Ruda Śl.
KATOWICE
Tychy
Rybnik
Racibórz
Wodzisław Śl.
Jastrzębie Zdrój
Żory
Pszczyna
Bielsko-Biała
Cieszyn
Náchod
Prudnik
Głuchołazy
Jeseník
Krnov
Opava
OSTRAVA
Karviná
Havířov
Frýdek-Místek
Bruntál
Šumperk
Nový Jičín
Olomouc
Přerov
Prostějov
Hranice
Vsetín
Zlín
Kroměříž
Vyškov
BRNO
Třebíč
Znojmo
Hodonín
Břeclav
Mikulov
Uherské Hradiště
Trenčín
Žilina
Čadca
Považská Bystrica
Prievidza
Trnava
Nitra
Piešťany
Senica
Malacky
Stockerau
Korneuburg
Klosterneuburg
WIEN
BRATISLAVA
Mistelbach
Hollabrunn
Svitavy
Litomyšl
Ústí
Moravská Třebová
Boskovice
Blansko
Hrubý Jeseník
Orlické hory
Moravskoslezské Beskydy
Malé Karpaty
Bílé Karpaty
MORAVA
SLOVENSKÁ REP.
ÖSTERREICH
59
69
126
D
E
F
1
2
3
4

KARLSRUHE
Pforzheim
STUTTGART
Esslingen
Ludwigsburg
Backnang
Schwäbisch Gmünd
Aalen
Göppingen
Geislingen
Ulm
Neu-Ulm
Reutlingen
Tübingen
Sindelfingen
Böblingen
Baden-Baden
STRASBOURG
Haguenau
Saverne
Offenburg
Freudenstadt
Sélestat
COLMAR
FREIBURG
MULHOUSE
BASEL
Lörrach
Villingen-
Schwenningen
Tuttlingen
Sigmaringen
Biberach a.d. Riß
Ravensburg
Friedrichshafen
Konstanz
Lindau
Bregenz
Dornbirn
Schaffhausen
Winterthur
ZÜRICH
St. Gallen
Frauenfeld
Baden
Aarau
Olten
Solothurn
Biel/Bienne
BERN
Fribourg
Thun
Interlaken
LUZERN
Zug
Schwyz
Altdorf
Chur
Davos
St-Moritz
LIECHTENSTEIN
Vaduz
Feldkirch
Bludenz
A
B
C
BADEN-
WÜRTTEMBERG
SCHWEIZ
SVIZZERA
GRAUBÜNDEN
RHEIN
AARGAU
JURA
VORARLBERG
62
23
70
71
1
2
3
4

Nördlingen
Eichstätt
Ingolstadt
Neustadt
Abensberg
Mallersdorf-Pfaffenberg
Donauwörth
Neuburg
Kelheim
Rottenburg
Ergoldsbach
Dingolfing
Landau
Vilshofen
Dillingen
Schrobenhausen
Pfaffenhofen
Moosburg
Landshut
Vilsbiburg
Gangkofen
Eggenfelden
Günzburg
Gersthofen
Freising
Neumarkt-St. Veit
Taufkirchen
Mühldorf
Braunau
Augsburg
Friedberg
Dachau
Erding
Dorfen
Altötting
Burghausen
Ismaning
Haag
München
Fürstenfeldbruck
Wasserburg
Trostberg
Tittmoning
Mindelheim
Landsberg
Starnberg
Grünwald
Ottobrunn
Traunstein
Laufen
Memmingen
Bad Wörishofen
Wolfratshausen
Holzkirchen
Bad Aibling
Rosenheim
Salzburg
Kaufbeuren
Schongau
Weilheim
Penzberg
Bad Tölz
Schliersee
Ruhpolding
Reichenhall
Berchtesgaden
Marktoberdorf
Kempten
Murnau
Bad Wiessee
Kiefersfelden
Kufstein
Lofer
Füssen
Oberammergau
Kochel
Wörgl
Kitzbühel
Saalfelden
Garmisch
Partenkirchen
Mittenwald
Jenbach
Zell am See
Sonthofen
Reutte
Zugspitze
Seefeld
Innsbruck
Hall in Tirol
Schwaz
Mayrhofen
Großglockner
Oberstdorf
Imst
Landeck
St. Anton
Brenner
Hochfeiler
Lienz
Sölden
Vipiteno/Sterzing
Brunico/Bruneck
Dobbiaco/Toblach
Bressanone/Brixen
Merano/Meran
Bolzano Bozen
Cortina d'Ampezzo
Bormio
Marmolada
68
63
71
72

64
67
72
73
DONAU
OBERÖSTERREICH
ÖSTERREICH
STEIERMARK
SALZBURG
KÄRNTEN
HOHE TAUERN
NIEDERE TAUERN
TIROL
FRIULI
SLOVENIJA
Passau
Schärding
Linz
Wels
Steyr
Amstetten
Melk
Ybbs
Waidhofen
Scheibbs
Braunau
Burghausen
Altötting
Ried
Vöcklabruck
Gmunden
Bad Ischl
Bad Aussee
Liezen
Leoben
Eisenerz
Traunstein
Salzburg
Bad Reichenhall
Berchtesgaden
Hallein
St. Wolfgang
Dachsteingruppe
Schladming
Radstadt
Bischofshofen
Saalfelden
Kitzbühel
Zell am See
Badgastein
Bad Hofgastein
Großglockner
Lienz
Spittal
Millstatt
Villach
Velden
Klagenfurt
Feldkirchen
St. Veit
Wolfsberg
Judenburg
Knittelfeld
Murau
Tamsweg
Katschberg
Radstädter Tauernpaß
Jesenice
Bled
Kranj
Ljubljana
Udine
Cortina d'Ampezzo
Tolmezzo
Tarvisio

D
E
F
65
WIEN
Stockerau
Korneuburg
Klosterneuburg
Tulln
Wolkersdorf
Deutsch-Wagram
Gänserndorf
Marchegg
Leopoldsdorf
Großenzersdorf
Orth
Hainburg
Bad Deutsch Altenburg
Schwechat
Fischamend Markt
Purkersdorf
Pressbaum
Schönbrunn
Neulengbach
St. Christophen
Herzogenburg
Judenau
Traismauer
Kirchberg
Hadersdorf
Mödling
Wiener-Neudorf
Altlengbach
Obergrafendorf
Wilhelmsburg
Traiskirchen
Alland
Mayerling
Baden
Bad Vöslau
Hainfeld
Traisen
Pottenstein
Leobersdorf
Sollenau
Berndorf
Wöllersdorf
Ebenfurth
Wiener Neustadt
Pernitz
Gutenstein
Hohenberg
Rohrer Sattel
Puchberg
Schneeberg
Neunkirchen
Ternitz
Reichenau
Mattersburg
Eisenstadt
Ebreichsdorf
Mannersdorf
Bruck
Parndorf
Neusiedl
Purbach
Rust
Mörbisch
Klingenbach
Sopron
Deutschkreutz
Illmitz
Podersdorf
Albertkázmérpuszta
Nickelsdorf
Hegyeshalom
Kittsee
Berg
BRATISLAVA
Pezinok
Stupava
Senec
Galanta
Šaľa
Veľké Úľany
Šamorín
Dunajská Streda
Gabčíkovo
Veľký Meder
Kolárovo
Komárno
Nové Zámky
Hurbanovo
Komárom
Tata
Mosonmagyaróvár
Hédervár
Jánossomorja
Lébény
Frauenkirchen
GYŐR
Ménfőcsanak
Nyúl
Pannonhalma
Bőny
Bana
Kisbér
Oroszlány
KOMÁROM
GYŐR-MOSON-SOPRON
Csorna
Kapuvár
Fertőszentmiklós
Nagycenk
Mihályi
Tét
Bakonypéterd
Veszprémvarsány
Pápa
Lovászpatona
Csót
Zirc
Várpalota
VESZPRÉM
Veszprém
Herend
Ajka
Devecser
Balatonfüred
Siófok
Tihany
Balatonalmádi
Celldömölk
Jánosháza
Sárvár
Ikervár
Szombathely
Kőszeg
Lutzmannsburg
Oberpullendorf
Bük
Répcelak
Lövő
Vát
Bucsu
Schachendorf
Rechnitz
Bad Tatzmannsdorf
Oberwart
Pinkafeld
Bernstein
Lockenhaus
Hartberg
Friedberg
Kirchschlag
Aspang
Mönichkirchen
Semmering
Gloggnitz
Mürzzuschlag
Krieglach
Langenwang
Kindberg
Ratten
Birkfeld
Pöllau
Anger
Weiz
Kaindorf
BURGENLAND
MAGYARORSZÁG
VAS
Körmend
Vasvár
Sümeg
Tapolca
Keszthely
Hévíz
Zalaegerszeg
Zalalövő
Szentgotthárd
Rábafüzes
Jennersdorf
Güssing
Stegersbach
Fürstenfeld
Riegersburg
Gleisdorf
GRAZ
Kalsdorf
Wildon
Feldbach
Fehring
Kirchbach
Bad Gleichenberg
Bad Radkersburg
Leibnitz
Mureck
Ehrenhausen
Spielfeld
Murska Sobota
Gornja Radgona
Radenci
Lendava
Letenye
Nagykanizsa
Zalakaros
Marcali
Fonyód
Balatonboglár
Kaposvár
SOMOGY
ZALA
Maribor
Ptuj
Ormož
Čakovec
Varaždin
Koprivnica
Đurđevac
Bjelovar
Križevci
Krapina
Rogaška Slatina
Celje
Laško
Slovenske Konjice
Nagyatád
Barcs
Szigetvár
Virovitica
Csurgó
ZAGREB
Samobor
Zaprešić
Sesvete
Dugo Selo
Vrbovec
Čazma
Daruvar
DRAVA
DUNAJ
73
128

70
A
B
C
68
23
90
25
39
27
74
73
1
2
3
4
Remiremont
Plombières
Guebwiller
Titisee
Neustadt
Luxeuil
Thann
MULHOUSE
Schaffhausen
Waldshut
Vesoul
Belfort
Lörrach
Bad Säckingen
Winterthur
Montbéliard
BASEL
Rheinfelden
Brugg
Baden
ZÜRICH
Delémont
Liestal
Olten
Aarau
Zug
BESANÇON
Solothurn
Grenchen
Biel/Bienne
la Chaux-de-Fonds
LUZERN
Neuchâtel
BERN
Burgdorf
Pontarlier
Fribourg
Thun
Interlaken
Grindelwald
Wengen
Yverdon-les-Bains
LAUSANNE
Vevey
Montreux
Gstaad
Évian
Thonon
GENÈVE
Annemasse
Sion
Crans
Sierre
Brig
Simplonpass
Domodossola
Zermatt
Martigny
Chamonix
Megève
ANNECY
Aix-les-Bains
Chambéry
Albertville
Aosta/Aoste
Courmayeur
Biella
Ivrea
Vercelli
Val d'Isère
Courchevel
DOUBS
VAUD
VALAIS
AARGAU
SCHWEIZ
SUISSE
HTE-SAÔNE
HAUTE-SAVOIE
SAVOIE
AOSTA
CERVINO
MATTERHORN
MONTE ROSA
MONTE BIANCO
MONT BLANC
Jungfrau
Finsteraarhorn
Gran Paradiso
LAC LÉMAN

Konstanz
Ravensburg
Kempten
Friedrichshafen
Lindau
Bregenz
Dornbirn
Frauenfeld
St. Gallen
Appenzell
Herisau
Garmisch
Partenkirchen
INNSBRUCK
Seefeld
Füssen
Oberstdorf
Feldkirch
Bludenz
VORARLBERG
Lech
St. Anton
Landeck
Arlbergpaß
Imst
LIECHTENSTEIN
Vaduz
Einsiedeln
Glarus
Chur
Davos
Klosters
Arosa
Bad Ragaz
Landquart
Scuol (Schuls)
Silvrettagruppe
Ötztaler Alpen
Sölden
Obergurgl
Brenner
Merano / Meran
Bolzano / Bozen
Reschenpaß / P.so di Resia
St-Moritz
Pontresina
Julierpass
Albulapass
Piz Bernina
Maloja
Bormio
P.so d. Stelvio / Stilfserjoch
Livigno
S V I Z Z E R A
G R A U B Ü N D E N
T I R O L
TICINO
Bellinzona
Locarno
LUGANO
Como
Lecco
Bellagio
Varese
Chiavenna
Sondrio
Tirano
Edolo
Aprica
Alpi Orobie
Bergamo
BRESCIA
MILANO
Monza
Novara
Vigevano
Lodi
Cremona
Mantova
VERONA
Trento
Rovereto
Riva del Garda
Malcesine
Lago di Garda
Sirmione
Desenzano
Salò
Madonna di Campiglio
L O M B A R D I A
T R E N T I N O
Gottardo
Splügenpass
Bodensee
Walensee
Zugspitze
Karwendelgebirge
Fernpaß
Valcamonica
Schio
Valdagno

INNSBRUCK
Partenkirchen
Mittenwald
Seefeld
Kufstein
Wörgl
Kitzbühel
St. Johann in Tirol
Saalfelden
Zell am See
Bischofshofen
Radstadt
Schladming
Dachsteingruppe
Hallstatt
Mayrhofen
Schwaz
Jenbach
Hall in Tirol
Brenner
Matrei
Steinach
Badgastein
Mallnitz
Spittal
Villach
Lienz
Großglockner
Großvenediger
H O H E T A U E R N
S A L Z B U R G
O S T T I R O L
K Ä R N T E N
Felbertauern-tunnel
Katschberg
Tauerntunnel
Millstatt
Hermagor
Arnoldstein
Tarvisio
Vipiteno/Sterzing
Brunico/Bruneck
Dobbiaco/Toblach
Bressanone/Brixen
Merano/Meran
Bolzano
Bozen
Ortisei/St. Ulrich
Cortina d'Ampezzo
Misurina
Canazei
Marmolada
Moena
Predazzo
Cavalese
Trento
Rovereto
Riva
Arco
Belluno
Feltre
Asiago
Bassano d. Grappa
Schio
Thiene
Valdagno
Vicenza
VERONA
PADOVA
VENEZIA
Mestre
Lido di Venezia
Treviso
Conegliano
Vittorio Veneto
Pordenone
Udine
Cividale d. Friuli
Gemona d. Friuli
Tolmezzo
Palmanova
Portogruaro
Latisana
Lignano Sabbiadoro
Grado
Bibione
Caorle
Jesolo
Lido di Jesolo
Chioggia
Sottomarina
Rosolina Mare
Rovigo
Adria
Legnago
Este
Monselice
Abano Terme
Castelfranco Veneto
Cittadella
Piove di Sacco
Monfalcone
Piran
Umag
Novigrad
GOLFO DI VENEZIA
Golfo di Trieste
F R I U L I
V E N E Z I A
V E N E T O
Dubrovnik
Kerkira (Corfou)
67
68
71
76
A
B
C
1
2
3
4

GRAZ
Maribor
Klagenfurt
LJUBLJANA
ZAGREB
RIJEKA
Opatija
Pula
Koper
Celje
Kranj
Jesenice
Velden
Varaždin
Karlovac
Bihać
Postojna
Murska Sobota
Ptuj
Krapina
Rogaška Slatina
Novo mesto
Kočevje
Delnice
Senj
Crikvenica
Krk
Slunj
Plitvice
Otočac
Szombathely
Zalaegerszeg
Körmend
Szentgotthárd
Güssing
Fürstenfeld
Leibnitz
Wolfsberg
Deutschlandsberg
Voitsberg
Köflach
Judenburg
Knittelfeld
St. Veit
Feldkirchen
Dravograd
Velenje
Trbovlje
Kamnik
Idrija
Vrhnika
Labin
Buzet
Pazin
Rovinj
S T E I E R M A R K
B U R G E N L A N D
K Ä R N T E N
S L O V E N I J A
H R V A T S K A
D
E
F
68
69
77
128

A
B
C
1
2
3
4
GRENOBLE
Chambéry
Moûtiers
Val d'Isère
Courchevel
St Jean-de-Maurienne
Modane
Col du Mt Cenis
Susa
TORINO
Ivrea
Vercelli
Chivasso
Casale Monferrato
Asti
Alba
Moncalieri
Chieri
Pinerolo
Carmagnola
Saluzzo
Savigliano
Fossano
Cuneo
Mondovì
Borgo S. Dalmazzo
Briançon
Col du Galibier
Col du Lautaret
l'Alpe-d'Huez
les Deux-Alpes
Sestriere
Bardonècchia
Col de Montgenèvre
Col d'Izoard
Guillestre
Embrun
Gap
Barcelonnette
Col de Larche
Sisteron
Digne-les-Bains
Castellane
Grasse
Vence
NICE
Antibes
CANNES
Juan-les-Pins
Monte-Carlo-Monaco
Menton
Ventimiglia
San Remo
Imperia
Alassio
Albenga
Draguignan
Fréjus
St Raphaël
Ste Maxime
St Tropez
Hyères
TOULON
Bandol
le Lavandou
Brignoles
Manosque
Sospel
Tende
Col de Tende
Isola 2000
St Martin-Vésubie
Auron
M. Viso
Massif des Ecrins
Parc National
A L P E S - D E - H T E - P R O V E N C E
A L P E S - M M E S
V A R
S A V O I E
P I E M O N T E
H T E S - A L P E S
Iles d'Hyères
Porquerolles
Port-Cros
I. du Levant
Cap Sicié
PROVENCE
27
31
70

Novara
Vigevano
Pavia
Lodi
Piacenza
Cremona
Mantova
Alessandria
Tortona
Voghera
Novi Ligure
Acqui-Terme
Ovada
Savona
GENOVA
Rapallo
S. Margherita Ligure
Portofino
Chiavari
Sestri Levante
Bobbio
Salsomaggiore
Fidenza
PARMA
Reggio nell Emilia
MODENA
Carpi
Sassuolo
Pontremoli
Aulla
La Spezia
Lerici
Portovenere
Sarzana
Carrara
Massa
Pietrasanta
Camaiore
Forte dei Marmi
Viareggio
Lucca
Montecatini-Terme
Pistoia
Pisa
LIVORNO
Empoli
S. Miniato
Volterra
S. Gimignano
Cecina
Castiglioncello
Rosignano Marittimo
Piombino
Follonica
Portoferraio
Marina di Campo
I. di Gorgona
I. di Capraia
CORSE
Cap Corse
Rogliano
Bastia
E M I L I A
R O M A G N A
L I G U R I A
G O L F O D I G E N O V A
M A R E L I G U R E
Arcipelago
Alpi Apuane
M. Cimone
Abetone
Pso della Cisa
Pso del Cerreto
Ajaccio
Ile-Rousse
I. Canarias
Barcelona,Palma
Tunis
Cagliari
Porto-Torres
Olbia-Arbatax
Palermo
Bastia
Olbia, Golfo Aranci
D
E
F
71
76
78
1
2
3
4

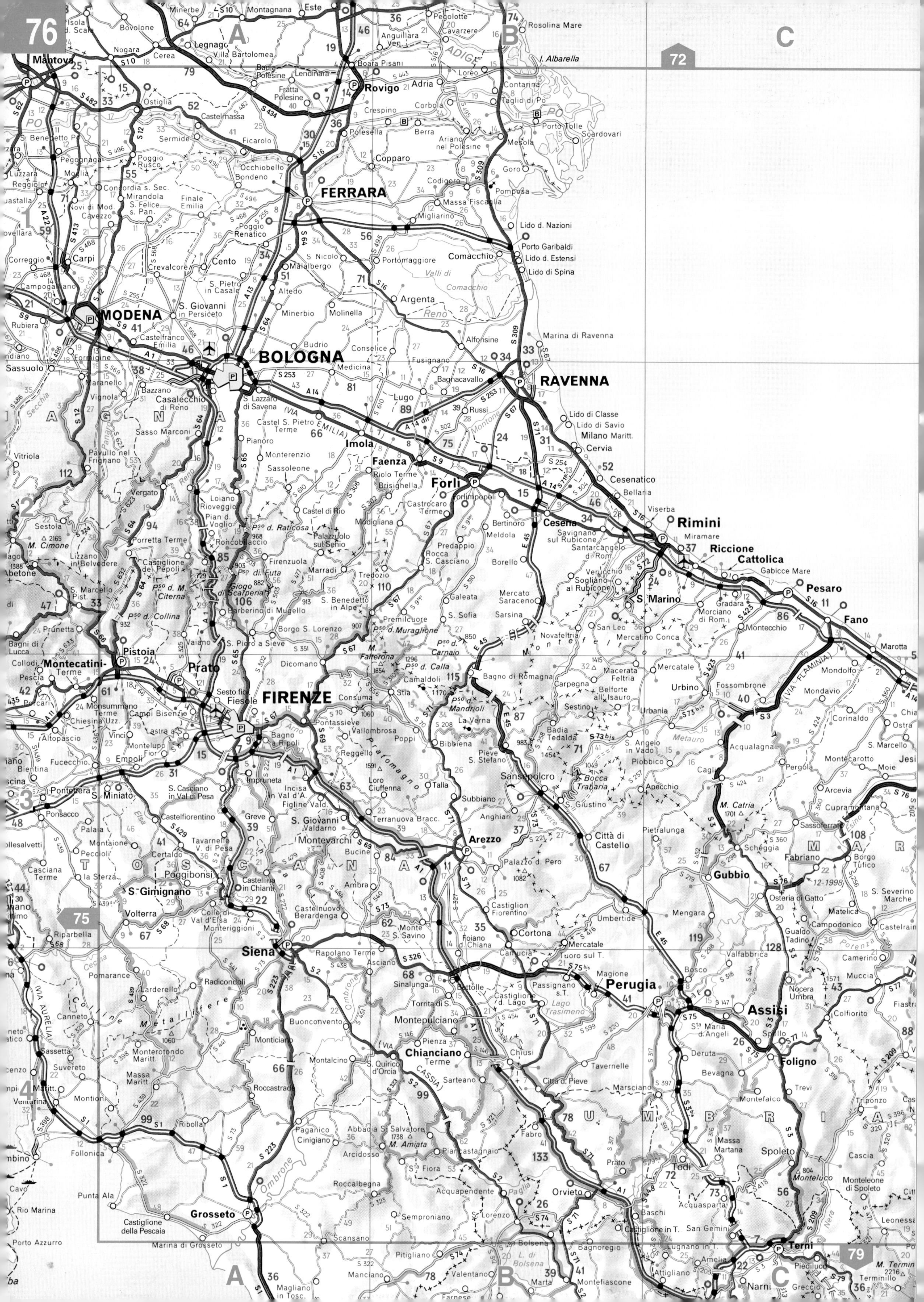

Mantova
Legnago
Rovigo
Adria
Ferrara
Modena
Carpi
Bologna
Ravenna
Imola
Faenza
Forlì
Cesena
Rimini
Riccione
Cattolica
Pesaro
Fano
S. Marino
Urbino
Pistoia
Prato
Montecatini-Terme
Firenze
Empoli
Pontedera
S. Miniato
Poggibonsi
S. Gimignano
Volterra
Siena
Arezzo
Sansepolcro
Città di Castello
Gubbio
Fabriano
Perugia
Assisi
Foligno
Spoleto
Terni
Orvieto
Todi
Chiusi
Montepulciano
Chianciano Terme
Grosseto
Follonica
Castiglione della Pescaia
Lago Trasimeno
M. Amiata
M. Cimone
L. di Bolsena
Narni

Pula
Rt Kamenjak
CRES
Lošinj
Mali Lošinj
Susak
Ilovik
Silba
Olib
Premuda
Škarda
Molat
Ist
Rab
PAG
Pag
Karlobag
Gospić
Otočac
Titova Korenica
Udbina
Gračac
Zadar
Ugljan
Preko
Biograd
Benkovac
Dugi Otok
Kornati
Kornat
Murter
Šibenik
Rogoznica
Žirje
Kakan
Zlarin
Pašman
Starigrad Paklenica
Obrovac
Novigradsko more
Paklenica nac. park
Velebitski kanal
Zadarski kanal
Srednji kanal
Vransko jezero
Jabuka
Svetac
Ancona
Zadar
Split
Dubrovnik
Kérkira (Corfu)
Igoumenitsa
Pátra (Patrasso)
Senigallia
Falconara Maritt.
Sirolo
Numana
Osimo
Castelfidardo
Porto Recanati
Loreto
Recanati
Filottrano
Cingoli
Villa Potenza
Macerata
Potenza Picena
Civitanova Marche
Porto S. Elpidio
S. Elpidio a Mare
Treia
Sforzacosta
Corridonia
Montegranaro
Tolentino
Porto S. Giorgio
Fermo
Montegiorgio
Caldarola
Monterubbiano
Pedaso
S. Ginesio
Montefiore d. Aso
Servigliano
Sarnano
Ripatransone
Grottammare
S. Benedetto d. Tronto
Montalto d. Marche
Amandola
Comunanza
Offida
Ascoli Piceno
Alba Adriatica
Montegallo
M. Vettore
Arquata d. T.
Civitella d. T.
Nereto
Giulianova
Acquasanta Terme
Valle Castellana
Campli
Roseto d. Abruzzi
Teramo
Pineto
Silvi Marina
Amatrice
Montorio al Vomano
Villa Vomano
Atri
Città S. Angelo
Montesilvano Marina
Pescara
Prati di Tivo
Isola d. Gr. Sasso d'It.
Gran Sasso d'Italia
Campo Imperatore
Penne
Cappelle sul T.
Loreto Aprutino
Francavilla al Mare
Farindola
Pianella
Cepagatti
Chieti
Ortona
S. Vito Chietino
Catignano
Castel d. Monte
Bucchianico
Fossacesia
Montereale
Borbona
Pizzoli
Assergi
73
79
128

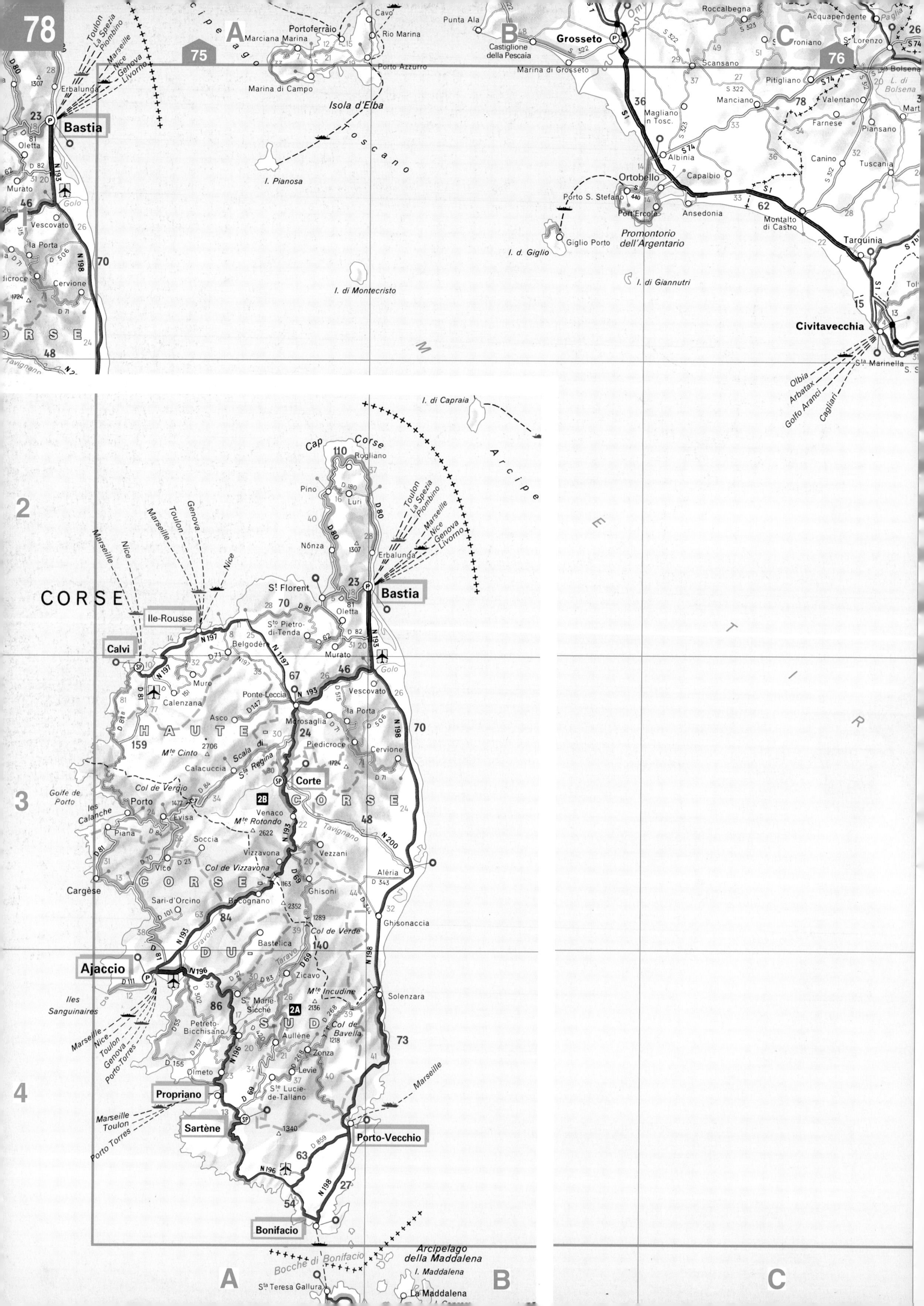
75
76
A
B
C
1
2
3
4
Marciana Marina
Portoferraio
Cavo
Rio Marina
Porto Azzurro
Marina di Campo
Isola d'Elba
I. Pianosa
I. di Montecristo
Punta Ala
Castiglione della Pescaia
Grosseto
Marina di Grosseto
Roccalbegna
Scansano
Magliano in Tosc.
Albinia
Ortobello
Porto S. Stefano
Port'Ercole
Promontorio dell'Argentario
Giglio Porto
I. d. Giglio
I. di Giannutri
Capalbio
Ansedonia
Montalto di Castro
Tarquinia
Civitavecchia
Sta Marinella
Manciano
Pitigliano
Valentano
Farnese
Piansano
Canino
Tuscania
Acquapendente
S. Lorenzo
L. di Bolsena
Bolsena
Olbia
Arbatax
Golfo Aranci
Cagliari
I. di Capraia
Cap Corse
Rogliano
Pino
Luri
Nonza
Erbalunga
Bastia
St Florent
Oletta
Sto Pietro-di-Tenda
Murato
Golo
Toulon
La Spezia
Piombino
Marseille
Nice
Genova
Livorno
CORSE
Ile-Rousse
Calvi
Belgodère
Muro
Calenzana
Ponte-Leccia
Vescovato
La Porta
Morosaglia
Piedicroce
Cervione
Asco
HAUTE
Mte Cinto
Scala di Sta Regina
Calacuccia
Corte
Golfe de Porto
Col de Vergio
Porto
Evisa
les Calanche
Piana
Venaco
Mte Rotondo
Tavignano
Soccia
Vizzavona
Vezzani
Col de Vizzavona
Vico
Cargèse
Alèria
Ghisoni
Bocognano
Sari-d'Orcino
Ghisonaccia
Col de Verde
Bastelica
Gravona
Taravo
DU
Ajaccio
Iles Sanguinaires
Zicavo
Mte Incudine
Solenzara
Ste Marie-Sicché
SUD
Petreto-Bicchisano
Col de Bavella
Aullène
Zonza
Levie
Olmeto
Ste Lucie-de-Tallano
Propriano
Sartène
Porto Torres
Porto-Vecchio
Bonifacio
Bocche di Bonifacio
Arcipelago della Maddalena
I. Maddalena
La Maddalena
Sta Teresa Gallura
Toscano
Arcipelago
M E T I R R
N 193
N 197
N 198
N 200
N 196
D 81
D 69
S 1
S 74
S 322

Orvieto
Baschi
Castiglione in T.
San Gemini
Bagnoregio
Lugnano in T.
Terni
Amelia
Montefiascone
Attigliano
Narni
Orte
Viterbo
Soriano nel Cimino
Vignanello
Borghetto
L. di Vico
Ronciglione
Vetralla
Civita Castellana
Sutri
Trevignano R.
L. di Bracciano
Manziana
Bracciano
Sasso
Cerveteri
Castelnuovo di Porto
Magliano Sabina
Poggio Mirteto
Fiano R.
Rignano Fl.
Palombara S.
Monterotondo
Mentana
Settebagni
ROMA
Ladispoli
Palidoro
Fregene
Fiumicino
Ostia Antica
Lido di Ostia
Castel Gandolfo
Albano Laziale
Genzano di Roma
Pomezia
Marino
Frascati
Rocca di Papa
M. Cavo
Velletri
Aprilia
Lavinio Lido di Enea
Anzio
Nettuno
Cisterna di L.
Latina
Sermoneta
Sezze
Priverno
Abbazia di Fossanova
Pontinia
Foce Verde
Sabaudia
S. Felice Circeo
Terracina
Sperlonga
Fondi
Itri
Gaeta
Formia
Golfo di Gaeta
I. Ponziane
I. Zannone
I. di Ponza
I. Ventotene
Palau
Tivoli
Villa Adriana
Guidonia
Castel Madama
Mandela
Subiaco
Palestrina
Valmontone
Colleferro
Artena
Segni
Cori
Carpineto R.
Paliano
Anagni
Fiuggi
Alatri
Ferentino
Frosinone
Veroli
Abbazia di Casamari
Isola del Liri
Sora
Supino
Ceccano
Prossedi
Ceprano
Arce
Pico
Pontecorvo
Cassino
Abbazia di Montecassino
Atina
Ausonia
M. Petrella
Roccamonfina
Sessa Aurunca
Teano
Carinola
Mondragone
Castel Volturno
Capua
Caiazzo
Sta Maria Capua Vetere
Marcianise
Grazzanise
Aversa
Villa Literno
Casoria
Marano di N.
NAPOLI
Pozzuoli
Bacoli
Procida
Porto Vecchio
Casamicciola Terme
Forio
Ischia
I. d'Ischia
Golfo di Napoli
Cagliari
Palermo
I. Stromboli
Capri
Ercola
Rieti
Cittaducale
Antrodoco
Leonessa
Posta
Borbona
Montereale
M. Terminillo
Cittareale
di Spoleto
Greccio
Contigliano
Montenero S.
Rocca Sinibalda
Pescorocchiano
Fiamignano
Borgorose
Orvinio
Carsoli
Tagliacozzo
Avezzano
Capistrello
Trasacco
Civitella Roveto
Balsorano
Monti Simbruini
Magliano de Marsi
M. Velino
L'Aquila
Assergi
Valico b. Capannelle
Gran Sasso d'Italia
Campo Imperatore
Prati di Tivo
Isola d. Gr. Sasso d'It.
Pizzoli
Castel d. Monte
Barisciano
Navelli
Capestrano
Rocca di Mezzo
Ovindoli
Castelvecchio Subequo
Celano
Forca Caruso
Pescina
Sulmona
Scanno
Pso Diavolo
Parco
Pescasseroli
Forca d'Acero
Nazionale d'Abruzzo
Villetta Barrea
Barrea
Alfedena
Roccaraso
Rivisondoli
Pescocostanzo
Castel di Sangro
Valico d. Forchetta
Campo di Giove
Palena
Cansano
Pso S. Leonardo
Lama d. Peligni
Pratola Peligna
Popoli
Abbazia S. Clemente a Casauria
Scafa
Torre de Passeri
Manoppello
Caramanico
la Maiella
Pescara
Montesilvano Marina
Città S. Angelo
Bisenti
Farindola
Pianella
Loreto Aprutino
Cepagatti
Catignano
Chieti
Francavilla al
Ortona
S. Vito Chieti
Bucchianico
Lanciano
Orsogna
Guardiagrele
Pretoro
Casoli
Villa Sta Maria
Castiglione Messer M.
Capracotta
Agnone
Pescolanciano
Forlì d. Sannio
Isernia
Carpinone
Frosolone
Colli a V.
Venafro
Capriati a V.
Monti del M. Miletto
Letino
Pratella
Alife
Dragoni
Calanello
S. Vittore d. Lazio
Fossacesia
Casalbordino
Monte Porzio
ABRUZZO
LAZIO
MOLISE
TIRRENO
VIA AURELIA
VIA CASSIA
VIA FLAMINIA
SALARIA
TIBURTINA
VALERIA
VIA CASILINA
VIA APPIA
Pescorocchiano
76
77
80
D
E
F
1
2
3
4

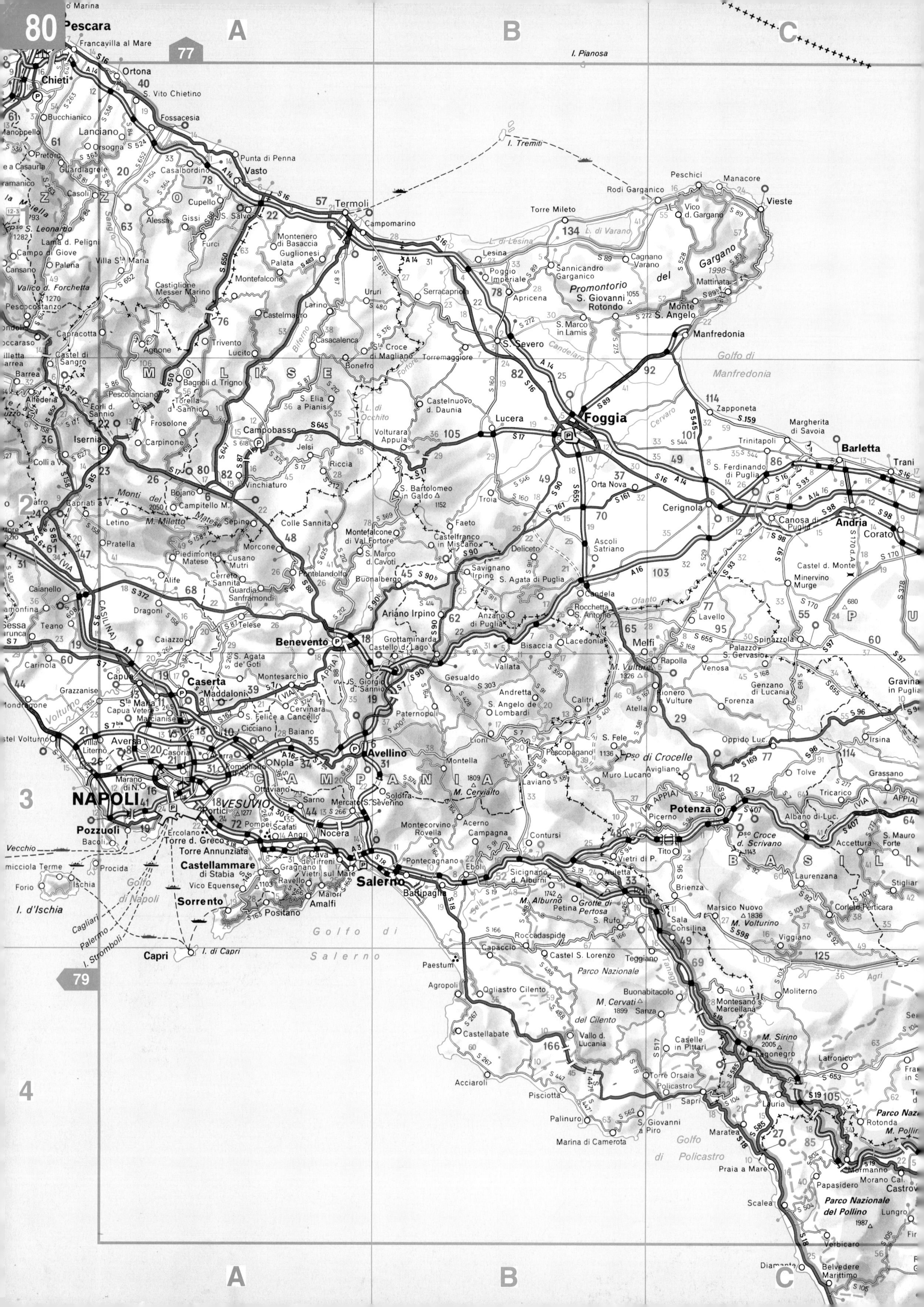
A
B
C
1
2
3
4
77
79
Pescara
Francavilla al Mare
Chieti
Ortona
S. Vito Chietino
Fossacesia
Lanciano
Punta di Penna
Vasto
Casalbordino
Termoli
Campomarino
I. Pianosa
I. Tremiti
Peschici
Manacore
Rodi Garganico
Vieste
Torre Mileto
L. di Varano
L. di Lesina
Lesina
Cagnano Varano
Sannicandro Garganico
Promontorio del Gargano
S. Giovanni Rotondo
Monte S. Angelo
Manfredonia
Golfo di Manfredonia
S. Marco in Lamis
S. Severo
Apricena
Serracapriola
Larino
Castelmauro
Trivento
Agnone
Isernia
Campobasso
Lucera
Foggia
Zapponeta
Margherita di Savoia
Trinitapoli
Barletta
Trani
Andria
Corato
Cerignola
Canosa di Puglia
Orta Nova
Troia
Ascoli Satriano
Candela
Minervino Murge
Castel d. Monte
Melfi
Rapolla
Venosa
Lavello
Spinazzola
Palazzo S. Gervasio
Genzano di Lucania
Gravina in Puglia
Irsina
Tolve
Grassano
Tricarico
Potenza
Avigliano
Muro Lucano
Pso di Crocelle
Tito
Picerno
Vietri di P.
Brienza
Marsico Nuovo
M. Volturino
Viggiano
Corleto Perticara
Laurenzana
Accettura
Stigliano
Moliterno
Montesano s. M.
Lagonegro
M. Sirino
Latronico
Lauria
Rotonda
Mormanno
Morano Cal.
Castrovillari
Parco Nazionale del Pollino
Papasidero
Scalea
Praia a Mare
Maratea
Sapri
Golfo di Policastro
Verbicaro
Belvedere Marittimo
Diamante
Lungro
Policastro
Torre Orsaia
Caselle in Pittari
Palinuro
Marina di Camerota
Pisciotta
Acciaroli
Castellabate
Vallo d. Lucania
M. Cervati
Sanza
Buonabitacolo
Parco Nazionale del Cilento
Teggiano
Sala Consilina
Polla
Auletta
Petina
S. Rufo
M. Alburno
Roccadaspide
Capaccio
Paestum
Agropoli
Ogliastro Cilento
Castel S. Lorenzo
Golfo di Salerno
Salerno
Battipaglia
Eboli
Pontecagnano
Campagna
Contursi
Sicignano d. Alburni
Montecorvino Rovella
Acerno
M. Cervialto
Laviano
Pescopagano
S. Fele
Atella
Rionero in Vulture
M. Vulture
Forenza
Calitri
Lacedonia
Bisaccia
Vallata
Andretta
S. Angelo de Lombardi
Lioni
Montella
Gesualdo
Paternopoli
Avellino
Solofra
Mercato S. Severino
Nocera
Sarno
Nola
Baiano
Cicciano
Ottaviano
Vesuvio
Pompei
Scafati
Angri
Cava de Tirreni
Vietri sul Mare
Amalfi
Maiori
Ravello
Positano
Sorrento
Gragnano
Castellammare di Stabia
Vico Equense
Torre Annunziata
Torre d. Greco
Ercolano
Portici
NAPOLI
Pozzuoli
Bacoli
Procida
Ischia
I. d'Ischia
Forio
Golfo di Napoli
Capri
I. di Capri
Cagliari
Palermo
I. Stromboli
Marano di N.
Casoria
Afragola
Aversa
Villa Literno
Capua
Caserta
Maddaloni
Marcianise
S. Maria Capua Vetere
Grazzanise
Mondragone
Castel Volturno
Carinola
Teano
Caianello
Sessa Aurunca
Calvi
Piedimonte Matese
Alife
Cerreto Sannita
Guardia Sanframondi
Telese
S. Agata de' Goti
Montesarchio
Benevento
Grottaminarda
Ariano Irpino
Castello d. Lago
Buonalbergo
Pontelandolfo
Morcone
Sepino
Bojano
Colle Sannita
Montefalcone di Val Fortore
S. Marco d. Cavoti
Castelfranco in Miscano
Savignano Irpino
S. Agata di Puglia
Deliceto
Anzano di Puglia
Faeto
S. Bartolomeo in Galdo
Volturara Appula
Riccia
Jelsi
Vinchiaturo
Castelnuovo d. Daunia
Torremaggiore
S. Croce di Magliano
Bonefro
Casacalenda
S. Elia a Pianisi
Ururi
Montenero di Bisaccia
Guglionesi
Palata
Montefalcone
Castiglione Messer Marino
Capracotta
Castel di Sangro
Pescolanciano
Frosolone
Carpinone
Forlì d. Sannio
Venafro
Capriati a V.
Letino
Pratella
M. Miletto
Monti del Matese
Campitello M.
Roccaraso
Barrea
Alfedena
Pescocostanzo
Valico d. Forchetta
Palena
Campo di Giove
Lama d. Peligni
Guardiagrele
Orsogna
Bucchianico
Manoppello
Casoli
Gissi
Cupello
S. Salvo
Alessa
Furci
Villa Sta Maria
M O L I S E
C A M P A N I A
B A S I L I C A T A
Fortore
Biferno
Ofanto
Sele
Volturno
L. di Occhito
Candelaro
Cervaro
Agri
Tanagro
Sangro

D E F

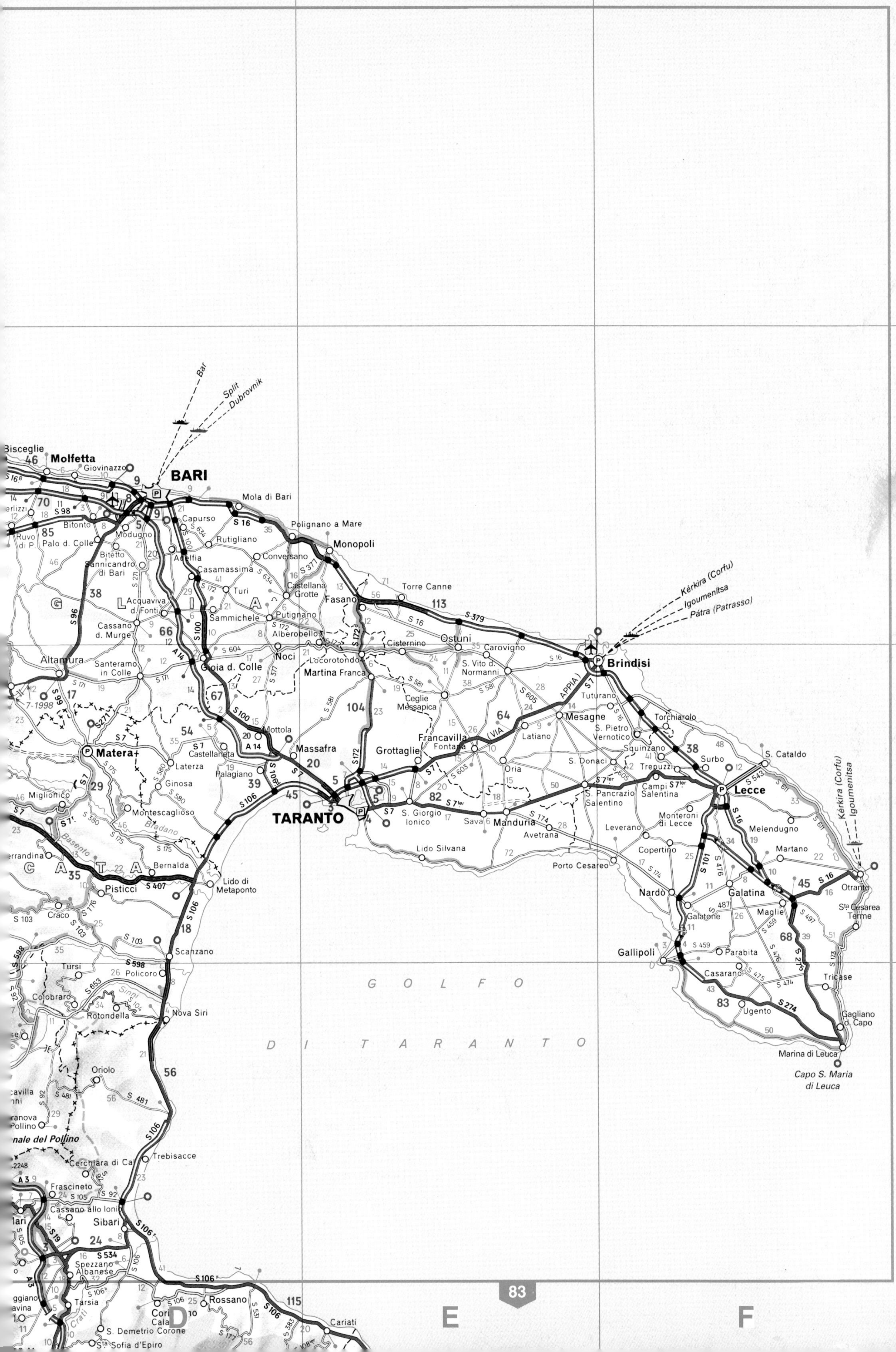

Bari
Split
Dubrovnik
Bisceglie
Molfetta
Giovinazzo
BARI
Mola di Bari
Bitonto
Capurso
Polignano a Mare
Ruvo di P.
Palo d. Colle
Modugno
Rutigliano
Monopoli
Bitetto
Sannicandro di Bari
Adelfia
Conversano
Casamassima
Castellana Grotte
Torre Canne
Kérkira (Corfu)
Igoumenitsa
Pátra (Patrasso)
Acquaviva d. Fonti
Turi
Fasano
Cassano d. Murge
Sammichele
Putignano
Alberobello
Cisternino
Ostuni
Carovigno
Altamura
Santeramo in Colle
Gioia d. Colle
Noci
Locorotondo
Martina Franca
S. Vito d. Normanni
Brindisi
Tuturano
APPIA
Ceglie Messapica
Mesagne
Torchiarolo
S. Pietro Vernotico
Latiano
Matera
Castellaneta
Mottola
Massafra
Grottaglie
Francavilla Fontana
Squinzano
S. Cataldo
Surbo
Laterza
Palagiano
S. Donaci
Trepuzzi
Oria
Ginosa
Campi Salentina
Lecce
Miglionico
S. Pancrazio Salentino
Montescaglioso
TARANTO
S. Giorgio Ionico
Sava
Manduria
Avetrana
Monteroni di Lecce
Leverano
Melendugno
Bradano
Basento
Bernalda
Lido Silvana
Copertino
Martano
Porto Cesareo
Pisticci
Lido di Metaponto
Otranto
Nardò
Galatina
Craco
Sta Cesarea Terme
Galatone
Maglie
Scanzano
Gallipoli
Parabita
Tursi
Policoro
GOLFO
Casarano
Tricase
Colobraro
Rotondella
Nova Siri
Ugento
Gagliano d. Capo
DI TARANTO
Marina di Leuca
Capo S. Maria di Leuca
Oriolo
Trebisacce
Cerchiara di Cal.
Frascineto
Cassano allo Ionio
Sibari
Spezzano Albanese
Tarsia
Rossano
Cariati
S. Demetrio Corone
Sta Sofia d'Epiro
Crati

83

D E F

CORSE
Bonifacio
Bocche di Bonifacio
Arcipelago della Maddalena
I. Maddalena
La Maddalena
I. Caprera
78
Sta Teresa Gallura
Palau
Baia Sardinia
Porto Cervo
Formia
Napoli
Arzachena
Livorno
Civitavecchia
La Spezia
Genova
Porto Rotondo
Golfo Aranci
Luogosanto
Trinità d'Agultu e V.
S. Antonio
Olbia
I. Tavolara
Aggius
Calangianus
Tempio Pausania
Pta Balistreri
Telti
Loiri
Monti
Padru
M. Nieddu
Isola Asinara
Marseille
Toulon
Propriano
Ajaccio
Golfo dell' Asinara
C. del Falcone
Stintino
Castelsardo
Sedini
Porto Torres
Platamona Lido
Sorso
Sennori
Osilo
Nulvi
Martis
Lago del Coghinas
Oschiri
Palmadula
Sassari
Ploaghe
Alà d. Sardi
Posada
La Caletta
Lodè
Siniscola
Olmedo
Uri
Ittiri
Ozieri
Pattada
Buddusò
Tramariglio
Fertilia
Alghero
Grotta di Nettuno
Thiesi
Mores
Pta Catirina
Bitti
Villanova Monteleone
Romana
Foresta di Burgos
Bultei
Bono
Orune
Cedrino
Orosei
Pozzomaggiore
Bonorva
Nuoro
SARDEGNA
Montresta
Bolotana
Cala Gonone
Dorgali
Oliena
Golfo di Orosei
Bosa
Suni
Macomer
Orani
Sarule
Ottana
Parco Nazionale del Golfo Orosei e del Gennargentu
Orgosolo
Cuglieri
Sedilo
Gavoi
Fonni
Genna Cruxi
M. Ferru
Santu Lussurgiu
Abbasanta
Lago Omodeo
Ghilarza
Pso di Caravai
Sta Caterina Pittinuri
Milis
Narbolia
Sorgono
Monti del Gennargentu
Tonara
Desulo
Tramatza
Riola Sardo
Fordongianus
Samugheo
Aritzo
Arbatax
Tortolì
Cabras
Simaxis
Marina di Torre Grande
Oristano
Lanusei
Jerzu
Laconi
Seulo
Seui
S. Giovanni di Sinis
Sta Giusta
Golfo di Oristano
Nurallao
Arborea
Ales
Barumini
Isili
Terralba
Uras
Mandas
Sardara
L. di Mulargia
Ballao
Flumendosa
Furtei
Guspini
Arbus
S. Gavino Monreale
Sanluri
Senorbì
S. Nicolò Gerrei
Villasalto
S. Andrea Frius
S. Vito
Gonnosfanadiga
Muravera
M. Linas
Villacidro
Serramanna
Dolianova
Fluminimaggiore
Villasor
Monastir
S. Sperate
P. Serpeddì
Domusnovas
Sestu
Iglesias
Siliqua
Assemini
Selargius
Castiadas
Villamassargia
Elmas
Quartu S. Elena
Gonnesa
CAGLIARI
Portoscuso
Carbonia
Narcao
Villasimius
I. di S. Pietro
M. is Caravius
Golfo di Cagliari
Capo Carbonara
Carloforte
S. Giovanni Suergiu
Calasetta
S. Antioco
Giba
Sarroch
Pula
I. di S. Antioco
Teulada
Sta Margherita
Porto Pino
Trapani-Palermo
Tunis
Capo Spartivento
A
B
C
1
2
3
4

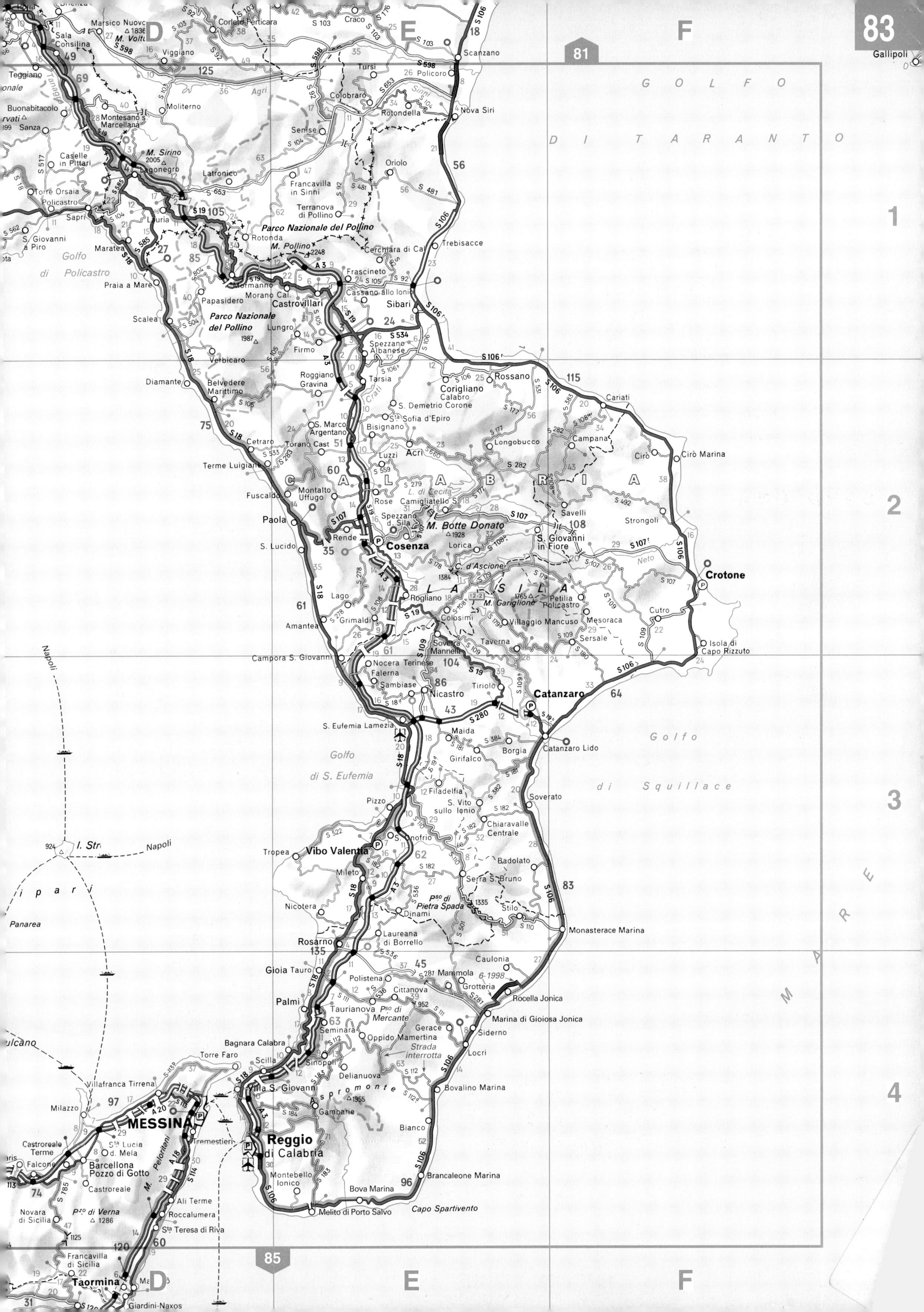
Gallipoli
81
85
D
E
F
1
2
3
4
GOLFO DI TARANTO
Golfo di Squillace
MARE
Golfo di Policastro
Golfo di S. Eufemia
CALABRIA
LA SILA
Parco Nazionale del Pollino
M. Pollino 2248
M. Sirino 2005
M. Botte Donato 1928
M. Gariglione 1765
C. d'Ascione
Aspromonte 1955
Pso di Pietra Spada 1335
Pso di Mercante
Strada interrotta
Sala Consilina
Teggiano
Buonabitacolo
Sanza
Montesano s. Marcellana
Caselle in Pittari
Lagonegro
Torre Orsaia
Policastro
Sapri
S. Giovanni a Piro
Maratea
Lauria
Rotonda
Praia a Mare
Scalea
Papasidero
Mormanno
Morano Cal.
Castrovillari
Lungro
Firmo
Verbicaro
Diamante
Belvedere Marittimo
Cetraro
Terme Luigiane
Fuscaldo
Paola
S. Lucido
Amantea
Campora S. Giovanni
Marsico Nuovo
M. Volturino
Viggiano
Corleto Perticara
Moliterno
Latronico
Senise
Francavilla in Sinni
Terranova di Pollino
Craco
Tursi
Policoro
Colobraro
Rotondella
Scanzano
Nova Siri
Oriolo
Trebisacce
Cerchiara di Cal.
Frascineto
Cassano allo Ionio
Sibari
Spezzano Albanese
Tarsia
Roggiano Gravina
Corigliano Calabro
Rossano
Cariati
Cirò
Cirò Marina
S. Demetrio Corone
Sta Sofia d'Epiro
Bisignano
S. Marco Argentano
Torano Cast.
Acri
Luzzi
Longobucco
Campana
Montalto Uffugo
Rose
L. di Cecita
Camigliatello S.
Spezzano d. Sila
Rende
Cosenza
Lorica
Savelli
S. Giovanni in Fiore
Strongoli
Crotone
Isola di Capo Rizzuto
Cutro
Neto
Petilia Policastro
Villaggio Mancuso
Mesoraca
Sersale
Taverna
Rogliano
Colosimi
Lago
Grimaldi
Soveria Mannelli
Nocera Terinese
Falerna
Sambiase
Nicastro
Tiriolo
Catanzaro
Catanzaro Lido
S. Eufemia Lamezia
Maida
Borgia
Girifalco
Filadelfia
Pizzo
S. Vito sullo Ionio
Chiaravalle Centrale
Soverato
S. Onofrio
Vibo Valentia
Tropea
Mileto
Nicotera
Dinami
Badolato
Serra S. Bruno
Stilo
Monasterace Marina
Laureana di Borrello
Rosarno
Gioia Tauro
Polistena
Caulonia
Mammola
Grotteria
6-1998
Cittanova
Palmi
Taurianova
Rocella Jonica
Marina di Gioiosa Jonica
Siderno
Gerace
Locri
Seminara
Oppido Mamertina
Bagnara Calabra
Scilla
Sinopoli
Delianuova
Torre Faro
Villa S. Giovanni
Gambarie
Reggio di Calabria
Bovalino Marina
Bianco
Brancaleone Marina
Montebello Ionico
Bova Marina
Melito di Porto Salvo
Capo Spartivento
Villafranca Tirrena
Milazzo
MESSINA
Tremestieri
Sta Lucia d. Mela
Castroreale Terme
Falcone
Barcellona Pozzo di Gotto
Castroreale
M. Peloritani
Novara di Sicilia
Pzo di Verna 1286
Ali Terme
Roccalumera
Sta Teresa di Riva
Francavilla di Sicilia
Taormina
Giardini-Naxos
Golfo
Panarea
Lipari
I. Stromboli
Vulcano
Napoli
A 3
A 18
A 20
S 106
S 18
S 19
S 107
S 280
S 534

A B C

SICILIA
MARE TIRRENO
I. di Ustica
Livorno
Genova
Cagliari
Napoli
Capo Gallo
Sferracavallo
Mondello
M. Pellegrino
Punta Raisi
PALERMO
Capaci
Carini
Cinisi
Monreale
Solunto
Bagheria
Casteldaccia
Misilmeri
Altavilla
Termini Imerese
Trabia
Cefalù
Collesano
Castelbuono
Carbonara
M a d o n i e
Petralia
Gangi
Buonfornello
Caccamo
Montemaggiore Belsito
Caltavuturo
Alia
Resuttano
S. Vito lo Capo
Torre d. Impiso
Golfo di Castellammare
Castellammare d. Golfo
Partinico
Piana d. Albanesi
Marineo
S. Cipirello
Rca Busambra
Villafrati
Roccapalumba
Lercara Friddi
Corleone
Prizzi
Cagliari
Erice
Trapani
Paceco
Fulgatore
Segesta
Calatafimi
Alcamo
Isole Egadi
I. Levanzo
I-Marèttimo
I. Favignana
Birgi
Tunis
I. di Pantelleria
Marsala
Salemi
Sta Ninfa
Partanna
Sta Margherita di Belice
Chiusa Sclafani
Castelvetrano
Mazara d. Vallo
Campobello di Mazara
Selinunte
Marinella
Menfi
Sambuca di Sicilia
Caltabellotta
Alessandria d. Rocca
S. Stefano Quisquina
Casteltermini
S. Biagio Platani
Sciacca
Ribera
Platani
Aragona
Raffadali
Agrigento
Porto Empedocle
I. di Linosa
Mussomeli
Sta Caterina Villarmosa
Caltanissetta
S. Cataldo
Serradifalco
Montedoro
Delia
Sommatino
Canicattì
Naro
Favara
Campobello di Licata
Riesi
Ravanusa
Palma di Montechiaro
Licata
Salso
S. Stefano di Camastra
C. del
Trapani
Pantelleria
Tracino
I. di Pantelleria
I. di Linosa
Isole Pelagie
Porto Empedocle
I. di Lampedusa
Lampedusa

A B C

D E F

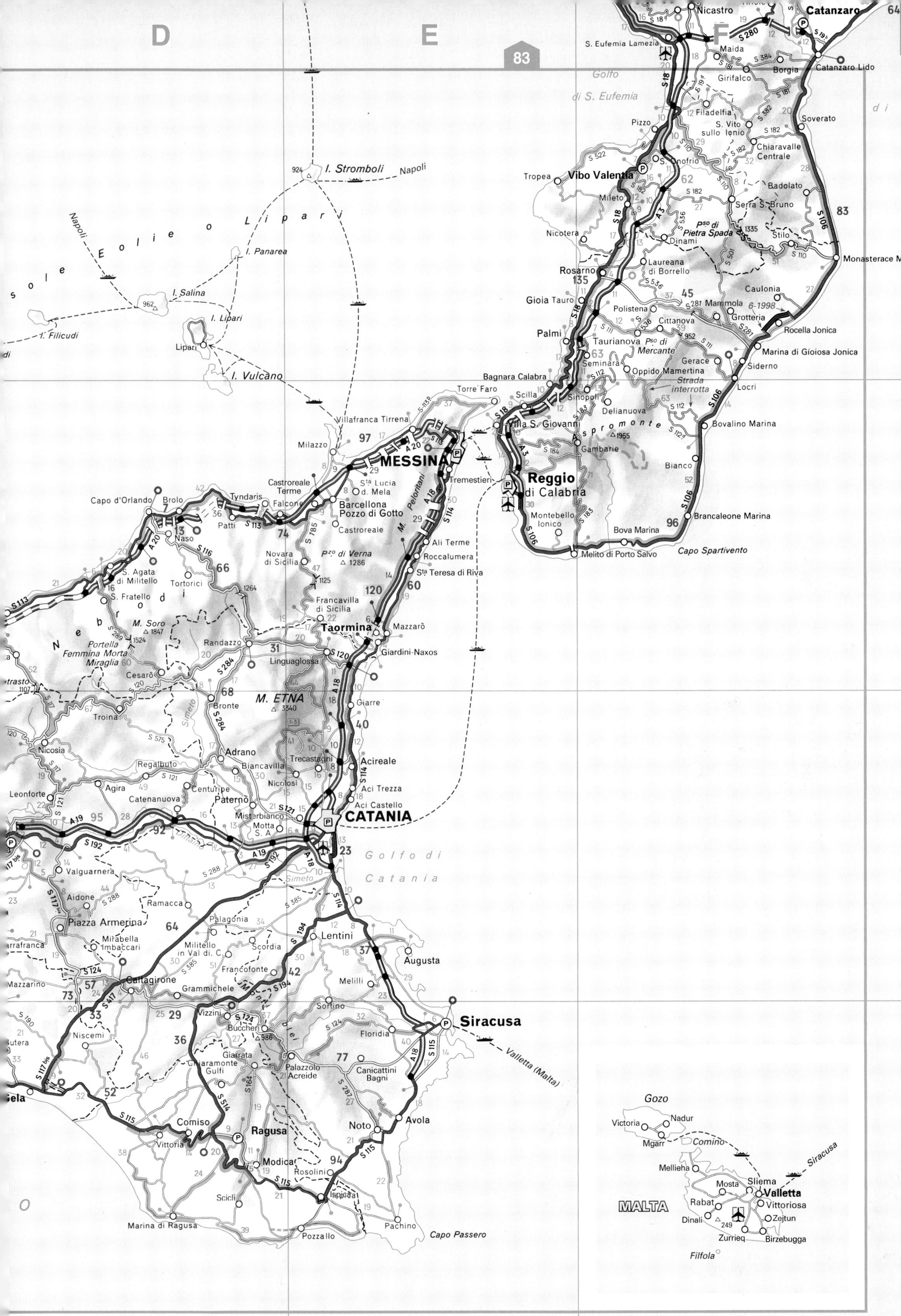
83
Catanzaro
Nicastro
S. Eufemia Lamezia
Maida
Borgia
Catanzaro Lido
Girifalco
Golfo
di S. Eufemia
Filadelfia
S. Vito sullo Ionio
Soverato
Chiaravalle Centrale
Pizzo
S. Onofrio
Tropea
Vibo Valentia
Mileto
Badolato
Serra S. Bruno
Pso di Pietra Spada
Nicotera
Dinami
Stilo
Monasterace Marina
Rosarno
Laureana di Borrello
Caulonia
Gioia Tauro
Polistena
Mammola
Grotteria
Cittanova
Rocella Jonica
Palmi
Taurianova
Pso di Mercante
Marina di Gioiosa Jonica
Seminara
Gerace
Siderno
Oppido Mamertina
Strada interrotta
Locri
Bagnara Calabra
Torre Faro
Scilla
Sinopoli
Delianuova
Villa S. Giovanni
Aspromonte
Bovalino Marina
Gambarie
Bianco
Reggio di Calabria
Montebello Ionico
Brancaleone Marina
Bova Marina
Melito di Porto Salvo
Capo Spartivento
I. Stromboli
Napoli
Isole Eolie o Lipari
I. Panarea
I. Salina
I. Lipari
Lipari
I. Filicudi
I. Vulcano
Villafranca Tirrena
Milazzo
MESSINA
Castroreale Terme
Falcone
Sta Lucia d. Mela
Barcellona Pozzo di Gotto
Tremestieri
M. Peloritani
Capo d'Orlando
Brolo
Tyndaris
Patti
Castroreale
Naso
Novara di Sicilia
Pzo di Verna
Ali Terme
Roccalumera
Sta Teresa di Riva
S. Agata di Militello
Tortorici
S. Fratello
Nebrodi
Francavilla di Sicilia
Taormina
Mazzarò
M. Soro
Portella Femmina Morta
Miraglia
Randazzo
Giardini-Naxos
Linguaglossa
Cesarò
Troina
Bronte
M. ETNA
Giarre
Nicosia
Adrano
Biancavilla
Trecastagni
Acireale
Regalbuto
Agira
Centuripe
Nicolosi
Aci Trezza
Aci Castello
Leonforte
Catenanuova
Paternò
Misterbianco
Motta S. A.
CATANIA
Golfo di Catania
Valguarnera
Simeto
Aidone
Ramacca
Piazza Armerina
Palagonia
Lentini
Mirabella Imbaccari
Militello in Val di C.
Scordia
Augusta
Francofonte
Caltagirone
Grammichele
Melilli
Mazzarino
Vizzini
Sortino
Siracusa
Niscemi
Buccheri
Floridia
Valletta (Malta)
Giarrata
Chiaramonte Gulfi
Palazzolo Acreide
Canicattini Bagni
Gela
Comiso
Ragusa
Noto
Avola
Vittoria
Modica
Rosolini
Scicli
Ispica
Marina di Ragusa
Pachino
Pozzallo
Capo Passero
Gozo
Victoria
Nadur
Mgarr
Comino
Mellieha
Siracusa
Mosta
Sliema
Valletta
MALTA
Rabat
Vittoriosa
Dinali
Zejtun
Zurrieq
Birzebugga
Filfola

1
2
3
4

D E F

Durrës
TIRANË
Gjiri i Durrësit
Ndroq
Kavajë
Çermenikë
Steblevë
Jablanica
Mal i Shebenik
Librazhd
Labinot Fushë
Elbasan
Bradashesh
K. e Thanes
Rrogozhinë
Shkumbin
Peqin
Cërrik
M. Poiis
Qukës
Divjakë
Gjiri i Karavastasë
Laguna e Karavastasë
Lushnjë
Belsh
Mali Shpat
ELBASAN - BERAT
Guri i Zi
Gramsh
Devoll
Verce
Libofshë
Myzeqe
Seman
Kuçovë
Poshnjë
Kodovjat
M. Valamare
Roskovec
Fier
Mali Tomorr
Çuka Partizane
Moglicë
Berat
Patos
M. Shpirag
Vjosë
Novoselë
Osum
Cakran
Ballsh
Mallakastër
M. Ostrovice
Kepi i Treporteve
Laguna e Nartës
Sazan
Selenicë
SHQIPËRIA
Vlorë
Çorovodë
Kepi i Gjuhezës
Gjiri i Vlorës
M. Rungaje
Karaburun
Mavrove
M. Lungarë
Çepan
Qesarat
Vajze
M. e Qelqës
Orikum
Gjorm
Mali Gribë
M. Trebeshine
Memaliaj
Këlcyrë
M. e Bratajt
Tepelenë
Rreza e Kanalit
Dukati i Ri
Zagori
Drino
Përmet
Q. e Llogarasë
M. e Çikës
Kurvelesh
Dhermi
M. e Papingut
VLORË
Borsh
M. Luce
Gjirokastër
M. Bureto
Lukove
Kefalóvrisso
Pogonianí
Dubrovnik, Bar
Otranto, Venezia
Ancona
Brindisi
Delvinë
Dropull
Delvináki
N. Erikoússa
N. Othoní
Sarandë
Muzine
Víssani
Doliana
Vório Stenó Kérkiras
Akr. Ag. Ekaterini
Ktismata
Parakálamos
Sidári
Róda
Livadhe
Vurg
Avliótes
Kassiópi
N. Mathráki
Pandokrátor
Liq. i Butrintit
Tsamandás
Kouklii
Aetópetra
Afiónas
Pirgi
Buthrotum
N. B. Vrine
Lákones
Ipsos
Nissáki
Paleokastrítsa
Gouviá
Konispol
Ág. Nikólaos
Keramitsa
Soulópoulo
Giannádes
KÉRKIRA
Sagiáda
Vrossina
Pélekas
Ahilio
Pérama
Filiátes
Sinarádes
Benítses
Ág. Górdis
N. KÉRKIRA
Parapótamos
Ág. Mathéos
Moraítika
Messongi
Akr. Lefkimi
Igoumenitsa
Paramíthia
Plataria
A
B
C
1
2
3
4

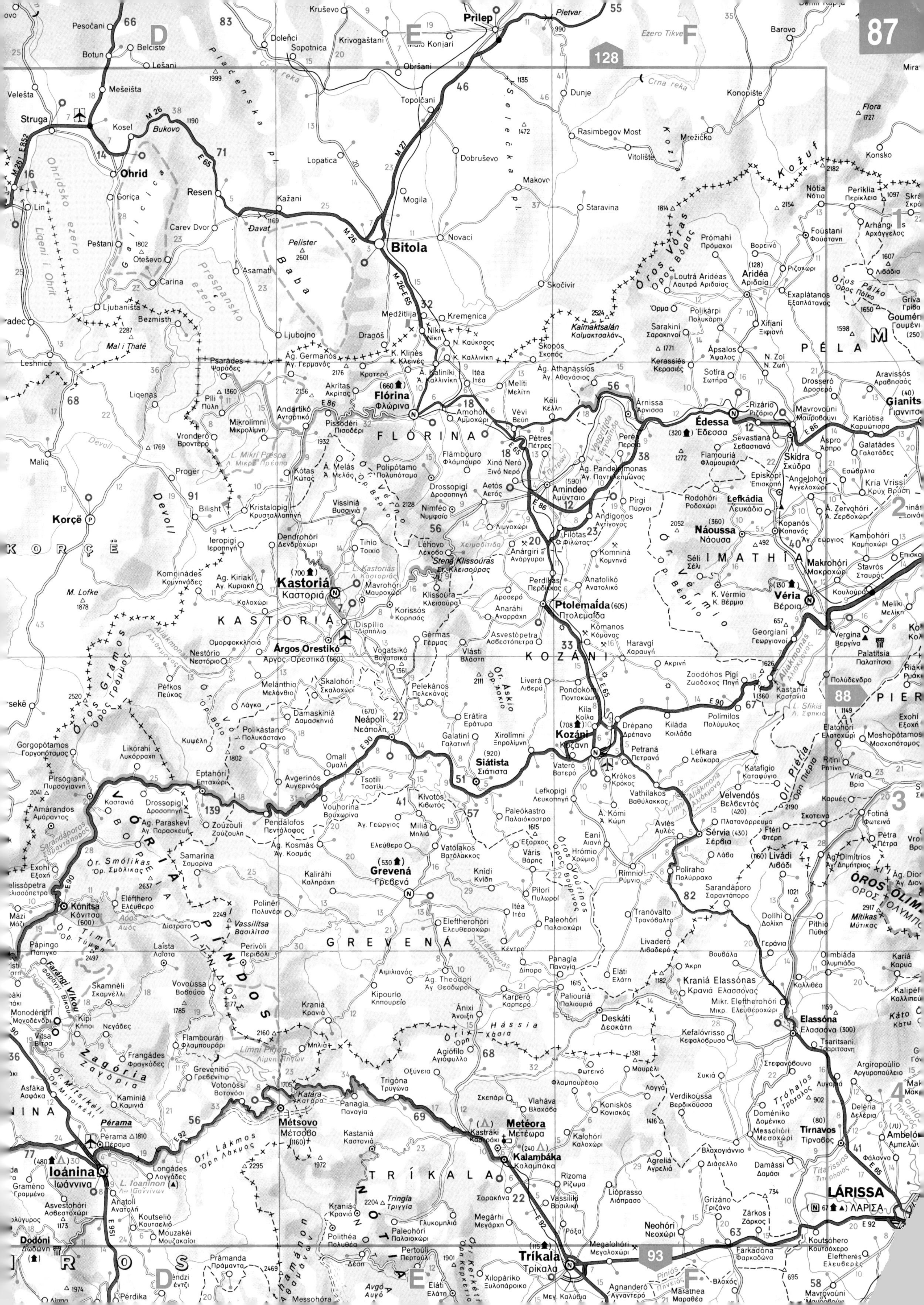
Prilep
Bitola
Ohrid
Struga
Resen
Kruševo
Dolenci
Sopotnica
Krivogaštani
Malo Konjari
Obršani
Topolčani
Dobruševo
Lopatica
Mogila
Kažani
Novaci
Makovo
Staravina
Dunje
Rasimbegov Most
Vitolište
Mrežičko
Konopište
Barovo
Konsko
Flora
Pesočani
Belciste
Botun
Lešani
Velešta
Mešeišta
Kosel
Bukovo
Ohridsko ezero
Liqeni i Ohrit
Prespansko ezero
Galičica
Pelister
Baba
Asamati
Carina
Oteševo
Pešatni
Gorica
Lin
Carev Dvor
Ljubaništa
Bezmisht
Mal i Thatë
Ljubojno
Dragoš
Medžitlija
Kremenica
Skočivir
Kaïmaktsalán
Kaïmaktsalan
Óros Vóras
Óros Páïko
Kožuf
Crna reka
Pletvar
Ezero Tikveš
Notia
Periklia
Arhángelos
Foústani
Prómahi
Aridéa
Loutrá Aridéas
Exaplátanos
Goumén
Polikárpi
Xifianí
Sarakiní
Ápsalos
N. Zoi
Kerassiés
Sotíra
PÉLA
Drosseró
Aravissós
Gianits
Rizário
Mavrovouni
Kariótissa
Árnissa
Édessa
Sevastianá
Galatádes
Skídra
Flamouriá
Episkopí
Angelohóri
Kria Vrissi
Lefkádia
Rodohóri
Náoussa
Kopanós
A. Zervohóri
Kambohóri
IMATHÍA
Séli
K. Vérmio
Óros Vérmio
Makrohóri
Stavrós
Véria
Georgiani
Vergina
Palatítsia
Melíki
Zoodóhos Pigí
Kastaniá
L. Sfikiá
Polímilos
PIERIA
Exohí
Elatohóri
Moshopótamos
Ritíni
Vria
Óri Piéria
Fotiná
Petra
Ag. Dimitrios
Livádi
Óros Ólimbos
Mitikas
Pithio
Dolíhi
Karia
Olimbiáda
Kallithéa
Elassóna
Tsaritsani
Argiropoúlio
Deléria
Týrnavos
Ambelóna
LÁRISSA
Koutsóhero
Eleftherés
Mavrovouni
Psarádes
Ag. Germanós
Kratero
Akrítas
Flórina
Andartikó
Pissodéri
Mikrolímni
Vronderó
L. Mikri Préspa
Liqenas
Pili
Progër
Maliq
Devoll
Korçë
Bilisht
Kristalopigí
FLÓRINA
Polipótamo
Kótas
Á. Melás
Vissiniá
Nimféo
Drossopigí
Flámbouro
Xinó Neró
Aetós
Amíndeo
Pétres
L. Vegoritída
Ag. Pandeleímonas
Vévi
Kéli
Itéa
Meliti
Ág. Athanássios
Skopós
Níki
N. Kaúkasos
K. Kallinikí
Á. Kaliniki
Amohóri
Perea
Pírgi
Andígonos
Filótas
Anárgiri
Komniná
Ptolemaïda
Perdíkas
Anatolikó
Kómanos
Haravgí
KOZÁNI
Akriní
Kastoriá
L. Kastoriás
Dendrohóri
Tihio
Léhovo
Stená Klissoúras
Klissoúra
Mavrohóri
Korissós
Dispílio
Árgos Orestikó
KASTORIÁ
Ieropigí
Komninádes
Ag. Kiriakí
M. Lofke
Nestório
Óros Grámmos
Aliákmonas
Pefkos
Melánthio
Skalohóri
Vogatsikó
Gérmas
Vlásti
Asvestópetra
Óri Áskio
Pelekános
Damaskiniá
Neápoli
Polikástano
Likórahi
Gorgopótamos
Pirsógiani
Eptahóri
Amárandos
Drossopigí
Ag. Paraskeví
Zoúzouli
Pendálofos
Avgerinós
Omalí
Tsotíli
Vouhorina
Kivotós
Miliá
Siátista
Galatiní
Xirolímni
Erátira
Kozáni
Kíla
Drépano
Petraná
Lefkara
Krókos
Vatero
Vathílakos
Limni Aliákmona
Velvendós
Katafígio
Sérvia
Aiani
Á. Kómi
Lefkopigí
Paleókastro
Éxarhos
Váris
Óros Voúrinos
Hrómio
Ríminio
Políraho
Sarandáporo
Tranóvalto
Livaderó
Ákri
Kraniá Elassónas
Mikr. Eleftherohóri
Kefalóvrisso
Deskáti
Paliouriá
Karperó
Panagiá
Eláti
Dípotamo
Ág. Theodóri
Aliákmonas
Eleftherohóri
Paleohóri
Itéa
Pilori
Knídi
Vatólakos
Grevená
GREVENÁ
Kalirahi
Ag. Kosmás
Samarína
Óros Smólikas
Vória Píndos
Kónitsa
Exohí
Mázi
Elefthero
Aóos
Vassilítsa
Distrato
Polinéri
Perivóli
Láïsta
Vovoússa
Skamnéli
Pápingo
Farángi Víkou
Monodéndri
Kípi
Vítsa
Zagória
Frangádes
Flambourári
Greveníti
Votonóssi
Kaminiá
Óri Mitsikéli
Asfáka
Pérama
Ioánina
L. Ioaninon
Longádes
Anatolí
Asvestohóri
Koutselió
Mouzakéi
Dodóni
Prámanda
Métsovo
Katára
Panagiá
Kastaniá
Trigóna
Óri Lákmos
TRÍKALA
Kraniá
Tringia
Paleohóri
Polithéa
Pertoúli
Eláti
Kalambáka
Kastráki
Metéora
Vlaháva
Óri Hássia
Agiófilo
Kipourio
Kraniá
Ánixi
Rizoma
Vassilikí
Megárhi
Tríkala
Megalohóri
Lióprasso
Grizáno
Zárkos
Neohóri
Farkadóna
Agnanderó
Piniós
Kalohóri
Koniskós
Verdikoússa
Agrelia
Doméniko
Messolóri
Damássi
Tróhalos
Titarissios
Sarandáporos
KORÇË
RODOS
E 65
E 86
E 90
E 92
M 26
M 27
128
88
93

THESSALONÍKI
ΘΕΣΣΑΛΟΝΙΚΗ
M A K E D O N Í A
PÉLA
KILKIS
SÉRES
THESSALONÍKI
HALKIDIKÍ
PIERIÁ
LÁRISSA
ΛΑΡΙΣΑ
Thermaïkós Kólpos
Θερμαϊκός Κόλπος
Kólpos Kassándras
Kassándra
ÓROS ÓLIMBOS
ΟΡΟΣ ΟΛΥΜΠΟΣ
Óros Óssa
Óros Kerkíni
Kálo Ólimbos
Óros Holomóndas
Óros Vertiskos
Óros Páiko
Óri Piéria
E G É
Kilkís
Κιλκίς
Séres
Σέρρες
Véria
Βέροια
Kateríni
Κατερίνη
Giannitsá
Γιαννιτσά
Edessa
Polígiros
Πολύγυρος
Langadás
Λαγκαδάς
Alexándria
Αλεξάνδρεια
Elassóna
Ελασσόνα
Tirnavos
Τύρναβος
Litóhoro
Λιτόχωρο
Sidirókastro
Σιδηρόκαστρο
N. Moudaniá
Ν. Μουδανιά
Gevgelija
Kassándria
Κασσάνδρεια
Nigrita
Νιγρίτα
Polikastro
Πολύκαστρο
Axioúpoli
Αξιούπολη
Gouménissa
Γουμένισσα
Kouféia
Sohós
Σοχός
Arnéa
Αρναία
Ierissos
E90
E75
E79
E86
E92
E65
A
B
C
1
2
3
4
128
87
93

DRÁMA
D
E
F
90
Dipótamo
Διπόταμο
Livaditis
Λειβαδίτης
Koúla
Κούλα
Melivia
Μελίβοια
Zlatograd
Θέρμες
Médoussa
Μέδουσα
Dobromirci
Tokačka
Potamí
Ποταμοί
Sidiróneró
Σιδηρόνερο
Vólakas
Βώλακας
Óros Falakró
Όρος Φαλακρό
2232
Granítis
Γρανίτης
Pírgi
Πύργοι
Livaderó
Λιβαδερό
Paranésti
Παρανέστι
Stérna
Στέρνα
Kalýva
Καλύβα
Karyófyto
Καρυόφυτο
Oréo
Ωραίο
Ehínos (310)
Εχίνος
Makaza
Papíkio
Παπίκιο
Nimféa
Νυμφαία
Orgáni
Οργάνη
Anatolikí Rodópi
Ανατολική Ροδόπη
Sátres
Σάτρες
Miki
Μύκη
Prossilio
Προσήλιο
XÁNTHI
THRÁKI
RODÓPI
A. Drossini
Α. Δροσινή
Vathílakos
Βαθύλακκος
Makriplágio
Μακρυπλάγιο
Mavrokordátos
Μαυροκορδάτος
Petroússa
Πετρούσσα
Xiropótamos
Ξηροπόταμος
Graméni
Γραμμένη
Ipsilí Ráhi
Υψηλή Ράχη
Pteléa
Πτελέα
Plataniá
Πλατανιά
Dafnónas
Δαφνώνας
Stavroúpoli
Σταυρούπολη
Prossotsáni
Προσοτσάνη
Dráma
Δράμα
Kalifitos
Καλλίφυτος
Nikifóros
Νικηφόρος
Óri Lekánis
Kehrókambos
Κεχρόκαμπος
Komniná
Κομνηνά
1400
Xánthi
Ξάνθη
Kiméria
Κιμμέρια
Sélero
Σέλερο
Sóstis
Σώστης
Komotini
Κομοτηνή
Gratiní
Γρατινή
Fílira
Φιλλύρα
Alithéa
Αληθεια
Mikrókambos
Adrianí
Αδριανή
Lekáni
Λεκάνη
Likóstomo
Λυκόστομο
Platamónas
Πλαταμώνας
Timbano
Τύμπανο
Polissito
Πολύσιτο
Kopteró
Κοπτερό
Íasmos
Ίασμος
Roditis
Ροδίτης
Áratos
Άρατος
Ftéliá
Φτελιά
Agorá
Αγορά
Doxáto
Δοξάτο
Kudoúnia
Κουδούνια
Mavroléfki
Μαυρολεύκη
Ág. Athanássios
Αγ. Αθανάσιος
Limniá
Λιμνιά
Ág. Kosmás
Αγ. Κοσμάς
Parádissos
Παράδεισος
Avramyliá
Αβραμυλιά
Vaféika
Βαφέικα
Diálampi
Διάλαμπή
Sélino
Σέλινο
Paládio
Παλλάδιο
Paradimí
Παραδημή
Kósmio
Κόσμιο
Thriló
Θρυλόριο
Arisvi
Αρίσβη
Alistráti
Αλιστράτη
Fotolívos
Φωτολίβος
Kalambáki
Καλαμπάκι
KAVÁLA
Makrihóri
Μακρυχώρι
Thalassiá
Θαλασσιά
Genisséa
Γενισέα
Koutsó
Κουτσό
L. Vistonída
Λ. Βιστονίδα
Pagoúria
Παγούρια
M. Doukáto
Μ. Δουκάτο
Lofário
Λοφάριο
Stathmós Angístis
Σταθμ. Αγγίστης
Ág. Paraskeví
Αγ. Παρασκευή
Kalamónas
Καλαμώνας
Fílipi
Φίλιπποι
Krinídes
Κρηνίδες
Zigós
Ζυγός
Pal. Kavála
Παλ. Καβάλα
Lefki
Λεύκη
Gravoúna
Γραβούνα
Gizéla
Γκιζέλα
Pezoúla
Πεζούλα
Mándra
Μάνδρα
Lágos
Λάγος
Pórpi
Πόρπη
N. Sidirohório
Ν. Σιδηροχώριο
Filiouri
Véna
Βένα
Krinída
Κρηνίδα
Kormísta
Κορμίστα
Amigdaleónas
Αμυγδαλεώνας
Halkeró
Χαλκερό
Hrissoúpoli
Χρυσούπολη
Évlalo
Εύλαλο
Mélissa
Μέλισσα
Ávdira
Άβδηρα
Órmos Vistonías
Όρμος Βιστονίας
Mési
Μέση
Xilagani
Ξυλαγανή
Diónas
Διώνη
Próti
Πρώτη
Niklssiani
Νικήσιανη
Eleftheroúpoli
Ελευθερούπολη
N. Karváli
Ν. Καρβάλη
Eratino
Ερατεινό
Mángana
Μάγγανα
Fanári
Φανάρι
Arogí
Αρωγή
Ímeros
Ίμερος
Pal. Krovili
Παλ. Κρωβύλη
Drávískos
Δραβήσκος
Rodolívos
Ροδολίβος
Óros Pangéo
Όρ. Παγγαίο
1956
Kaválá
Καβάλα
Agiasma
Αγίασμα
N. Kariá
Ν. Καρυά
N. Erásmio
Ν. Εράσμιο
Proskinités
Προσκυνητές
Marónia
Μαρώνεια
Messimvria
Μεσημβρία
Paleokómi
Παλαιοκώμη
Mesorópi
Μεσορόπη
Avlí
Αυλή
Akrovoúni
Ακροβούνι
N. Iraklitsa
Ν. Ηρακλείτσα
Keramotí
Κεραμωτή
Dassohóri
Δασοχώρι
Ág. Harálambos
Αγ. Χαράλαμπος
Akr. Maronías
Ακρ. Μαρωνείας
Dikella
Podohóri
Ποδοχώρι
Sidirohóri
Σιδηροχώρι
Eleftherés
Ελευθερές
N. Péramos
Ν. Πέραμος
Kólpos Kaválas
Κόλπος Καβάλας
N. Thassopoúla
Ν. Θασοπούλα
Galipsós
Γαληψός
Foleá
Φωλεά
Eleohóri
Ελαιοχώρι
Akr. Pahís
Ακρ. Παχύς
Diavlos Thássou
Δίαυλος Θάσου
Skála Rahoníou
Σκάλα Ραχωνίου
Thássos
Θάσος
Akropótamos
Ακροπόταμος
Kariani
Καριανή
Órmos Prínou
Όρμος Πρίνου
Makriamos
Μακρύαμμος
Panagía
Παναγία
Loutrá Eleftherón
Λουτρά Ελευθερών
Kalíves
Καλύβες
Prínos
Πρίνος
Skála Potamiás
Σκάλα Ποταμιάς
Skála Kaliráhis
Σκάλα Καλλιράχης
Mariés
Μαριές
Psári
1127
Kínira
Κοίνυρα
N. Koínyra
N. THÁSSOS
Ν. ΘΑΣΟΣ
Strimonikós Kólpos
Στρυμονικός Κόλπος
Skála Marión
Σκάλα Μαριών
Limenária
Λιμενάρια
Theológos
Θεολόγος
Akr. Kefálas
Ακρ. Κεφάλας
Pefkári
Πευκάρι
Potós
Ποτός
Alikí
Αλυκή
Akr. Stavrós
Ακρ. Σταυρός
N. Panagía
THRAKIKÓ PÉLAGOS
ΘΡΑΚΙΚΟ ΠΕΛΑΓΟΣ
Paleópoli
Παλαιόπολη
Thérma
Θέρμα
Kamariótissa
Καμαριώτισσα
Samothráki
Σαμοθράκη
1611
Akr. Makrivrahos
Ακρ. Μακρύβραχος
Lákoma
Λάκκωμα
Kólpos Ierissoú
Akr. Aráppis
Ierissós
Ιερισσός
N. Róda
Ν. Ρόδα
Ouranópoli
Ουρανόπολη
Ágio Óros
Άγιο Όρος
Hiliandaríou
Χιλιανδαρίου
Vatopedíou
Βατοπεδίου
Kariés
Καρυές
Iviron
Ιβήρων
Dáfni
Δάφνη
Simonos Pétras
Σίμωνος Πέτρας
Ag. Dionysíou
Megístis Lávras
Μεγίστης Λαύρας
2033
Áthos
Άθως
Akr. Ákrathos
Ακρ. Άκραθος
Akr. Pínnes
Kólpos Agíou Órous
Κόλπος Αγίου Όρους
91
Sárti
Σάρτη
Sikiá
Συκιά
Kalamítsi
Καλαμίτσι
Akr. Drépano
Ακρ. Δρέπανο
Akr. Pláka
Ακρ. Πλάκα
N. Sergítsi
Kólpos Pournías
Κόλπος Πουρνιάς
Pláka
Πλάκα
Akr. Moúrdzeflos
Ακρ. Μούρτζεφλος
Kavírio-Hlói
Καβείριο-Χλόη
Katálako
Κατάλακκο
Atsikí
Ατσική
Ifestía
Ηφαιστία
Panagía
Παναγία
Káspakas
Κάσπακας
Dáfni
Δάφνη
Kondopoúli
Κοντοπούλι
N. LÍMNOS
Ν. ΛΗΜΝΟΣ
Mírina
Μύρινα
Livadohóri
Λιβαδοχώρι
Kondiás
Κοντιάς
Moúdros
Μούδρος
Kamínia
Καμίνια
Poliohni
Πολιόχνη
Fissíni
Φισίνη
Skandáli
Σκανδάλι
Akr. Ag. Irínis
Ακρ. Αγ. Ειρήνης
94
Akr. Kalamáki
Ακρ. Καλαμάκι
Ág. Efstrátios
1
2
3
4

A
B
C
B Â L G A R I J A
129
Západni Rodopi
Goljam Perelik 2191
Dospat
Smoljan
Kârdžali
Jaz. Kârdžali
Devin
Beden
Borino
Cepelare
Široka Lâka
Manastir
Prespa 2000
Progled
Zagraždem
Dolno Prahovo
Davidkovo
Stremci
Kovačevica
Ognenovo
Satovča
Kočan
Čavdarica
Bujnovo
Delčev
Dâbnica
Koprivlen
Mesta
Kesten
Ustovo
Srednogorci
Smiljan
Madan
Rudozem
Arda
Ardino
Kobiljane
Bjal Izvor
Momčilgra
Džebel
Nedelino
Čepinci
Žâlti djal
Podkova
Dobromirci
Zlatograd
Vârbica
Ditiki Rodópi
Δυτική Ροδόπη
D R Á M A
Oros Falakró
Όρος Φαλακρό
Néstos
Νέστος
Drama
Δράμα
Xánthi
Ξάνθη
X Á N T H I
Anatolikí Rodópi
Ανατολική Ροδόπη
T H R
Komotini
K A V Á L A
Kavála
Καβάλα
Filipi
Φίλιπποι
Eleftheroúpoli
Ελευθερούπολη
Hrissoúpoli
Χρυσούπολη
Stavroúpoli
Σταυρούπολη
Paranésti
Παρανέστι
Prossotsáni
Προσοτσάνη
Nea Zíhni
N. Ζίχνη
Rodolívos
Ροδολίβος
Amfípoli
Αμφίπολη
Strimónas
Στρυμόνας
Ór. Pangéo
Όρ. Παγγαίο
Óros Menikio
Ór. Lekánis
Kólpos Kaválas
Κόλπος Καβάλας
Díavlos Thássou
Διαυλος Θάσου
Thássos
Θάσος
N. THÁSSOS
N. ΘΑΣΟΣ
Limenária
Λιμενάρια
Potós
Ποτός
Theológos
Θεολόγος
Panagía
Παναγία
Akr. Pahís
Akr. Kefálas
Akr. Stavrós
Strimonikós Kólpos
Στρυμονικός Κόλπος
Kólpos Ierissoú
Ierissós
Ιερισσός
Ouranópoli
Ουρανόπολη
Ágio Óros
Άγιο Όρος
Áthos
Άθως
2033
Akr. Ákrathos
Kólpos Agiou Órous
Κόλπος Αγίου Όρους
Sithonía
Σιθωνία
Akr. Drépano
Stavrós
Σταυρός
Asprovalta
Ασπροβάλτα
Olimbiáda
Ολυμπιάδα
Stratóni
Στρατώνι
Loutrá Eleftherón
Λουτρά Ελευθερών
L. Vistonida
Λ. Βιστονίδα
Lágos
Λάγος
Ábdira
Άβδηρα
Iasmos
Ίασμος
THRAKIKÓ PÉLAGOS
ΘΡΑΚΙΚΟ ΠΕΛΑΓΟΣ
Akr. Makrívrahos
Kamariótissa
Kólpos Pournías
Akr. Moúrdzeflos
Mírina
Kondiás
Kamínia
E 90
88
89
1
2
3
4

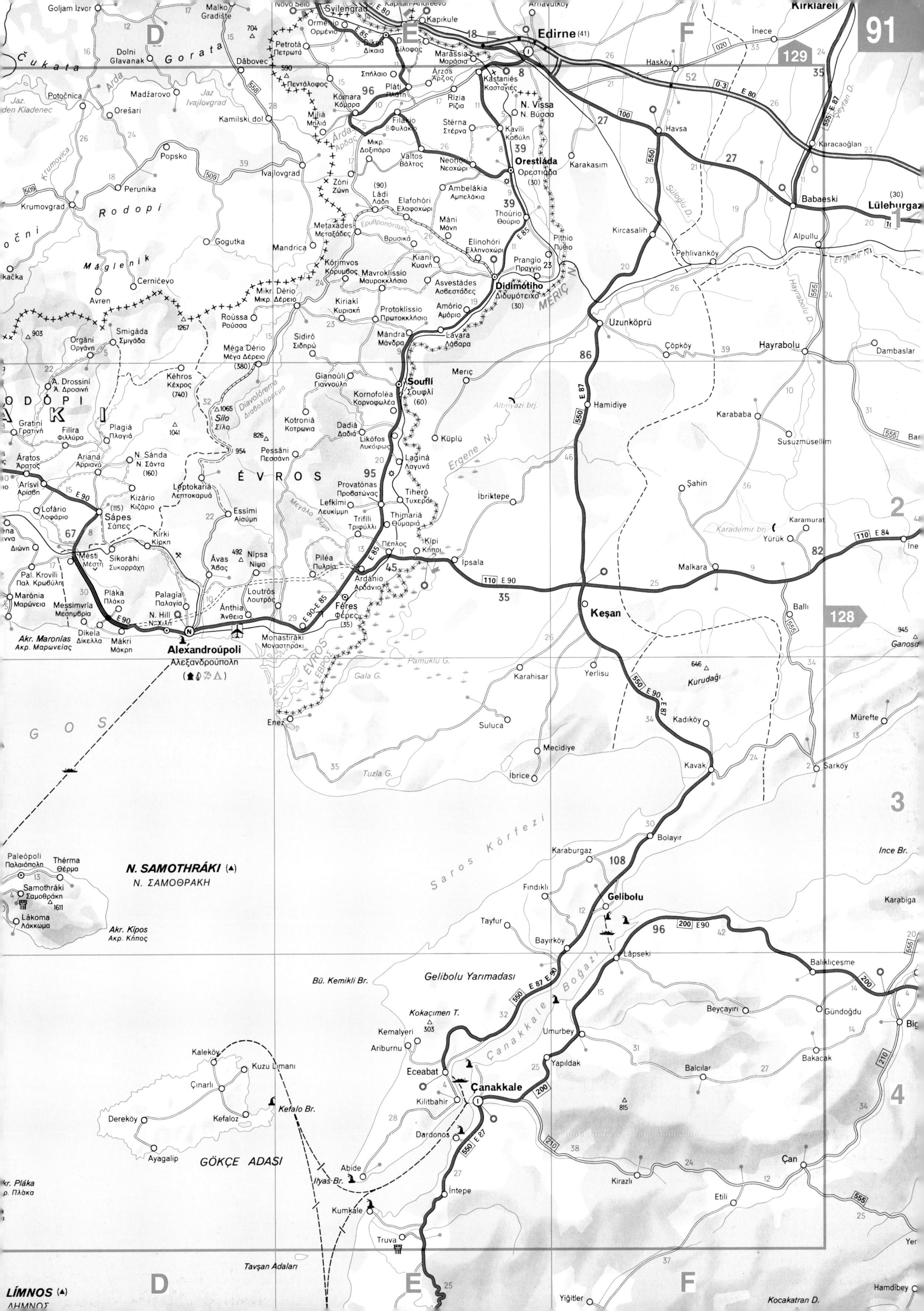

D
E
F
1
2
3
4
129
128
Edirne (41)
Kırklareli
İnece
Hasköy
Havsa
Karacaoğlan
Babaeski
Lüleburgaz
Alpullu
Pehlivanköy
Kircasalih
Karakasım
Uzunköprü
Çöpköy
Hayrabolu
Dambaslar
Hamidiye
Karababa
Susuzmüsellim
Şahin
Karamurat
Yürük
Malkara
Keşan
Yerlisu
Kurudağı
Kadıköy
Kavak
Mürefte
Şarköy
Ganosd
Bolayır
Karaburgaz
Gelibolu
Fındıklı
Tayfur
Bayırköy
Lâpseki
Balıklıçeşme
Gündoğdu
Beyçayırı
Bakacak
Balcılar
Çan
Kirazlı
Etili
Umurbey
Yapıldak
Çanakkale
Kilitbahir
Eceabat
Kemalyeri
Ariburnu
Dardonos
Abide
İntepe
Kumkale
Truva
Tavşan Adaları
Yiğitler
Hamdibey
Kocakatran D.
Gelibolu Yarımadası
Kokaçımen T.
Bü. Kemikli Br.
İlyas Br.
Kefalo Br.
GÖKÇE ADASI
Kaleköy
Kuzu Limanı
Çınarlı
Kefaloz
Dereköy
Ayagalip
Saros Körfezi
Çanakkale Boğazı
İpsala
İbriktepe
Meriç
Küplü
Karahisar
Suluca
Mecidiye
İbrice
Enez
Tuzla G.
Gala G.
Pamuklu G.
Ergene N.
MERIÇ N.
Kapıkule
Svilengrad
Orestiáda
Ορεστιάδα
Didimótiho
Διδυμότειχο
Souflí
Σουφλί
Féres
Φέρες
Alexandroúpoli
Αλεξανδρούπολη
ÉVROS
Kastaniés
Kastaniés
Marássia
Μαράσσια
Dikea
Δίκαια
Orménio
Ορμένιο
Petrotá
Πετρωτά
Pláti
Πλάτη
Kómara
Κόμαρα
Miliá
Μηλιά
Filakio
Φυλάκιο
Rizia
Ριζία
N. Vissa
Ν. Βύσσα
Kavili
Καβύλη
Stérna
Στέρνα
Valtos
Βάλτος
Neohóri
Νεοχώρι
Ambelákia
Αμπελάκια
Thoúrio
Θούριο
Pithio
Πύθιο
Elinohóri
Ελληνοχώρι
Prangio
Πραγγιο
Máni
Μάνη
Elafohóri
Ελαφοχώρι
Ládi
Λάδη
Zóni
Ζώνη
Metaxádes
Μεταξάδες
Kiani
Κυανή
Kórimvos
Κόρυμβος
Mavroklissio
Μαυροκκλήσιο
Asvestádes
Ασβεστάδες
Amório
Αμόριο
Protoklissio
Πρωτοκκλήσιο
Kiriakí
Κυριακή
Mikr. Dério
Μικρ. Δέρειο
Roússa
Ρούσσα
Sidiró
Σιδηρώ
Mándra
Μάνδρα
Lávara
Λάβαρα
Méga Dério
Μέγα Δέρειο
Gianoúli
Γιαννούλη
Kornofoléa
Κορνοφωλέα
Kotroniá
Κοτρωνιά
Dadiá
Δαδιά
Likófos
Λυκόφως
Laginá
Λαγυνά
Pessáni
Πεσσάνη
Provatónas
Προβατώνας
Lefkimi
Λευκίμμη
Trifili
Τριφύλλι
Thimariá
Θυμαριά
Tiheró
Τυχερό
Kipi
Κήποι
Péplos
Πέπλος
Piléa
Πυλαία
Ardánio
Αρδάνιο
Monastiráki
Μοναστηράκι
Loutrós
Λουτρός
Ánthia
Άνθεια
Nipsa
Νίψα
Ávas
Άβας
Essimi
Αισύμη
Leptokariá
Λεπτοκαρυά
Kirki
Κίρκη
Palagia
Παλαγία
N. Hili
Ν. Χιλή
Mákri
Μάκρη
Dikela
Δίκελλα
Messimvria
Μεσημβρία
Pláka
Πλάκα
Maronia
Μαρώνεια
Pal. Krovili
Παλ. Κρωβύλη
Sikoráhi
Συκορράχη
Mésti
Μέστη
Sápes
Σάπες
Lofário
Λοφάριο
Arisvi
Αρίσβη
Áratos
Άρατος
Arianá
Αρριανά
N. Sánda
Ν. Σάντα
Kizário
Κιζάριο
Plagiá
Πλαγιά
Filira
Φιλλύρα
Gratini
Γρατινή
A. Drossini
Α. Δροσινή
Kéhros
Κέχρος
Silo
Σίλο
Diavolórema
Smigáda
Σμιγάδα
Orgáni
Οργάνη
Akr. Maronías
Ακρ. Μαρωνείας
RODÓPI
N. SAMOTHRÁKI
Ν. ΣΑΜΟΘΡΑΚΗ
Paleópoli
Παλαιόπολη
Thérma
Θέρμα
Samothráki
Σαμοθράκη
Lákoma
Λάκκωμα
Akr. Kípos
Ακρ. Κήπος
LÍMNOS
ΛΗΜΝΟΣ
Akr. Pláka
Goljam Izvor
Malko Gradište
Dolni Glavanak
Dăbovec
Potočnica
Madžarovo
Jaz. Ivajlovgrad
Orešari
Kamilski dol
Popsko
Ivajlovgrad
Perunika
Krumovgrad
Rodopi
Gogutka
Mandrica
Mäglenik
Cernićevo
Avren
Gorata
Arda
Krumovica
E 80
E 84
E 85
E 87
E 90

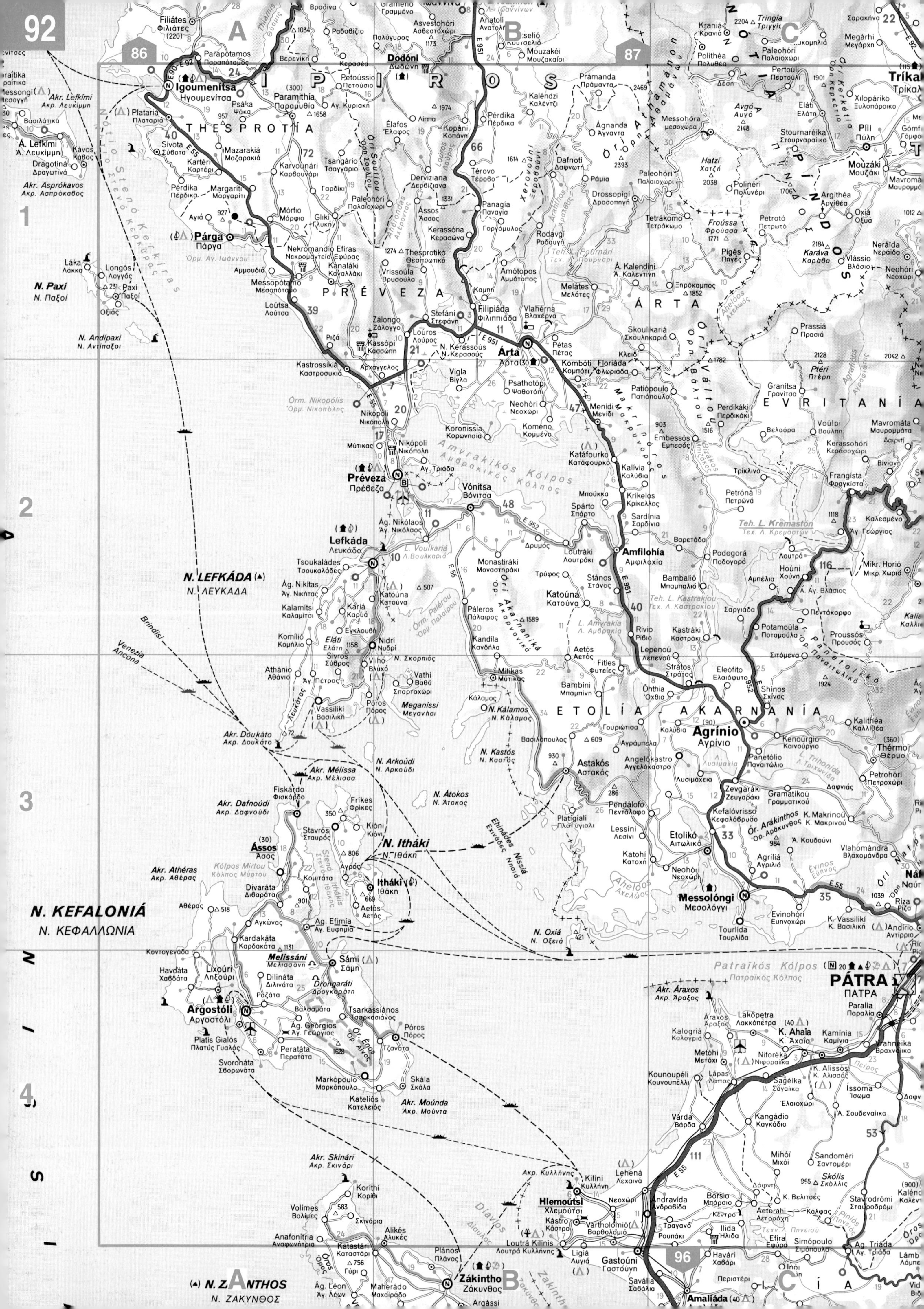

86
87
96
A
B
C
1
2
3
4
I P I R O S
THESPROTÍA
PRÉVEZA
ÁRTA
EVRITANÍA
ETOLÍA - AKARNANÍA
Igoumenítsa
Ηγουμενίτσα
Filiátes
Φιλιάτες
Parapótamos
Παραπόταμος
Paramithía
Παραμυθιά
Dodóni
Δωδώνη
Plataria
Πλαταριά
Sívota
Σύβοτα
Pérdika
Πέρδικα
Margariti
Μαργαρίτι
Párga
Πάργα
N. Paxí
N. Παξοί
N. Andípaxi
N. Αντίπαξοι
Akr. Lefkími
Akr. Λευκίμμη
Á. Lefkími
Á. Λευκίμμη
Kávos
Κάβος
Akr. Asprókavos
Akr. Ασπρόκαβος
Lákka
Λάκκα
Longós
Λογγός
Gáios
Kanaláki
Καναλάκι
Messopótamo
Μεσοπόταμο
Loútsa
Λούτσα
Kastrossikiá
Καστροσυκιά
Zálongo
Ζάλογγο
Kassópi
Κασσώπη
Louros
Λούρος
Stefáni
Στεφάνη
Filipiáda
Φιλιππιάδα
Árta
Άρτα
Kombóti
Κομπότι
Menidi
Μενίδι
Ámfilohía
Αμφιλοχία
Nikópoli
Νικόπολη
Préveza
Πρέβεζα
Vónitsa
Βόνιτσα
Amvrakikós Kólpos
Αμβρακικός Κόλπος
Lefkáda
Λευκάδα
N. LEFKÁDA
N. ΛΕΥΚΑΔΑ
Nidrí
Νυδρί
Vassilikí
Βασιλική
Akr. Doukáto
Akr. Δουκάτο
Meganissi
Μεγανήσι
N. Kálamos
N. Κάλαμος
N. Kastós
N. Καστός
N. Arkoúdi
N. Αρκούδι
N. Átokos
N. Άτοκος
Astakós
Αστακός
Mítikas
Μύτικας
Agrínio
Αγρίνιο
Etolikó
Αιτωλικό
Messolóngi
Μεσολόγγι
N. Itháki
N. Ιθάκη
Itháki
Ιθάκη
Fiskárdo
Φισκάρδο
Ássos
Άσος
N. KEFALONIÁ
N. ΚΕΦΑΛΛΩΝΙΑ
Sámi
Σάμη
Lixoúri
Ληξούρι
Argostóli
Αργοστόλι
Póros
Πόρος
Skála
Σκάλα
Akr. Moúnda
Akr. Μούντα
Patraïkós Kólpos
Πατραϊκός Κόλπος
PÁTRA
ΠΑΤΡΑ
Akr. Áraxos
Akr. Άραξος
K. Ahaia
K. Αχαΐα
Kilíni
Κυλλήνη
Hlemoútsi
Χλεμούτσι
Gastoúni
Γαστούνη
Amaliáda
Akr. Skinári
Akr. Σκινάρι
Zákintho
Ζάκυνθος
N. ZÁKINTHOS
N. ΖΑΚΥΝΘΟΣ
Teh. L. Kremastón
Τεχ. Λ. Κρεμαστών
Thérmo
Θέρμο
Trikala
Píli
Πύλη
Mouzáki
Μουζάκι
Rio
Andírio
Αντίρριο
Náf

88
94
97
D
E
F
1
2
3
4
LÁRISSA
ΛΑΡΙΣΑ
THESSALÍA
LÁRISSA
KARDÍTSA
MAGNISSÍA
FTHIÓTIDA
STERÉA ELLÁDA
FOKÍDA
VIOTÍA
AHAÏA
KORINTHÍA
Kardítsa
Καρδίτσα
Vólos
ΒΟΛΟΣ
Fársala
Φάρσαλα
Almirós
Αλμυρός
Lamía
Λαμία
Karpeníssi
Καρπενήσι
Ámfissa
Άμφισσα
Delfí
Δελφοί
Livadiá
Λειβαδειά
Thíva
Θήβα
Égio
Αίγιο
Kalávrita
Καλάβρυτα
Kiáto
Κιάτο
Kórinthos
Κόρινθος
Loutráki
Λουτράκι
Mégara
Μέγαρα
Salamína
Σαλαμίνα
Xilókastro
Ξυλόκαστρο
Itéa
Ιτέα
Kaména Voúrla
Καμένα Βούρλα
Stilída
Στυλίδα
Loutrá Edipsoú
Λουτρά Αιδηψού
Skíathos
Σκίαθος
N. Skíathos
Ν. Σκίαθος
N. Salamína
Ν. Σαλαμίνα
Óros Óthris
Όρος Όθρυς
Óros Parnassós
Όρος Παρνασσός
Óros Pílio
Pagassitikós Kólpos
Παγασητικός Κόλπος
Korinthiakós Kólpos
Κορινθιακός Κόλπος
Kólpos Itéas
Κόλπος Ιτέας
Kólpos Alkionídon
Κόλπος Αλκυονίδων
Maliakós Kólpos
Μαλιακός Κόλπος
Vórios Evvoïkós Kólpos
Thermopíles
Θερμοπύλες
Orhomenós
Ορχομενός
Óssios Loukás
Όσιος Λουκάς
Arhéa Kórinthos
Αρχ. Κόρινθος
Neméa
Νεμέα
Egósthena
Αιγόσθενα
Akt. Iréo
E 75
E 65
E 92
E 952
E 94
E 962

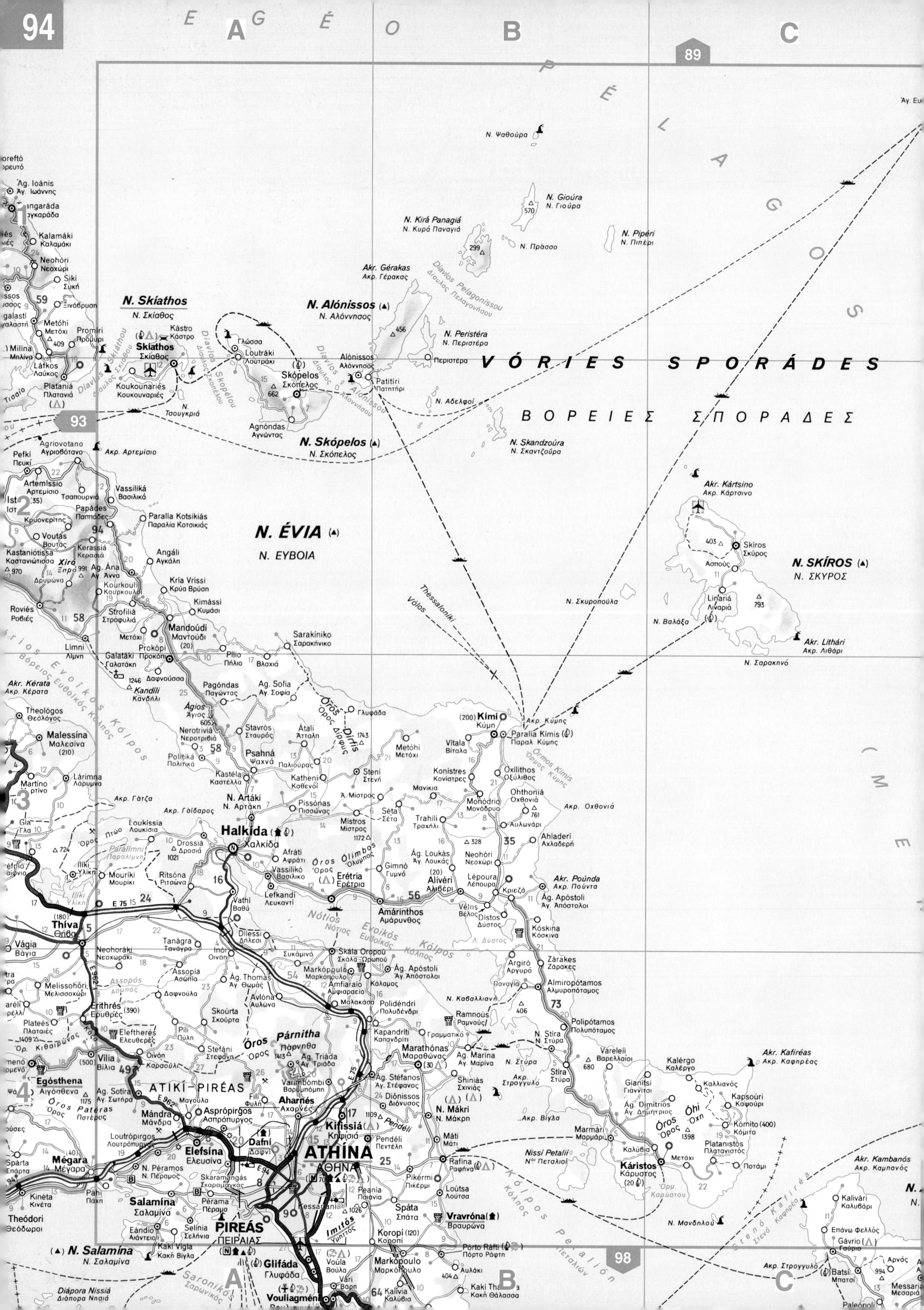
A
B
C
89
93
98
E G É O
P É L A G O S
VÓRIES SPORÁDES
ΒΟΡΕΙΕΣ ΣΠΟΡΑΔΕΣ
N. Skíathos
N. Σκίαθος
Skíathos
Σκίαθος
Kástro
Κάστρο
Koukounariés
Κουκουναριές
N. Tsougriá
N. Τσουγκριά
Diavlos Skiáthou
Díavlos Skopélou
Glóssa
Γλώσσα
Loutráki
Λουτράκι
Skópelos
Σκόπελος
Agnóndas
Αγνώντας
N. Skópelos
N. Σκόπελος
N. Alónissos
N. Αλόννησος
Alónissos
Αλόννησος
Patitíri
Πατητήρι
Díavlos Alonissou
N. Peristéra
N. Περιστέρα
Peristéra
Περιστέρα
N. Adelfoí
N. Αδελφοί
N. Kirá Panagiá
N. Κυρά Παναγιά
N. Gioúra
N. Γιούρα
N. Psathoúra
N. Ψαθούρα
N. Pipéri
N. Πιπέρι
N. Prásso
Akr. Gérakas
Ακρ. Γέρακας
Díavlos Pelagonissou
Δίαυλος Πελαγονήσου
N. Skandzoúra
N. Σκαντζούρα
Akr. Kártsino
Ακρ. Κάρτσινο
N. SKÍROS
N. ΣΚΥΡΟΣ
Skíros
Σκύρος
Aspoús
Ασπούς
Linariá
Λιναριά
N. Skiropoúla
N. Σκυροπούλα
N. Valáxa
N. Βαλάξα
Akr. Lithári
Ακρ. Λιθάρι
N. Sarakinó
N. Σαρακηνό
Thessaloníki
Vólos
N. ÉVIA
N. ΕΥΒΟΙΑ
Agriovótano
Αγριοβότανο
Akr. Artemísio
Pefkí
Πευκί
Artemíssio
Αρτεμίσιο
Vassiliká
Βασιλικά
Papádes
Παπάδες
Paralía Kotsikiás
Παραλία Κοτσικιάς
Voutás
Βουτάς
Kerassiá
Κερασιά
Angáli
Αγκάλη
Kastaniótissa
Καστανιώτισσα
Xiró
Ag. Ána
Αγ. Άννα
Kourkoúli
Κουρκούλοι
Kría Vrissi
Κρύα Βρύση
Kimássi
Κυμάσι
Roviés
Ροβιές
Strofiliá
Στροφυλιά
Mandoúdi
Μαντούδι
Límni
Λίμνη
Prokópi
Προκόπι
Galatáki
Γαλατάκη
Pílio
Πήλιο
Vlahiá
Βλαχιά
Sarakiniko
Σαρακήνικο
Dafnoússa
Δαφνούσσα
Kandíli
Κανδήλι
Akr. Kérata
Ακρ. Κέρατα
Vórios Evvoïkós Kólpos
Βόρειος Ευβοϊκός Κόλπος
Pagóndas
Παγώντας
Ag. Sofia
Αγ. Σοφία
Ágios
Άγιος
Theológos
Θεολόγος
Malessína
Μαλεσίνα
Nerotriviá
Νεροτριβιά
Stavrós
Σταυρός
Átali
Άτταλη
Óros Dírfis
Όρος Δίρφυς
Glifáda
Kími
Κύμη
Paralía Kímis
Παραλ. Κύμης
Akr. Kímis
Vitala
Βίταλα
Metóhi
Μετόχι
Psahná
Ψαχνά
Politiká
Πολιτικά
Kastéla
Καστέλλα
Steni
Στενή
Kathení
Καθενοί
Konístres
Κονίστρες
Oxilithos
Οξύλιθος
Órmos Kímis
Lárimna
Λάρυμνα
Martíno
Akr. Gátza
Akr. Gáidaros
N. Artáki
N. Αρτάκη
Pissónas
Πισσώνας
Séta
Σέτα
Manikia
Trahíli
Τραχήλι
Monódrio
Μονόδριο
Ohthoniá
Οχθονιά
Akr. Ohthoniá
Halkída
Χαλκίδα
Loukíssia
Λουκίσια
Drossiá
Δροσιά
Mistros
Μίστρος
Ahladerí
Αχλαδερή
Afráti
Αφράτι
Óros Ólimbos
Ág. Loukás
Αγ. Λουκάς
Neohóri
Νεοχώρι
Iliki
Υλίκη
Mouríki
Μουρίκι
Ritsóna
Ριτσώνα
Vassilikó
Βασιλικό
Erétria
Ερέτρια
Gimnó
Γυμνό
Aliveri
Αλιβέρι
Lépoura
Λέπουρα
Akr. Poúnda
Ακρ. Πούντα
Lefkandí
Λευκαντί
Vathí
Βαθύ
Amárinthos
Αμάρυνθος
Vélos
Βέλος
Dístos
Δύστος
Kriezá
Ág. Apóstoli
Αγ. Απόστολοι
Thíva
Θήβα
Vágia
Βάγια
Tanágra
Τανάγρα
Dilessi
Δήλεσι
Nótios Evvoïkós Kólpos
Νότιος Ευβοϊκός Κόλπος
Kóskina
Κόσκινα
Neohoráki
Νεοχωράκι
Inói
Οινόη
Skála Oropoú
Σκάλα Ωρωπού
Zárakes
Ζάρακες
Assopía
Ασωπία
Ag. Thomás
Αγ. Θωμάς
Markópoulo
Μαρκόπουλο
Ág. Apóstoli
Αγ. Απόστολοι
Argiró
Αργυρό
Almiropótamos
Αλμυροπόταμος
Melissohóri
Μελισσοχώρι
Amfiaraío
Αμφιαράειο
Kálamos
Κάλαμος
N. Kavalliani
Avlóna
Αυλώνα
Malakása
Μαλακάσα
Polidéndri
Πολυδένδρι
Erithrés
Ερυθρές
Skoúrta
Σκούρτα
Ramnoús
Ραμνούς
Polipótamos
Πολυπόταμος
Plateés
Πλαταιές
Eleftherés
Ελευθερές
Óros Párnitha
Όρος Πάρνηθα
Kapandríti
Καπανδρίτι
N. Stira
N. Στύρα
Vareleí
Βαρελλαίοι
Akr. Kafiréas
Ακρ. Καφηρέας
Kalérgo
Καλέργο
Óros Kitherónas
Vília
Βίλια
Stefáni
Στεφάνη
Ag. Triáda
Αγ. Τριάδα
Marathónas
Μαραθώνας
Ag. Marína
Αγ. Μαρίνα
Stira
Στύρα
Egósthena
Αιγόσθενα
Ag. Sotíra
Αγ. Σωτήρα
ATIKÍ-PIRÉAS
Varimbómbi
Βαρυμπόμπη
Ag. Stéfanos
Αγ. Στέφανος
Shiniás
Σχινιάς
Gianítsi
Γιαννίτσι
Kapsoúri
Καψούρι
Óros Patéras
Όρος Πατέρας
Mándra
Μάνδρα
Fili
Φυλή
Aharnés
Αχαρνές
Dionissos
Διόνυσος
Akr. Stróngilo
N. Mákri
N. Μάκρη
Ag. Dimítrios
Αγ. Δημήτριος
Óros Óhi
Όρος Όχη
Aspróspirgos
Ασπρόπυργος
Kifissiá
Κηφισιά
Pendéli
Πεντέλη
Máti
Μάτι
Akr. Vígla
Marmári
Μαρμάρι
Kómito
Κόμητο
Loutrópirgos
Λουτρόπυργος
Elefsína
Ελευσίνα
Dafní
Δαφνί
ATHÍNA
ΑΘΗΝΑ
Rafína
Ραφήνα
Nissí Petalií
Νοι Πεταλιοί
Kalívia
Kárístos
Κάρυστος
Metóhi
Platanistós
Πλατανιστός
Potámi
Mégara
Μέγαρα
Spárta
N. Péramos
N. Πέραμος
Skaramangás
Σκαραμαγκάς
Peania
Παιανία
Pikérmi
Πικέρμι
Loútsa
Λούτσα
Órm. Karístou
Akr. Kambanós
Ακρ. Καμπανός
Kinéta
Κινέτα
Páhi
Πάχη
Salamína
Σαλαμίνα
Pérama
Πέραμα
Kessariani
Imitós
Υμηττός
Spáta
Σπάτα
Vravróna
Βραυρώνα
Kólpos Petalión
N. Mandiloú
N. Μανδηλού
Kalivári
Καλυβάρι
Theódori
Θεόδωροι
Eándio
Αιάντειο
Selínia
Σελήνια
PIREÁS
ΠΕΙΡΑΙΑΣ
Koropí
Κορωπί
Pórto Ráfti
Πόρτο Ράφτη
Stenó Kafiréa
Στενό Καφηρέα
Epáno Fellós
Επάνω Φελλός
Gávrio
Γαύριο
N. Salamína
N. Σαλαμίνα
Kakí Vígla
Κακή Βίγλα
Glifáda
Γλυφάδα
Voúla
Βούλα
Markópoulo
Μαρκόπουλο
Avláki
Αυλάκι
Akr. Strongilo
Ακρ. Στρογγυλό
Batsí
Μπατσί
Arnás
Diápora Nissiá
Διάπορα Νησιά
Saronikós
Σαρωνικός
Vári
Βάρη
Vouliagméni
Kalívia
Καλύβια
Kakí Thálassa
Κακή Θάλασσα
Messariá
Paleópoli

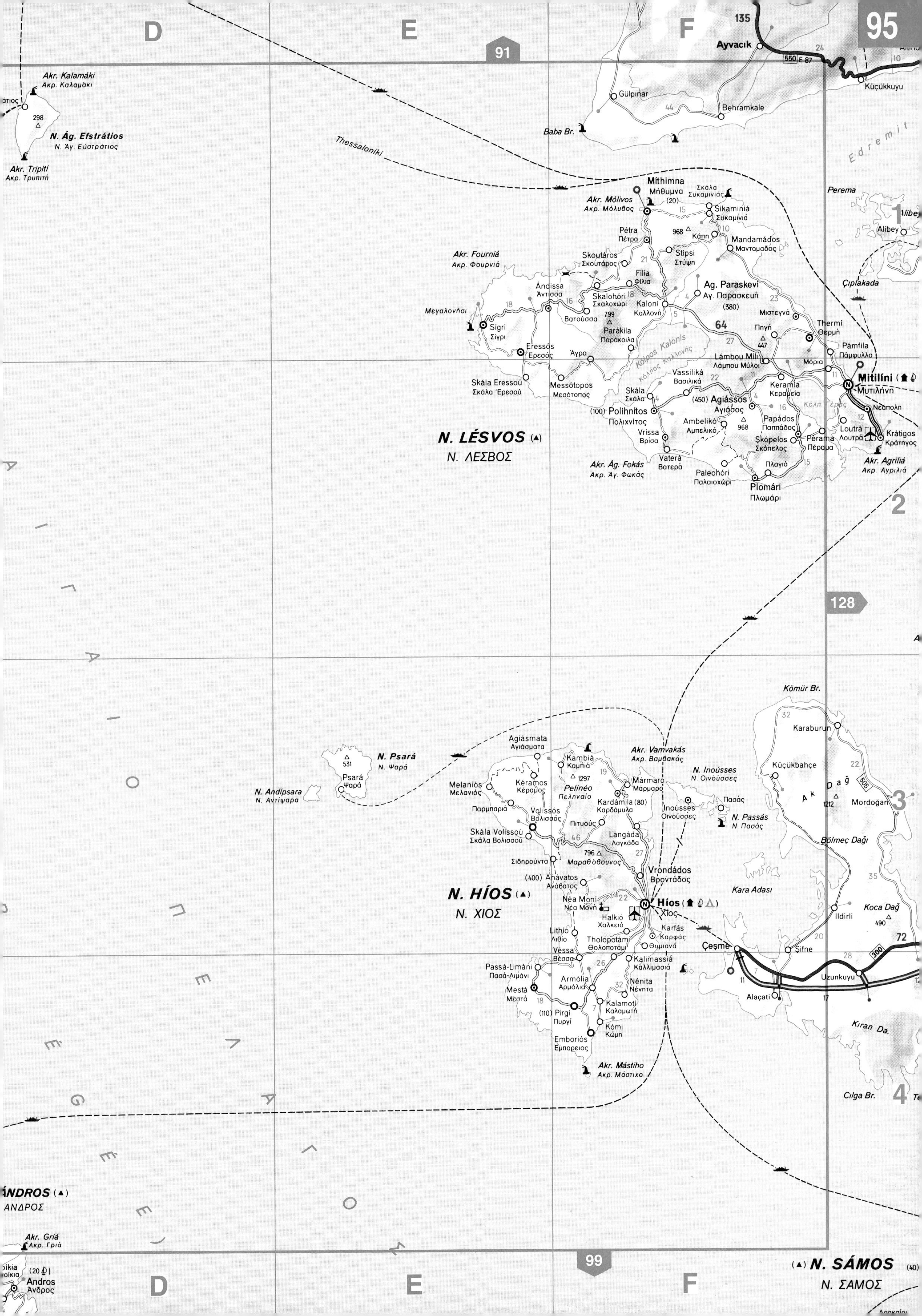
95
D
E
F
91
99
128
1
2
3
4
Akr. Kalamáki
Ακρ. Καλαμάκι
298
N. Ág. Efstrátios
Ν. Άγ. Ευστράτιος
Akr. Tripití
Ακρ. Τρυπητή
Thessaloníki
Ayvacık
135
550 E 87
Küçükkuyu
Gülpınar
Behramkale
Baba Br.
Edremit
Perema
Alibey
Çıplakada
Míthimna
Μήθυμνα
Σκάλα Συκαμινιάς
Akr. Mólivos
Ακρ. Μόλυβος
Sikaminiá
Συκαμινιά
Pétra
Πέτρα
968
Κάπη
Mandamádos
Μανταμάδος
Akr. Fourniá
Ακρ. Φουρνιά
Skoutáros
Σκουτάρος
Stípsi
Στύψη
Fília
Φίλια
Ándissa
Άντισσα
Skalohóri
Σκαλοχώρι
Kalloní
Καλλονή
Ag. Paraskeví
Αγ. Παρασκευή
(380)
Μεγαλονήσι
Sígri
Σίγρι
Βατούσσα
799
Parákila
Παράκοιλα
64
Μιστεγνά
Πηγή
447
Thermí
Θερμή
Eressós
Ερεσός
Άγρα
Kólpos Kalonís
Κόλπος Καλλονής
Lámbou Míli
Λάμπου Μύλοι
Pámfila
Πάμφιλα
Μόρια
Mitilíni
Μυτιλήνη
Skála Eressoú
Σκάλα Ερεσού
Messótopos
Μεσότοπος
Vassiliká
Βασιλικά
Skála
Σκάλα
(450) Agiássos
Αγιάσος
Keramía
Κεραμεία
Κόλπ. Γέρας
Νεάπολη
(100) Polihnítos
Πολιχνίτος
Ambelikó
Αμπελικό
968
Papádos
Παππάδος
Loutrá
Λουτρά
Krátigos
Κράτηγος
N. LÉSVOS (▲)
Ν. ΛΕΣΒΟΣ
Vríssa
Βρίσα
Skópelos
Σκόπελος
Pérama
Πέραμα
Akr. Agriliá
Ακρ. Αγριλιά
Akr. Ág. Fokás
Ακρ. Αγ. Φωκάς
Vaterá
Βατερά
Paleohóri
Παλαιοχώρι
Πλαγιά
Plomári
Πλωμάρι
Kömür Br.
Karaburun
Küçükbahçe
Ak Dağ
1212
Mordoğan
505
Bölmeç Dağı
Kara Adası
Ildırlı
Koca Dağ
490
72
Çeşme
Şifne
300
Uzunkuyu
Alaçatı
Kıran Da.
Çılga Br.
Agiásmata
Αγιάσματα
Akr. Vamvakás
Ακρ. Βαμβακάς
N. Psará
Ν. Ψαρά
531
Psará
Ψαρά
Kambiá
Καμπιά
1297
Pelinéo
Πελιναίο
N. Inoússes
Ν. Οινούσσες
Melaniós
Μελανιός
Kéramos
Κέραμος
Mármaro
Μάρμαρο
N. Andípsara
Ν. Αντίψαρα
Kardámila (80)
Καρδάμυλα
Πασάς
Inoússes
Οινούσσες
N. Passás
Ν. Πασάς
Παρμπαριά
Volissós
Βολισσός
Πιτυούς
Skála Volissoú
Σκάλα Βολισσού
Langáda
Λαγκάδα
796
Μαραθόβουνος
Σιδηρούντα
(400) Anávatos
Ανάβατος
Vrondádos
Βροντάδος
N. HÍOS (▲)
Ν. ΧΙΟΣ
Néa Moní
Νέα Μονή
Híos
Χίος
Halkió
Χαλκειό
Karfás
Καρφάς
Líthio
Λίθιο
Tholopotámi
Θολοποτάμι
Θυμιανά
Véssa
Βέσσα
Passá-Limáni
Πασά-Λιμάνι
Kalimassiá
Καλλιμασιά
Armólia
Αρμόλια
Nénita
Νένητα
Mestá
Μεστά
(110) Pirgí
Πυργί
Kalamotí
Καλαμωτή
Kómi
Κώμη
Emboriós
Εμπορειός
Akr. Mástiho
Ακρ. Μάστιχο
ÁNDROS (▲)
ΑΝΔΡΟΣ
Akr. Griá
Ακρ. Γριά
Andros
Άνδρος
N. SÁMOS
Ν. ΣΑΜΟΣ
ΑΙΓΑΙΟ ΠΕΛΑΓΟΣ
AEGEAN

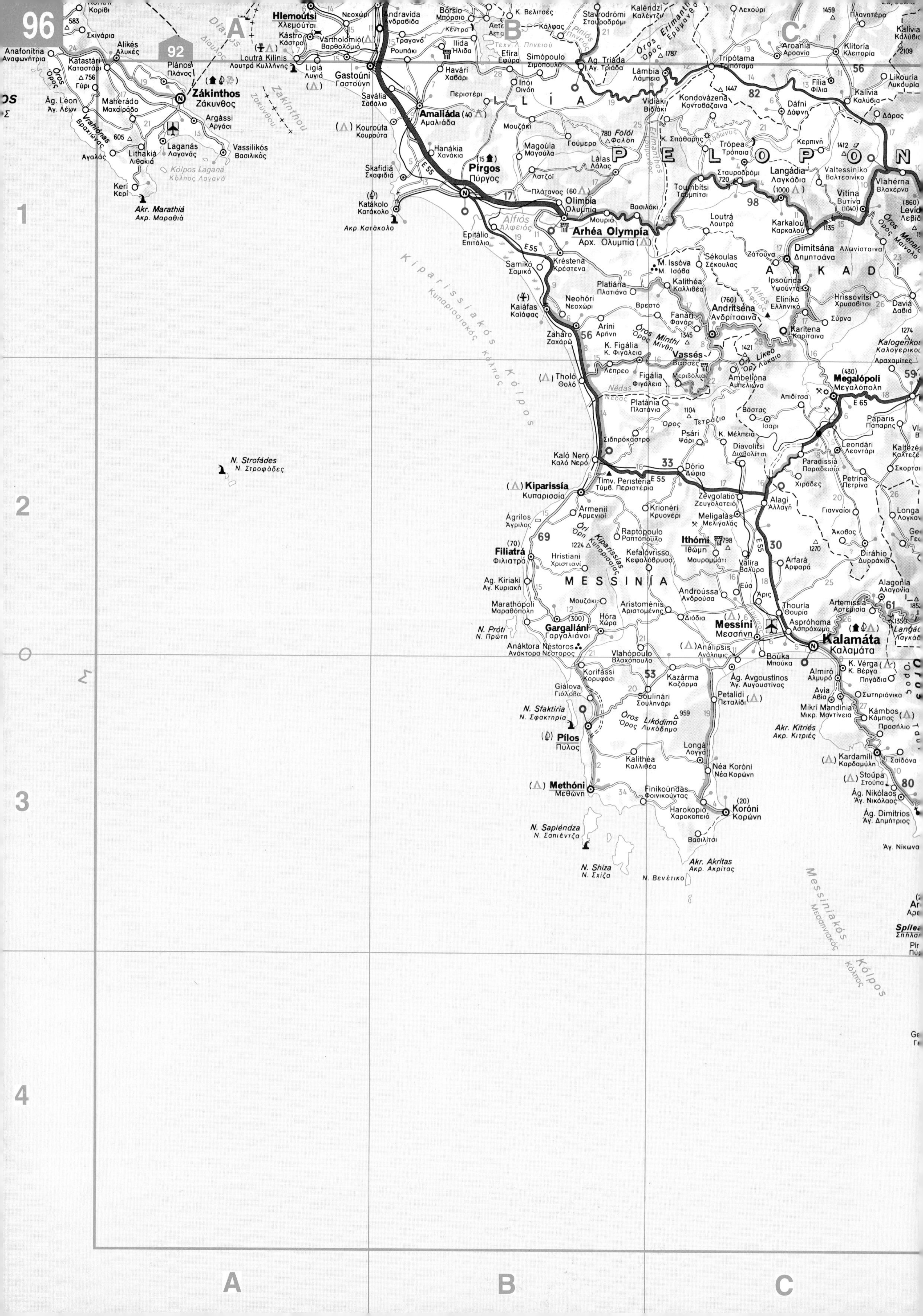

92
A
B
C
1
2
3
4
Anafonítria
Αναφωνήτρια
Katastári
Καταστάρι
Alikés
Αλυκές
Plános
Πλάνος
Zákinthos
Ζάκυνθος
Ág. Léon
Άγ. Λέων
Maherádo
Μαχαιράδο
Argássi
Αργάσι
Vassilikós
Βασιλικός
Laganás
Λαγανάς
Lithakiá
Λιθακιά
Kerí
Κερί
Kólpos Laganá
Κόλπος Λαγανά
Akr. Marathiá
Ακρ. Μαραθιά
Hlemoútsi
Χλεμούτσι
Kástro
Κάστρο
Loutrá Kilínis
Λουτρά Κυλλήνης
Vartholomió
Βαρθολομιό
Andravída
Ανδραβίδα
Gastoúni
Γαστούνη
Ligiá
Λυγιά
Savália
Σαβάλια
Amaliáda
Αμαλιάδα
Kouroúta
Κουρούτα
Hanákia
Χανάκια
Skafidiá
Σκαφιδιά
Katákolo
Κατάκολο
Akr. Katákolo
Pírgos
Πύργος
Ilída
Ήλιδα
Havári
Χαβάρι
Simópoulo
Σιμόπουλο
Ag. Triáda
Λάmbia
Lámbia
Λάμπεια
Trípótama
Τριπόταμα
Kalávrita
Kliitoría
Κλειτορία
Fília
Φίλια
Kalívia
Καλύβια
Dáfni
Δάφνη
Kondovázena
Κοντοβάζαινα
Vidiáki
Βιδιάκι
Tròpea
Τρόπαια
Langádia
Λαγκάδια
Valtessíniko
Βαλτεσίνικο
Vitína
Βυτίνα
Vlahérna
Βλαχέρνα
Levídi
I L Í A
P E L O P Ó N
Magoúla
Μαγούλα
Lálas
Λάλας
Foloí
Φολόη
Olimbía
Ολυμπία
Arhéa Olympía
Αρχ. Ολυμπία
Toumbítsi
Τουμπίτσι
Loutrá
Λουτρά
Karkaloú
Καρκαλού
Dimitsána
Δημητσάνα
A R K A D I
Epitálio
Επιτάλιο
Samikó
Σαμικό
Kréstena
Κρέστενα
Platiána
Πλατιάνα
M. Issóva
M. Ισόβα
Sékoulas
Σέκουλας
Kalithéa
Καλλιθέα
Andrítsena
Ανδρίτσαινα
Ipsoúnda
Υψούντα
Elinikó
Ελληνικό
Karítena
Καρύταινα
Kaiáfas
Καϊάφας
Neohóri
Νεοχώρι
Zaharó
Ζαχαρώ
Kiparissiakós Kólpos
Κυπαρισσιακός Κόλπος
Óros Mínthi
K. Figália
Vassés
Βάσσες
Óri Líkeo
Megalópoli
Μεγαλόπολη
Tholó
Θολό
Figália
Φιγάλεια
Nédas
Ambelióna
Αμπελιώνα
Platánia
Πλατάνια
Óros Tetrázio
Psári
Ψάρι
Leondári
Λεοντάρι
Kaló Neró
Καλό Νερό
Dório
Δώριο
Diavolitsi
Διαβολίτσι
N. Strofádes
N. Στροφάδες
Kiparissía
Κυπαρισσία
Tímv. Peristéria
Τύμβ. Περιστέρια
Zevgolatió
Ζευγολατιό
Alagí
Αλαγή
Meligalás
Μελιγαλάς
Armenií
Αρμενιοί
Áyrilos
Άγριλος
Kriónéri
Κρυονέρι
Raptópoulo
Ραπτόπουλο
Ithómi
Ιθώμη
Filiatrá
Φιλιατρά
Hristianí
Χριστιανοί
Óri Kiparissías
Kefalóvrisso
Κεφαλόβρυσο
Valíra
Βαλύρα
Arfará
Αρφαρά
Ag. Kiriakí
Αγ. Κυριακή
M E S S I N Í A
Androússa
Ανδρούσα
Thouría
Θουρία
Marathópoli
Μαραθόπολη
Aristoménis
Αριστομένης
Messíni
Μεσσήνη
Kalamáta
Καλαμάτα
N. Próti
N. Πρώτη
Gargaliáni
Γαργαλιάνοι
Anáktora Néstoros
Ανάκτορα Νέστορος
Vlahópoulo
Βλαχόπουλο
Análipsis
Boúka
Μπούκα
Almiró
Αλμυρό
Korifássi
Κορυφάσι
Kazárma
Καζάρμα
Ag. Avgoustínos
Petalídi
Πεταλίδι
Giálova
Γιάλοβα
N. Sfaktiría
N. Σφακτηρία
Óros Likódimo
Όρος Λυκόδημο
Pílos
Πύλος
Kalithéa
Καλλιθέα
Longá
Λογγά
Néa Koróni
Νέα Κορώνη
Methóni
Μεθώνη
Finikoúndas
Φοινικούντας
Harokopió
Χαροκοπιό
Koróni
Κορώνη
N. Sapiéndza
N. Σαπιέντζα
N. Shíza
N. Σχίζα
Akr. Akrítas
Ακρ. Ακρίτας
Mikrí Mandínia
Kámbos
Κάμπος
Akr. Kitriés
Ακρ. Κιτριές
Kardamíli
Καρδαμύλη
Stoúpa
Στούπα
Ág. Nikólaos
Άγ. Νικόλαος
Ág. Dimítrios
Άγ. Δημήτριος
Messiniakós Kólpos
Μεσσηνιακός Κόλπος
E 55
E 65

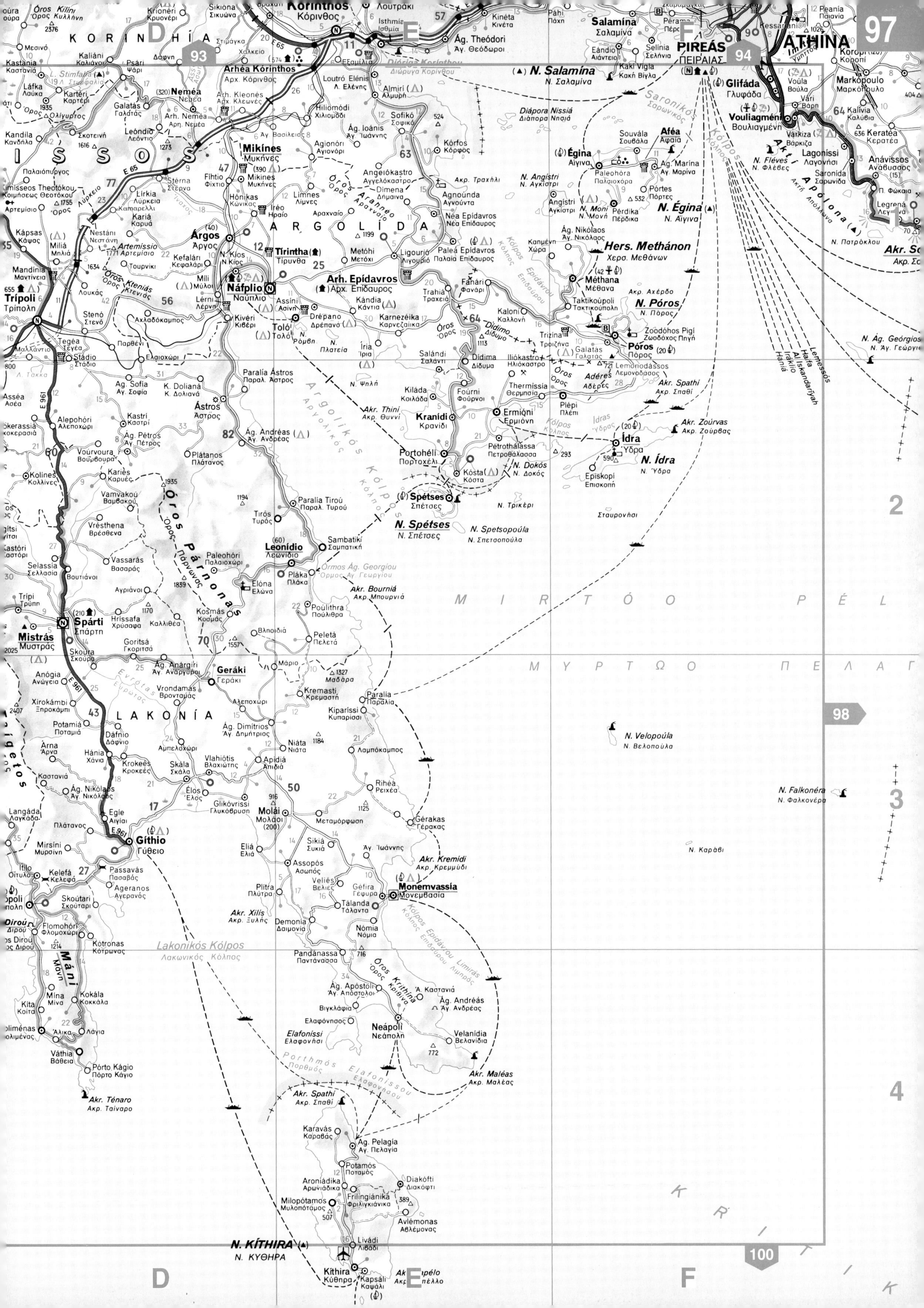

D
E
F
93
94
98
100
2
3
4
KORINTHÍA
Kórinthos
Κόρινθος
Arhéa Kórinthos
Αρχ. Κόρινθος
Loutráki
Isthmia
Ισθμία
Diórigas Korínthou
Διώρυγα Κορίνθου
Ág. Theódori
Αγ. Θεόδωροι
Kinéta
Κινέτα
Salamína
Σαλαμίνα
N. Salamína
N. Σαλαμίνα
PIREÁS
ΠΕΙΡΑΙΑΣ
ATHÍNA
Glifáda
Γλυφάδα
Vouliagméni
Βουλιαγμένη
Voúla
Βούλα
Markópoulo
Μαρκόπουλο
Kalívia
Καλύβια
Keratéa
Κερατέα
Lagoníssi
Λαγονήσι
Saronída
Σαρωνίδα
Anávissos
Ανάβυσσος
Legrená
Akti Apólona
Akr. Soúnio
Saronikós Kólpos
Σαρωνικός Κόλπος
Égina
Αίγινα
N. Égina
N. Αίγινα
Aféa
Αφαία
Souvála
Σουβάλα
Paleohóra
Παλαιοχώρα
Ag. Marína
Αγ. Μαρίνα
Pórtes
Πόρτες
Pérdika
Πέρδικα
N. Angístri
N. Αγκίστρι
N. Moní
N. Μονή
Hers. Methánon
Χερσ. Μεθάνων
Méthana
Μέθανα
Pōros
Πόρος
N. Póros
N. Πόρος
Galatás
Γαλατάς
Trizína
Τροιζήνα
Lemonodássos
Λεμονοδάσος
Akr. Spathí
Akr. Zoúrvas
Akr. Ζούρβας
Ídra
Ύδρα
N. Ídra
N. Ύδρα
Ermióni
Ερμιόνη
Kranídi
Κρανίδι
Portohéli
Πορτοχέλι
Kósta
Κόστα
Spétses
Σπέτσες
N. Spétses
N. Σπέτσες
N. Spetsopoúla
N. Σπετσοπούλα
N. Dokós
N. Δοκός
N. Trikéri
Stavronísi
Argolikós Kólpos
Αργολικός Κόλπος
ARGOLÍDA
Mikínes
Μυκήνες
Árgos
Άργος
Tírintha
Τίρυνθα
Náfplio
Ναύπλιο
Arh. Epídavros
Αρχ. Επίδαυρος
Paleá Epídavros
Παλαιά Επίδαυρος
Néa Epídavros
Νέα Επίδαυρος
Ligouri
Λυγουριό
Nemea
Νεμέα
Arh. Neméa
Αρχ. Νεμέα
Galatás
Γαλατάς
Kandila
Κανδήλα
Stimfalía
Λ. Στυμφαλία
Kaliáni
Καλιάνοι
Lírkia
Λύρκεια
Kariá
Καρυά
Nestáni
Νεστάνη
Artemíssio
Αρτεμίσιο
Mandínia
Μαντίνεια
Trípoli
Τρίπολη
Tegéa
Τεγέα
Stádio
Στάδιο
Paralía Ástros
Παραλ. Άστρος
Ástros
Άστρος
Ag. Andréas
Αγ. Ανδρέας
Plátanos
Πλάτανος
Óros Párnonas
Όρος Πάρνωνας
Paralía Tiroú
Παραλ. Τυρού
Tirós
Τυρός
Leonídio
Λεωνίδιο
Sambatikí
Σαμπατική
Pláka
Πλάκα
Ormos Ág. Georgíou
Akr. Bourniá
Akr. Μπουρνιά
Poúlithra
Πούλιθρα
Peletá
Πελετά
Kosmás
Κοσμάς
Elóna
Έλωνα
Spárti
Σπάρτη
Mistrás
Μυστράς
Geráki
Γεράκι
LAKONÍA
Paralía
Παράλια
Kiparíssi
Κυπαρίσσι
Nláta
Νιάτα
Molái
Μολάοι
Apidiá
Απιδιά
Vlahiótis
Βλαχιώτης
Skála
Σκάλα
Élos
Έλος
Glikóvrissi
Γλυκόβρυση
Egíe
Αιγιές
Githio
Γύθειο
Passavás
Πασσαβάς
Ageranos
Αγεράνος
Skoútari
Σκουτάρι
Kótronas
Κότρωνας
Máni
Μάνη
Kokála
Κοκκάλα
Váthia
Βάθεια
Pórto Kágio
Πόρτο Κάγιο
Akr. Ténaro
Ακρ. Ταίναρο
Lakonikós Kólpos
Λακωνικός Κόλπος
Rihéa
Ρειχέα
Gérakas
Γέρακας
Akr. Kremídi
Ακρ. Κρεμμύδι
Monemvassía
Μονεμβασιά
Géfira
Γέφυρα
Tálanda
Τάλαντα
Sikiá
Συκιά
Assopós
Ασωπός
Velies
Βελιές
Plitra
Πλύτρα
Akr. Xilís
Ακρ. Ξυλής
Demonía
Δαιμονιά
Nómia
Νόμια
Pandánassa
Παντάνασσα
Óros Krithína
Ág. Apóstoli
Αγ. Απόστολοι
Ág. Andréas
Αγ. Ανδρέας
Neápoli
Νεάπολη
Velanídia
Βελανίδια
Elafonissi
Ελαφονήσι
Porthmós Elafoníssou
Πορθμός Ελαφονήσου
Akr. Maléas
Ακρ. Μαλέας
Kólpos Epidávrou Limirás
Akr. Spathí
Ακρ. Σπαθί
Karavás
Καραβάς
Ag. Pelagía
Αγ. Πελαγία
Potamós
Ποταμός
Aroniádika
Αρωνιάδικα
Diakófti
Διακόφτι
Milopótamos
Μυλοπόταμος
Frilingiánika
Φριλιγκιάνικα
Avlémonas
Αβλέμονας
Livádi
Λιβάδι
N. KÍTHIRA
N. ΚΥΘΗΡΑ
Kíthira
Κύθηρα
Kapsáli
Καψάλι
MIRTÓO PÉLAGOS
ΜΥΡΤΩΟ ΠΕΛΑΓΟΣ
N. Velopoúla
N. Βελοπούλα
N. Falkonéra
N. Φαλκονέρα
N. Karávi
KRITIKÓ
N. Ág. Geórgios
N. Άγ. Γεώργιος
Lemessós
Haifa
Al Iskandarīyah
Iráklio
Haniá

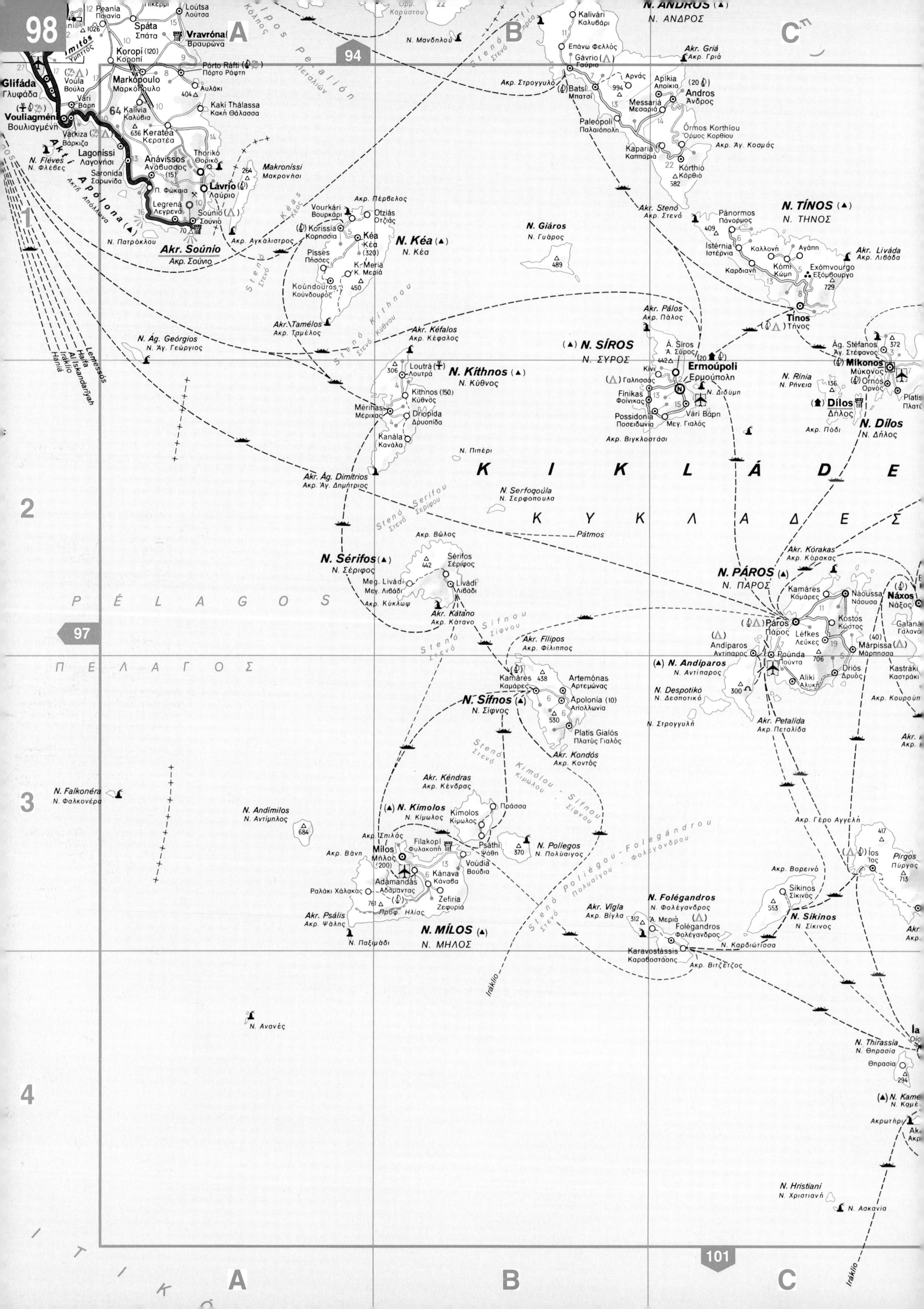
A
B
C
1
2
3
4
94
97
101
Glifáda
Γλυφάδα
Vouliagméni
Βουλιαγμένη
Vári
Βάρη
Voúla
Βούλα
Vàrkiza
Βάρκιζα
Lagonissi
Λαγονήσι
Saronida
Σαρωνίδα
Anávissos
Ανάβυσσος
Legrená
Λεγρενά
Soúnio
Σούνιο
Akr. Soúnio
Ακρ. Σούνιο
Lávrio
Λαύριο
Thorikó
Θορικό
Keratéa
Κερατέα
Kalívia
Καλύβια
Kakí Thálassa
Κακή Θάλασσα
Markópoulo
Μαρκόπουλο
Koropí
Κορωπί
Spáta
Σπάτα
Peania
Παιανία
Loútsa
Λούτσα
Vravróna
Βραυρώνα
Pórto Ráfti
Πόρτο Ράφτη
Avláki
Αυλάκι
Makronissi
Μακρονήσι
N. Patróklou
Akr. Agkálistros
Ακρ. Αγκάλιστρος
N. Fléves
Ν. Φλέβες
Aktí Apóllona
Ακτή Απόλλωνα
N. Mandiloú
Ν. Μανδηλού
N. ANDROS
Ν. ΑΝΔΡΟΣ
Kalivári
Καλυβάρι
Epáno Fellós
Επάνω Φελλός
Gávrio
Γαύριο
Akr. Strongiló
Ακρ. Στρογγυλό
Batsi
Μπατσί
Arnás
Αρνάς
Apíkia
Αποίκια
Andros
Άνδρος
Messariá
Μεσαριά
Paleópoli
Παλαιόπολη
Órmos Korthiou
Όρμος Κορθίου
Kaparia
Καππαριά
Kórthio
Κόρθιο
Akr. Griá
Ακρ. Γριά
Akr. Ág. Kosmás
Akr. Stenó
Ακρ. Στενό
N. TÍNOS
Ν. ΤΗΝΟΣ
Pánormos
Πάνορμος
Istérnia
Ιστέρνια
Kallóni
Καλλονή
Agápi
Αγάπη
Kómi
Κώμη
Kardianí
Καρδιανή
Exómvourgo
Εξώμβουργο
Akr. Livádа
Ακρ. Λιβάδα
Tínos
Τήνος
N. Giáros
Ν. Γυάρος
N. Kéa
Ν. Κέα
Kéa
Κέα
Vourkári
Βουρκάρι
Otziás
Οτζιάς
Korissia
Κορησσία
Pisses
Πήσσες
K. Meriá
Κ. Μεριά
Koúndouros
Κούνδουρος
Akr. Pérvelos
Ακρ. Πέρβελος
Akr. Tamélos
Ακρ. Ταμέλος
Stenó Kéas
Stenó Kíthnou
Akr. Kéfalos
Ακρ. Κέφαλος
N. Ág. Geórgios
Ν. Άγ. Γεώργιος
N. Kíthnos
Ν. Κύθνος
Loutrá
Λουτρά
Kíthnos
Κύθνος
Mérihas
Μέριχας
Driopida
Δρυοπίδα
Kanála
Κανάλα
Akr. Ág. Dimitrios
Ακρ. Άγ. Δημήτριος
N. Pipéri
Ν. Πιπέρι
N. SÍROS
Ν. ΣΥΡΟΣ
Akr. Pálos
Ακρ. Πάλος
Á. Síros
Α. Σύρος
Ermoúpoli
Ερμούπολη
Kini
Galissás
Γαλησσάς
Finikas
Φοίνικας
Possidonia
Ποσειδωνία
Vári
Βάρη
Meg. Gialós
Μεγ. Γιαλός
N. Didími
Ν. Δίδυμη
Akr. Vigklostási
Ακρ. Βιγκλοστάσι
Ág. Stéfanos
Άγ. Στέφανος
Mikonos
Μύκονος
Órnos
Ορνός
N. Rínia
Ν. Ρήνεια
Dílos
Δήλος
N. Dílos
Ν. Δήλος
Akr. Pódi
Ακρ. Πόδι
Platis
Πλατύ
K I K L Á D E
K Y K Λ A Δ E Σ
N. Serfoqoúla
Ν. Σερφοπούλα
Pátmos
Stenó Serifou
Akr. Vólos
Ακρ. Βόλος
N. Sérifos
Ν. Σέριφος
Sérifos
Σέριφος
Meg. Livádi
Μεγ. Λιβάδι
Livádi
Λιβάδι
Akr. Kíklops
Ακρ. Κύκλωψ
Akr. Kátano
Ακρ. Κάτανο
P É L A G O S
Π E Λ A Γ O Σ
Stenó Sífnou
Akr. Filipos
Ακρ. Φίλιππος
Kamáres
Καμάρες
Artemónas
Αρτεμώνας
N. Sífnos
Ν. Σίφνος
Apolonia
Απολλωνία
Platis Gialós
Πλατύς Γιαλός
Akr. Kondós
Ακρ. Κοντός
Stenó Kimólou - Sífnou
Akr. Kéndras
Ακρ. Κένδρας
N. Kimolos
Ν. Κίμωλος
Kimolos
Κίμωλος
Prássa
Πράσσα
Akr. Spiliás
Ακρ. Σπηλιάς
Filakopí
Φυλακωπή
Psáthi
Ψάθη
N. Políegos
Ν. Πολύαιγος
Mílos
Μήλος
Akr. Vání
Ακρ. Βάνη
Adamandas
Αδάμαντας
Kánava
Κάναβα
Voúdia
Βούδια
Zefiria
Ζεφυρία
Paláki Hálakas
Profitis Ilías
Προφ. Ηλίας
Akr. Psális
Ακρ. Ψάλης
N. Paximádi
Ν. Παξιμάδι
N. MÍLOS
Ν. ΜΗΛΟΣ
N. Andímilos
Ν. Αντίμηλος
N. Falkonéra
Ν. Φαλκονέρα
N. Ananés
Ν. Ανανές
Stenó Poliégou - Folegándrou
N. PÁROS
Ν. ΠΑΡΟΣ
Akr. Kórakas
Ακρ. Κόρακας
Kamáres
Καμάρες
Náoussa
Νάουσα
Páros
Πάρος
Léfkes
Λεύκες
Kostos
Κώστος
Márpissa
Μάρπησσα
Poúnda
Πούντα
Aliki
Αλυκή
Driós
Δρυός
Andiparos
Αντίπαρος
N. Andíparos
Ν. Αντίπαρος
N. Despotikó
Ν. Δεσποτικό
N. Strongilí
Ν. Στρογγυλή
Akr. Petalida
Ακρ. Πεταλίδα
Náxos
Νάξος
Galanado
Kastráki
Καστράκι
Akr. Kouroúni
Akr. Géro Aggelí
Ακρ. Γέρο Αγγελή
Íos
Ίος
Pirgos
Πύργος
Akr. Voreinó
Ακρ. Βορεινό
Síkinos
Σίκινος
N. Síkinos
Ν. Σίκινος
N. Folégandros
Ν. Φολέγανδρος
Akr. Vigla
Ακρ. Βίγλα
Á. Meriá
Α. Μεριά
Folégandros
Φολέγανδρος
Karavostássis
Καραβοστάσης
N. Kardiótissa
Ν. Καρδιώτισσα
Akr. Vitzétzos
Ακρ. Βιτζέτζος
Iraklio
N. Thirassia
Ν. Θηρασία
Θηρασία
N. Kaméni
Ακρωτήρι
N. Hristianí
Ν. Χριστιανή
N. Askania
Ν. Ασκανία
Lemessós
Haifa
Al Iskandariyah
Iráklio
Haniá

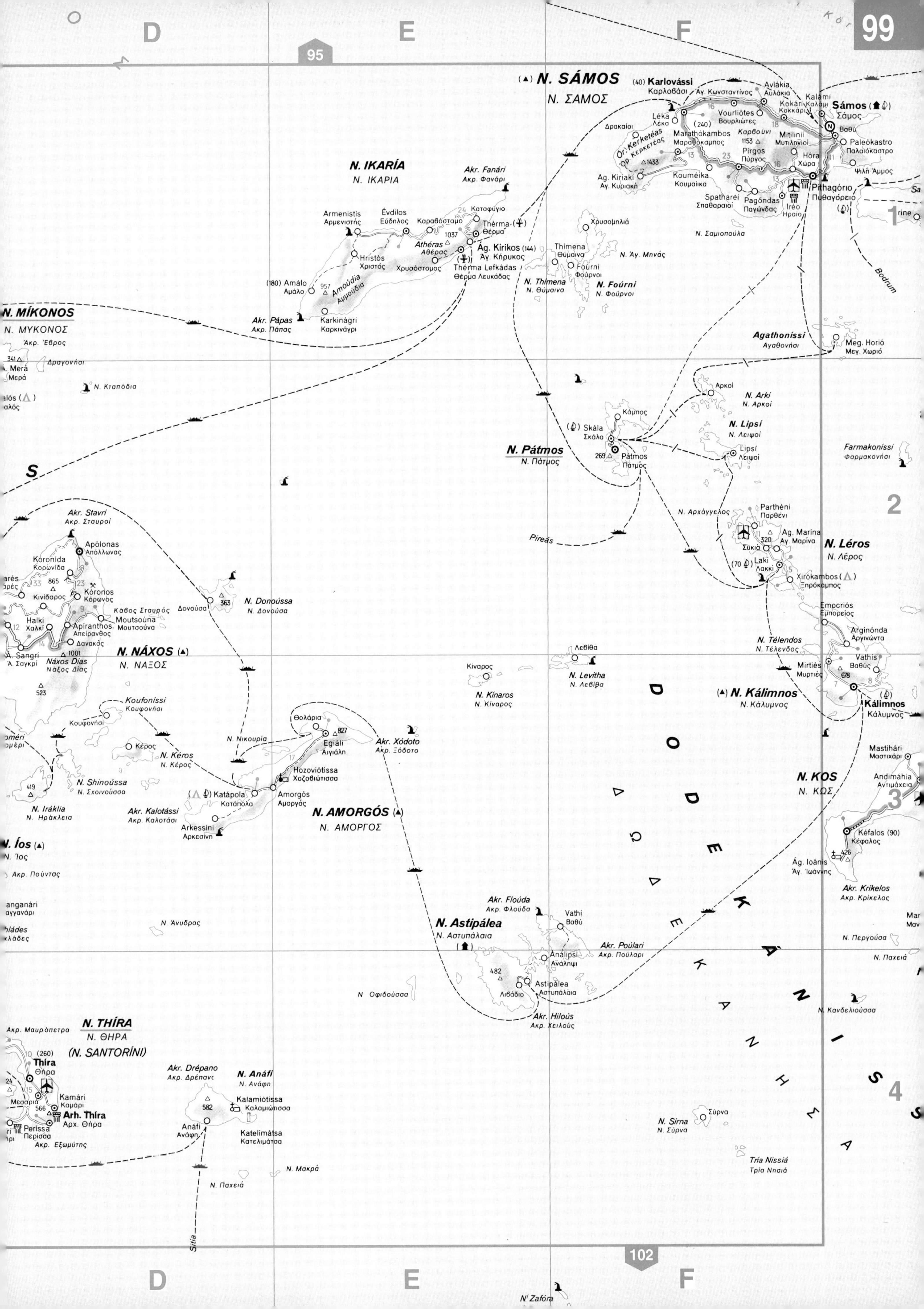
D
E
F
95
102
1
2
3
4
N. SÁMOS
N. ΣΑΜΟΣ
(40) Karlovássi
Καρλοβάσι
Ág. Konstantínos
Avlákia
Αυλάκια
Kalami
Καλάμι
Sámos
Σάμος
Kokári
Κοκκάρι
Vourliótes
Βουρλιώτες
Léka
Λέκα
Drakéi
Δρακαίοι
Marathókambos
Μαραθόκαμπος
Karvoúni
Καρβούνι
Mitilinii
Μυτιληνιοί
Vathí
Βαθύ
Paleókastro
Παλαιόκαστρο
Pirgos
Πύργος
Hóra
Χώρα
Psili Ammos
Ψιλή Άμμος
Ór. Kerketéas
Όρ. Κερκετέας
1433
1153
Ag. Kiriakí
Αγ. Κυριακή
Kouméika
Κουμέικα
Spatharéi
Σπαθαραίοι
Pagóndas
Παγώνδας
Iréo
Ηραίο
Pithagório
Πυθαγόρειο
N. Samiopoúla
N. Σαμιοπούλα
N. IKARÍA
N. ΙΚΑΡΙΑ
Akr. Fanári
Ακρ. Φανάρι
Armenistís
Αρμενιστής
Évdilos
Εύδηλος
Karavóstamo
Καραβόσταμο
Katafígio
Καταφύγιο
Thérma
Θέρμα
1037
Athéras
Αθέρας
Ag. Kírikos (144)
Άγ. Κήρυκος
Thérma Lefkádas
Θέρμα Λευκάδας
Hristós
Χριστός
Hrisóstomos
Χρυσόστομος
Amoúdia
Αμμούδια
(180) Amálo
Αμάλο
957
Akr. Pápas
Ακρ. Πάπας
Karkinágri
Καρκινάγρι
Hrisomiliá
Χρυσομηλιά
Thímena
Θύμαινα
Foúrni
Φούρνοι
N. Thímena
N. Θύμαινα
N. Foúrni
N. Φούρνοι
N. Ág. Minás
N. Άγ. Μηνάς
N. MÍKONOS
N. ΜΥΚΟΝΟΣ
Ákr. Évros
Ακρ. Έβρος
341
Dragonísi
Δραγονήσι
Merá
Μερά
N. Ktapódia
N. Κταπόδια
S
Bodrum
Agathonissi
Αγαθονήσι
Meg. Horió
Μεγ. Χωριό
Arkí
Αρκοί
N. Arkí
N. Αρκοί
Kámpos
Κάμπος
Skála
Σκάλα
N. Lipsí
N. Λειψοί
Lipsí
Λειψοί
N. Pátmos
N. Πάτμος
269
Pátmos
Πάτμος
Farmakonissi
Φαρμακονήσι
N. Arhángelos
N. Αρχάγγελος
Parthéni
Παρθένι
Ag. Marina
Αγ. Μαρίνα
320
Sikiá
Συκιά
(70) Laki
Λακκί
Pireás
Xirókambos
Ξηρόκαμπος
N. Léros
N. Λέρος
Akr. Stavrí
Ακρ. Σταυροί
Apólonas
Απόλλωνας
Koronída
Κορωνίδα
865
Kóronos
Κόρωνος
Kinídaros
Κινίδαρος
Kávos Stavrós
Κάβος Σταυρός
Moutsoúna
Μουτσούνα
Halki
Χαλκί
Apiranthos
Απείρανθος
Danakós
Δανακός
Sangri
Σαγκρί
1001
Náxos Días
Νάξος Δίας
N. NÁXOS
N. ΝΑΞΟΣ
523
Donoúsa
Δονούσα
363
N. Donoúsa
N. Δονούσα
Levitha
Λεβίθα
N. Levítha
N. Λεβίθα
Kínaros
Κίναρος
N. Kínaros
N. Κίναρος
Emporiós
Εμπορειός
Arginónda
Αργινώντα
N. Télendos
N. Τέλενδος
Mirties
Μυρτιές
Vathís
Βαθύς
678
Kálimnos
Κάλυμνος
N. Kálimnos
N. Κάλυμνος
Koufoníssi
Κουφονήσι
Kéros
Κέρος
N. Kéros
N. Κέρος
N. Shinoússa
N. Σχοινούσα
419
N. Iráklia
N. Ηράκλεια
Tholária
Θολάρια
827
Egiáli
Αιγιάλη
Akr. Xódoto
Ακρ. Ξόδοτο
N. Nikouria
Hozoviótissa
Χοζοβιώτισσα
Katápola
Κατάπολα
Amorgós
Αμοργός
N. AMORGÓS
N. ΑΜΟΡΓΟΣ
Akr. Kalotássi
Ακρ. Καλοτάσι
Arkessíni
Αρκεσίνη
N. Íos
N. Ίος
Ακρ. Πούντας
Mastihári
Μαστιχάρι
Andimáhia
Αντιμάχεια
N. KOS
N. ΚΩΣ
Kéfalos (90)
Κέφαλος
426
Ág. Ioánis
Άγ. Ιωάννης
Akr. Kríkelos
Ακρ. Κρίκελος
N. Pergoúsa
N. Περγούσα
N. Pahiá
N. Παχειά
N. Kandelioússa
N. Κανδελιούσσα
N. Ánidros
N. Άνυδρος
Akr. Floúda
Ακρ. Φλούδα
Vathí
Βαθύ
N. Astipálea
N. Αστυπάλαια
Akr. Poúlari
Ακρ. Πούλαρι
Análipsi
Ανάληψη
482
Astipálea
Αστυπάλαια
Livádio
Λιβάδιο
Akr. Hiloús
Ακρ. Χειλούς
N. Ofidoússa
N. Οφιδούσσα
DODEKÁNISOS
ΔΩΔΕΚΑΝΗΣΑ
N. THÍRA
N. ΘΗΡΑ
(N. SANTORÍNI)
Ακρ. Μαυρόπετρα
(260) Thíra
Θήρα
Kamári
Καμάρι
Mesariá
Μεσαριά
566
Arh. Thíra
Αρχ. Θήρα
Perissa
Περίσσα
Ακρ. Εξωμύτης
Akr. Drépano
Ακρ. Δρέπανο
N. Anáfi
N. Ανάφη
582
Kalamiótissa
Καλαμιώτισσα
Anáfi
Ανάφη
Katelimátsa
Κατελιμάτσα
N. Makrá
N. Μακρά
N. Pahiá
N. Παχειά
Sitia
N. Sírna
N. Σύρνα
Σύρνα
Tría Nissiá
Τρία Νησιά
N. Zafóra

A
B
C
97
98
1
2
3
4
Andreas
Ανδρέας
Velanídia
Βελανίδια
Akr. Maléas
Ακρ. Μαλέας
Iráklio
N. Ανανές
K R I T I K Ó P É L A G O S
(M E R D E
Akr. Kefáli
Ακρ. Κεφάλι
Potamós
Ποταμός
Galaniana
Γαλανιανά
N. Andikíthira
Ν. Αντικύθηρα
378
Akr. Apolitáres
Ακρ. Απολυτάρες
Kastéli
Potamós
N. KRÍTI
N. ΚΡΗΤΗ
Kólpos Kissámou
Κόλπος Κισσάμου
Akr. Spánda
Ακρ. Σπάντα
Diktinéon
Δικτυναίον
Akr. Voúxa
Ακρ. Βούξα
748
Kólpos Hanion
Κόλπος Χανίων
Stavrós
Σταυρός
Hers. Akrotíri
Χερσ. Ακρωτήρι
Pireás
Thessaloníki
Goniá
Γωνιά
Rodopós
Ροδωπός
Kolimvári
Κολυμβάρι
Ag. Marina
Αγ. Μαρίνα
Haniá
Χανιά
Κουνουπιδιανά
Περβολίτσα
762
Falássarna
Φαλάσαρνα
Kastéli
Καστέλλι
46
E 65
Ταυρωνίτης
Πλατανιάς
Máleme
Μάλεμε
Soúda
Σούδα
Stérnes
Στέρνες
Órmos Soúdas
Akr. Drápano
Ακρ. Δράπανο
Plátanos
Πλάτανος
Καλουδιανά
Μανολιόπουλο
Kalámi
Καλάμι
Kalíves
Καλύβες
Polirinía
Πολυρρηνία
Topólia
Τοπόλια
Voukoliés
Βουκολιές
Alikianós
Αλικιανός
Fournés
Φουρνές
Mourniés
Μουρνιές
Μαλάξα
Áptera
Άπτερα
Órmos Almiroú
Όρμος Αλμυρού
Pánormos
Πάνορμος
Balí
Μπαλί
Kámbos
Κάμπος
1071
Κακόπετρος
Láki
Λάκκοι
Ραμνή
Κεφαλάς
Βάμος
Réthimno
Ρέθυμνο
Περιβόλια
Platanés
Πλατανές
Pérama
Πέραμα
Melidóni
Μελιδόνι
Ν. Ρούματα
36
Θέρισο
Vrisses
Βρύσες
Georgioúpoli
Γεωργιούπολη
27
Strovlés
Στροβλές
Élos
Έλος
1331
Omalós
Ομαλός
HANIÁ
Εμπρόσνερος
Geráni
Γεράνι
Prinés
Πρινές
Prassiés
Πραγιές
Margarites
Μαργαρίτες
Hrissoskalítissa
Χρυσοσκαλίτισσα
Kándanos
Κάντανος
2133
Lefká Óri
Λευκά Όρη
Farángi Samariás
Φαράγγι Σαμαριάς
Xilóskalo
Ξυλόσκαλο
40
Kournás
Κουρνάς
Episkopí
Επισκοπή
21
Arméni
Αρμένοι
Αυλάτος
Arkádi
Αρκάδι
Zoniana
Ζωνιανά
Βουτάς
2218
2453
Πάχνες
Askífou
Ασκύφου
Argiroúpoli
Αργυρούπολη
647
Sklavopoúla
Σκλαβοπούλα
Rodováni
Ροδοβάνι
Soúgia
Σούγια
1512
RÉTHIMNO
Assomáton
Ασωμάτων
1393
Apóstoli
Αποστόλοι
Óros
Μυριοκέφαλα
Αγκουσελιανά
Fourfourás
Φουρφουράς
Akr. Kriós
Ακρ. Κριός
Paleohóra
Παλαιοχώρα
Ag. Roumeli
Αγ. Ρουμέλη
Anópoli
Ανώπολη
Ásfendos
Ασφενδος
Á. Rodákino
Α. Ροδάκινο
38
Selia
Σελλιά
984
Spili
Σπήλι
Gerakári
Γερακάρι
2456
Idéo
Ιδαίο
Sfakiá
Σφακιά
(80)
Πατσιανός
Frangokástelo
Φραγκοκάστελο
Plakiás
Πλακιάς
Ασώματος
Kissoú Kámbos
Κισσού Κάμπος
1777
Préveli
Πρέβελη
Αποδούλου
Kamáres
Καμάρες
1146
65
Vàlsamo
Mélambes
Μέλαμπες
Ag. Galíni
Αγ. Γαλήνη
Timbáki
Τυμπάκι
Órmos Messarás
Vóri
Βώρο
Ag. Triáda
Αγ. Τριάδα
Kamilári
Καμηλάρι
N. Παξιμάδια
Festós
Φαιστός
Mátala
Μάταλα
N. Gavdopoúla
Ν. Γαυδοπούλα
Akr. Líthino
Ακρ. Λίθινο
Kali Liménes
Καλοί Λιμένες
N. Gávdos
Ν. Γαύδος
368

D
E
F
99
102
1
2
3
4
N. THÍRA
N. ΘΗΡΑ
(N. SANTORÍNI)
Ía
Οία
Ακρ. Μαυρόπετρα
N. Thirassía
Ν. Θηρασία
Θηρασία
Thíra
Θήρα
Kamári
Καμάρι
(▲) N. Kaméni
Ν. Καμένη
Μεσαριά
Arh. Thíra
Αρχ. Θήρα
Ακρωτήρι
Akrotíri
Ακρωτήρι
Períssa
Περίσσα
Ακρ. Εξωμύτης
Akr. Drépano
Ακρ. Δρέπανο
N. Anáfi
Ν. Ανάφη
Kalamiótissa
Καλαμιώτισσα
Anáfi
Ανάφη
Katelimátsa
Κατελιμάτσα
N. Μακρά
N. Παχειά
N. Hristianí
Ν. Χριστιανή
N. Ασκανία
Iráklio
Sitía
N. Οφιδούσα
Analipsi
Ανάληψη
Astipálea
Αστυπάλαια
Λιβάδιο
Akr. Hiloús
Ακρ. Χειλούς
Ακρ. Βιτζέτζος
Nᴵ Zafóra
Nᴼᴵ Ζαφόρα
Karavónissia
Καραβόνησια
Κ Ρ Η Τ Ι Κ Ο   Π Ε Λ Α Γ Ο Σ
C R È T E)
N. Hamilí
Ν. Χαμηλή
Nᴵ Divoúnia
Nᴼᴵ Διβούνια
N. KRÍTI
N. ΚΡΗΤΗ
Αυγό
Thessaloníki
Pireás
Thíra
Sífnos
N. Día
Ν. Δία
Kárpathos
Ródos
Lemessós (Kipros)
Haifa
Akr. Stavrós
Ακρ. Σταυρός
Ag. Pelagía
Αγ. Πελαγία
IRÁKLIO
ΗΡΑΚΛΕΙΟ
N. Alikarnassós
Ν. Αλικαρνασσός
Fódele
Φόδελε
Ροδιά
Amoúdara
Αμμουδάρα
Goúrnes
Γούρνες
Limáni Hersonissou
Λιμάνι Χερσονήσου
Stalída
Σταλίδα
Sísi
Σίσι
Mílatos
Μίλατος
Vrouhás
Βρουχάς
Akr. Ág. Ioánis
Ακρ. Άγ. Ιωάννης
Spinalónga
Σπιναλόγκα
Hers. Spinalónga
Χερσ. Σπιναλόγκα
Kólpos Mirambélou
Κόλπος Μιραμπέλλου
N. Παξιμάδα
N. Δραγονάδα
N. Γιανυσάδα
Akr. Síderos
Ακρ. Σίδερος
N. Ελάσα
Thíra
Anáfi
Kárpathos
Goniés
Γωνιές
Tílissos
Τύλισσος
Knossós
Κνωσός
Karterós
Καρτερός
Goúves
Γούβες
Mália
Μάλια
Μοχός
Neápoli
Νεάπολη
Σκινιάς
Fournì
Φουρνή
Eloúnda
Ελούντα
Itanós
Ιτανός
Váï
Βάϊ
Sitía
Σητεία
Toploú
Τοπλού
Kroussónas
Κρουσώνας
Gioúhtas
Γιούχτας
Episkopí
Επισκοπή
Potamiés
Ποταμιές
Ag. Mirónas
Αγ. Μύρωνας
Arhánes
Αρχάνες
Kastéli
Καστέλλι
Dzermiádo
Τζερμιάδο
Lató
Λατώ
N. Ψείρα
Ag. Nikólaos
Άγ. Νικόλαος
Móhlos
Μόχλος
Skopí
Σκοπή
Πισκοκέφαλο
Palékastro
Παλαίκαστρο
Ag. Paraskiés
Αγ. Παρασκιές
Vathípetro
Βαθύπετρο
Arkalohóri
Αρκαλοχώρι
Psihró
Ψυχρό
Lassíthi
Λασίθι
Ag. Geórgios
Αγ. Γεώργιος
Katharó
Καθαρό
Kritsá
Κριτσά
Kavoússi
Καβούσι
Sfáka
Σφάκα
LASSÍTHI
Mitáto
Μητάτο
Zákros
Ζάκρος
K. Zákros
Κ. Ζάκρος
Vrondissi
Βρονήσι
Ag. Thomás
Αγ. Θωμάς
IRÁKLIO
Díkteo Ándro
Δικταίο Άντρο
Óros Díkti
Όρος Δίκτη
Kaló Horió
Καλό Χωριό
Gourniá
Γουρνιά
Pahiá Ámos
Παχειά Άμμος
Orainó
Stavrohóri
Σταυροχώρι
Handrás
Χανδράς
Zarós
Ζαρός
Ag. Varvára
Αγ. Βαρβάρα
Teféli
Τεφέλι
Garipa
Γαρίπα
Panagía
Παναγία
Á. Viános
Α. Βιάννος
Máles
Μάλες
Καλαμαύκα
Μεσελέροι
Επισκοπή
Όρη Θρυπτής
Lithínes
Λιθίνες
Zíros
Ζίρος
Καλό Χωριό
Míres
Μοίρες
Górtis
Γόρτυς
Gangáles
Γκαγκάλες
Skiniás
Σκινιάς
Πεύκος
Κουτσουράς
Makrigialós
Μακρυγιαλός
Γούδουρας
Ag. Déka
Αγ. Δέκα
Χάρακας
Pírgos
Πύργος
Μεσοχώριο
Anatolí
Ανατολή
Ag. Fotiá
Αγ. Φωτιά
Pómbia
Πόμπια
Vagioniá
Βαγιονιά
Αστερούσια
Όρη
Ahendriás
Αχεντριάς
Κερατόκαμπος
Árvi
Άρβη
Mírtos
Μύρτος
Amoúdara
Αμμουδάρα
Ierápetra
Ιεράπετρα
Καπετανιανά
Παράνυμφοι
Léndas
Λέντας
Koufoníssi
Κουφονήσι
N. Hrissí
Ν. Χρυσή
E 75

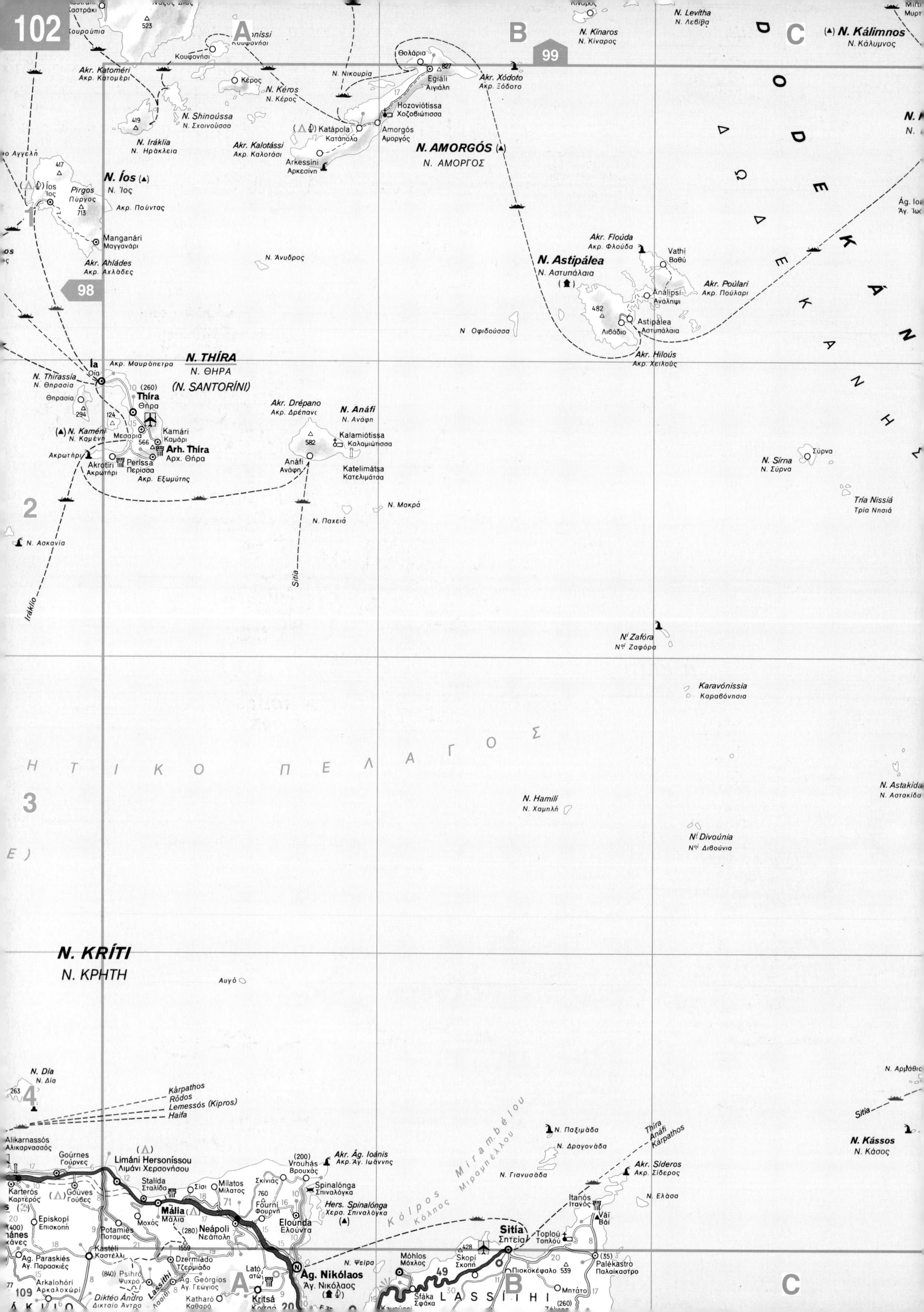
A
B
C
99
98
1
2
3
4
N. Kínaros
N. Κίναρος
N. Levítha
N. Λεβίθα
(▲) N. Kálimnos
N. Κάλυμνος
Κουφονήσι
Akr. Katoméri
Ακρ. Κατομέρι
Κέρος
N. Kéros
N. Κέρος
N. Νικουρία
Θολάρια
Egiáli
Αιγιάλη
Akr. Xódoto
Ακρ. Ξόδοτο
Hozoviótissa
Χοζοβιώτισσα
N. Shinoússa
N. Σχοινούσσα
Katápola
Κατάπολα
Amorgós
Αμοργός
N. Iráklia
N. Ηράκλεια
Akr. Kalotássi
Ακρ. Καλοτάσι
Arkessíni
Αρκεσίνη
N. AMORGÓS (▲)
N. ΑΜΟΡΓΟΣ
N. Íos (▲)
N. Ίος
Íos
Ίος
Pirgos
Πύργος
Ακρ. Πούντας
Manganári
Μαγγανάρι
Akr. Ahládes
Ακρ. Αχλάδες
N. Άνυδρος
D O D E K Á N I S O S
Δ Ω Δ Ε Κ Α Ν Η Σ
Akr. Floúda
Ακρ. Φλούδα
Vathí
Βαθύ
N. Astipálea
N. Αστυπάλαια
Akr. Poúlari
Ακρ. Πούλαρι
Análipsi
Ανάληψη
Astipálea
Αστυπάλαια
Λιβάδιο
N. Οφιδούσσα
Akr. Hiloús
Ακρ. Χειλούς
Ía
Οία
Ακρ. Μαυρόπετρα
N. THÍRA
N. ΘΗΡΑ
(N. SANTORÍNI)
N. Thirassía
N. Θηρασία
Θηρασία
Thíra
Θήρα
(▲) N. Kaméni
N. Καμένη
Μεσαριά
Kamári
Καμάρι
Arh. Thíra
Αρχ. Θήρα
Ακρωτήρι
Akrotíri
Ακρωτήρι
Perissa
Περίσσα
Ακρ. Εξωμύτης
Akr. Drépano
Ακρ. Δρέπανο
N. Anáfi
N. Ανάφη
Kalamiótissa
Καλαμιώτισσα
Anáfi
Ανάφη
Katelimátsa
Κατελιμάτσα
N. Μακρά
N. Παχειά
N. Ασκανία
Sitía
Iráklio
N. Sírna
N. Σύρνα
Σύρνα
Tría Nissiá
Τρία Νησιά
N. Zafóra
N. Ζαφόρα
Karavónissia
Καραβόνησια
Η Τ Ι Κ Ο   Π Ε Λ Α Γ Ο Σ
N. Astakída
N. Αστακίδα
N. Hamilí
N. Χαμηλή
N. Divoúnia
N. Διβούνια
N. KRÍTI
N. ΚΡΗΤΗ
Αυγό
N. Día
N. Δία
Kárpathos
Ródos
Lemessós (Kipros)
Haifa
N. Αρμάθια
Sitía
N. Kássos
N. Κάσος
N. Πεζιμάδα
N. Δραγονάδα
N. Γιανυσάδα
Thíra
Anáfi
Kárpathos
Akr. Síderos
Ακρ. Σίδερος
N. Ελάσα
Kólpos Mirambélou
Κόλπος Μιραμπέλλου
Alikarnassós
Αλικαρνασσός
Goúrnes
Γούρνες
Limáni Hersonissou
Λιμάνι Χερσονήσου
Vrouhás
Βρουχάς
Akr. Ág. Ioánis
Ακρ. Άγ. Ιωάννης
Spinalónga
Σπιναλόγκα
Hers. Spinalónga
Χερσ. Σπιναλόγκα
Karterós
Καρτερός
Goúves
Γούβες
Stalída
Σταλίδα
Σίσι
Mílatos
Μίλατος
Σκινιάς
Foúrni
Φουρνή
Eloúnda
Ελούντα
Episkopí
Επισκοπή
Mália
Μάλια
Μοχός
Potamiés
Ποταμιές
Neápoli
Νεάπολη
Kastéli
Καστέλι
Ag. Paraskiés
Αγ. Παρασκιές
Dzermiádo
Τζερμιάδο
Arkalohóri
Αρκαλοχώρι
Psihró
Ψυχρό
Lassíthi
Ag. Geórgios
Αγ. Γεώργιος
Diktéo Ándro
Δικταίο Άντρο
Katharó
Καθαρό
Lató
Kritsá
Ag. Nikólaos
Άγ. Νικόλαος
N. Ψείρα
Móhlos
Μόχλος
Skopí
Σκοπή
Sitía
Σητεία
Toploú
Τοπλού
Itanós
Ιτανός
Vái
Βάι
Palékastro
Παλαίκαστρο
Πισκοκέφαλο
Sfáka
Σφάκα
Μπτάτο
LASSÍTHI
109

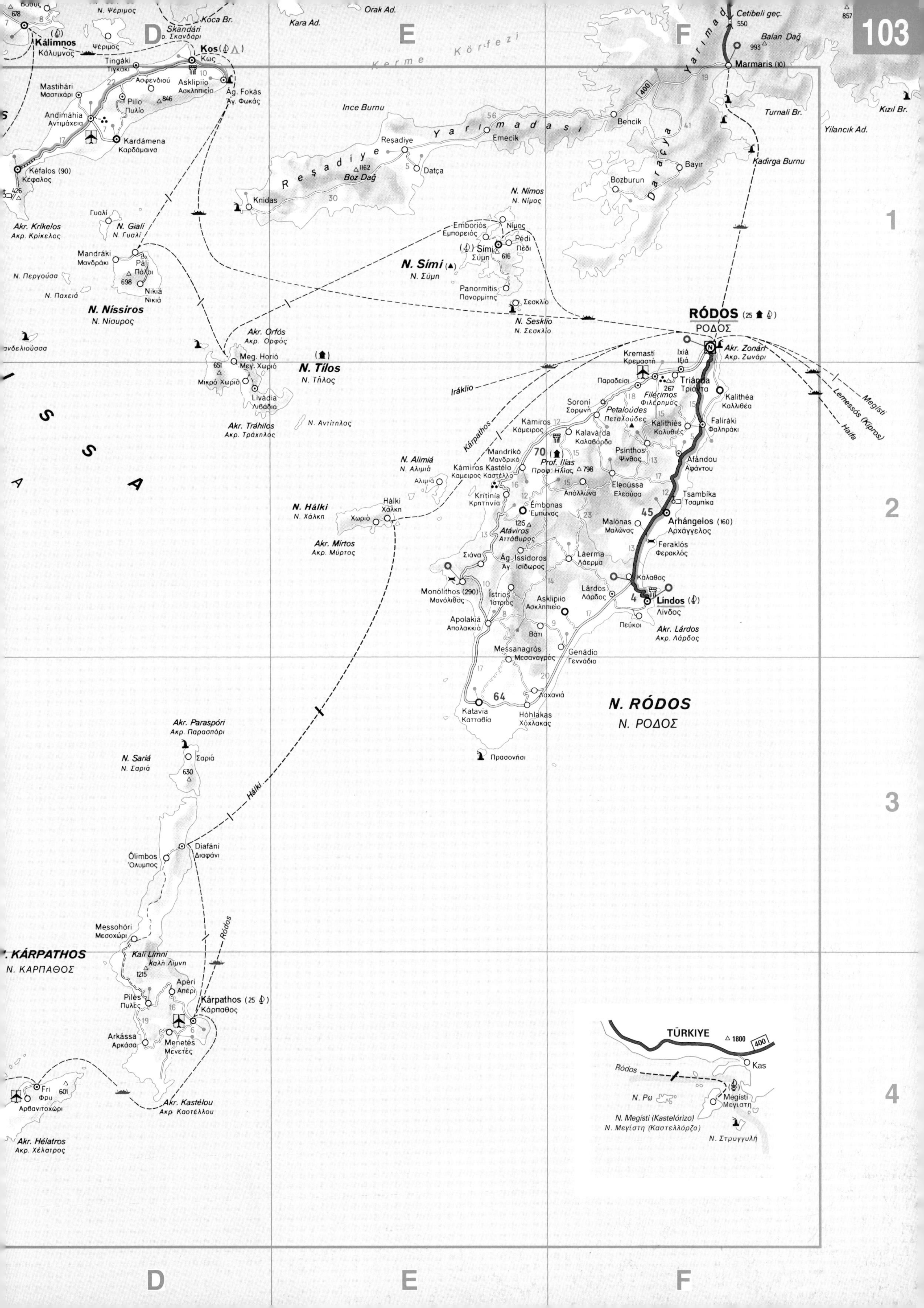
D
E
F
1
2
3
4
Kálimnos
Κάλυμνος
N. Ψέριμος
Ψέριμος
Skandári
Koca Br.
Kos
Κως
Tingáki
Τιγκάκι
Mastihári
Μαστιχάρι
Asfendioú
Ασφενδιού
Asklipiío
Ασκληπιείο
Ág. Fokás
Άγ. Φωκάς
Pílio
Πυλίο
Andimáhia
Αντιμάχεια
Kardámena
Καρδάμαινα
Kéfalos (90)
Κέφαλος
Orak Ad.
Kara Ad.
Kerme Körfezi
Ince Burnu
Reşadiye Yarımadası
Reşadiye
Emecik
Datça
Boz Dağ
Knidas
Bencik
Daraçya
Bayır
Bozburun
Cetibeli geç.
Balan Dağ
Marmaris (10)
Turnali Br.
Kızıl Br.
Yilancık Ad.
Kadirga Burnu
Γυαλί
N. Gialí
N. Γυαλί
Akr. Kríkelos
Ακρ. Κρίκελος
Mandráki
Μανδράκι
Páli
Πάλοι
Nikiá
Νικιά
N. Περγούσα
N. Παχειά
N. Níssiros
N. Νίσυρος
N. Nímos
N. Νίμος
Emboriós
Εμπορειός
Nímos
Pédi
Πέδι
Sími
Σύμη
N. Sími
N. Σύμη
Panormítis
Πανορμίτης
Σεσκλίο
N. Sesklío
N. Σεσκλίο
RÓDOS
ΡΟΔΟΣ
Akr. Zonári
Ακρ. Ζωνάρι
Akr. Orfós
Ακρ. Ορφός
Meg. Horió
Μεγ. Χωριό
Μικρό Χωριό
Livádia
Λιβάδια
N. Tílos
N. Τήλος
Akr. Tráhilos
Ακρ. Τράχηλος
N. Αντίτηλος
Iráklio
Kárpathos
Kremastí
Κρεμαστή
Ixiá
Ιξιά
Παραδείσι
Triánda
Τριάντα
Filérimos
Φιλέρημος
Kalithéa
Καλλιθέα
Soroni
Σορωνή
Petaloúdes
Πεταλούδες
Kalithiés
Καλυθιές
Faliráki
Φαληράκι
Megísti
Lemesós (Kípros)
Haifa
Kámiros
Κάμειρος
Kalavárda
Καλαβάρδα
Psínthos
Ψίνθος
Afándou
Αφάντου
Mandrikó
Μανδρικό
Prof. Ilías
Προφ. Ηλίας
Kámiros Kastélo
Καμειρος Καστέλλο
Απόλλωνα
Eleoússa
Ελεούσσα
Tsambíka
Τσαμπίκα
N. Alimiá
N. Αλιμιά
Αλιμιά
Kritinía
Κρητηνία
Émbonas
Έμπωνας
Arhángelos (160)
Αρχάγγελος
Malónas
Μαλώνας
N. Hálki
N. Χάλκη
Hálki
Χάλκη
Χωριό
Atáviros
Αττάβυρος
Feraklós
Φερακλός
Akr. Mírtos
Ακρ. Μύρτος
Σιάνα
Ág. Issídoros
Άγ. Ισίδωρος
Láerma
Λάερμα
Κάλαθος
Monólithos (290)
Μονόλιθος
Ístrios
Ίστριος
Asklipiío
Ασκληπιείο
Lárdos
Λάρδος
Líndos
Λίνδος
Πεύκοι
Akr. Lárdos
Ακρ. Λάρδος
Apolakiá
Απολακκιά
Βάτι
Messanagrós
Μεσαναγρός
Genádio
Γεννάδιο
Λαχανιά
N. RÓDOS
N. ΡΟΔΟΣ
Katavía
Καττάβια
Hóhlakas
Χόχλακας
Πρασονήσι
Akr. Paraspóri
Ακρ. Παρασπόρι
N. Sariá
N. Σαριά
Σαριά
Hálki
Diafáni
Διαφάνι
Ólimbos
Όλυμπος
Ródos
Messohóri
Μεσοχώρι
N. KÁRPATHOS
N. ΚΑΡΠΑΘΟΣ
Kali Limni
καλή Λίμνη
Aperí
Απέρι
Pilés
Πυλές
Kárpathos (25)
Κάρπαθος
Arkássa
Αρκάσα
Menetés
Μενετές
Fri
Φρυ
Αρβανιτοχώρι
Akr. Kastélou
Ακρ. Καστέλλου
Akr. Hélatros
Ακρ. Χέλατρος
TÜRKIYE
Kas
Ródos
N. Ρω
Megísti
Μεγίστη
N. Megísti (Kastelórizo)
N. Μεγίστη (Καστελλόρζο)
N. Στρογγυλή

A
B
C
1
2
3
4
NORDISHAVET
Sørvær
Hasvik
Loppa
Øksfjord
Øksfjordjøkelen
Langfjordjøkelen
Langfjord
Burfjord
Nordkvaløy
Vanna
Vannavålen
Årviksand
Slettfjellet
Arnøy
Lauksundskaret
Skjervøy
Rebbenesøy
Mikkelvik
Skåningsbukt
Storsteinen
Karlsøy
Hurtigruten
Kågen
Hansnes
Kvænangen
Ringvassøy
Reinøy
Nord-Lenangen
Sørkjosen
Storslett (Nordreisa)
Kvænangs
Grøtsundet
Oldervik
Lyngen
Djupvik
TROMSØ
Breivikeidet
Eidkjosen
Sommarøy
Tromsdalen
Svensby
Olderdalen
Hillesøy
Kvaløy
Fagernes
Lyngseidet
Bæccegæhal'di
Bilto
Mefjordvær
Mefjordbotn
Vikran
Jiekkevarre
Skaland (Berg)
Isfjellet
Furuflaten
Skibotn
Gryllefjord (Torsken)
Gibostad
Raisduoddarhal'di
Senja
Målsnes
Tennes
Halti-Haldi
Andenes
Finnsnes
(Lenvik)
Storsteinnes
Oteren
Bleik
Ånderdalen
Moen (Målselv)
Nordkjosbotn
Andøya
Tranøy
Vangsvik
Sørreisa
Heia
Malla
Kilpisjärvi
Raittijärvi
Dverberg
Stonglandet
Bardufoss
TROMS
Kilpisjärvi
Tierbmesvarri
Skrolsvik
Brøstadbotn
Andselv
Åse
Dyrøya
Øverbygd
Risøyhamn
Bjarkøy
Mikkelbostad
Istindan
Myre (Øksnes)
Grytøya
Sjøvegan (Salangen)
Kummavuopio
VESTERÅLEN
Vågsfjorden
Setermoen (Bardu)
Saarikoski
Andørja
Ropi
Langøya
Harstad
Sørvik
Kirkestinden
Frihetsli
Straumsjøen
Borkenes (Kvæfjord)
Rolla
Ibestad
Sørrollnes
Rostujaure
Njunis
Lavangen
Ropinsalmi
Sortland
Kilbotn
Fossbakken
Øvre Dividalen
Bø
Sigerfjord
Flesnes
Refsnes
Grovfjord
Innset
Stokmarknes
Hinnøya
Evenskjær (Skånland)
Gratangen
Melbu
Kaljord
Ramsund
Bogen
Bjerkvik
Vadvetjåkka
Hadselfjorden
Kongselva
Tjeldøya
Evenes
Liland
Fiskebøl
Lødingen
Narvik
Riksgränsen
Björkliden
Abisko
Vuoskojaure
Austvågøy
Ofotfjorden
Ballangen
Beisfjord
Torneträsk
Laimolujokta
Digermulen
Svolvær
Leiknes
Skarberget
Kuortovare
Bogner
Kjøpsvik
Kungsleden
Rensjön
Øvre Sop
Skutvik
Hamarøy
Tysfjorden
Drag
Vistasvaggi
Engeløya
Steigen
Bjørntoppen
Rautas
Sagfjorden
Innhavet
Siddasjävri
Kebnekaise
Nikkaluokta
Vittangiälven
Nordfold
Hellemofjorden
Paittasjärvi
Kiruna
Sautusjärvi
Jukkasjärvi
Torneälven
Folda
Vaisaluokta
Kallaktjåkkå
Kårsatjåkk
Vittangi
Svappavaara
Bonnåsjøen
Akkajaure
Stora
107
108
E 6
E 8
E 10
E 10-45

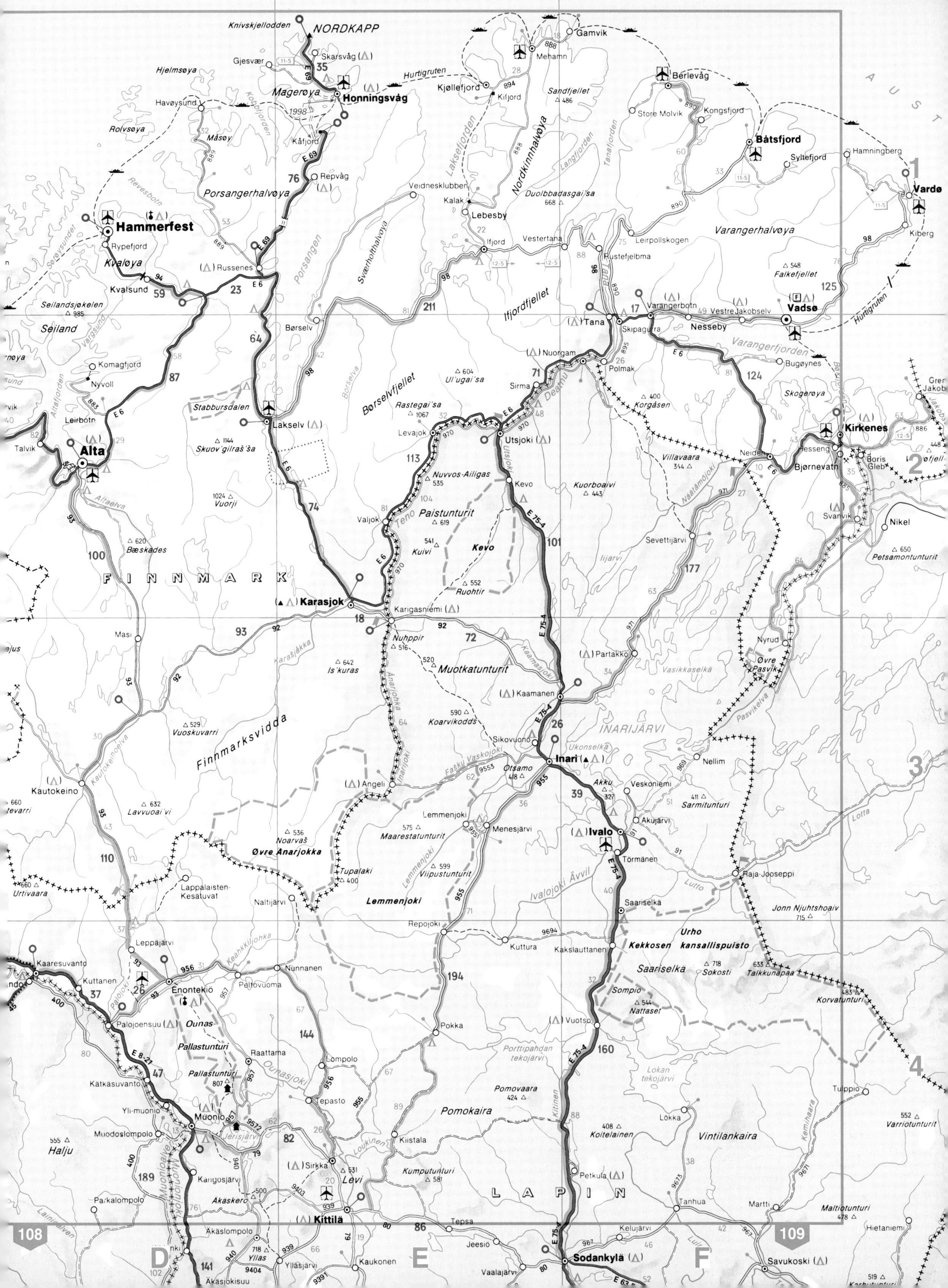
D
E
F
Knivskjellodden
NORDKAPP
Skarsvåg
Gjesvær
Hjelmsøya
Magerøya
Honningsvåg
Havøysund
Rolvsøya
Måsøy
Kåfjord
Repvåg
Porsangerhalvøya
Hammerfest
Rypefjord
Kvaløya
Kvalsund
Russenes
Seilandsjøkelen
Seiland
Komagfjord
Nyvoll
Leirbotn
Talvik
Alta
Børselv
Stabbursdalen
Lakselv
Skuov'gilraš'ša
Vuorji
Bæskades
FINNMARK
Karasjok
Porsangen
Sværholthalvøya
Veidnesklubben
Kalak
Lebesby
Ifjord
Vestertana
Hurtigruten
Kjøllefjord
Kifjord
Mehamn
Gamvik
Sandfjellet
Nordkinnhalvøya
Laksefjorden
Duolbbadasgai'sa
Langfjorden
Tanafjorden
Berlevåg
Store Molvik
Kongsfjord
Båtsfjord
Syltefjord
Hamningberg
Vardø
Kiberg
Leirpollskogen
Varangerhalvøya
Falkefjellet
Rustefjelbma
Ifjordfjellet
Tana
Skipagurra
Varangerbotn
Vestre Jakobselv
Vadsø
Nesseby
Varangerfjorden
Bugøynes
Nuorgam
Polmak
Sirma
Børselvfjellet
Ul'ugai'sa
Rastegai'sa
Levajok
Utsjoki
Kevo
Korgåsen
Skogerøya
Kirkenes
Hesseng
Bjørnevatn
Boris Gleb
Neiden
Villavaara
Kuorboaivi
Nuvvos-Ailigas
Paistunturit
Valjok
Kuivi
Ruohtir
Svanvik
Nikel
Sevettijärvi
Petsamontunturit
Karigasniemi
Masi
Nuhppir
Is'kuras
Muotkatunturit
Kaamanen
Partakko
Nyrud
Øvre Pasvik
Vuoskuvarri
Finnmarksvidda
Koarvikodds
Sikovuono
Inarijärvi
Ukonselkä
Inari
Nellim
Otsamo
Angeli
Kautokeino
Lavvuoai'vi
Noarvaš
Øvre Anarjokka
Lemmenjoki
Menesjärvi
Maarestatunturit
Viipustunturit
Akku
Veskoniemi
Sarmitunturi
Akujärvi
Ivalo
Törmänen
Tupalaki
Urtivaara
Lappalaisten-Kesatuvat
Naltijärvi
Raja-Jooseppi
Lutto
Saariselkä
Jonn Njuhtshoaiv
Repojoki
Kuttura
Kakslauttanen
Urho Kekkosen kansallispuisto
Sokosti
Talkkunapaa
Leppäjärvi
Kaaresuvanto
Kuttanen
Enontekiö
Nunnanen
Palojoensuu
Ounas-Pallastunturi
Pallastunturi
Raattama
Pokka
Vuotso
Sompio
Nattaset
Korvatunturi
Porttipahdan tekojärvi
Lokan tekojärvi
Kätkäsuvanto
Lompolo
Yli-muonio
Muonio
Tepasto
Pomovaara
Pomokaira
Tulppio
Muodoslompolo
Halju
Jerisjärvi
Kiistala
Koitelainen
Lokka
Vintilankaira
Varriotunturi
Kangosjärvi
Sirkka
Levi
Kumputunturi
Petkula
Parkalompolo
Äkäskero
Kittilä
Tepsa
Tanhua
Martti
Maltiotunturi
LAPIN
Äkäslompolo
Jeesiö
Kelujärvi
Hietaniemi
Ylläs
Yllasjärvi
Kaukonen
Vaalajärvi
Sodankylä
Savukoski
Äkäsjokisuu
108
109
1
2
3
4

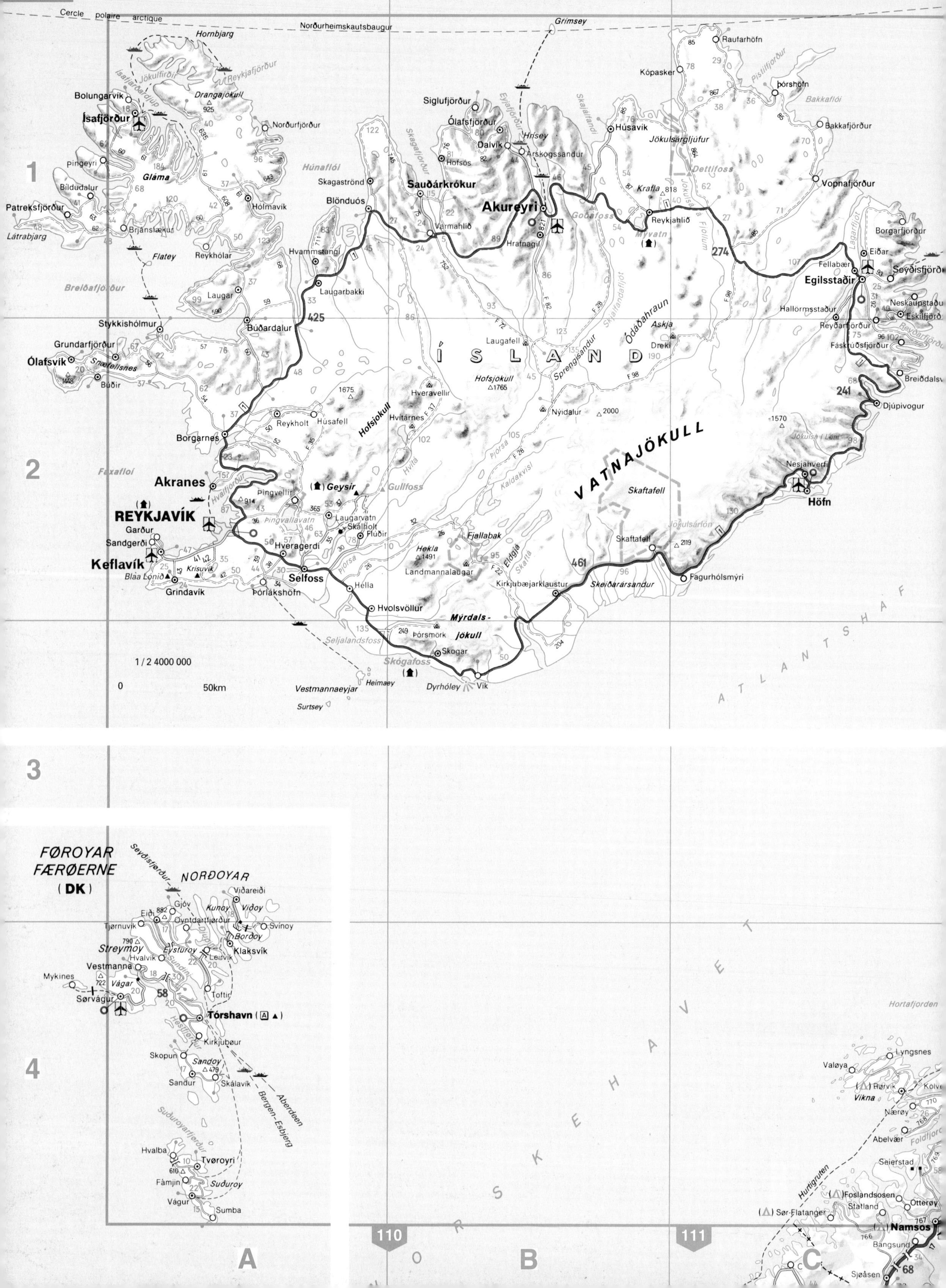
A
B
C
1
2
3
4
Cercle polaire arctique
Norðurheimskautsbaugur
Grímsey
Hornbjarg
Drangajökull
Ísafjörður
Bolungarvík
Norðurfjörður
Þingeyri
Gláma
Bíldudalur
Patreksfjörður
Látrabjarg
Brjánslækur
Flatey
Reykhólar
Hólmavík
Húnaflói
Skagaströnd
Blönduós
Sauðárkrókur
Hofsós
Siglufjörður
Ólafsfjörður
Dalvík
Hrísey
Árskógssandur
Akureyri
Varmahlíð
Hrafnagil
Goðafoss
Húsavík
Jökulsárgljúfur
Dettifoss
Krafla
Reykjahlíð
Mývatn
Raufarhöfn
Kópasker
Þórshöfn
Bakkafjörður
Vopnafjörður
Bakkaflói
Borgarfjörður
Eiðar
Fellabær
Egilsstaðir
Seyðisfjörður
Neskaupstaður
Eskifjörður
Hallormsstaður
Reyðarfjörður
Fáskrúðsfjörður
Breiðdalsvík
Djúpivogur
Hvammstangi
Laugarbakki
Laugar
Breiðafjörður
Stykkishólmur
Búðardalur
Grundarfjörður
Ólafsvík
Snæfellsnes
Búðir
ÍSLAND
Laugafell
Askja
Dreki
Ódáðahraun
Sprengisandur
Hofsjökull
Hveravellir
Hvítárnes
Nýidalur
Húsafell
Reykholt
Borgarnes
Faxaflói
Akranes
REYKJAVÍK
Garður
Sandgerði
Keflavík
Bláa Lónið
Krísuvík
Grindavík
Þingvellir
Geysir
Gullfoss
Laugarvatn
Skálholt
Flúðir
Hveragerði
Selfoss
Þorlákshöfn
Hella
Hvolsvöllur
Hekla
Landmannalaugar
Fjallabak
Eldgjá
Kirkjubæjarklaustur
Skeiðarársandur
Mýrdalsjökull
Þórsmörk
Skógar
Skógafoss
Seljalandsfoss
Vík
Dyrhólaey
Heimaey
Vestmannaeyjar
Surtsey
VATNAJÖKULL
Skaftafell
Jökulsárlón
Fagurhólsmýri
Nesjahverfi
Höfn
1 / 2 4000 000
0
50km
ATLANTSHAF
FØROYAR
FÆRØERNE
(DK)
NORÐOYAR
Viðareiði
Gjógv
Kunoy
Viðoy
Eiði
Oyndarfjørður
Svínoy
Tjørnuvík
Borðoy
Streymoy
Eysturoy
Klaksvík
Hvalvík
Leirvík
Vestmanna
Mykines
Vágar
Sørvágur
Toftir
Tórshavn
Kirkjubøur
Skopun
Sandoy
Sandur
Skálavík
Aberdeen
Bergen-Esbjerg
Hvalba
Tvøroyri
Fámjin
Suðuroy
Vágur
Sumba
NORSKEHAVET
Hortafjorden
Lyngsnes
Valøya
Rørvik
Vikna
Nærøy
Abelvær
Foldfjorden
Seierstad
Hurtigruten
Foslandsosen
Statland
Otterøy
Sør-Flatanger
Namsos
Bangsund
Sjøåsen
110
111

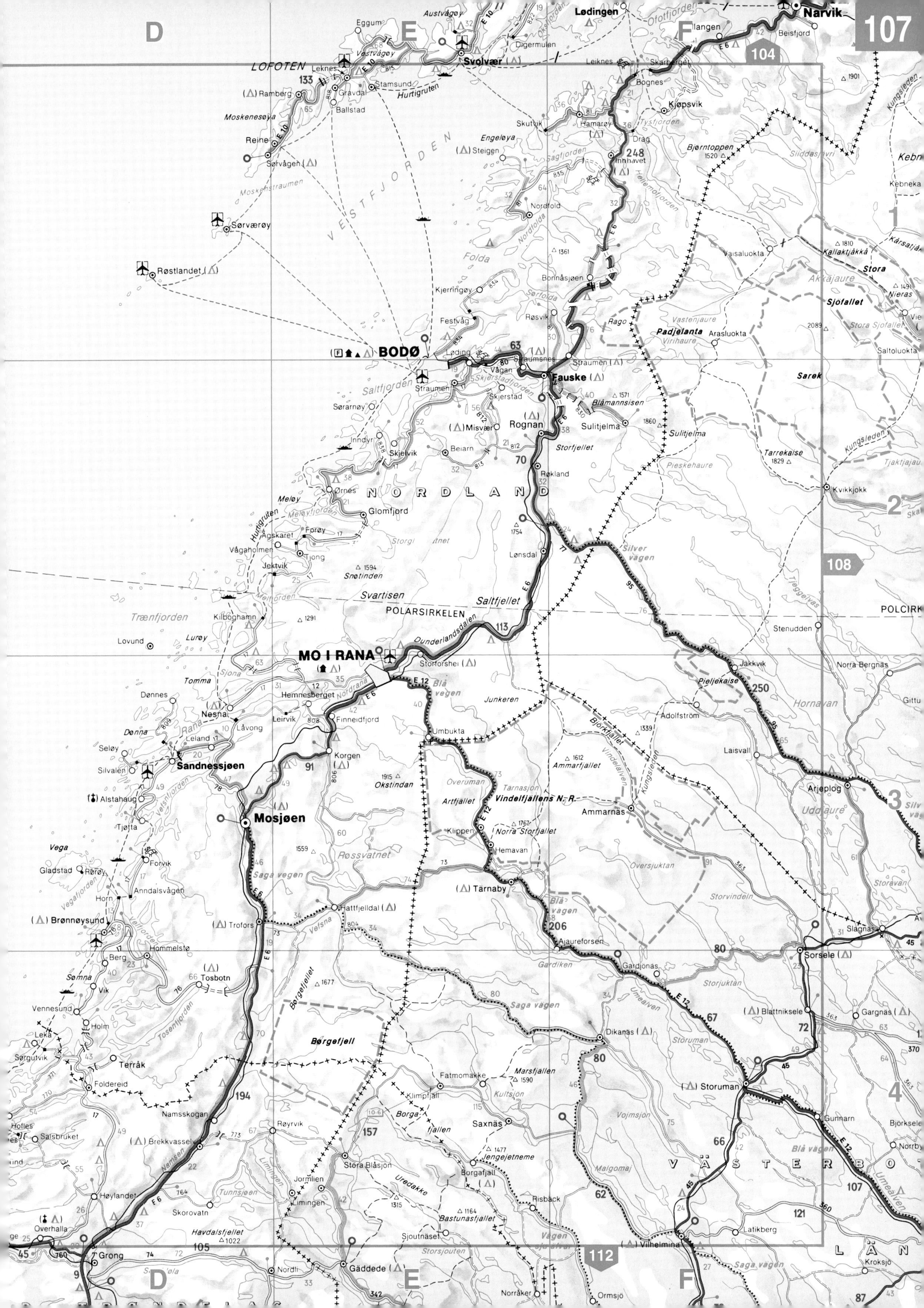
D
E
F
LOFOTEN
Austvågøy
Vestvågøy
Eggum
Leknes
Gravdal
Ballstad
Stamsund
Hurtigruten
Svolvær
Digermulen
Lødingen
Ofotfjorden
Narvik
Beisfjord
Ankenes
Leiknes
Skarberget
Bognes
Kjøpsvik
Tysfjorden
Hamarøy
Skutvik
Drag
Innhavet
Bjørntoppen
Kebnekaise
Ramberg
Moskenesøya
Reine
Sørvågen
Moskenstraumen
VESTFJORDEN
Engeløya
Steigen
Sagfjorden
Nordfold
Sørværøy
Røstlandet
Folda
Kjerringøy
Bonnåsjøen
Sørfolda
Rosvik
Festvåg
BODØ
Løding
Vågan
Straumsnes
Straumen
Fauske
Saltfjorden
Skjerstadfjorden
Skjerstad
Sørarnøy
Misvær
Rognan
Blåmannsisen
Sulitjelma
Storfjellet
Inndyr
Skjelvik
Beiarn
Røkland
Ørnes
NORDLAND
Meløy
Meløyfjorden
Glomfjord
Ågskaret
Forøy
Vågaholmen
Tjong
Jektvik
Snøtinden
Svartisen
Saltfjellet
Lønsdal
POLARSIRKELEN
Trænfjorden
Kilboghamn
Lovund
Lurøy
Dunderlandsdalen
MO I RANA
Storforshei
Junkeren
Tomma
Sjona
Hemnesberget
Nordrana
Dønnes
Nesna
Leirvik
Finneidfjord
Dønna
Låvong
Rana
Leland
Umbukta
Seløy
Sandnessjøen
Korgen
Silvalen
Okstindan
Overuman
Tarnasjön
Alstahaug
Vefsnfjorden
Mosjøen
Artfjället
Vindelfjällens N. R.
Ammarnäs
Tjøtta
Klippen
Norra Storfjället
Hemavan
Vega
Forvik
Røssvatnet
Gladstad
Rørøy
Anndalsvågen
Tärnaby
Horn
Brønnøysund
Hattfjelldal
Trofors
Vefsna
Ajaureforsen
Gardiken
Gardjonäs
Hommelstø
Berg
Tosbotn
Sømna
Vik
Vennesund
Holm
Tosenfjorden
Borgefjellet
Børgefjell
Leka
Sørgutvik
Terråk
Foldereid
Fatmomakke
Marsfjällen
Kultsjön
Klimpfjäll
Borga-fjällen
Saxnäs
Namsskogan
Røyrvik
Brekkvasselv
Salsbruket
Stora Blåsjön
Jengejetneme
Borgafjäll
Jormlien
Limingen
Tunnsjøen
Uredakke
Høylandet
Skorovatn
Bastunasfjället
Risbäck
Overhalla
Havdalsfjellet
Sjoutnäset
Grong
Nordli
Gäddede
Storsjouten
Norråker
Ormsjö
Vilhelmina
Dikanäs
Storuman
Vojmsjön
Malgomaj
VÄSTERBOTTENS LÄN
Latikberg
Saga vägen
Umeälven
Gunnarn
Björkselet
Blattniksele
Gargnäs
Sorsele
Slagnäs
Storjuktan
Storvindeln
Oversjuktan
Arjeplog
Uddjaure
Laisvall
Adolfström
Björkfjället
Kungsleden
Ammarfjället
Hornavan
Pieljekaise
Jäkkvik
Norra Bergnäs
Stenudden
POLCIRK
Tjeggelvas
Silvervägen
Kvikkjokk
Tarrekaise
Pieskehaure
Sarek
Saltoluokta
Padjelanta
Vastenjaure
Virihaure
Rago
Arasluokta
Stora Sjöfallet
Sjöfallet
Nieras
Akkajaure
Kallaktjåkkå
Vaisaluokta
Kårsatjåkkå
Sliddasjávri
Hellemofjorden
Nordfolda
104
108
112
1
2
3
4

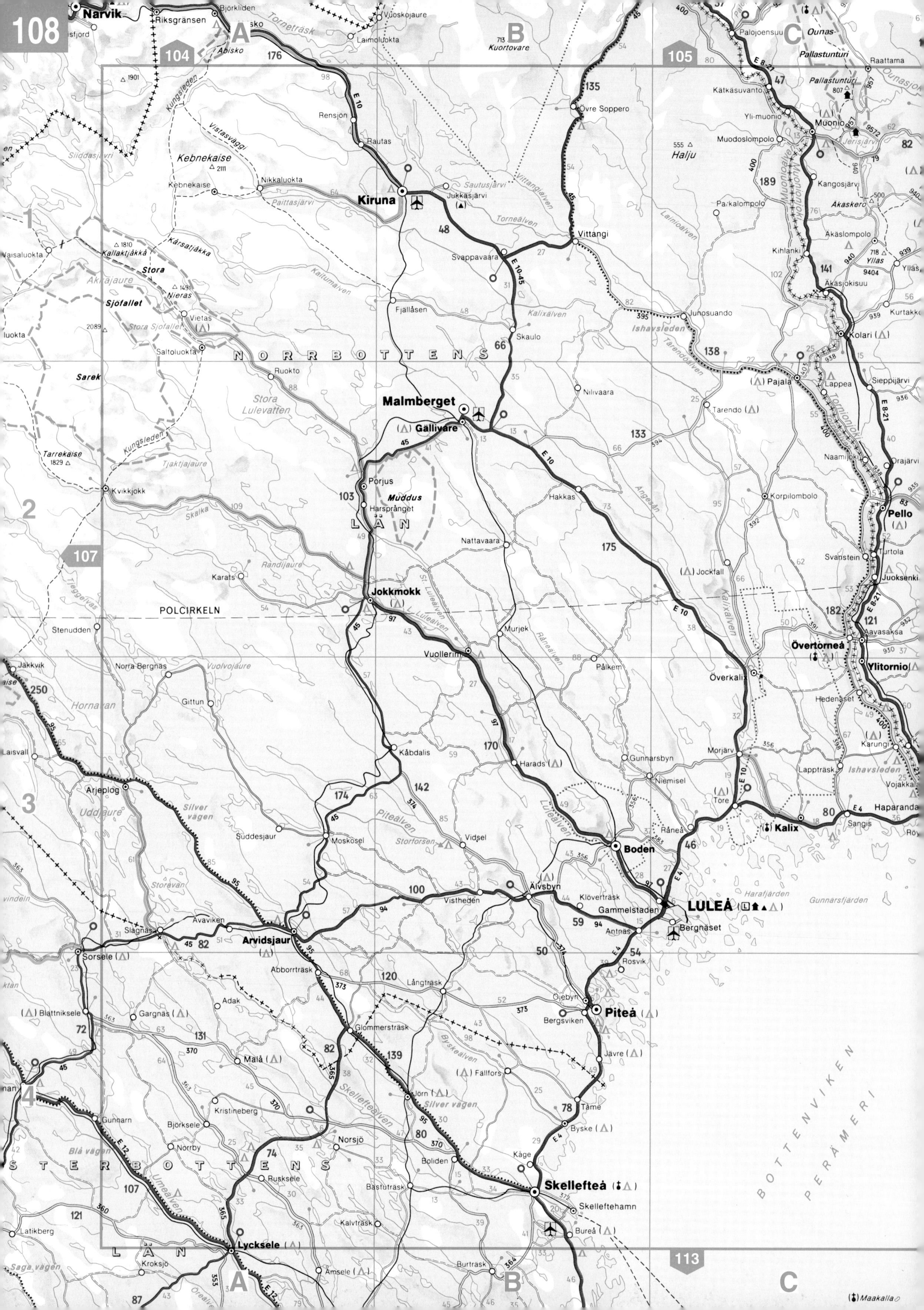
A
B
C
104
105
107
113
1
2
3
4
Narvik
Riksgränsen
Björkliden
Abisko
Torneträsk
Vuoskojaure
Laimoluokta
Kuortovare
Rensjön
Rautas
Kebnekaise
Kungsleden
Vistasvaggi
Nikkaluokta
Paittasjärvi
Kiruna
Jukkasjärvi
Sautusjärvi
Torneälven
Vittangi
Svappavaara
Övre Soppero
Palojoensuu
Pallastunturi
Raattama
Ounas-
Katkasuvanto
Yli-muonio
Muonio
Muodoslompolo
Halju
Kangosjärvi
Parkalompolo
Äkäskero
Äkäslompolo
Kihlanki
Yllas
Ylläs
Äkäsjokisuu
Kurtakko
Kolari
Junosuando
Ishavsleden
Tärendöälven
Kalixälven
Kaitumälven
Vaisaluokta
Kallaktjåkkå
Kårsatjåkka
Stora
Sjöfallet
Akkajaure
Nieras
Vietas
Stora Sjöfallet
Saltoluokta
Sarek
Fjällåsen
Skaulo
NORRBOTTENS
LÄN
Ruokto
Stora
Lulevatten
Malmberget
Gällivare
Nilivaara
Pajala
Lappea
Sieppijärvi
Tarendo
Tarrekaise
Tjaktjajaure
Kvikkjokk
Porjus
Muddus
Harsprånget
Hakkas
Korpilombolo
Naamijoki
Orajärvi
Pello
Tornionjoki
Angesån
Nattavaara
Svanstein
Turtola
Juoksenki
Jockfall
Karats
Randijaure
Jokkmokk
POLCIRKELN
Stenudden
St. Luleälven
L. Luleälven
Murjek
Råneälven
Övertorneå
Aavasaksa
Ylitornio
Jakkvik
Norra Bergnäs
Vuolvojaure
Vuollerim
Pålkem
Överkalix
Hedenäset
Gittun
Hornavan
Karungi
Laisvall
Kåbdalis
Harads
Gunnarsbyn
Niemisel
Morjärv
Lappträsk
Vojakkala
Arjeplog
Uddjaure
Silvervägen
Tore
Kalix
Haparanda
Sangis
Suddesjaur
Moskosel
Piteälven
Storforsen
Vidsel
Luleälven
Råneå
Boden
Storevan
Älvsbyn
Klöverträsk
Gammelstaden
LULEÅ
Harafjärden
Gunnarsfjärden
Slagnäs
Avaviken
Arvidsjaur
Vistheden
Antnäs
Bergnäset
Sorsele
Abborrträsk
Långträsk
Rosvik
Adak
Öjebyn
Piteå
Bergsviken
Blattniksele
Gargnäs
Glommersträsk
Byskeälven
Malå
Jävre
Fallfors
Jörn
Silver vägen
Skellefteälven
Kristineberg
Gunnarn
Björksele
Norrby
Norsjö
Tåme
Byske
Blå vägen
Boliden
Kåge
Ruskele
Umeälven
Bastuträsk
Skellefteå
Skelleftehamn
Kalvträsk
Latikberg
Lycksele
Bureå
Kroksjö
Saga vägen
Åmsele
Burträsk
BOTTENVIKEN
PERÄMERI
Maakalla

D
E
F
105
Pokka
Vuotso
Nattaset
Korvatunturi
Lompolo
Porttipahdan tekojärvi
Lokan tekojärvi
Pomovaara
Pomokaira
Kiistala
Koitelainen
Lokka
Vintilankaira
Tulppio
Varriotunturit
Kovdor
Levi
Kumputunturi
Petkula
Kittilä
LAPIN
Tanhua
Martti
Maltiotunturi
Hietaniemi
Kanda
Tepsa
Jeesiö
Kelujärvi
Kaukonen
Sodankylä
Savukoski
Vaalajärvi
Karhutunturi
Aapajärvi
Alakylä
Syväjärvi
Kairala
Saija
Alakurtti
Kierinki
Luosto
Pelkosenniemi
Kotala
Lehtovaara
Unari
Kultakero
Kuolajärvi
Lohiniva
Maijanen
LÄÄNI
Pyhätunturi
Vuostimo
Ahvenselkä
Rohmoiva
Salla
Korvala
Ounasjoki
Meltaus
Onkamo
Ruuhitunturi
Ristilampi
Kemijärvi
Joutsijärvi
ARCTIC CIRCLE
Yli-Nampa
Isokylä
Marraskoski
Hyypiö
Raisala
Hirvasvaara
Hautajärvi
Oulanka
Sinettä
Vikajärvi
Misi
Suomutunturi
Raanujärvi
NAPAPIIRI
Raajärvi
Maaninkavaara
Liikasenvaara
Karhunkierros
Kiutakongas
ROVANIEMI
Saarenkylä
Luusua
Jumisko
Mourujärvi
Käylä
Juuma
Nuorunen
Meltosjärvi
Oikarainen
Kemijoki
Vanttauskoski
Kitka
Virkkula
Pirttikoski
Aautti
Tolva
Ruka
Rukatunturi
Muurola
Kivitaipale
Riisitunturi
Pera-Posio
Mäattälanvaara
Pohjaslahti
Narkaus
Korouoma
Posio
Vasarapera
Petäjäskoski
Heikkilä
Karpankyla
Kuusamo
Peura
Koivu
Suolijoki
Kortteenpera
Muojärvi
Portimo
Mantyjärvi
Kuusamojärvi
Tervola
Kuloharju
Poussu
Iivaara
Kivalo
Kuolio
Arpela
Saariharju
Ranua
Kostonjärvi
Murtovaara
Pyhitysvaara
Inkee
Sarajärvi
Maula
Kelankylä
Teeriranta
Tornio
Keminmaa
Yli-Kärppä
Syötekylä
Iso-Syöte
Taivalkoski
Kaakamo
Kemi
Asmunti
Jokijärvi
Hossa
Maksniemi
Oijärvi
Jurmu
Tyräjärvi
Simo
Ajos
Kuivaniemi
Livo
Peranka
Piispajärvi
SUOMI
Yli-Olhava
Siurua
Pintamo
Metsäkylä
Tannila
Olhava
Yli-Ii
Pudasjärvi
Puhos
Juntusranta
Puhosjärvi
Näljänkä
Jongunjärvi
Ii
Kipinä
FINLAND
Vääkiö
ROS
Voknavolok
Hetekylä
Martinniemi
Joloskylä
Joukokylä
Kiantajärvi
Haukipudas
Kiiminki
Pesiökylä
Suomussalmi
OULU (ULEÅBORG)
Ämmänsaari
Vuokkijärvi
Marjaniemi
Ylikiiminki
Ala-Vuokki
Niskajärvi
Ojakylä
Hailuoto
Puolanka
Oulunsalo
Juorkuna
OULUN
Hepokongas
Kuivajärvi
Luodonselkä
Kempele
Jumaliskylä
Lumijoki
Komulankongas
Vartius
Muhos
Utajärvi
Puokio
Hyrynsalmi
Siikajoki
Moisiovaara
Kuumu
Liminka
Luvozero
Tyrnävä
Revonlahti
Törmänmäki
Ristijärvi
Jokikylä
Pattijoki
LÄÄNI
Lentiira
Raahe
Temmes
Ruukki
Vaala
Liminpuro
Pyhäntä
Kalliojoki
Paavola
Kylmälä
Rokua
Paltamo
Saukkovaara
Viiksimo
Säräisniemi
Veneheitto
Rantsila
Melalahti
Kontiomäki
Kellojärvi
Lentua
Vihanti
Pyhäjoki
Manamansalo
Paltaselkä
Paltaniemi
Alpua
114
115
Kestilä
Yppäri
Vorna
OULUJÄRVI
Ontojärvi
Kuhmo
Kiekinkoski
Karhukangas
Vuokatti
Nuasjärvi
Kajaani
Merijärvi
Pulkkila
Oulainen
Sotkamo
Vuolijoki
Tipasoja
1
2
3
4

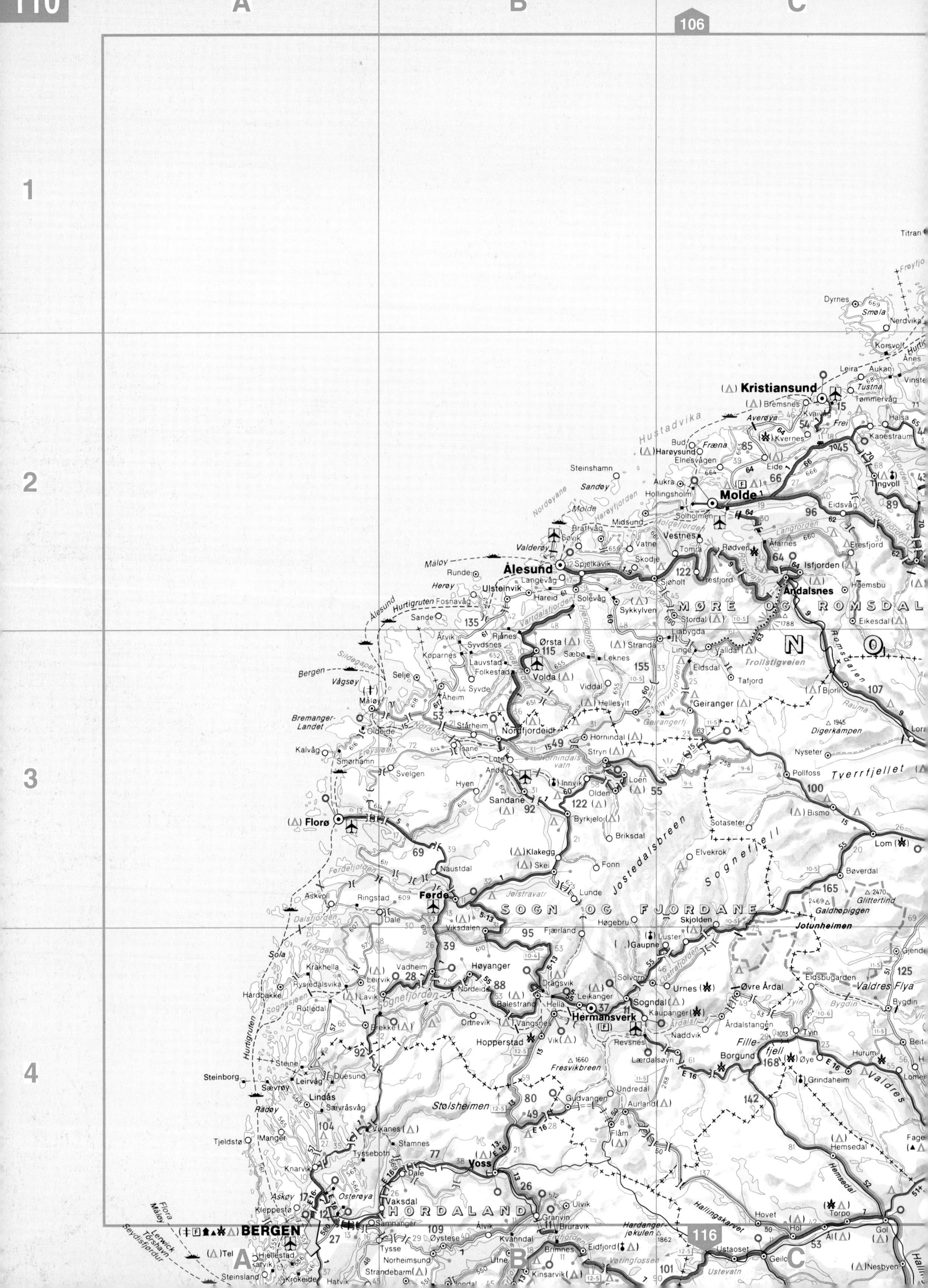
A
B
C
106
1
2
3
4
Titran
Frøyfjo
Dyrnes
Smøla
Nerdvika
Korsvoll
Ånes
Leira
Aukan
Vinste
Tustna
Tømmervåg
Kristiansund
Bremsnes
Averøya
Kvalvåg
Frei
Halsa
Kanestraum
Hustadvika
Bud
Fræna
Kvernes
Harøysund
Elnesvågen
Eide
Tingvoll
Steinshamn
Sandøy
Aukra
Hollingsholm
Molde
Nordøyane
Harøyfjorden
Midsund
Moldefjorden
Solholmen
Eidsvåg
Brattvåg
Vestnes
Langfjorden
Eresfjord
Tingvollfjorden
Søvik
Vatne
Tomra
Rødven
Åfarnes
Valderøy
Ålesund
Spjelkavik
Skodje
Isfjorden
Måløy
Runde
Langevåg
Sjøholt
Tresfjord
Åndalsnes
Herøy
Ulsteinvik
Hareid
Solevåg
Storfjorden
Hemsbu
Ålesund
Hurtigruten
Fosnavåg
Sykkylven
MØRE OG ROMSDAL
Sande
Stordal
Eikesdal
Vartdalsfjorden
Årvik
Rjånes
Ørsta
Stranda
Liabygda
Syvdsnes
Sæbø
Leknes
Linge
Valldal
Koparnes
Lauvstad
Folkestad
Volda
Eidsdal
Trollstigveien
Romsdalen
Sildegapet
Bergen
Vågsøy
Selje
Syvde
Viddal
Tafjord
Bjorli
Åheim
Hellesylt
Geiranger
Rauma
Måløy
Bremanger-Landet
Oldeide
Ståheim
Nordfjordeid
Geirangerfjorden
Digerkampen
Hornindal
Lora
Kalvåg
Isane
Stryn
Nyseter
Smørhamn
Lote
Hornindalsvatn
Frøysjøen
Nordfjorden
Svelgen
Anda
Innvik
Loen
Pollfoss
Tverrfjellet
Hyen
Olden
Sandane
Byrkjelo
Bismo
Florø
Briksdal
Sotaseter
Lom
Jostedalsbreen
Klakegg
Elvekrok
Sognefjell
Naustdal
Skei
Fonn
Bøverdal
Førdefjorden
Jølstravatn
Lunde
Glittertind
Galdhøpiggen
Askvoll
Ringstad
Førde
SOGN OG FJORDANE
Dalsfjorden
Dale
Viksdalen
Fjærland
Høgebru
Skjolden
Jotunheimen
Åfjorden
Luster
Gaupne
Gjende
Sola
Høyanger
Vadheim
Krakhella
Leirvik
Nordeide
Dragsvik
Solvorn
Lustrafjorden
Eidsbugarden
Hardbakke
Rysjedalsvika
Lavik
Sognefjorden
Balestrand
Hella
Leikanger
Hermansverk
Sogndal
Urnes
Øvre Årdal
Valdres Flya
Rutledal
Sognesjøen
Ortnevik
Vangsnes
Kaupanger
Årdalstangen
Tyin
Bygdin
Hurtigruten
Brekke
Hopperstad
Vik
Revsnes
Naddvik
Fillefjell
Hurum
Beito
Steine
Borgund
Øye
Valdres
Lærdalsøyri
Fresvikbreen
Grindaheim
Lomen
Steinborg
Duesund
Leirvåg
Sævrøy
Undredal
Lindås
Sævråsvåg
Stølsheimen
Gudvangen
Aurland
Radøy
Vikanes
Flåm
Fagernes
Tjeldstø
Manger
Stamnes
Hemsedal
Tysseboth
Knarvik
Voss
Dale
Hemsedal
Askøy
Osterøya
Vaksdal
Ulvik
Kleppestø
HORDALAND
Granvin
Torpo
Flora
Måløy
Lerwick
Tórshavn
Seydisfjordur
BERGEN
Samnanger
Ålvik
Bruravik
Hardangerjøkulen
Hallingskarvet
Hovet
Hol
Ål
Gol
Tysse
Øystese
Kvanndal
Eidfjorden
116
Tel
Hjellestad
Norheimsund
Brimnes
Eidfjord
Ustaoset
Geilo
Vøringfossen
Ustevatn
Nesbyen
Kårvik
Strandebarm
Utne
Kinsarvik
Steinsland
Krokeide
Hatvik
Halli

D
E
F
106
107
117
112
NORD TRØNDELAG
SØR TRØNDELAG
JÄMTLANDS LÄN
HEDMARK
OPPLAND
Frohavet
Namsos
Grong
Steinkjer
Levanger
Verdalsøra
Stjørdal
TRONDHEIM
Orkanger
Melhus
Støren
Oppdal
Røros
Tynset
Alvdal
Otta
Vinstra
Lillehammer
Gjøvik
Hamar
Elverum
Rena
Koppang
Idre
Särna
Sveg
Mora
Orsa
Älvdalen
Sälen
Krokom
ÖSTERSUND
Åre
Duved
Storlien
Meråker
Snåsa
Gäddede
Funäsdalen
Tänndalen
Vemdalen
Hede
Lillhärdal
Trysil
Hitra
Frøya
Trollheimen
Dovrefjell
Rondane
Femundsmarka
Gressåmoen
Siljan

NORD TRØNDELAG
SVERIGE
JÄMTLANDS LÄN
VÄSTERNORRLANDS LÄN
GÄVLEBORGS LÄN
Namsos
Grong
Steinkjer
Snåsa
Meråker
Storlien
Åre
Järpen
Krokom
ÖSTERSUND
Strömsund
Hammerdal
Gäddede
Vilhelmina
Dorotea
Åsele
Sollefteå
Kramfors
Härnösand
SUNDSVALL
Timrå
Ånge
Bräcke
Ragunda
Hammarstrand
Svenstavik
Funäsdalen
Vemdalen
Sveg
Idre
Särna
Ljusdal
Hudiksvall
Bollnäs
Söderhamn
Älvdalen
Orsa
Mora
Sälen
Rättvik
Storsjön
Indalsälven
Ljungan
Ljusnan
Österdalälven
Siljan
Karolinerleden
107
111
118
119
A
B
C
1
2
3
4

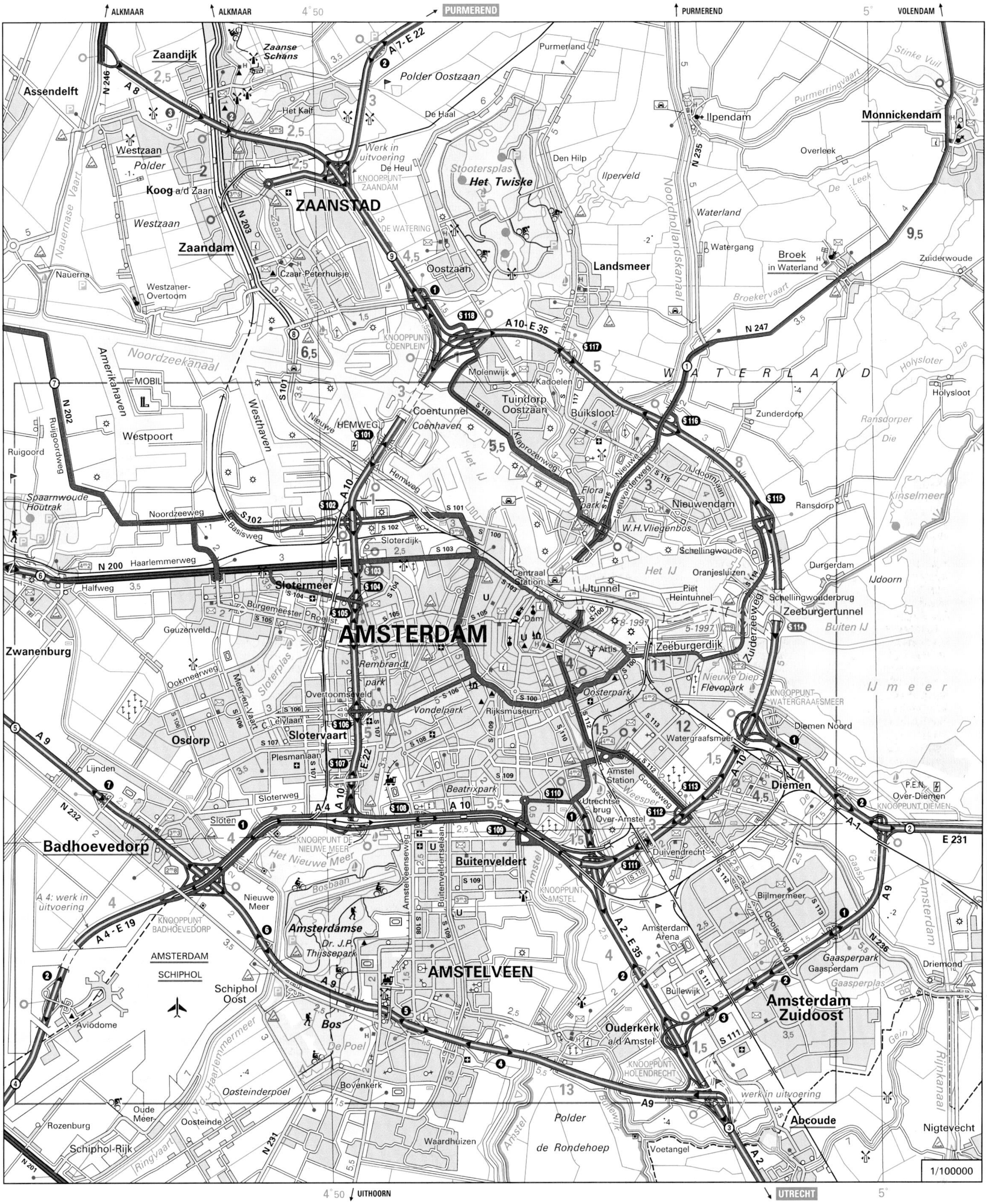

ALKMAAR
ALKMAAR
PURMEREND
PURMEREND
VOLENDAM
IJMUIDEN
HAARLEM
ALKMAAR
HAARLEM
DEN HAAG
UITHOORN
UTRECHT
WEESP
ALMERE-STAD
AMERSFOORT
Zaandijk
Zaanse Schans
Assendelft
Westzaan
Koog a/d Zaan
ZAANSTAD
Zaandam
Polder Oostzaan
Purmerland
Het Twiske
Den Hilp
Ilpendam
Monnickendam
Landsmeer
Broek in Waterland
Oostzaan
Westpoort
Noordzeekanaal
W A T E R L A N D
Holysloot
Zunderdorp
Ransdorp
Nieuwendam
Buiksloot
Tuindorp Oostzaan
Coentunnel
Het IJ
IJtunnel
Zeeburgertunnel
Zeeburgerdijk
Halfweg
Zwanenburg
Slotermeer
AMSTERDAM
Osdorp
Slotervaart
Rembrandt park
Vondelpark
Rijksmuseum
Artis
Flevopark
IJ meer
Diemen
Badhoevedorp
Buitenveldert
AMSTERDAM SCHIPHOL
Schiphol Oost
Amsterdamse Bos
AMSTELVEEN
Ouderkerk a/d Amstel
Amsterdam Zuidoost
Abcoude
Nigtevecht
Driemond
Schiphol-Rijk
Rozenburg
Oude Meer
Oosteinde
Bovenkerk
Waardhuizen
Polder de Rondehoep
1/100000

Almassora E 44 A2
Almazán E 37 D4
Almedinilla E 48 A2
Almeida P 35 D4
Almeida E 35 E4
Almeirim P 40 B3
Almelo NL 55 D3
Almenar E 38 B3
Almenara E 44 A3
Almenar de Soria E 37 D3
Almendral E 41 D4
Almendralejo E 41 E4
Almendro (El) E 46 C2
Almere-Stad NL 54 C3
Almería E 48 C3
Almerimar E 48 C4
Almese I 27 F4
Almirí GR 97 E1
Almiró GR 96 C3
Almiropótamos GR 94 B4
Almirós GR 93 E1
Almodôvar P 46 B2
Almodóvar del Campo E 42 A4
Almodóvar del Pinar E 43 E3
Almodóvar del Río E 47 F1
Almogía E 47 F3
Almoguera E 42 C2
Almoharín E 41 E3
Almonacid de Toledo E 42 B2
Almonacid de Zorita E 42 C2
Almonació de la Sierra E 37 E4
Almonaster la Real E 46 C1
Almonte E 47 D2
Almoradí E 49 E1
Almorox E 42 A2
Almudévar E 37 F3
Almunia de Doña Godina (La) E 37 E4
Almuñécar E 48 A3
Almuradiel E 48 B1
Alness GB 7 D4
Alnwick GB 9 F3
Alnö S 112 C3
Alónia GR 88 A3
Alónissos GR 94 A2
Alónissos (Nissí) GR 94 B1
Álora E 47 F3
Alosno E 46 C2
Alozaina E 47 F3
Alp E 38 C2
Alpalhão P 40 C3
Alpbach A 67 F3
L'Alpe-d'Huez F 27 D4
Alpedrinha P 40 C1
Alpera E 43 E4
Alphen aan den Rijn NL 54 B3
Alpiarça P 40 B3
Alpignano I 27 F4
Alpirsbach D 23 F3
Alpua FIN 114 C2
Alqueva P 40 C4
Alquían (El) E 48 C3
Als DK 122 B2
Alsdorf D 61 E2
Alsen S 112 A2
Alsfeld D 62 B2
Alsleben D 57 E4
Alstahaug N 107 D3
Alston GB 9 E4
Alt Ruppin D 51 E4
Alta N 105 D2
Altamura I 81 D3
Altastenberg D 62 A1
Altaussee A 68 B2
Altavilla Milicia I 84 B2
Altdöbern D 58 A3
Altdorf CH 66 B4
Altdorf b. Nürnberg D 63 E4
Altea E 49 F1
Altedo I 76 A1
Altena D 61 F1
Altenahr D 61 F2
Altenau D 56 C4
Altenberg D 64 A1
Altenberge D 55 E4
Altenburg D 63 E1
Altenholz D 50 B2
Altenhundem D 62 A1
Altenkirchen D 51 F1
Altenkirchen i. Westerwald D 61 F2
Altenmarkt A 68 A2
Altenmarkt bei St. Gallen A 68 C2
Altenmarkt a. d. Alz D 67 F2
Altenstadt D 66 C2
Altensteig D 23 F2
Altentreptow D 51 F3
Altenwalde D 50 A3
Alter do Chão P 40 C3
Altglashütten D 23 F3
Altheim A 68 A1
Althofen A 68 C3
Altkirch F 23 E4
Altlandsberg D 57 F2
Altlengbach A 69 D1
Altmünster A 68 B2
Altnaharra GB 7 D3
Altötting D 67 F1
Alton GB 14 B4
Altopascio I 75 F3
Altorricón E 38 A3
Altrincham GB 10 C3
Altsasu E 37 D1
Altshausen D 66 C2
Altstätten CH 66 C3
Altura E 43 F3
Altweilnau D 62 A2
Alustante E 43 E1
Alva GB 9 D2
Alvaiázere P 40 B2
Alvalade P 46 A1
Alvdal N 111 D3
Alverca do Ribatejo P 40 A3
Alvesta S 123 E2
Alvignac F 29 E1
Alvito P 40 B4
Alvor P 46 A2
Alyth GB 9 D1
Alytus LT 124 B4
Alzenau D 62 B3
Alzey D 62 A3
Alzira E 43 F4
Alzola E 37 D1
Alzon F 30 A2
Alzonne F 29 F3
Amadora P 40 A3
Amalfi I 80 A3
Amaliáda GR 96 B1
Amaliápoli GR 93 F1
Amálo GR 99 E1
Amance F 23 D4
Amancey F 27 D1
Amandola I 77 D4
Amantea I 83 E2
Amárandos GR 93 D1
Amárandos GR 87 D3
Amarante P 34 C3
Amareleja P 46 C1
Amares P 34 B3
Amárinthos GR 94 B3
Amatrice I 77 D4
Amay B 17 F2
Ambarès-et-Lagrave F 24 C4
Ambasaguas E 33 E3
Ambazac F 25 E3
Ambelákia GR 88 A4
Ambelákia GR 91 E1
Ambelía GR 93 E1
Ambelikó GR 95 F2
Ambelióna GR 96 C2
Ambelónas GR 88 A4
Amberg D 63 E3
Ambérieu-en-Bugey F 27 D3
Ambert F 26 B3
Ambès F 24 C4
Ambierle F 26 B2
Amble GB 9 F4
Ambleside GB 10 C1
Amboise F 21 D4
Ambra I 76 B3
Ambrières-les-Vallées F 19 F3
Ameixial P 46 B2
Amelia I 79 D1
Amélie-les-Bains-Palalda F 29 F4
Amelinghausen D 50 C4
Amer E 39 D3
Amerongen NL 54 C4
Amersfoort NL 54 C3
Amersham GB 14 B3
Amesbury GB 13 F2
Ametlla de Mar (L') E 44 B1
Amfíklia GR 93 E3
Amfilohía GR 92 B2
Amfípoli GR 88 C2
Ámfissa GR 93 E3
Amiens F 16 C3
Amigdaleónas GR 89 D1
Amigdaliá GR 93 D3
Amilly F 21 F3
Amíndeo GR 87 E2
Amlwch GB 3 F4
Ammanford/Rhydaman GB 12 C1
Ammarnäs S 107 F3
Amohóri GR 87 E2
Amolianí GR 89 D3
Amolianí (Nissí) GR 89 D3
Amorbach D 62 B3
Amorebieta E 37 D1
Amorgós GR 99 D3
Amorgós (Nissí) GR 99 D3
Amório GR 91 E1
Amótopos GR 92 B1
Amou F 28 B3
Amoudára GR 101 D4
Amoudára GR 101 E4
Ampezzo I 68 A4
Ampfing D 67 F1
Amphion-les-Bains F 27 E2
Amplepuis F 26 B3
Ampolla (L') E 44 B1
Amposta E 44 B1
Ampthill GB 14 B2
Ampudia E 36 A3
Ampuero E 36 C1
Amriswil CH 66 C3
Amsele S 113 D1
Amstelveen NL 54 B3
Amsterdam NL 54 B3
Amstetten A 68 C1
Amurrio E 36 C1
Amusco E 33 F4
Anadia P 40 B1
Anáfi GR 99 D4
Anáfi (Nissí) GR 99 D4
Anafonítria GR 92 A4
Anagni I 79 E2
Análipsi GR 99 E4
Análipsi GR 93 F3
Análipsis GR 96 C2
Anan'ïv UA 127 E3
Anaráhi GR 87 E2
Anárgiri GR 87 E2
Anascaul IRL 4 A3
Anatolí GR 88 A4
Anatolí GR 87 D4
Anatolí GR 101 E4
Anatolikó GR 87 E2
Anávatos GR 95 F3
Anávissos GR 98 A1
Anávra GR 93 D1
Anávra GR 93 E2
Ancenis F 19 E4
Ancerville F 22 B2
Anchuras E 42 A3
Ancona I 77 D3
Ancy-le-Franc F 22 A4
Anda N 110 B3
Andalo I 71 F3
Andartikó GR 87 E2
Andebu N 117 D2
Andelot F 22 C3
Les Andelys F 16 B4
Andenes N 104 A3
Andenne B 17 F2
Anderlues B 17 E2
Andermatt CH 66 B4
Andernach D 61 F2
Andernos-les-Bains F 28 B1
Anderstorp S 123 E1
Andígonos GR 87 F2
Andikíra GR 93 E3
Andikíthira (Nissí) GR 100 A2
Andimáhia GR 103 D1
Andímilos (Nissí) GR 98 A3
Andíparos GR 98 C3
Andíparos (Nissí) GR 98 C3
Andípaxi (Nissí) GR 92 A1
Andípsara (Nissí) GR 95 E3
Andírio GR 92 C3
Ándissa GR 95 E1
Andoain E 28 A3
Andorno Micca I 70 C4
Andorra E 44 A1
Andosilla E 28 A4
Andover GB 13 F2
Andratx E 45 D3
Andravída GR 92 B4
Andretta I 80 B3
Andrézieux-Bouthéon F 26 B3
Andria I 80 C2
Andrijevica YU 128 B2
Andrítsena GR 96 C1
Ándros GR 98 C1
Ándros (Nissí) GR 94 C4
Androússa GR 96 C2
Andselv N 104 B3
Andújar E 48 A1
Anduze F 30 B2
Aneby S 118 C4
Anet F 21 D2
Angáli GR 94 A2
Angeja P 34 B4
Angeli FIN 105 E3
Angelohóri GR 87 F2
Angelókastro GR 92 C3
Angelókastro GR 97 E1
Anger A 69 D2
Angermünde D 52 A4
Angern a. d. March A 65 E4
Angers F 19 F4
Angerville F 21 E3
Anghiari I 76 B3
Angístri GR 97 F1
Angístri (Nissí) GR 97 F1
Ángistro GR 88 C1
Anglès E 39 D3
Anglès F 29 F3
Angles-sur-l'Anglin F 25 D2
Anglesola E 38 B4
Anglet F 28 A3
Anglure F 22 A2
Angoulême F 24 C3
Angri I 80 A3
Angüés E 38 A3
Anguiano E 36 C2
Anguillara Veneta I 72 B4
Aniane F 30 B2
Aniche F 17 D3
Ánixi GR 87 E4
Anizy-le-Château F 17 D4
Anjalankoski FIN 121 E3
Anjum NL 55 D1
Ankaran SLO 73 D3
Ankarsrum S 119 D4
Anklam D 51 F3
Ankum D 55 E3
Annaberg im Lammertal A 68 C1
Annaberg-Buchholz D 63 F1
Annaburg D 57 F3
Annan GB 9 D4
Anndalsvågen N 107 D3
Annecy F 27 D3
Annemasse F 27 E2
Annevoie-Rouillon B 17 F3
Annonay F 26 C4
Annone Veneto I 72 B3
Annot F 31 E2
Annweiler D 23 F1
Anógia GR 97 D3
Anógia GR 101 D3
Anópoli GR 100 B4
Ansbach D 63 D4
Anse F 26 C3
Ansedonia I 78 C1
Ansião P 40 B2
Ansnes N 111 D1
Ansó E 28 B4
Anstruther GB 9 E2
Antas E 49 D3
Antegnate I 71 E4
Antemil E 36 B2
Antemil E 32 B2
Antequera E 47 F3
Anterselva di Mezzo/Antholz Mittertal I 67 F4
Anthí GR 88 C1
Ánthia GR 91 D2
Anthíli GR 93 E2
Anthótopos GR 93 E1
Antibes F 31 F2
Antilla (La) E 46 C2
Antnäs S 108 B3
Antraigues-sur-Volane F 30 B1
Antrain F 19 E3
Antrim GB 3 E2
Antrodoco I 79 E1
Anttola FIN 121 E2
Antwerpen B 17 E1
Antwerpen-Deurne B 17 E1
Anzano di Puglia I 80 B2
Anzio I 79 E2
Anzola d'Ossola I 70 C3
Anzy-le-Duc F 26 B2
Añover de Tajo E 42 B2
Aosta/Aoste I 27 F3
Apecchio I 76 B3
Apel (Ter) NL 55 E2
Apeldoorn NL 54 C3
Apen D 55 E2
Apéri GR 103 D4
Aphrodisias TR 129 F4
Apidiá GR 97 D3
Apíkia GR 98 C1
Apíranthos GR 99 D2
Apolakiá GR 103 E2
Apolda D 63 E1
Apólonas GR 99 D2
Apolonía GR 98 B3
Apolonía GR 88 C2
Apóstoli GR 100 C3
Apostolove UA 127 F3
Appenweier D 23 F2
Appenzell CH 66 C3
Appiano s. str. d. vino/Eppan I 67 E4
Appingedam NL 55 D1
Appleby GB 10 C1
Aprica I 71 E3
Apricena I 80 B1
Aprilia I 79 E2
Ápsalos GR 87 F1
Apt F 31 D2
Apta N 116 B3
Aquileia I 72 C3
Arabba I 67 F4
Aracena E 47 D1
Arad RO 126 B4
Aragona I 84 C3
Arahal (El) E 47 E2
Aráhova GR 93 D3
Aráhova GR 93 E3
Aramits F 28 B3
Aranda de Duero E 36 B3
Aranđelovac YU 128 B1
Aranjuez E 42 B2
Arantzazu E 37 D1
Aras de Alpuente E 43 F2
Arasluokta S 107 F1
Áratos GR 91 D2
Aravaca E 42 B1
Aravissós GR 88 A2
Áraxos GR 92 C4
Arazede P 40 B1
Arbatax I 82 C3
Arbeca E 38 B4
Arbesbach A 64 C4
Arboga S 119 D2
Arbois F 27 D1
Arbon CH 66 C3
Arborea (Località) I 82 A3
Arborio I 70 C4
L'Arbresle F 26 C3
Arbroath GB 9 E1
Arbrå S 112 B4
Arbúcies E 39 D3
Arbus I 82 B3
Arc-en-Barrois F 22 B3
Arcachon F 28 B1
Arce I 79 F2
Arcen NL 61 E1
Arcevia I 76 C3
Archena E 49 E1
Archiac F 24 C3
Archidona E 48 A3
Arcidosso I 76 B4
Arcis-sur-Aube F 22 A3
Arco I 71 F3
Arco de Baulhe P 34 C3
Arcos E 36 B2
Arcos (Los) E 37 D2
Arcos de Jalón E 37 D4
Arcos de la Frontera E 47 E3
Arcos de Valdevez P 32 A4
Les Arcs F 27 E3
Les Arcs F 31 E3
Arcusa E 38 A3
Arcyz UA 127 E4
Ardales E 47 F3
Ardánio GR 91 E2
Ardara IRL 2 C2
Ardberg GB 8 A3
Ardee/Baile Átha Fhirdhia IRL 3 D3
Ardentes F 25 E1
Ardentinny GB 8 B2
Ardes F 26 A4
Ardez CH 67 D4
Ardglass GB 3 E3
Ardisa E 37 F3
Ardlussa GB 8 B2
Ardmore/Aird Mhór IRL 5 D3
Ardrahan IRL 2 B4
Ardres F 15 E4
Ardrishaig GB 8 B2
Ardrossan GB 3 F1
Arduaine GB 8 B2
Ardvasar GB 6 B4
Areeta E 36 C1
Arenas de Cabrales E 33 F3
Arenas de Iguiña E 36 B1
Arenas de San Juan E 42 B3
Arenas de San Pedro E 41 F2
Arendal N 116 C3
Arendonk B 17 F1
Arendsee D 51 D4
Arenys de Mar E 39 D4
Arenzano I 75 D2
Areópoli GR 97 D3
Ares N 116 A2
Arès F 28 B1
Ares E 32 B2
Aréthoussa GR 88 C2
Aretí GR 88 B2
Arévalo E 36 A4
Arez P 40 C2
Arezzo I 76 B3
Arfará GR 96 C2
Argalastí GR 93 F1
Argamasilla de Alba E 42 C4
Argamasilla de Calatrava E 42 B4
Arganda E 42 C2
Arganil P 40 C1
Argássi GR 96 A1
Argelès-Gazost F 28 C4
Argelès-sur-Mer F 30 A4
Argent-sur-Sauldre F 21 E4
Argenta I 76 B1
Argentan F 20 C2
Argentat F 25 F4
Argente E 43 F1
Argentière F 27 E3
L'Argentière-la-Bessée F 31 E1
Argenton-Château F 24 C1
Argenton-sur-Creuse F 25 E2
Argentona E 39 D4
Argentré-du-Plessis F 19 E3
Arginónda GR 99 F2
Argirádes GR 86 B4
Argiró GR 94 B4
Argiropoúlio GR 88 A4
Argiroúpoli GR 100 B3
Argithéa GR 92 C1
Árgos GR 97 D1
Árgos Orestikó GR 87 E2
Argostóli GR 92 A4
Arguedas E 37 E3
Argueil F 16 B4
Arguellite E 48 C1
Arguis E 37 F3
Arh. Kleonés GR 97 D1
Arh. Neméa GR 97 D1
Arhánes GR 101 D3
Arhángelos GR 88 A1
Arhángelos GR 103 F2
Arianá GR 91 D2
Ariano Irpino I 80 B2
Ariano nel Polesine I 76 B1
Aribe E 28 B4
Aridéa GR 87 F1
Arija E 36 B1
Arild S 123 D2
Arinagour GB 8 A1
Aríni GR 96 B1
Arinthod F 27 D2
Ariño E 43 F1
Arisaig GB 8 B1
Arísti GR 87 D4
Aristoménis GR 96 C2
Arísvi GR 91 D2
Aritzo I 82 B3
Ariza E 37 D4
Arjeplog S 108 A3
Arjona E 48 A1
Arkalohóri GR 101 D4
Arkássa GR 103 D4
Arkessíni GR 99 D3
Arkí (Nissí) GR 99 F2
Arkítsa GR 93 F2
Arklow/An tInbhear Mór IRL 5 E2
Arkoúdi (Nissí) GR 92 A3
Arlanc F 26 B4
Arlanda S 119 E2
Arlanzón E 36 C2
Arlempdes F 26 B4
Arles F 30 C2
Arles-sur-Tech F 29 F4
Arlesheim CH 23 E4
Arlon B 22 C1
Arma di Taggia I 74 C3
Armação de Pêra P 46 A2
Armadale GB 9 D2
Armagh GB 3 D3
Armamar P 34 C4
Arméni GR 100 C3
Armenií GR 96 B2
Armenistís GR 99 E1
Armentières F 15 F4
Armilla E 48 B3
Armólia GR 95 F4
'Arna GR 97 D3
Arnac-Pompadour F 25 E4
Arnay-le-Duc F 26 B1
Arnéa GR 88 C2
Arneburg D 57 E2
Arnedillo E 37 D3
Arnedo E 37 D3
Arnés E 44 A1

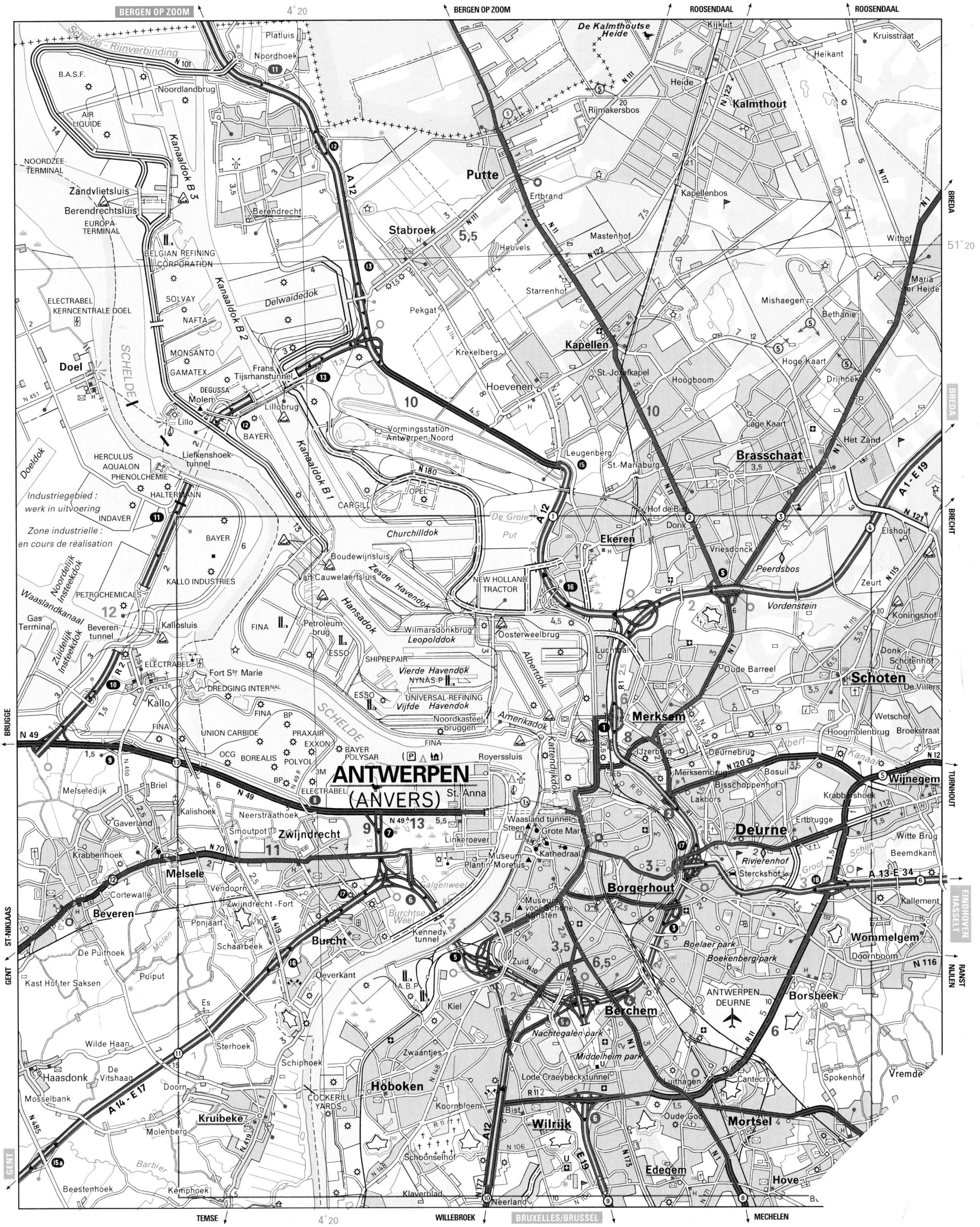

BERGEN OP ZOOM
BERGEN OP ZOOM
ROOSENDAAL
ROOSENDAAL
BREDA
BRECHT
TURNHOUT
EINDHOVEN HASSELT
RANST NIJLEN
BRUGGE
GENT ST-NIKLAAS
TEMSE
WILLEBROEK
BRUXELLES/BRUSSEL
MECHELEN
ANTWERPEN
(ANVERS)
De Kalmthoutse Heide
Kalmthout
Putte
Stabroek
Kapellen
Brasschaat
Ekeren
Merksem
Schoten
Deurne
Borgerhout
Wijnegem
Wommelgem
Borsbeek
Berchem
Mortsel
Wilrijk
Edegem
Hove
Hoboken
Kruibeke
Burcht
Zwijndrecht
Melsele
Beveren
Kallo
Doel
Lillo
Haasdonk
SCHELDE
Albertkanaal
Kanaaldok B 1
Kanaaldok B 2
Kanaaldok B 3
Delwaidedok
Churchilldok
Hansadok
Leopolddok
Amerikadok
Albertdok
Industriegebied : werk in uitvoering
Zone industrielle : en cours de réalisation
A 12
A 14 - E 17
A 1 - E 19
A 13 - E 34

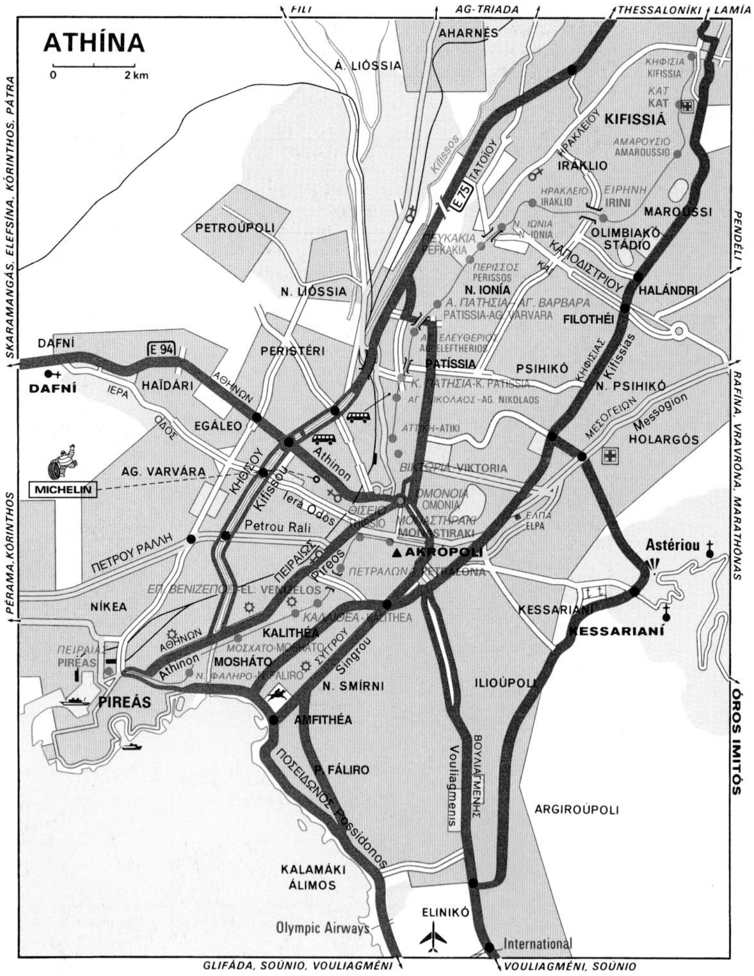
ATHÍNA
0 2 km
FILI
AG.-TRIADA
THESSALONÍKI
LAMÍA
AHARNES
A. LIÓSSIA
KIFISSIÁ
IRAKLIO
IRINI
MAROUSSI
OLIMBIAKÓ STÁDIO
PETROUPOLI
N. LIÓSSIA
N. IONÍA
HALÁNDRI
FILOTHÉI
PERISTÉRI
PATÍSSIA
PSIHIKÓ
N. PSIHIKÓ
DAFNÍ
HAÏDÁRI
EGÁLEO
HOLARGÓS
AG. VARVÁRA
MICHELIN
OMÓNIA
MONASTIRÁKI
AKRÓPOLI
Astériou
Petrou Rali
NÍKEA
KALITHÉA
KESSARIANÍ
MOSHÁTO
PIREÁS
N. SMÍRNI
ILIOÚPOLI
AMFITHÉA
P. FÁLIRO
Vouliagmenis
Possidonos
ARGIROÚPOLI
KALAMÁKI
ÁLIMOS
ELINIKÓ
Olympic Airways
International
GLIFÁDA, SOÚNIO, VOULIAGMÉNI
VOULIAGMÉNI, SOÚNIO
SKARAMANGÁS, ELEFSÍNA, KÓRINTHOS, PÁTRA
PÉRAMA, KÓRINTHOS
PENDÉLI
RAFÍNA, VRAVRÓNA, MARATHÓNAS
ÓROS IMITÓS
E 75
E 94

Arrens-Marsous F 28 C4
Arrifana P 41 D1
Arrigorriaga E 36 C1
Arriondas E 33 F2
Arroba de los Montes E 42 A3
Arrochar GB 8 C2
Arromanches-les-Bains F 19 F1
Arronches P 40 C3
Arroyo de la Luz E 41 D3
Arroyo del Ojanco E 48 C1
Arroyo de San Serván E 41 D4
Arroyomolinos de Léon E 47 D1
Arroyomolinos de Montánchez E 41 E3
Arruda dos Vinhos P 40 A3
Ars-en-Ré F 24 A2
Ars-sur-Moselle F 22 C2
Arsié I 72 A3
Arsiero I 72 A3
Arskógssandur IS 106 B1
Arsy F 16 C4
Árta GR 92 B1
Artà E 45 E3
Arta Terme I 68 A4
Artajona E 28 A4
Artemissía GR 96 C2
Artemíssio GR 93 F2
Artemónas GR 98 B3
Artena I 79 E2
Artenay F 21 E3
Artern D 57 D4
Artés E 38 C3
Artesa de Segre E 38 B3
Artessianó GR 93 D1
Arth CH 66 B4
Arth D 67 F1
Arthurstown IRL 5 E3
Arties E 29 D4
Artjärvi FIN 121 D3
Artotína GR 93 D3
Artziniega E 36 C1
Arudy F 28 C3
Arundel GB 14 B4
Árvi GR 101 E4
Arvidsjaur S 108 A3
Arvika S 118 B2
Arzachena I 78 A3
Arzacq-Arraziguet F 28 C3
Arzano F 18 C3
Arzberg D 63 E2
Arzignano I 72 A4
Árzos GR 91 E1
Arzúa E 32 B3
As B 17 F1
Ascain F 28 A3
Ascha D 63 F4
Aschach an der Donau A 68 B1
Aschaffenburg D 62 B3
Aschau i. Chiemgau D 67 F2
Aschbach-Markt A 68 C1
Ascheberg D 50 C2
Ascheberg D 55 E4
Aschendorf (Ems) D 55 E2
Aschersleben D 57 D4
Asciano I 76 B4
Asco F 78 A3
Ascó E 38 B4
Ascoli Piceno I 77 D4
Ascoli Satriano I 80 B2
Ascona CH 71 D3
Asenovgrad BG 129 D2
Asfáka GR 87 D4
Asfeld F 17 E4
Ashbourne GB 11 D3
Ashbourne IRL 3 D4
Ashburton GB 13 D3
Ashby de la Zouch GB 11 D4
Ashford GB 15 D4
Ashington GB 9 F4
Ashton-under-Lyne GB 11 D3
Asiago I 72 A3
Asikkala FIN 121 D3
Asín E 37 F3
Asipovičy BY 125 D4
Ask N 117 D1
Askainen FIN 120 B4
Askeaton IRL 4 C2
Askersund S 119 D3
Askífou GR 100 B3
Askim N 117 D2
Asklipío GR 103 F2
Askola FIN 121 D3
Askós GR 88 C2
Askvoll N 110 A3
Asmunti FIN 109 E3
Asola I 71 F4
Asolo I 72 A3
Aspang Markt A 69 D2
Aspatria GB 9 D4
Aspe E 49 F1
Asperg D 66 B1
Aspet F 29 D4
Áspra Spítia GR 93 E3
Aspres-lès-Corps F 31 D1
Áspro GR 87 F2
Aspróhoma GR 96 C2
Aspróspirgos GR 94 A4
Asprovålta GR 88 C2
Asse B 17 E2
Assemini I 82 B4
Assen NL 55 D2
Assens DK 122 B3
Assergi I 79 E1
Assisi I 76 C4
Assmannshausen D 62 A3
Assopía GR 94 A4
Assopós GR 97 E3
Ássos GR 92 A3
Ássos GR 92 B1
Astaffort F 29 D2
Astakída (Nissí) GR 102 C3
Astakós GR 92 B3
Asten A 68 B1
Asti I 74 C1
Astillero (El) E 36 B1
Astipálea GR 99 E4
Astipálea (Nissí) GR 99 E4
Astorga E 33 D4
Ástros GR 97 D2
Astudillo E 36 B2
Asvestádes GR 91 E1
Asvestohóri GR 87 D4
Asvestópetra GR 87 E2
Atalándi GR 93 F3
Átali GR 94 A3
Ataquines E 36 A4
Atarfe E 48 A3
Ateca E 37 E4
Atella I 80 C3
Atessa I 80 A1
Ath B 17 D2
Athánio GR 92 A3
Athboy IRL 3 D4
Athenry / Baile Átha an Rí IRL 2 B4
Atherstone GB 11 D4
Athína GR 94 A4
Áthira GR 88 A2
Athlone / Baile Átha Luain IRL 2 C4
Athy / Baile Átha Í IRL 5 E2
Atienza E 36 C4
Atina I 79 F2
Atios E 32 B2
Átokos (Nissí) GR 92 B3
Atouguia da Baleia P 40 A2
Atri I 77 E4
Atsikí GR 89 F4
Attendorn D 62 A1
Attersee A 68 A2
Attigliano I 79 D1
Attigny F 17 E4
Attleborough GB 15 D1
Attnang-Puchheim A 68 B1
Atzeneta d'Albaida E 43 E4
Atzeneta del Maestrat E 44 A2
Au D 67 E1
Aub D 62 C3
Aubagne F 31 D3
Aubange B 22 C1
Aubenas F 30 B1
Aubenton F 17 E3
Aubergenville F 21 E2
Auberive F 22 B4
Aubeterre F 22 A3
Aubeterre-sur-Dronne F 24 C4
Aubigny-sur-Nère F 21 E4
Aubin F 29 F1
Aubonne CH 27 E2
Aubrac F 30 A1
Aubusson F 25 F3
Auch F 29 D2
Auchencairn GB 8 C4
Auchterarder GB 9 D2
Auchtermuchty GB 9 D2
Audenge F 28 B1
Audeux F 27 D1
Audierne F 18 A3
Audincourt F 23 D4
Audlem GB 10 C3
Audruicq F 15 E4
Audun-le-Roman F 22 C1
Audun-le-Tiche F 22 C1
Aue D 63 F1
Auerbach D 63 F2
Auerbach i. d. Oberpfalz D 63 E3
Auffach A 67 F3
Aughnacloy GB 3 D2
Aughrim IRL 5 E2
Augsburg D 67 D1
Augusta I 85 E3
Augustenborg DK 122 B3
Augustów PL 124 B4
Augustusburg D 63 F1
Aukan N 110 C2
Aukra N 110 C2
Auletta I 80 B3
Aulla I 75 E2
Aullène F 78 A4
Aulnay F 24 C3
Aulnoye-Aymeries F 17 D3
Ault F 16 B3
Aulus-les-Bains F 29 E4
Auma D 63 E1
Aumale F 16 B4
Aumetz F 22 C1
Aumont-Aubrac F 30 A1
Aunay-sur-Odon F 19 F2
Auneau F 21 E3
Auneuil F 16 B4
Auning DK 122 C2
Aups F 31 E2
Aura FIN 120 B3
Auray F 18 C4
Aurdal N 111 D4
Aure N 110 C2
Aurec-sur-Loire F 26 B4
Aurich D 55 E1
Aurignac F 29 D3
Aurillac F 25 F4
Auritz E 28 A3
Auron F 31 F1
Auronzo di Cadore I 67 F4
Auros F 28 C1
Ausonia I 79 F2
Aussa-Corno I 72 C3
Außernbrünst D 64 A4
Austbygd N 116 C1
Auterive F 29 E3
Authon-du-Perche F 21 D3
Autol E 37 D3
Autrans F 27 D4
Autrey-lès-Gray F 22 C4
Autti FIN 109 E2
Auttoinen FIN 121 D3
Autun F 26 B1
Auvillar F 29 D2
Auxerre F 22 A4
Auxi-le-Château F 16 C3
Auxonne F 27 D1
Auzances F 25 F3
Auzon F 26 A4
Availles-Limouzine F 25 D2
Avaldsnes N 116 A2
Avallon F 22 A4
Ávas GR 91 D2
Avaviken S 108 A3
Avebury GB 13 F2
Aveiras de Cima P 40 A3
Aveiro P 34 B4
Avellino I 80 A3
Aversa I 80 A3
Avesnes-le-Comte F 16 C3
Avesnes-sur-Helpe F 17 E3
Avesta S 119 D1
Avetrana I 81 E3
Avezzano I 79 E1
Avgerinós GR 87 E3
Avía GR 96 C3
Aviano I 72 B3
Aviemore GB 7 D4
Avigliana I 27 F4
Avigliano I 80 C3
Avignon F 30 C2
Ávila E 42 A1
Avilés E 33 E2
Avintes P 34 B4
Avión E 32 B4
Avioth F 17 F4
Avis P 40 C3
Avize F 22 A2
Avlákia GR 99 F1
Avlémonas GR 97 E4
Avlés GR 87 F3
Avlí GR 89 D2
Avliótes GR 86 B4
Avlóna GR 94 A4
Avlum DK 122 B2
Avola I 85 E4
Avonmouth GB 13 E2
Avord F 25 F1
Avoriaz F 27 E2
Avranches F 19 E2
Ax-les-Thermes F 29 E4
Axams A 67 E3
Axat F 29 F4
Axiohóri GR 88 A2
Axioúpoli GR 88 A1
Axminster GB 13 D3
Axós GR 100 C3
Ay F 22 A2
Ayamonte E 46 B2
Aydın TR 129 E4
Ayerbe E 37 F3
Aylesbury GB 14 B2
Ayllón E 36 C4
Aylsham GB 15 D1
Ayna E 49 D1
Ayora E 43 F4
Ayr GB 3 F1
Ayvacık TR 129 E4
Ayvalik TR 129 E4
Aywaille B 17 F2
Azaila E 37 F4
Azambuja P 40 A3
Azaruja P 40 C4
Azay-le-Ferron F 25 E1
Azay-le-Rideau F 25 D1
Azinheira dos Barros P 46 A1
Azkoitia E 37 D1
Aznalcázar E 47 D2
Aznalcóllar E 47 D2
Azohía (La) E 49 E2
Azpeitia E 37 D1
Azuaga E 47 E1
Azuara E 37 F4
Azuel E 48 A1
Azuqueca de Henares E 42 C1
Azzano Decimo I 72 B3

B

Baad *A* 67 D3
Baal *D* 61 E1
Baamonde *E* 32 C2
Baarle-Nassau *NL* 17 F1
Baarn *NL* 54 C3
Babadag *RO* 129 E1
Babajevo *RUS* 125 E1
Babelsberg *D* 57 F2
Babenhausen *D* 62 B3
Babenhausen *D* 67 D2
Babrujsk *BY* 125 D4
Bacău *RO* 127 D4
Baccarat *F* 23 D3
Baceno *I* 70 C3
Bacharach *D* 62 A3
Bachmač *UA* 127 F1
Backe *S* 112 C1
Backnang *D* 62 C4
Bacoli *I* 80 A3
Bacqueville-en-Caux *F* 16 A3
Bad Aussee *A* 68 B2
Bad Brambach *D* 63 F2
Bad Deutsch Altenburg *A* 69 E1
Bad Doberan *D* 51 D2
Bad Elster *D* 63 E2
Bad Gleichenberg *A* 69 D3
Bad Goisern *A* 68 A2
Bad Hall *A* 68 B1
Bad Hofgastein *A* 68 A3
Bad Ischl *A* 68 A2
Bad Kleinen *D* 51 D3
Bad Kleinkirchheim *A* 68 B3
Bad Leonfelden *A* 64 B4
Bad Liebenstein *D* 62 C1
Bad Mitterndorf *A* 68 B2
Bad Radkersburg *A* 69 D3
Bad Salzungen *D* 62 C1
Bad St. Leonhard im Lavanttal *A* 68 C3
Bad Schallerbach *A* 68 B1
Bad Soden am Taunus *D* 62 A3
Bad Soden-Salmünster *D* 62 B2
Bad Sülze *D* 51 E2
Bad Tatzmannsdorf *A* 69 E2
Bad Vöslau *A* 69 D1
Bad Aibling *D* 67 F2
Badajoz *E* 41 D3
Badalona *E* 39 D4
Bad Bentheim *D* 55 E3
Bad Bergzabern *D* 23 F1
Bad Berka *D* 63 D1
Bad Berleburg *D* 62 A1
Bad Berneck *D* 63 E2
Bad Bertrich *D* 61 F3
Bad Bevensen *D* 50 C4
Bad Bibra *D* 63 E1
Bad Blankenburg *D* 63 D1
Bad Bramstedt *D* 50 B3
Bad Brückenau *D* 62 C2
Bad Buchau *D* 66 C2
Bad Camberg *D* 62 A2
Bad Driburg *D* 56 B4
Bad Düben *D* 57 F4
Bad Dürkheim *D* 23 F1
Bad Dürrenberg *D* 57 E4
Bad Dürrheim *D* 23 F3
Bad Ems *D* 62 A2
Baden *A* 69 D1
Baden *CH* 23 F4
Baden-Baden *D* 23 F2
Bad Endorf *D* 67 F2
Badenweiler *D* 23 E4
Bad Essen *D* 55 F3
Bad Frankenhausen *D* 57 D4
Bad Freienwalde *D* 52 A4
Bad Friedrichshall *D* 62 B4
Bad Gandersheim *D* 56 C4
Badgastein *A* 68 A3
Bad Godesberg *D* 61 F2
Bad Gottleuba *D* 64 A1
Bad Griesbach i. Rottal *D* 68 A1
Bad Grund *D* 56 C4
Bad Harzburg *D* 56 C4
Bad Herrenalb *D* 23 F2
Bad Hersfeld *D* 62 C1
Bad Hönningen *D* 61 F2
Bad Homburg *D* 62 A2
Bad Honnef *D* 61 F2
Badia Polesine *I* 76 A1
Badia Tedalda *I* 76 B3
Bad Iburg *D* 55 F3
Bad Karlshafen *D* 56 B4
Bad Kissingen *D* 62 C2
Bad König *D* 62 B3
Bad Königshofen *D* 62 C2
Bad Kösen *D* 63 E1
Bad Kreuznach *D* 62 A3
Bad Krozingen *D* 23 E3
Bad Laasphe *D* 62 A1
Bad Langensalza *D* 63 D1
Bad Lauchstädt *D* 57 E4
Bad Lausick *D* 57 F4
Bad Lauterberg *D* 56 C4
Bad Liebenwerda *D* 57 F4
Bad Liebenzell *D* 23 F2
Bad Lippspringe *D* 55 F4
Bad Mergentheim *D* 62 C4
Bad Münder *D* 56 B3
Bad Münster a. Stein *D* 62 A3
Bad Münstereifel *D* 61 E2
Bad Muskau *D* 58 B4
Bad Nauheim *D* 62 B2
Bad Nenndorf *D* 56 B3
Bad Neuenahr-Ahrweiler *D* 61 F2
Bad Neustadt *D* 62 C2
Bad Oeynhausen *D* 55 F3
Badolato *I* 83 E3
Badolatosa *E* 47 F2
Bad Oldesloe *D* 50 C3
Badonviller *F* 23 D2
Bad Orb *D* 62 B2
Bad Peterstal-Griesbach *D* 23 F2
Bad Pyrmont *D* 56 B3
Bad Rappenau *D* 62 B4
Bad Reichenhall *D* 68 A2
Bad Rothenfelde *D* 55 F3
Bad Saarow-Pieskow *D* 58 A2
Bad Sachsa *D* 56 C4
Bad Säckingen *D* 23 F4
Bad Salzdetfurth *D* 56 C3
Bad Salzschlirf *D* 62 B2
Bad Salzuflen *D* 55 F3
Bad Schandau *D* 64 A1
Bad Schmiedeberg *D* 57 F4
Bad Schönborn *D* 23 F1
Bad Schussenried *D* 66 C2
Bad Schwalbach *D* 62 A3
Bad Schwartau *D* 50 C3
Bad Segeberg *D* 50 C3
Bad Sooden-Allendorf *D* 62 C1
Bad Sulza *D* 63 E1
Bad Tennstedt *D* 63 D1
Bad Tölz *D* 67 E2
Badules *E* 37 E4
Bad Urach *D* 66 C1
Bad Vilbel *D* 62 B2
Bad Waldsee *D* 66 C2
Bad Wiessee *D* 67 E2
Bad Wildungen *D* 62 B1
Bad Wilsnack *D* 51 E4
Bad Wimpfen *D* 62 B4
Bad Windsheim *D* 63 D3
Bad Wörishofen *D* 67 D2
Bad Wurzach *D* 66 C2
Bad Zwischenahn *D* 55 E2
Baena *E* 48 A2
Bärnau *D* 63 F3
Baeza *E* 48 B1
Baga *E* 38 C3
Bâgé-le-Châtel *F* 26 C2
Bagenalstown / Muine Bheag *IRL* 5 E2
Bagenkop *DK* 122 C4
Bagheria *I* 84 B2
Bagn *N* 111 D4
Bagnacavallo *I* 76 B2
Bagnara Calabra *I* 83 E4
Bagnères-de-Bigorre *F* 28 C3
Bagnères-de-Luchon *F* 29 D4
Bagni del Masino *I* 71 E3
Bagni di Lucca *I* 75 F2
Bagno a Ripoli *I* 76 A3
Bagno di Romagna *I* 76 B3
Bagnoles-de-l'Orne *F* 19 F2
Bagnoli del Trigno *I* 80 A2
Bagnolo Mella *I* 71 E4
Bagnols-les-Bains *F* 30 B1
Bagnols-sur-Cèze *F* 30 C2
Bagnoregio *I* 76 B4
Bagolino *I* 71 F4
Bagrationovsk *RUS* 124 A4
Baia Sardinia *I* 78 A3
Baia Mare *RO* 126 C4
Baiano *I* 80 A3
Baïo *P* 34 C4
Baiersbronn *D* 23 F2
Baignes-Ste-Radegonde *F* 24 C4
Baigneux-les-Juifs *F* 22 B4
Băile Herculane *RO* 128 C1
Băile tuşnad *RO* 127 D4
Bailén *E* 48 A1
Bailieborough / Coill an Chollaigh *IRL* 3 D3
Bailleul *F* 15 F4
Bain-de-Bretagne *F* 19 E4
Bains-les-Bains *F* 23 D3
Baio *E* 32 A2
Baiona *E* 32 A4
Bais *F* 19 F3
Baiuca (A) *E* 32 B2
Baja *H* 128 A1
Bakewell *GB* 11 D3
Bakio *E* 37 D1
Bakkafjörður *IS* 106 C1
Bakvattnet *S* 112 A1
Bala *GB* 10 B3
Balaguer *E* 38 B3
Balanegra *E* 48 C3
Balaruc-les-Bains *F* 30 B3
Balassagyarmat *H* 126 A3
Balatonfüred *H* 126 A4
Balatonlelle *H* 126 A4
Balazote *E* 43 D4
Balbigny *F* 26 B3
Balbriggan / Baile Brigín *IRL* 3 E4
Balčik *BG* 129 E1
Balderschwang *D* 67 D3
Baldock *GB* 14 C2
Baleal *P* 40 A2
Baleizão *P* 46 B1
Balerma *E* 48 C3
Balestrand *N* 110 B4
Balí *GR* 100 C3
Balikesir *TR* 129 E3
Balingen *D* 66 B2
Balivanich *GB* 6 A4
Ballachulish *GB* 8 B1
Ballaghaderreen / Bealach an Doirín *IRL* 2 B3

Barcelona

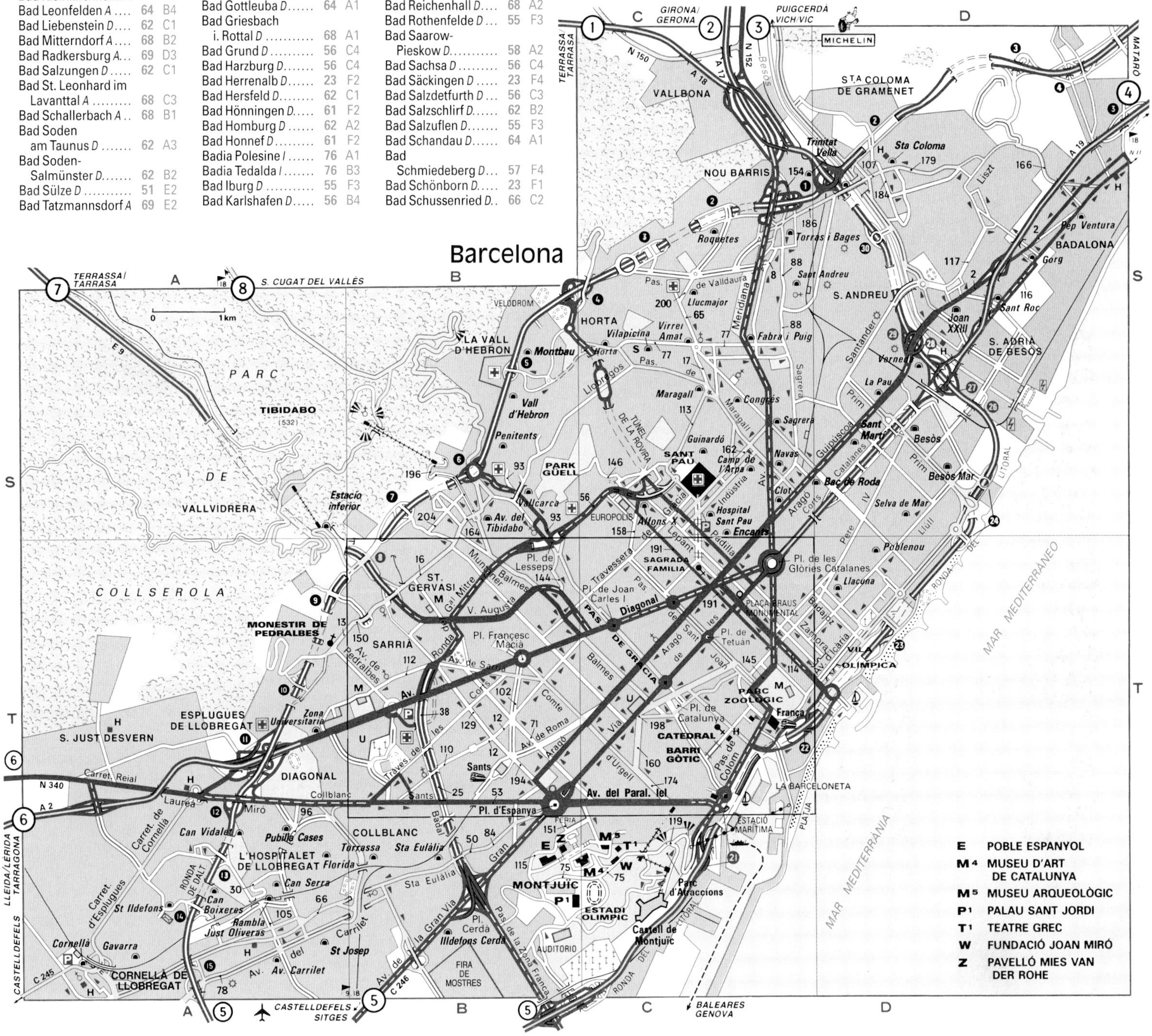

GIRONA / GERONA
PUIGCERDÀ VICH/VIC
MICHELIN
TERRASSA TARRASA
MATARÓ
TERRASSA / TARRASA
S. CUGAT DEL VALLÈS
VALLBONA
STA COLOMA DE GRAMENET
NOU BARRIS
BADALONA
S. ANDREU
S. ADRIÀ DE BESÒS
HORTA
LA VALL D'HEBRON
PARC DE COLLSEROLA
TIBIDABO
VALLVIDRERA
PARK GÜELL
SANT PAU
ST. GERVASI
SARRIÀ
MONESTIR DE PEDRALBES
ESPLUGUES DE LLOBREGAT
S. JUST DESVERN
DIAGONAL
SAGRADA FAMILIA
PARC ZOOLÒGIC
CATEDRAL
BARRI GÒTIC
VILA OLÍMPICA
LA BARCELONETA
COLLBLANC
L'HOSPITALET DE LLOBREGAT
MONTJUÏC
ESTADI OLÍMPIC
CORNELLÀ DE LLOBREGAT
MAR MEDITERRANEO
CASTELLDEFELS SITGES
BALEARES GENOVA
LLEIDA / LÉRIDA TARRAGONA
E POBLE ESPANYOL
M4 MUSEU D'ART DE CATALUNYA
M5 MUSEU ARQUEOLÒGIC
P1 PALAU SANT JORDI
T1 TEATRE GREC
W FUNDACIÓ JOAN MIRÓ
Z PAVELLÓ MIES VAN DER ROHE

Ballaghaderreen / Bealach an Doirín *IRL* 2 B3
Ballangen *N* 104 A4
Ballantrae *GB* 3 F1
Ballao *I* 82 C3
Ballater *GB* 9 D1
Ballaugh *GB* 3 F3
Ballenstedt *D* 57 D4
Balleroy *F* 19 F1
Ballerup *DK* 123 D3
Ballina / Béal an Átha *IRL* 2 B3
Ballinamore / Béal an Átha Mhóir *IRL* 2 C3
Ballinasloe / Béal Átha na Sluaighe *IRL* 2 B4
Ballingarry *IRL* 5 D2
Ballinrobe / Baile an Róba *IRL* ... 2 B3
Ballintubber *IRL* 2 A3
Ballobar *E* 38 A4
Ballon *F* 20 C3
Ballstad *N* 107 E1
Ballybay *IRL* 3 D3
Ballybofey / Bealach Féich *IRL* ... 2 C2
Ballybunnion *IRL* 4 B2
Ballycastle *GB* 3 E1
Ballycastle *IRL* 2 B2
Ballyclare *GB* 3 E2
Ballyconnell *IRL* 2 C3
Ballycotton *IRL* 4 C4
Ballycroy *IRL* 2 A3
Ballyduff *IRL* 4 B2
Ballyforan *IRL* 2 B4
Ballygawley *GB* 3 D2
Ballyhaunis / Béal Átha hAmhnais *IRL* 2 B3
Ballyheige *IRL* 4 B2
Ballyjamesduff *IRL* ... 3 D3

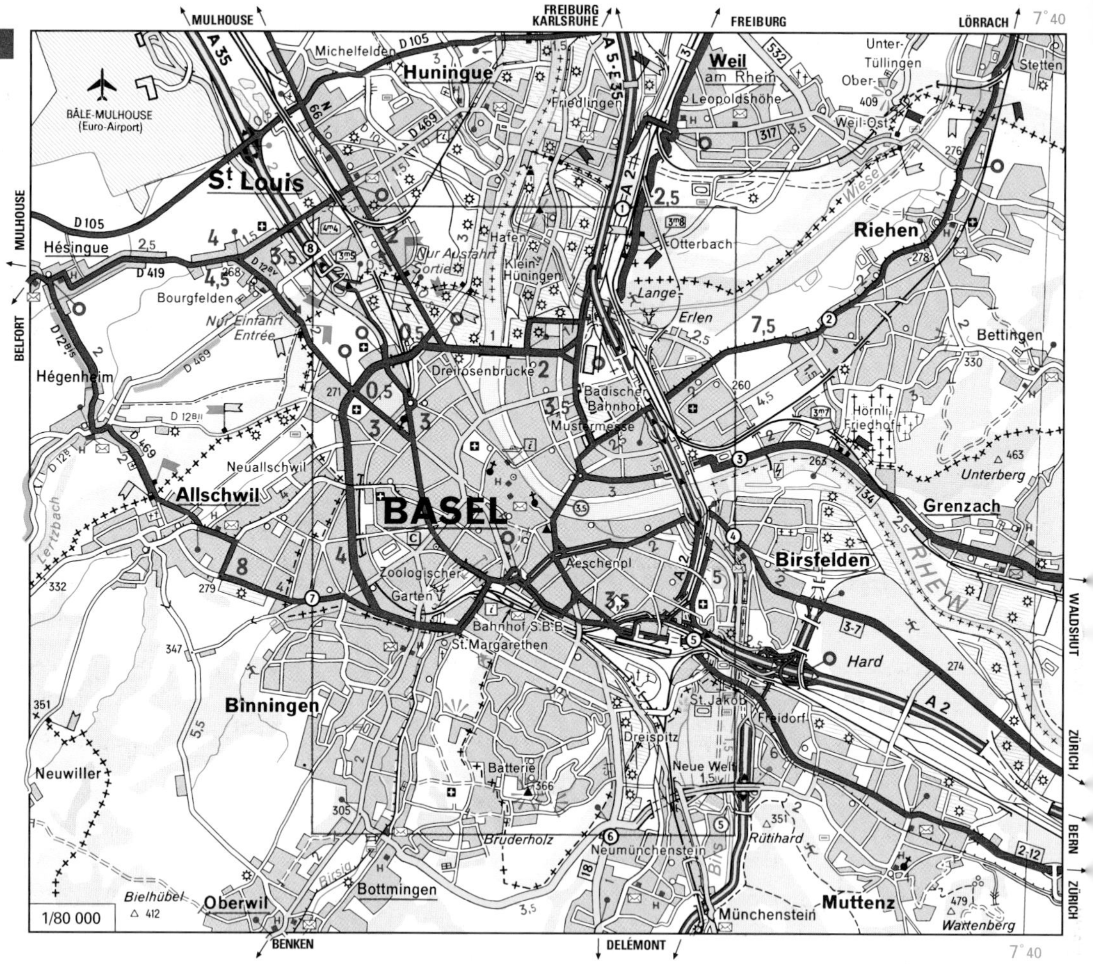

MULHOUSE
FREIBURG KARLSRUHE
FREIBURG
LÖRRACH
7°40
BÂLE-MULHOUSE (Euro-Airport)
Huningue
Weil am Rhein
St Louis
Riehen
Hésingue
Hégenheim
Allschwil
BASEL
Birsfelden
Grenzach
Binningen
Neuwiller
Oberwil
Bottmingen
Münchenstein
Muttenz
Hard
Bettingen
1/80 000
BENKEN
DELÉMONT
WALDSHUT
ZÜRICH
BERN
MULHOUSE
BELFORT

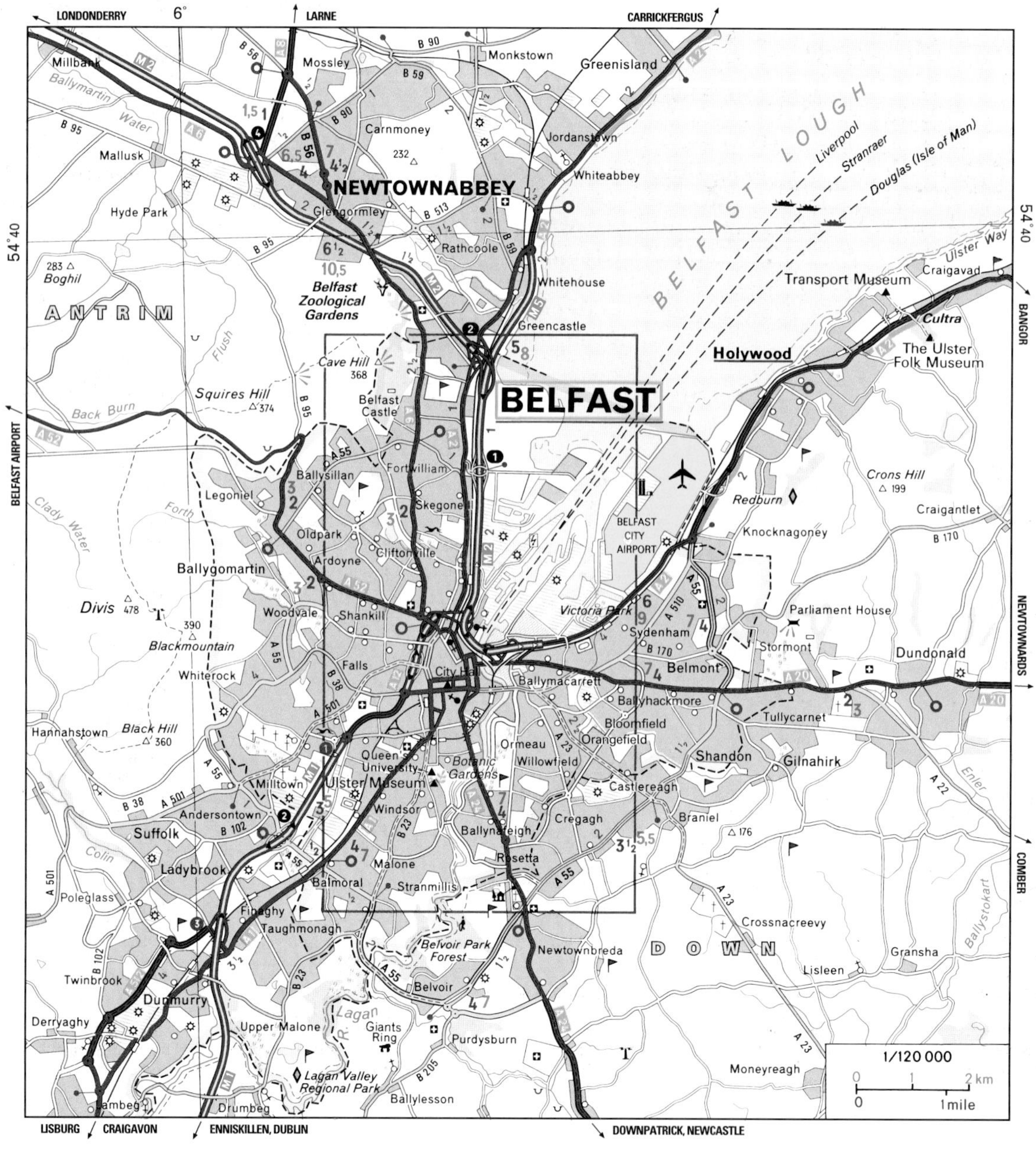

LONDONDERRY
LARNE
CARRICKFERGUS
NEWTOWNABBEY
BELFAST
BELFAST LOUGH
ANTRIM
DOWN
Holywood
Belfast Zoological Gardens
Transport Museum
The Ulster Folk Museum
BELFAST CITY AIRPORT
Parliament House
Ulster Museum
Dundonald
Dunmurry
Lagan Valley Regional Park
1/120 000
LISBURG
CRAIGAVON
ENNISKILLEN, DUBLIN
DOWNPATRICK, NEWCASTLE
BANGOR
NEWTOWNARDS
COMBER
BELFAST AIRPORT
54°40

Ballymahon / Baile Uí Mhatháin *IRL* 2 C4
Ballymena *GB* 3 E2
Ballymoe *IRL* 2 B3
Ballymoney *GB* 3 D1
Ballymore *IRL* 2 C4
Ballymote / Baile an Mhóta *IRL* 2 B3
Ballynahinch *GB* 3 E3
Ballysadare *IRL* 2 B3
Ballyshannon / Béal Átha Seanaidh *IRL* . 2 C2
Ballyvaughan *IRL* 2 A4
Balmaseda *E* 36 C1
Balme *I* 27 F4
Balneario de Panticosa *E* 28 C4
Balsareny *E* 38 C3
Balsicas *E* 49 E2
Balsorano *I* 79 F2
Balsthal *CH* 23 E4
Balta *UA* 127 E3
Baltanás *E* 36 B3
Baltar *E* 32 B4
Bălţi *MOL* 127 D4
Baltijsk *RUS* 124 A4
Baltinglass / Bealach Conglais *IRL* 5 E2
Baltrum *D* 55 E1
Bambalió *GR* 92 C2
Bamberg *D* 63 D3
Bambíni *GR* 92 B3
Bamburgh Castle *GB* . 9 F3
Bampton *GB* 13 D3
Banagher *IRL* 2 C4
Banbridge *GB* 3 E3
Banbury *GB* 13 F1
Banchory *GB* 9 E1
Bande *E* 32 B4
Bandırma *TR* 129 E3
Bandol *F* 31 D3
Bandon / Droichead na Bandan *IRL* 4 C4
Banff *GB* 7 E4
Bangor *GB* 10 B3
Bangor *GB* 3 E2
Bangor *IRL* 2 A3
Bangsund *N* 111 E1
Banja Luka *BIH* 128 A1
Bankeryd *S* 118 C4
Bannalec *F* 18 B3
Banon *F* 31 D2
Bansin *D* 52 A2
Banská Bystrica *SK* ... 126 A3
Banská Štiavnica *SK* .. 126 A3
Bantry / Beanntrai *IRL* 4 B4

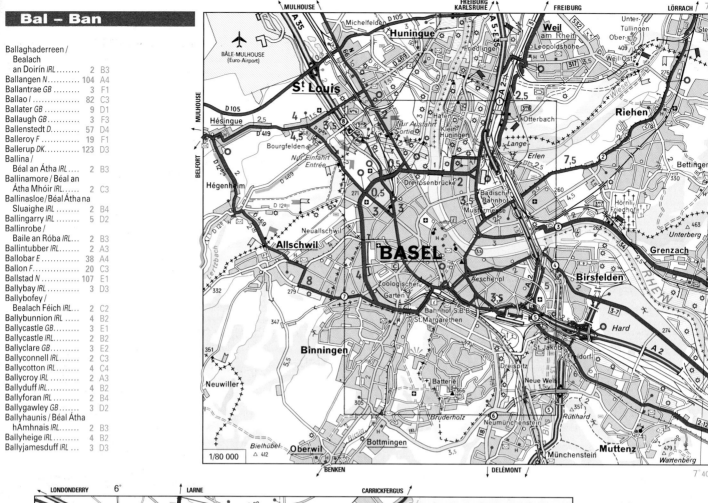

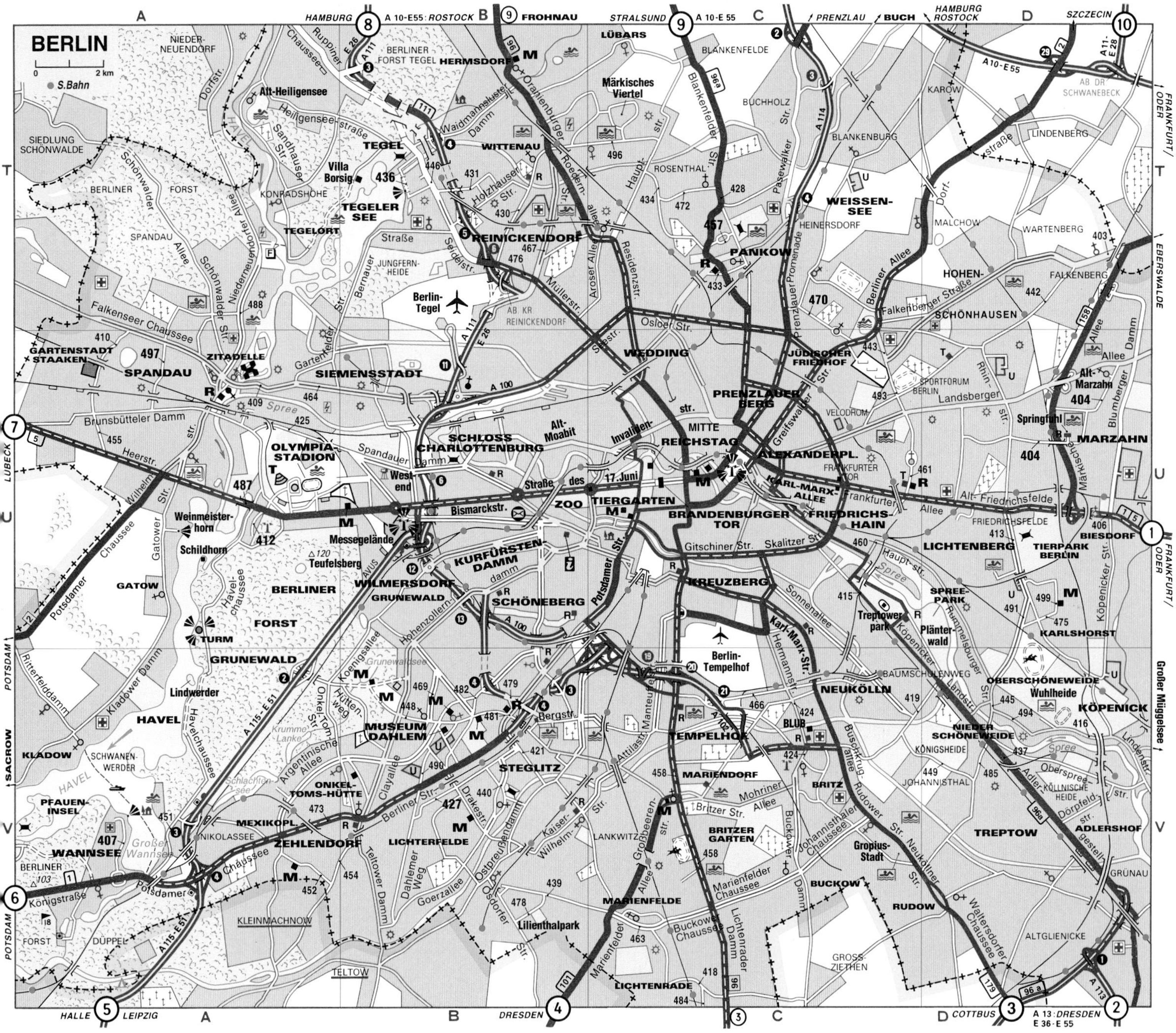
BERLIN
0 2 km
S.Bahn
HAMBURG
A 10-E55: ROSTOCK
FROHNAU
STRALSUND
A 10-E 55
PRENZLAU
BUCH
HAMBURG ROSTOCK
SZCZECIN
FRANKFURT/ ODER
EBERSWALDE
Großer Müggelsee
LÜBECK
POTSDAM
SACROW
HALLE
LEIPZIG
DRESDEN
COTTBUS
A 13: DRESDEN E 36-E 55
NIEDER-NEUENDORF
SIEDLUNG SCHÖNWALDE
Alt-Heiligensee
TEGEL
Villa Borsig
TEGELER SEE
TEGELORT
HERMSDORF
LÜBARS
Märkisches Viertel
WITTENAU
BLANKENFELDE
BUCHHOLZ
BLANKENBURG
KAROW
LINDENBERG
ROSENTHAL
WEISSENSEE
HEINERSDORF
MALCHOW
WARTENBERG
REINICKENDORF
PANKOW
HOHEN-SCHÖNHAUSEN
FALKENBERG
Berlin-Tegel
SPANDAU
GARTENSTADT STAAKEN
ZITADELLE
SIEMENSSTADT
WEDDING
PRENZLAUER BERG
JÜDISCHER FRIEDHOF
SPORTFORUM BERLIN
VELODROM
Springpfuhl
MARZAHN
OLYMPIA-STADION
SCHLOSS CHARLOTTENBURG
Alt-Moabit
MITTE
REICHSTAG
ALEXANDERPL.
KARL-MARX-ALLEE
FRIEDRICHS-HAIN
BRANDENBURGER TOR
TIERGARTEN
ZOO
Messegelände
Teufelsberg
Schildhorn
GATOW
BERLINER FORST
KURFÜRSTENDAMM
WILMERSDORF
GRUNEWALD
SCHÖNEBERG
KREUZBERG
LICHTENBERG
TIERPARK BERLIN
BIESDORF
KARLSHORST
Treptower park
Plänterwald
SPREEPARK
Berlin-Tempelhof
NEUKÖLLN
OBERSCHÖNEWEIDE
Wuhlheide
KÖPENICK
NIEDERSCHÖNEWEIDE
TURM
Lindwerder
HAVEL
KLADOW
PFAUEN-INSEL
WANNSEE
MUSEUM DAHLEM
ONKEL-TOMS-HÜTTE
STEGLITZ
TEMPELHOF
MARIENDORF
BRITZ
BRITZER GARTEN
MEXIKOPL.
NIKOLASSEE
ZEHLENDORF
LICHTERFELDE
LANKWITZ
Gropius-Stadt
BUCKOW
RUDOW
TREPTOW
ADLERSHOF
GRÜNAU
KLEINMACHNOW
DÜPPEL
Lilienthalpark
MARIENFELDE
LICHTENRADE
GROSS-ZIETHEN
ALTGLIENICKE
TELTOW

Banyalbufar E......... 45 D3
Banyeres
de Mariola E........ 43 F4
Banyoles E............ 39 D3
Banyuls-sur-Mer F... 30 A4
Bañeza (La) E.......... 33 E4
Bañón E................ 43 F1
Baños de Cerrato E... 36 A3
Baños de la Encina E. 48 B1
Baños
de la Fuensanta E.. 49 D2
Baños de Molgas E... 32 B4
Baños
de Montemayor E.. 41 F1
Bapaume F............ 16 C3
Baqueira 1500 E...... 29 D4
Bar YU................. 128 A3
Bar UA 127 D2
Bar-le-Duc F........... 22 B2
Bar-sur-Aube F 22 B3
Le Bar-sur-Loup F.... 31 F2
Bar-sur-Seine F....... 22 B3
Barajas E 42 B1
Barajas de Melo E.... 42 C2
Barakaldo E........... 36 C1
Baralla E............... 32 C3
Baranavičy BY......... 124 C4
Baraona E............. 36 C4
Baraque-
de-Fraiture B 61 D3
Baraque-Michel B.... 61 E2
Baraqueville F........ 29 F1
Barbadillo
del Mercado E..... 36 C3
Barbarano
Vicentino I.......... 72 A4
Barbastro E............ 38 A3
Barbate E.............. 47 D4
Barbazan F............ 29 D3
Barberino
di Mugello I......... 76 A2
Barbezieux F.......... 24 C3
Barbizon F............ 21 F3
Barbotan-
les-Thermes F...... 28 C2
Barby D................ 57 E3
Barca de Alva P....... 35 D4
Barca de la Florida
(La) E 47 D3
Barcarrota E........... 41 D4
Barcellona
Pozzo di Gotto I.... 83 D4
Barcelona E........... 39 D4
Barcelonnette F....... 31 E1
Barcelos P............. 34 B3
Barchfeld D............ 62 C1
Barcis I................. 72 B3
Barco (O) E............ 32 C4
Barco
de Ávila (El) E....... 41 F1
Barcones E............ 36 C4
Barcs H 128 A1
Bardal N............... 111 E1
Bardejov SK........... 126 B3
Bardi I.................. 75 E2
Bardineto I............ 74 C2
Bardolino I............ 71 F4
Bardonecchia I........ 27 E4
Bardufoss N........... 104 B3
Barèges F............. 28 C4
Barentin F............. 16 A4
Barenton F............ 19 F2
Barfleur F.............. 19 E1
Bargas E............... 42 B2
Bargoed GB 13 D1
Bargteheide D 50 C3
Bari I.................... 81 D2
Barisciano I........... 79 F1
Barjac F................ 30 B1
Barjols F............... 31 E3
Bârlad RO.............. 127 D4
Barlby GB.............. 11 E2
Barletta I............... 80 C2
Barmouth/
Abermaw GB 10 B4
Barmstedt D........... 50 B3
Barna / Bearna IRL.... 2 A4
Barnard Castle GB.... 11 D1
Barneveld NL.......... 54 C3
Barneville-Carteret F. 19 E1
Barnsley GB........... 11 D2
Barnstaple GB......... 12 C2
Barnstorf D............ 55 F2
Barntrup D 56 B3
Barqueiro P 40 B2
Barr F 23 E3
Barracas E............. 43 F2
Barrachina E 43 F1
Barraco E.............. 42 A1
Barrafranca I.......... 84 C3
Barrancos P........... 46 C1
Barranco Velho P..... 46 B2
Barranda E 49 D1
Barrax E 43 D4
Barre-
des-Cévennes F.... 30 B2
Barrea I................. 79 F2
Barreiro P.............. 40 A4
Barrela (La) E.......... 32 B3
Barrême F............. 31 E2
Barrhead GB........... 8 C3
Barrhill GB............. 3 F1
Barrière-
de-Champlon B 17 F3
Barrios (Los) E 47 E4
Barrow-
in-Furness GB 10 C1
Barruecopardo E..... 35 D4
Barruelo
de Santullán E...... 36 B1
Barry/Barri GB......... 13 D2
Barsinghausen D..... 56 B3
Barth D................. 51 E2
La Barthe-de-Neste F 29 D3
Barton-
upon-Humber GB.. 11 E2
Barumini I............. 82 B3
Baruth D............... 57 F3
Barvas GB 6 B2
Barysaŭ BY........... 125 D4
Barzio I 71 E3
Bas-en-Basset F 26 B4
Bàscara E.............. 39 E3
Baschi I................ 76 B4
Basconcillos
del Tozo E.......... 36 B2
Basel CH............... 23 E4
Baselga di Piné I...... 72 A3
Basildon GB........... 14 C3
Basingstoke GB....... 13 F2
Baslow GB............. 11 D3
Basovizza I............ 73 D3
Bassano del Grappa I 72 A3
La Bassée F............ 16 C2
Bassens F 24 C4
Bassum D 55 F2
Bastelica F............. 78 A4
Bastia F................ 78 B2
La Bastide-
Clairence F.......... 28 B3
La Bastide-
de-Sérou F.......... 29 E4
Bastogne B............ 61 D3
Bastuträsk S........... 108 B4
Batak BG.............. 129 D3
Batalha P.............. 40 B2
Batea E 44 B1
Bath GB................ 13 E2
Bathgate GB........... 9 D2
La Bâtie-Neuve F..... 31 E1
Batsí GR................ 98 B1
Battaglia Terme I..... 72 A4
Battenberg D.......... 62 A1
Battice B............... 61 D2
Battipaglia I........... 80 B3
Battle GB............... 14 C4
Batuecas (Monasterio
Las) E................ 41 E1
Batz-sur-Mer F........ 19 D4
Baud F................. 18 C3
Baugé F................ 19 F4
Baugy F................ 25 F1
La Baule F 19 D4
Baume-les-Dames F. 23 D4
Baumholder D........ 23 E1
Bauska LV............. 124 B3
Bautzen D 58 B4
Les Baux-
de-Provence F...... 30 C2
Bavay F................ 17 D3
Bavella (Col de) F..... 75 D3
Baveno I............... 70 C4
Bawtry GB 11 E3
Bayerisch
Eisenstein D........ 64 A4
Bayeux F 19 F1
Bayhirivagh GB....... 6 A4
Bayındır TR............ 129 E4
Bayon F................ 23 D3
Bayonne F............. 28 A3
Bayreuth D............ 63 E3
Bayrischzell D......... 67 F2
Baza E.................. 48 C2
Bazas F 28 C1
Bazoches-
sur-Hoëne F 20 C2
Bazzano I.............. 76 A2
Beaconsfield GB...... 14 B3
Beaminster GB........ 13 E3
Beariz E................ 32 B3
Beas E 46 C2
Beasain E.............. 37 D1
Beas de Segura E..... 48 C1
Beattock GB 9 D4

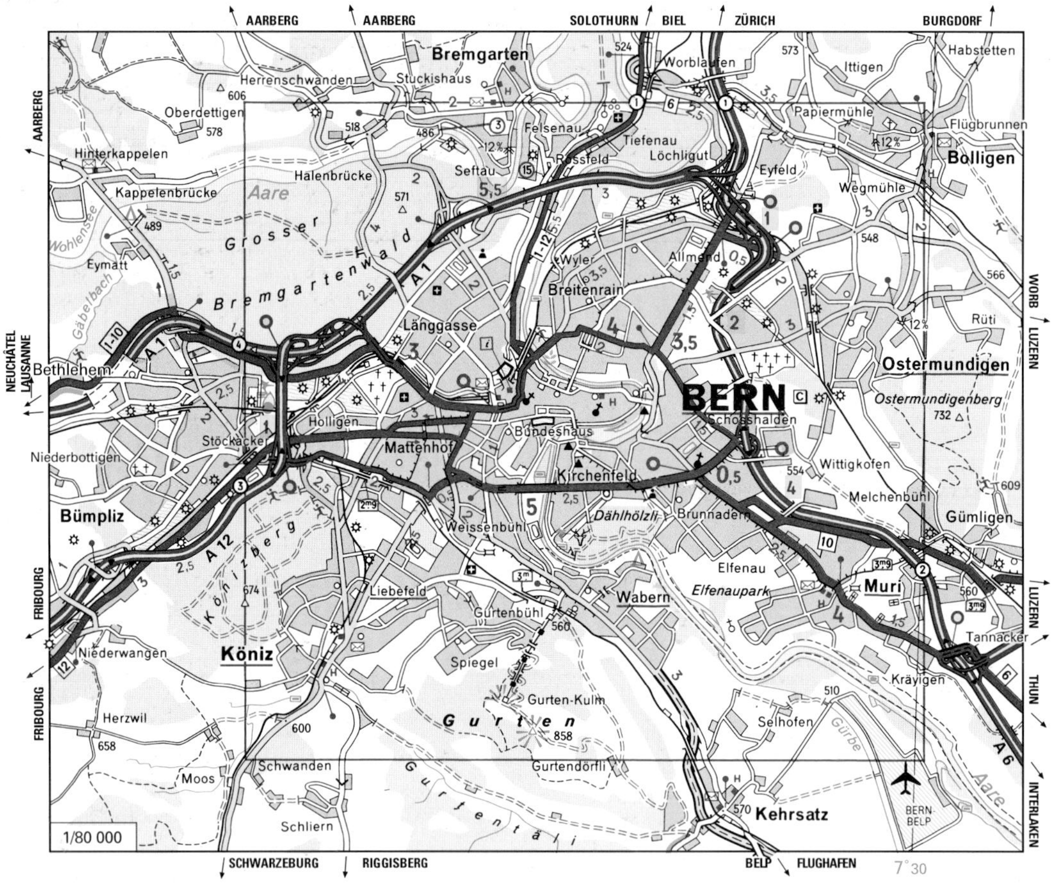
AARBERG
AARBERG
SOLOTHURN
BIEL
ZÜRICH
BURGDORF
Bremgarten
Herrenschwanden
Stuckishaus
Oberdettigen
Hinterkappelen
Halenbrücke
Kappelenbrücke
Aare
Felsenau
Tiefenau
Löchligut
Worblaufen
Ittigen
Papiermühle
Habstetten
Flügbrunnen
Bolligen
Wegmühle
Eyfeld
Seftau
Rossfeld
Grosser Bremgartenwald
Eymatt
Wyler
Breitenrain
Allmend
Länggasse
Bethlehem
Hollligen
Stöckacker
Mattenhof
Bundeshaus
BERN
Schosshalden
Ostermundigen
Ostermundigenberg
Rüti
Niederbottigen
Kirchenfeld
Wittigkofen
Melchenbühl
Gümligen
Bümpliz
Könizberg
Weissenbühl
Dählhölzli
Brunnadern
Elfenau
Elfenaupark
Muri
Liebefeld
Gurtenbühl
Wabern
Tannacker
Niederwangen
Köniz
Spiegel
Kräyigen
Herzwil
Gurten-Kulm
Gurten
Selhofen
Schwanden
Gurtendörfli
Moos
Schliern
Gurtentäli
Kehrsatz
BERN-BELP
1/80 000
SCHWARZEBURG
RIGGISBERG
BELP
FLUGHAFEN
NEUCHÂTEL LAUSANNE
FRIBOURG
FRIBOURG
WORB
LUZERN
LUZERN
THUN
INTERLAKEN

Beaucaire F 30 C2
Beaufort F 27 D2
Beaufort F 27 E3
Beaufort-en-Vallée F 19 F4
Beaugency F 21 D4
Beaujeu F 26 C2
Beaulieu GB 13 F3
Beaulieu-sur-Dordogne F 25 E4
Beaulieu-sur-Mer F 31 F2
Beaumaris GB 10 B3
Beaumesnil F 20 C2
Beaumetz-lès-Loges F 16 C3
Beaumont F 29 D1
Beaumont B 17 E3
Beaumont-de-Lomagne F 29 D2
Beaumont-Hague F 19 E1
Beaumont-le-Roger F 21 D2
Beaumont-sur-Oise F 21 E2
Beaumont-sur-Sarthe F 20 C3
Beaune F 26 C1
Beaune-la-Rolande F 21 E3
Beaupréau F 24 B1
Beauraing B 17 F3
Beaurepaire F 26 C4
Beaurepaire-en-Bresse F 27 D2
Le Beausset F 31 D3
Beauvais F 16 C4
Beauvoir-sur-Mer F 24 A1
Beauvoir-sur-Niort F 24 C2
Bebington GB 10 C3
Bebra D 62 C1
Le Bec-Hellouin F 16 A4
Beccles GB 15 D1
Becedas E 41 F1
Beceite E 44 A1
Bečej YU 128 B1
Becerreá E 32 C3
Bécherel F 19 D3
Bechet RO 128 C2
Bechhofen D 63 D4
Becilla de Valderaduey E 33 E4
Beckenried CH 66 B4
Beckington GB 13 E2
Beckum D 55 F4
Bedale GB 11 D1
Bédarieux F 30 A3
Beddgelert GB 10 B3
Bederkesa D 50 A3
Bedford GB 14 B2
Bedlington GB 9 F4
Bedmar E 48 B2
Bedonia I 75 E2
Bedum NL 55 D2
Bedwas GB 13 D2
Bedworth GB 11 D4
Beeford GB 11 E2
Beelitz D 57 F3
Beerfelden D 62 B3
Beeskow D 58 A3
Beesten D 55 E3
Beetzendorf D 57 D2
Beg-Meil F 18 B3
Bégard F 18 C2
La Bégude-de-Mazenc F 30 C1
Begues E 38 C4
Begur E 39 E3
Behobia E 28 A3
Behringersmühle D 63 E3
Beiarn N 107 E2
Beilen NL 55 D2
Beilngries D 63 E4
Beisfjord N 104 B4
Beith GB 8 C3
Beitostølen N 110 C4
Beiuş RO 126 B4
Beja P 46 B1
Béjar E 41 F1
Békés H 126 B4
Békéscsaba H 126 B4
Bel E 44 A1
Bela Palanka YU 128 C2
Bélâbre F 25 E2
Belalcázar E 41 F4
Belcaire F 29 F4
Belchite E 37 F4
Belcoo GB 2 C3
Belecke D 55 F4
Belev RUS 125 F3
Belfast GB 3 E2
Belford GB 9 E3
Belfort F 23 D4
Belforte all'Isauro I 76 B3
Belgern D 57 F4
Belgodère F 78 A3
Belgodère F 75 D2
Beli Manastir HR 128 A1
Belianes E 38 B4
Belin-Béliet F 28 B1
Bell-lloc d'Urgell E 38 B4
Bellac F 25 D2
Bellagio I 71 D3
Bellano I 71 D3
Bellaria-Igea Marina I 76 B2
Bellcaire d'Urgell E 38 B3
Belle-Isle-en-Terre F 18 C2
Belleek GB 2 C2
Bellegarde F 30 C2
Bellegarde F 21 E3
Bellegarde-en-Marche F 25 F3
Bellegarde-sur-Valserine F 27 D2
Bellême F 20 C3
Bellencombre F 16 B4
Bellerive-sur-Allier F 26 A2
Belleville F 26 C2
Belley F 27 D3
Bellinzona CH 71 D3
Bello E 43 E1
Bellpuig E 38 B4
Belluno I 72 B3
Bellver de Cerdanya E 38 C2
Bélmez E 47 F1
Belmont GB 7 F2
Belmont-de-la-Loire F 26 B2
Belmont-sur-Rance F 30 A2
Belmonte P 41 D1
Belmonte E 43 D3
Belmonte de Miranda E 33 D2
Belmullet / Béal an Mhuirthead IRL 2 A2
Belœil B 17 D2
Belogradčik BG 128 C2
Belorado E 36 C2
Belpech F 29 E3
Belper GB 11 D3
Belsay GB 9 E4
Beltinci SLO 73 F1
Belturbet / Béal Tairbirt IRL 2 C3
Belvedere Marittimo I 83 D2
Belver E 38 A4
Belvès F 29 D1
Belvis de la Jara E 42 A2
Belyj RUS 125 E2
Belz F 18 C4
Belzig D 57 E3
Bełchatów PL 59 F3
Bembibre E 33 D4
Bemposta P 40 B3
Benabarre E 38 B3
Benaguasil E 43 F3
Benahadux E 48 C3
Benalmádena-Costa E 47 F4
Benalúa de Guadix E 48 B2
Benalúa de las Villas E 48 B2
Benamargosa E 48 A3
Benamaurel E 48 C2
Benamejí E 47 F2
Benamocarra E 48 A3
Benaoján E 47 E3
Benasque E 29 D4
Benassal E 44 A2
Benavente P 40 A3
Benavente E 35 F3
Benavides E 33 E4
Benderi MOL 127 E4
Bendorf D 61 F2
Benediktbeuern D 67 E2
Bénévent-l'Abbaye F 25 E2
Benevento I 80 A2
Benfeld F 23 E3
Benfleet GB 14 C3
Bengtsfors S 118 B2
Benicarló E 44 B2
Benicàssim / Benicasim E 44 A2
Benidorm E 49 F1
Benifaió E 43 F3
Benissa E 44 A4
Benítses GR 86 B4
Benneckenstein D 57 D4
Bénodet F 18 B3
Benquerencia de la Serena E 41 F4
Bensberg D 61 F1
Bensersiel D 55 E1
Bensheim D 62 B3
Bentley GB 11 E3
Le Bény-Bocage F 19 F2
Beograd YU 128 B1
Bera E 28 A3
Berane YU 128 B2
La Bérarde F 27 E4
Berat AL 128 B3
Berazino BY 125 D4
Berbegal E 38 A3
Berberana E 36 C1
Berceto I 75 E2
Berching D 63 E4
Berchtesgaden D 68 A2
Berck-Plage F 16 B2
Berdyčiv UA 127 D2
Bereguardo I 75 D1
Berehove UA 126 B3
Bere Regis GB 13 E3
Beret E 29 D4
Berettyóújfalu H 126 B4
Berezivka UA 127 F3
Berg S 112 B2
Berg N 107 D4
Berg A 69 E1
Berga E 38 C3
Berga D 57 D4
Bergama TR 129 E4
Bergamo I 71 E4
Bergara E 37 D1
Bergby S 119 E1
Bergedorf (Hamburg-) D 50 C4
Bergen N 110 A4
Bergen D 56 C2
Bergen D 51 F2
Bergen NL 54 B3
Bergen aan Zee NL 54 B3
Bergen (Dumme) D 51 D4
Bergen op Zoom NL 17 E1
Bergerac F 29 D1
Berggießhübel D 64 A1
Bergheim D 61 E1
Bergisch Gladbach D 61 F1
Bergneustadt D 61 F1
Bergnäset S 108 C3
Bergsjö S 112 C3
Bergsviken S 108 B4
Bergues F 15 E4
Bergün/Bravuogn CH 66 C4
Bergö FIN 114 A3
Beringel P 46 B1
Beringen B 17 F1
Berja E 48 B3
Berka D 62 C1
Berkhamsted GB 14 B3
Berkheim D 66 C2
Berkhof D 56 B2
Berkovica BG 128 C2
Berkåk N 111 D2
Berlaimont F 17 D3
Berlanga E 47 E1
Berlanga de Duero E 36 C4
Berlebeck D 56 B4
Berlevåg N 105 F1
Berlin D 57 F2
Bermeo E 37 D1
Bermillo de Sayago E 35 E4
Bern CH 27 F1
Bernalda I 81 D3
Bernau D 23 F4
Bernau D 51 F4
Bernau a. Chiemsee D 67 F2
Bernaville F 16 C3
Bernay F 20 C2
Bernburg D 57 E4
Berndorf A 69 D1
Berne D 50 A4
Bernhardsthal A 65 E4
Bernkastel-Kues D 61 F3
Bernsdorf D 58 A4
Bernstein A 69 E2
Beroun CZ 64 A2
Berra I 76 B1
Berre-l'Étang F 30 C3
Berrón (El) E 33 E2
Beršad' UA 127 E3
Bersenbrück D 55 E3
Bertamiráns E 32 A3
Bertinoro I 76 B2
Bertrix B 17 F3
Berwang A 67 D3
Berwick-upon-Tweed GB 9 E3
Beryslav UA 127 F3
Berzocana E 41 F3
Besalú E 39 D3
Besançon F 27 D1
Besande E 33 F3
Besigheim D 62 B4
Besse-en-Chandesse F 26 A3
Besse-sur-Issole F 31 E3
Bessèges F 30 B1
Bessines F 24 C2
Bessines-sur-Gartempe F 25 E2
Betanzos E 32 B2
Betelu E 28 A3
Bétera E 43 F3
Beteta E 43 D1
Bethesda GB 10 B3
Béthune F 16 C2
Bettna S 119 E3
Bettola I 75 E1
Bettolle I 76 B4
Bettyhill GB 7 D2
Betws-y-Coed GB 10 B3
Betz F 21 F2
Betzdorf D 62 A2
Beuil F 31 F2
Beura-Cardezza I 70 C3
Beuron D 66 B2
Beuzeville F 16 A4
Bevagna I 76 C4
Beveren B 17 E1
Beverley GB 11 E2
Beverstedt D 50 A4
Beverungen D 56 B4
Beverwijk NL 54 B3
Bewdley GB 10 C4
Bex CH 27 E2
Bexhill GB 14 C4
Beynac-et-Cazenac F 29 E1
Beynat F 25 E4
Les Bézards F 21 F4
Bezas E 43 E2
Bežeck RUS 125 F1
Béziers F 30 A3
Béznar E 48 B3
Białystok PL 126 A1
Biała Podlaska PL 126 B1
Białogard PL 52 B2
Biancavilla I 85 D3
Bianco I 83 E4
Biandrate I 70 C4
Biar E 49 F1
Biarritz F 28 A3
Biasca CH 71 D3
Bibbiena I 76 B3
Biberach a. d. Riß D 66 C2
Biberach i. Kinzigtal D 23 F3
Bibione I 72 C3
Bibury GB 13 F1
Bicaz RO 127 D4
Bicester GB 13 F1
Bichl D 67 E2
Bidache F 28 B3
Bidart F 28 A3
Biddenden GB 14 C4
Bideford GB 12 C2
Biebelried D 62 C3
Biedenkopf D 62 A1
Biel/Bienne CH 27 F1
Bielefeld D 55 F3
Biella I 70 C4
Bielsa E 28 C4
Bielsk Podlaski PL 126 B1
Bielsko-Biała PL 126 A3
Bientina I 75 F3
Bienvenida E 47 D1
Bierné F 19 F4
Bierre-lès-Semur F 22 B4
Biescas E 28 C4
Biesenthal D 51 F4
Bietigheim-Bissingen D 62 B4
Biga TR 129 E3
Biggar GB 9 D3
Biggleswade GB 14 C2
Bignasco CH 70 C3
Bihać BIH 73 F4
Bijeljina BIH 128 A1
Bijelo Polje YU 128 B2
Bila Cerkva UA 127 E2

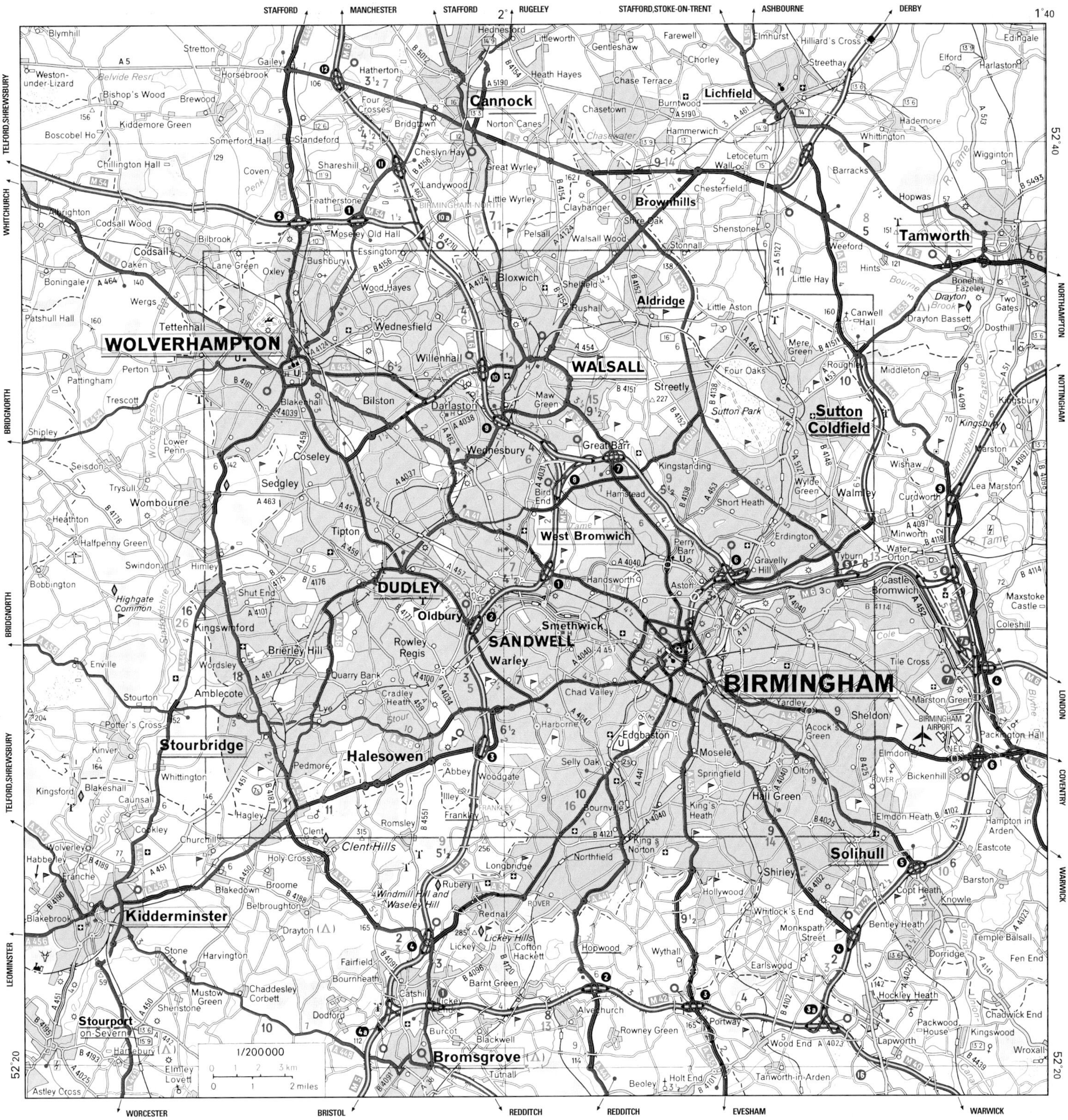
STAFFORD
MANCHESTER
STAFFORD
RUGELEY
STAFFORD,STOKE-ON-TRENT
ASHBOURNE
DERBY
TELFORD,SHREWSBURY
WHITCHURCH
BRIDGNORTH
BRIDGNORTH
TELFORD,SHREWSBURY
LEOMINSTER
NORTHAMPTON
NOTTINGHAM
LONDON
COVENTRY
WARWICK
WORCESTER
BRISTOL
REDDITCH
REDDITCH
EVESHAM
WARWICK
Cannock
Lichfield
Brownhills
Tamworth
Aldridge
WOLVERHAMPTON
WALSALL
Sutton Coldfield
West Bromwich
DUDLEY
SANDWELL
BIRMINGHAM
Stourbridge
Halesowen
Solihull
Kidderminster
Stourport on-Severn
Bromsgrove
1/200000
0 1 2 3 km
0 1 2 miles
52°40
52°20
1°40
2°

Bilbo / Bilbao *E* 36 C1
Bíldudalur *IS* 106 A1
Bileća *BIH* 128 A2
Bilecik *TR* 129 F3
Bilhorod-
Dnistrovs'kyj *UA* ... 127 E4
Billerbeck *D* 55 E4
Billericay *GB* 14 C3
Billingham *GB* 11 E1
Billingshurst *GB* 14 B4
Billom *F* 26 A3
Billund *DK* 122 B3
Bilopillja *UA* 127 F1
Bilt (De) *NL* 54 C4
Bilto *N* 104 C3
Bilzen *B* 17 F2
Biłgoraj *PL* 126 B2
Binaced *E* 38 A3
Binasco *I* 71 D4
Binche *B* 17 E2
Binéfar *E* 38 A3
Bingen *D* 62 A3
Bingham *GB* 11 E4
Bingley *GB* 11 D2
Bingsjö *S* 112 B4
Binic *F* 18 C2
Binz *D* 51 F2
Biograd *HR* 77 F2
Bionaz *I* 27 F3
Le Biot *F* 27 E2
Birchington *GB* 15 D3
Biri *N* 111 D4
Birkeland *N* 116 C3
Birkenfeld *D* 23 E1
Birkenhead *GB* 10 C3
Birkenwerder *D* 51 F4
Birkerød *DK* 123 D3
Birkfeld *A* 69 D2
Birmingham *GB* 11 D4
Birnau *D* 66 B2
Birr / Biorra *IRL* 2 C4
Biržai *LT* 124 B3
Birzebugga *M* 85 F4
Bisaccia *I* 80 B3
Bisbal de Falset
(La) *E* 38 B4
Bisbal d'Empordà
(La) *E* 39 E3
Biscarrosse *F* 28 B1
Biscarrosse-Plage *F* .. 28 B1
Bisceglie *I* 80 C2
Bischofsgrün *D* 63 E2
Bischofsheim
a. d. Rhön *D* 62 C2
Bischofshofen *A* 68 A2
Bischofswerda *D* 58 A4
Bischofswiesen *D* 68 A2
Bischofszell *CH* 66 C3
Bischwiller *F* 23 E2
Bisenti *I* 77 D4
Bishop
Auckland *GB* 11 D1
Bishop's Castle *GB* ... 10 C4
Bishop's
Stortford *GB* 14 C2
Bisignano *I* 83 E2
Bismark *D* 57 D2
Bismo *N* 110 C3
Bispgården *S* 112 C2
Bispingen *D* 50 C4
Bistrica ob. S. *SLO* 73 F2
Bistriţa *RO* 126 C4
Bitburg *D* 61 E3
Bitche *F* 23 E2
Bitetto *I* 81 D2
Bitola *MK* 128 B3
Bitonto *I* 81 D2
Bitterfeld *D* 57 E4
Bitti *I* 78 A4
Bizau *A* 66 C3
Bjala *BG* 129 D2
Bjaroza *BY* 126 C1
Bjelovar *HR* 128 A1
Bjerkreim *N* 116 A2
Bjerkvik *N* 104 B4
Bjerringbro *DK* 122 B2
Bjorli *N* 110 C3
Bjurholm *S* 113 D1
Bjursås *S* 119 D1
Bjuv *S* 123 D2
Bjørkelangen *N* 117 E2
Bjørnevatn *N* 105 F2
Bjästa *S* 112 D2
Björketorp *S* 123 F2
Björkliden *S* 104 B4
Björklinge *S* 119 E2
Björksele *S* 108 A4
Björköby *FIN* 114 A3
Björna *S* 113 D2
Björsäter *S* 119 D3
Blackburn *GB* 10 C2
Blackpool *GB* 10 C2
Blackwater *IRL* 5 E3
Blackwaterfoot *GB* 3 F1
Blaenau
Ffestiniog *GB* 10 B3
Blaenavon *GB* 13 D1
Blagnac *F* 29 E3
Blagoevgrad *BG* 128 C3
Blain *F* 19 E4
Blainville-
sur-l'Eau *F* 23 D2
Blair Atholl *GB* 9 D1
Blairgowrie *GB* 9 D1
Blakeney *GB* 15 D1
Blakstad *N* 116 C3
Blâmont *F* 23 D2
Le Blanc *F* 25 E2
Blanca *E* 49 E1
Blandford
Forum *GB* 13 E3
Blanes *E* 39 D4
Blangy-
le-Château *F* 16 A4
Blangy-sur-Bresle *F* .. 16 B3
Blankenberge *B* 15 F3
Blankenburg *D* 57 D4
Blankenhain *D* 63 D1
Blankenheim *D* 61 E2
Blanquefort *F* 24 B4
Blanzac *F* 24 C3
Blanzy *F* 26 B1
Blarney *IRL* 4 C3
Blattniksele *S* 107 F4
Blaubeuren *D* 66 C1
Blaufelden *D* 62 C4
Blaustein *D* 66 C1
Blaye *F* 24 B4
Bleckede *D* 50 C4
Bled *SLO* 73 D2
Bleiburg *A* 68 C4
Bleicherode *D* 56 C4
Bleik *N* 104 A3
Bléneau *F* 21 F4
Blénod-lès-Pont-
à-Mousson *F* 22 C2
Blérancourt *F* 17 D4
Bléré *F* 21 D4
Blesle *F* 26 A4
Bletchley *GB* 14 B2

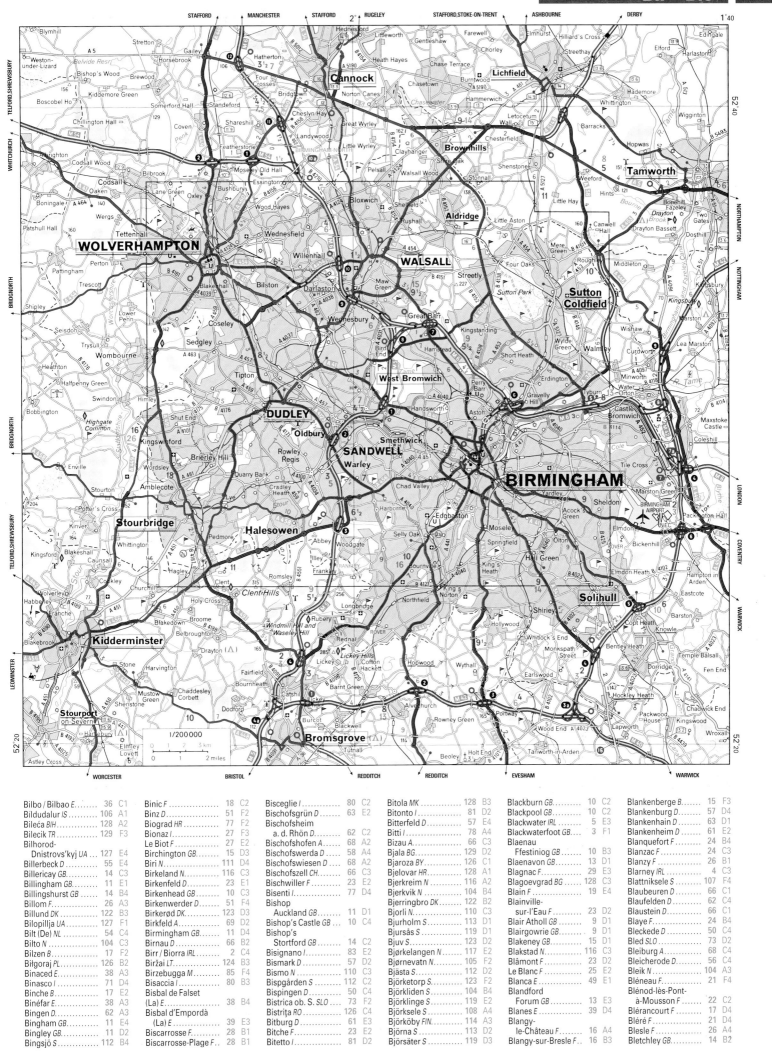

Bologna

Bletterans F 27 D1
Blexen D 50 A4
Le Bleymard F 30 B1
Blieskastel D 23 E1
Bligny-
sur-Ouche F 26 C1
Bloemendaal NL 54 B3
Blois F 21 D4
Blokhus DK 122 B2
Blomberg D 56 B4
Blönduós IS 106 A1
Blonville-
sur-Mer F 20 C1
Blosenberg D 63 E2
Bloška polica SLO 73 D3
Bludenz A 66 C3
Blumberg D 57 F2
Blumberg D 23 F3
Blyth GB 9 F4
Blåhammaren S 112 A2
Bo' Ness GB 9 D2
Boal E 33 D2
Boara Pisani I 76 A1
Bobbio I 75 E1
Bobbio Pellice I 27 F4
Bobigny F 21 E2
Bobingen D 67 D1
Boblitz D 58 A3
Bobrovycja UA 127 E1
Bobrynec' UA 127 F3
Bocairent E 43 F4
Boceguillas E 36 B4
Bocholt D 55 D4
Bochum D 55 E4
Bockenem D 56 C3
Bockum-Hövel D 55 E4
Bocognano F 78 A3
Boda S 112 B4
Bodafors S 118 C4
Bodegraven NL 54 B4
Boden S 108 B3
Bodenmais D 64 A4
Bodenteich D 56 C2
Bodenwerder D 56 B3
Bodenwöhr D 63 F4
Bodman D 66 B2
Bodmin GB 12 C3
Bodón (El) E 41 E1
Bodø N 107 E2
Böblingen D 66 B1
Boecillo E 36 A3
Böckstein A 68 A3
Boëge F 27 E2
Böhlen D 57 E4
Böhmenkirch D 66 C1
Boën F 26 B3
Börger D 55 E2
Börnicke D 57 F2
Boeza E 33 D3
Boffalora
sopra Ticino I 71 D4
Bogarra E 49 D1
Bogen N 104 A4
Bogen D 63 F4
Bogense DK 122 B3
Bognanco I 70 C3
Bognes N 107 F1
Bognor Regis GB 14 B4
Bohain-
en-Vermandois F ... 17 D3
Boherboy IRL 4 B3
Bohinjska
Bistrica SLO 73 D2
Bohmte D 55 F3
Bohoduchiv UA 127 F1
Böhönye H 69 F3
Bohuslav UA 127 E2
Boiro E 32 A3
Bois-d'Amont F 27 D2
Boitzenburg D 51 F4
Bóixols E 38 B3
Boizenburg D 50 C4
Bojano I 80 A2
Bolaños
de Calatrava E 42 B4
Bolbec F 16 A4
Bolchov RUS 125 F3
Bolesławiec PL 58 C4
Bolhrad UA 127 E4
Boliden S 108 B4
Boliqueime P 46 A2
Bolkesjø N 116 C2
Bollebygd S 118 B4
Bollène F 30 C1
Bollnäs S 112 B4
Bollstabruk S 112 C2
Bollullos
de la Mitación E 47 D2
Bollullos
del Condado E 47 D2
Bolo (O) E 32 C4
Bolochovo RUS 125 F3
Bologna I 76 A2
Bologne F 22 B3
Bologoje RUS 125 E1
Bolotana I 82 B2
Bolsena I 76 B4
Bolsward NL 54 C2
Boltaña E 28 C4
Boltenhagen D 51 D3
Bolton GB 10 C2
Bolungarvik IS 106 A1
Bolzano / Bozen I 67 E4
Bombarral P 40 A3
Bomenzien D 51 D4
Bom Jesus
do Monte P 34 B3
Bonar Bridge GB 7 D3
Bonares E 46 C2
Bonassola I 75 E2
Bondeno I 76 A1
Bonefro I 80 A1
Bonete E 43 E4
Bonifacio F 78 A4
Bonillo (El) E 43 D4
Bonn D 61 F2
Bonnat F 25 E2
Bonndorf D 23 F3
Bonnétable F 20 C3
Bonneuil-
Matours F 25 D2
Bonneval F 21 D3
Bonneville F 27 E2
La Bonneville-
sur-Iton F 21 D2
Bonnières-
sur-Seine F 21 D2
Bonnieux F 31 D2
Bonnåsjøen N 107 F1
Bono I 82 B2
Bonorva I 82 B2
Boñar E 33 E3

Bonn

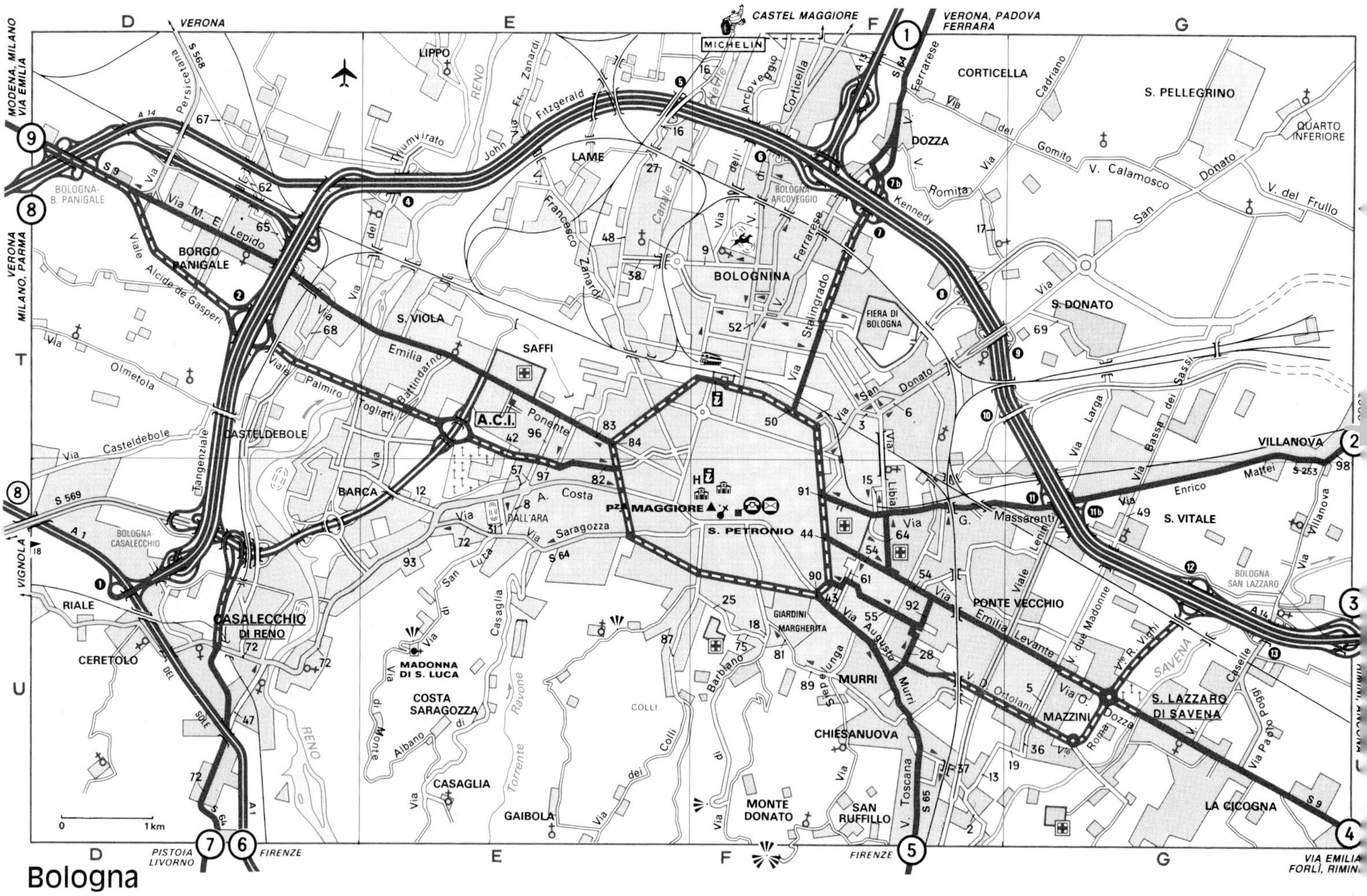

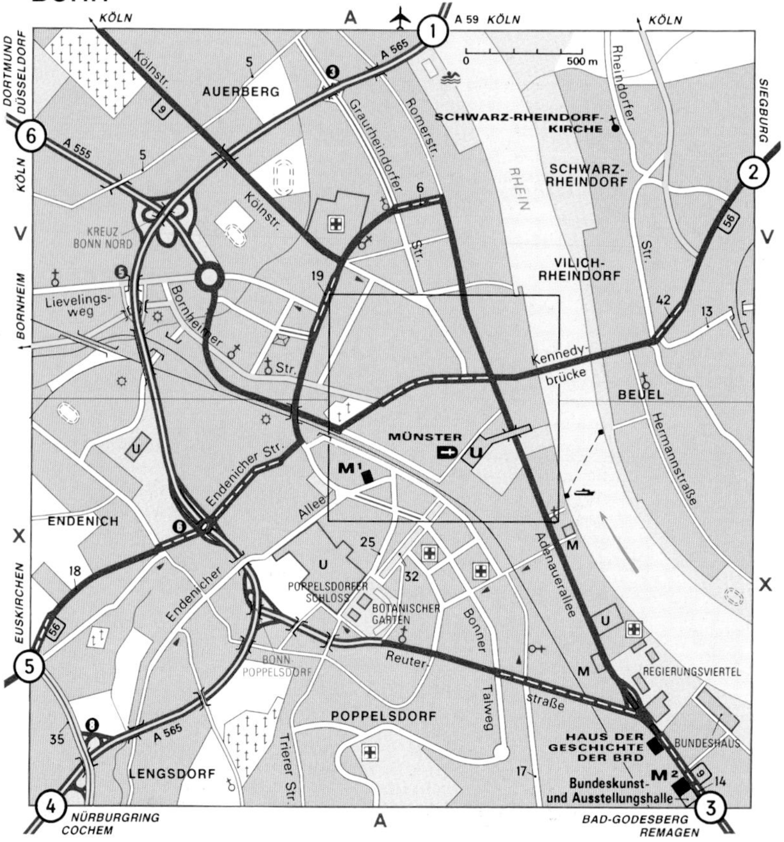

Boo *S* 119 F2
Boom *B* 17 E1
Boos *F* 16 B4
Bootle *GB* 10 C2
Bopfingen *D* 63 D4
Boppard *D* 61 F2
Bor *YU* 128 C2
Borba *P* 40 C4
Borbona *I* 79 E1
Bordeaux *F* 28 C1
Bordères-Louron *F* 29 D4
Bordesholm *D* 50 B2
Bordighera *I* 74 C3
Bore *I* 75 E1
Borello *I* 76 B2
Borensberg *S* 119 D3
Le Boréon *F* 31 F2
Borgafjäll *S* 107 E4
Borgarfjörður *IS* 106 C1
Borgarnes *IS* 106 A2
Borger *NL* 55 D2
Borges Blanques (Les) *E* 38 B4
Borghetto *I* 79 D1
Borghetto Sto Spirito *I* 74 C3
Borgholm *S* 123 F2
Borgholzhausen *D* 55 F3
Borghorst *D* 55 E3
Borgia *I* 83 E3
Borgo S. Dalmazzo *I* 31 F1
Borgo S. Lorenzo *I* 76 A2
Borgo Tufico *I* 76 C3
Borgo Val di Taro *I* 75 E2
Borgo Valsugana *I* 72 A3
Borgomanero *I* 70 C4
Borgone Susa *I* 27 F4
Borgonovo Val Tidone *I* 75 E1
Borgorose *I* 79 E1
Borgosesia *I* 70 C4
Borgsjö *S* 112 B3
Borgund *N* 110 C4
Borgvattnet *S* 112 B2
Borja *E* 37 E3
Borken *D* 55 D4
Borkenes / Kvæfjord *N* 104 A3
Borkum *D* 55 D1
Borlänge *S* 119 D1
Bormes-les-Mimosas *F* 31 E3
Bormio *I* 67 D4
Born *D* 51 E2
Borna *D* 63 F1
Bornes *P* 35 D3
Bornhöved *D* 50 C3
Bornos *E* 47 E3
Boroughbridge *GB* 11 D2
Borovec *BG* 128 C2
Boroviči *RUS* 125 E1
Borovnica *SLO* 73 D3
Borovsk *RUS* 125 F2
Borre *N* 117 D2
Borriana/Burriana *E* 44 A2
Borriol *E* 44 A2
Borris *IRL* 5 E2
Borrisokane / Buiríos Uí Chéin *IRL* 4 C2
Borşa *RO* 126 C3
Bórsio *GR* 92 C4
Bort-les-Orgues *F* 25 F4
Boryspil' *UA* 127 E2
Borzna *UA* 127 F1
Borzonasca *I* 75 E2
Borås *S* 118 B4
Bosa *I* 82 A2
Bosanska Dubica *BIH* 128 A1
Bosanska Krupa *BIH* 73 F4
Bosanski Novi *BIH* 128 A1
Bosanski Petrovac *BIH* 128 A1
Bosansko Grahovo *BIH* 128 A2
Bosco *I* 76 C4
Bosco Chiesanuova *I* 71 F4
Boscoreale *I* 80 A3
Bosjökloster *S* 123 D3
Boskoop *NL* 54 B4
Bosque (El) *E* 47 E3
Bossolasco *I* 74 C2
Bossòst *E* 29 D4
Boštanj *SLO* 73 E2
Boston *GB* 11 F3
Botevgrad *BG* 128 C2
Bothel *GB* 9 D4
Boticas *P* 34 C3
Botley *GB* 13 F3
Botngård *N* 111 D1
Botoşani *RO* 127 D3
Botsmark *S* 113 D1
Bottrop *D* 55 E4
Bouaye *F* 24 A1
Boucau *F* 28 A3
Bouchain *F* 17 D3
Les Bouchoux *F* 27 D2
Boudry *CH* 27 E1
Bouillon *B* 17 F3
Bouilly *F* 22 A3
Boúka *GR* 96 C2
Boulay-Moselle *F* 23 D1
Boulogne-sur-Gesse *F* 29 D3
Boulogne-sur-Mer *F* 15 D4
Bouloire *F* 20 C3
Le Boulou *F* 30 A4
Bourbon-Lancy *F* 26 B2
Bourbon-l'Archambault *F* 26 A2
Bourbonne-les-Bains *F* 22 C3
La Bourboule *F* 25 F3
Bourbourg *F* 15 E4
Bourbriac *F* 18 C2
Bourdeaux *F* 30 C1
Bourdeilles *F* 25 D4
Bourg *F* 24 C4
Bourg-Achard *F* 16 A4
Bourg-Argental *F* 26 C4
Bourg-de-Péage *F* 26 C4
Bourg-de-Visa *F* 29 D1
Le Bourg-d'Oisans *F* 27 D4
Bourg-en-Bresse *F* 26 C2
Bourg-Lastic *F* 25 F3
Bourg-Madame *F* 29 F4
Bourg-St-Andéol *F* 30 C1
Bourg-St-Maurice *F* 27 E3
Bourganeuf *F* 25 E3
Bourges *F* 25 F1
Le Bourget-du-Lac *F* 27 D3
Bourgneuf-en-Retz *F* 24 A1
Bourgoin-Jallieu *F* 26 C3
Bourgtheroulde-Infreville *F* 16 A4
Bourgueil *F* 25 D1
Bourmont *F* 22 C3
Bourne *GB* 11 E4
Bournemouth *GB* 13 F3
Le Bousquet-d'Orb *F* 30 A2
Boussac *F* 25 F2
Boussens *F* 29 D3
Bouxwiller *F* 23 E2
Bouzonville *F* 23 D1
Bova Marina *I* 83 E4
Bovalino Marina *I* 83 E4
Bovec *SLO* 72 C2
Bóveda *E* 32 C3
Bóveda de Toro (La) *E* 35 F4
Boves *F* 16 C3
Boves *I* 31 F1
Bovey Tracey *GB* 13 D3
Bovolone *I* 72 A4
Bowes *GB* 11 D1
Bowness-on-Windermere *GB* 10 C1
Bowness-on-Solway *GB* 9 D4
Boxholm *S* 119 D4
Boxmeer *NL* 54 C4
Boxtel *NL* 54 C4
Boyle / Mainistir na Búille *IRL* 2 C3
Bozdoğan *TR* 129 F4
Bozel *F* 27 E3
Bozouls *F* 29 F1
Bozüyük *TR* 129 F3
Bozzolo *I* 75 F1
Bra *I* 74 C2
Brač *HR* 128 A2
Bracadale *GB* 6 B4
Bracciano *I* 79 D1
Bracieux *F* 21 D4
Brackenheim *D* 62 B4
Brackley *GB* 13 F1
Bracknell *GB* 14 B3
Brackwede *D* 55 F4

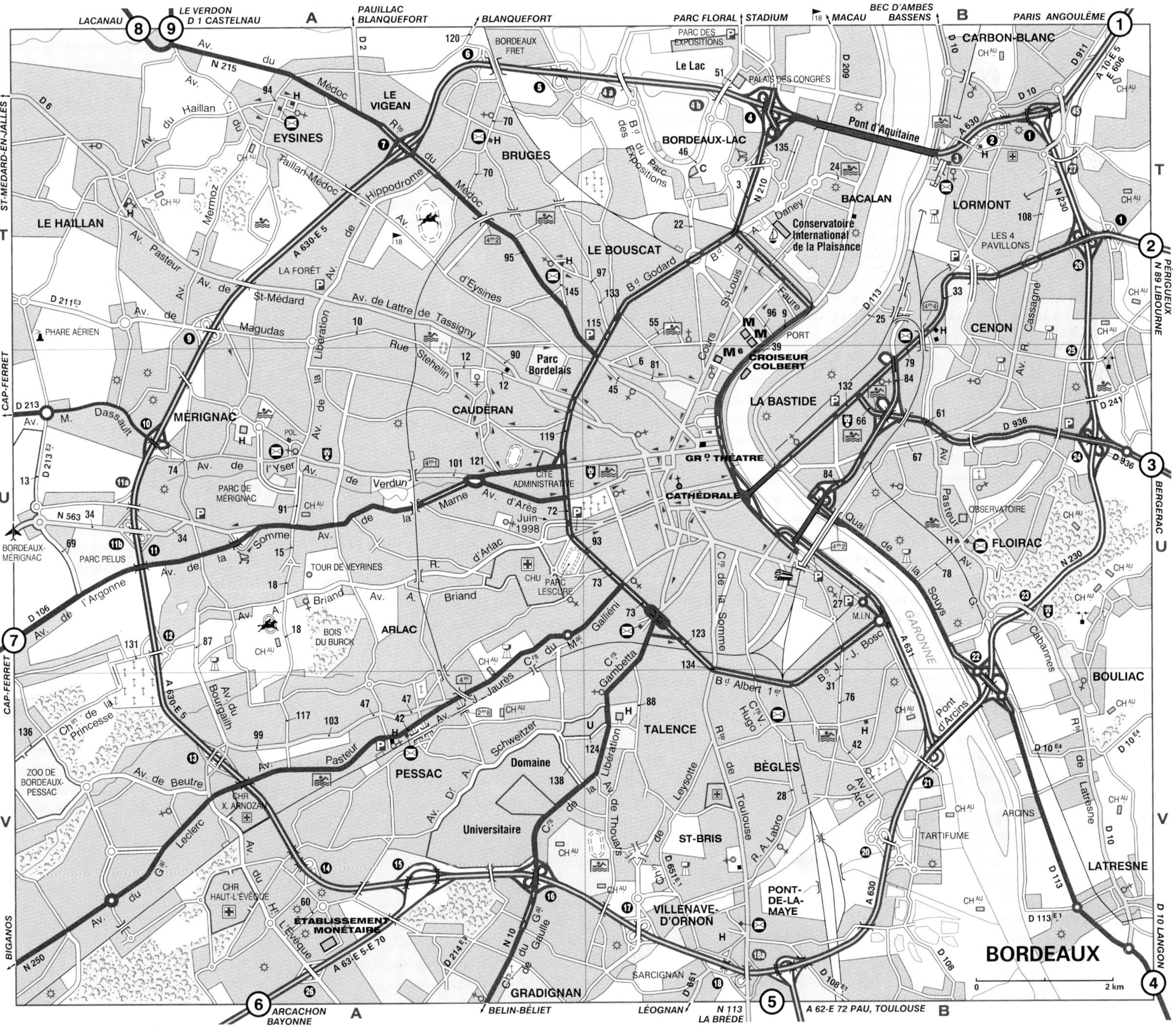
BORDEAUX
LACANAU
LE VERDON D 1 CASTELNAU
PAUILLAC BLANQUEFORT
BLANQUEFORT
PARC FLORAL
STADIUM
MACAU
BEC D'AMBES BASSENS
PARIS ANGOULÊME
ST-MÉDARD-EN-JALLES
CAP-FERRET
BORDEAUX-MÉRIGNAC
BIGANOS
ARCACHON BAYONNE
BELIN-BÉLIET
LÉOGNAN
N 113 LA BRÈDE
A 62-E 72 PAU, TOULOUSE
N 10 LANGON
BERGERAC
PÉRIGUEUX N 89 LIBOURNE
CARBON-BLANC
LE VIGEAN
EYSINES
BRUGES
LE HAILLAN
BORDEAUX-LAC
Le Lac
PALAIS DES CONGRÈS
PARC DES EXPOSITIONS
BORDEAUX FRET
Pont d'Aquitaine
LORMONT
BACALAN
Conservatoire International de la Plaisance
LES 4 PAVILLONS
LE BOUSCAT
CENON
PHARE AÉRIEN
LA FORÊT
MÉRIGNAC
Parc Bordelais
CAUDÉRAN
CROISEUR COLBERT
LA BASTIDE
PORT
GR D THÉÂTRE
CATHÉDRALE
CITÉ ADMINISTRATIVE
PARC DE MÉRIGNAC
PARC PELUS
TOUR DE VEYRINES
CHU
PARC LESCURE
BOIS DU BURCK
ARLAC
OBSERVATOIRE
FLOIRAC
M.I.N.
GARONNE
BOULIAC
TALENCE
PESSAC
Domaine Universitaire
BÈGLES
ZOO DE BORDEAUX-PESSAC
CHR X. ARNOZAN
CHR HAUT-L'ÉVÊQUE
ÉTABLISSEMENT MONÉTAIRE
ST-BRIS
VILLENAVE-D'ORNON
PONT-DE-LA-MAYE
TARTIFUME
ARCINS
LATRESNE
GRADIGNAN
SARCIGNAN
0
2 km

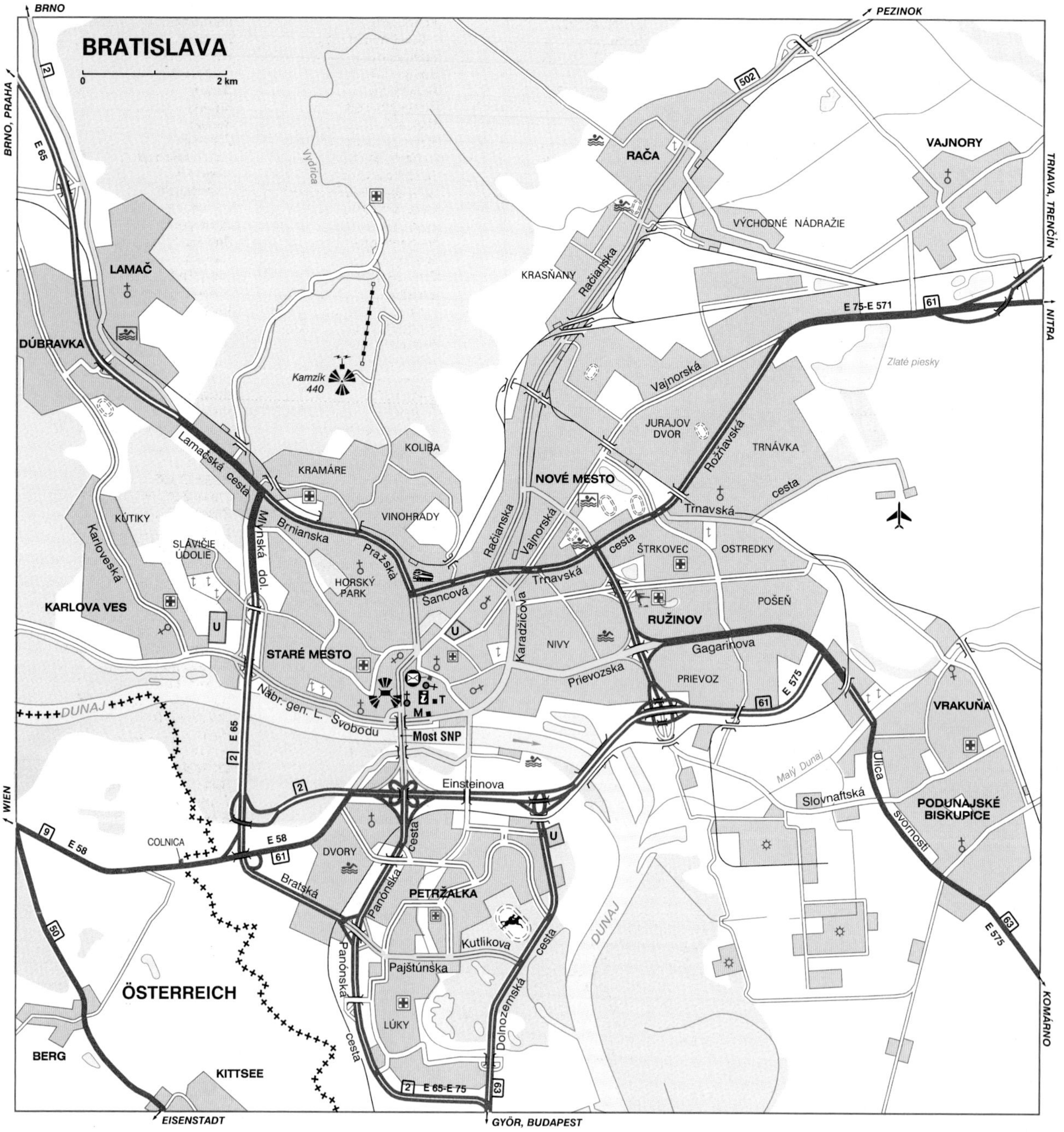
BRATISLAVA
0
2 km
BRNO
PEZINOK
BRNO, PRAHA
TRNAVA, TRENČÍN
NITRA
WIEN
KOMÁRNO
EISENSTADT
GYÖR, BUDAPEST
RAČA
VAJNORY
LAMAČ
DÚBRAVKA
KRASŇANY
VÝCHODNÉ NÁDRAŽIE
Kamzík
440
KOLIBA
KRAMÁRE
JURAJOV DVOR
TRNÁVKA
NOVÉ MESTO
KÚTIKY
VINOHRADY
SLÁVIČIE ÚDOLIE
HORSKÝ PARK
ŠTRKOVEC
OSTREDKY
KARLOVA VES
RUŽINOV
POŠEŇ
STARÉ MESTO
NIVY
PRIEVOZ
VRAKUŇA
Most SNP
Einsteinova
PODUNAJSKÉ BISKUPICE
COLNICA
DVORY
PETRŽALKA
ÖSTERREICH
LÚKY
BERG
KITTSEE
DUNAJ
Malý Dunaj
Zlaté piesky
E 65
E 58
E 575
E 75-E 571
E 65-E 75
Lamačská cesta
Mlynská dol.
Brnianska
Pražská
Karloveská
Račianska
Vajnorská
Rožňavská
Trnavská
Sancová
Karadžičova
Prievozska
Gagarinova
Nábr. gen. L. Svobodu
Slovnaftská
Ulica svornosti
Bratská
Panónska cesta
Kutlíkova
Pajštúnska
Dolnozemská cesta

Bredstedt D 50 A2
Bree B.................. 17 F1
Breganze I............. 72 A4
Bregenz A 66 C3
Bréhal F................ 19 E2
Brehna D 57 E4
Breiðdalsvik IS........ 106 C2
Breil-sur-Roya F 31 F2
Breisach D............. 23 E3
Breitengüßbach D.... 63 D3
Breitungen D.......... 62 C1
Breivikbotn N......... 104 C1
Breivikeidet N......... 104 B2
Brekke N............... 110 A4
Brekken N 111 E2
Brekkvasselv N 107 D4
Brekstad N 111 D1
Bremen D............. 50 A4
Bremerhaven D....... 50 A4
Bremervörde D 50 B4
Bremsnes N........... 110 C2
Brenes E............... 47 E2
Brennilis F............. 18 B3
Breno I................. 71 F3
Brénod F............... 27 D2
Brentwood GB 14 C3
Brescia I............... 71 E4
Breskens NL........... 17 D1
Bresles F............... 16 C4
Bressanone / Brixen I 67 E4
La Bresse F........... 23 D3
Bressuire F............ 24 C1
Brest BY.............. 126 B1
Brest F................. 18 B2
Brestanica SLO........ 73 F2
Bretenoux F........... 25 E4
Breteuil F.............. 16 C4
Breteuil F.............. 21 D2
Bretten D 23 F1
Breuil Cervinia I 27 F3
Brevik N 116 C2
Brežice SLO........... 73 F3
Brezno SK 126 A3
Brézolles F 21 D2
Briançon F............. 27 E4
Briare F 21 F4
Bricquebec F.......... 19 E1
Brides-les-Bains F.... 27 E3
Bridge of Allan GB.... 8 C2
Bridgend/
Pen-y-bont GB...... 13 D2
Bridgend GB........... 8 A2
Bridgnorth GB......... 10 C4
Bridgwater GB 13 D2
Bridlington GB........ 11 F2
Bridport GB........... 13 E3
Brie-Comte-Robert F. 21 F2
Briec F 18 B3
Brielle NL............. 54 B4
Brienne-le-Château F 22 B3
Brienon-
sur-Armançon F.... 22 A3
Brienz CH 66 A4
Brienza I.............. 80 C3
Briey F 22 C1

Brad RO................ 126 C4
Bradford GB........... 11 D2
Bradford-on-Avon GB 13 E2
Brading GB............ 13 F3
Bradwell-on-Sea GB.. 15 D3
Braemar GB 9 D1
Braga P................ 34 B3
Bragança P............ 35 D3
Brăila RO............... 127 E4
Braine F................ 17 D4
Braine-le-Comte B.... 17 E2
Braintree GB.......... 14 C2
Brake (Unterweser) D 50 A4
Brakel D............... 56 B4
Brallo di Pregola I 75 D1
Brálos GR.............. 93 E3
Bramming DK......... 122 A3
Brampton GB.......... 9 D4
Bramsche D........... 55 F3
Brancaleone Marina I 83 E4
Brancion F............ 26 C2
Brand-Erbisdorf D.... 63 F1
Brand A................ 66 C3
Brandbu N............. 117 D1
Brande DK 122 B2
Brande-
Hörnerkirchen D ... 50 B3
Brandenburg D....... 57 E2
Brandis D.............. 57 F4
Brandon GB 11 F4
Braniewo PL.......... 124 A4
Branne F............... 28 C1
Br'ansk RUS 125 F4
Brantôme F 25 D4

Brañosera E........... 36 B1
Braskereidfoss N 117 E1
Braslaŭ BY............ 124 C3
Brașov RO 127 D4
Brassac F............. 29 F3
Brassac-les-Mines F.. 26 A4
Brasschaat B......... 17 E1
Bratislava SK......... 126 A3
Brattvåg N............ 110 B2
Braubach D........... 61 F2
Braunau A............ 68 A1
Braunfels D........... 62 A2
Braunlage D.......... 56 C4
Braunsbedra D....... 57 E4
Braunschweig D...... 56 C3
Braunton GB 12 C2
Braves P.............. 34 B3
Bray / Bré IRL 3 E4
Bray-Dunes F 15 E4
Bray-sur-Seine F..... 21 F3
Bray-sur-Somme F... 16 C3
Brazatortas E......... 42 A4
Brčko BIH 128 A1
Brea E................ 37 E4
Brécey F 19 E2
Brechin GB 9 E1
Brecht B 17 E1
Brecon/
Aberhonddu GB.... 13 D1
Breda E 39 D3
Breda NL.............. 17 E1
Bredbyn S............ 112 C2
La Brède F............ 28 C1
Bredelar D............ 56 B4

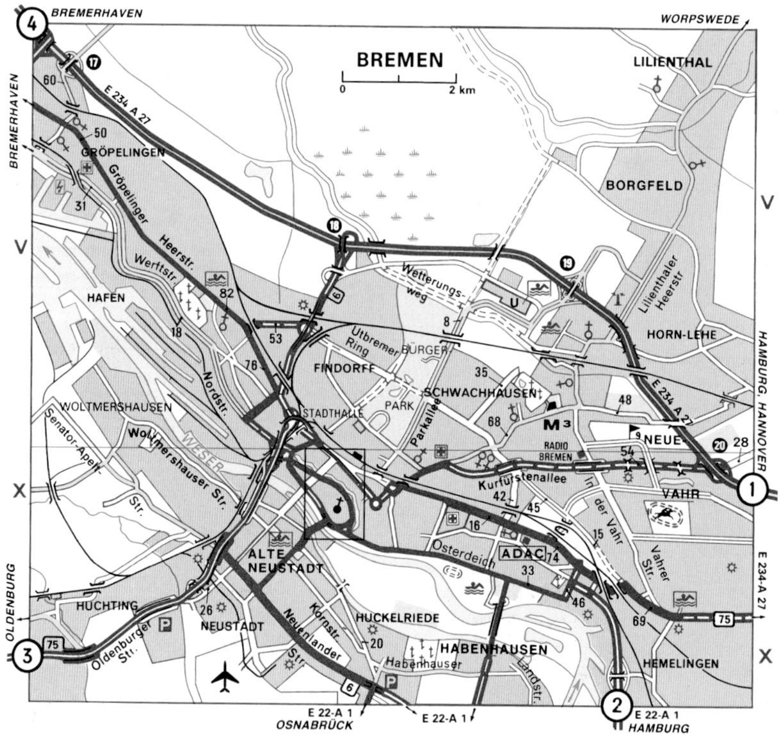
BREMEN
0
2 km
BREMERHAVEN
WORPSWEDE
HAMBURG, HANNOVER
OLDENBURG
OSNABRÜCK
HAMBURG
E 234-A 27
E 22-A 1
LILIENTHAL
BORGFELD
GRÖPELINGEN
HAFEN
HORN-LEHE
FINDORFF
BÜRGERPARK
SCHWACHHAUSEN
WOLTMERSHAUSEN
STADTHALLE
NEUE VAHR
RADIO BREMEN
ALTE NEUSTADT
ADAC
HUCHTING
NEUSTADT
HUCKELRIEDE
HABENHAUSEN
HEMELINGEN
Gröpelinger Heerstr.
Werftstr.
Wetterungsweg
Utbremer Ring
Nordstr.
Parkallee
Kurfürstenallee
Osterdeich
Senator-Apelt-Str.
Woltmershauser Str.
Oldenburger Str.
Neuenlander Str.
Lilienthaler Heerstr.
In der Vahr
Vahrer Str.
WESER

Brugge

Brig CH 70 C3
Brigg GB 11 E3
Brighouse GB 11 D2
Brightlingsea GB 15 D3
Brighton GB 14 C4
Brignogan-Plages F 18 B2
Brignoles F 31 E3
Brihuega E 42 C1
Briksdal N 110 B3
Brilon D 62 A1
Brimnes N 116 B1
Brinches P 46 B1
Brindisi I 81 E3
Brinon-sur-Beuvron F 26 A1
Brionne F 16 A4
Brioude F 26 A4
Brioux-sur-Boutonne F 24 C2
Briouze F 19 F2
Brisighella I 76 B2
Brissac-Quincé F 19 F4
Brissago CH 71 D3
Bristol GB 13 E2
Brive-la-Gaillarde F 25 E4
Briviesca E 36 C2
Brixham GB 13 D3
Brixlegg A 67 F3
Brjanslækur IS 106 A1
Brno CZ 65 D3
Bro (Gotland) S 119 F4
Bro (Stockholms län) S 119 E2
Broadford GB 6 B4
Broadford IRL 4 C2
Broadstairs GB 15 D3
Broadway GB 13 F1
Broager DK 122 B4
Broby S 123 E3
Brodick GB 3 F1
Brodnica PL 126 A1
Brody UA 126 C2
Broglie F 20 C2
Brohl Lützing D 61 F2
Brolo I 85 D2
Bromarv FIN 120 C4
Brome D 57 D2
Bromsgrove GB 11 D4
Bromyard GB 13 E1
Bromölla S 123 D2
Bronchales E 43 E1
Broni I 75 D1
Bronte I 85 D3
Broons F 19 D3
Brora GB 7 D3
Brossac F 24 C4
Brotas P 40 B3
Broto E 28 C4
Brotton GB 11 E1
Brou F 26 C2
Brou F 21 D3
Brouage F 24 B3
Brough GB 10 C1
Broughshane GB 3 E2
Broughton-in-Furness GB 10 C1
Brovst DK 122 B1
Brownhills GB 11 D4
Brozas E 41 D2
Bruay-la-Buissière F 16 C2
Bruay-sur-l'Escaut F 17 D2
Bruchsal D 23 F1
Bruck i. d. Oberpfalz D 63 F4
Bruck an der Großglocknerstraße A 68 A3
Bruck an der Leitha A 69 E1
Bruck an der Mur A 68 C2
Brückl A 68 C3
Bruckmühl D 67 F2
Brück D 57 F3
Brüel D 51 D3
Brügge D 61 F1
Brühl D 61 F2
Bruès E 32 B4
Brüssow D 52 A3
Brugg CH 23 F4
Brugge B 15 F3
Bruksvallarna S 112 A3
Brûlon F 19 F3
Brumath F 23 E2
Brummen NL 55 D4
Brumunddal N 111 D4
Brunete E 42 B1
Brunflo S 112 B2
Brunico / Bruneck I 67 F4
Bruniquel F 29 E2
Brunkeberg N 116 C2
Brunnen CH 66 B4
Brunsbüttel D 50 B3
Brunssum NL 61 E1
Bruntál CZ 65 E2
Bruravik N 110 B4
Brusand N 116 A2
Brusasco I 74 C1
Brusson I 27 F3
Bruton GB 13 E2
Bruxelles / Brussel B 17 E2
Bruxelles-Brussel-National B 17 E2
Bruyères F 23 D3
Bryne N 116 A2
Brynmawr GB 13 D1
Brzeg PL 59 E4
Brønderslev DK 122 B1
Brønnøysund N 107 D3
Brøns DK 122 A3
Brøstadbotn N 104 B3
Brøttum N 111 D4
Břeclav CZ 65 E4
Bräcke S 112 B3
Bräkne-Hoby S 123 E2
Brändö FIN 120 A4
Brösarp S 123 E3
Buarcos P 40 B1
Buavåg N 116 A1
Bubry F 18 C3
Bučač UA 126 C3
Buçaco P 40 B1
Buccheri I 85 D4
Bucchianico I 79 F1
Bucelas P 40 A3
Buchen D 62 B4
Buchenwald D 63 D1
Buchholz i. d. Nordheide D 50 B4
Buchloe D 67 D2
Buchs CH 66 C3
Buchy F 16 B4
Bucine I 76 B3
Buckfastleigh GB 13 D3
Buckhaven GB 9 D2
Buckie GB 7 E4
Buckingham GB 14 B2
Buckow D 58 A2
București RO 129 D1
Bud N 110 C2
Budapest H 126 A4
Búðardalur IS 106 A1
Buddusò I 82 B2
Bude GB 12 C3
Budleigh Salterton GB 13 D3
Budrio I 76 A1
Budva YU 128 A3
Büchen D 50 C4
Büchen-Pötrau D 50 C4
Bückeburg D 56 B3
Bückwitz D 51 E4
Büdelsdorf D 50 B2
Büdingen D 62 B2
Bühl D 23 F2
Buenache de Alarcón E 43 D3
Buenavista de Valdavia E 33 F4
Bünde D 55 F3
Buendía E 43 D2
Büren D 55 F4
Bürgel D 63 E1
Bürstadt D 62 A3
Büsum D 50 A3
Bueu E 32 A4
Bugeat F 25 F3
Bugojno BIH 128 A2
Le Bugue F 25 D4
Bugøynes N 105 F2
Builth Wells/Llanfair-ym-Muallt GB 13 D1
Buis-les-Baronnies F 31 D1
Le Buisson-Cussac F 29 D1
Buitrago del Lozoya E 36 B4
Bujalance E 48 A1
Bujaraloz E 38 A4
Bülach CH 23 F4
Buldan TR 129 F4
Bulgnéville F 22 C3
Bullas E 49 D1
Bulle CH 27 F2
Büllingen B 61 E2
Bully-les-Mines F 16 C2
Bultei I 82 B2
Bunclody IRL 5 E2
Buncrana / Bun Cranncha IRL 3 D1
Bunde D 55 E2
Bundoran / Bun Dobhráin IRL 2 C2
Bunessan GB 8 A2
Bungay GB 15 D1
Bunmahon IRL 5 D3
Buntingford GB 14 C2
Buñuel E 37 E3
Buñol E 43 F3
Buonabitàcolo I 80 C4
Buonalbergo I 80 B2
Buonconveto I 76 A4
Buonfornello I 84 C2
Burbach D 62 A2
Burbáguena E 43 E1
Burdur TR 129 F4
Burela E 32 C2
Buren NL 54 C1
Bureå S 108 B4
Burfjord N 104 C2
Burford GB 13 F1
Burg D 57 E3
Burg a. Fehmarn D 51 D2
Burgas BG 129 E2
Burgau D 67 D1
Burgbernheim D 62 C4
Burg (Den) NL 54 B2
Burgdorf D 56 C3
Burgdorf CH 27 F1
Burgess Hill GB 14 C4
Burggrub D 63 D2
Burghasungen D 62 B1
Burghausen (Kreis Altötting) D 67 F1
Burgjoß D 62 B2
Burgkunstadt D 63 D2
Burglengenfeld D 63 E4
Burgo (El) E 47 F3
Burgo de Osma (El) E 36 C4
Burgohondo E 42 A1
Burgo Ranero (El) E 33 E4
Burgos E 36 B2
Burgsinn D 62 C2
Burgstädt D 63 F1
Burg Stargard D 51 F3
Burgsvik S 119 F4
Burgui E 28 B4
Burguillos del Cerro E 41 D4
Burgum NL 54 C2
Burgwedel D 56 B3
Burhaniye TR 129 E4
Burhave D 50 A4
Burie F 24 C3
Burjassot E 44 A3
Burkau D 58 A4
Burnham-on-Crouch GB 15 D3
Burnham-on-Sea GB 13 D2
Burnley GB 10 C2
Burntisland GB 9 D2
Buronzo I 70 C4
Burrel AL 128 B3
Burry Port/Porth Tywyn GB 12 C1
Bursa TR 129 F3
Burscheid D 61 F1
Burton-upon-Trent GB 11 D4
Burträsk S 113 E1
Bury GB 10 C2
Bury St. Edmunds GB 15 D2
Busalla I 75 D2
Busca I 31 F1
Bushmills GB 3 E1
Busko-Zdrój PL 126 B2
Bussang F 23 D3
Busseto I 75 E1
Bussière-Badil F 25 D3
Bussolengo I 71 F4
Bussum NL 54 C3
Busto Arsizio I 71 D4
Busto de Bureba E 36 C2
Butera I 84 C4
Buttermere GB 10 C1
Buttevant IRL 4 C3
Buttstädt D 63 D1
Butzbach D 62 B2
Buxtehude D 50 B4
Buxton GB 11 D3
Buxy F 26 C1
Buzançais F 25 E1
Buzancy F 17 F4
Buzău RO 129 D1
Bychaŭ BY 125 D4

Budapest

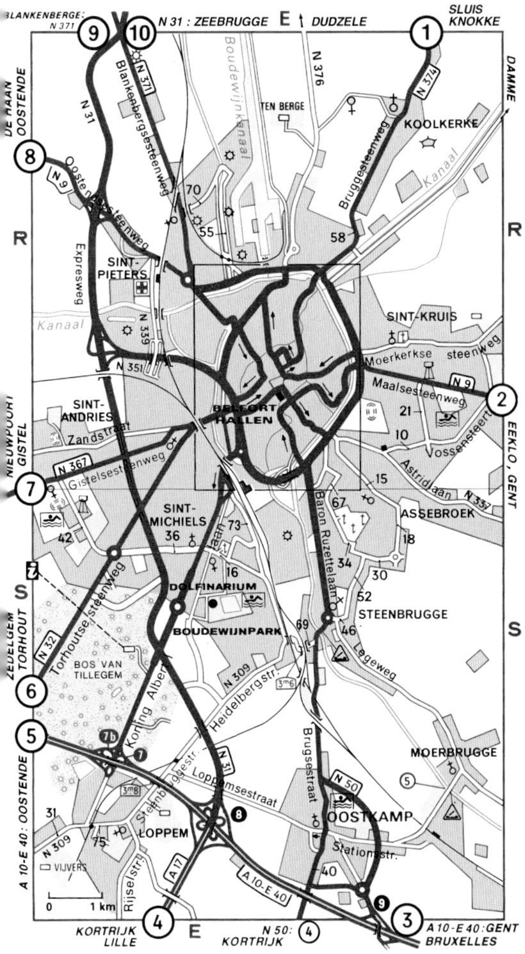

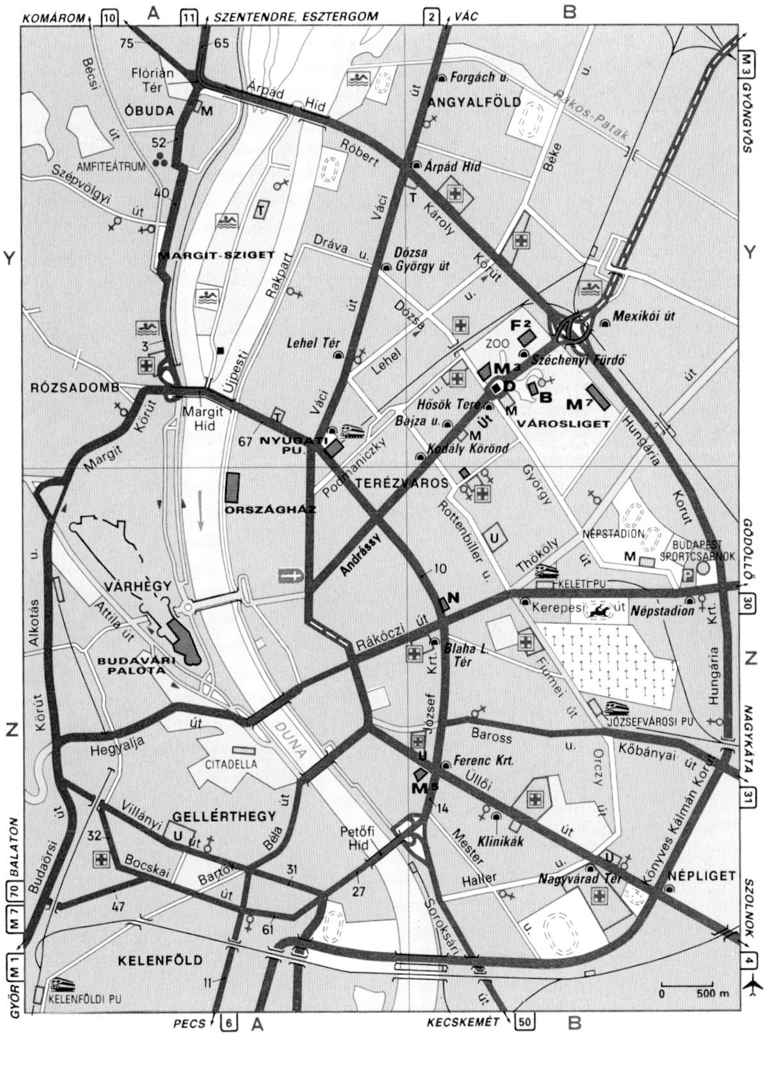

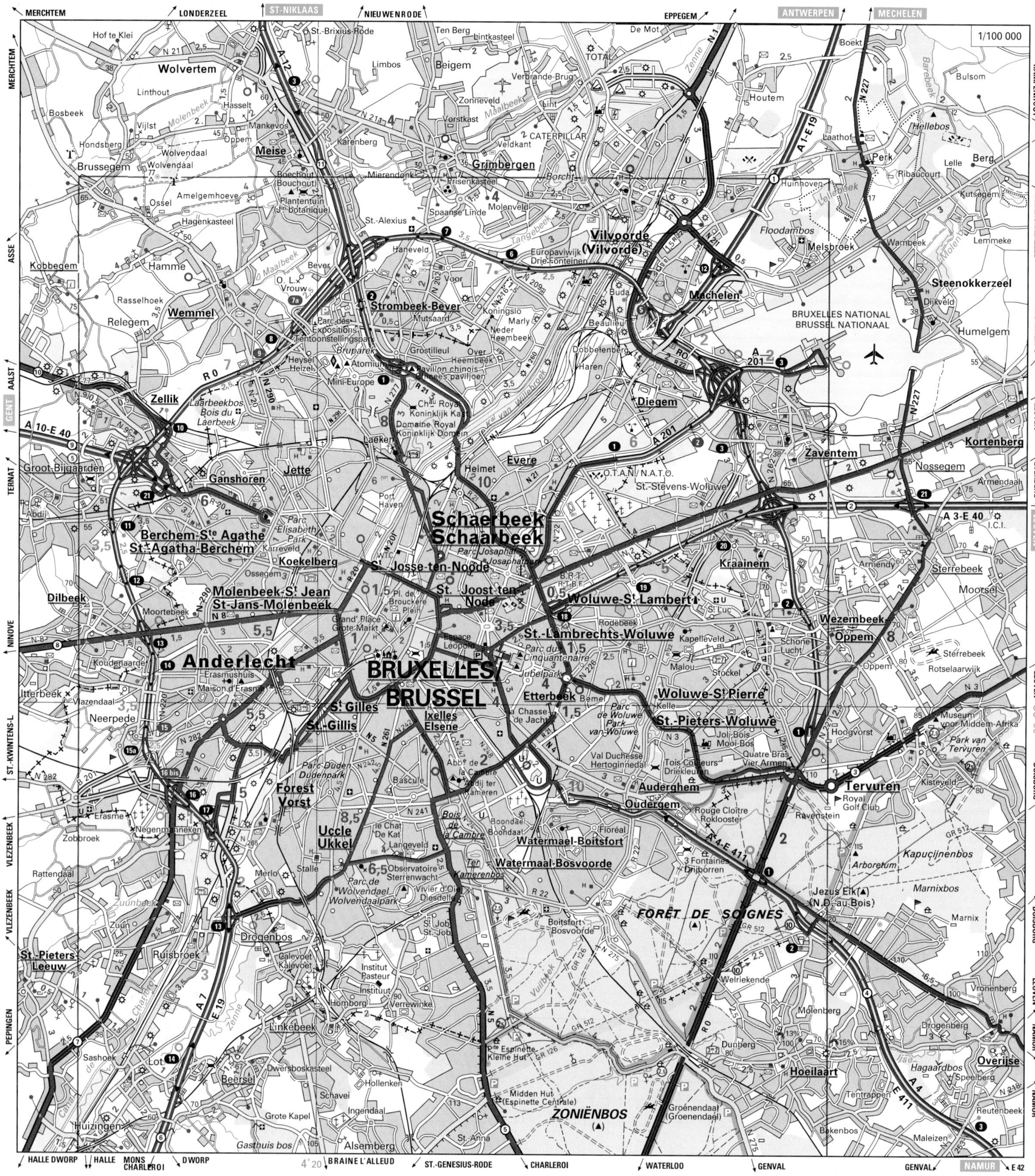
1/100 000
MERCHTEM
LONDERZEEL
ST-NIKLAAS
NIEUWENRODE
EPPEGEM
ANTWERPEN
MECHELEN
KAMPENHOUT
NEDEROKKERZEEL
ERPS-KWERPS
LEUVEN
KORTENBERG
EVERBERG
DUISBURG
NAMUR
ASSE
AALST
GENT
TERNAT
NINOVE
ST.-KWINTENS-L
VLEZENBEEK
PEPINGEN
HALLE DWORP
HALLE
MONS CHARLEROI
DWORP
BRAINE L'ALLEUD
ST.-GENESIUS-RODE
CHARLEROI
WATERLOO
GENVAL
E 42
Wolvertem
Meise
Grimbergen
Vilvoorde (Vilvorde)
Machelen
Strombeek-Bever
Wemmel
Zellik
Jette
Ganshoren
Berchem-Ste Agathe
St-Agatha-Berchem
Koekelberg
Molenbeek-St Jean
St-Jans-Molenbeek
Dilbeek
Anderlecht
Schaerbeek
Schaarbeek
St.-Josse-ten-Noode
St.-Joost-ten-Node
Evere
Diegem
Zaventem
Kraainem
Woluwe-St Lambert
St.-Lambrechts-Woluwe
Wezembeek-Oppem
BRUXELLES/
BRUSSEL
Etterbeek
Wolwe-St Pierre
St.-Pieters-Woluwe
Auderghem
Oudergem
Tervuren
Ixelles
Elsene
St Gilles
St.-Gillis
Forest
Vorst
Uccle
Ukkel
Watermael-Boitsfort
Watermaal-Bosvoorde
Drogenbos
St.-Pieters-Leeuw
Beersel
Linkebeek
Hoeilaart
Overijse
Steenokkerzeel
Sterrebeek
Nossegem
Kortenberg
FORÊT DE SOIGNES
ZONIËNBOS
BRUXELLES NATIONAL
BRUSSEL NATIONAAL
A 10-E 40
A 3-E 40
A 4-E 411
R 0
A 12
A 1-E 19

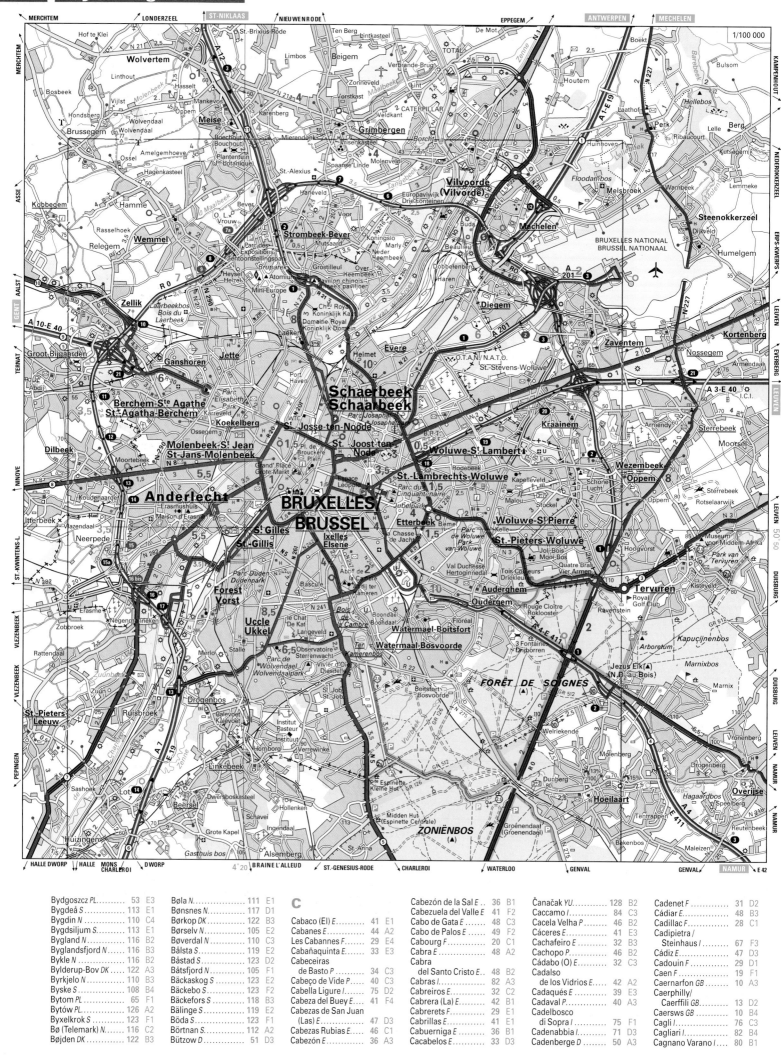

Cagnes-sur-Mer F 31 F2
Caher / An Chathair IRL 5 D3
Cahersiveen / Cathair Saidhbhín IRL 4 A3
Cahors F 29 E1
Cahul MOL 127 E4
Caianello I 79 F2
Caiazzo I 80 A2
Caión E 32 B2
Cairnryan GB 3 F2
Cairo Montenotte I 74 C2
Caistor GB 11 E3
Caivano I 80 A3
Cajarc F 29 E1
Čakovec HR 73 F2
Çal TR 129 F4
Cala en Porter E 45 F3
Cala Gonone I 82 C2
Cala Rajada E 45 F3
Calabor E 35 D3
Calaceite E 44 A1
Calacuccia F 78 A3
Calaf E 38 C4
Calafat RO 128 C2
Calafell E 38 C4
Calahonda E 48 B3
Calahorra E 37 D2
Calais F 15 E4
Calamocha E 43 E1
Calanda E 44 A1
Calangianus I 82 B1
Calañas E 46 C2
Călăraşi RO 129 E1
Călăraşi MOL 127 E3
Calasetta I 82 A4
Calasparra E 49 D1
Calatafimi I 84 B3
Calatañazor E 36 C3
Calatayud E 37 E4
Calatorao E 37 E4
Calau D 58 A3
Calbe D 57 E3
Calcena E 37 E4
Caldaro s. str. d. vino / Kaltern I 67 E4
Caldarola I 77 D3
Caldas da Rainha P 40 A2
Caldas de Besayas (Las) E 36 B1
Caldas de Reis E 32 A3
Caldas de Vizela P 34 B3
Caldelas P 34 B3
Caldelas (Taipas) P 34 B3
Caldes de Boí E 29 D4
Caldes de Malavella E 39 D3
Caldes de Montbui E 39 D4
Caldirola I 75 D1
Calella E 39 D4
Calella de Palafrugell E 39 E3
Calenzana F 78 A3
Calera de León E 47 D1
Calera y Chozas E 42 A2
Caleruega E 36 B3
Càlig E 44 B2
Călimăneşti RO 128 C1
Calitri I 80 B3
Calizzano I 74 C2
Callac F 18 C3
Callan / Callainn IRL 5 D3
Callander GB 8 C2
Callas F 31 E2
Callington GB 12 C3
Callosa d'en Sarrià E 49 F1
Callosa de Segura E 49 E1
Calmazzo I 76 C3
Calmbach D 23 F2
Calne GB 13 F2
Caló de Sant Agustí E 44 C4
Calolziocorte I 71 E4
Calonge E 39 E3
Calp / Calpe E 49 F1
Caltabellotta I 84 B3
Caltagirone I 85 D3
Caltanissetta I 84 C3
Caltavuturo I 84 C3
Caluso I 74 C1
Calvi F 78 A3
Calvörde D 57 D3
Calw D 23 F2
Calzada de Calatrava E 42 B4
Calzada de Oropesa (La) E 41 F2
Calzada de Valdunciel E 35 F4
Camaiore I 75 F3
Camaldoli (Convento) I 76 B3
Camaleño E 33 F3
Camarasa E 38 B3
Camarena E 42 B2
Camarès F 30 A2
Camaret-sur-Mer F 18 A3
Camarillas E 43 F1
Camariñas E 32 A2
Camarzana de Tera E 35 E3
Camas E 47 D2
Cambados E 32 A3
Cambas P 40 C2
Camberley GB 14 B3
Cambil E 48 B2
Cambo-les-Bains F 28 A3
Camborne GB 12 B4
Cambrai F 17 D3
Cambre E 32 B2
Cambremer F 20 C1
Cambridge GB 14 C2
Cambrils de Mar E 44 B1
Camburg D 63 E1
Camelford GB 12 C3
Camerino I 76 C4
Camigliatello Silano I 83 E2
Caminha P 32 A4
Caminomorisco E 41 E1
Caminreal E 43 E1
Camogli I 75 D2
Campagna I 80 B3
Campagne-lès-Hesdin F 16 B2
Campan F 28 C3
Campana I 83 F2
Campana (La) E 47 E2
Campanario E 41 F4
Campanas E 28 A4
Campaspero E 36 B4
Campbeltown GB 3 E1
Campello (El) E 49 F1
Campi Bisenzio I 76 A3
Campi Salentina I 81 F3
Campiglia Marittima I 75 F4
Campillo de Altobuey E 43 E3
Campillo de Aragón E 37 E4
Campillo de Arenas E 48 B2
Campillo de Llerena E 41 E4
Campillos E 47 F3
Campitello Matese I 80 A2
Campli I 77 D4
Campo di Giove I 79 F1
Campo E 29 D4
Campo Ligure I 75 D2
Campo Tures / Sand in Taufers I 67 F3
Campobasso I 80 A2
Campobello di Licata I 84 C4
Campobello di Mazara I 84 A3
Campo de Beisteros P 40 C1
Campo de Caso E 33 E3
Campo de Criptana E 42 C3
Campo del Hospital E 32 B2
Campo de Peñaranda (El) E 35 F4
Campodonico I 76 C3
Campoformido I 72 C3
Campogalliano I 75 F1
Campo Maior P 41 D3
Campomanes E 33 E3
Campomarino I 80 A1
Campóo (Alto) E 36 B1
Campora S. Giovanni I 83 E3
Camporrobles E 43 E3
Campos E 45 E3
Camposampiero I 72 A4
Camprodon E 39 D3
Camucia I 76 B3
Camuñas E 42 C3
Çanakkale TR 129 E3
Canal S. Bovo I 72 A3
Canales E 36 C3
Canals E 43 F4
Canas de Senhorim P 40 C1
Canazei I 67 F4
Cancale F 19 E2
Cancarix E 49 D1
Cancon F 29 D1
Candanchú E 28 B4
Candás E 33 E2
Candasnos E 38 A4
Candé F 19 E4
Candela I 80 B2
Candelario E 41 F1
Candeleda E 41 F2
Candes-St-Martin F 24 C1
Canelli I 74 C2
Canero E 33 D2
Canet-Plage F 30 A4
Canet de Mar E 39 D4
Canfranc-Estación E 28 B4
Cangas E 32 A4
Cangas del Narcea E 33 D3
Cangas de Onís E 33 F2
Canha P 40 B3
Canicattì I 84 C3
Canicattini Bagni I 85 E4
Caniles E 48 C2
Canino I 78 C1
Canisy F 19 E2
Canjáyar E 48 C3
Cannero Riviera I 71 D3
Cannes F 31 F2
Canneto I 75 F4
Cannich GB 6 C4
Cannobio I 71 D3
Cannock GB 11 D4
Canonbie GB 9 D4
Canosa di Puglia I 80 C2
La Canourgue F 30 A1
Cansano I 79 F1
Cantalapiedra E 35 F4
Cantalejo E 36 B4
Cantalpino E 35 F4
Cantanhede P 40 B1
Cantavieja E 44 A1
Canterbury GB 15 D3
Cantillana E 47 E2
Cantoira I 27 F4
Cantoral E 33 F3
Cantoria E 49 D3
Cantù I 71 D4
Canvey Island GB 14 C3
Cany-Barville F 16 A3
Cañigral (El) E 43 E2
Cañada de Benatanduz E 43 F1
Cañamero E 41 F3
Cañaveral E 41 E2
Cañaveral de Léon E 47 D1
Cañaveras E 43 D2
Cañete E 43 E2
Cañete de las Torres E 48 A1
Cañete la Real E 47 F3
Cañiza (A) E 32 B4
Cañizal E 35 F4
Caorle I 72 C4
Caorso I 75 E1
Le Cap-d'Agde F 30 A3
Cap-Ferret F 28 B1
Capaccio I 80 B4
Capaci I 84 B2
Capalbio I 78 C1
Caparroso E 37 E2
Capbreton F 28 A2
Capdenac-Gare F 29 F1
Capel Curig GB 10 B3
Capellades E 38 C4
La Capelle F 17 E3
Capendu F 29 F3
Capestang F 30 A3
Capestrano I 79 F1
Capileira E 48 B3
Capistrello I 79 E1
Capmany E 39 E2
Capo d'Orlando I 85 D2
Cappelle sul Tavo I 77 E4
Cappoquin / Ceapach Choinn IRL 5 D3
Capracotta I 80 A1
Capri I 80 A3
Capriati a Volturno I 79 F2
Captieux F 28 C1
Capua I 80 A3
Capurso I 81 D2
Capvern F 28 C3
Caracal RO 128 C1
Caracuel de Calatrava E 42 B4
Caraman F 29 E3
Caramanico Terme I 79 F1
Caramulo P 40 C1
Caransebeş RO 128 B1
Carantec F 18 B2
Caravaca de la Cruz E 49 D1
Carbajales de Alba E 35 E3
Carballiño E 32 B4
Carballo E 32 A2
Carbon-Blanc F 24 C4
Carboneras E 49 D3
Carboneras de Guadazaón E 43 E2
Carbonero el Mayor E 36 A4
Carbonia I 82 A4
Carbonin / Schluderbach I 67 F4
Carbonne F 29 E3
Carcaboso E 41 E2
Carcabuey E 48 A2
Carcaixent E 43 F4
Carcans F 24 B4
Carcans-Plage F 24 B4
Carcare I 74 C2
Carcassonne F 29 F3
Carcastillo E 28 A4
Carcès F 31 E3
Çardak TR 129 F4
Cardedeu E 39 D4
Cardenete E 43 E3
Cardeña E 48 A1
Cardiff/Caerdydd GB 13 D2
Cardigan/Aberteifi GB 12 C1
Cardona E 38 C3
Carei RO 126 B4
Carentan F 19 E1
Carevo BG 129 E2
Cargèse F 78 A3
Carhaix-Plouguer F 18 C3
Caria P 41 D1
Cariati I 83 F2
Carignan F 17 F4
Carignano I 27 F4
Carini I 84 B2
Carinola I 79 F2
Cariñena E 37 E4
Cariño E 32 C1
Carisio I 70 C4
Carlet E 43 F4
Carling F 23 D1
Carlingford IRL 3 E3
Carlisle GB 9 D4
Carloforte I 82 A4
Carlota (La) E 47 F2
Carlow / Ceatharlach IRL 5 E2
Carloway GB 6 B2
Carluke GB 8 C3
Carmagnola I 27 F4
Carmarthen/ Caerfyrddin GB 12 C1
Carmaux F 29 F2
Carmona E 47 E2
Carna IRL 2 A4
Carnac F 18 C4
Carndonagh / Carn Domhnach IRL 3 D1
Carnew IRL 5 E2
Carnforth GB 10 C1
Carnia I 68 A4
Carnlough GB 3 E2
Carnon-Plage F 30 B3
Carnota E 32 A3
Carnoustie GB 9 E2
Carnwath GB 9 D3
Carolina (La) E 48 B1
Carolles F 19 E2
Carovigno I 81 E3
Carpaneto Piacentino I 75 E1
Carpegna I 76 B3
Carpenedolo I 71 F4
Carpentras F 30 C2
Carpi I 75 F1
Carpignano Sesia I 70 C4
Carpineti I 75 F2
Carpineto Romano I 79 E2
Carpinone I 80 A2
Carpio (El) E 47 F1
Carpio de Tajo (El) E 42 A2
Carquefou F 19 E4
Carqueiranne F 31 E3
Carracedelo E 33 D4
Carradale GB 3 F1
Carral E 32 B2
Carrapateira P 46 A2
Carrara I 75 F2
Carrascosa del Campo E 43 D2
Carrazeda de Ansiães P 35 D4
Carrazedo de Montenegro P 34 C3
Carrbridge GB 7 D4
Carregado P 40 A3
Carregal do Sal P 40 C1
Carrenza E 36 C1
Carreña E 33 F3
Carrick-on-Shannon-Cora Droma Rúisc IRL 2 C3
Carrick-on-Suir / Carraig na Siúire IRL 5 D3
Carrickfergus GB 3 E2
Carrickmacross / Carraig Mhachaire Rois IRL 3 D3
Carrigart / Carraig Airt IRL 2 C1
Carrió E 32 B2
Carrión de Calatrava E 42 B4
Carrión de los Condes E 33 F4
Carrizo E 33 E4
Carro F 30 C3
Carrouges F 19 F2
Carrù I 74 C2
Carry-le-Rouet F 30 C3
Carsoli I 79 E1
Cartagena E 49 E2
Cártama E 47 F3
Cartaxo P 40 A3
Cartaya E 46 C2
Carteret F 19 E1
Carviçais P 35 D4
Carvin F 16 C2
Carvoeiro P 46 A2
Casabermeja E 47 F3
Casa Branca P 40 C3
Casa Branca P 40 A4
Casacalenda I 80 A1
Casaio E 33 D4
Casal di Principe I 80 A3
Casalarreina E 36 C2
Casalbordino I 80 A1
Casalbuttano ed Uniti I 75 E1
Casale Monferrato I 74 C1
Casale sul Sile I 72 B4
Casalecchio di Reno I 76 A2
Casalmaggiore I 75 F1
Casalpusterlengo I 75 E1
Casamari (Abbazia di) I 79 F2
Casamassima I 81 D2
Casamicciola Terme I 79 F3
Casarabonela E 47 F3
Casarano I 81 F4
Casar de Cáceres E 41 E2
Casar de Talamanca (El) E 42 C1
Casares E 47 E4
Casares de las Hurdes E 41 E1
Casariche E 47 F2
Casarsa della Delizia I 72 B3
Casas de Don Pedro E 41 F3
Casas de Fernando Alonso E 43 D3
Casas de Juan Núñez E 43 E4
Casas del Puerto E 49 E1
Casas de Luján E 42 C2
Casas de Miravete E 41 F2
Casas Ibáñez E 43 E3
Casasimarro E 43 D3
Casas Nuevas E 49 E2
Casatejada E 41 F2
Casavieja E 42 A1
Cascais P 40 A3
Cascante E 37 E3
Cascia I 76 C4
Casciana Terme I 75 F3
Cascina I 75 F3
Casei Gerola I 75 D1
Caselle in Pittari I 80 C4
Caselle Torinese I 27 F4
Caserta I 80 A3
Caserta Vecchia I 80 A3
Casetas E 37 F3
Cashel / Caiseal IRL 5 D3
Casicas del Río Segura E 48 C1
Casillas de Coria E 41 D2
Casina I 75 F2
Casinos E 43 F3
Casola in Lunigiana I 75 F2
Casoli I 79 F1
Casoria I 80 A3
Caspe E 38 A4
Cassà de la Selva E 39 E3
Cassagnes-Bégonhès F 29 F2
Cassano allo Ionio I 81 D4
Cassano delle Murge I 81 D2
Cassel F 15 E4
Cassino I 79 F2
Cassis F 31 D3
Castalla E 49 F1
Castanet-Tolosan F 29 E3
Castanheira de Pêra P 40 B1
Castasegna CH 71 E3
Casteggio I 75 D1
Castejón E 37 E3
Castejón de Monegros E 38 A4
Castejón de Sos E 29 D4
Castejón de Valdejasa E 37 F3
Castel del Monte I 80 C2
Castel del Monte I 79 F1
Castel del Rio I 76 A2
Castel di Sangro I 79 F2
Castel Gandolfo I 79 E2
Castel Madama I 79 E1
Castel S. Giovanni I 75 E1
Castel S. Lorenzo I 80 B4
Castel S. Pietro Terme I 76 A2
Castel Volturno I 79 F3
Castelbuono I 84 C2
Casteldaccia I 84 B2
Casteldelfino I 31 F1
Castelfidardo I 77 D3
Castelfiorentino I 76 A3
Castelfranco Emilia I 76 A1
Castelfranco in Miscano I 80 B2
Castelfranco Veneto I 72 A4
Casteljaloux F 28 C1
Castellabate I 80 B4
Castellammare del Golfo I 84 B2
Castellammare di Stabia I 80 A3
Castellamonte I 27 F3
Castellana Grotte I 81 D2
Castellane F 31 E2
Castellaneta I 81 D3
Castellar de la Muela E 43 E1
Castellar del Vallès E 39 D4
Castellar de Santiago E 42 C4
Castellar de Santisteban E 48 B1
Castell'Arquato I 75 E1
Castelldans E 38 B4
Castelldefels E 38 C4
Castell de Ferro E 48 B3
Castelleone I 71 E4
Castellfollit de la Roca E 39 D3
Castellina in Chianti I 76 A3
Castelló de Rugat E 44 A4
Castello di Lago I 80 B3
Castello Tesino I 72 A3
Castelló de la Plana / Castellón de la Plana E 44 A2
Castelló d'Empúries E 39 E3
Castellolí E 38 C4
Castellote E 44 A1
Castellterçol E 39 D3
Castelluccia I 77 D4
Castelmassa I 76 A1
Castelmauro I 80 A1
Castelmoron-sur-Lot F 29 D1
Castelnau-de-Médoc F 24 B4
Castelnau-de-Montmiral F 29 E2
Castelnau-Magnoac F 29 D3
Castelnau-Montratier F 29 E1
Castelnau-Rivière-Basse F 28 C3
Castelnaudary F 29 F3
Castelnovo ne' Monti I 75 F2
Castelnuovo Berardenga I 76 A3
Castelnuovo Bocca d'Adda I 75 E1
Castelnuovo della Daunia I 80 B2
Castelnuovo di Garfagnana I 75 F2
Castelnuovo di Porto I 79 D1
Castelnuovo Scrivia I 75 D1
Castelo Branco P 40 C2
Castelo de Paiva P 34 B4
Castelo de Vide P 40 C3
Castelraimondo I 76 C3
Castelrotto / Kastelruth I 67 E4
Castelsardo I 82 B1
Castelsarrasin F 29 E2
Castelserás E 44 A1
Casteltermini I 84 C3
Castelvecchio Subequo I 79 F1
Castelvetrano I 84 A3
Castets F 28 B2
Castiadas I 82 C4
Castiglion Fiorentino I 76 B3
Castiglioncello I 75 F3
Castiglione d'Adda I 75 E1
Castiglione dei Pepoli I 76 A2
Castiglione del Lago I 76 B4
Castiglione della Pescaia I 76 A4
Castiglione delle Stiviere I 71 F4
Castiglione in Teverina I 76 B4
Castiglione Messer Marino I 80 A1

Castiglione Olona I 71 D4
Castilblanco E 41 F3
Castilblanco de los Arroyos E 47 D2
Castilleja del Campo E 47 D2
Castilléjar E 48 C2
Castillejo de Martín Viejo E 41 E1
Castillo de las Guardas (El) E 47 D2
Castillo de Locubín E 48 A2
Castillon-en-Couserans F 29 D4
Castillon-la-Bataille F 24 C4
Castillonnès F 29 D1
Castillo y Elejabeitia E 37 D1
Castilruiz E 37 D3
Castions di Strada I 72 C3
Castle Douglas GB 8 C4
Castlebar / Caisleán an Bharraigh IRL 2 A3
Castlebay GB 6 A4
Castlebellingham IRL 3 D3
Castleblayney / Baile na Lorgan IRL 3 D3
Castlecomer / Caisleán an Chomair IRL 5 D2
Castledawson GB 3 D2
Castlederg GB 2 C2
Castledermot IRL 5 E2
Castleford GB 11 D2
Castleisland / Oileán Ciarraí IRL 4 B3
Castlemaine IRL 4 B3
Casltepollard IRL 2 C4
Castlerea / An Caisleán Riabhach IRL 2 B3
Castlerock GB 3 D1
Castleton GB 11 D3
Castletown GB 7 E2
Castletown GB 3 F3
Castletownbere IRL 4 A4
Castlewellan GB 3 E3
Castrejón E 35 F4
Castres F 29 F3
Castries F 30 B2
Castril E 48 C2
Castrillo de la Reina E 36 C3
Castrillo de Villavega E 33 F4
Castro Caldelas E 32 C4
Castro E 32 C3
Castrocalbón E 33 E4
Castrocaro Terme I 76 B2
Castrocontrigo E 33 D4
Castro Daire P 34 C4
Castro del Río E 47 F2
Castrojeriz E 36 B2
Castro Laboreiro P 32 B4
Castro Marim P 46 B2
Castromonte E 36 A3
Castronuevo E 35 F3
Castronuño E 35 F4
Castrop-Rauxel D 55 E4
Castropol E 32 C2
Castroreale I 83 D4
Castroreale Terme I 83 D4
Castrotierra E 33 E4
Castro-Urdiales E 36 C1
Castro Verde P 46 B1
Castroverde E 32 C3
Castroverde de Campos E 35 F3
Castrovillari I 81 D4
Castuera E 41 F4
Catania I 85 E3
Catanzaro I 83 E3
Catanzaro Lido I 83 E3
Catarroja E 44 A3
Le Cateau-Cambrésis F 17 D3
Le Catelet F 17 D3
Catenanuova I 85 D3
Catez SLO 73 F3
Catignano I 79 F1
Catoira E 32 A3
Catral E 49 E1
Cattenom F 23 D1
Cattolica I 76 C2
Catus F 29 E1
Caudebec-en-Caux F 16 A4
Caudete E 43 F4
Caudiel E 43 F2
Caudry F 17 D3
Caulnes F 19 D3
Caulonia I 83 E4
Caumont-l'Éventé F 19 F2
Caunes-Minervois F 29 F3
Căuşani MOL 127 E4
Caussade F 29 E2
Cauterets F 28 C4
Cava de' Tirreni I 80 A3
Cava (La) E 44 B1
Cavaglià I 70 C4
Cavaillon F 30 C2
Cavalaire-sur-Mer F 31 E3
La Cavalerie F 30 A2
Cavalese I 72 A3
Cavalière F 31 E3
Cavan / An Cabhán IRL 2 C3
Cavarzere I 72 B4
Cavazzo Carnico I 68 A4
Çavdarhisar TR 129 F4
Cavezzo I 76 A1
Cavo I 75 F4
Cavour I 27 F4
Cavtat HR 128 A2
Čavusy BY 125 E4
Cayeux-sur-Mer F 16 B3
Le Caylar F 30 A2
Caylus F 29 E2
Cayres F 26 B4
Cazalla de la Sierra E 47 E1
Cazals F 29 E1
Cazaubon F 28 C2
Cazaux F 28 B1
Cazères F 29 D3
Cazorla E 48 C2
Cea E 32 B4
Ceadîr-Lunga MOL 127 E4
Ceanannus Mór (Kells) / Ceanannas IRL 3 D4
Cebolla E 42 A2
Cebreros E 42 A1
Ceccano I 79 E2
Cece H 126 A4
Čechov RUS 125 F2
Cecina I 75 F4
Ceclavín E 41 D2
Cedeira E 32 B2
Cedillo E 40 C2
Cedrillas E 43 F2
Cefalù I 84 C2
Cegléd H 126 A4
Ceglie Messapia I 81 E3
Cehegín E 49 D1
Ceknica SLO 73 D3
Celano I 79 F1
Celanova E 32 B4
Celje SLO 73 E2
Cella E 43 E2
Celle D 56 C2
Celle Ligure I 75 D2
Celles-sur-Belle F 24 C2
Celorico da Beira P 41 D1
Celorico de Basto P 34 C3
Cencenighe Agordino I 67 F4
Cenicero E 37 D2
Centelles E 39 D3
Centenillo (El) E 48 B1
Cento I 76 A1
Centuripe I 85 D3
Cepagatti I 79 F1
Ceppo di Rocca Sta Maria I 77 D4
Ceprano I 79 F2
Cerbère F 30 A4
Cercal P 40 A3
Cercal P 46 A1
Cercedilla E 42 B1
Cerchiara di Calabria I 81 D4
Cerdedo E 32 B3
Cerdeira P 41 D1
Cerea I 72 A4
Čerepovec RUS 125 F1
Ceres I 27 F4
Ceresole Reale I 27 F3
Céret F 30 A4
Cerezo de Abajo E 36 B4
Cerezo de Riotirón E 36 C2
Cerignola I 80 C2
Cérilly F 26 A2
Cerisiers F 22 A3
Cerisy-la-Salle F 19 E2
Cerizay F 24 C1
Čerkasy UA 127 F2
Cerkno SLO 73 D3
Cerler E 29 D4
Cernache de Bonjardim P 40 B2
Černʼachovsk RUS 124 B4
Cernavodă RO 129 E1
Cernay F 23 E4
Černihiv UA 127 E1
Černivci UA 127 D3
Cernobbio I 71 D4
Cerreto Sannita I 80 A2
Cerrigydrudion GB 10 B3
Cërrik AL 128 B3
Cerro de Andévalo (El) E 46 C1
Certaldo I 76 A3
Cervatos E 36 B1
Cervatos de la Cueza E 33 F4
Červenʼ BY 125 D4
Cervera E 38 B4
Cervera de la Cañada E 37 E4
Cervera del Río Alhama E 37 D3
Cervera de Pisuerga E 33 F3
Cerveteri I 79 D1
Cervia I 76 B2
Cervignano del Friuli I 72 C3
Cervinara I 80 A3
Cervione F 78 B3
Cervo E 32 C2
Červonohrad UA 126 C2
Cesana Torinese I 27 E4
Cesarò I 85 D2
Cesena I 76 B2
Cesenatico I 76 B2
Cēsis LV 124 B2
Çeşme TR 129 E4
Cespedosa E 41 F1
Cessalto I 72 B3
Cetina E 37 D4
Cetinje YU 128 A3
Cetraro I 83 D2
Ceuta E 47 E4
Ceutí E 49 E1
Ceva I 74 C2
Cevico de la Torre E 36 A3
Ceyrat F 26 A3
Ceyzériat F 27 D2
Chabanais F 25 D3
Chabeuil F 26 C4
Chablis F 22 A4
Chabris F 25 E1
Chagny F 26 C1
Chailland F 19 F3
Chaillé-les-Marais F 24 B2
La Chaise-Dieu F 26 B4
Chalabre F 29 F4
Chalais F 24 C4
Chalamont F 26 C3
Chalampé F 23 E4
Chalindrey F 22 C4
Chalkis GR 94 A3
Challans F 24 A1
Challes-les-Eaux F 27 D3
Chalon-sur-Saône F 26 C1
Chalonnes-sur-Loire F 19 F4
Châlons-en-Champagne F 22 B2
Châlus F 25 D3
Cham D 63 F4
Chambéry F 27 D3
Chambley-Bussières F 22 C2
Chambly F 21 E2
Le Chambon-Feugerolles F 26 B4
Chambon-sur-Lac F 26 A3
Le Chambon-sur-Lignon F 26 B4
Chambon-sur-Voueize F 25 F2
Chambord F 21 D4
La Chambre F 27 E4
Chamonix-Mont-Blanc F 27 E3
Champagnac-de-Belair F 25 D4
Champagne-Mouton F 25 D3
Champagnole F 27 D1
Champdeniers-Saint-Denis F 24 C2
Champeaux F 19 E3
Champeix F 26 A3
Champéry CH 27 E2
Champex CH 27 F2
Champlitte-et-le-Prélot F 22 C4
Champoluc I 27 F3
Champorcher I 27 F3
Champs-sur-Tarentaine F 25 F4
Champtoceaux F 19 E4
Chamrousse F 27 D4
Chamusca P 40 B2
Chanac F 30 A1
Chanas F 26 C4
Chantada E 32 B3
Chantelle F 26 A2
Chantemerle F 27 E4
Chantilly F 16 C4
Chantonnay F 24 B1
Chaource F 22 A3
Chapel-en-le-Frith GB 11 D3
La Chapelle-d'Angillon F 21 E4
La Chapelle-de-Guinchay F 26 C2
La Chapelle-en-Valgaudémar F 27 E4
La Chapelle-en-Vercors F 27 D4
Chapinería E 42 B1
Charbonnières-les-Bains F 26 C3
Chard GB 13 D3
Charenton-du-Cher F 25 F1
La Charité-sur-Loire F 26 A1
Charleroi B 17 E2
Charlestown IRL 2 B3
Charleville-Mézières F 17 E3
Charlieu F 26 B2
Charlottenberg S 118 B2
Charly F 21 F2
Charmes F 23 D3
Charny F 21 F4
Charny-sur-Meuse F 17 F4
Charolles F 26 B2
Chârost F 25 F1
Charquemont F 27 E1
Charroux F 25 D2
La Chartre-sur-le-Loir F 20 C4
Chartres F 21 D3
Chasseneuil-sur-Bonnieure F 25 D3
La Châtaigneraie F 24 B2
Château-Arnoux-St-Auban F 31 D2
Château-Chinon F 26 B1
Le Château-d'Oléron F 24 B3
Château-du-Loir F 20 C4
Château-Gontier F 19 F4
Château-la-Vallière F 20 C4
Château-Landon F 21 F3
Château-Porcien F 17 E4
Château-Queyras F 31 E1
Château-Regnault F 17 E3
Château-Renault F 21 D4
Château-Salins F 23 D2
Château-Thierry F 21 F2
Châteaubourg F 19 E3
Châteaubriant F 19 E4
Château-d'Oex CH 27 F2
Châteaudun F 21 D3
Châteaugiron F 19 E3
Châteaulin F 18 B3
Châteaumeillant F 25 F2
Châteauneuf-de-Randon F 30 B1
Châteauneuf-d'Ille-et-Vilaine F 19 D2
Châteauneuf-du-Faou F 18 B3
Châteauneuf-du-Pape F 30 C2
Châteauneuf-en-Thymerais F 21 D2
Châteauneuf-la-Forêt F 25 E3
Châteauneuf-les-Bains F 26 A3
Châteauneuf-sur-Charente F 24 C3
Châteauneuf-sur-Cher F 25 F1
Châteauneuf-sur-Loire F 21 E4
Châteauneuf-sur-Sarthe F 19 F4
Châteauponsac F 25 E2
Châteaurenard F 30 C2
Châteaurenard F 21 F4
Châteauroux F 25 E1
Châteauvillain F 22 B3
Châtel F 27 E2
Châtel-Montagne F 26 B2
Châtel-St. Denis CH 27 E2
Châtel-sur-Moselle F 23 D3
Châtelaillon-Plage F 24 B2
Le Châtelard F 27 E3
Châtelaudren F 18 C2
Châteldon F 26 A3
Châtelet B 17 E2
Le Châtelet F 25 F2
Le Châtelet-en-Brie F 21 F3
Châtelguyon F 26 A3
Châtellerault F 25 D1
Châtelus-Malvaleix F 25 F2
Châtenois F 22 C3
Chatham GB 14 C3
Châtillon I 27 F3
Châtillon-Coligny F 21 F4
Châtillon-en-Bazois F 26 B1
Châtillon-en-Diois F 31 D1
Châtillon-sur-Chalaronne F 26 C2
Châtillon-sur-Indre F 25 E1
Châtillon-sur-Loire F 21 F4
Châtillon-sur-Marne F 22 A2
Châtillon-sur-Seine F 22 B4
La Châtre F 25 F2
Chatteris GB 11 F4
Chaudes-Aigues F 30 A1
Chauffailles F 26 B2
Chaufour-lès-Bonnières F 21 D2
Chaulnes F 16 C3
Chaumergy F 27 D1
Chaumont F 22 B3
Chaumont-en-Vexin F 16 B4
Chaumont-sur-Loire F 21 D4
Chauny F 17 D4
Chaussin F 27 D1
Chauvigny F 25 D2
Chaux-de-Fonds (La) CH 27 E1
Chaves P 34 C3
Chazelles-sur-Lyon F 26 B3
Chef-Boutonne F 24 C2
Cheles E 40 C4
Chelmsford GB 14 C3
Cheltenham GB 13 E1
Chelva E 43 F3
Chełm PL 126 B2
Chełmno PL 126 A1
Chemillé F 24 B1
Chemin F 26 C1
Chemnitz D 63 F1
Chénérailles F 25 F2
Chenonceaux F 21 D4
Chepstow/ Cas-Gwent GB 13 E2
Chera E 43 F3
Cherbourg F 19 E1
Chéroy F 21 F3
Cherson UA 127 F3
Cheshunt GB 14 C3
Le Chesne F 17 E4
Cheste E 43 F3
Chester GB 10 C3
Chester-le-Street GB 9 F4
Chesterfield GB 11 D3
Chevagnes F 26 A2
Chevillon F 22 B2
Chevreuse F 21 E2
Le Cheylard F 26 C4
La Chèze F 19 D3
Chiampo I 72 A4
Chianciano Terme I 76 B4
Chiaramonte Gulfi I 85 D4
Chiaravalle I 77 D3
Chiaravalle Centrale I 83 E3
Chiari I 71 E4
Chiasso CH 71 D4
Chiavari I 75 E2
Chiavenna I 71 D3
Chichester GB 14 B4
Chiclana de la Frontera E 47 D4
Chieming D 67 F2
Chieri I 74 C1
Chiesa in Valmalenco I 71 E3
Chiesina Uzzanese I 75 F3
Chieti I 79 F1
Chimay B 17 E3
Chinchilla de Monte Aragón E 43 E4
Chinchón E 42 C2
Chinon F 25 D1
Chioggia I 72 B4
Chipiona E 47 D3
Chippenham GB 13 E2
Chipping Campden GB 13 F1
Chipping Norton GB 13 F1
Chipping Sodbury GB 13 E2
Chirivel E 48 C2
Chişinău MOL 127 E3
Chişineu-Criş RO 126 B4
Chiusa di Pesio I 31 F1
Chiusa / Klausen I 67 E4
Chiusa Sclafani I 84 B3
Chiusaforte I 68 A4
Chiusi I 76 B4
Chiva E 43 F3
Chivasso I 74 C1
Chmelʼnycʼkyj UA 127 D2
Chmilʼnyk UA 127 D2
Chojnice PL 53 D2
Chojniki BY 127 E1
Cholet F 24 B1
Chollerford GB 9 E4
Cholm RUS 125 D2
Chorges F 31 E1
Chorley GB 10 C2
Chorol UA 127 F2
Choszczno PL 52 B3
Chotyn UA 127 D3
Chouto P 40 B3
Christchurch GB 13 F3
Christiansfeld DK 122 B3
Chur CH 66 C4
Church Stretton GB 10 C4
Chust UA 127 C3
Cicciano I 80 A3
Cidones E 37 D3
Ciechanów PL 126 A1
Ciechocinek PL 126 A1
Ciempozuelos E 42 B2
Cieszyn PL 126 A3
Cieza E 49 E1
Cifuentes E 43 D1
Cigliano I 74 C1
Cilavegna I 75 D1
Cillas E 43 E1
Cilleros E 41 D2
Cilleruelo de Bezana E 36 B1
Cimişlia MOL 127 E4
Cîmpeni RO 126 C4
Cîmpina RO 129 D1
Cîmpulung RO 129 D1
Cîmpulung Moldovenesc RO 127 D3
Cinctorres E 44 A1
Ciney B 17 F3
Cinfães P 34 C4
Cingoli I 77 D3
Cinigiano I 76 A4
Cinisi I 84 B2
Cintegabelle F 29 E3
Cintruénigo E 37 E3
Ciórraga E 36 C1
La Ciotat F 31 D3
Cirencester GB 13 F1
Cirey-sur-Vezouze F 23 D2
Ciria E 37 D4
Ciriè I 27 F4
Cirò I 83 F2
Cirò Marina I 83 F2
Čirpan BG 129 D2
Cisneros E 33 F4
Cisterna di Latina I 79 E2
Cisternino I 81 E3
Cistierna E 33 F3
Città della Pieve I 76 B4
Città di Castello I 76 B3
Città S. Angelo I 77 E4
Cittadella I 72 A4
Cittaducale I 79 E1
Cittanova I 83 E4
Cittareale I 77 D4
Ciudad Real E 42 B4
Ciudad Rodrigo E 41 E1
Ciutadella de Menorca E 45 F2
Cividale del Friuli I 72 C3
Civita Castellana I 79 D1
Civitanova Marche I 77 D3
Civitavecchia I 78 C1
Civitella del Tronto I 77 D4
Civitella Roveto I 79 E1
Civray F 25 D2
Çivril TR 129 F4
Cjurupynsʼk UA 127 F3
Clacton-on-Sea GB 15 D3
Clairvaux-les-Lacs F 27 D2
Clamecy F 22 A4
Claonaig GB 8 B3
Clapham GB 10 C1
Clara / Clóirtheach IRL 2 C4
Clare GB 14 C2
Claremorris / Clár Chlainne Mhuiris IRL 2 B3
Claudy GB 3 D2
Clausthal-Zellerfeld D 56 C4
Claut I 68 A4
Clavière I 27 E4
Clay Cross GB 11 D3
Claye-Souilly F 21 F2
La Clayette F 26 B2
Clécy F 19 F2
Cleethorpes GB 11 F3
Cléguérec F 18 C3
Clelles F 31 D1
Clères F 16 A4
Clermont F 16 C4
Clermont-en-Argonne F 22 B2
Clermont-Ferrand F 26 A3
Clermont-l'Hérault F 30 A3
Clerval F 23 D4
Clervaux L 61 E3

Cléry-St-André F 21 E4
Cles I 67 E4
Clevedon GB 13 E2
Cleveleys GB 10 C2
Clifden / An Clochán IRL 2 A4
Clisson F 24 B1
Clitheroe GB 10 C2
Clogh Mills GB 3 E1
Cloghan IRL 2 C4
Clogheen IRL 4 C3
Clogherhead IRL 3 E3
Clonakilty / Cloich na Coillte IRL 4 B4
Clonbur / An Fhairche IRL 2 A4
Clondalkin IRL 3 D4
Clones / Cluain Eois IRL 3 D3
Clonmel / Cluain Meala IRL 5 D3
Cloppenburg D 55 F2
Clovelly GB 12 C2
Cloyes-sur-le-Loir F 21 D3
Cluj-Napoca RO 126 C4
Clun GB 10 C4
Cluny F 26 C2
La Clusaz F 27 E3
Cluses F 27 E2
Clusone I 71 E3
Clydebank GB 8 C2
Coachford IRL 4 C3
Coalisland GB 3 D2
Coalville GB 11 D4
Coaña E 33 D2
Coatbridge GB 8 C3
Cobeña E 42 C1
Cobh / An Cóbh IRL 4 C4
Coburg D 63 D2
Coca E 36 A4
Cocconato I 74 C1
Cocentaina E 43 F4
Cochem D 61 F3
Cockburnspath GB 9 E3
Cockermouth GB 9 D4
Codevigo I 72 B4
Codigoro I 76 B1
Codogno I 75 E1
Codos E 37 E4
Codosera (La) E 41 D3
Codroipo I 72 C3
Cölbe D 62 B1
Coesfeld D 55 E4
Coevorden NL 55 D3
Cofrentes E 43 F4
Cognac F 24 C3
Cogne I 27 F3
Cogolin F 31 E3
Cogolludo E 42 C1
Coimbra P 40 B1
Coín E 47 F3
Coina P 40 A4
Col SLO 73 D3
Colares P 40 A3
Colchester GB 15 D2
Coldbackie GB 7 D2
Colditz D 57 F4
Coldstream GB 9 E3
Coleford GB 13 E1
Coleraine GB 3 D1
Colfiorito I 76 C4
Colico I 71 D3
Coligny F 27 D2
Colinas E 47 D2
Colindres E 36 C1
Colintraive GB 8 B2
Coll de Nargó E 38 C3
Colle di Val d'Elsa I 76 A3
Colle Isarco / Gossensaß I 67 E3
Colle Sannita I 80 A2
Collecchio I 75 F1
Colleferro I 79 E2
Collesalvetti I 75 F3
Collesano I 84 C2
Colli a Volturno I 79 F2
Collinée F 19 D3
Collio I 71 F4
Collioure F 30 A4
Collobrières F 31 E3
Collodi I 75 F3
Collonges F 27 D2
Collonges-la-Rouge F 25 E4
Colmar F 23 E3
Colmars F 31 E2
Colmenar E 48 A3
Colmenar de Oreja E 42 C2
Colmenar Viejo E 42 B1
Colnabaichin GB 7 E4
Colne GB 11 D2
Colobraro I 81 D4
Cologna Veneta I 72 A4
Cologne F 29 D2
Colombey-les-Belles F 22 C2
Colombey-les-Deux-Églises F 22 B3
Colombres E 33 F2
Colomera E 48 A2
Colorno I 75 F1
Colosimi I 83 E2
Colunga E 33 F2
Colwyn Bay / Bae Colwyn GB 10 B3
Comacchio I 76 B1
Comănești RO 127 D4
Coma-ruga E 38 C4
Combarro E 32 A3
Combeaufontaine F 22 C4
Combe Martin GB 12 C2
Comber GB 3 E2
Combloux F 27 E3
Combourg F 19 E3
Combronde F 26 A3
Comeglians I 68 A4
Comillas E 33 F2
Comines B 15 F4
Comines F 15 F4
Comiso I 85 D4
Commentry F 25 F2
Commercy F 22 C2
Como I 71 D4
Cómpeta E 48 A3
Compiègne F 16 C4
Comporta P 40 A4
Comps-sur-Artuby F 31 E2
Comrat MOL 127 E4
Comunanza I 77 D4
Concarneau F 18 B3
Conches-en-Ouche F 21 D2
Concordia sulla Secchia I 76 A1
Condat F 26 A4
Condé-en-Brie F 22 A2
Condé-sur-l'Escaut F 17 D2
Condé-sur-Noireau F 19 F2
Condeixa-a-Nova P 40 B1
Condom F 29 D2
Condrieu F 26 C4
Conegliano I 72 B3
Conflans-en-Jarnisy F 22 C1
Confolens F 25 D3
Cong / Conga IRL 2 A4
Conga / Cong IRL 2 A4
Congleton GB 10 C3
Congosto de Valdavia E 33 F4
Congresbury GB 13 E2
Conil de la Frontera E 47 D4
Conisbrough GB 11 D3
Coniston GB 10 C1
Conlie F 20 C3
Conliège F 27 D2
Connel GB 8 B1
Connerré F 20 C3
Conques F 29 F1
Le Conquet F 18 A2
Conquista E 48 A1
Conselice I 76 B1
Conselve I 72 B4
Consett GB 9 E4
Constância P 40 B2
Constanța RO 129 E1
Constantina E 47 E1
Consuegra E 42 B3
Consuma I 76 A3
Les Contamines-Montjoie F 27 E3
Contarina I 76 B1
Conthey CH 27 F2
Contigliano I 79 E1
Contin GB 6 C4
Contres F 21 D4
Contrexéville F 22 C3
Contursi Terme I 80 B3
Conty F 16 C4
Conversano I 81 D2
Conwy GB 10 B3
Cookstown GB 3 D2
Cootehill / Muinchille IRL 3 D3
Čop UA 126 B3
Cope E 49 E2
Copertino I 81 F3
Copparo I 76 B1
Corabia RO 128 C2
Corato I 80 C2
Coray F 18 B3
Corbeil-Essonnes F 21 E2
Corbie F 16 C3
Corbigny F 26 B1
Corbola I 76 B1
Corbridge GB 9 E4
Corby GB 11 E4
Corcieux F 23 D3
Corconte E 36 B1
Corcubión E 32 A3
Cordes-sur-Ciel F 29 F2
Córdoba E 47 F1
Cordobilla de Lácara E 41 E3
Corduente E 43 E1
Corella E 37 E3
Coreses E 35 F3
Corfe Castle GB 13 E3
Corgo E 32 C3
Cori I 79 E2
Coria E 41 E2
Coria del Río E 47 D2
Corias E 33 D3
Corigliano Calabro I 83 E2
Corinaldo I 76 C3
Coripe E 47 E3
Cork/Corcaigh IRL 4 C3
Corlay F 18 C3
Corleone I 84 B3
Corleto Perticara I 80 C3
Çorlu TR 129 E3
Cormatin F 26 C2
Cormeilles F 16 A4
Cormery F 25 D1
Cormons I 72 C3
Cornago E 37 D3
Cornellana E 33 E2
Corniglio I 75 E2
Cornimont F 23 D3
Čornobyl' UA 127 E1
Čornomors'ke UA 127 F4
Cornuda I 72 B3
Cornus F 30 A2
Coronada (La) E 41 F4
Coronil (El) E 47 E3
Corps F 31 D1
Corral de Almaguer E 42 C2
Corrales de Buelna (Los) E 36 B1
Corrales del Vino E 35 F4
Corran GB 8 B1
Corredoiras E 32 B3
Correggio I 75 F1
Corrèze F 25 E4
Corridonia I 77 D3
Corrofin IRL 4 C2
Corsham GB 13 E2
Corte F 78 A3
Corte de Peleas E 41 D4
Cortegada E 32 B4
Cortegana E 46 C1
Cortemaggiore I 75 E1
Cortemilia I 74 C2
Corteolona I 75 E1
Cortes de Aragón E 43 F1
Cortes de Baza E 48 C2
Cortes E 37 E3
Cortes de la Frontera E 47 E3
Cortijos de Abajo (Los) E 42 B3
Cortijos Nuevos E 48 C1
Cortina d'Ampezzo I 67 F4
Čortkiv UA 126 C3
Cortona I 76 B3
Coruche P 40 B3
Coruña (A) / La Coruña E 32 B2
Corvara in Badia I 67 F4
Corvera E 49 E2
Corvera de Toranzo E 36 B1
Corwen GB 10 B3
Cosenza I 83 E2
Cosham GB 13 F3
Cosne-d'Allier F 26 A2
Cosne-sur-Loire F 21 F4
Cossato I 70 C4
Cossé-le-Vivien F 19 F3
Cossonay CH 27 E2
Costa de Caparica P 40 A4
Costa de Santo André P 40 A4
Costigliole d'Asti I 74 C1
Coswig D 58 A4
Coswig D 57 E3
La Côte-St-André F 26 C4
Cotignac F 31 E3
Cottbus D 58 A3
Couches F 26 C1
Couço P 40 B3
Coucy-le-Château-Auffrique F 17 D4
Couhé F 24 C2
Couilly-Pont-aux-Dames F 21 F2
Couiza F 29 F4
Coulanges-la-Vineuse F 22 A4
Coulanges-sur-Yonne F 22 A4
Coulommiers F 21 F2
Coulon F 24 C2
Coulonges-sur-l'Autize F 24 C2
Coupar Angus GB 9 D1
Couptrain F 19 F3
Cour-Cheverny F 21 D4
Courçon F 24 B2
Courmayeur I 27 E3
Cournon-d'Auvergne F 26 A3
La Couronne F 24 C3
Courpière F 26 A3
Cours F 26 B2
Coursan F 30 A3
Coursegoules F 31 F2
Courseulles-sur-Mer F 19 F1
Courson-les-Carrières F 22 A4
Courtenay F 21 F3
Courthézon F 30 C2
La Courtine F 25 F3
Courtomer F 20 C2
Courtown IRL 5 E2
Courville-sur-Eure F 21 D3
Coussey F 22 C3
Coutances F 19 E2
Coutras F 24 C4
La Couvertoirade F 30 A2
Couvin B 17 E3
Cova da Iria P 40 B2
Covadonga E 33 F3
Covarrubias E 36 B3
Coventry GB 11 D4
Coves de Vonromà (Les) E 44 A2
Covilhã P 40 C1
Cowbridge / Bont-faen GB 13 D2
Cowdenbeath GB 9 D2
Cowes GB 13 F3
Cowfold GB 14 B4
Cozes F 24 B3
Craco I 81 D3
Craigavon GB 3 E2
Craigellachie GB 7 E4
Craighouse GB 8 A2
Craignure GB 8 B1
Crail GB 9 E2
Crailsheim D 62 C4
Craiova RO 128 C1
Cranborne GB 13 F3
Crans-sur-Sierre CH 27 F2
Craon F 19 F4
Craonne F 17 D4
Craponne-sur-Arzon F 26 B4
Crato P 40 C3
La Crau F 31 E3
Craughwell IRL 2 B4
Craven Arms GB 10 C4
Crawinkel D 63 D1
Crawley GB 14 C4
Creagorry GB 6 A4
Crécy-en-Ponthieu F 16 B3
Crécy-la-Chapelle F 21 F2
Crécy-sur-Serre F 17 D4
Crediton GB 13 D3
Creegh IRL 4 B2
Creeslough IRL 2 C1
Creglingen D 62 C4
Creil F 16 C4
Crema I 71 E4
Crémieu F 26 C3
Cremona I 75 E1
Créon F 28 C1
Crépy-en-Valois F 16 C4
Cres HR 77 E1
Cres HR 73 E4
Crescentino I 74 C1
Crespino I 76 B1
Crest F 30 C1
Cresta CH 66 C4
Créteil F 21 E2
Creully F 19 F1
Le Creusot F 26 B1
Creußen D 63 E3
Creutzwald F 23 D1
Creuzburg D 62 C1
Crevacuore I 70 C4
Crevalcore I 76 A1
Crèvecœur-le-Grand F 16 C4
Crevillent E 49 E1
Crewe GB 10 C3
Crewkerne GB 13 E3
Crianlarich GB 8 C2
Criccieth GB 10 A3
Crickhowell GB 13 D1
Cricklade GB 13 F2
Crieff GB 9 D2
Criel-sur-Mer F 16 B3
Crikvenica HR 73 E4
Crimmitschau D 63 E1
Crinan GB 8 B2
Criquetot-l'Esneval F 16 A4
Crissolo I 31 F1
Crivitz D 51 D3
Črmošnjice SLO 73 E3
Črna SLO 73 E2
Crni Vrh SLO 73 D3
Crnomelj SLO 73 E3
Crocq F 25 F3
Le Croisic F 19 D4
La Croix-Valmer F 31 E3
Crolly / Croithlí IRL 2 C1
Cromarty GB 7 D4
Cromer GB 15 D1
Crook GB 11 D1
Croom IRL 4 C2
Cross Hands GB 12 C1
Crosshaven IRL 4 C4
Crossmaglen GB 3 D3
Crossmolina / Crois Mhaoilíona IRL 2 B3
Crotone I 83 F2
Le Crotoy F 16 B3
Crowborough GB 14 C4
Crowland GB 11 F4
Crowle GB 11 E2
Croyde GB 12 C2
Crozant F 25 E2
Crozon F 18 B3
Cruden Bay GB 7 F4
Crudgington GB 10 C4
Crumlin GB 3 E2
Cruseilles F 27 D3
Cruzamento de Pegões P 40 B4
Cruz da Légua P 40 A2
Csorna H 69 F1
Cuacos de Yuste E 41 F2
Cualedro E 32 B4
Cuba P 46 B1
Cubel E 37 E4
Cubillo (El) E 43 E2
Cubo de Don Sancho (El) E 35 E4
Cubo de Tierra del Vino (El) E 35 F4
Cuckfield GB 14 C4
Cudillero E 33 E2
Čudovo RUS 125 D1
Cuéllar E 36 A4
Cuenca (Cuenca) E 43 D2
Cuers F 31 E3
Cuerva E 42 B3
Cuervo (El) E 47 D3
Cuevas del Almanzora E 49 D3
Cuevas del Becerro E 47 F3
Cuevas del Campo E 48 C2
Cuevas del Valle E 42 A1
Cuevas de San Clemente E 36 B3
Cuevas de San Marcos E 48 A2
Cuglieri I 82 A2
Cuijk NL 54 C4
Cuiseaux F 27 D2
Cuisery F 26 C2
Culan F 25 F2
Culdaff IRL 3 D1
Culemborg NL 54 C4
Cúllar Baza E 48 C2
Cullen GB 7 E4
Cullera E 44 A4
Cullompton GB 13 D3
Culoz F 27 D3
Culross GB 9 D2
Cumbernauld GB 8 C2
Cumbre (La) E 41 E3
Cumbres Mayores E 47 D1
Cumiana I 27 F4
Cumnock GB 8 C3
Cunault F 19 F4
Cuneo I 31 F1
Cunlhat F 26 A3
Cuntis E 32 A3
Cuorgné I 27 F3
Cupar GB 9 D2
Cupello I 80 A1
Cupramontana I 76 C3
Ćuprija YU 128 B2
La Cure F 27 D2
Curia P 40 B1
Curtea de Argeș RO 128 C1
Curtis E 32 B2
Cusano Mutri I 80 A2
Cushendall GB 3 E1
Cushendun GB 3 E1
Cusset F 26 A2
Cutro I 83 F2
Cuxhaven D 50 A3
Cwmbrân GB 13 D1
Cysoing F 17 D2
Czarnków PL 52 C4
Czersk PL 53 D2
Częstochowa PL 126 A2
Człuchów PL 53 D2
Čadca SK 126 A3
České Budějovice CZ 64 B4
Český Krumlov CZ 64 B4
Csongrád H 126 B4

D

D. Logatec SLO 73 D3
D. Miholjac HR 128 A1
Dabo F 23 E2
Dachau D 67 E1
Dadiá GR 91 E2
Dáfnes GR 93 D4
Dáfni GR 96 C1
Dáfni GR 89 D3
Dáfni GR 93 D3
Dáfni GR 89 F4
Dáfnio GR 97 D3
Dafnónas GR 93 D3
Dafnónas GR 89 E1
Dafnotí GR 92 B1
Dagali N 116 C1
Dagebüll D 50 A2
Dahlen D 57 F4
Dahlenburg D 50 C4
Dahme D 50 C2
Dahme D 57 F3
Dahn D 23 E1
Daimiel E 42 B4
Daimús E 44 A4
Đakovica YU 128 B3
Đakovo HR 128 A1
Dal N 117 E1
Dalbeattie GB 8 C4
Dalby S 123 D3
Dale N 110 A3
Dale N 110 B4
Dalen N 116 C2
Dalhem S 119 F4
Dalías E 48 C3
Daliburgh GB 6 A4
Dalkeith GB 9 D3
Dalkey IRL 3 E4
Dalmally GB 8 B2
Dalmellington GB 8 C3
Dalmine I 71 E4
Dalry GB 8 C3
Dals Långed S 118 B3
Dalsbruk FIN 120 B4
Dalsjöfors S 118 B4
Dalton in Furness GB 10 C1
Dalvík IS 106 B1
Dalwhinnie GB 8 C1
Damaskiniá GR 87 E3
Damássi GR 87 F4
Damazan F 28 C1
Dameleviéres F 23 D2
Damgan F 19 D4
Damianó GR 88 A2
Dammartin-en-Goële F 21 F2
Damme D 55 F3
Dampierre F 27 D1
Dampierre-sur-Salon F 22 C4
Damville F 21 D2
Damvillers F 17 F4
Dangé-St-Romain F 25 D1
Danilov RUS 125 F1
Dannemarie F 23 E4
Dannenberg (Elbe) D 51 D4
Daoulas F 18 B3
Dardesheim D 57 D3
Darfo-Boario Terme I 71 E3
Dargun D 51 E3
Darlington GB 11 D1
Darłowo PL 52 C1
Darmstadt D 62 B3
Darney F 22 C3
Daroca E 37 E4
Darque P 34 B3
Dartford GB 14 C3
Dartmouth GB 13 D4
Daruvar HR 128 A1
Darwen GB 10 C2
Dasburg D 61 E3
Dasing D 67 D1
Dassel D 56 B4
Dassohóri GR 89 E2
Dassow D 50 C3
D'at'kovo RUS 125 F4
Datteln D 55 E4
Daugavpils LV 124 C3
Daun D 61 F3
Dava GB 7 D4
Daventry GB 13 F1
Daviá GR 96 C1

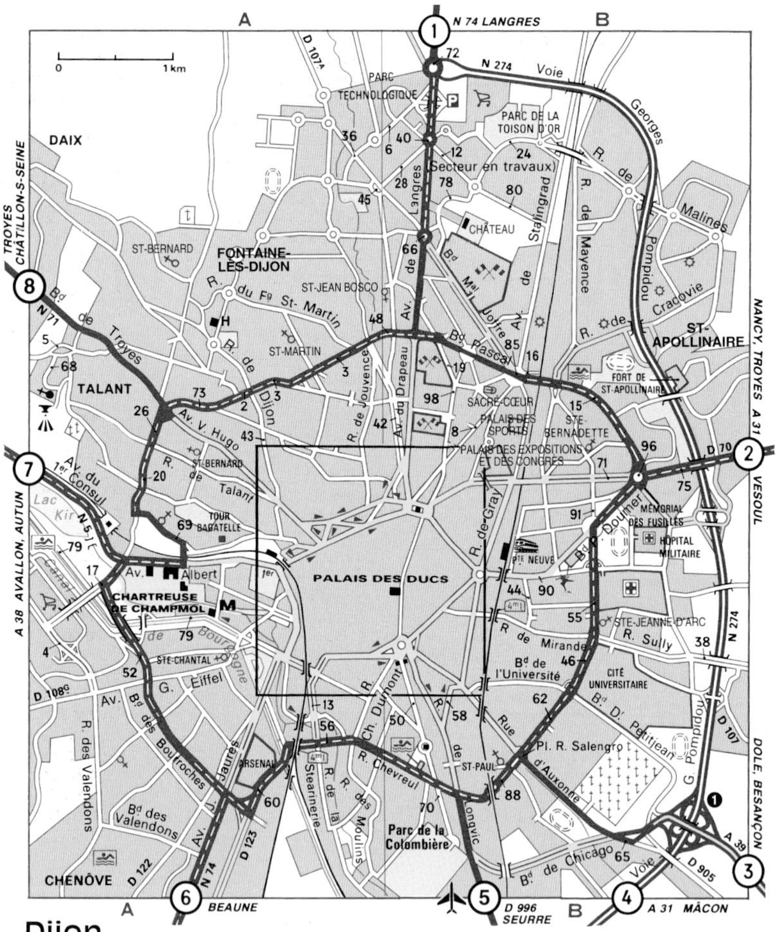
N 74 LANGRES
N 274
DAIX
TROYES CHÂTILLON-S-SEINE
FONTAINE-LES-DIJON
TALANT
PALAIS DES DUCS
CHARTREUSE DE CHAMPMOL
ST-APOLLINAIRE
NANCY, TROYES A 31
VESOUL
A 38 AVALLON, AUTUN
N 274
DOLE, BESANÇON
CHENÔVE
BEAUNE
D 996 SEURRE
A 31 MÂCON
PALAIS DES EXPOSITIONS ET DES CONGRÈS
Parc de la Colombière
CITÉ UNIVERSITAIRE
HÔPITAL MILITAIRE

Dijon

Dávlia GR ... 93 E3
Davos CH ... 66 C4
Dawlish GB ... 13 D3
Dax F ... 28 B2
Deal GB ... 15 D3
Deauville F ... 20 C1
Deba E ... 37 D1
Debar MK ... 128 C3
Debrecen H ... 126 B4
Decazeville F ... 29 F1
Decize F ... 26 A1
Děčín CZ ... 64 A1
Dedemsvaart NL ... 55 D3
Degaña E ... 33 D3
Degerfors S ... 118 C2
Degerndorf a. Inn D ... 67 F2
Deggendorf D ... 64 A4
Dego I ... 74 C2
Degracias P ... 40 B1
Dehesa de Montejo E 33 F3
Deià E ... 45 E3
Deidesheim D ... 23 F1
Deinze B ... 17 D2
Deiva Marina I ... 75 E2
Dej RO ... 126 C4
Deje S ... 118 C2
Delčevo MK ... 128 C3
Delden NL ... 55 D3
Deleitosa E ... 41 F2
Delémont CH ... 23 E4
Deléria GR ... 88 A4
Delfí GR ... 93 E3
Delft NL ... 54 B4
Delfzijl NL ... 55 D1
Delia I ... 84 C3
Delianuova I ... 83 E4
Deliceto I ... 80 B2
Delitzsch D ... 57 E4
Delle F ... 23 E4
Delme F ... 23 D2
Delmenhorst D ... 50 A4
Delnice HR ... 73 E4
Delsbo S ... 112 C4
Deltebre E ... 44 B1
Delvin IRL ... 3 D4
Delvináki GR ... 86 C4
Demidov RUS ... 125 E3
Demirci TR ... 129 F4
Demmin D ... 51 E3
Demonía GR ... 97 E3
Denain F ... 17 D3
Denbigh/Dinbych GB ... 10 B3
Dendermonde B ... 17 E1
Dendrohóri GR ... 87 D2
Denekamp NL ... 55 E3
Dénia E ... 44 A4
Denizli TR ... 129 F4
Denkendorf D ... 63 E4
Dennington GB ... 15 D2
Denny GB ... 8 C2
Derby GB ... 11 D4
Dereköy TR ... 129 E2
Derenburg D ... 57 D4
Dermbach D ... 62 C1
Derneburg D ... 56 C3
Deruta I ... 76 C4
Dervaig GB ... 8 A1
Derval F ... 19 E4
Dervéni GR ... 93 E4
Derventa BIH ... 128 A1
Dervíziana GR ... 92 B1
Desborough GB ... 11 E4
Descartes F ... 25 D1
Desenzano
del Garda I ... 71 F4
Desfína GR ... 93 E3
Desio I ... 71 D4
Deskáti GR ... 87 F4
Despotikó (Nissí) GR ... 98 C3
Dessau D ... 57 E3
Destriana E ... 33 D4
Desulo I ... 82 B3
Desvres F ... 15 E4
Deta RO ... 128 B1
Detmold D ... 56 B4
Dettelbach D ... 62 C3
Deurne NL ... 17 F1
Deutschkreutz A ... 69 E2
Deutschlandsberg A ... 69 D3
Deutsch Wagram A ... 65 E4
Les Deux-Alpes F ... 27 E4
Deva RO ... 126 C4
Deventer NL ... 55 D3
Devil's Bridge/
Pontarfynach GB ... 10 B4
Devizes GB ... 13 F2
Devnja BG ... 129 E2
Dewsbury GB ... 11 D2
Deza E ... 37 D4
Dezzo I ... 71 E3
Dębica PL ... 126 B2
Dęblin PL ... 126 B1
Día (Nissí) GR ... 101 D3
Diablerets (Les) CH ... 27 F2
Diafáni GR ... 103 D3
Diakófti GR ... 97 E4
Diakoftó GR ... 93 D4
Diamante I ... 83 D2
Diano Marina I ... 74 C3
Diápora Nissiá GR ... 97 E1
Diavolítsi GR ... 96 C2
Dibbersen D ... 50 B4
Dicomano I ... 76 A3
Dídima GR ... 97 E2
Didimótiho GR ... 91 E1
Die F ... 31 D1
Dieburg D ... 62 B3
Diedorf D ... 62 C1
Diego Alvaro E ... 41 F1
Diekirch L ... 61 E3
Diemelstadt D ... 56 B4
Diepholz D ... 55 F3
Dieppe F ... 16 A3
Dierdorf D ... 61 F2
Dieren NL ... 55 D4
Diesdorf D ... 56 C2
Dießen
a. Ammersee D ... 67 E2
Diest B ... 17 F1
Dietenheim D ... 66 C2
Dietfurt
a. d. Altmühl D ... 63 E4
Dietikon CH ... 23 F4
Dietmannsried D ... 67 D2
Dieulefit F ... 30 C1
Dieulouard F ... 22 C2
Dieuze F ... 23 D2
Diez D ... 62 A2
Diezma E ... 48 B2
Differdange L ... 22 C1
Digermulen N ... 104 A4
Dignano I ... 72 C3
Digne-les-Bains F ... 31 E2
Digoin F ... 26 B2
Dijon F ... 22 B4
Dikanäs S ... 107 F4
Díkea GR ... 91 E1
Díkela GR ... 91 D2
Diksmuide B ... 15 F4
Dílessi GR ... 94 A3
Dilináta GR ... 92 A4
Dillenburg D ... 62 A2
Dillingen D ... 67 D1
Dillingen D ... 23 D1
Dílofos GR ... 91 E1
Dílos (Nissí) GR ... 98 C2
Dímena GR ... 97 E1
Dímitra GR ... 88 A4
Dimitrítsi GR ... 88 C1
Dimitrovgrad YU ... 128 C2
Dimitrovgrad BG ... 129 D2
Dimitsána GR ... 96 C1
Dinali M ... 85 F4
Dinami I ... 83 E3
Dinan F ... 19 D3
Dinant B ... 17 F3
Dinar TR ... 129 F4
Dinard F ... 19 D2
Dingelstädt D ... 56 C4
Dingle /
An Daingean IRL ... 4 A3
Dingle S ... 118 B3
Dingolfing D ... 67 F1
Dingwall GB ... 7 D4
Dinkelsbühl D ... 63 D4
Dinklage D ... 55 F2
Dinslaken D ... 55 D4
Diónissos GR ... 94 B4
Dipótama GR ... 90 B1
Dippoldiswalde D ... 64 A1
Diráhio GR ... 96 C2
Dirdal N ... 116 A2
Disentis/Mustér CH ... 66 B4
Dispílio GR ... 87 E2
Diss GB ... 15 D2
Dissen D ... 55 F3
Dístomo GR ... 93 E3
Dístos GR ... 94 B3
Ditzingen D ... 66 B1
Divača SLO ... 73 D3
Divaráta GR ... 92 A3
Dives-sur-Mer F ... 20 C1
Divonne-les-Bains F ... 27 D2
Divoúnia (Nissí) GR ... 102 C3
Dívri GR ... 93 E2
Djúpivogur IS ... 106 C2
Djupvik N ... 104 C2
Djurås S ... 119 D1
Dmitrov RUS ... 125 F2
Dniprodzeržyns'k UA ... 127 F2
Dnipropetrovs'k UA ... 127 F2
Dno RUS ... 125 D2
Dobbiaco / Toblach I ... 67 F4
Dobel D ... 23 F2
Dobele LV ... 124 B3
Doberlug-Kirchhain D 58 A4
Dobersberg A ... 64 C4
Doboj BIH ... 128 A1
Döbriach A ... 68 B3
Dobrič BG ... 129 E1
Dobrna SLO ... 73 E2
Dobrovnik SLO ... 73 F1
Dobruš BY ... 125 E4
Docksta S ... 113 D2
Döbeln D ... 57 F4
Döbern D ... 58 B3
Dörpstedt D ... 50 B2
Dörzbach D ... 62 C4
Doesburg NL ... 55 D4
Doetinchem NL ... 55 D4
Dogliani I ... 74 C2
Doïráni GR ... 88 B1
Dokka N ... 111 D4
Dokkum NL ... 54 C1
Dokós (Nissí) GR ... 97 E2
Dol-de-Bretagne F ... 19 E2
Dole F ... 27 D1
Dolenjavas SLO ... 73 E3
Dolenjske Toplice SLO 73 E3
Dolgas Vas SLO ... 73 F1
Dolgellau GB ... 10 B4
Dolianá GR ... 86 C4
Dolianova I ... 82 B4
Dolíhi GR ... 87 F3
Dolla IRL ... 4 C2
Döllach A ... 68 A3
Dollar GB ... 9 D2
Dolle D ... 57 D3
Dolo I ... 72 B4
Dolores E ... 49 F1
Dolores (Los) E ... 49 E2
Dolyna UA ... 126 C3
Domart-
en-Ponthieu F ... 16 C3
Domažlice CZ ... 63 F3
Dombasle-
sur-Meurthe F ... 23 D2
Dombóvár H ... 126 A4
Domburg NL ... 15 F3
Dombås N ... 111 D3
Domène F ... 27 D4
Doméniko GR ... 87 F4
Domèvre-en-Haye F ... 22 C2
Domfront F ... 19 F2
Domme F ... 29 E1
Dommitzsch D ... 57 F4
Domnísta GR ... 93 D2
Domodedovo RUS ... 125 F2
Domodossola I ... 70 C3
Domokós GR ... 93 E2
Dompaire F ... 23 D3
Dompierre-
sur-Besbre F ... 26 B2
Domrémy-la-Pucelle F 22 C3
Domusnovas I ... 82 B4
Domžale SLO ... 73 E2

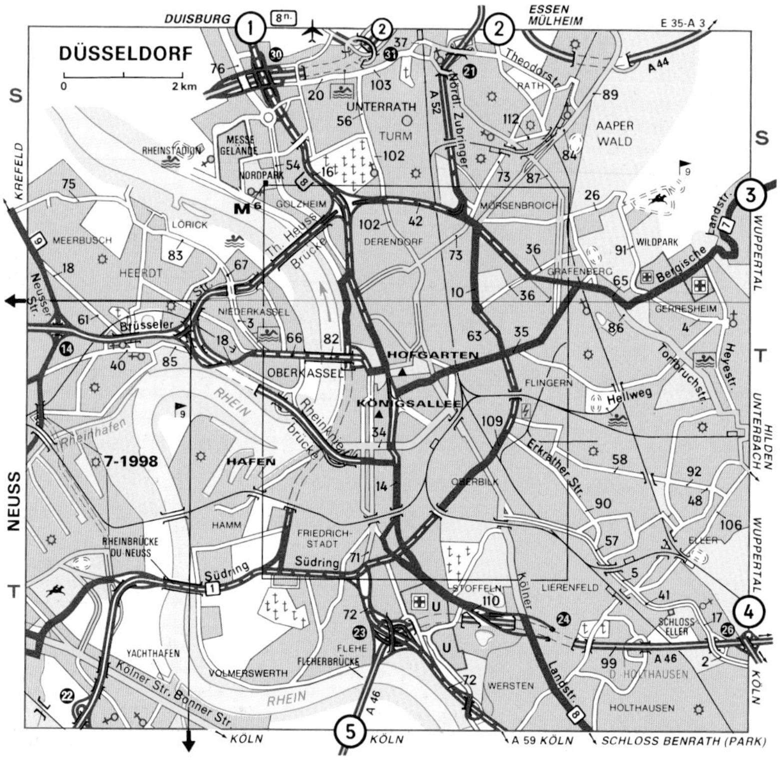
DÜSSELDORF
DUISBURG
ESSEN MÜLHEIM
E 35-A 3
KREFELD
NEUSS
WUPPERTAL
HILDEN UNTERBACH
KÖLN
A 59 KÖLN
SCHLOSS BENRATH (PARK)
HOFGARTEN
KÖNIGSALLEE
OBERKASSEL
HAFEN
RHEIN
7-1998
UNTERRATH
AAPER WALD
GERRESHEIM
FLINGERN
HOLTHAUSEN
WERSTEN
VOLMERSWERTH
FRIEDRICH-STADT
MEERBUSCH
HEERDT
LÖRICK
NIEDERKASSEL
YACHTHAFEN

Donaghadee GB 3 E2
Donaueschingen D 23 F3
Donauwörth D 67 D1
Donawitz A 68 C2
Don Benito E 41 E4
Doncaster GB 11 E3
Donegal / Dún na nGall IRL 2 C2
Doneztebe E 28 A3
Dongen NL 54 B4
Donges F 19 D4
Donington GB 11 F4
Donji Vakuf BIH 128 A2
Le Donjon F 26 B2
Donnemarie-Dontilly F 21 F3
Donnersbachwald A 68 B2
Donostia / San Sebastián E 28 A3
Donoússa (Nissí) GR 99 D2
Donzenac F 25 E4
Donzère F 30 C1
Donzy F 21 F4
Doña María Ocaña E 48 C3
Doña Mencía E 48 A2
Doorn NL 54 C4
Le Dorat F 25 E2
Dorchester GB 13 E3
Dordives F 21 F3
Dordrecht NL 54 B4
Dorfen D 67 F1
Dorfmark D 56 B2
Dorgali I 82 C2
Dório GR 96 C2
Dorkáda GR 88 B2
Dorking GB 14 B3
Dormagen D 61 E1
Dormans F 22 A2
Dornbirn A 66 C3
Dornburg D 63 E1
Dorndorf D 62 C1
Dornes F 26 A2
Dornie GB 6 B4
Dornoch GB 7 D3
Dornstetten D 23 F2
Dornum D 55 E1
Dorog H 126 A4
Dorogobuž RUS 125 E3
Dorohoi RO 127 D3
Dorotea S 112 C1
Dorsten D 55 E4
Dortan F 27 D2
Dortmund D 55 E4
Dorum D 50 A3
Dosbarrios E 42 C2
Dos Hermanas E 47 D2
Douai F 17 D3
Douarnenez F 18 B3
Doucier F 27 D2
Doudeville F 16 A4
Doué-la-Fontaine F 24 C1
Douglas GB 8 C3
Douglas GB 3 F3
Doulaincourt F 22 B3
Doulevant-le-Château F 22 B3
Doullens F 16 C3
Doune GB 8 C2
Dourdan F 21 E3
Dourgne F 29 F3
Doŭsk BY 125 E4
Douvaine F 27 E2
Douvres-la-Délivrande F 19 F1
Dover GB 15 D4
Dovre N 111 D3
Downham Market GB 11 F4
Downpatrick GB 3 E3
Dowra IRL 2 C3
Doxarás GR 93 E1
Doxáto GR 89 D1
Dozulé F 20 C1
Drachten NL 55 D2
Drag N 107 F1
Drăgăşani RO 128 C1
Dragoman BG 128 C2
Dragoni I 80 A2
Dragotiná GR 92 A1
Dragsfjärd FIN 120 B4
Dragsvik N 110 B4
Draguignan F 31 E3
Dragør DK 123 D3
Dráma GR 89 D1
Drammen N 117 D2
Drangedal N 116 C2
Dranske D 51 E1
Drasenhofen A 65 E4
Dravograd SLO 73 E2
Drawsko Pomorskie PL 52 B3
Drebkau D 58 A3
Dreki IS 106 B1
Drépano GR 97 E1
Drépano GR 87 F3
Dresden D 58 A4
Dreux F 21 D2
Driebergen-Rijsenburg NL 54 C4
Driebes E 42 C2
Driméa GR 93 E3
Drimós GR 88 B2
Driopída GR 98 B2
Driós GR 98 C3
Drnovo SLO 73 F3
Drobeta-Turnu Severin RO 128 C1
Drochtersen D 50 B3
Drogheda / Droichead Átha IRL 3 D4
Drohobyč UA 126 C3
Droitwich GB 13 E1
Drokija MOL 127 D3
Dromcolliher IRL 4 C3
Dromore GB 3 E2
Dromore GB 2 C2
Dronero I 31 F1
Dronfield GB 11 D3
Dronninglund DK 122 C1
Dronten NL 54 C3
Drosendorf Stadt A 64 C4
Drossáto GR 88 B1
Drosseró GR 88 A2
Drossiá GR 94 A3
Drossohóri GR 93 E3
Drossopigí GR 92 B1
Drossopigí GR 87 D3
Drossopigí GR 87 E2
Drottningholm S 119 E2
Droué F 21 D3
Drulingen F 23 E2
Drumkeeran IRL 2 C3
Drummore GB 3 F2
Drumnadrochit GB 6 C4
Drumshanbo IRL 2 C3
Drusenheim F 23 F2
Druskininkai LT 124 B4
Druten NL 54 C4
Drvar BIH 128 A2
Dryburgh Abbey GB 9 E3
Drymen GB 8 C2
Drøbak N 117 D2
Dubăsari MOL 127 E3
Duben D 58 A3
Dublin / Baile Átha Cliath IRL 3 D4
Dubna RUS 125 F2
Dubno UA 126 C2
Dubrovnik HR 128 A2
Ducey F 19 E2
Ducherow D 51 F3
Duchovščina RUS 125 E3
Duclair F 16 A4
Dudelange L 22 C1
Duderstadt D 56 C4
Dudley GB 11 D4
Dudweiler D 23 D1
Dülken D 61 E1
Dülmen D 55 E4
Dueñas E 36 A3
Düren D 61 E2
Dürnkrut A 65 E4
Dürnstein A 68 C1
Düsseldorf D 61 E1
Duesund N 110 A4
Dufftown GB 7 E4
Dugi otok HR 77 E2
Duingt F 27 E3
Duino I 72 C3
Duisburg D 61 E1
Duleek IRL 3 D4
Dulnain Bridge GB 7 D4
Dulovo BG 129 E1
Dumbarton GB 8 C2
Dumbría E 32 A2
Dumfries GB 9 D4
Dun Laoghaire IRL 3 E4
Dun-le-Palestel F 25 E2
Dun-sur-Auron F 25 F1
Dunaföldvár H 126 A4
Dunaïvci UA 127 D3
Dunaújváros H 126 A4
Dunbar GB 9 E2
Dunblane GB 8 C2
Dundalk / Dún Dealgan IRL 3 D3
Dundee GB 9 D2
Dundonnell GB 6 C3
Dunfanaghy IRL 2 C1
Dunfermline GB 9 D2
Dungannon GB 3 D2
Dungarvan / Dún Garbhán IRL 5 D3
Dungiven GB 3 D2
Dunglow / An Clochán Liath IRL 2 C1
Dunkeld GB 9 D1
Dunkerque F 15 E4
Dunmanway / Dún Mánmhaí IRL 4 B4
Dunmore / Dún Mór IRL 2 B4
Dunmore East IRL 5 D3
Dunnamanagh GB 3 D2
Dunnet GB 7 E2
Dunoon GB 8 B2
Duns GB 9 E3
Dunshaughlin IRL 3 D4
Dunstable GB 14 B2
Dunster GB 13 D2
Dunvegan GB 6 B4
Dupnica BG 128 C2
Durango E 37 D1
Duras F 28 C1
Durban-Corbières F 30 A4
Durbuy B 17 F3
Dúrcal E 48 B3
Đurđevac HR 128 A1
Durham GB 9 F4
Durlach D 23 F2
Durness GB 6 C2
Durrës AL 128 B3
Durrow IRL 5 D2
Dursley GB 13 E1
Durtal F 19 F4
Duruelo E 36 C3
Duved S 112 A2
Düzce TR 129 F3
Dverberg N 104 A3
Dyrnes N 110 C1
Dzermiádo GR 101 E4
Dzierżoniów PL 65 D1
Dzjaržynsk BY 124 C4
Dølemo N 116 C3
Dønnes N 107 D3
Dömitz D 51 D4

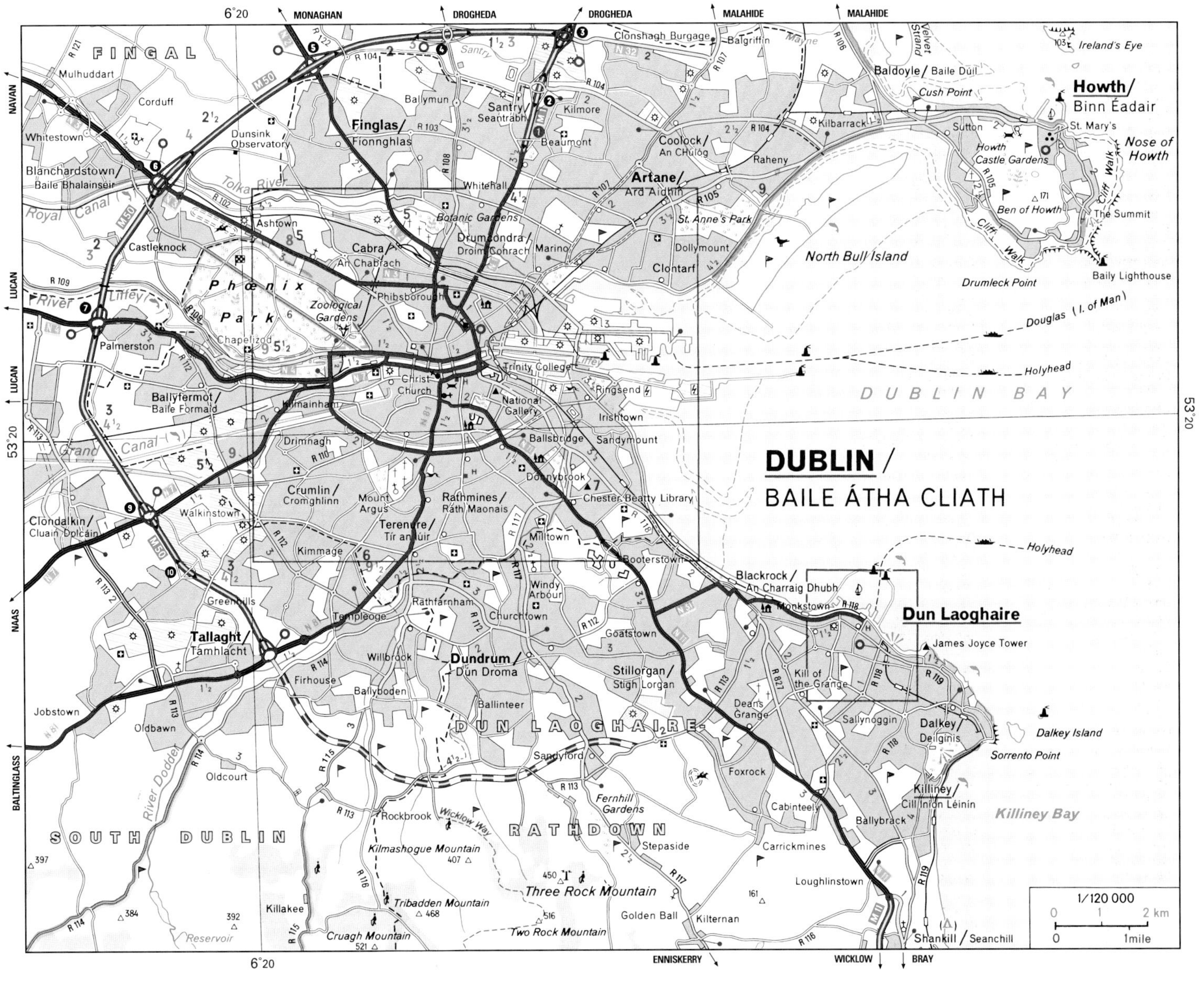
DUBLIN / BAILE ÁTHA CLIATH
1/120 000
MONAGHAN
DROGHEDA
MALAHIDE
NAVAN
LUCAN
NAAS
BALTINGLASS
ENNISKERRY
WICKLOW
BRAY
FINGAL
SOUTH DUBLIN
DÚN LAOGHAIRE
RATHDOWN
DUBLIN BAY
Howth/ Binn Éadair
North Bull Island
Dun Laoghaire
Finglas/ Fionnghlas
Tallaght/ Tamhlacht
Dundrum/ Dún Droma
Phoenix Park
Trinity College
Killiney Bay
Dalkey Island
Ireland's Eye
Three Rock Mountain
Holyhead
Douglas (I. of Man)

E

Eaglescliffe GB 11 D1
Eándio GR 94 A4
Eaní GR 87 F3
Earith GB 14 C2
Earlston GB 9 E3
Easingwold GB 11 E2
Easky IRL 2 B2
East Dereham GB 15 D1
East Grinstead GB 14 C4
East Kilbride GB 8 C3
East Linton GB 9 E2
Eastbourne GB 14 C4
Eastleigh GB 13 F3
Eaux-Bonnes F 28 C4
Eauze F 28 C2
Ebbw Vale/ Glyn Ebwy GB 13 D1
Ebeleben D 57 D4
Ebeltoft DK 122 C2
Eben im Pongau A 68 A2
Ebenfurth A 69 E1
Ebensee A 68 B2
Eberbach D 62 B4
Ebermannstadt D 63 D3
Ebern D 63 D2
Eberndorf A 68 C4
Ebersbach D 58 B4
Ebersberg D 67 F2
Eberstein A 68 C3
Eberswalde D 52 A4
Ebmath D 63 E2
Eboli I 80 B3
Ebrach D 63 D3
Ebreichsdorf A 69 E1
Ébreuil F 26 A2
Ebstorf D 50 C4
Eccleshall GB 10 C4
Eceabat TR 129 E3
Echallens CH 27 E1
Les Écharmeaux F 26 B2
Les Échelles F 27 D4
Echt NL 61 D1
Echte D 56 C4
Echternach L 61 E3
Écija E 47 F2
Eckartsberga D 63 E1
Eckernförde D 50 B2
Eckerö FIN 120 A4
Écommoy F 20 C4
Écos F 21 D2
Écouché F 19 F2
Écueillé F 25 E1
Ed S 118 B3
Eda glasbruk S 118 B2
Edam NL 54 B3
Edane S 118 B2
Ede NL 54 C4
Edelény H 126 B3
Edenderry / Éadan Doire IRL 3 D4
Edenkoben D 23 F1
Édessa GR 87 F2
Edinburgh GB 9 D2
Edineţi MOL 127 D3
Edipsós GR 93 F2
Edirne TR 129 E3
Edland N 116 B1
Edolo I 71 F3
Edremit TR 129 E4
Edsbro S 119 F2
Edsbyn S 112 B4
Edsele S 112 C2
Edsåsdalen S 112 A2
Eeklo B 17 D1
Eelde NL 55 D2
Eemshaven NL 55 D1
Eferding A 68 B1
Efes TR 129 E4
Efíra GR 96 B1
Efkarpía GR 88 B1
Efkarpía GR 88 C2
Eforie RO 129 E1
Efxinoúpoli GR 93 E1
Egeln D 57 D3
Eger H 126 B4
Egersund N 116 A3
Egeskov DK 122 B3
Egestorf D 50 C4
Egg A 66 C3
Eggenburg A 65 D4
Eggenfelden D 67 F1
Eggesin D 52 A3
Eggum N 107 E1
Eghezée B 17 F2
Egiáli GR 99 E3
Egíe GR 97 D3
Egilsstaðir IS 106 C1
Égina GR 97 F1
Égina (Nissí) GR 97 F1
Egínio GR 88 A2
Égio GR 93 D4
Égira GR 93 E4
Égletons F 25 F4
Eglinton GB 3 D1
Egloffstein D 63 D3
Egmond aan Zee NL 54 B3
Egremont GB 10 B1
Egtved DK 122 B3
Egüés E 28 A4
Éguzon F 25 E2
Ehinádes Nissiá GR 92 B3
Ehingen D 66 C1
Ehínos GR 89 F1
Ehra-Lessien D 56 C2
Ehrang D 61 E3
Ehrenberg D 62 C2
Ehrenhausen A 69 D3
Ehrwald A 67 E3
Eibar E 37 D1
Eibenstock D 63 F2
Eibiswald A 69 D3
Eichstätt D 63 E4
Eiðar IS 106 C1
Eide N 110 C2
Eidfjord N 116 B1
Eidi (Færøerne) DK 106 A3
Eidkjosen N 104 B2
Eidsborg N 116 C2
Eidsbugarden N 110 C4
Eidsdal N 110 C3
Eidsfoss N 117 D2
Eidsvoll N 117 E1
Eidsvåg N 110 C2
Eikelandsosen N 116 A1
Eiken N 116 B3
Eikesdal N 110 C2
Eilenburg D 57 F4
Eilsleben D 57 D3
Einbeck D 56 C4
Eindhoven NL 17 F1
Eindhoven NL 17 F1
Einsiedeln CH 66 B3
Eisenach D 62 C1
Eisenberg D 63 E1
Eisenerz A 68 C2
Eisenhüttenstadt D 58 B3
Eisenkappel A 68 C4
Eisenstadt A 69 E1
Eisfeld D 63 D2
Eišiškės LT 124 C4
Eisleben Lutherstadt D 57 D4
Eislingen D 66 C1
Eitorf D 61 F2
Eivissa / Ibiza E 44 C4
Ejea de los Caballeros E 37 E3
Ejido (El) E 48 C3
Ejulve E 43 F1
Ekára GR 93 D1
Ekenäs/ Tammisaari FIN 120 C4
Ekshärad S 118 C1
Eksjö S 118 C4
Elafohóri GR 91 E1
Elafonísi GR 97 E4
Élafos GR 92 B2
Elassóna GR 87 F4
Eláti GR 92 C1
Elátia GR 93 E3
Elatohóri GR 88 A3
Elatoú GR 93 D3
Elatóvrissi GR 93 D3
Elbasan AL 128 B3
Elbeuf F 16 A4
Elbigenalp A 67 D3
Elbingerode D 57 D4
Elbląg PL 124 A4
Elburg NL 54 C3
Elche de la Sierra E 49 D1
Elda E 49 F1
Eldena D 51 D4
Elefsína GR 94 A4
Eleftherés GR 89 D2
Eleftherés GR 93 E1
Eléftheró GR 87 D3
Eleftherohóri GR 87 E3
Eleftheroúpoli GR 89 D1
Elena BG 128 D2
Eleófito GR 92 C3
Eleohóri GR 89 D2
Eleohória GR 88 B3
Eleónas GR 93 E3
Eleoússa GR 103 F2
Elgin GB 7 E4
Elgoibar E 37 D1
Elgol GB 6 B4
Elgå N 111 E3
Elhovo BG 129 D2
Eliá GR 97 D3
Elie GB 9 E2
Elimäki FIN 121 D3
Elinikó GR 96 C1
Elinohóri GR 91 E1
Elizondo E 28 A3
Ellesmere GB 10 C3
Ellesmere Port GB 10 C3
Ellingen D 63 D4
Ellon GB 7 F4
Ellrich D 56 C4
Ellwangen D 62 C4
Ellös S 118 A3
Elmas I 82 B4
Elmshorn D 50 B3
Elne F 30 A4
Elopía GR 93 F4
Élos GR 100 A3
Élos GR 97 D3
Eloúnda GR 101 E3
Éloyes F 23 D3
Elphin IRL 2 C3
Elsdorf D 61 E1
Elsendorf D 67 E1
Elsfleth D 50 A4
Elsterberg D 63 E1
Elsterwerda D 58 A4
Eltisley GB 14 C2
Elvanfoot GB 9 D3
Elvas P 41 D3
Elvekrok N 110 C3
Elven F 19 D4
Elverum N 111 E4
Elx / Elche E 49 F1
Ely GB 11 F4
Elzach D 23 F3
Elze D 56 B3
Ełk PL 124 B4
Em. Papás GR 88 C1
Embessós GR 92 C2
Embid E 43 E1
Embid de Ariza E 37 D4
Émbonas GR 103 E2
Emboriós GR 103 E1
Emboriós GR 99 F2
Emboriós GR 95 F4
Embrun F 31 E1
Emden D 55 E1
Emet TR 129 F4
Emlichheim D 55 D3
Emmaboda S 123 F2
Emmeloord NL 54 C3
Emmen NL 55 D2
Emmendingen D 23 F3
Emmerich D 55 D4
Empoli I 76 A3
Emsdetten D 55 E3
Emskirchen D 63 D3
Enafors S 112 A2
Encausse-les-Thermes F 29 D3
Encinas de Abajo E 35 F4
Encinasola E 46 C1
Encinedo E 33 D4
Endrinal E 41 F1
Enego I 72 A3
Enfesta E 32 B3
Eng A 67 E3
Engarés GR 99 D2
Engelberg CH 66 B4
Engelhartszell A 68 A1
Engelsdorf D 57 E4
Engelskirchen D 61 F1
Engen D 66 B2
Enger D 55 F3
Engerdal N 111 E3
Enghien B 17 E2
Engstingen D 66 B1
Enguera E 43 F4
Enguídanos E 43 E3
Enkhuizen NL 54 C3
Enköping S 119 E2
Enna I 85 D3
Ennepetal D 61 F1
Ennezat F 26 A3
Ennis / Inis IRL 4 C2
Enniscorthy / Inis Córthaidh IRL 5 E3
Enniskerry IRL 3 D4
Enniskillen GB 2 C2
Ennistimon / Inis Díomáin IRL 4 B2
Enns A 68 B1
Eno FIN 115 F3
Enonkoski FIN 115 F4
Enontekiö FIN 105 D4
Enschede NL 55 D3
Ensisheim F 23 E3
Entlebuch CH 66 A4
Entraygues-sur-Truyère F 29 F1
Entre-os-Rios P 34 B4
Entrevaux F 31 E2
Entrèves I 27 E3
Entroncamento P 40 B2
Envermeu F 16 B3
Enviken S 119 D1
Enzklösterle D 23 F2
Enäjärvi FIN 121 E3
Epanomí GR 88 B3
Epe NL 54 C3
Épernay F 22 A2
Épernon F 21 D2
Épila E 37 E4
Épinac F 26 C1
Épinal F 23 D3
L'Épine F 22 B2
Episkopí GR 100 B3
Episkopí GR 101 D3
Episkopí GR 97 F2
Episkopí GR 87 F2
Epitálio GR 96 B1
Epping GB 14 C3
Eppingen D 62 B4
Epsom GB 14 B3
Eptahóri GR 87 D3
Eptálofos GR 93 E3
Epworth GB 11 E3
Eraclea I 72 B4
Eraclea Mare I 72 B4
Eratiní GR 93 D3
Eratinó GR 89 E1
Erátira GR 87 E3
Erba I 71 D4
Erbach i. Odenwald D 62 B3
Erbalunga F 78 B2
Erbendorf D 63 E3
Ercolano I 80 A3
Érd H 126 A4
Erdek TR 129 E3
Erding D 67 E1
Ereğli TR 129 F2
Eresfjord N 110 C2
Eressós GR 95 E1
Erétria GR 94 A3
Erezée B 17 F3
Erfde D 50 B2
Erftstadt D 61 E2
Erfurt D 63 D1
Ergoldsbach D 67 F1
Erice I 84 A3
Ericeira P 40 A3
Erikoússa (Nissí) GR 86 B4
Eriksberg S 119 D3
Eriksmåle S 123 F2
Erithrés GR 93 F4
Erkelenz D 61 E1
Erkner D 58 A2
Erla E 37 F3
Erlangen D 63 D3
Erlsbach A 67 F3
Ermenonville F 21 F2
Ermidas-Aldeia P 46 A1
Ermióni GR 97 E2
Ermoúpoli GR 98 C2
Ermsleben D 57 D4
Erndtebrück D 62 A1
Ernée F 19 F3
Ernstbrunn A 65 D4
Erquy F 19 D2
Erratzu E 28 A3
Erstein F 23 E3
Ervidel P 46 B1
Ervy-le-Châtel F 22 A3
Erwitte D 55 F4
Erzberg A 68 C2
Eräjärvi FIN 120 C2
Esbjerg DK 122 A3
Esblada E 38 C4
Escairón E 32 C3
Escala (L') / La Escala E 39 E3
Escalada E 36 B1
Escalante E 36 C1
Escalona E 42 A2
Escalonilla E 42 A2
Escalos de Cima P 40 C2
L'Escarène F 31 F2
Escároz E 28 B4
Escatrón E 37 F4
Esch-sur-Alzette L 22 C1
Esch-sur-Sûre L 61 E3
Esch (Waldems-) D 62 A2
Eschede D 56 C2
Eschenbach i. d. Oberpfalz D 63 E3
Eschershausen D 56 B4
Eschwege D 62 C1
Eschweiler D 61 E2
Escombreras E 49 E2
Escorial (El) E 42 B1
Escorihuela E 43 F1
Escullar E 48 C3
Escurial E 41 E3
Esens D 55 E1
Esguevillas de Esgueva E 36 A3
Esher GB 14 B3
Eskifjörður IS 106 C1
Eskilstuna S 119 D2
Eskişehir TR 129 F3
Eskoriatza E 37 D1
Eslarn D 63 F3
Eslohe D 62 A1
Eslöv S 123 D3
Esmoriz P 34 B4
Espa N 117 E1
Espadañedo E 33 D4
Espalion F 30 A1
Esparreguera E 38 C4
Espedal N 111 D4
Espejo E 47 F2
Espelette F 28 A3
Espelkamp D 55 F3

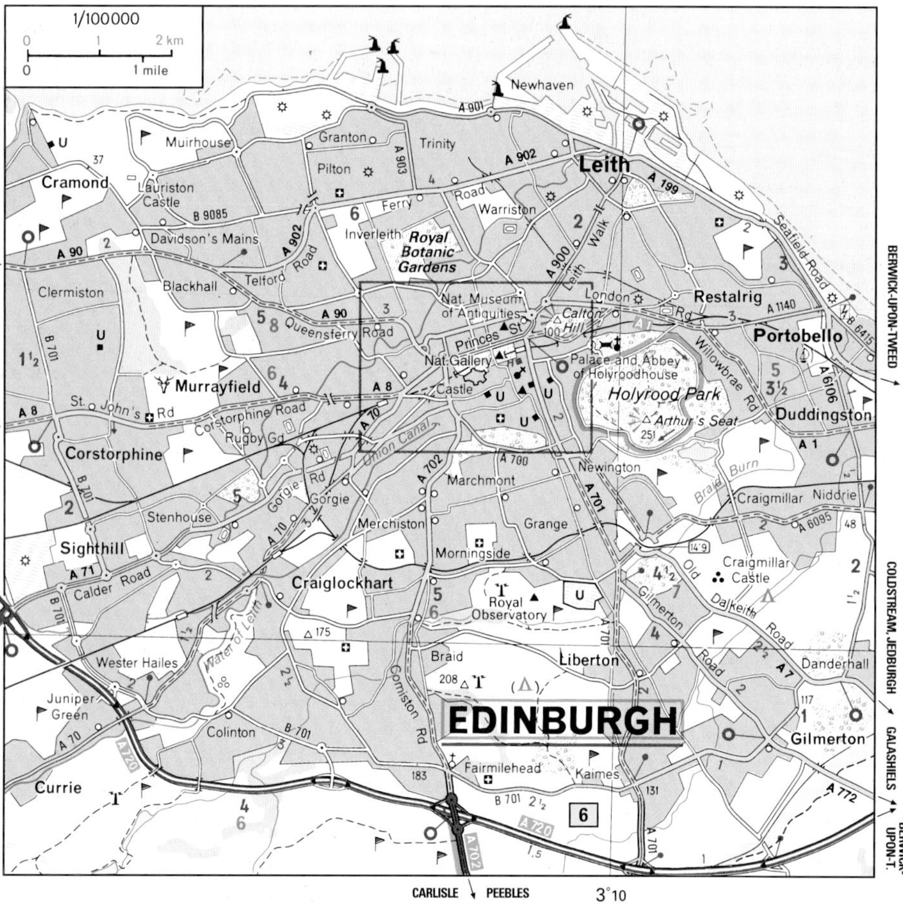

1/100000
0 1 2 km
0 1 mile
3°10
55°55
EDINBURGH
Newhaven
Granton
Trinity
Leith
Muirhouse
Cramond
Lauriston Castle
Pilton
Warriston
Davidson's Mains
Inverleith
Royal Botanic Gardens
Clermiston
Blackhall
Restalrig
Portobello
Nat. Museum of Antiquities
Nat. Gallery
Castle
Palace and Abbey of Holyroodhouse
Holyrood Park
Arthur's Seat
Duddingston
Murrayfield
Corstorphine
Newington
Marchmont
Gorgie
Merchiston
Grange
Stenhouse
Sighthill
Craigmillar
Craigmillar Castle
Niddrie
Morningside
Craiglockhart
Royal Observatory
Wester Hailes
Braid
Liberton
Danderhall
Juniper Green
Colinton
Gilmerton
Fairmilehead
Kaimes
Currie
Union Canal
Water of Leith
FORTH BRIDGES, PERTH
GLASGOW, STIRLING
AIRPORT
KILMARNOCK
BERWICK-UPON-TWEED
COLDSTREAM, JEDBURGH
GALASHIELS
BERWICK-UPON-T.
CARLISLE
PEEBLES

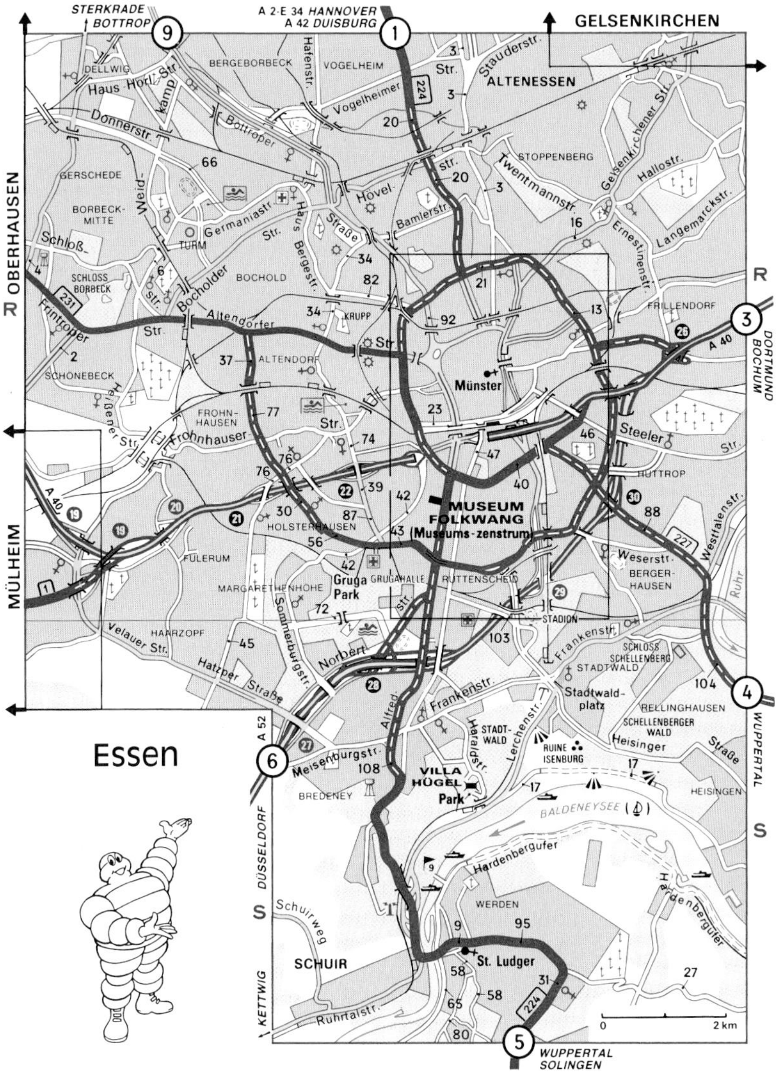
Essen
STERKRADE BOTTROP
A 2-E 34 HANNOVER
A 42 DUISBURG
GELSENKIRCHEN
ALTENESSEN
OBERHAUSEN
MÜLHEIM
DORTMUND BOCHUM
WUPPERTAL
DÜSSELDORF
KETTWIG
WUPPERTAL SOLINGEN
MUSEUM FOLKWANG (Museums-zenstrum)
Münster
Gruga Park
VILLA HÜGEL Park
BALDENEYSEE
WERDEN
St. Ludger
SCHUIR
BREDENEY
STADTWALD
0 2 km

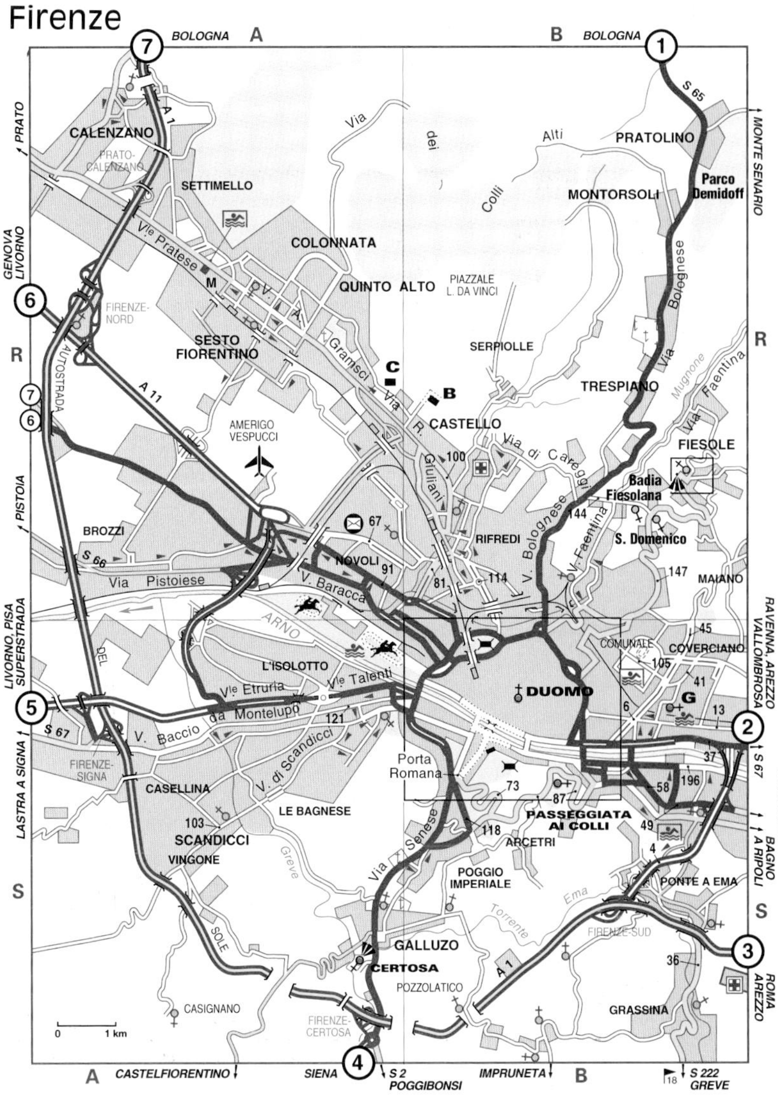
Firenze
BOLOGNA
PRATO
CALENZANO
SETTIMELLO
PRATOLINO
MONTORSOLI
Parco Demidoff
MONTE SENARIO
COLONNATA
QUINTO ALTO
GENOVA LIVORNO
SESTO FIORENTINO
CASTELLO
TRESPIANO
FIESOLE
Badia Fiesolana
S. Domenico
AMERIGO VESPUCCI
BROZZI
PISTOIA
RIFREDI
NOVOLI
MAIANO
L'ISOLOTTO
DUOMO
COVERCIANO
RAVENNA, AREZZO VALLOMBROSA
LIVORNO, PISA SUPERSTRADA
Porta Romana
CASELLINA
LE BAGNESE
SCANDICCI
VINGONE
PASSEGGIATA AI COLLI
ARCETRI
POGGIO IMPERIALE
PONTE A EMA
PONTASSIEVE
GALLUZO
CERTOSA
CASIGNANO
GRASSINA
ROMA AREZZO
LASTRA A SIGNA
CASTELFIORENTINO
SIENA
S 2 POGGIBONSI
IMPRUNETA
S 222 GREVE
0 1 km

Espenschied D 62 A3
Espera E 47 E3
Espiel E 47 F1
Espina (La) E 33 D2
Espinama E 33 F3
Espinar (El) E 42 B1
Espinho P 34 B4
Espinilla E 36 B1
Espinosa de Cerrato E 36 B3
Espinosa de los Monteros E 36 C1
Espluga de Francolí (L') E 38 B4
Espoo/Esbo FIN 121 D4
Esporles E 45 D3
Esposende P 34 B3
Espot E 29 D4
Espunyola (L') E 38 C3
Esquedas E 37 F3
Esquivias E 42 B2
Les Essarts F 24 B1
Esse FIN 114 B3
Essen D 55 E2
Essen D 61 F1
Essenbach D 67 F1
Essími GR 91 D2
Esslingen D 66 B1
Essoyes F 22 B3
Estación de Salinas E 48 A3
Estadilla E 38 A3
Estagel F 29 F4
Estaing F 29 F1
Estaires F 15 F4
Estarreja P 34 B4
Estartit (L') E 39 E3
Estavayer-le-Lac CH 27 E1
Este I 72 A4
Estepa E 47 F2
Estepona E 47 E4
Esteras de Medinaceli E 37 D4
Esternay F 22 A2
Esterri d'Àneu E 29 D4
Estissac F 22 A3
Estói P 46 B2
Estoril P 40 A3
Estrada (A) E 32 B3
Estrées-St-Denis F 16 C4
Estremoz P 40 C3
Esztergom H 126 A4
Étables-sur-Mer F 18 C2
Étain F 17 F4
Étampes F 21 E3
Étang-sur-Arroux F 26 B1
Étaples F 16 B2
Étel F 18 C4
Etelhem S 119 F4
Etne N 116 A1
Etolikó GR 92 C3
Étrépagny F 16 B4
Étretat F 20 C1
Ettelbruck L 61 E3
Ettenheim D 23 E3
Etten-Leur NL 17 E1
Ettington GB 13 F1
Ettlingen D 23 F2
Ettlingenweier D 23 F2
Etxarri-Aranatz E 28 A4
Eu F 16 B3
Eugénie-les-Bains F 28 C2
Eupen B 61 E2
Eura FIN 120 B3
Eurajoki FIN 120 B3
Euratsfeld A 68 C1
Europoort NL 54 B4
Euskirchen D 61 E2
Eußenhausen D 62 C2
Eutin D 50 C2
Evangelismós GR 88 A4
Evangelístria GR 93 F3
Évaux-les-Bains F 25 F2
Evdilos GR 99 E1
Evendorf D 50 C4
Evenes N 104 A4
Evenskjær / Skånland N 104 A4
Evergem B 17 D1
Evertsberg S 112 A4
Everöd S 123 E3
Evesham GB 13 F1
Évia (Nissí) GR 94 A2
Évian-les-Bains F 27 E2
Evijärvi FIN 114 C3
Evinohóri GR 92 C3
Évisa F 78 A3
Evje N 116 B3
Évlalo GR 89 E1
Evolène CH 27 F2
Évora P 40 B4
Évoramonte P 40 C4
Évran F 19 D3
Évrecy F 19 F2
Évreux F 21 D2
Évron F 19 F3
Evropós GR 88 A1
Evrostína GR 93 E4
Évry F 21 E2
Évzoni GR 88 A1
Exaplátanos GR 87 F1
Éxarhos GR 93 F3
Excideuil F 25 D4
Exeter GB 13 D3
Exmes F 20 C2
Exmouth GB 13 D3
Exohí GR 88 A3
Exohí GR 88 C1
Exohí GR 87 D3
Exter D 55 F3
Eydehavn N 116 C3
Eye GB 11 F4
Eyemouth GB 9 E3
Eyguières F 30 C2
Eygurande F 25 F3
Eymet F 29 D1
Eymoutiers F 25 E3
Les Eyzies-de-Tayac F 25 D4
Ezcaray E 36 C2
Èze F 31 F2
Ezıne TR 129 E4

F

Faak A 68 B4
Fabara E 38 A4
Fabero E 33 D3
Fabriano I 76 C3
Fábricas de Riópar E 48 C1
Fabro I 76 B4
Facinas E 47 E4
Facture F 28 B1
Faenza I 76 B2
Faeto I 80 B2
Fafe P 34 C3
Făgăraş RO 126 C4
Fagernes N 104 B3
Fagernes N 110 C4
Fagersta S 119 D2
Fagurhólsmýri IS 106 C1
Fairford GB 13 F1
Fakenham GB 15 D1
Fakse DK 123 D3
Fakse Ladeplads DK 123 D3
Falaise F 19 F2
Falcade I 67 F4
Falces E 28 A4
Falconara Marittima I 77 D3
Falcone I 83 D4
Falerna I 83 E3
Faliráki GR 103 F2
Falkenberg S 123 D2
Falkenberg D 57 F4
Falkensee D 57 F2
Falkenstein D 63 F2
Falkirk GB 9 D2
Falkland GB 9 D2
Falkonéra (Nissí) GR 98 A3
Falköping S 118 C3
Fallersleben D 56 C3
Fallingbostel D 56 B2
Falmouth GB 12 B4
Falset E 38 B4
Fălticeni RO 127 D3
Falun S 119 D1
Famjin (Færøerne) DK 106 A4
Fanári GR 96 C1
Fanári GR 93 D1
Fanári GR 97 E1
Fanári GR 89 F1
Fanefjord DK 123 D4
Fanjeaux F 29 F3
Fano I 76 C2
Fanós GR 88 A1
Le Faou F 18 B3
Le Faouët F 18 C3
Fara Novarese I 70 C4
Fareham GB 13 F3
Farindola I 79 F1
Faringdon GB 13 F2
Farini I 75 E1
Farkadóna GR 87 F4
Farlete E 37 F4
Farmakonissi GR 99 F2
Farnborough GB 14 B3
Farnese I 78 C1
Farnham GB 14 B3
Faro P 46 B2
Farra d'Alpago I 72 B3
Fársala GR 93 E1
Farsund N 116 B3
Farsø DK 122 B1
Farum DK 123 D3
Fasano I 81 E2
Fáskrúðsfjörður IS 106 C1
Fastiv UA 127 E2
Fatež RUS 125 F4
Fátima P 40 B2
Fatmomakke S 107 E4
Faucogney-et-la-Mer F 23 D4
Faulquemont F 23 D2
Fauquembergues F 15 E4
Fauske N 107 E2
Fauville-en-Caux F 16 A4
Favara E 44 A4
Favara I 84 C4
Faverges F 27 E3
Faverney F 23 D4
Faversham GB 15 D3
Fawley GB 13 F3
Fay-sur-Lignon F 26 B4
Fayence F 31 E2
Fayl-Billot F 22 C4
Fayón E 38 A4
Fécamp F 16 A4
Feces de Abaixo P 35 D3
La Féclaz F 27 D3
Feda N 116 B3
Fehmarn D 50 C2
Fehrbellin D 51 E4
Fehring A 69 D3
Felanitx E 45 E3
Feldafing D 67 E2
Feld am See A 68 B3
Feldbach A 69 D3
Feldberg D 51 F3
Feldberg D 23 F3
Feldkirch A 66 C3
Feldkirchen in Kärnten A 68 B3
Felgueiras P 34 B3
Felgueras E 33 E3
Felixstowe GB 15 D2
Fellabær IS 106 C1
Fellbach D 66 B1
Felletin F 25 F3
Fellingsbro S 119 D2

Felton GB 9 F4
Feltre I 72 A3
Fene E 32 B2
Fener I 72 A3
Fenestrelle I 27 F4
Fénétrange F 23 D2
Feolin Ferry GB 8 A2
Ferbane IRL 2 C4
Ferdinandshof D 51 F3
La Fère F 17 D4
Fère-Champenoise F 22 A2
Fère-en-Tardenois F 17 D4
Ferentino I 79 E2
Féres GR 91 E2
Feria E 41 D4
Ferlach A 68 C4
Fermo I 77 D3
Fermoselle E 35 E4
Fermoy / Mainistir Fhear Maí IRL 4 C3
Fernancaballero E 42 B3
Fernán Núñez E 47 F2
Ferney-Voltaire F 27 D2
Ferrandina I 81 D3
Ferrara I 76 A1
Ferreira E 32 C2
Ferreira do Alentejo P 46 B1
Ferreira do Zêzere P 40 B2
Ferreiras P 46 A2
Ferreras de Abajo E 35 E3
Ferreries E 45 F2
Ferreruela de Huerva E 43 F1
Ferrette F 23 E4
Ferriere I 75 E2
Ferrières F 21 F3
Ferrol E 32 B2
La Ferté-Alais F 21 E3
La Ferté-Bernard F 20 C3
La Ferté-Frênel F 20 C2
La Ferté-Gaucher F 21 F2
La Ferté-Macé F 19 F2
La Ferté-Milon F 17 D4
La Ferté-St-Aubin F 21 E4
La Ferté-sous-Jouarre F 21 F2
La Ferté-Vidame F 21 D2
Fertilia I 82 A2
Festvåg N 107 E1
Fethard / Fiodh Ard IRL 5 D3
Fetsund N 117 D1
Feucht D 63 D4
Feuchtwangen D 63 D4
Feurs F 26 B3
Feyzin F 26 C3
Ffestiniog GB 10 B3
Fiamignano I 79 E1
Fiano Romano I 79 D1
Fiastra I 77 D4
Ficarolo I 76 A1
Fidenza I 75 E1
Fieberbrunn A 67 F2
Fier AL 128 B3
Fiera di Primiero I 72 A3
Fiesole I 76 A3
Figaró (El) E 39 D4
Figeac F 29 F1
Figline Valdarno I 76 A3
Figueira da Foz P 40 B1
Figueira de Castelo Rodrigo P 35 D4
Figueiró dos Vinhos P 40 B2
Figueres / Figueras E 39 E3
Figueruela de Arriba E 35 E3
Fíhtio GR 97 D1
Filadélfi GR 88 C2
Filadelfia I 83 E3
Filáki GR 93 E1
Filákio GR 91 E1
Filey GB 11 E1
Filí GR 94 A4
Fília GR 96 C1
Fília GR 95 F1
Filiátes GR 86 C4
Filiatrá GR 96 B2
Filipiáda GR 92 B1
Filipstad S 118 C2
Filíra GR 91 D2
Fillan N 111 D1
Fílo GR 93 D1
Filótas GR 87 F2
Filottrano I 77 D3
Finale Emilia I 76 A1
Finale Ligure I 74 C2
Finchingfield GB 14 C2
Fínikas GR 98 B2
Finikoúndas GR 96 B3
Finja S 123 E2
Finneidfjord N 107 E3
Finnentrop D 62 A1
Finnsnes / Lenvik N 104 B3
Finow D 51 F4
Finowfurt D 51 F4
Finspång S 119 C3
Finsterau D 64 A4
Finsterwalde D 58 A4
Finström FIN 120 A4
Fintona GB 3 D2
Fintown / Baile na Finne IRL 2 C2
Fiñana E 48 C3
Fionnphort GB 8 A2
Fiorenzuola d'Arda I 75 E1
Firenze I 76 A3
Firenzuola I 76 A2
Firminy F 26 B4
Firmo I 81 D4
Fischamend Markt A 69 E1
Fischbach D 63 D3
Fischbeck D 57 E2
Fischen i. Allgäu D 67 D3
Fishbourne GB 13 F3
Fishguard/ Abergwaun GB 12 C1
Fiskárdo GR 92 A3
Fiskari FIN 120 C4
Fiskebøl N 104 A4
Fismes F 17 D4
Fissíni GR 89 F4
Fisterra E 32 A3
Fitero E 37 E3
Fitíes GR 92 B3
Fitjar N 116 A1
Fiuggi I 79 E2
Fiumicino I 79 D2
Fivemiletown GB 3 D2
Fivizzano I 75 F2
Fjelie S 123 D3
Fjellerup DK 122 C2
Fjerritslev DK 122 B1
Fjærland N 110 B3
Fjällbacka S 118 A3
Fjällnäs S 112 A3
Fjällåsen S 108 B1
Fjärdhundra S 119 E2
Fjätervålen S 112 A3
Fladungen D 62 C2
Flaine F 27 E3
Flakk N 111 D2
Flambourári GR 87 D4
Flámbouro GR 88 C1
Flámbouro GR 87 E2
Flamouriá GR 87 F2
Flattnitz A 68 B3
Flatval N 111 D1
La Flèche F 19 F4
Fleetwood GB 10 C2
Flekkefjord N 116 B3
Flen S 119 E3
Flensburg D 50 B1
Flers F 19 F2
Flesberg N 116 C1
Flesnes N 104 A3
Fleurance F 29 D2
Fleurier CH 27 E1
Fleurus B 17 E2
Fleury-en-Bière F 21 E3
Fleury-sur-Andelle F 16 B4
Fléves (Nissí) GR 97 F1
Flims-Waldhaus CH 66 C4
Flint/Fflint GB 10 C3
Flintsbach D 67 F2
Flisa N 117 E1
Flix E 38 B4
Flixecourt F 16 C3
Flize F 17 E4
Floda S 119 D1
Flöha D 63 F1
Flörsheim-Dalsheim D 62 A3
Flogny-la-Chapelle F 22 A3
Flomohóri GR 97 D3
Florac F 30 B1
Flor da Rosa P 40 C3
Florennes B 17 E3
Florensac F 30 A3
Florenville B 17 F4
Floreşti MOL 127 D3
Floriáda GR 92 B2
Floridia I 85 E4
Flórina GR 87 E2
Fluðir IS 106 A2
Flüelen CH 66 B4
Flühli CH 66 A4
Flumet F 27 E3
Fluminimaggiore I 82 A4
Flums CH 66 C3
Flå N 117 D1
Flåm N 110 B4
Flötningen S 112 A3
Foča BIH 128 A2
Foça TR 129 E4
Foce Verde I 79 E2
Fochabers GB 7 E4
Fockbek D 50 B2
Focşani RO 127 D4
Fódele GR 101 D3
Förderstedt D 57 D3
Foggia I 80 B2
Fohnsdorf A 68 C3
Foiano della Chiana I 76 B4
Foix F 29 E4
Foldereid N 107 D4
Foleá GR 89 D2
Folégandros GR 98 C3
Folégandros (Nissí) GR 98 C3
Folgaria I 72 A3
Le Folgoët F 18 B2
Folgoso de la Ribera E 33 D3
Foligno I 76 C4
Folkestad N 110 B3
Folkestone GB 15 D4
Follafoss N 111 E1
Folldal N 111 D3
Follebu N 111 D4
Follina I 72 B3
Follonica I 76 A4
Fombellida E 36 B3
Fondevila E 32 B4
Fondi I 79 F2
Fondo I 67 E4
Fondó de les Neus (El) E 49 E1
Fonfría E 43 F1
Fonn N 110 B3
Fonni I 82 B2
Fonollosa E 38 C3
Fonsagrada E 32 C3
Font de la Figuera (La) E 43 F4
Font-Romeu-Odeillo-Via F 29 F4
Fontaine F 23 E4
Fontaine-de-Vaucluse F 30 C2
Fontaine-Française F 22 C4
Fontaine-Henry F 19 F1
Fontaine-le-Dun F 16 A3
Fontainebleau F 21 F3
Fontanigorda I 75 E2
Fontenay-le-Comte F 24 B2
Fontenay-Trésigny F 21 F2
Fontevraud-l'Abbaye F 24 C1
Fontgombault F 25 D2
Fontibre E 36 B1
Fontiveros E 35 F4
Fontoy F 22 C1
Fontvieille F 30 C2
Fonz E 38 A3
Fonzaso I 72 A3
Foppolo I 71 E3
Forbach F 23 D1
Forcall E 44 A1
Forcalquier F 31 D2
Forcarei E 32 B3
Forchheim D 63 D3
Fordingbridge GB 13 F3
Fordongianus I 82 B3
Forenza I 80 C3
Foresta di Burgos I 82 B2
Forfar GB 9 D1
Forges-les-Eaux F 16 B4

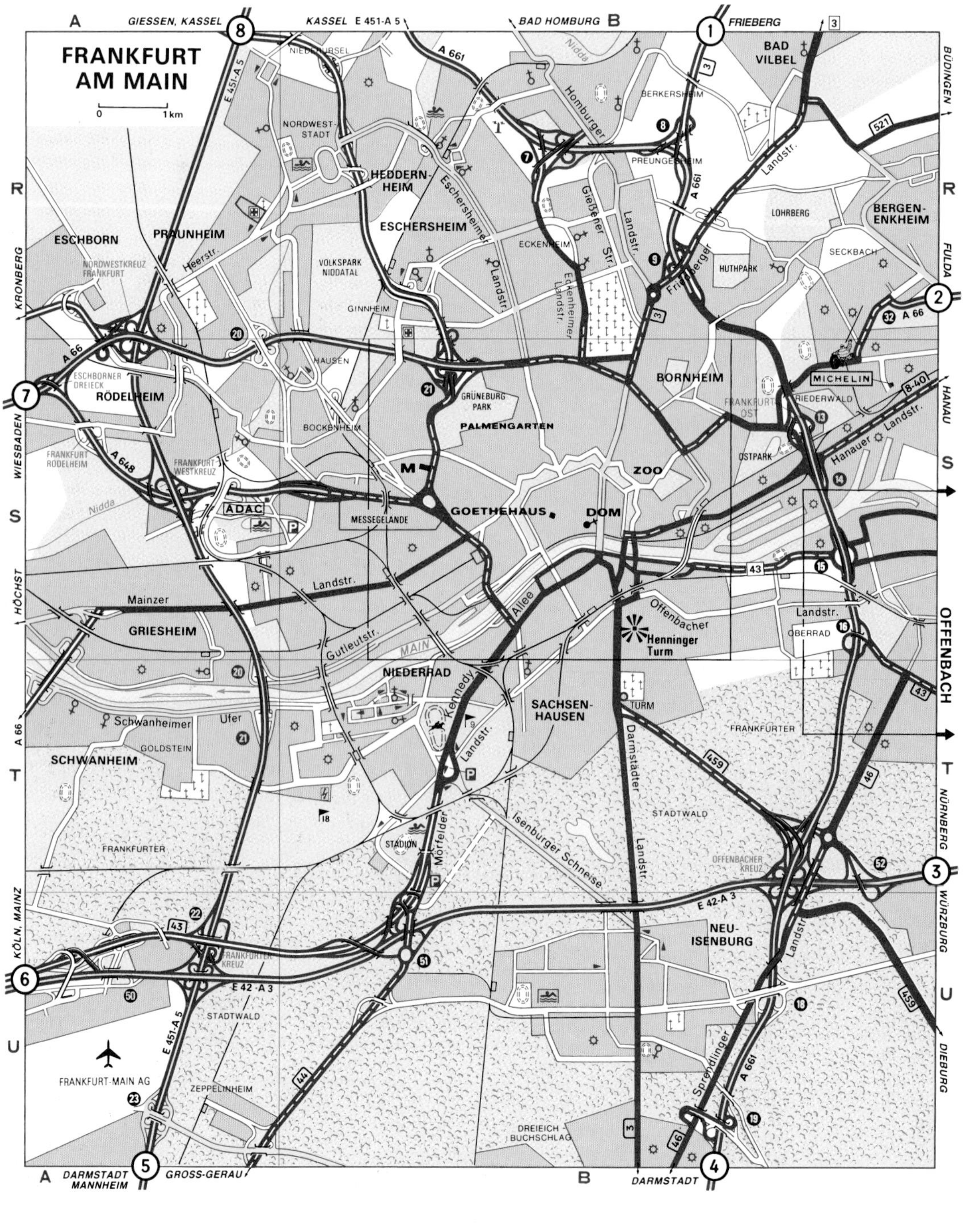

FRANKFURT AM MAIN
0 1 km
GIESSEN, KASSEL
KASSEL E 451-A 5
BAD HOMBURG
FRIEBERG
BÜDINGEN
FULDA
HANAU
OFFENBACH
NÜRNBERG
WÜRZBURG
DIEBURG
DARMSTADT
DARMSTADT MANNHEIM
GROSS-GERAU
KÖLN, MAINZ
HÖCHST
WIESBADEN
KRONBERG
BAD VILBEL
BERKERSHEIM
PREUNGESHEIM
NORDWEST-STADT
HEDDERN-HEIM
ESCHERSHEIM
ECKENHEIM
LOHRBERG
BERGEN-ENKHEIM
SECKBACH
HUTHPARK
ESCHBORN
PRAUNHEIM
NORDWESTKREUZ FRANKFURT
VOLKSPARK NIDDATAL
GINNHEIM
HAUSEN
ESCHBORNER DREIECK
RÖDELHEIM
BOCKENHEIM
GRÜNEBURG PARK
PALMENGARTEN
BORNHEIM
MICHELIN
RIEDERWALD
FRANKFURT OST
OSTPARK
FRANKFURT RÖDELHEIM
FRANKFURT WESTKREUZ
ZOO
ADAC
MESSEGELÄNDE
GOETHEHAUS
DOM
Mainzer Landstr.
GRIESHEIM
Gutleutstr.
MAIN
NIEDERRAD
Henninger Turm
Offenbacher Landstr.
OBERRAD
SACHSEN-HAUSEN
Schwanheimer Ufer
SCHWANHEIM
GOLDSTEIN
STADTWALD
STADION
Isenburger Schneise
OFFENBACHER KREUZ
NEU-ISENBURG
FRANKFURTER KREUZ
STADTWALD
ZEPPELINHEIM
FRANKFURT MAIN AG
DREIEICH BUCHSCHLAG
Sprendlinger
Darmstädter Landstr.
Mörfelder
Kennedy Allee
Hanauer Landstr.
Friedberger Landstr.
Homburger
Eschersheimer
Heerstr.
E 42-A 3
E 451-A 5
A 661
A 66
A 648
A B R S T U

G

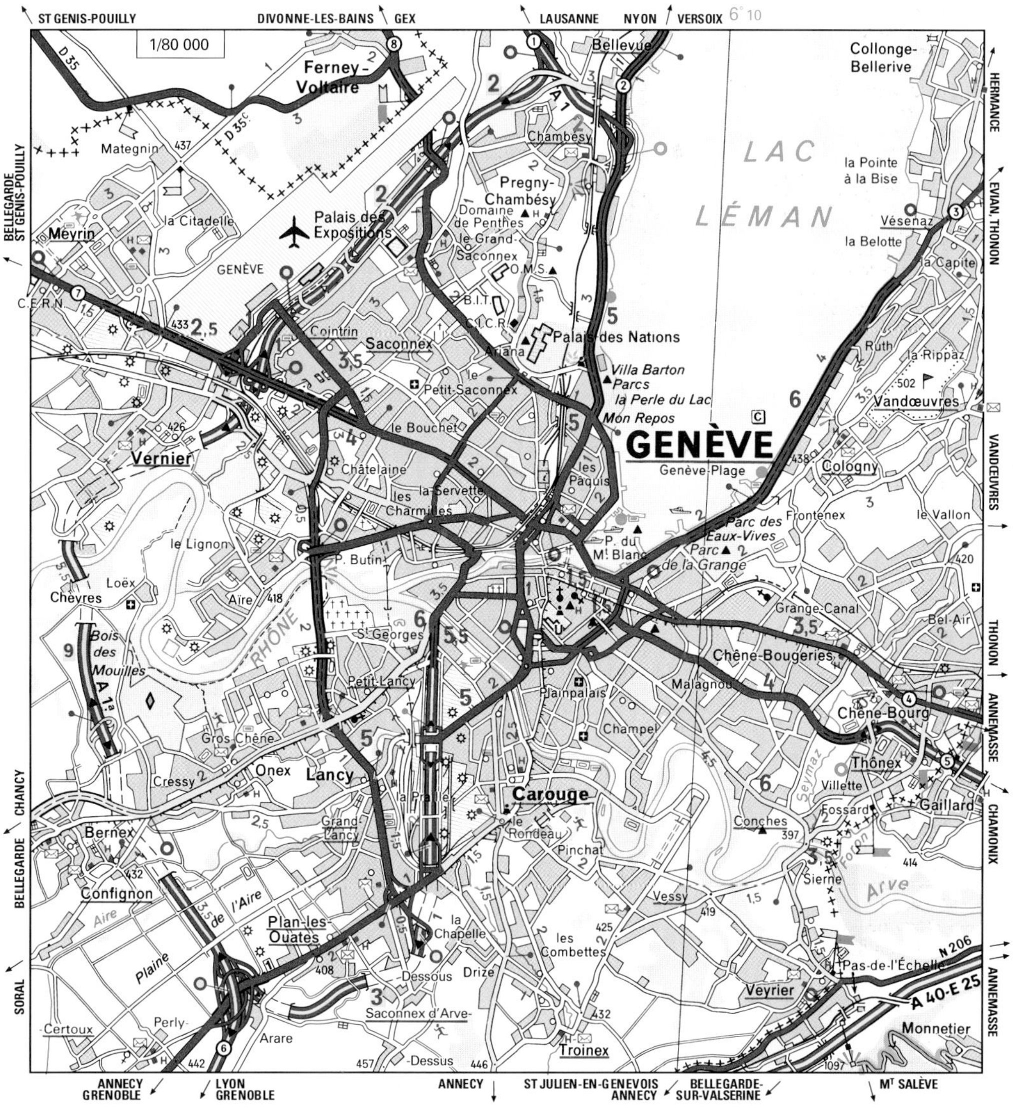
ST GENIS-POUILLY
DIVONNE-LES-BAINS
GEX
LAUSANNE
NYON
VERSOIX
1/80 000
Ferney-Voltaire
Bellevue
Collonge-Bellerive
LAC
LÉMAN
Mategnin
Chambésy
Pregny-Chambésy
la Pointe à la Bise
Meyrin
la Citadelle
Palais des Expositions
Vésenaz
la Belotte
GENÈVE
C.E.R.N.
Cointrin
Saconnex
Palais des Nations
Villa Barton
Parcs
la Perle du Lac
Mon Repos
Petit-Saconnex
le Bouchet
GENÈVE
Genève-Plage
Vandœuvres
Cologny
Vernier
Châtelaine
les Pâquis
les Charmilles
la Servette
le Lignon
P. Butini
Parc des Eaux-Vives
Parc de la Grange
Frontenex
le Vallon
Loëx
Cheyres
Aire
St-Georges
Grange-Canal
Bel-Air
Bois des Mouilles
Petit-Lancy
Plainpalais
Chêne-Bougeries
Malagnou
Chêne-Bourg
Gros Chêne
Champel
Thônex
Villette
Onex
Lancy
Carouge
Cressy
la Praille
Grand-Lancy
Rondeau
Conches
Gaillard
Fossard
Bernex
Pinchat
Sierne
Confignon
Vessy
Arve
Plan-les-Ouates
la Chapelle
les Combettes
Pas-de-l'Échelle
Drize
Dessous
Saconnex d'Arve
Veyrier
Perly
Certoux
Arare
Troinex
Monnetier
A 40-E 25
N 206
HERMANCE
EVIAN, THONON
VANDŒUVRES
THONON
ANNEMASSE
CHAMONIX
BELLEGARDE ST GENIS-POUILLY
BELLEGARDE CHANCY
SORAL
ANNECY GRENOBLE
LYON GRENOBLE
ANNECY
ST JULIEN-EN-GENEVOIS
BELLEGARDE-SUR-VALSERINE ANNECY
Mᵀ SALÈVE

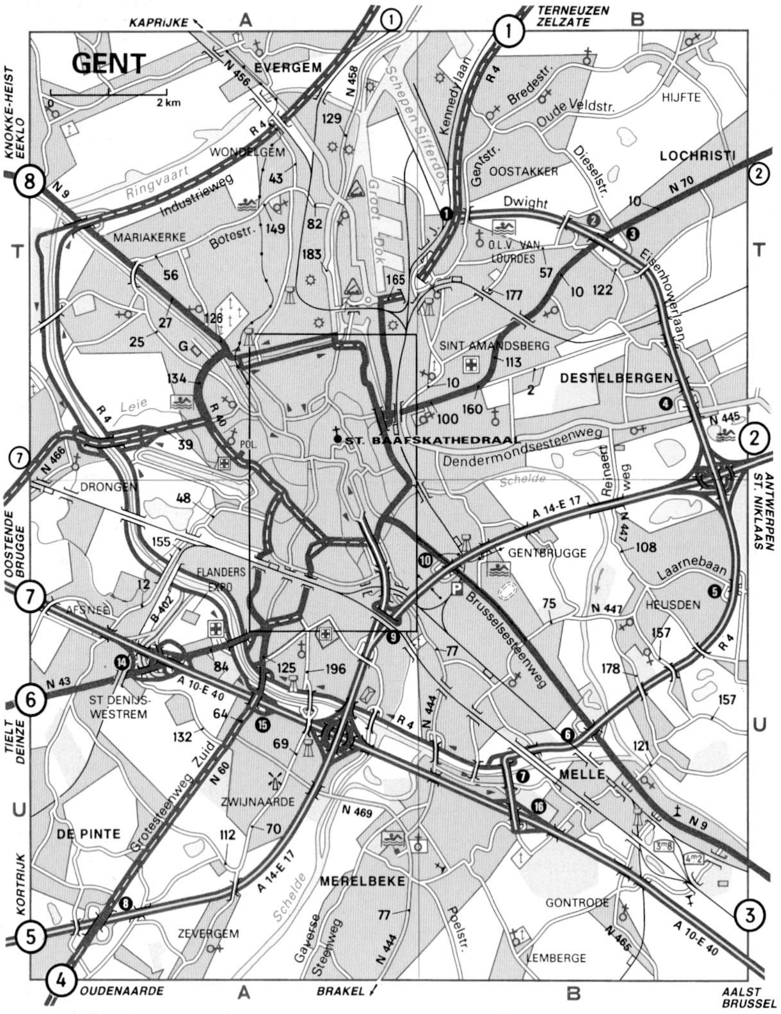
GENT
2 km
KAPRIJKE
TERNEUZEN ZELZATE
KNOKKE-HEIST EEKLO
EVERGEM
WONDELGEM
OOSTAKKER
HIJFTE
LOCHRISTI
MARIAKERKE
SINT AMANDSBERG
DESTELBERGEN
ST. BAAFSKATHEDRAAL
DRONGEN
GENTBRUGGE
FLANDERS EXPO
AFSNEE
HEUSDEN
OOSTENDE BRUGGE
ANTWERPEN ST. NIKLAAS
ST DENIJS-WESTREM
MELLE
ZWIJNAARDE
DE PINTE
MERELBEKE
GONTRODE
TIELT DEINZE
KORTRIJK
ZEVERGEM
LEMBERGE
OUDENAARDE
BRAKEL
AALST BRUSSEL

Gamaches F........... 16 B3
Gambarie I............ 83 E4
Gaming A 68 C1
Gamleby S 119 D1
Gammelstaden S..... 108 C3
Gammertingen D..... 66 B2
Gams CH.............. 66 C3
Gamvik N............. 105 F1
Ganacker D........... 63 F4
Gándara E............ 32 B2
Ganderkesee D....... 50 A4
Gandesa E............ 44 B1
Gandia E.............. 44 A4
Gandino I............. 71 E4
Gandria CH........... 71 D3
Gangáles GR 101 D4
Ganges F............. 30 B2
Gangi I................ 84 C3
Gangkofen D......... 67 F1
Gannat F............. 26 A2
Gänserndorf A....... 65 E4
Gañuelas E.......... 49 E2
Gap F 31 E1
Garching a. d. Alz D .. 67 F1
Garcia E............. 38 B4
Garciaz E 41 F3
Garda (A) E.......... 32 A4
Garda I............... 71 F4
Gardanne F 31 D3
Garde S............... 119 F4
La Garde-Freinet F ... 31 E3
Gardelegen D......... 57 D2
Gardermoen N........ 117 D1
Gardíki GR............ 93 D2
Garding D 50 A2
Gardjönäs S.......... 107 F4
Gardone Riviera I..... 71 F4
Gardone
Val Trompia I....... 71 E4
Garessio I 74 C2
Garforth GB 11 D2
Gargaliáni GR......... 96 B2
Garganta la Olla E.... 41 F2
Gargellen A 66 C4
Gargilesse-
Dampierre F........ 25 E2
Gargnano I........... 71 F4
Gargnäs S............ 108 A4
Garípa GR............ 101 D4
Garlasco I 75 D1
Garlin F............... 28 C3
Garlstorf D 50 C4
Garmisch-
Partenkirchen D.... 67 E3
Garpenberg S......... 119 D1
Garraf E.............. 38 C4
Garrafe de Torío E.... 33 E3
Garray E.............. 37 D3
Garrel D.............. 55 F2
Garriga (La) E......... 39 D4
Garrovillas E.......... 41 E2
Garrucha E........... 49 D3
Gars am Kamp A 65 D4
Gartow D............. 51 D4
Gartz D............... 52 A3
Garvagh GB 3 D1
Garvão P.............. 46 A1
Garve GB 6 C4
Garynahine GB........ 6 B2
Garz D................ 51 F2
Gaschurn A 67 D4
Gassino Torinese I ... 74 C1
Gasteiz / Vitoria E..... 37 D2
Gastoúni GR........... 96 A1
Gata E................ 41 E1
Gata de Gorgos E..... 44 A4
Gatčina RUS.......... 125 D1
Gatehouse
of Fleet GB 8 C4
Gateshead GB......... 9 F4
Gattinara I............ 70 C4
Gattorna I 75 D2
Gaucín E.............. 47 E4
Gaulstad N 111 E1
Gauteguiz
de Arteaga E........ 37 D1
Gauting D 67 E2
Gavà E................ 38 C4
Gavardo I............. 71 F4
Gavarnie F 28 C4
Gavdopoúla
(Nissí) GR 100 B4
Gávdos (Nissí) GR 100 B4
Gavi I 75 D2
Gavião P.............. 40 C2
Gavirate I............. 71 D4
Gavoi I................ 82 B2
Gavray F.............. 19 E2
Gavrilov-Jam RUS.... 125 F1
Gávrio GR............. 98 B1
Gazzuolo I............ 75 F1
Gdańsk PL............ 124 A4
Gdov RUS............ 125 C1
Gdynia PL............. 53 E1
Geaune F............. 28 C2
Gebesee D............ 63 D1
Gebze TR 129 F3
Gedern D 62 B2
Gediz TR.............. 129 F4
Gedser DK............ 122 C4
Geel B................ 17 F1
Geertruidenberg NL.. 54 B4
Geesthacht D 50 C4
Gefell D.............. 63 E2
Géfira GR 88 A2
Géfira GR 97 E3
Gefíria GR............ 93 D1
Gefrees D............ 63 E2
Gehren D 63 D1
Geilenkirchen D 61 E1
Geilo N............... 116 C1
Geiranger N.......... 110 C3
Geisa D 62 C1
Geiselhöring D........ 63 F4
Geisenfeld D 67 E1
Geisenhausen D...... 67 F1
Geising D............. 64 A1
Geisingen D.......... 23 F3
Geislingen
a. d. Steige D 66 C1
Geismar D............ 62 C1
Geisnes N 107 D4
Geithain D............ 63 F1
Gela I 85 D4
Geldern D 55 D4
Geldrop NL............ 17 F1
Geleen NL 61 D1
Gelibolu TR........... 129 E3
Gelnhausen D......... 62 B2
Gelsa E 37 F4
Gelsdorf D............ 61 F2
Gelsenkirchen D...... 55 E4
Gelting D 50 B1
Gembloux B........... 17 E2
Gemeaux F............ 22 B4
Gémenos F............ 31 D3
Gemert NL............ 17 F1
Gemlik TR 129 F3
Gemona del Friuli I... 68 A4
Gémozac F............ 24 B3
Gemünd (Eifel) D..... 61 E2
Gemünden D.......... 61 F3
Gemünden
(Wohra) D........... 62 B1
Gemünden a. Main D 62 C3
Genádio GR 103 F2
Gençay F 25 D2
General-Toševo BG... 129 E1
Genève CH............ 27 D2
Genisséa GR........... 89 F1
Genk B................ 17 F2
Genlis F............... 26 C1
Gennep NL 55 D4
Gennes F 19 F4
Génolhac F............ 30 B1
Genova I.............. 75 D2
Gent B 17 D1
Genthin D 57 E2
Genzano di Lucania I. 80 C3
Genzano di Roma I... 79 E2
Georgianí GR.......... 87 F2
Georgítsi GR.......... 96 C2

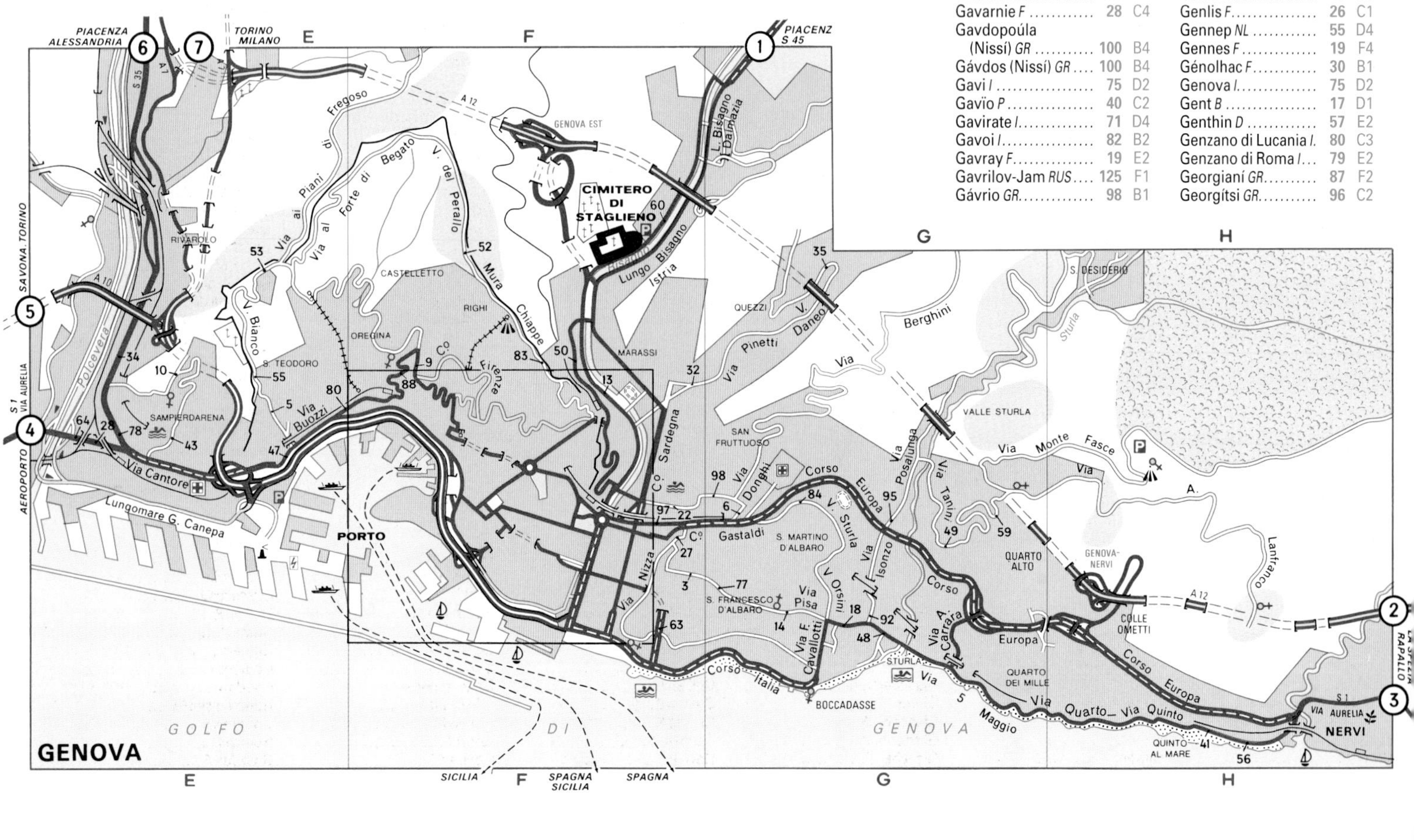
PIACENZA ALESSANDRIA
TORINO MILANO
PIACENZ S 45
GENOVA EST
CIMITERO DI STAGLIENO
SAVONA, TORINO
RIVAROLO
CASTELLETTO
RIGHI
OREGINA
QUEZZI
MARASSI
S. TEODORO
SAMPIERDARENA
S. DESIDERIO
VALLE STURLA
SAN FRUTTUOSO
S. MARTINO D'ALBARO
S. FRANCESCO D'ALBARO
QUARTO ALTO
GENOVA-NERVI
COLLE OMETTI
QUARTO DEI MILLE
PORTO
Lungomare G. Canepa
Via Cantore
Corso Italia
Corso Europa
BOCCADASSE
STURLA
QUINTO AL MARE
NERVI
LA SPEZIA RAPALLO
AEROPORTO
GOLFO DI GENOVA
GENOVA
SICILIA
SPAGNA SICILIA
SPAGNA

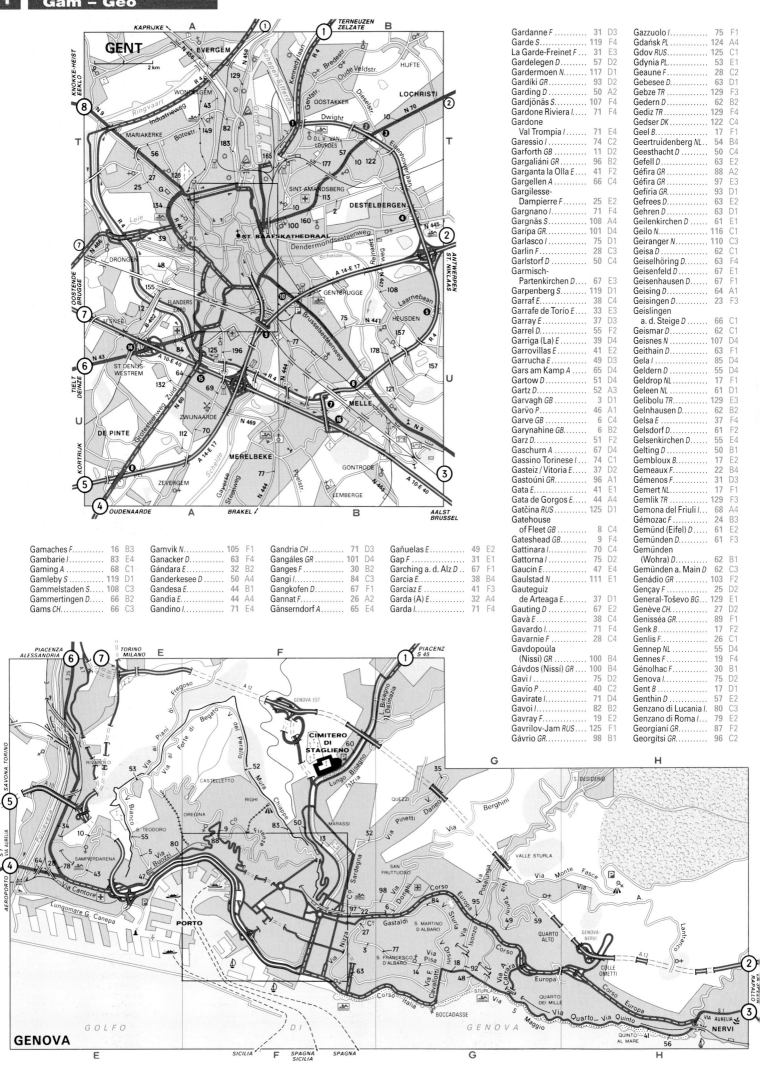

4°20
4°
STIRLING
KINCARDINE
CRIANLARICH
GREENOCK
IRVINE
EDINBURGH
PEEBLES
KILMARNOCK
STRATHAVEN
DUMFRIES, CARLISLE
M 74, KILMARNOCK
55°50
DUMBARTON AND CLYDEBANK
EAST DUNBARTONSHIRE
NORTH LANARKSHIRE
SOUTH LANARKSHIRE
EAST RENFREWSHIRE
GLASGOW
PAISLEY
Clydebank
Bearsden
Milngavie
Kirkintilloch
Cumbernauld
Coatbridge
Airdrie
Rutherglen
Motherwell
Hamilton
East Kilbride
Wishaw
Barrhead
Renfrew
Johnstone
Bishopbriggs
1/200000
0 1 2 3 km
0 1 2 miles

Georgsmarienhütte D 55 F3
Gera D 63 E1
Geraardsbergen B 17 D2
Gerabronn D 62 C4
Gerace I 83 E4
Gerakári GR 88 B1
Gerakári GR 100 C4
Gerakaroú GR 88 B2
Gérakas GR 97 E3
Geráki GR 97 D3
Gerakiní GR 88 C3
Geráni GR 100 C3
Gérardmer F 23 D3
Geras A 65 D4
Gerbéviller F 23 D2
Gerbini I 85 D3
Gerbstedt D 57 D4
Gerena E 47 D2
Gerês P 34 C3
Geretsried D 67 E2
Gérgal E 48 C3
Gergioúpoli GR 100 B3
Geringswalde D 63 F1
Gerlos A 67 F3
Gérmas GR 87 E2
Germering D 67 E2
Germersheim D 23 F1
Gernika-Lumo E 37 D1
Gernrode D 57 D4
Gernsheim D 62 A3
Gerola Alta I 71 E3
Geroliménas GR 97 D4
Gerolstein D 61 E3
Gerolzhofen D 62 C3
Geroplátanos GR 88 C2
Gerri de la Sal E 38 B3
Gersau CH 66 B4
Gersfeld D 62 C2
Gerstetten D 66 C1
Gersthofen D 67 D1
Gerswalde D 51 F4
Gescher D 55 E4
Geseke D 55 F4
Gesualdo I 80 B3
Geta FIN 120 A4
Getafe E 42 B2
Les Gets F 27 E2
Gettorf D 50 B2
Getxo E 36 C1
Gevelsberg D 61 F1
Gevgelija MK 128 C3
Gevrey-Chambertin F 26 C1
Gex F 27 D2
Geyve TR 129 F3
Gföhl A 64 C4
Ghedi I 71 F4
Gheorgheni RO 127 D4
Ghilarza I 82 B2
Ghisonaccia F 78 B3
Ghisoni F 78 A3
Gialí (Nissí) GR 103 D1
Giálova GR 96 B3
Giáltra GR 93 F2
Gianitsá GR 88 A2
Gianítsi GR 94 B4
Giannádes GR 86 B4
Gianoúli GR 91 E2
Giardini-Naxos I 85 E2
Giáros (Nissí) GR 98 B1
Giarratana I 85 D4
Giarre I 85 E3
Giat F 25 F3
Giaveno I 27 F4
Giba I 82 B4
Gibostad N 104 B3
Gibraleón E 46 C2
Gideå S 113 D2
Gieboldehausen D 56 C4
Gien F 21 F4
Giengen D 67 D1
Giens F 31 E3
Gießen D 62 B2
Giethoorn NL 55 D2
Gifhorn D 56 C3
Giglio Porto I 78 B1
Gignac F 30 A2
Gijón E 33 E2
Gilching D 67 E2
Gilford GB 3 E3
Gilleleje DK 123 D2
Gillhov S 112 B3
Gillingham GB 13 E3
Gillingham GB 14 C3
Gilze NL 17 F1
Gimenells E 38 A4
Gimnó GR 94 B3
Gimo S 119 E1
Gimont F 29 D3
Gineta (La) E 43 D4
Gingst D 51 F2
Ginosa I 81 D3
Ginzling A 67 F3
Gioia del Colle I 81 D3
Gioia Tauro I 83 E4
Gioúra (Nissí) GR 94 B1
Giovinazzo I 81 D2
Girifalco I 83 E3
Giromagny F 23 D4
Girona / Gerona E 39 D3
Gironella E 38 C3
Girvan GB 3 F1
Gisburn GB 10 C2
Gislaved S 123 E1
Gisors F 16 B4
Gistel B 15 F4
Githio GR 97 D3
Gittun S 108 A3
Giugliano in Campania I 80 A3
Giulianova Lido I 77 E4
Giurgiu RO 129 D1
Give DK 122 B2
Givet F 17 F3
Givors F 26 C3
Givry F 26 C1
Givry-en-Argonne F 22 B2
Gizéla GR 89 E1
Giżycko PL 124 B4
Gjendesheim N 110 C4
Gjermundshavn N 116 A1
Gjesvær N 105 E1
Gjirokastër AL 128 B4
Gjov (Færøerne) DK 106 A3
Gjøra N 111 D2
Gjøvik N 111 D4
Gladbeck D 55 E4
Gladenbach D 62 A2
Gladstad N 107 D3
Glamis GB 9 D1
Glamsbjerg DK 122 B3
Glan-Münchweiler D 23 E1
Glandorf D 55 F3
Glanshammar S 119 D2
Glarus CH 66 B4
Glasgow GB 8 C3
Glastonbury GB 13 E2
Glauchau D 63 F1
Glava S 118 B2
Gleisdorf A 69 D3
Glenamoy / Gleann na Muaidhe IRL 2 A2
Glenariff or Waterfoot GB 3 E1
Glenarm GB 3 E2
Glenbeigh IRL 4 A3
Glencolumbkille / Gleann Cholm Cille IRL 2 B2
Glendalough IRL 5 E2
Glenelg GB 6 B4
Glenfinnan GB 8 B1
Glengarriff / An Gleann Garbh IRL 4 B4
Glenluce GB 3 F2
Glennamaddy IRL 2 B4
Glenrothes GB 9 D2
Glenties IRL 2 C2
Glifa GR 93 F2
Glifáda GR 93 D3
Glifáda GR 97 F1
Glikí GR 92 A1
Glikóvrissi GR 97 D3
Glina HR 73 F3
Gliwice PL 126 A2
Gloggnitz A 69 D2
Glomfjord N 107 E2
Glommersträsk S 108 A4
Glossop GB 11 D3
Gloucester GB 13 E1
Glücksburg D 50 B1
Glückstadt D 50 B3
Glumsø DK 122 C3
Głogów PL 58 C3
Głubczyce PL 65 E1
Głuchołazy PL 65 E1
Gmund D 67 E2
Gmünd A 68 B3
Gmünd A 64 C4
Gmunden A 68 B2
Gnarp S 112 C3
Gnesta S 119 E3
Gniezno PL 53 D4
Gnjilane YU 128 B2
Gnoien D 51 E2
Gnosjö S 123 E1
Goce Delčev BG 128 C3
Goch D 55 D4
Godalming GB 14 B3
Godby FIN 120 A4
Godelheim D 56 B4
Goderville F 16 A4
Godmanchester GB 14 C2
Godovič SLO 73 D3
Göggingen D 67 D1
Göhren D 51 F2
Göllersdorf A 65 D4
Göppingen D 66 C1
Görzke D 57 E3
Goes NL 17 D1
Gößnitz D 63 E1
Gößweinstein D 63 E3
Göstling A 68 C2
Göttingen D 56 C4
Götzis A 66 C3
Goirle NL 17 F1
Góis P 40 C1
Goito I 71 F4
Gol N 110 C4
Golada E 32 B3
Goldbach D 62 B3
Goldberg D 51 E3
Goldenstedt D 55 F2
Goleğ P 40 B2
Goleniów PL 52 A3
Golfe-Juan F 31 F2
Golfo Aranci I 78 A3
Golling A 68 A2
Golnik SLO 73 D2
Golpejas E 35 E4
Golspie GB 7 D3
Golßen D 58 A3
Golzow D 57 E3
Gómara E 37 D4
Gomáti GR 88 C3
Gombrèn E 39 D3
Gomecello E 35 F4
Gómfi GR 92 C1
Gommern D 57 E3
Goncelin F 27 D4
Gondomar E 32 A4
Gondomar P 34 B4
Gondrecourt-le-Château F 22 C2
Gönen TR 129 E3
Góni GR 88 A4
Goniés GR 101 D3
Gonnesa I 82 A4
Gonnosfanadiga I 82 B3
Goole GB 11 E2
Goor NL 55 D3
Goppenstein CH 27 F2
Gordes F 30 C2
Gorenja Vas SLO 73 D3
Gorey / Guaire IRL 5 E2
Gorgonzola I 71 E4
Gorgopótamos GR 87 D3
Gorinchem NL 54 B4
Goritsá GR 97 D2
Gorizia I 72 C3
Gorlice PL 126 B3
Görlitz D 58 B4
Gorna Orjahovica BG 129 D2
Gornja Radgona SLO 73 F1
Gornji Grad SLO 73 E2
Gornji Petrovci SLO 73 F1
Goro I 76 B1
Gorredijk NL 54 C2
Gorron F 19 F3
Gorsleston-on-Sea GB 15 E1
Gort / An Gort IRL 2 B4
Gorteen IRL 2 B3
Gortin GB 3 D2
Gortmore / An Gort Mór IRL 2 A4
Gorzów Wielkopolski PL 52 B4
Gosaldo I 72 A3
Gosau A 68 A2
Göschenen CH 66 B4
Gosforth GB 10 B1
Goslar D 56 C3
Gospić HR 77 F1
Gosport GB 13 F3
Gossau CH 66 C3
Gosselies B 17 E2
Gostyń PL 59 D3
Gotha D 63 D1
Gothem S 119 F4
Gouarec F 18 C3
Gouda NL 54 B4
Gouménissa GR 88 A1
Goumois F 23 E4
Goúra GR 93 E4
Gourdon F 29 E1

Gourin F 18 C3
Gournay-en-Bray F 16 B4
Goúrnes GR 101 D3
Gourock GB 8 C2
Gouveia P 40 C1
Goúves GR 101 D3
Gouviá GR 86 B4
Gouzon F 25 F2
Göynük TR 129 F3
Gozd SLO 73 D2
Gozzano I 70 C4
Gödöllő H 126 A4
Graal-Müritz D 51 E2
Graben-Neudorf D 23 F1
Grabenstätt D 67 F2
Grabow D 51 D4
Graçay F 25 E1
Grächen CH 27 F2
Gradara I 76 C2
Gradefes E 33 F4
Gradisca d'Isonzo I 72 C3
Grado I 72 C3
Grado E 33 E2
Grado (El) E 38 A3
Gräfelfing D 67 E2
Gräfenberg D 63 D3
Gräfenhainichen D 57 E4
Grafenau D 64 A4
Grafenwöhr D 63 E3
Grafing D 67 F2
Gragnano I 80 A3
Grahovo SLO 73 D2
Graiguenamanagh / Graig na Manach IRL 5 E3
Grain GB 14 C3
Grainau D 67 E3
Grajewo PL 124 B4
Grajvoron RUS 127 F1
Gram DK 122 B3
Gramat F 29 E1
Gramatikó GR 93 D1
Gramatikoú GR 92 C3
Graméni GR 89 D1
Graméno GR 87 D4
Grametten A 64 C4
Grammichele I 85 D3
Gramzow D 52 A4
Gran N 117 D1
Granada E 48 B3
Granadella (La) E 38 B4
Gránard / Granard IRL 2 C3
Grancey-le-Château F 22 B4
Le Grand-Bornand F 27 E3
Le Grand-Bourg F 25 E2
Grand-Champ F 18 C4
La Grand-Combe F 30 B2
Grand-Couronne F 16 A4
La Grand-Croix F 26 C3
Grand-Fougeray F 19 E4
Le Grand-Lemps F 27 D4
Le Grand-Lucé F 20 C4
Le Grand-Pressigny F 25 D1
Le Grand-Serre F 26 C4
Grandas de Salime E 33 D2
Grandcamp-Maisy F 19 F1
La Grande-Motte F 30 B3
Grândola P 40 B4
Grandpré F 17 F4
Grandrieu F 30 B1
Grandvilliers F 16 B4
Grange-over-Sands GB 10 C1
Grangemouth GB 9 D2
Granges-sur-Vologne F 23 D3
Grangärde S 119 D1
Granítis GR 89 D1
Granítsa GR 92 C2
Granja P 40 C4
Granja de Torrehermosa E 47 E1
Granjuela (La) E 47 E1
Granollers E 39 D4
Gransee D 51 F4
Grantham GB 11 E4
Grantown-on-Spey GB 7 D4
Granville F 19 E2
Granvin N 110 B4
Grañén E 37 F3
Granön S 113 D1
Grasleben D 57 D3
Grasmere GB 10 C1
Grassano I 80 C3
Grasse F 31 F2
Gratangen N 104 B4
Gratiní GR 91 D2
Gratkorn A 69 D3
Grau de Castelló E 44 A2
Grau de València (El) E 44 A3
Le Grau-du-Roi F 30 B3
Graulhet F 29 F2
Graus E 38 A3
Grávalos E 37 D3
Gravdal N 107 E1
Grave NL 54 C4
La Grave F 27 E4
Gravedona I 71 D3
Gravelines F 15 E4
Gravellona Toce I 70 C4
Gravendeel ('s-) NL 54 B4
Gravesend GB 14 C3
Graviá GR 93 E3
Gravina in Puglia I 81 D3
Gravoúna GR 89 E1
Gray F 22 C4
Grays Thurrock GB 14 C3
Graz A 69 D3
Graz A 69 D3
Grazalema E 47 E3
Grazzanise I 80 A3
Great Driffield GB 11 E2
Great Dunmow GB 14 C2
Great Grimsby GB 11 F3
Great Malvern GB 13 E1
Great Torrington GB 12 C3
Great Yarmouth GB 15 E1
Grebbestad S 118 A3
Greccio I 79 D1
Greding D 63 E4
Greenhead GB 9 E4
Greenlaw GB 9 E3
Greenock GB 8 C2
Greenodd GB 10 C1
Greggio I 70 C4
Gregolímano GR 93 F2
Greifenburg A 68 A4
Greiffenberg D 52 A4
Greifswald D 51 F2
Grein A 68 C1
Greiz D 63 E1
Grenade F 29 E2
Grenade-sur-l'Adour F 28 C2
Grenchen CH 27 F1
Grenoble F 27 D4
Grense Jakobselv N 105 F2
Grenå DK 122 C2
Gréoux-les-Bains F 31 D2
Gresse-en-Vercors F 27 D4
Gressoney-la Trinité I 27 F3
Gressoney-St. Jean I 27 F3
Gresten A 68 C1
Grésy-sur-Isère F 27 E3
Greußen D 63 D1
Greve in Chianti I 76 A3
Greve Strand DK 123 D3
Greven D 55 E3
Grevená GR 87 E3
Grevenbroich D 61 E1
Grevenbrück D 62 A1
Grevenítio GR 87 D4
Grevenmacher L 23 D1
Grevesmühlen D 51 D3
Greyabbey GB 3 E2
Greystones / Na Clocha Liatha IRL 5 F2
Grez-en-Bouère F 19 F4
Grezzana I 71 F4
Griebenow D 51 F2
Gries am Brenner A 67 E3
Gries im Sellrain A 67 E3
Grieskirchen A 68 B1
Griffen A 68 C3
Grignan F 30 C1
Grigno I 72 A3
Grignols F 28 C1
Grimaldi I 83 E2
Grimaud F 31 E3
Grimma D 57 F4
Grimmen D 51 E2
Grimsbu N 111 D3
Grimstad N 116 C3
Grindaheim N 110 C4
Grindavík IS 106 A2
Grindelwald CH 66 A4
Grindsted DK 122 B3
Griñón E 42 B2
Gripsholm S 119 E2
Grisignano di Zocco I 72 A4
Grisolles F 29 E2
Grisslehamn S 119 F1
Griva GR 88 A1
Grizáno GR 87 F4
Gröbming A 68 B2
Gröditz D 57 F4
Grömitz D 50 C2
Grönenbach D 67 D2
Gröningen D 57 D3
Groenlo NL 55 D4
Groitzsch D 63 E1
Groix F 18 C4
Gronau (Westfalen) D 55 E3
Grong N 111 F1
Groningen NL 55 D2
Gropello Cairoli I 75 D1
Groscavallo I 27 F4
Grosio I 71 E3
Groß Schönebeck D 51 F4
Großbreitenbach D 63 D2
Großenbrode D 50 C2
Großenhain D 58 A4
Großenkneten D 55 F2
Großenzersdorf A 69 E1
Grosseto I 76 A4
Groß-Gerau D 62 A3
Groß Gerungs A 64 C4
Großhabersdorf D 63 D4
Großheubach D 62 B3
Großpetersdorf A 69 E2
Großraming A 68 B1
Großraschen D 58 A4
Großreken D 55 E4
Großröhrsdorf D 58 A4
Großschönau D 64 B1
Groß-Siegharts A 64 C4
Groß-Umstadt D 62 B3
Großweil D 67 E2
Großwitzeetze D 51 D4
Grostenquin F 23 D2
Grosuplje SLO 73 E3
Grottaglie I 81 E3
Grottaminarda I 80 B2
Grottammare I 77 D4
Grotteria I 83 E4
Grove (O) E 32 A3
Grovfjord N 104 A3
Grudziądz PL 126 A1
Grünberg D 62 B2
Grünstadt D 23 F1
Grünwald D 67 E2
Gruissan F 30 A3
Grums S 118 B2
Grünau im Almtal A 68 B2
Grundarfjörður IS 106 A1
Grundforsen S 112 A40
Grundlsee A 68 B2
Grundsund S 118 A3
Grundtjärn S 112 C2
Gruyères CH 27 F2
Grycksbo S 119 D1
Gryfice PL 52 B2
Gryllefjord / Torsken N 104 A3
Grythyttan S 118 C2
Grøa N 110 C2
Gråsten DK 122 B3
Grängesberg S 119 D1
Gränna S 118 C4
Grästorp S 118 B3
Grönhögen S 123 F2
Grönskåra S 123 F1
Grötlingbo S 119 F4
Grövelsjön S 112 A3
Gstaad CH 27 F2
Gstadt D 67 F2
Guadahortuna E 48 B2
Guadalajara E 42 C1
Guadalaviar E 43 E2
Guadalcanal E 47 E1
Guadalest E 44 A4
Guadalupe E 41 F3
Guadarrama E 42 B1
Guadassuar E 43 F4
Guadiaro E 47 E4
Guadix E 48 B3
Gualdo Tadino I 76 C3
Guarda P 41 D1
Guardamar del Segura E 49 F1
Guardia (La) E 42 C2
Guardia Sanframondi I 80 A2
Guardia de Jaén (La) E 48 B2
Guardiagrele I 79 F1
Guardias Viejas E 48 C4
Guardo E 33 F3
Guareña E 41 E4
Guarromán E 48 B1
Guastalla I 75 F1
Gubbio I 76 C3
Guben D 58 B3
Gudhjem DK 123 E3
Gudiña (A) E 32 C4
Gudow D 50 C3
Gudvangen N 110 B4
Guebwiller F 23 E3
Güglingen D 62 B4
Guémené-Penfao F 19 D4
Guémené-sur-Scorff F 18 C3
Günzburg D 67 D1
Güeñes E 36 C1
Guer F 19 D3
Guérande F 19 D4
La Guerche-de-Bretagne F 19 E3
La Guerche-sur-l'Aubois F 26 A1
Guéret F 25 E2
Guérigny F 26 A1
Güssing A 69 E2
Güsten D 57 D4
Güstrow D 51 E3
Gütersloh D 55 F4
Guéthary F 28 A3
Gueugnon F 26 B2
Guglionesi I 80 A1
Guichen F 19 E3
Guidonia I 79 E1
Guignes F 21 F2
Guijo de Granadilla E 41 E1
Guijuelo E 41 F1
Guillaumes F 31 F2
Guillena E 47 D2
Guillestre F 31 E1
Guillon F 22 A4
Guildford GB 14 B3
Guilvinec F 18 B3
Guimarães P 34 B3
Guimiliau F 18 B2
Guînes F 15 E4
Guingamp F 18 C2
Guipavas F 18 B2
Guisborough GB 11 E1
Guiscard F 17 D4
Guise F 17 D3
Guissona E 38 C3
Guist GB 15 D1
Guitiriz E 32 B2
Guîtres F 24 C4
Gujan-Mestras F 28 B1
Gulbene LV 124 C2
Gullspång S 118 C3
Gumiel de Hizán E 36 B3
Gummersbach D 61 F1
Gundelfingen a.d. Donau D 67 D1
Gundelsheim D 62 B4
Gunnarn S 107 F4
Gunnarsbyn S 108 B3
Gunnarskog S 118 B2
Gunten CH 27 F1
Guntín de Pallares E 32 C3
Gunzenhausen D 63 D4
Gurk A 68 B3
Gurrea de Gállego E 37 F3
Gusev RUS 124 B4
Guspini I 82 B3
Gutcher GB 7 F2
Gutenstein A 69 D1
Guyhirn GB 11 F4
Guzet-Neige F 29 E4
Gvardejsk RUS 124 A4
Gvarv N 116 C2
Gy F 22 C4
Győr H 69 F1
Gysinge S 119 E1
Gyula H 126 B4
Gårdby S 123 F2
Gåvsta S 119 E2
Gåxsjö S 112 B1
Gäddede S 112 A1
Gällivare S 108 B2
Gällö S 112 B2
Gärdnäs S 112 B1
Gärdslösa S 123 F2
Gävle S 119 E1
Gyöngyös H 126 A4
Gördalen S 112 A4
Göteborg S 118 B4
Götene S 118 C3
Günterode D 56 C4
Gützkow D 51 F2

H

Haag A 68 B1
Haag am Hausruck A 68 A1
Haag (Den) = 's-Gravenhage NL 54 B4
Haag i. Oberbayern D 67 F1
Haaksbergen NL 55 D3
Haamstede NL 54 A4
Haan (De) B 15 F3
Haapajärvi FIN 114 C2
Haapakoski FIN 115 E4
Haapamäki (Keski-Suomi) FIN 120 C2
Haapamäki (Oulu) FIN 115 D2
Haapavesi FIN 114 C2
Haapsalu EST 124 B1
Haar D 67 E2
Haaren D 55 F4
Haarlem NL 54 B3
Habay-la-Neuve B 17 F4
Habo S 118 C4
Habsheim F 23 E4
Hachenburg D 62 A2
Hachmühlen D 56 B3
Hackås S 112 B2
Hadamar D 62 A2
Haddington GB 9 E2
Hadersdorf am Kamp A 65 D4
Haderslev DK 122 B3
Hadjač UA 127 F1
Hadleigh GB 15 D2
Hadmersleben D 57 D3
Hadsten DK 122 B2
Hadsund DK 122 B2
Hämelerwald D 56 C3
Hagen D 61 F1
Hagen i. Bremischen D 50 A4
Hagenow D 51 D4
Hagetmau F 28 B2
Hagfors S 118 C1
Haggenås S 112 B2
Hagondange F 23 D1
Haguenau F 23 E2
Hahnbach D 63 E3
Haigerloch D 66 B1
Hailsham GB 14 C4
Hailuoto FIN 114 C1
Hainburg a. d. Donau A 69 E1
Hainfeld A 69 D1
Hainichen D 63 F1
Hajdúböszörmény H 126 B4
Hajdúszoboszló H 126 B4
Hajnówka PL 126 B1
Hajsyn UA 127 E2
Hajvoron UA 127 E3
Hakarp S 118 C4
Hakkas S 108 B2
Halandrítsa GR 92 C4
Halbe D 58 A3
Halberstadt D 57 D3
Halden N 117 D2
Haldensleben D 57 D3
Halesowen GB 11 D4
Halesworth GB 15 D2
Halhjem N 116 A1
Halifax GB 11 D2
Halikko FIN 120 C4
Halkeró GR 89 E1
Halkí GR 99 D2
Hálki GR 93 E1

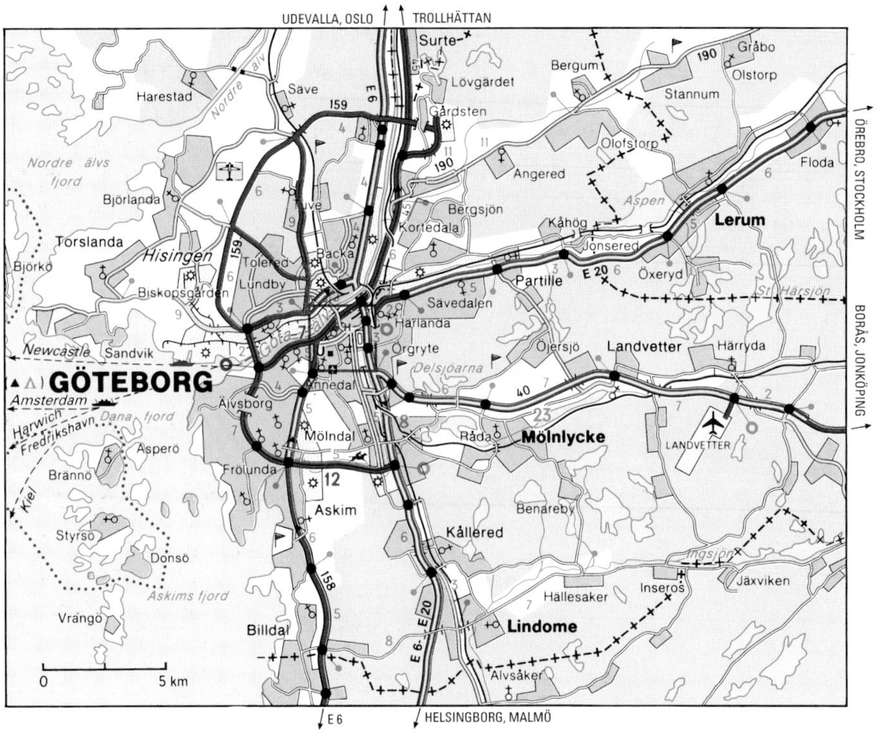
UDEVALLA, OSLO
TROLLHÄTTAN
ÖREBRO, STOCKHOLM
BORÅS, JÖNKÖPING
HELSINGBORG, MALMÖ
E 6
GÖTEBORG
Surte
Bergum
Lövgärdet
Gråbo
Olstorp
Stannum
Harestad
Save
Gårdsten
Olofstorp
Angered
Floda
Nordre älvs fjord
Björlanda
Bergsjön
Kortedala
Kåhög
Aspen
Lerum
Jonsered
Torslanda
Hisingen
Tolered
Backa
Lundby
Björkö
Biskopsgården
Partille
Öxeryd
Savedalen
Härlanda
Newcastle
Sandvik
Örgryte
Delsjöarna
Öjersjö
Landvetter
Härryda
Amsterdam
Harwich
Frederikshavn
Dana fjord
Älvsborg
Mölndal
Råda
Mölnlycke
LANDVETTER
Asperö
Brännö
Frölunda
Askim
Kiel
Benareby
Styrsö
Kållered
Donsö
Ingsjön
Jäxviken
Inseros
Askims fjord
Hällesaker
Vrångö
Billdal
Lindome
Alvsåker
0
5 km

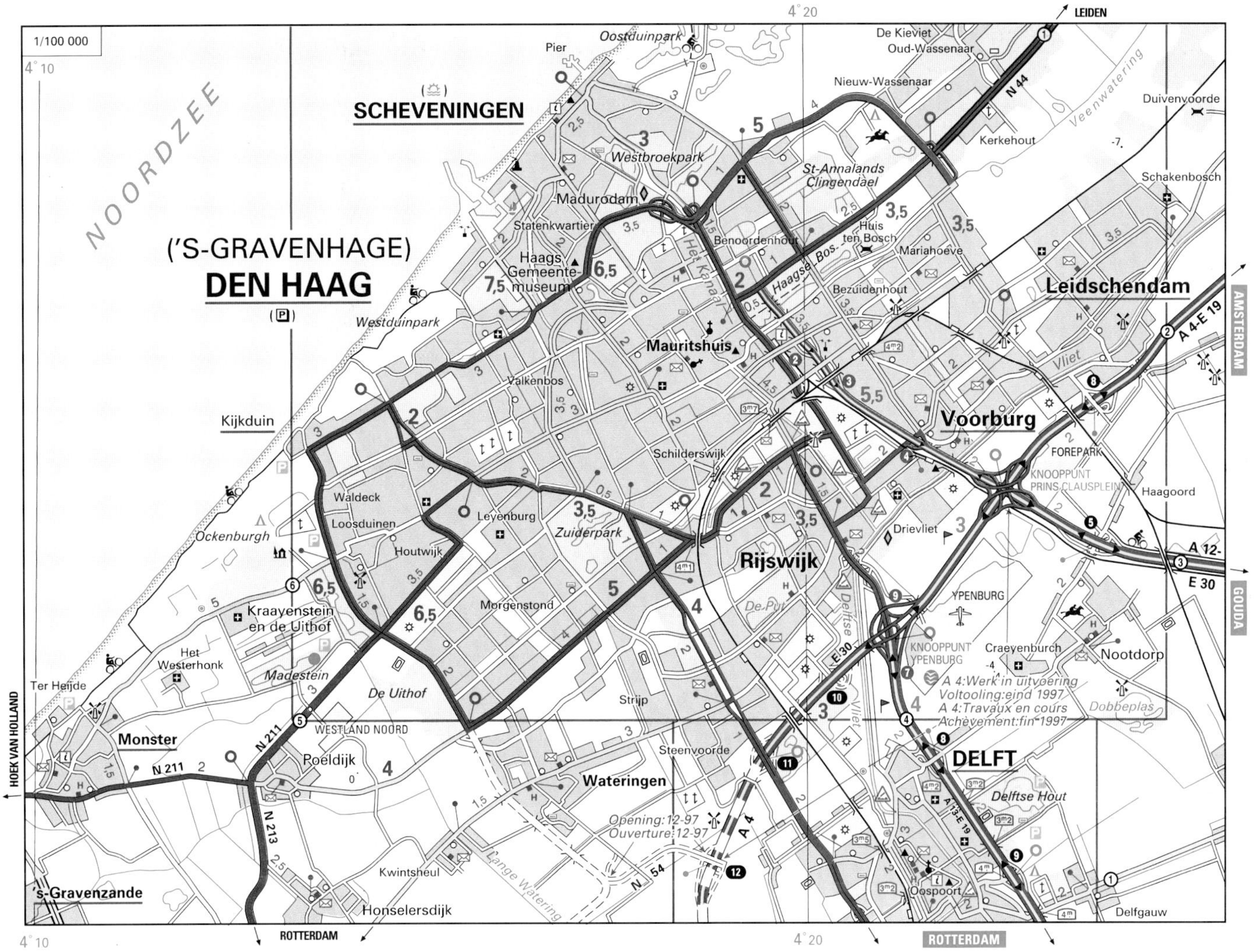
1/100 000
NOORDZEE
SCHEVENINGEN
('S-GRAVENHAGE)
DEN HAAG
Oostduinpark
Pier
Westbroekpark
Madurodam
Statenkwartier
Haags Gemeente-museum
Westduinpark
Mauritshuis
Valkenbos
Kijkduin
Schilderswijk
Waldeck
Loosduinen
Leyenburg
Zuiderpark
Houtwijk
Morgenstond
Ockenburgh
Kraayenstein en de Uithof
Het Westerhonk
Madestein
De Uithof
Ter Heijde
Monster
WESTLAND NOORD
Poeldijk
Wateringen
Steenvoorde
Strijp
Kwintsheul
Honselersdijk
's-Gravenzande
HOEK VAN HOLLAND
ROTTERDAM
De Kieviet
Oud-Wassenaar
Nieuw-Wassenaar
Kerkehout
Duivenvoorde
Schakenbosch
St-Annalands Clingendael
Benoordenhout
Huis ten Bosch
Mariahoeve
Bezuidenhout
Haagse Bos
Leidschendam
Vliet
Voorburg
FOREPARK
KNOOPPUNT PRINS CLAUSPLEIN
Haagoord
Drievliet
Rijswijk
YPENBURG
KNOOPPUNT YPENBURG
Craeyenburch
Nootdorp
A 4:Werk in uitvoering Voltooling:eind 1997
A 4:Travaux en cours Achèvement:fin 1997
Dobbeplas
DELFT
Delftse Hout
Opening:12-97
Ouverture:12-97
Oospoort
Delfgauw
LEIDEN
AMSTERDAM
GOUDA
N 44
N 211
N 213
A 12
E 30
A 4-E 19

Hálki GR 103 E2
Hálki (Nissí) GR 103 E2
Halkiádes GR 93 E1
Halkidóna GR 88 A2
Halkió GR 95 F3
Halle D 57 E4
Halle D 55 F3
Halle B 17 E2
Halle-Neustadt D 57 E4
Hallein A 68 A2
Hallenberg D 62 A1
Hallencourt F 16 B3
Hall in Tirol A 67 E3
Hallörmsstaður IS 106 C1
Hallsberg S 119 D3
Hallstadt D 63 D3
Hallstahammar S 119 D2
Hallstatt A 68 B2
Hallstavik S 119 F2
Halluin F 15 F4
Halmstad S 123 D2
Hals DK 122 C1
Halsa N 110 C2
Halsskov DK 122 C3
Halstead GB 14 C2
Halsteren NL 17 E1
Halsua FIN 114 C3
Haltdålen N 111 E2
Haltern D 55 E4
Halver D 61 F1
Ham F 17 D4
Hamar N 111 D4
Hamarøy N 104 F1
Hamburg D 50 B3
Hamdorf D 50 B2
Hameln D 56 B3
Hamersleben D 57 D3
Hamilí (Nissí) GR 102 B3
Hamilton GB 8 C3
Hamina FIN 121 E3
Hamm (Westfalen) D 55 E4
Hammarland FIN 120 A4
Hammarstrand S 112 C2
Hammaslahti FIN 115 F3
Hammel DK 122 B2
Hammelburg D 62 C2
Hammerdal S 112 B2
Hammerfest N 105 D1
Hammershus DK 123 E3
Hamningberg N 105 F1
Hamoir B 17 F2
Hamra S 112 B4
Hamre N 116 B3
Han-sur-Lesse B 17 F3
Hanákia GR 96 B1
Hanau D 62 B3
Hănceşti MOL 127 E4
Handrás GR 101 F4
Hanerau-Hademarschen D 50 B3
Haniá GR 100 B3
Hánia GR 97 D3
Hánia GR 93 F1
Haniótis GR 88 C4
Hankamäki FIN 115 E2
Hankasalmen as FIN 115 D4
Hankasalmi FIN 115 D4
Hankensbüttel D 56 C2
Hanko/Hangö FIN 120 C4
Hann. Münden D 56 B4
Hannover D 56 B3
Hannut B 17 F2
Hansnes N 104 B2
Hanstedt D 50 C4
Hanstholm DK 122 B1
Haparanda S 108 C3
Haradok BY 125 D3
Harads S 108 B3
Haraldshaugen N 116 A1
Haravgí GR 87 F3
Harburg D 67 D1
Harburg D 50 B4
Hardbakke N 110 A4
Hardegg A 65 D4
Hardegsen D 56 C4
Hardelot-Plage F 15 D4
Hardenberg NL 55 D3
Harderwijk NL 54 C3
Hardeshøj DK 122 B3
Hardheim D 62 C3
Hareid N 110 B2
Harelbeke B 15 F4
Haren D 55 E2
Haren NL 55 D2
Harewood GB 11 D2
Haritoméni GR 89 D1
Harjavalta FIN 120 B3
Harjunpää FIN 120 B2
Harlech GB 10 B3
Harlesiel D 55 E1
Harleston GB 15 D2
Harlingen NL 54 C2
Harlow GB 14 C3
Harmanli BG 129 D2
Harmånger S 112 C3
Haro E 36 C2
Harokopió GR 96 C3
Haroldswick GB 7 F2
Harоué F 23 D3
Harpenden GB 14 B2
Harplinge S 123 D2
Harpstedt D 55 F2
Harrislee D 50 B1
Harrogate GB 11 D2
Harsefeld D 50 B4
Harsprånget S 108 A2
Harstad N 104 A3
Harsvik N 111 D1
Hartberg A 69 D2
Hartha D 63 F1
Hartlepool GB 11 E1
Hartmannsdorf D 63 F1
Hartola FIN 121 D2
Harwich GB 15 D2
Harzgerode D 57 D4
Harøysund N 110 C2
Haselünne D 55 E2
Haskovo BG 129 D2
Haslach an der Mühl A 64 B4
Haslach i. Kinzingtal D 23 F3
Hasle DK 123 E3
Haslemere GB 14 B4
Haslev DK 122 C3
Hasparren F 28 B3
Hassela S 112 C3
Hasselfelde D 57 D4
Hasselt B 17 F2
Haßfurt D 63 D3
Hastière-Lavaux B 17 F3
Hastings GB 14 C4
Hasvik N 104 C1
Haţeg RO 128 C1
Hatfield GB 14 C3
Hatherleigh GB 12 C3
Hattem NL 55 D3
Hattfjelldal N 107 E3
Hattingen D 61 F1
Hattula FIN 120 C3
Hattuvaara (Lieksa) FIN 115 F2
Hattuvaara (Ilomantsi) FIN 115 F3
Hatvan H 126 A4
Hatvik N 116 A1
Haubourdin F 15 F4
Hauge N 116 A3
Haugesund N 116 A1
Hauho FIN 120 C3
Haukeligrend N 116 B1
Haukipudas FIN 114 C1
Haukivuori FIN 121 E2
Haunstetten D 67 D1
Haus A 68 B2
Hausach D 23 F3
Hausham D 67 E2
Hausjärvi FIN 121 D3
Hautajärvi FIN 109 F2
Hautefort F 25 E4
Hauteville-Lompnes F 27 D3
Hautmont F 17 E3
Havant GB 14 B4
Havári GR 96 B1
Havdáta GR 92 A4
Havelange B 17 F2
Havelberg D 51 E4
Haverfordwest/Hwlffordd GB 12 B1
Haverhill GB 14 C2
Haverö S 112 B2
Havneby DK 122 A3
Le Havre F 20 C1
Havøysund N 105 D1
Hawes GB 11 D1
Hawick GB 9 D3
Hawkhurst GB 14 C4
Hay-on-Wye GB 13 D1
Hayange F 22 C1
La Haye-du-Puits F 19 E1
La Haye-Pesnel F 19 E2
Hayle GB 12 B4
Haywards Heath GB 14 C4
Hazebrouck F 15 E4
Headford/Áth Cinn IRL 2 B4
Heanor GB 11 D3
Héas F 28 C4
Heathfield GB 14 C4
Heby S 119 E3
Hechingen D 66 B1
Hecho E 28 B4
Hechtel B 17 F1
Hecklingen D 57 D3
Hedal N 117 D1
Heddal N 116 C2
Hede S 112 A3
Hédé F 19 E3
Hedemora S 119 D1
Hedenäset S 108 C3
Hedeviken S 112 A3
Hedon GB 11 F2
Heemstede NL 54 B3
Heerde NL 55 D3
Heerenberg ('s-) NL 55 D4
Heerenveen NL 54 C2
Heerlen NL 61 E1
Heeze NL 17 F1
Hegge N 110 C4
Hegra N 111 E2
Heia N 104 B3
Heide D 50 A2
Heidelberg D 23 F1
Heidenau D 64 A1
Heidenheim a. d. Brenz D 66 C1
Heidenreichstein A 64 C4
Heikendorf D 50 C2
Heikkila FIN 109 F3
Heilbronn D 62 B4
Heiligenberg D 66 C2
Heiligenblut A 68 A3
Heiligenhafen D 50 C2
Heiligenkirchen D 56 B4
Heiligenkreuz im Lafnitztal A 69 E3
Heiligenstadt D 56 C4
Heilsbronn D 63 D4
Heimari FIN 121 E2
Heimdal N 111 D2
Heimertingen D 67 D2
Heinola FIN 121 D3
Heinolan mlk FIN 121 D3
Heinsberg D 61 E1
Heinävaara FIN 115 F3
Heinävesi FIN 115 E3
Heist B 15 F3
Heist-op-den-Berg B 17 E1
Hejde S 119 F4
Heldburg D 63 D2
Helder (Den) NL 54 B2
Heldrungen D 57 D4
Helechal E 41 F4
Helensburgh GB 8 C2
Hella IS 106 A2
Hella N 110 B4
Hellendoorn NL 55 D3
Hellesylt N 110 B3
Hellevoetsluis NL 54 B4
Hellín E 49 D1
Hellvik N 116 A3
Helmbrechts D 63 E2
Helmond NL 17 F1
Helmsdale GB 7 D3
Helmsley GB 11 E1
Helmstadt D 62 C3
Helmstedt D 57 D3
Helsa D 62 B1
Helsingborg S 123 D2
Helsinge DK 123 D2
Helsingør DK 123 D2
Helsinki/Helsingfors FIN 121 D4
Helston GB 12 B4
Hemau D 63 E4
Hemavan S 107 E3
Hemel Hempstead GB 14 B3
Hemer D 61 F1
Hemnes N 117 E2
Hemnesberget N 107 E3
Hemsedal N 110 C4
Hendaye F 28 A3
Hengelo NL 55 D3
Hengersberg D 64 A4
Hénin-Beaumont F 16 C2
Henley GB 14 A2
Henley-on-Thames GB 14 B3
Henneberg D 62 C2
Hennebont F 18 C4
Hennef D 61 F2
Hennigsdorf D 57 F2

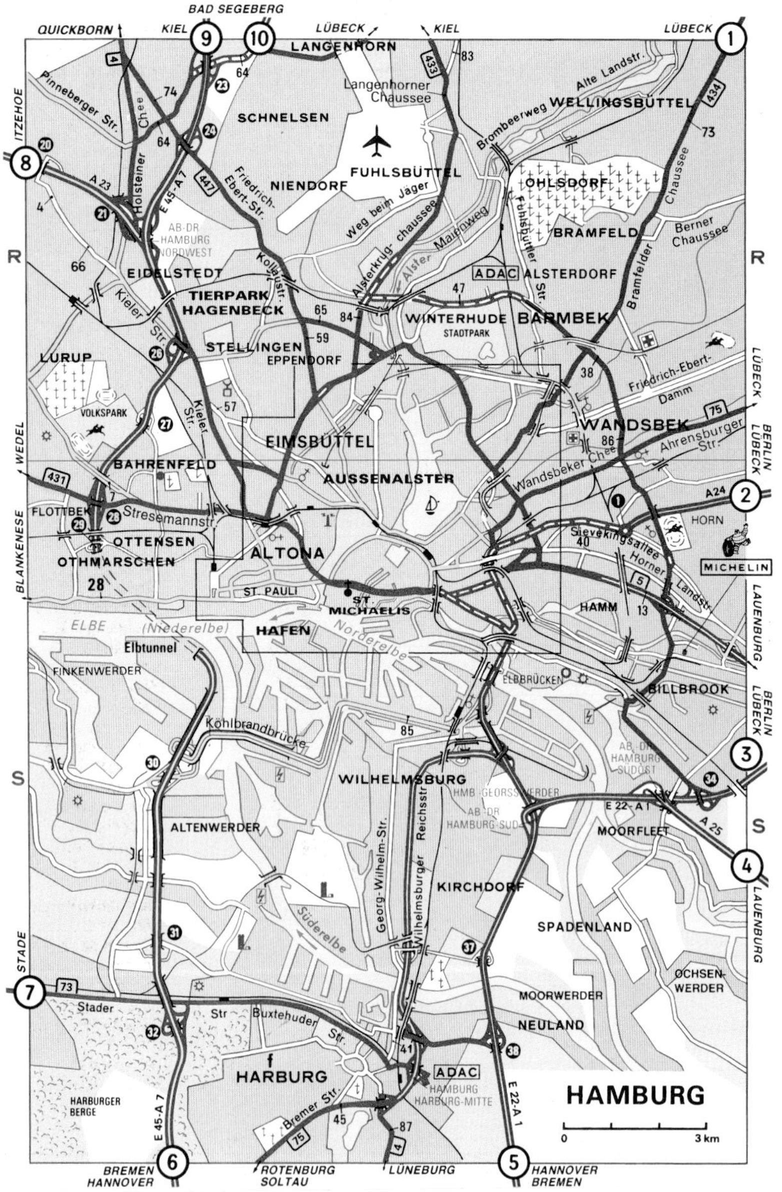
HAMBURG
BAD SEGEBERG
QUICKBORN
KIEL
LÜBECK
LANGENHORN
SCHNELSEN
FUHLSBÜTTEL
NIENDORF
OHLSDORF
WELLINGSBÜTTEL
BRAMFELD
EIDELSTEDT
TIERPARK HAGENBECK
ALSTERDORF
WINTERHUDE
BARMBEK
STELLINGEN
EPPENDORF
LURUP
VOLKSPARK
EIMSBÜTTEL
WANDSBEK
BAHRENFELD
AUSSENALSTER
FLOTTBEK
OTTENSEN
OTHMARSCHEN
ALTONA
ST. PAULI
ST. MICHAELIS
HAFEN
ELBE
Elbtunnel
FINKENWERDER
HORN
MICHELIN
HAMM
BILLBROOK
Köhlbrandbrücke
WILHELMSBURG
ALTENWERDER
MOORFLEET
KIRCHDORF
SPADENLAND
OCHSENWERDER
MOORWERDER
NEULAND
HARBURG
HARBURGER BERGE
ITZEHOE
WEDEL
BLANKENESE
STADE
BREMEN HANNOVER
ROTENBURG SOLTAU
LÜNEBURG
HANNOVER BREMEN
BERLIN LÜBECK
LAUENBURG
0 3 km

Henrichemont F 25 F1
Henstedt-Ulzburg D 50 B3
Henstridge GB 13 E3
Heppenheim
a. d. Weise D 23 F1
Herbault F 21 D4
Herbertingen D 66 C2
Les Herbiers F 24 B1
Herbignac F 19 D4
Herbolzheim D 23 E3
Herborn D 62 A2
Herbrechtingen D 66 C1
Herbstein D 62 B2
Hercegnovi YU 128 A3
Hereford GB 13 E1
Herencia E 42 C3
Herentals B 17 E1
Herford D 55 F3
Héricourt F 23 D4
Heringsdorf D 52 A2
Herisau CH 66 C3
Hérisson F 25 F2
Herk-de-Stad B 17 F2
Herleshausen D 62 C1
Hermagor A 68 A4
Hermannsburg D 56 C2
Hermansverk N 110 B4
L'Hermenault F 24 B2
Herment F 25 F3
Hermeskeil D 23 D1
Hermida (La) E 33 F3
Hermsdorf D 63 E1
Hernani E 28 A3
Hernansancho E 42 A1
Herne D 55 E4
Herne Bay GB 15 D3
Herning DK 122 B2
Heroldsberg D 63 D3
Herónia GR 93 F3
Herradura (La) E 48 A3
Herrala FIN 121 D3
Herre N 116 C2
Herrenberg D 66 B1
Herrera E 47 F2
Herrera
de Alcántara E 40 C2
Herrera del Duque E 41 F3
Herrera
de los Navarros E 37 E4
Herrera de Pisuerga E 36 B2
Herreruela E 41 D3
Herrestad S 118 B3
Herrieden D 63 D4
Herrljunga S 118 B4
Herrnburg D 50 C3
Herrnhut D 58 B4
Herrsching D 67 E2
Herrskog S 112 C2
Hersbruck D 63 E3
Herselt B 17 F1
Hérso GR 88 B1
Herstal B 17 F2
Herten D 55 E4
Hertford GB 14 C3
Hertogenbosch
('s-) NL 54 C4
Hervás E 41 F1
Herzberg D 56 C4
Herzberg D 57 F4
Herzogenaurach D 63 D3
Herzogenburg A 69 D1
Herzsprung D 51 E4
Hesdin F 16 B3
Hesel D 55 E1
Hesseng N 105 F2
Hessisch Lichtenau D 62 C1
Hessisch
Oldendorf D 56 B3
Hetekylä FIN 115 D1
Hettange-Grande F 22 C1
Hettstedt D 57 D4
Heubach D 66 C1
Heuchin F 16 C2
Hexham GB 9 E4
Heyrieux F 26 C3
Heysham GB 10 C2
Hiddensee D 51 E1
Hieflau A 68 C2
Hiersac F 24 C3
Hietaniemi FIN 109 F1
High Wycombe GB 14 B3
Higham Ferrers GB 14 B2
Higuera de Arjona E 48 A1
Higuera
de la Serena E 41 E4
Higuera de la Sierra E 47 D1
Higuera de Vargas E 41 D4
Higuera la Real E 47 D1
Higueruela E 43 E4
Hiiumaa EST 124 B1
Híjar E 37 F4
Hilchenbach D 62 A1
Hildburghausen D 63 D2
Hilden D 61 F1
Hilders D 62 C1
Hildesheim D 56 C3
Hiliomódi GR 97 E1
Hillegom NL 54 B3
Hillerød DK 123 D3
Hillesøy N 104 B2
Hillswick GB 7 F2
Hilpoltstein D 63 D4
Hiltula FIN 121 E2
Hilvarenbeek NL 17 F1
Hilversum NL 54 C3
Himanka FIN 114 C2
Himaros GR 88 B1
Hinckley GB 11 D4
Hindelang D 67 D3
Hindhead GB 14 B4
Hinojares E 48 B2
Hinojosa de Duero E 35 D4
Hinojosa
del Duque E 41 F4
Hinojosos (Los) E 42 C3
Hintersee D 52 A3
Hinterstoder A 68 B2
Hintertux A 67 E3
Hinterweidenthal D 23 E1
Híos GR 95 F3
Híos (Nissí) GR 95 E1
Hirschau D 63 E3
Hirschberg D 63 E2
Hirschegg A 67 D3
Hirsingue F 23 E4
Hirson F 17 E3
Hirtshals DK 122 B1
Hirvasvaara FIN 109 E2
Hirvensalmi FIN 121 E2
Hirvilahti FIN 115 E3
Hirwaun GB 13 D1
Hisarja BG 129 D2
Histria RO 129 E1
Hitchin GB 14 B2
Hitzacker D 51 D4
Hjartdal N 116 C2
Hjellestad N 112 A1
Hjelmeland N 116 A2
Hjo S 118 C3
Hjørring DK 122 B1
Hlobyne UA 127 F2
Hluboká CZ 64 B4
Hluchiv UA 127 F1
Hlybokae BY 124 C3
Hobro DK 122 B2
Hochdorf CH 66 B3
Hochfelden F 23 E2
Hochosterwitz A 68 C3
Hochspeyer D 23 E1
Hockenheim D 23 F1
Hoddesdon GB 14 C3
Hodenhagen D 56 B2
Hódmezővásárhely H 126 B4
Hodnanes N 116 A1
Hodnet GB 10 C4
Hodoš SLO 73 F1
Höchberg D 62 C3
Höchst i. Odenwald D 62 B3
Höchstadt
a. d. Aisch D 63 D3
Höchstädt
a. d. Donau D 67 D1
Hoedekenskerke NL 17 D1
Hoek
van Holland NL 54 B4
Hoemsbu N 110 C2
Hönebach D 62 C1
Hörnum D 50 A2
Hösbach D 62 B3
Höxter D 56 B4
Hof D 63 E2
Hofgeismar D 56 B4
Hofheim D 63 D2
Hofles N 107 D4
Höfn IS 106 C2
Hofolding D 67 E2
Hofors S 119 D1
Hofsós IS 106 B1
Hohenau A 65 E4
Hohenberg A 69 D1
Hohenems A 66 C3
Hohengandern D 56 C4
Hohenlimburg D 61 F1
Hohenlinden D 67 F1
Hohenlockstedt D 50 B3
Hohenmölsen D 63 E1
Hohenpeißenberg D 67 E2
Hohenseeden D 57 E3
Hohenstein D 63 F1
Hohentauern A 68 C2
Hohenwestedt D 50 B3
Höhlakas GR 103 E3
Le Hohwald F 23 E3
Hokksund N 117 D2
Hokstad N 111 E1
Hol N 116 C1
Hola Prystan' UA 127 F3
Holbeach GB 11 F4
Holbæk DK 122 C3
Holdorf D 55 F3
Hollabrunn A 65 D4
Hollenstedt D 50 B4
Hollfeld D 63 D3
Hollingsholm N 110 C2
Hollola FIN 121 D3
Hollum NL 54 C1
Hollywood IRL 5 E2
Holm S 112 C3
Holm N 107 D4
Hólmavik IS 106 A1
Holmec SLO 73 E2
Holmen N 117 D1
Holmestrand N 117 D2
Holmfirth GB 11 D2
Holmsund S 113 E1
Holmön S 113 E1
Holstebro DK 122 A2
Holsted DK 122 A3
Holsworthy GB 12 C3
Holt GB 15 D1
Holwerd NL 54 C1
Holy Cross IRL 5 D2
Holyhead/
Caergybi GB 3 F4
Holywell/
Treffynnon GB 10 B3
Holywood GB 3 E2
Holzappel D 62 A2
Holzgau A 67 D3
Holzkirchen D 67 E2
Holzminden D 56 B4
Homberg (Efze) D 62 B1
Homberg
(Niederrhein) D 61 E1
Homberg (Ohm) D 62 B2
Homburg D 23 E1
Homel' BY 125 E4
Hommelstø N 107 D4
Hommelvik N 111 E2
Hommersåk N 116 A2
Hondarribia /
Fuenterrabía E 28 A3
Hondschoote F 15 E4
Honfleur F 20 C1
Hónikas GR 97 D1
Honiton GB 13 D3
Honkajoki FIN 120 B2
Honningsvåg N 105 E1
Honrubia E 43 D3
Honrubia
de la Cuesta E 36 B4
Hontalbilla E 36 B4
Hontoria del Pinar E 36 C3
Hoogeveen NL 55 D2
Hoogezand
Sappemeer NL 55 D2
Hoogstraten B 17 E1
Hoorn NL 54 B3
Hopfgarten A 67 F3
Hopperstad N 110 B4
Hóra GR 96 B2
Hóra GR 99 F1
Horb D 23 F2
Horcajada (La) E 41 F1
Horcajo
de los Montes E 42 A3
Horcajo
de Santiago E 42 C2
Horcajo
Medianero E 41 F1
Horche E 42 C1
Horden GB 11 E1
Horeftó GR 93 F1
Horezu RO 128 C1
Horgen CH 23 F4
Horki BY 125 E3
Horley GB 14 C4
Horn D 66 B3
Horn N 107 D3
Horn A 65 D4
Horn-
Bad Meinberg D 56 B4
Hornachos E 41 E4
Hornachuelos E 47 E1
Hornberg D 23 F3
Hornburg D 56 C3
Horncastle GB 11 F3
Horndal S 119 D1
Horneburg D 50 B4
Hornindal N 110 B3
Hornos E 48 C1
Hornoy F 16 B3
Hornsea GB 11 F2
Horodnja UA 127 E1
Horodok UA 126 C2
Horodyšče UA 127 E2
Horra (La) E 36 B3
Horsens DK 122 B2
Horsham GB 14 B4
Horst D 50 C4
Horstmar D 55 E3
Horten N 117 D2
Hortezuela E 36 C4
Hortiátis GR 88 B2
Hospental CH 66 B4
Hospital IRL 4 C3
Hospital de Órbigo E 33 E4
Hospitalet
de l'Infant (L') E 44 B1
Hossa FIN 109 F3
Hossegor F 28 A2
Hostalric E 39 D3
Hotagen S 112 A1
Hoting S 112 C1
Hotton B 17 F3
Les Houches F 27 E3
Houdain F 16 C2
Houdan F 21 D2
Houeillès F 28 C2
Houffalize B 61 D3
Houghton-
le-Spring GB 9 F4
Houlgate F 20 C1
Houmnikó GR 88 C2
Hoúni GR 92 C2
Hourtin F 24 B4
Houtskär FIN 120 B4
Hov DK 122 B2
Hovden N 116 B2
Hove GB 14 C4
Hovet N 110 C4
Hovmantorp S 123 F2
Howden GB 11 E2
Howth /
Binn Éadair IRL 3 E4
Hoya D 56 B2
Hoyerswerda D 58 A4
Hoylake GB 10 C3
Hoym D 57 D4
Hoyo
de Pinares (El) E 42 A1
Hoyos E 41 D1
Hradec Králové CZ 64 C2
Hrafnagil IS 106 B1
Hranice CZ 65 F2
Hrastnik SLO 73 E2
Hrastovlje SLO 73 D4
Hríssafa GR 97 D2
Hríssí (Nissí) GR 101 E4
Hrissó GR 88 C1
Hrissoúpoli GR 89 E1
Hrissovítsi GR 96 C1
Hristianí GR 96 B2
Hristianí (Nissí) GR 98 C4
Hristós GR 99 E1
Hrodna BY 124 B4
Hrómio GR 87 F3
Hucknall GB 11 D3
Hucqueliers F 16 B2
Huddersfield GB 11 D2
Hude D 50 A4
Hudiksvall S 112 C4
Hückeswagen D 61 F1
Huedin RO 126 C4

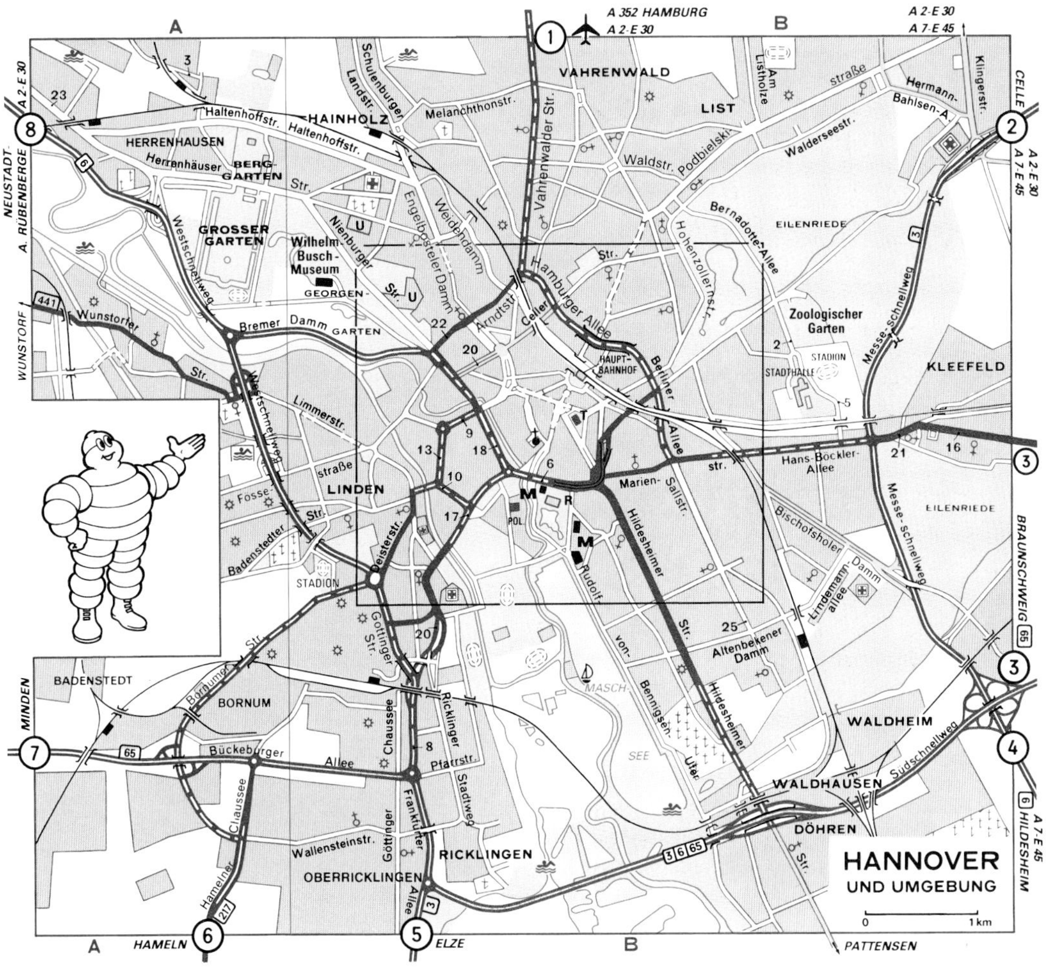
HANNOVER
UND UMGEBUNG
VAHRENWALD
LIST
HAINHOLZ
HERRENHAUSEN
GROSSER GARTEN
Wilhelm-Busch-Museum
EILENRIEDE
Zoologischer Garten
KLEEFELD
LINDEN
BADENSTEDT
BORNUM
WALDHEIM
WALDHAUSEN
DÖHREN
RICKLINGEN
OBERRICKLINGEN
HAMELN
ELZE
PATTENSEN

Hüfingen D 23 F3
Huélago E 48 B2
Huélamo E 43 E2
Huelgas Reales (Las) E 36 B2
Huelgoat F 18 B3
Huelma E 48 B2
Huelva E 46 C2
Hünfeld D 62 C2
Huércal Overa E 49 D2
Huérguina E 43 E2
Huerta del Rey E 36 C3
Huerta de Valdecarábanos E 42 B2
Huertahernando E 43 D1
Hürth D 61 F1
Huerto E 38 A3
Huesa E 48 B2
Huesca E 37 F3
Huéscar E 48 C2
Huete E 43 D2
Huétor Santillán E 48 B3
Huétor Tájar E 48 A3
Huftarøy N 116 A1
Huittinen FIN 120 B3
Huizen NL 54 C3
Hulst NL 17 E1
Hultsfred S 119 F1
Humada E 36 B2
Humanes E 42 C1
Humenné SK 126 B3
Humppila FIN 120 C3
Hundested DK 122 C3
Hundorp N 111 D4
Hunedoara RO 128 C1
Hungerford GB 13 F2
Hunnebostrand S 118 A3
Hunspach F 23 F2
Hunstanton GB 11 F4
Huntingdon GB 14 C2
Huntly GB 7 E4
Hurdal N 117 D1
Huriel F 25 F2
Hurort Semmering A 69 D2
Hurskaala FIN 115 E4
Hurum N 110 C4
Hurup DK 122 A1
Húsafell IS 106 A2
Husavik N 116 A1
Húsavík IS 106 B1
Husbands Bosworth GB 11 E4
Hushinish GB 6 A3
Huşi RO 127 E4
Huskvarna S 118 C4
Husnes N 116 A1
Husum S 113 D2
Husum D 50 A2
Hüttenberg A 68 C3
Hüttschlag A 68 A3
Huttula FIN 120 C2
Huttwil CH 27 F1
Huy B 17 F2
Hvalba (Færøerne) DK 106 A4
Hvalpsund DK 122 B2
Hvalvik (Færøerne) DK 106 A3
Hvammstangi IS 106 A1
Hvar HR 128 A2
Hvar HR 128 A2
Hveragerdi IS 106 A2
Hveravellir IS 106 B2
Hvidbjerg DK 122 A2
Hvide Sand DK 122 A2
Hvítárnes IS 106 B2
Hvittingfoss N 117 D2
Hvitträsk FIN 120 C4
Hvolsvöllur IS 106 A2
Hyaler N 117 D2
Hyde GB 11 D3
Hyen N 110 B3
Hyères F 31 E3
Hyltebruk S 123 D1
Hyrynsalmi FIN 115 E1
Hythe GB 15 D4
Hyvinkää FIN 121 D3
Hyypiö FIN 109 E2
Hægebostad N 116 B3
Høgebru N 110 B3
Højer DK 122 A3
Høllen N 116 B3
Hønefoss N 117 D1
Høng DK 122 C3
Hørning DK 122 B2
Hørsholm DK 123 D3
Høvringen N 111 D3
Høyanger N 110 B4
Høylandet N 107 D4
Håbu N 117 D2
Hårby DK 122 B3
Cheb CZ 63 F2
Chomutov CZ 64 A1
Häggdånger S 112 C3
Häkkilä FIN 115 D3
Hällefors S 118 C2
Hälleforsnäs S 119 D2
Hällekis S 118 C3
Hällesjö S 112 C2
Hällevadsholm S 118 B3
Hällnäs S 113 D1
Hälsingtuna S 112 C4
Hämeenkyrö FIN 120 C2
Hämeenlinna FIN 120 C3
Härkmeri FIN 120 B2
Härnösand S 112 C3
Härryda S 118 B4
Hässleholm S 123 E2
Höganäs S 123 D2
Höglekardalen S 112 A2
Högsby S 123 F1
Högsäter S 118 B3
Höljes S 118 B1
Höljäkkä FIN 115 F2
Hörby S 123 E3
Hörnefors S 113 D2
Höör S 123 D3

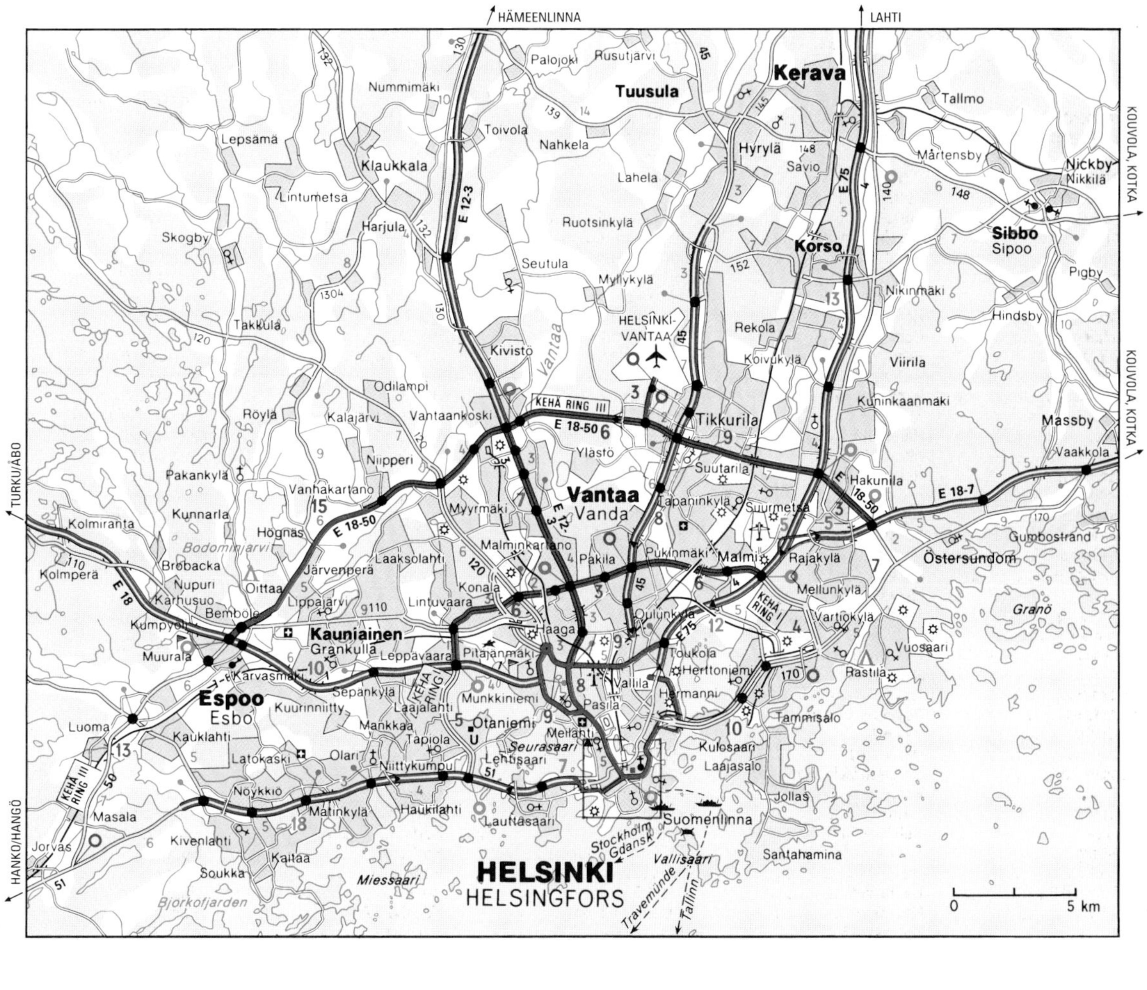
HÄMEENLINNA
LAHTI
Kerava
Tuusula
Sibbo
Sipoo
Korso
Vantaa
Vanda
Tikkurila
Kauniainen
Grankulla
Espoo
Esbo
HELSINKI
HELSINGFORS
Suomenlinna
TURKU/ÅBO
HANKO/HANGÖ
KOUVOLA, KOTKA

I

Ía GR 98 C4
Iaşi RO 127 D3
Íasmos GR 89 F1
Ibbenbüren D 55 E3
Ibestad N 104 A3
Ibi E 49 F1
Ičnja UA 127 F1
Idanha-a-Nova P 41 D2
Idar-Oberstein D 61 F3
Idoméni GR 88 A1
Ídra GR 97 F2
Ídra (Nissí) GR 97 F2
Idre S 112 A3
Idrija SLO 73 D3
Idro I 71 F4
Idstein D 62 A2
Ieper B 15 F4
Ierápetra GR 101 E4
Ierissós GR 89 D3
Ieropigí GR 87 D2
Ifjord N 105 E1
Ifta D 62 C1
Ig SLO 73 D3
Iga vas SLO 73 D3
Iggesund S 112 C4
Iglesias I 82 A4
Iglesuela del Cid (La) E 44 A2
Igls A 67 E3
Igoumenítsa GR 92 A1
Igualada E 38 C4
Ihtiman BG 128 C2
Ii FIN 114 C1
Iisalmi FIN 115 D2
Iisvesi FIN 115 E3
Iitti FIN 121 D3
IJmuiden NL 54 B3
IJsselmuiden NL 54 C3
IJzendijke NL 17 D1
Ikaalinen FIN 120 C2
Ikaría (Nissí) GR 99 E1
Ikast DK 122 B2
Ilanz CH 66 C4
Ilche E 38 A3
Ilchester GB 13 E3
L'Ile-Bouchard F 25 D1
L'Ile-Rousse F 78 A2
Ilfracombe GB 12 C2
Ílhavo P 34 B4
Ilia GR 93 F2
Ílida GR 92 C4
Ilíki GR 93 F3
Iliókastro GR 97 E2
Ilirska Bistrica SLO 73 D3
Ilkeston GB 11 D3
Ilkley GB 11 D2
Illana E 42 C2
Illano E 33 D2
Illar E 48 C3
Ille-sur-Têt F 29 F4
Illertissen D 66 C2
Illescas E 42 B2
Illhaeusern F 23 E3
Illičivs'k UA 127 F4
Illiers-Combray F 21 D3
Illingen D 62 B4
Illmitz A 69 E1
Illora E 48 A2
Illueca E 37 E4
Ilmajoki FIN 114 B4
Ilmenau D 63 D1
Ilminster GB 13 D3
Ilomantsi FIN 115 F3
Ilsenburg D 56 C4
Ilsfeld D 62 B4
Iława PL 124 A4
Imatra FIN 121 F2
Ímeros GR 89 F1
Immenstaad D 66 C3
Immenstadt D 67 D3
Immingham GB 11 F2
Immingham Dock GB 11 F2
Imola I 76 A2
Imotski HR 128 A2
Imperia I 74 C3
Imphy F 26 A1
Impruneta I 76 A3
Imst A 67 D3
Inari FIN 105 E3
Inca E 45 E3
Inchnadamph GB 6 C3
Inchree GB 8 B1
Incisa in Val d'Arno I 76 A3
Indal S 112 C3
Infiesto E 33 E2
Ingelmunster B 15 F4
Ingleton GB 10 C1
Ingolstadt D 67 E1
Ingrandes F 19 F4
Ingwiller F 23 E2
Ingå/Inkoo FIN 120 C4
Inhulec' UA 127 F3
Iniesta E 43 E3
Inishcrone IRL 2 B2
Iniö FIN 120 B4
Inkee FIN 109 F3
Innbygda N 111 E4
Inndyr N 107 E2
Innellan GB 8 B2
Innerleithen GB 9 D3
Innfield IRL 3 D4
Innhavet N 107 F1
Inning a. Ammersee D 67 E2
Innsbruck A 67 E3
Innset N 104 B4
Innvik N 110 B3
Inói GR 94 A4
Inói GR 96 B1
Inoússes GR 95 F3
Inoússes (Nissí) GR 95 F3
Inowrocław PL 126 A1
Ins CH 27 F1
Interlaken CH 27 F1
Întorsura Buzăului RO 127 D4
Inveraray GB 8 B2
Inverbervie GB 9 E1
Invergarry GB 6 C4
Invergordon GB 7 D4
Inverkeithing GB 9 D2
Invermoriston GB 6 C4
Inverness GB 7 D4
Inverurie GB 7 E4
Inzell D 67 F2
Ioánina GR 87 D4
Ionía GR 88 B2
Íos GR 98 C3
Íos (Nissí) GR 98 C3
Ipáti GR 93 D2
Ipéria GR 93 E1
Iphofen D 62 C3
Ipsala TR 129 E3
Ipsilí Ráhi GR 89 D1
Ípsos GR 86 B4
Ipsoúnda GR 96 C1
Ipswich GB 15 D2
Iráklia GR 88 B1
Iráklia GR 93 E2
Iráklia (Nissí) GR 99 D3
Iráklio GR 101 D3
Irdning A 68 B2
Iréo GR 99 F1
Íria GR 97 E1
Irixoa E 32 B2
Iron-Bridge GB 10 C4
Irschenberg D 67 F2
Irsina I 80 C3
Irún E 28 A3
Iruñea / Pamplona E 28 A4
Irurtzun E 28 A4
Irvine GB 3 F1
Irvinestown GB 2 C2
Irxleben D 57 D3
Is-sur-Tille F 22 B4
Isaba E 28 B4
Isaccea RO 127 E4
Ísafjörður IS 106 A1
Isane N 110 B3
Isbister GB 7 F2
Iscar E 36 A4
Ischgl A 67 D3
Ischia I 79 F3
Ise N 117 D2
Iselle I 70 C3
Iselsberg A 68 A3
Iseo I 71 E4
Iserlohn D 61 F1
Isernia I 80 A2
Isfjorden N 110 C2
Isili I 82 B3
Isla E 36 C1
Isla Cristina E 46 C2
L'Isle-Adam F 21 E2
L'Isle-d'Abeau F 26 C3
L'Isle-de-Noé F 29 D3
L'Isle-en-Dodon F 29 D3
L'Isle-Jourdain F 25 D2
L'Isle-Jourdain F 29 D3
L'Isle-sur-la-Sorgue F 30 C2
L'Isle-sur-le-Doubs F 23 D4
L'Isle-sur-Serein F 22 A4
Isle of Whithorn GB 8 C4
Isleornsay GB 6 B4
Ismaning D 67 E1
Isny D 66 C2
Isnäs FIN 121 D4
Iso-Evo FIN 121 D3
Isojoki FIN 120 B2
Isokylä FIN 109 E2
Isokyrö FIN 114 B3
Isola 2000 F 31 F1
Isola del Gran Sasso d'Italia I 77 D4
Isola del Liri I 79 F2
Isola della Scala I 71 F4
Isola di Capo Rizzuto I 83 F2
Isona E 38 B3
Isorella I 71 F4
Ispica I 85 E4
Les Issambres F 31 E3
Issigeac F 29 D1
Issoire F 26 A3
Íssoma GR 92 C4
Issoudun F 25 F1
Issy-l'Évêque F 26 B1
Istán E 47 F4
Istanbul TR 129 F3
Istérnia GR 98 C1
Istha D 62 B1
Isthmía GR 93 F4
Istiéa GR 93 F2
Istres F 30 C3
Ístrios GR 103 E2
Itéa GR 93 D1
Itéa GR 87 E2
Itéa GR 93 E3
Itéa GR 87 E3
Itháki GR 92 A3
Itháki (Nissí) GR 92 A3
Íti GR 93 E2
Ítilo GR 97 D3
Itri I 79 F2
Ittiri I 82 A2
Itzehoe D 50 B3
Itä-Aure FIN 120 C2
Ivacevičy BY 126 C1
Ivajlovgrad BG 129 D3
Ivalo FIN 105 F3
Ivančna gorica SLO 73 E3
Ivanjica YU 128 B2
Ivano-Frankivs'k UA 126 C3
Ívira GR 88 C1
Ivrea I 70 C4
Ivry-la-Bataille F 21 D2
Ixiá GR 103 F2
Ixworth GB 15 D2
Izeda P 35 D3
Izegem B 15 F4
Izernore F 27 D2
Izlake SLO 73 E2
Izmaïl UA 127 E4
Izmir TR 129 E4
Izmit (Kocaeli) TR 129 F3
Iznájar E 48 A2
Iznalloz E 48 B2
Iznik TR 129 F3
Izola SLO 73 D4

J

Jaala FIN 121 D3
Jabbeke B 15 F4
Jablanac HR 77 E1
Jablanica BIH 128 A2
Jablonec nad Nisou CZ 64 B1
Jabugo E 46 C1
Jaca E 28 B4
Jaderberg D 50 A4
Jadraque E 42 C1
Jaén E 48 A2
Jävenitz D 57 D2
Jagsthausen D 62 C4
Jahotyn UA 127 E2
Jajce BIH 128 A2
Jakobstad/ Pietersaari FIN 114 B2
Jalasjärvi FIN 114 B4
Jaligny-sur-Besbre F 26 A2
Jambol BG 129 D2
Jana (La) E 44 A1
Janakkala FIN 120 C3
Janville F 21 E3
Janzé F 19 E3
Jaraba E 37 D4
Jarafuel E 43 F4
Jaraicejo E 41 E2
Jaraiz de la Vera E 41 F2
Jarandilla de la Vera E 41 F2
Jarcevo RUS 125 E3
Jard-sur-Mer F 24 A2
Jaren N 117 D1
Jargeau F 21 E4
Jarmen D 51 F2
Jarnac F 24 C3
Jarnages F 25 F2
Jarny F 22 C1
Jarocin PL 59 E2
Jaroslavl' RUS 125 F1
Jarosław PL 126 B2
Jarrow GB 9 F4
Jasło PL 126 B2
Jastrowie PL 52 C3
Jászberény H 126 A4
Jaunay-Clan F 25 D2
Jausiers F 31 E1
La Javie F 31 E2
Javoriv UA 126 C2
Javron F 19 F3
Jedburgh GB 9 E3
Jeesiö FIN 109 D1
Jegun F 29 D2
Jēkabpils LV 124 C3
Jektevik N 116 A1
Jektvik N 107 E2
Jelenia Góra PL 58 C4
Jelgava LV 124 B3
Jelling DK 122 B3
Jel'n'a RUS 125 E3
Jelsa N 116 A2
Jelsi I 80 A2
Jena D 63 E1
Jenbach A 67 E3
Jennersdorf A 69 E3
Jeppo FIN 114 B3
Jerez de la Frontera E 47 D3
Jerez de los Caballeros E 41 D4
Jérica E 43 F2
Jerichow D 57 E2
Jerte E 41 F1
Jerxheim D 57 D3
Jerzu I 82 C3
Jesenice SLO 73 D2
Jeseník CZ 65 E1
Jesi I 77 D3
Jesolo I 72 B4
Jessen D 57 F3
Jessheim N 117 D1
Jeßnitz D 57 E4
Jetzelsdorf A 65 D4
Jeumont F 17 E3
Jevenstedt D 50 B2
Jever D 55 E1
Jevnaker N 117 D1
Jevpatorija UA 127 F4
Jezersko SLO 73 D2
Jędrzejów PL 126 A2
Jičín CZ 64 C1
Jihlava CZ 64 C3
Jimbolia RO 128 B1
Jimena E 48 B2
Jimena de la Frontera E 47 E4
Jindřichův Hradec CZ 64 C3
Joachimsthal D 51 F4
Jockfall S 108 C2
Jódar E 48 B2
Jodoigne B 17 F2
Joensuu FIN 115 F3
Jõgeva EST 124 C1
Johanngeorgenstadt D 63 F2
John o' Groats GB 7 E2
Johnstone GB 8 C3
Joigny F 21 F3
Joinville F 22 B3
Jokela FIN 121 D3
Jokijärvi FIN 109 F3
Jokikylä FIN 115 E1
Jokioinen FIN 120 C3
Jokkmokk S 108 A2
Joloskylä FIN 115 D1
Jomala FIN 120 A4
Joniškis LT 124 B3
Jonquera (La) E 39 E2
Jonzac F 24 C4
Jordbro S 119 E3
Jormlien S 107 E4
Joroinen FIN 115 E4
Josselin F 19 D3
Jouarre F 21 F2
Joué-lès-Tours F 20 C4
Jougne F 27 E1
Joukokylä FIN 115 E1
Joutsa FIN 121 D2
Joutseno FIN 121 F3
Joutsijärvi FIN 109 E2
Joyeuse F 30 B1
Juan-les-Pins F 31 F2
Juankoski FIN 115 E3
Juchnov RUS 125 F3
Judaberg N 116 A2
Judenau A 69 D1
Judenburg A 68 C3
Jüchen D 61 E1
Jülich D 61 E1
Juelsminde DK 122 B3
Jüterbog D 57 F3
Jugon-les-Lacs F 19 D3
Jugorje SLO 73 E3
Juillac F 25 E4
Juist D 55 D1
Jukkasjärvi S 108 B1
Jullouville F 19 E2
Jumaliskylä FIN 115 E1
Jumeaux F 26 A4
Jumièges F 16 A4
Jumilhac-le-Grand F 25 D3
Jumilla E 49 E1
Juminen FIN 115 E2
Jumisko FIN 109 E2
Juneda E 38 B4
Juniville F 17 E4
Junosuando S 108 C1
Junsele S 112 C1
Juntusranta FIN 109 F3
Juoksenki FIN 108 C2
Juorkuna FIN 115 D1
Jurbarkas LT 124 B4
Jūrmala LV 124 B2
Jurmu FIN 109 E3
Juromenha P 40 C4
Jurva FIN 114 B4
Jussey F 22 C4
Justel E 33 D4
Juuka FIN 115 F3
Juuma FIN 109 F2
Juupajoki FIN 120 C2

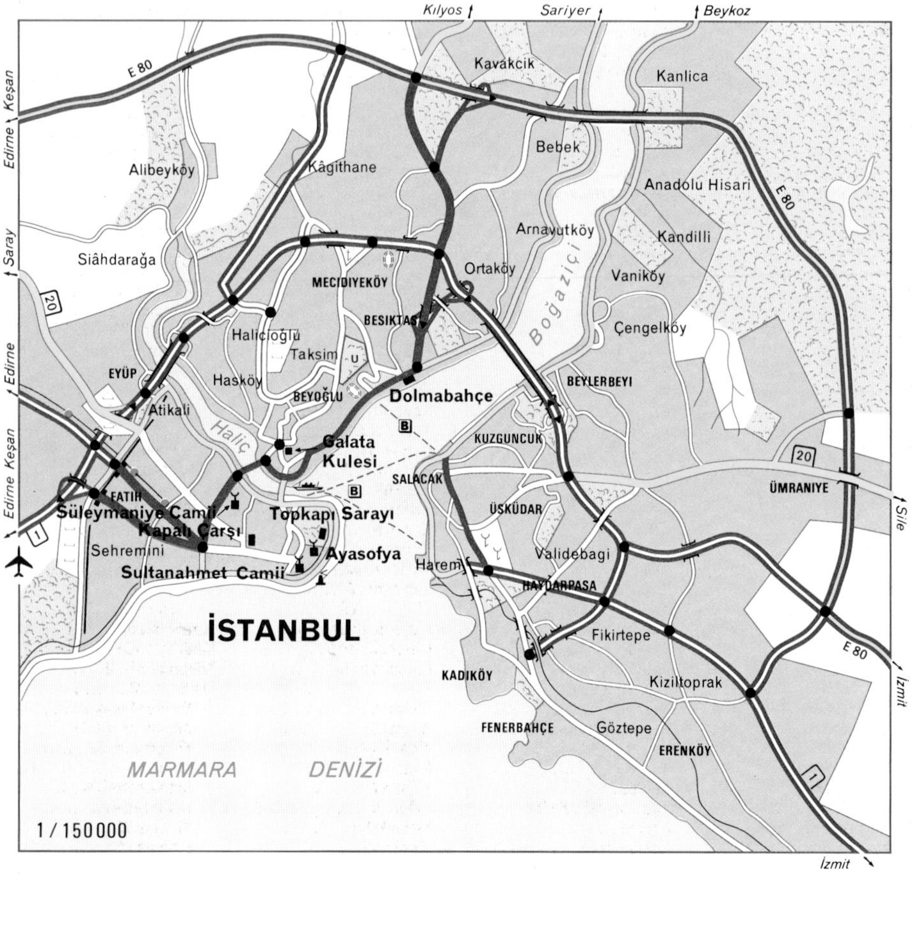
Kılyos
Sarıyer
Beykoz
E 80
Kavakcik
Kanlica
Bebek
Alibeyköy
Kâğıthane
Anadolu Hisarı
Arnavutköy
Kandilli
Siâhdarağa
MECİDİYEKÖY
Ortaköy
Vaniköy
BEŞİKTAŞ
Boğaziçi
Haliçoğlu
Taksim
Çengelköy
EYÜP
Hasköy
BEYOĞLU
Dolmabahçe
BEYLERBEYİ
Atikali
Haliç
Galata Kulesi
KUZGUNCUK
SALACAK
ÜMRANİYE
FATİH
Süleymaniye Camii
Kapalı Çarşı
Topkapı Sarayı
ÜSKÜDAR
Şile
Sehremini
Ayasofya
Harem
Validebagi
Sultanahmet Camii
HAYDARPAŞA
İSTANBUL
Fikirtepe
KADIKÖY
Kiziltoprak
İzmit
FENERBAHÇE
Göztepe
ERENKÖY
MARMARA DENİZİ
Edirne Keşan
Saray
Edirne
1 / 150 000

Juva (Åland) FIN 120 B3
Juva FIN 121 E2
Juvigny-le-Tertre F 19 E2
Juvigny-sous-Andaine F 19 F2
Juvola FIN 115 F4
Juzennecourt F 22 B3
Jyderup DK 122 C3
Jyrkkä FIN 115 E2
Jyväskylä FIN 115 D4
Jørpeland N 116 A2
Jørstadmoen N 111 D4
Jäder S 119 E2
Jäkkvik S 107 F3
Jämijärvi FIN 120 B2
Jäminkipohja FIN 120 C2
Jämjö S 123 F2
Jämsä FIN 121 D2
Jämsänkoski FIN 121 D2
Järbo S 119 E1
Järna S 119 D1
Järna S 119 E3
Järpen S 112 A2
Järvelä FIN 121 D3
Järvenpää FIN 121 D3
Järvsö S 112 B4
Jävre S 108 B4
Jönköping S 118 C4
Jönåker S 119 E3
Jörn S 108 B4

K

K. Ahaïa GR 92 C4
K. Alissós GR 92 C4
K. Asséa GR 96 C2
K. Doliána GR 97 D2
K. Figália GR 96 B1
K. Gadzéa GR 93 F1
K. Kamíla GR 88 C1
K. Klinés GR 87 E2
K. Makrinoú GR 92 C3
K. Meriá GR 98 A1
K. Moussounítsa GR 93 D3
K. Nevrokópi GR 90 A4
K. Tithoréa GR 93 E3
K. Vassilikí GR 92 C3
K. Vérga GR 96 C3
K. Vérmio GR 87 F2
K. Vlassía GR 93 D4
K. Zahloroú GR 93 D4
Kaakamo FIN 109 D3
Kaamanen FIN 105 F3
Kaaresuvanto FIN 105 D4
Kaarina FIN 120 B4
Kaatsheuvel NL 54 C4
Kaavi FIN 115 E3
Kachovka UA 127 F3
Kaga S 119 D3
Kaharlyk UA 127 E2
Kahla D 63 E1
Kaiáfas GR 96 B1
Kailbach D 62 B4
Kainasto FIN 114 B4
Kaindorf A 69 D2
Kaipola FIN 121 D2
Kairala FIN 109 E1
Kaiserslautern D 23 E1
Kaisheim D 67 D1
Kajaani FIN 115 E2
Kakí Thálassa GR 98 A1
Kakí Vígla GR 94 A4
Kakslauttanen FIN 105 F4
Kalá Nerá GR 93 F1
Kalá Nissiá GR 93 F4
Kalajoki FIN 114 C2
Kalak N 105 E1
Kalamáki GR 93 E1
Kalamáki GR 93 F1
Kalamáta GR 96 C2
Kalambáka GR 87 E4
Kalambáki GR 89 D1
Kalámi GR 100 B3
Kalámi GR 99 F1
Kalamítsi GR 92 A2
Kalamítsi GR 89 D4
Kálamos (Nissí) GR 92 B3
Kalamotí GR 95 F4
Kalamotó GR 88 C2
Kalándra GR 88 C4
Kalanti FIN 120 B3
Kalapódi GR 93 F3
Kalavárda GR 103 F2
Kalávrita GR 93 D4
Kal'azin RUS 125 F1
Kalbe D 57 D2
Kalce SLO 73 D3
Kaléndzi GR 92 B1
Kaléndzi GR 93 D4
Kalérgo GR 94 C4
Kalí Liménes GR 100 C4
Kaliáni GR 93 E4
Kalífitos GR 89 D1
Kalimassiá GR 95 F4
Kálimnos GR 99 F3
Kálimnos (Nissí) GR 99 F3
Kaliningrad RUS 124 A4
Kalinkavičy BY 127 D1
Kalipéfki GR 88 A4
Kaliráhi GR 87 E3
Kalisz PL 126 A2
Kalithéa GR 96 B3
Kalithéa GR 96 C1
Kalithéa GR 88 C3
Kalithéa GR 92 C3
Kalithéa GR 89 D1
Kalithéa GR 103 F2
Kalithiés GR 103 F2
Kalíthiro GR 93 D1
Kalivári GR 94 C4
Kalíves GR 100 B3
Kalívia GR 98 A1
Kalívia GR 92 B2
Kalívia GR 96 C1
Kalívia GR 93 D4
Kalívia Varikoú GR 88 A3
Kalix S 108 C3
Kaljord N 104 A4
Kalkar D 55 D4
Kalkkinen FIN 121 D3
Kall S 112 A2
Kallinge S 123 F2
Kallio FIN 120 C2
Kalliojoki FIN 115 F1
Kallislahti FIN 121 E2
Kallmünz D 63 E4
Kalmar S 123 F2
Kaló Horió GR 101 E4
Kaló Neró GR 96 B2
Kalocsa H 126 A4
Kalogriá GR 92 C4
Kalohóri GR 87 F4
Kalókastro GR 88 C1
Kaloní GR 97 E1
Kaloní GR 95 F1
Kaloskopí GR 93 E3
Kalpáki GR 86 C4
Kals A 68 A3
Kalsdorf A 69 D3
Kaltbrunn CH 66 B3
Kaltenkirchen D 50 B3
Kaltennordheim D 62 C2
Kaltezés GR 97 D2
Kaluga RUS 125 F3
Kalundborg DK 122 C3
Kaluš UA 126 C3
Kalvehave DK 122 C3
Kalvola FIN 120 C3
Kalvträsk S 108 B4
Kalvåg N 110 A3
Kamáres GR 98 B3
Kamáres GR 98 C2
Kamáres GR 100 C4
Kamáres GR 93 D4
Kamári GR 99 D4
Kamariótissa GR 91 D3
Kambánis GR 88 B1
Kambiá GR 95 F3
Kambohóri GR 88 A2
Kámbos GR 100 A3
Kámbos GR 96 C3
Kámbos GR 93 D3
Kamen D 55 E4
Kaména Voúrla GR 93 E2
Kaméni (Nissí) GR 99 D4
Kamenz D 58 A4
Kamień Pomorski PL 52 A2
Kamilári GR 100 C4
Kamínia GR 92 C4
Kaminiá GR 87 D4
Kamínia GR 89 F4
Kam"janec'-Podil's'kyj UA 127 D3
Kam"janka UA 127 F2
Kam"janka Dniprovs'ka UA 127 F3
Kamnik SLO 73 E2
Kamp Bornhofen D 61 F2
Kampen NL 54 C3
Kampen (Sylt) D 50 A1
Kamp-Lintfort D 55 D4
Kanal SLO 72 C3
Kanála GR 98 B2
Kanaláki GR 92 A1
Kanália GR 93 D1
Kanália GR 93 F1
Kanatádika GR 93 F2
Kánava GR 98 B3
Kándanos GR 100 A3
Kandel D 23 F1
Kandern D 23 E4
Kandersteg CH 27 F2
Kándia GR 97 E1
Kandíla GR 92 B2
Kandíla GR 97 D1
Kandıra TR 129 F3
Kandrše SLO 73 E2
Kanestraum N 110 C2
Kangádio GR 92 C4
Kangasala FIN 120 C2
Kangaslampi FIN 115 E4
Kangasniemi FIN 121 D2
Kangosjärvi FIN 108 C1
Kaniv UA 127 E2
Kanjiža YU 128 C2
Kankaanpää FIN 120 B2
Kannonkoski FIN 115 D3
Kannus FIN 114 C2
Kannusjärvi FIN 121 E3
Kanturk / Ceann Toirc IRL 4 B3
Kapandríti GR 94 A4
Kaparéli GR 93 F4
Kapariá GR 98 C1
Kapellskär S 119 F2
Kapfenberg A 68 C2
Kaposvár H 126 A4
Kapp N 117 D1
Kappel D 61 F3
Kappeln D 50 B2
Kaprun A 68 A3
Kapsáli GR 97 E4
Kápsas GR 97 D1
Kapsoúri GR 94 C4
Kapuvár H 69 E1
Karabiga TR 129 E3
Karaburun TR 129 E4
Karačev RUS 125 F4
Karasjok N 105 E2
Karasu TR 129 F2
Karats S 108 A2
Karavás GR 97 E4
Karavómilos GR 93 E2
Karavónissia (Nissiá) GR 102 C3
Karavostássis GR 98 C4
Karcag H 126 B4
Kardakáta GR 92 A3
Kardámena GR 103 D1
Kardámila GR 95 F3
Kardamíli GR 96 C3
Kardiá GR 88 B2
Kardítsa GR 93 D1
Kärdla EST 124 B1
Kărdžali BG 129 D3
Karesuando S 105 D4
Karfás GR 95 F3
Karhukangas FIN 114 C2
Karhula FIN 121 E3
Kariá GR 92 A2
Kariá GR 88 A4
Kariá GR 97 D1
Kariá GR 93 E2
Kariani GR 89 D2
Kariés GR 97 D2
Kariés GR 89 D3
Kariés GR 93 E2
Karigasniemi FIN 105 E3
Karijoki FIN 120 B2
Karinainen FIN 120 B3
Kariótissa GR 88 A2
Karis/Karjaa FIN 120 C4
Káristos GR 94 C4
Karítena GR 96 C1
Karjalohja FIN 120 C4
Karkaloú GR 96 C1
Karkinágri GR 99 E1
Karkkila FIN 121 C3
Karkku FIN 120 C3
Karlevi S 123 F2
Karlivka UA 127 F2
Karlobag HR 77 E1
Karlovac HR 73 F3
Karlovássi GR 99 F1
Karlovo BG 129 D2
Karlovy Vary CZ 63 F2
Karlsborg S 118 C3
Karlsburg D 51 F2
Karlsfeld D 67 E1
Karlshamn S 123 E2
Karlshuld D 67 E1
Karlskoga S 118 C2
Karlskrona S 123 F2
Karlsruhe D 23 F2
Karlstad S 118 C2
Karlstadt D 62 C3
Karlstift A 64 C4
Karlštejn CZ 64 B2
Karnezéika GR 97 E1
Karnobat BG 129 E2
Karow D 51 E3
Kárpathos GR 103 D4
Kárpathos (Nissí) GR 103 D4
Karpeníssi GR 93 D2
Karperí GR 88 C1
Karperó GR 87 E4
K̈rsava LV 124 C2
Karstädt D 51 D4
Karstula FIN 114 C3
Kartal TR 129 F3
Kartéri GR 92 A1
Kartéri GR 97 D1
Karterós GR 101 D3
Karttula FIN 115 D3
Kartuzy PL 53 D1
Karungi S 108 C3
Karunki FIN 108 C3
Karup DK 122 B2
Karvala FIN 114 C3
Karvia FIN 120 B2
Karviná CZ 65 F2
Karvoskylä FIN 114 C2
Karvounári GR 92 A1
Kašin RUS 125 F1
Kašira RUS 125 F3
Kaskinen/Kaskö FIN 120 A2
Káspakas GR 89 F4
Kassándria GR 88 C3
Kassel D 62 B1
Kassiópi GR 86 B4
Kássos (Nissí) GR 103 D4
Kastaniá GR 97 D1
Kastaniá GR 93 D1
Kastaniá GR 87 E4
Kastaniá GR 87 F3
Kastaniés GR 91 E1
Kastaniótissa GR 93 F2
Kastéla GR 94 A3
Kastelholm FIN 120 A4
Kastéli GR 100 A3
Kastéli GR 101 D4
Kastellaun D 61 F3
Kasterlee B 17 F1
Kastl D 63 E3
Kastorf D 50 C3
Kastóri GR 96 C2
Kastoriá GR 87 E2
Kastós (Nissí) GR 92 B3
Kastráki GR 92 C2
Kastráki GR 98 C3
Kastráki GR 87 E4
Kastrí GR 88 A4
Kastrí GR 97 D2
Kastrí GR 93 D2
Kástro GR 92 B4
Kástro GR 93 F3
Kastrossikiá GR 92 A2
Katafígio GR 87 F3
Katáfito GR 88 C1
Katáfourko GR 92 B2
Katahás GR 88 A2
Katákolo GR 96 B1
Katálako GR 89 F4
Katápola GR 99 D3
Katastári GR 96 A1
Katavía GR 103 E3
Kateliós GR 92 B4
Kateríni GR 88 A3
Katharó GR 101 E4
Kathení GR 94 A3
Katlenburg-Lindau D 56 C4
Katohí GR 92 C3
Katoúna GR 92 A2
Katoúna GR 92 B2
Katowice PL 126 A2
Katrineholm S 119 D3
Katwijk aan Zee NL 54 B3
Kaub D 62 A3
Kaufbeuren D 67 D2
Kauhajoki FIN 114 B4
Kauhajärvi FIN 114 C3
Kauhava FIN 114 B3
Kaukonen FIN 109 D1
Kaunas LT 124 B4
Kaupanger N 110 B4
Kaustinen FIN 114 C3
Kautokeino N 105 D3
Kauttua FIN 120 B3
Kavajë AL 128 B3
Kavála GR 89 E1
Kavarna BG 129 E1
Kavíli GR 91 E1
Kávos GR 92 A1
Kavoússi GR 101 E4
Kaysersberg F 23 E3
Kazanlăk BG 129 D2
Kazárma GR 96 C3
Kazimierz Dolny PL 126 B2
Kazincbarcika H 126 B3
Kéa GR 98 A1
Kéa (Nissí) GR 98 A1
Keadew IRL 2 C3
Keady GB 3 D3
Kebnekaise S 108 A1
Kecskemét H 126 A4
Kėdainiai LT 124 B3
Kédros GR 93 D1
Kędzierzyn-Koźle PL 126 A2
Keel IRL 2 A3
Keerbergen B 17 E1
Kefalári GR 97 D1
Kefaloniá (Nissí) GR 92 A3
Kéfalos GR 103 D1
Kefalóvrisso GR 96 B2
Kefalóvrisso GR 86 C3
Kefalóvrisso GR 92 C3
Kefalóvrisso GR 87 F4
Keflavík IS 106 A2
Kehl D 23 E2
Kehrókambos GR 89 E1
Kéhros GR 91 D2
Keighley GB 11 D2
Keitele FIN 115 D3
Keith GB 7 E4
Kéla GR 87 F2
Kelankylä FIN 109 E3
Kelberg D 61 F2
Kelbra D 57 D4
Këlcyrë AL 128 B4
Kelheim D 63 E4
Kellinghusen D 50 B3
Kellokoski FIN 121 D3
Kelso GB 9 E3
Kelujärvi FIN 109 E1
Kemberg D 57 F3
Kembs F 23 E4
Kemi FIN 109 D3
Kemijärvi FIN 109 E2
Keminmaa FIN 109 D3
Kemnath D 63 E3
Kempele FIN 114 C1
Kempen D 61 E1
Kempenich D 61 F2
Kempten D 67 D2
Kendal GB 10 C1
Kendrikó GR 88 B1
Kenilworth GB 11 D4
Kenmare / Neidín IRL 4 B3
Kennacraig GB 8 B3
Kenoúrgio GR 92 C3
Kentallen GB 8 B1
Kenzingen D 23 E3
Kepi i Gjuhezës AL 128 B4
Keramía GR 95 F2
Keramídi GR 93 F1
Keramítsa GR 86 C4
Kéramos GR 95 E3
Keramotí GR 89 E2
Kerassiá GR 93 F1
Kerassiá GR 93 F2
Kerassiés GR 87 F2
Kerassohóri GR 92 C2
Kerassóna GR 92 B1
Keratéa GR 98 A1
Kerava FIN 121 D1
Kerí GR 96 A1
Kerimäki FIN 121 F2
Kerken D 61 E1
Kérkira GR 86 B4
Kérkira (Nissí) GR 86 B4
Kerkonkoski FIN 115 D3
Kerkrade NL 61 E2
Kernascléden F 18 C3
Kéros (Nissí) GR 99 D3
Kerpen D 61 E1
Kerteminde DK 122 C3
Kértezi GR 93 D4
Kerzers CH 27 F1
Keşan TR 129 E3
Kesh GB 2 C2
Kestilä FIN 115 D2
Keswick GB 10 C1
Keszthely H 69 F3
Kesälahti FIN 121 F2
Kettering GB 11 E4
Kettletoft GB 7 E1
Kettwig D 61 F1
Ketzin D 57 F2
Keuruu FIN 120 C2
Kevelaer D 55 D4
Kevo FIN 105 E2
Keynsham GB 13 E2
Kežmarok SK 126 B3
Kętrzyn PL 124 A4
Kianí GR 91 E1
Kiáto GR 93 E4
Kiberg N 105 F1
Kičevo MK 128 C3
Kidderminster GB 10 C4
Kidlington GB 13 F1
Kidsgrove GB 10 C3
Kidwelly/Cydweli GB 12 C1
Kiefersfelden D 67 F2
Kiekinkoski FIN 115 F2
Kiel D 50 B2
Kielce PL 126 A2
Kiental CH 27 F2
Kierinki FIN 109 D1
Kietz D 58 A2
Kifissiá GR 94 A4
Kifjord N 105 E1
Kihlanki FIN 108 C1
Kihniö FIN 120 C2
Kiihtelysvaara FIN 115 F3
Kiikala FIN 120 C4
Kiikka FIN 120 B3
Kiikoinen FIN 120 B3
Kiiminki FIN 115 D1
Kiiskilä FIN 114 C2
Kiistala FIN 109 D1
Kikinda YU 128 B1
Kil S 118 C2
Kíla GR 87 F3
Kiláda GR 97 E2
Kiláda GR 87 F3
Kilafors S 112 C4
Kilbaha IRL 4 B2
Kilbeggan IRL 2 C4
Kilbirnie GB 8 C3
Kilboghamn N 107 D2
Kilbotn N 104 A3
Kilchoan GB 8 A1
Kilcock IRL 3 D4
Kilcormac IRL 2 C4
Kilcreggan GB 8 C2
Kilcullen IRL 5 E2
Kildare / Cill Dara IRL 3 D4
Kildorrery IRL 4 C3
Kilfenora IRL 2 A4
Kilgarvan IRL 4 B3
Kilija UA 127 E4
Kilingi-Nõmme EST 124 B2
Kilíni GR 92 B4
Kilkee / Cill Chaoi IRL 4 B2
Kilkeel GB 3 E3
Kilkenny / Cill Chainnigh IRL 5 D2
Kilkhampton GB 12 C3
Kilkís GR 88 B1
Killadysert IRL 4 B2
Killaloe / Cill Dalua IRL 4 C2
Killarney / Cill Airne IRL 4 B3
Killashandra IRL 2 C3
Killenaule IRL 5 D2
Killimer IRL 4 B2
Killin GB 8 C2
Killinkoski FIN 114 C4
Killorglin / Cill Orglan IRL 4 B3
Killybegs / Na Cealla Beaga IRL 2 C2
Killyleagh GB 3 E3
Kilmaine IRL 2 B4
Kilmallock / Cill Mocheallóg IRL 4 C3
Kilmarnock GB 8 C3
Kilmartin GB 8 B2
Kilmore Quay IRL 5 E3
Kilmurry IRL 4 C2
Kilninver GB 8 B2
Kilnsea GB 11 F2
Kilpisjärvi FIN 104 C3
Kilrea GB 3 D2
Kilronan / Cill Rónáin IRL 2 A4
Kilrush / Cill Rois IRL 4 B2
Kilsyth GB 8 C2
Kiltealy IRL 5 E3
Kiltimagh IRL 2 B3
Kilwinning GB 3 F1
Kılyos TR 129 F3
Kimássi GR 94 A3
Kiméria GR 89 E1
Kími GR 94 B3
Kímina GR 88 A2
Kimito/Kemiö FIN 120 B4
Kímolos GR 98 B3
Kímolos (Nissí) GR 98 B3
Kimry RUS 125 F2
Kimstad S 119 D3
Kínaros (Nissí) GR 99 E3
Kinbrace GB 7 D3
Kincardine GB 9 D2
Kindberg A 69 D2
Kindelbrück D 57 D4
Kinéta GR 93 F4
King's Lynn GB 11 F4
Kingisepp RUS 125 C1
Kingsbridge GB 12 C4
Kingscourt IRL 3 D3
Kingston-upon-Hull GB 11 E2
Kingswear GB 13 D4
Kington GB 13 E1
Kingussie GB 7 D4
Kinira GR 89 E2
Kinloch Rannoch GB 8 C1
Kinlochbervie GB 6 C2
Kinlochewe GB 6 C4
Kinna S 118 B4
Kinnasniemi FIN 115 F3
Kinnegad IRL 3 D4
Kinnitty IRL 2 C4
Kinnula FIN 114 C3

Kinross GB 9 D2
Kinsale / Cionn tSáile IRL 4 C4
Kinsarvik N 116 B1
Kintaus FIN 115 D4
Kintore GB 7 E4
Kinvarra IRL 2 B4
Kióni GR 92 A3
Kiparíssi GR 97 E3
Kiparissía GR 96 B2
Kipárissos GR 93 E1
Kípi GR 87 D4
Kipi GR 91 E2
Kipinä FIN 115 D1
Kipourío GR 87 E4
Kipséli GR 93 E1
Kirá Panagiá (Nissí) GR 94 B1
Kirchbach in Steiemark A 69 D3
Kirchberg D 63 F1
Kirchberg A 67 F3
Kirchberg (Hunsrück) D 61 F3
Kirchberg am Wagram A 65 D4
Kirchberg an der Pielach A 68 C1
Kirchdorf an der Krems A 68 B2
Kirchenlamitz D 63 E2
Kirchenthumbach D 63 E3
Kirchhain D 62 B1
Kirchheim D 62 B1
Kirchheim a. Neckar D 62 B4
Kirchheim-bolanden D 62 A3
Kirchhundem D 62 A1
Kirchlengern D 55 F3
Kirchmöser D 57 E2
Kirchschlag in der Bucklingen Welt A 69 E2
Kiriakí GR 91 E1
Kiriáki GR 93 E3
Kiriši RUS 125 D1
Kırkağaç TR 129 E4
Kirkby Lonsdale GB 10 C1
Kirkby Stephen GB 10 C1
Kirkcaldy GB 9 D2
Kirkcolm GB 3 F2
Kirkcudbright GB 8 C4
Kirkenes N 105 F2
Kirkenær N 117 E1
Kirkham GB 10 C2
Kirki GR 91 D2
Kirkintilloch GB 8 C2
Kirkjubæjar-klaustur IS 106 B2
Kirkjubøur (Færøerne) DK 106 A3
Kirkkonummi/ Kyrkslätt FIN 120 C4
Kırklareli TR 129 E2
Kirkwall GB 7 E2
Kirn D 61 F3
Kirov RUS 125 F3
Kirovohrad UA 127 F2
Kirovsk RUS 125 D1
Kirriemuir GB 9 D1
Kirtorf D 62 B1
Kiruna S 108 B1
Kiržač RUS 125 F2
Kisa S 119 D4
Kisko FIN 120 C4
Kiskőrös H 126 A4
Kiskunfélegyháza H 126 A4
Kiskunhalas H 126 A4
Kißlegg D 66 C2
Kissoú Kámbos GR 100 C4
Kisújszállás H 126 B4
Kisvárda H 126 B3
Kíta GR 97 D4
Kitee FIN 115 F4
Kíthira GR 97 E4
Kíthira (Nissí) GR 97 E4
Kíthnos GR 98 B2
Kíthnos (Nissí) GR 98 B2
Kitka FIN 109 F2
Kittilä FIN 109 D1
Kitzbühel A 67 F3
Kitzingen D 62 C3
Kiukainen FIN 120 B3
Kiuruvesi FIN 115 D2
Kivéri GR 97 D1
Kivijärvi FIN 114 C3
Kivilahti FIN 115 F3
Kivitaipale FIN 109 D2
Kivotós GR 87 E3
Kizário GR 91 D2
Kjellerup DK 122 B2
Kjerringvåg N 111 D1
Kjerringøy N 107 E1
Kjustendil BG 128 C2
Kjøllefjord N 105 E1
Kjøpsvik N 107 F1
Kladanj BIH 128 A2
Kladno CZ 64 A2
Kladovo YU 128 C1
Klagenfurt A 68 C4
Klagenfurt A 68 C4
Klaipėda LT 124 A3
Klaksvik (Færøerne) DK 106 A3
Klanxbüll D 50 A1
Klatovy CZ 64 A3
Klaukkala FIN 121 D4
Klazienaveen NL 55 D2
Kleinhaugsdorf A 65 D4
Kleppe N 116 A2
Kleppestø N 110 A4
Kleve D 55 D4
Klimavičy BY 125 E4
Klimpfjäll S 107 E4
Klin RUS 125 F2
Klincy RUS 125 E4
Klingenbach A 69 E1
Klingenthal D 63 F2
Klintehamn S 119 F4
Klippan S 123 D2
Klippen S 107 E3
Klissoúra GR 87 E2
Klitoría GR 93 D4
Klitten D 58 B4
Klixbüll D 50 A1
Ključ BIH 128 A1
Klösterle A 67 D3
Klokkarvik N 116 A1
Klosterneuburg A 69 D1
Klosters CH 66 C4
Kloten CH 23 F4
Kluczbork PL 126 A2
Klæbu N 111 D2
Kløfta N 117 D1
Kłodzko PL 65 D1
Klässbol S 118 B2
Klötze D 57 D2
Klöverträsk S 108 B3
Klövsjö S 112 A3
Klütz D 51 D3
Knaresborough GB 11 D2
Knarvik N 110 A4
Kneža BG 128 C2
Knežak SLO 73 D3
Knídi GR 87 E3
Knighton/ Trefyclawdd GB 10 C4
Knight's Town IRL 4 A3
Knin HR 128 A2
Knittelfeld A 68 C3
Knivsta S 119 E2
Knjaževac YU 128 C2
Knokke-Heist B 15 F3
Knutsford GB 10 C3
Knäred S 123 D2
Kobarid SLO 72 C2
Kobeljaky UA 127 F2
Kobern-Gondorf D 61 F2
Koblenz D 61 F2
Kobryn BY 126 C1
Kočevje SLO 73 E3
Kochel a. See D 67 E2
Kodiksami FIN 120 B3
Kodisjoki FIN 120 B3
Kölleda D 63 D1
Köln D 61 F1
Köngernheim D 62 A3
Königs Wusterhausen D 57 F2
Königsbrück D 58 A4
Königsbrunn D 67 D1
Königsee D 63 D1
Königsfeld i. Schwarzwald D 23 F3
Königslutter D 57 D3
Königssee D 68 A2
Königstein D 64 A1
Königstein D 62 A2
Königswinter D 61 F2
Könnern D 57 E4
Köpenick D 57 F2
Kössen A 67 F2
Köthen D 57 E4
Kötzting D 63 F4
Köflach A 68 C3
Kohtla-Järve EST 124 C1
Koikkala FIN 121 E2
Koirakoski FIN 115 E2
Koivu FIN 109 D3
Kokála GR 97 D4
Kokári GR 99 F1
Kokemäki FIN 120 B3
Kókino Neró GR 88 B4
Kokkola / Karleby FIN 114 B2
Kokotí GR 93 E2
Koksijde-Bad B 15 F4

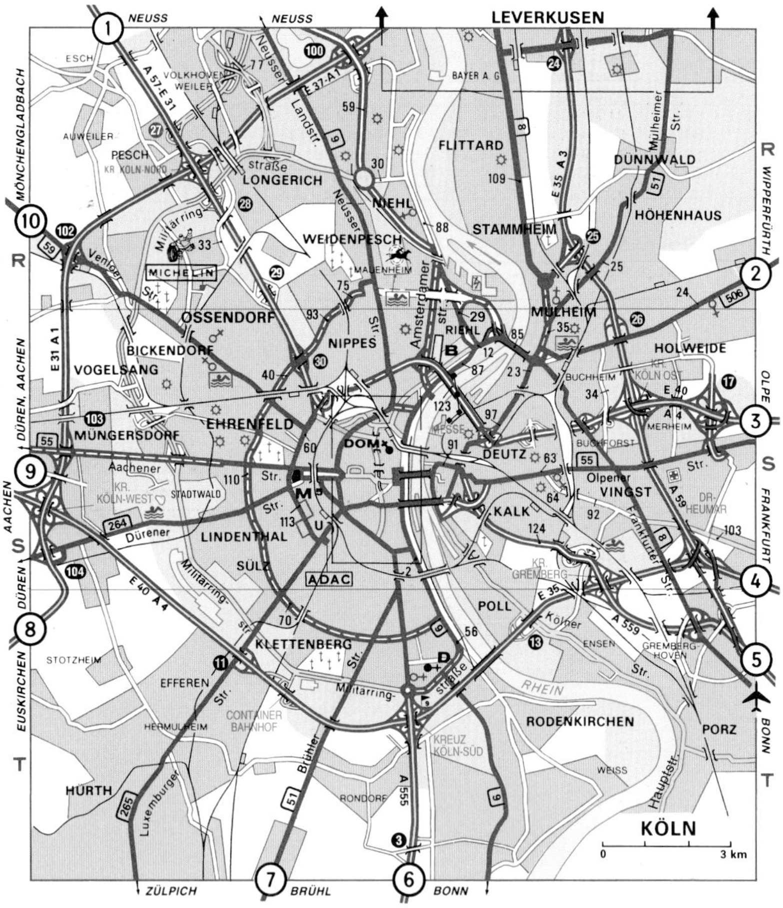
NEUSS
NEUSS
LEVERKUSEN
MÖNCHENGLADBACH
FLITTARD
DÜNNWALD
LONGERICH
NIEHL
STAMMHEIM
HÖHENHAUS
WEIDENPESCH
MICHELIN
OSSENDORF
MÜLHEIM
BICKENDORF
NIPPES
RIEHL
HOLWEIDE
VOGELSANG
DÜREN, AACHEN
WIPPERFÜRTH
OLPE
EHRENFELD
MUNGERSDORF
DOM
DEUTZ
VINGST
AACHEN
KALK
FRANKFURT
LINDENTHAL
SÜLZ
ADAC
DÜREN
POLL
KLETTENBERG
EFFEREN
EUSKIRCHEN
STOTZHEIM
RHEIN
RODENKIRCHEN
PORZ
BONN
HÜRTH
KÖLN
0
3 km
ZÜLPICH
BRÜHL
BONN

Koláka GR 93 F3
Kolari FIN 108 C1
Kolbermoor D 67 F2
Kolby Kås DK 122 C3
Kolbäck S 119 D2
Kolding DK 122 B3
Kolho FIN 120 C2
Koli FIN 115 F3
Kolimvári GR 100 A3
Kolín CZ 64 C2
Kolindrós GR 88 A2
Kolínes GR 97 D2
Kolka LV 124 B2
Kolkanlahti FIN 115 D3
Kolkasrags LV 124 B2
Kołobrzeg PL 52 B2
Kolomyja UA 126 C3
Kolpino RUS 125 D1
Kolsva S 119 D2
Kolvereid N 107 D4
Kolåsen S 112 A1
Koło PL 126 A1
Komagfjord N 105 D2
Kómanos GR 87 F2
Kómara GR 91 E1
Komárno SK 126 A4
Kombóti GR 92 B2
Koméno GR 92 B2
Kómi GR 98 C1
Kómi GR 95 F4
Komílio GR 92 A2
Kómito GR 94 C4
Komló H 128 A1
Komniná GR 89 E1
Komniná GR 87 F2
Komninádes GR 87 D2
Komotiní GR 89 F1
Konakovo RUS 125 F2
Kondiás GR 89 F4
Kondopoúli GR 89 F4
Kondovázena GR 96 C1
Konginkangas FIN 115 D3
Kongsberg N 117 D2
Kongselva N 104 A4
Kongsfjord N 105 F1
Kongsvinger N 117 E1
Königswiesen A 68 C1
Konin PL 126 A1
Koniskós GR 87 F4
Konístres GR 94 B3
Kónitsa GR 87 D3
Konjic BIH 128 A2
Konnevesi FIN 115 D3
Konotop UA 127 F1
Konsmo N 116 B3
Konstanz D 66 B3
Kontich B 17 E1
Kontiolahti FIN 115 F3
Kontiomäki FIN 115 E1
Konttajärvi FIN 109 D2
Konz D 23 D1
Koog (De) NL 54 B2
Kopáni GR 92 B1
Kopanós GR 87 F2
Koparnes N 110 B3
Kópasker IS 106 B1
Koper SLO 73 D4
Kopervik N 116 A2
Koppang N 111 E4
Kopparberg S 119 D2
Kopperby D 50 B2
Koprivnica HR 128 A1
Korbach D 62 B1
Korçë AL 128 B3
Korčula HR 128 A2
Korčula HR 128 A2
Kórfos GR 97 E1
Korgen N 107 E3
Koria FIN 121 E3
Korifássi GR 96 B3
Kórimvos GR 91 E1
Koríni GR 93 F4
Korinós GR 88 A3
Kórinthos GR 93 F4
Korissía GR 98 A1
Korissós GR 87 E2
Koríthi GR 92 A4
Korkeakangas FIN 115 F4
Körmend H 69 E3
Korneuburg A 65 D4
Kornofoléa GR 91 E2
Kornwestheim D 66 B1
Koróna GR 88 A1
Koróni GR 96 C3
Korónia GR 93 F3
Koronída GR 99 D2
Koronissía GR 92 B2
Kóronos GR 99 D2
Koronoúda GR 88 B1
Koropí GR 94 A4
Korosten' UA 127 D1
Korostyšiv UA 127 E2
Korouoma FIN 114 C3
Korpilahti FIN 121 D3
Korpilombolo S 108 C2
Korpo/Korppoo FIN 120 B4
Korsberga S 123 F1
Korsholm/ Mustasaari FIN 114 B3
Korsnäs FIN 114 A3
Korsun'-Ševčenkivs'kyj UA 127 E2
Korsvoll N 110 C2
Korsør DK 136 C3
Kortesjärvi FIN 114 B3
Kórthio GR 98 C1
Kortrijk B 15 F4
Kortteenperä FIN 109 E3
Korvala FIN 109 D2
Korvaluoma FIN 120 B2
Kos GR 103 D1
Kos (Nissí) GR 103 D1
Koserow D 51 F2
Koskenkorva FIN 114 B4
Koskenpää FIN 121 D2
Koski (Hämeen lääni) FIN 121 D3
Koski (Turun ja Porin lääni) FIN 120 C3
Kóskina GR 94 B3
Koskue FIN 120 B2
Kosmás GR 97 D2
Kósmio GR 89 F1
Kósta GR 97 E2
Kostanjevica SLO 73 F3
Kostenec BG 128 C2
Koster S 118 A3
Kostopil' UA 127 D2
Kóstos GR 98 C2
Kostrzyń PL 52 A4
Kosula FIN 115 E3
Koszalin PL 52 C2
Kőszeg H 69 E2
Kościan PL 59 D2
Kościerzyna PL 53 D1
Košice SK 126 B3
Kotala (Lappi) FIN 120 C2
Kotala (Häme) FIN 109 F1
Kótas GR 87 E2
Kotel BG 129 D2
Kotka FIN 121 E3
Kotor YU 128 A3
Kotovs'k UA 127 E3
Kótronas GR 97 D3
Kotroniá GR 91 E2
Koufália GR 88 A2
Koufoníssi GR 101 F4
Koufós GR 89 D4
Kouklií GR 86 C4
Koukounariés GR 94 A2
Kouméika GR 99 F1
Koúndouros GR 98 A1
Kounoupéli GR 92 C4
Koura FIN 114 B4
Koúrenda GR 86 C4
Kourkoulí GR 94 A2
Kournás GR 100 B3
Kouroúta GR 96 B1
Koutselió GR 87 D4
Koutsó GR 89 F1
Koutsóhero GR 87 F4
Kouvola FIN 121 E3
Kovel' UA 126 D4
Kovero FIN 115 F3
Kozáni GR 87 F3
Kozel'sk RUS 125 F3
Kozina SLO 73 D3
Kozjatyn UA 127 D2
Kragenæs DK 122 C4
Kragerø N 116 C2
Kragujevac YU 128 B2
Krakhella N 110 A4
Kraków PL 126 A2
Krakow D 51 E3
Kraljevo YU 128 B2
Kramfors S 112 C2
Kranenburg D 55 D4
Kraniá GR 87 E4
Kraniá GR 87 E4
Kraniá Elassónas GR 87 F4
Kranichfeld D 63 D1
Kranídi GR 97 E2
Kranj SLO 73 D2
Kranjska Gora SLO 73 D2
Krāslava LV 124 C2
Krasnohrad UA 127 F2
Krasnoperekops'k UA 127 F4
Krasnyj Cholm RUS 125 F1
Krasnystaw PL 126 B2
Kraśnik PL 126 B2
Kráthio GR 93 E4
Krátigos GR 95 F2
Krauchenwies D 66 C2
Krautheim D 62 C4
Krefeld D 61 E1
Kremastí GR 97 E3
Kremastí GR 103 F2
Kremenčuk UA 127 F4
Kremenec' UA 126 C2
Kremmen D 51 F4
Kremnica SK 126 A3
Krems a. d. Donau A 65 D4
Kremsmünster A 68 B1
Krestcy RUS 125 E1
Kréstena GR 96 B1
Kreuth D 67 E2
Kreuzlingen CH 66 B3
Kreuztal D 62 A1
Kría Vríssi GR 88 A2
Kría Vríssi GR 94 A3
Krieglach A 69 D2
Kriens CH 66 B4
Kríkelo GR 93 D2
Kríkelos GR 92 B2

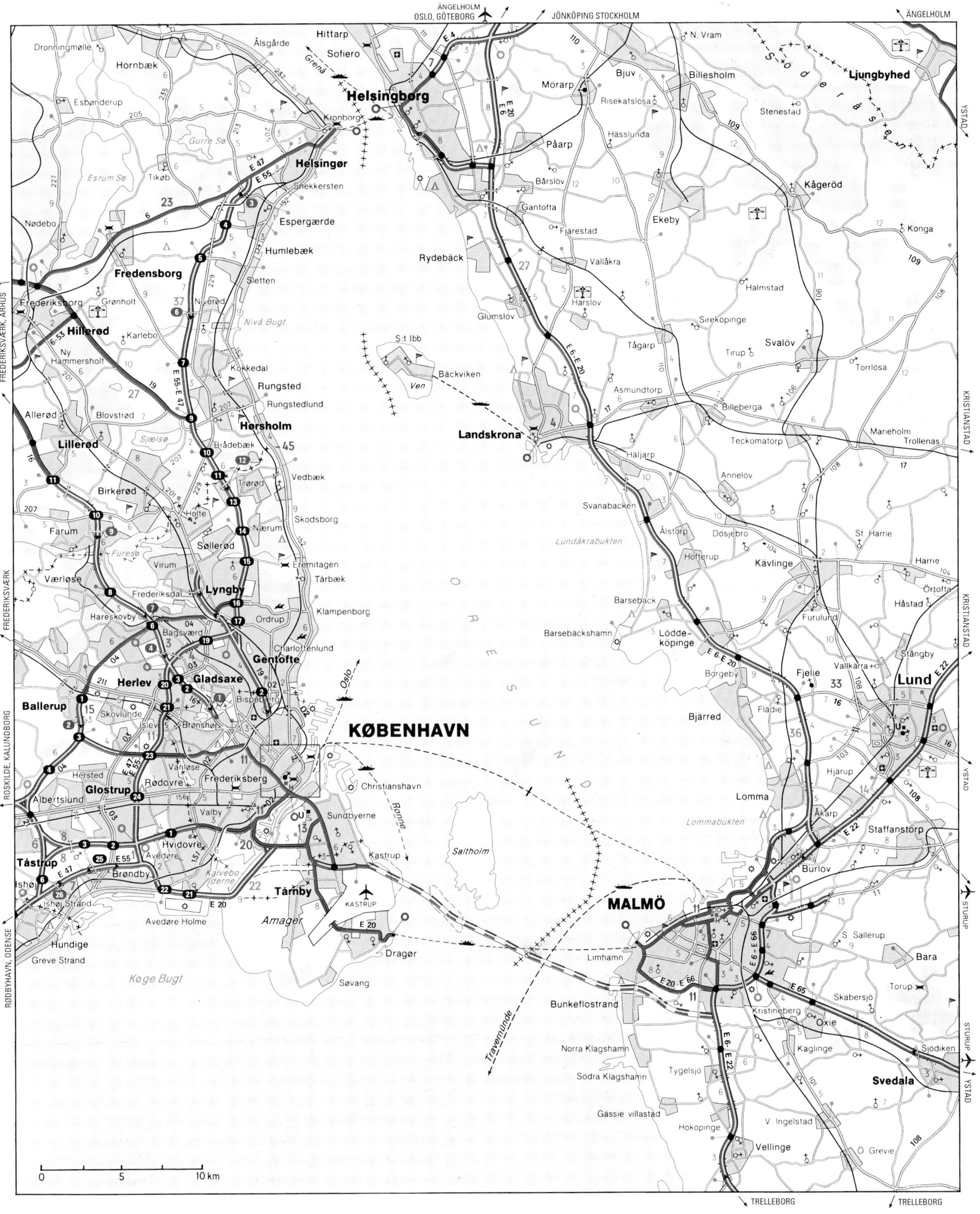

ÄNGELHOLM
OSLO, GÖTEBORG
JÖNKÖPING STOCKHOLM
Helsingborg
Helsingør
Hillerød
Fredensborg
Hørsholm
Lyngby
Gentofte
Herlev
Gladsaxe
Ballerup
Glostrup
Tåstrup
Tårnby
KØBENHAVN
Frederiksberg
Christianshavn
KASTRUP
Amager
Dragør
Køge Bugt
Saltholm
MALMÖ
Limhamn
Bunkeflostrand
Landskrona
Lund
Ljungbyhed
Kågeröd
Svalöv
Kävlinge
Lomma
Staffanstorp
Burlöv
Svedala
Vellinge
Ven
ØRESUND
Travemünde
TRELLEBORG
YSTAD
STURUP
KRISTIANSTAD
ROSKILDE, KALUNDBORG
RØDBYHAVN, ODENSE
FREDERIKSVÆRK
0
5
10 km

Krün D 67 E3
Kruiningen NL 17 E1
Krujë AL 128 B3
Krumbach (Schwaben) D 67 D1
Krumpendorf A 68 B4
Kruševac YU 128 B2
Kruså DK 122 B4
Kryčaŭ BY 125 E4
Krynica PL 126 B3
Kryvyj Rih UA 127 F3
Kröpelin D 51 D2
Ktísmata GR 86 C4
Kuchl A 68 A2
Kudowa-Zdrój PL 65 D1
Külsheim D 62 C3
Künzelsau D 62 C4
Kufstein A 67 F2
Kuhmalahti FIN 120 C2
Kuhmo FIN 115 F2
Kuhmoinen FIN 121 D2
Kuivajärvi FIN 115 F1
Kuivalahti FIN 120 B3
Kuivaniemi FIN 109 D3
Kuivasjärvi FIN 120 B2
Kukës AL 128 B3
Kukko FIN 114 C3
Kula BG 128 C2
Kula TR 129 F4
Kuldīga LV 124 A3
Kulennoinen FIN 121 F2
Kulju FIN 120 C3
Kullaa FIN 120 B3
Kulm CH 23 F4
Kulmbach D 63 E2
Kuloharju FIN 109 E3
Kultakero FIN 109 E2
Kumanovo MK 128 B3
Kumla S 119 D3
Kumlinge FIN 120 A4
Kummavuopio S 104 C3
Kumrovec SLO 73 F2
Kungsbacka S 118 B4
Kungshamn S 118 A3
Kungsör S 119 D2
Kungälv S 118 B4
Kunrau D 57 D2
Kunszentmárton H 126 B4
Kuolio FIN 109 F3
Kuopio FIN 115 E3
Kuorevesi FIN 120 C2
Kuortane FIN 114 C3
Kuortti FIN 121 D2
Kupferzell D 62 C4
Kuressaare EST 124 B2
Kurikka FIN 114 B4
Kuršėnai LT 124 B3
Kursk RUS 125 F4
Kursu FIN 109 E2
Kurtakko FIN 108 C1
Kuru FIN 120 C2
Kuşadasi TR 129 E4
Kusel D 23 E1
Küsnacht CH 23 F4
Küssnacht CH 66 B4
Kustavi FIN 120 B4
Kütahya TR 129 F3
Kutina HR 128 A1
Kutná Hora CZ 64 C2
Kutno PL 126 A1
Kuttanen FIN 105 D4
Kuttura FIN 105 E4
Kuumu FIN 115 E1
Kuusamo FIN 109 F3
Kuusankoski FIN 121 E3
Kuusjoki FIN 120 C4
Kuusjärvi FIN 75 E3
Kuvšinovo RUS 125 E2
Kuzma SLO 73 F1
Kvalsund N 105 D1
Kvalvåg N 110 C2
Kvam N 111 D3
Kvanndal N 116 B1
Kvanne N 110 C2
Kvernes N 110 C2
Kvevlax FIN 114 B3
Kvikkjokk S 108 A2
Kvikne N 111 D2
Kvinesdal N 116 B3
Kviteseid N 116 C2
Kvænangsbotn N 104 C2
Kværndrup DK 122 B3
Kwidzyn PL 124 A4
Kyiv UA 127 E2
Kyle of Lochalsh GB 6 B4
Kyleakin GB 6 B4
Kylerhea GB 6 B4
Kylestrome GB 6 C3
Kyllburg D 61 E3
Kylmäkoski FIN 120 C3
Kylmälä FIN 115 D1
Kyläinpää FIN 114 B3
Kylänlahti FIN 115 F2
Kyritz D 51 E4
Kyrksæterøra / Hemme N 111 D2
Kyröskoski FIN 120 C2
Kyyjärvi FIN 114 C3
København DK 123 D3
Køge DK 123 D3
Køng DK 122 C3
Kåbdalis S 108 B3
Kåfjord N 105 E1
Kåge S 108 B4
Källby FIN 114 B3
Kårböle S 112 B3
Kälarne S 112 B2
Källby S 118 C3
Kälviä FIN 114 C2
Kärkölä FIN 121 D3
Kärpänkylä FIN 109 F3
Kärsämäki FIN 115 D2
Kärväskylä FIN 115 D3
Kätkäsuvanto FIN 108 C1
Kävlinge S 123 D3
Käylä FIN 109 F2
Kökar FIN 120 A4
Könönpelto FIN 115 E4
Köping S 119 D2
Köpingsvik S 123 F2
Köpmanholmen S 113 D2
Köttsjön S 112 B2
Köyliö FIN 120 B3
Küblis CH 66 C4
Kühlungsborn D 51 D2

L

La Caletta I 78 A4
La Maddalena I 78 A3
La Spezia I 75 E2
La Sterza I 75 F3
La Verna I 76 B3
La Villa / Stern I 67 F4
Laa an der Thaya A 65 D4
Laage D 51 E3
Labacolla E 32 B3
Labajos E 42 A1
Labasheeda IRL 4 B2
Labastida E 36 C2
Labastide-Murat F 29 E1
Labastide-Rouairoux F 29 F3
Laboe D 50 C2
Labouheyre F 28 B2
Labrit F 28 B2
Labruguière F 29 F3
Lacalahorra E 48 B3
Lacanau F 24 B4
Lacanau-Océan F 24 B4
Lacapelle-Marival F 29 E1
Lacaune F 29 F2
Lacco Ameno I 79 F3
Lacedonia I 80 B2
Laconi I 82 B3
Lacq F 28 B3
Ladbergen D 55 E3
Ládi GR 91 E1
Ladispoli I 79 D2
Ladoeiro P 41 D2
Láerma GR 103 F2
Laferté-sur-Amance F 22 C4
Laffrey F 27 D4
Láfka GR 97 D1
Láfkos GR 93 F2
Lafrançaise F 29 E2
Lagan S 123 E2
Laganás GR 96 A1
Lagartera E 41 F2
Lage D 55 F4
Laggan GB 8 C1
Laginá GR 88 B2
Laginá GR 91 E2
Lagnieu F 27 D3
Lagny-sur-Marne F 21 F2
Lago I 83 E2
Lagoa P 46 A2
Lagoaça P 35 D4
Lagonegro I 80 C4
Lagoníssi GR 98 A1
Lagos P 46 A2
Lágos GR 89 F1
Lagrasse F 29 F3
Laguardia E 37 D2
Laguarres E 38 A3
Laguarta E 28 C4
Laguépie F 29 E2
Laguiole F 30 A1
Laguna de Duero E 36 A3
Lahanás GR 88 B1
Lahinch / An Leacht IRL 4 B2
Lahnstein D 61 F2
Laholm S 123 D2
Lahr D 23 F3
Lahti FIN 121 D3
Laichingen D 66 C1
Laide GB 6 C3
Laignes F 22 B4
Laigueglia I 74 C3
Laihia FIN 114 B3
Laïliás GR 88 C1
Laimbach A 68 C1
Laimoluokta S 104 C4
Lainate I 71 D4
Lairg GB 7 D3
Laissac F 30 A1
Laïsta GR 87 D4
Laisvall S 107 F3
Laitikkala FIN 120 C3
Laitila FIN 120 B3
Láka GR 92 A1
Láki GR 100 B3
Laki GR 99 F2
Lákoma GR 91 D3
Lákones GR 86 B4
Lakópetra GR 92 C4
Lakselv N 105 D2
Lálas GR 96 B1
Lalbenque F 29 E1
Lalín E 32 B3
Lalinde F 29 D1
Laliótis GR 93 E4
Lalm N 111 D3
Lalouvesc F 26 C4
Lalueza E 38 A3
Lam D 64 A4
Lama dei Peligni I 79 F1
Lamalou-les-Bains F 30 A3
Lamarche F 22 C3
Lamarque F 24 B4
Lamastre F 26 C4
Lambach A 68 B1
Lamballe F 19 D2
Lambesc F 31 D2
Lámbia GR 96 C1
Lambíri GR 93 D3
Lámbou Míli GR 95 F2
Lambrecht D 23 F1
Lamego P 34 C4
Lamía GR 93 E2
Lamlash GB 3 F1
Lammhult S 123 E1
Lammi FIN 121 D3
Lamotte-Beuvron F 21 E4
Lampaul F 18 A2
Lampedusa I 84 A4
Lampertheim D 23 F1
Lampeter/Llanbedr Pont Steffan GB 12 C1
Lamstedt D 50 B3
Lamure-sur-Azergues F 26 C3
Lana I 67 E4
Lanaja E 37 F3
Lanaken B 17 F2
Lanark GB 9 D3
Lancaster GB 10 C2
Lanchester GB 9 E4
Lanciano I 80 A1
Landau i. d. Pfalz D 23 F1
Landau a. d. Isar D 67 F1
Landeck A 67 D3
Landerneau F 18 B2
Landete E 43 E2
Landévennec F 18 B3
Landivisiau F 18 B2
Landivy F 19 E3
Landmannalaugar IS 106 B2
Landquart CH 66 C4
Landrecies F 17 D3
Landriano I 71 D4
Landsberg D 57 E4
Landsberg a. Lech D 67 D2
Landshut D 67 F1
Landskrona S 123 D3
Landstuhl D 23 E1
Landverk S 112 A2
Lanersbach A 67 E3
Lanesborough IRL 2 C4
Langáda GR 97 D3
Langáda GR 95 F3
Langadás GR 88 B2
Langa de Duero E 36 C3
Langádia GR 96 C1
Langadíkia GR 88 B3
Langangen N 117 D2
Langeac F 26 A4
Langeais F 20 C4
Langelsheim D 56 C3
Langen D 62 B3
Langen D 50 A3
Langenargen D 66 C3
Langenau D 66 C1
Langenberg D 63 E1
Langenbruck D 67 E1
Langenburg D 62 C4
Langenfeld D 61 F1
Langenhagen D 56 B3
Langenhahn D 62 A2
Langenlois A 65 D4
Langenthal CH 23 F4
Langenwang A 69 D2
Langenzenn D 63 D3
Langeoog D 55 E1
Langeskov DK 122 C3
Langesund N 117 D2
Langevåg N 116 A1
Langevåg N 110 B2
Langfjord N 104 C2
Langhirano I 75 F1
Langholm GB 9 D4
Langnau im Emmental CH 27 F1
Langogne F 30 B1
Langon F 28 C1
Langport GB 13 E2
Langres F 22 C4
Langrune-sur-Mer F 19 F1
Lanjarón E 48 B3
Lanke D 51 F4
Lanmeur F 18 B2
Lannemezan F 29 D3
Lannilis F 18 B2
Lannion F 18 C2
Lanouaille F 25 E4
Lans-en-Vercors F 27 D4
Lanslebourg-Mont-Cenis F 27 E4
Lanta F 29 E3
Lantejuela (La) E 47 E2
Lantosque F 31 F2
Lanusei I 82 C3
Lanvollon F 18 C2
Lanzahita E 42 A2
Lanzo Torinese I 27 F4
Laon F 17 D4
Lapalisse F 26 B2
Lápas GR 92 C4
Laperdiguera E 38 A3
Lapinjärvi/ Lappträsk FIN 121 D3
Lapinlahti FIN 115 E3
Lapleau F 25 F4
Laplume F 29 D2
Lapoutroie F 23 E3
Lappajärvi FIN 114 C3
Lappalaisten-Kesätuvat FIN 105 D3
Lappea FIN 108 C2
Lappeenranta FIN 121 E3
Lappfjärd/ Lapväärtti FIN 120 B2
Lappfors FIN 114 B3
Lappi FIN 120 B3
Lappohja FIN 120 C4
Lappträsk S 108 C3
Lapua FIN 114 B3
L'Aquila I 79 E1
Laracha E 32 B2
Laragh IRL 5 E2
Laragne-Montéglin F 31 D1
Larche F 31 E1
Larche F 25 E4
Larderello I 76 A4
Lárdos GR 103 F2
Laredo E 36 C1
Laren NL 54 C3
Largentière F 30 B1
Largs GB 8 B3
Lárimna GR 93 F3
Larino I 80 A1
Lárissa GR 88 A4
Larmor-Plage F 18 C4
Larne GB 3 E2
Larochette L 61 E3
Laroles E 48 B3
Laroque-d'Olmes F 29 E4
Laroque-Timbaut F 29 D1
Laroquebrou F 25 F4
Larraga E 28 A4
Larseng N 104 B3
Larsmo/Luoto FIN 114 B3
Laruns F 28 C4
Larv S 118 B3
Larvik N 117 D2
Lasalle F 30 B2
Lasarte E 28 A3
Laško SLO 73 E2
Lassan D 51 F2
Lassay-les-Châteaux F 19 F3
Lassigny F 16 C4
Lastovo HR 128 A2
Lastra a Signa I 76 A3
Lastres E 33 F2
Lastrup D 55 E2
Laterza I 81 D3
Lathen D 55 E2
Latheron GB 7 E3
Latiano I 81 E3
Latikberg S 107 F4
Latina I 79 E2
Latisana I 72 C3
Latour-de-France F 29 F4
Latronico I 80 C4
Latronquière F 29 F1
Lauchhammer D 58 A4
Lauder GB 9 E3
Lauenau D 56 B3
Lauenburg D 50 C4
Lauenstein D 64 A1
Lauf a. d. Pegnitz D 63 E3
Laufen D 68 A2
Laufen CH 23 E4
Laufenburg CH 23 F4
Laufenburg D 23 F4
Lauffen a. Neckar D 62 B4
Laugafell IS 106 B1
Laugar IS 106 A1
Laugarbakki IS 106 A1
Laugarvatn IS 106 A2
Lauingen D 67 D1
Laujar de Andarax E 48 C3
Laukaa FIN 115 D4
Lauksundskaret N 104 C2
Launceston GB 12 C3
Laupheim D 66 C2
Lauragh IRL 4 A3
Laureana di Borrello I 83 E3
Laurencekirk GB 9 E1
Laurenzana I 80 C3
Lauria I 80 C4
Laurière F 25 E3
Lausanne CH 27 E2
Lauta D 58 A4
Lautenthal D 56 C4
Lauterbach D 62 B2
Lauterbourg F 23 F2
Lauterbrunnen CH 27 F1
Lauterecken D 23 E1
Lautrec F 29 F2
Lauvstad N 110 B3
Lauvvik N 116 A2
Lauzerte F 29 E2
Le Lauzet-Ubaye F 31 E1
Lauzun F 29 D1

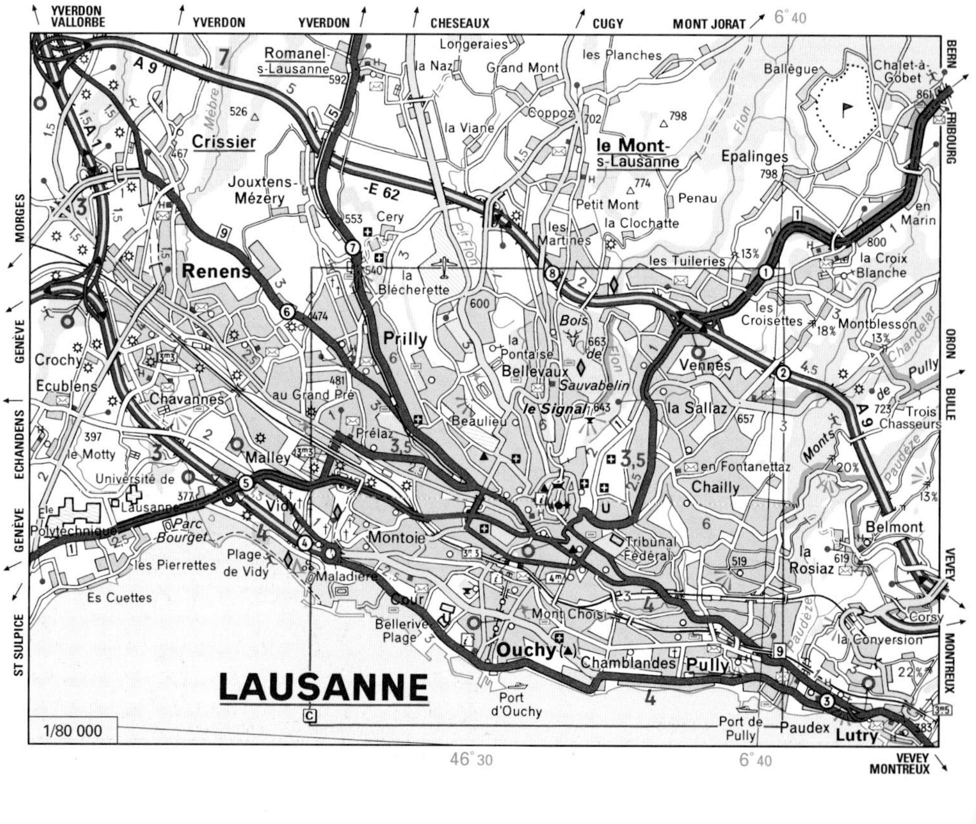

LAUSANNE
1/80 000
YVERDON VALLORBE
YVERDON
CHESEAUX
CUGY
MONT JORAT
MORGES
GENEVE
ECHANDENS
ST SULPICE
BERN
FRIBOURG
ORON
BULLE
VEVEY
MONTREUX
VEVEY MONTREUX
Romanel-s-Lausanne
Crissier
Jouxtens-Mézery
Renens
Prilly
Crochy
Ecublens
Chavannes
Malley
le Mont-s-Lausanne
Epalinges
Vennes
la Sallaz
Chailly
Belmont
Ouchy
Pully
Lutry
Paudex
Montoie
Vidy
Bellevaux
le Signal
Sauvabelin
Blécherette
la Rosiaz
Es Cuettes
les Pierrettes
Plage de Vidy
Bellerive Plage
Port d'Ouchy
Port de Pully
46°30
6°40

Lavagna I 75 E2
Laval F 19 F3
Lavamünd A 68 C3
Le Lavandou F 31 E3
Lavangen N 104 B3
Lávara GR 91 E1
Lavardac F 29 D2
Lavaur F 29 E2
Lavelanet F 29 E4
Lavello I 80 C2
Lavelsloh D 55 F3
Lavenham GB 15 D2
Laveno Monbello I 71 D4
Lavéra F 30 C3
Lavia FIN 120 B2
Laviano I 80 B3
Lavik N 110 A4
Lavinio-Lido di Enea I 79 D2
Lavis I 71 F3
Lavit-de-Lomagne F 29 D2
Lavoûte-Chilhac F 26 A4
Lavre P 40 B3
Lávrio GR 98 A1
Laxe E 32 A2
Laxford Bridge GB 6 C2
Laxo GB 7 F3
Laxå S 118 C3
Layos E 42 B2
Laza E 32 C4
Lazise I 71 F4
Leadenham GB 11 E3
Lebach D 23 D1
Lebedyn UA 127 F1
Lebenstedt D 56 C3
Lebesby N 105 E1
Lebrija E 47 D3
Lebus D 58 A2
Lecce I 81 F3
Lecco I 71 D4
Lécera E 37 F4
Lech A 67 D3
La Léchère F 27 E3
Lechlade GB 13 F1
Leciñena E 37 F3
Leck D 50 A2
Les Lecques F 31 D3
Lectoure F 29 D2
Ledanca E 42 C1
Ledaña E 43 E3
Ledbury GB 13 E1
Ledesma E 35 E4
Lédignan F 30 B2
Ledmore GB 6 C3
Leeds GB 11 D2
Leek GB 11 D3
Leenane IRL 2 A3
Leer D 55 E2
Leerdam NL 54 C4
Leese D 56 B3
Leeuwarden NL 54 C2
Lefkáda GR 92 A2
Lefkáda (Nissi) GR 92 A2
Lefkádia GR 87 F2
Lefkadíti GR 93 D3
Lefkandí GR 94 A3
Léfkara GR 87 F3
Léfkes GR 98 C2
Lefkími GR 91 E2
Lefkógia GR 90 A4
Lefkopigí GR 87 F3
Léfktra GR 93 F4
Legan D 50 B2
Leganés E 42 B2
Legé F 24 A1
Legnago I 72 A4
Legnano I 71 D4
Legnica PL 58 C4
Legrená GR 98 A1
Léguevin F 29 E3
Legutiano / Villarreal E 37 D1
Lehená GR 92 B4
Lehmden D 50 A4
Lehnin D 57 F3
Léhovo GR 87 E2
Lehrberg D 63 D4
Lehre D 56 C3
Lehrte D 56 C3
Lehtimäki FIN 114 C3
Lehtovaara FIN 109 D1
Leibnitz A 69 D3
Leicester GB 11 E4
Leiden NL 54 B3
Leighton Buzzard GB 14 B2
Leikanger N 110 B4
Leiknes N 104 A4
Leinefelde D 56 C4
Leinì I 27 F4
Leipheim D 67 D1
Leipzig D 57 E4
Leira N 110 C2
Leira N 111 D4
Leirbotn N 105 D2
Leiria P 40 B2
Leiro E 32 B4
Leirpollskogen N 105 F1
Leirvik (Færøerne) DK 106 A3
Leirvik N 107 E3
Leirvik (Hordaland) N 116 A1
Leirvik (Sogn og Fjordane) N 110 A4
Leirvåg N 110 A4
Leisnig D 57 F4
Leiston GB 15 D2
Leith GB 9 D2
Leitza E 28 A3
Leitzkau D 57 E3
Leivonmäki FIN 121 D2
Leka N 107 D4
Léka GR 99 F1
Lekáni GR 89 E1
Lekeitio E 37 D1
Leknes (Møre og Romsdal) N 110 B3
Leknes N 107 E1
Leksand S 119 D1
Leksvik N 111 E1
Lekunberri E 28 A3
Leland N 107 D3
Lelystad NL 54 C3
Lelystad Haven NL 54 C3
Lembach F 23 E2
Lembeye F 28 C3
Lemförde D 55 F3
Lemgo D 56 B3
Lemi FIN 121 E3
Lemland FIN 120 A4
Lemmenjoki FIN 105 E3
Lemmer NL 54 C2
Lempdes-sur-Allagnon F 26 A4
Lempäälä FIN 120 C3
Lemvig DK 122 A2
Lenart SLO 73 F1
Lencloître F 25 D1
Lend A 68 A3
Léndas GR 101 D4
Lendava SLO 73 F1
Lendinara I 76 A1
Lengefeld D 63 F1
Lengenfeld D 63 E1
Lengerich D 55 E3
Lenggries D 67 E2
Lenhovda S 123 F2
Lenk CH 27 F2
Lennestadt D 62 A1
Lens F 16 C2
Lensahn D 50 C2
Lentföhrden D 50 B3
Lenti H 69 E3
Lentiira FIN 115 F1
Lenting D 63 E4
Lentini I 85 E3
Lenzburg CH 23 F4
Lenzen D 51 D4
Lenzerheide/Lai CH 66 C4
Lenzkirch D 23 F3

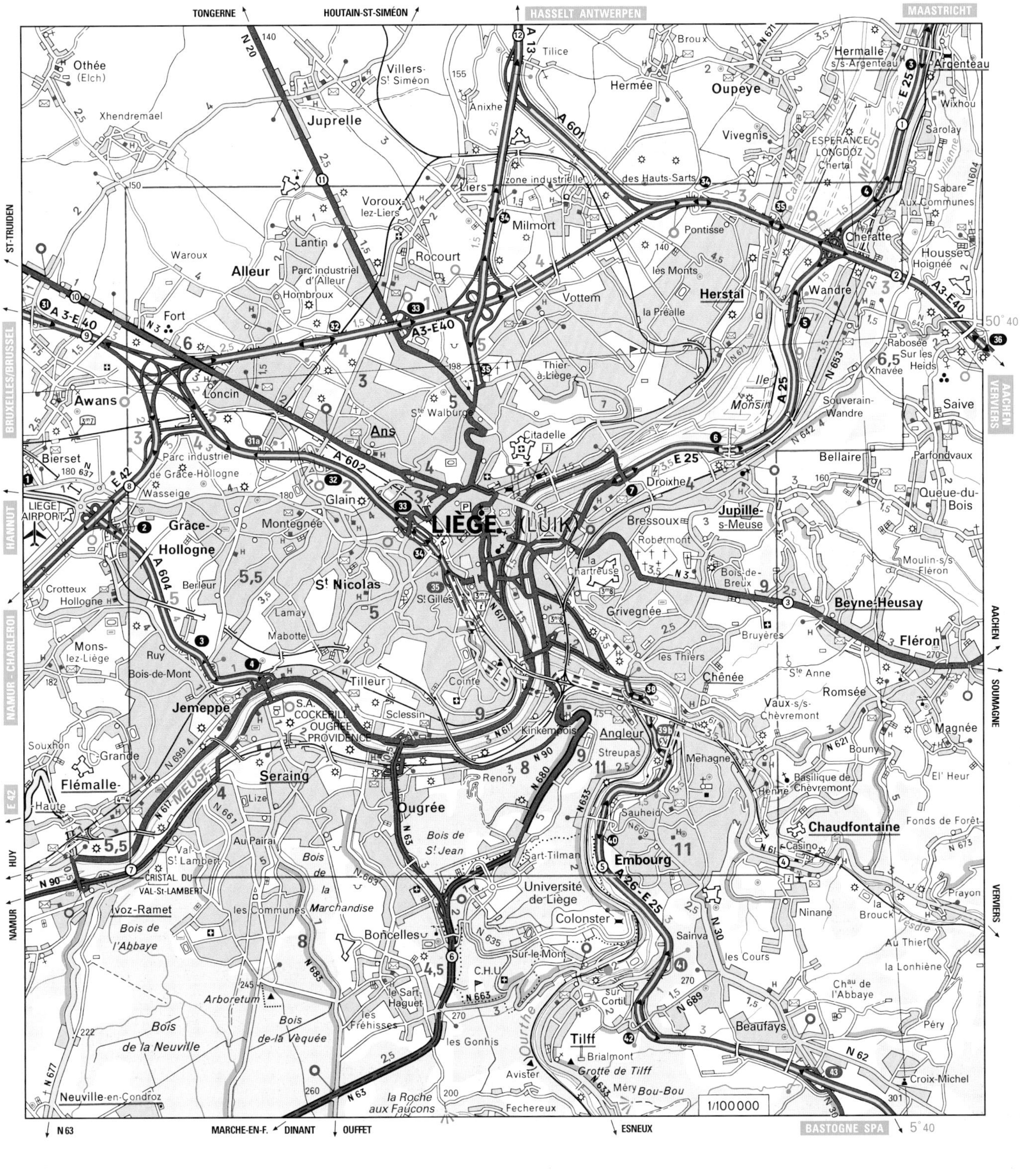

TONGERNE
HOUTAIN-ST-SIMÉON
HASSELT ANTWERPEN
MAASTRICHT
ST-TRUIDEN
BRUXELLES/BRUSSEL
HANNUT
NAMUR - CHARLEROI
HUY
NAMUR
AACHEN VERVIERS
AACHEN
SOUMAGNE
VERVIERS
N 63
MARCHE-EN-F.
DINANT
OUFFET
ESNEUX
BASTOGNE SPA
Othée (Elch)
Xhendremael
Juprelle
Villers-St Siméon
Anixhe
Tilice
Hermée
Oupeye
Hermalle s/s-Argenteau
Argenteau
Wixhou
Vivegnis
Sarolay
Liers
Voroux-lez-Liers
Milmort
Lantin
Rocourt
Alleur
Waroux
Parc industriel d'Alleur
Hombroux
Vottem
Herstal
Pontisse
les Monts
la Préalle
Cheratte
Housse
Hoignée
Wandre
Sabaré
Aux Communes
Fort
Awans
Loncin
Ans
Ste Walburge
Thier-à-Liège
Monsin
Souverain-Wandre
Saive
Rabosée
Xhavée
Bierset
Parc industriel de Grâce-Hollogne
Wasseige
Glain
LIÈGE (LUIK)
Citadelle
Droixhe
Bellaire
Parfondvaux
Queue-du-Bois
LIÈGE AIRPORT
Grâce-Hollogne
Montegnée
Bressoux
Robermont
Jupille-s-Meuse
la Chartreuse
Bois-de-Breux
Moulin-s/s-Fléron
Beyne-Heusay
Crotteux
Hollogne
Berleur
St Nicolas
St Gilles
Lamay
Mabotte
Grivegnée
Bruyères
Fléron
Mons-lez-Liège
Ruy
Bois-de-Mont
les Thiers
Chênée
Ste Anne
Romsée
Jemeppe
Tilleur
Cointe
S.A. COCKERILL OUGRÉE PROVIDENCE
Sclessin
Kinkempois
Angleur
Vaux-s/s-Chèvremont
Magnée
Soumagne
Souxhon
Grande
Flémalle-Haute
Seraing
Renory
Streupas
Mehagne
Bouny
Basilique de Chèvremont
El' Heur
Lize
Ougrée
Sauheid
Henne
Au Pairai
St Lambert
CRISTAL DU VAL-St-LAMBERT
Bois de St Jean
Sart-Tilman
Embourg
Chaudfontaine
Casino
Fonds de Forêt
Ivoz-Ramet
Bois de l'Abbaye
les Communes
Bois de la Marchandise
Université de Liège
Colonster
Ninane
la Brouck
Prayon
Boncelles
Sur-le-Mont
Sainval
les Cours
Au Thier
la Lonhiène
Arboretum
le Sart-Haguet
C.H.U.
Sur Cortil
Chau de l'Abbaye
Bois de la Neuville
Bois de la Vèquée
les Fréhisses
les Gonhis
Beaufays
Péry
Tilff
Brialmont
Grotte de Tilff
Avister
Croix-Michel
Neuville-en-Condroz
la Roche aux Faucons
Fechereux
Méry
Bou-Bou
MEUSE
Ourthe
Vesdre
1/100 000
50° 40
5° 40

Leoben A 68 C2
Leobersdorf A 69 D1
Leogang A 68 A2
Leominster GB 13 E1
Léon F 28 B2
León E 33 E4
Leonberg D 66 B1
Léoncel F 26 C4
Leondári GR 96 C2
Leondári GR 93 D1
Leóndio GR 97 D1
Leonessa I 76 C4
Leonforte I 85 D3
Leonídio GR 97 E2
Leopoldsburg B 17 F1
Leopoldsdorf im Marchfelde A 69 E1
Leova MOL 127 E4
Lepe E 46 C2
Lepel' BY 125 D3
Lepenoú GR 92 C2
Lépoura GR 94 B3
Leppäjärvi FIN 105 D4
Leppävirta FIN 115 E3
Leptokariá GR 88 A3
Leptokariá GR 91 D2
Lercara Friddi I 84 C3
Léré F 21 F4
Lerici I 75 E2
Lerín E 28 A4
Lerma E 36 B3
Lermoos A 67 D3
Léros (Nissí) GR 99 F2
Lerum S 118 B4
Lerwick GB 7 F3
Les E 29 D4
Lescar F 28 C3
Lesce SLO 73 D2
Lescun F 28 B4
Lesina I 80 B1
Lesja N 110 C3
Lesjöfors S 118 C2
Leskovac YU 128 C2
Lesneven F 18 B2
Lesparre-Médoc F 24 B4
Lessay F 19 E1
Lessebo S 123 F2
Lessines B 17 D2
Lessíni GR 92 B3
Lestelle-Bétharram F 28 C3
Lestijärvi FIN 114 C3
Lésvos (Nissí) GR 95 F1
Leszno PL 59 D3
Letchworth GB 14 C2
Letenye H 69 E3
Letino I 80 A2
Letmathe D 61 F1
Letterfrack IRL 2 A3
Letterkenny / Leitir Ceanainn IRL 2 C1
Lettermullan / Leitir Mealláin IRL 2 A4
Letur E 49 D1
Letus SLO 73 E2
Letzlingen D 57 D3
Leuchars GB 9 D2
Leukerbad CH 27 F2
Leuna D 57 E4
Leutenberg D 63 E2
Leutershausen D 63 D4
Leutkirch D 66 C2
Leutschach A 69 D3
Leuven B 17 E2
Leuze-en-Hainaut B 17 D2
Levajok N 105 E2
Levanger N 111 E1
Levanto I 75 E2
Leven GB 11 E2
Leven GB 9 D2
Levene S 118 B3
Levens F 31 F2
Leverano I 81 F3
Leverburgh GB 6 A3
Leverkusen D 61 F1
Levet F 25 F1
Levice SK 126 A3
Levico Terme I 72 A3
Levídi GR 96 C1
Levie F 78 A4
Levier F 27 D1
Levítha (Nissí) GR 99 F3
Levoča SK 126 B3
Levroux F 25 E1
Leväsjoki FIN 120 B2
Lewes GB 14 C4
Leyburn GB 11 D1
Leyland GB 10 C2
Leysdown-on-Sea GB 15 D3
Leysin CH 27 E2
Lézardrieux F 18 C2
Lézat-sur-Lèze F 29 E3
Lezay F 24 C2
Lezhë AL 128 B3
Lézignan-Corbières F 30 A3
Lezoux F 26 A3
Lezuza E 43 D4
Lębork PL 53 D1
L'gov RUS 125 F2
Liabygda N 110 C3
Lianokládi GR 93 E2
Liberec CZ 64 B1
Libourne F 24 C4
Librilla E 49 E2
Licata I 84 C4
Licciana Nardi I 75 E2
Lich D 62 B2
Lichoslavl' RUS 125 F2
Lichtenberg D 63 E2
Lichtenfels D 63 D2
Lichtenstein D 63 F1
Lichtenvoorde NL 55 D4
Lida BY 124 C4
Liden S 112 C3
Lidhult S 123 D2
Lidingö S 119 E2
Lidköping S 118 B3
Lido degli Estensi I 76 B1
Lido delle Nazioni I 76 B1
Lido di Camaiore I 75 F3
Lido di Classe I 76 B2
Lido di Jesolo I 72 B4
Lido di Metaponto I 81 D3
Lido di Ostia I 79 D2
Lido di Savio I 76 B2
Lido di Spina I 76 B1
Lido di Torre Mileto I 80 B1
Lido di Venezia I 72 B4
Lido Silvana I 81 E3
Lidoríki GR 93 D3
Lidzbark Warmiński PL 124 A4
Liebenwalde D 51 F4
Lieberose D 58 A3
Liège B 17 F2
Liège-Bierset B 17 F2
Lieksa FIN 115 F2
Lienz A 68 A3
Liepāja LV 124 A3
Lier B 17 E1
Liérganes E 36 B1
Liernais F 26 B1
Liestal CH 23 E4
Lieto FIN 120 B4
Liétor E 49 D1
Lieurey F 16 A4
Lievestuore FIN 115 D4
Liévin F 16 C2
Liezen A 68 B2
Liffol-le-Grand F 22 C3
Lifford IRL 2 C2
Liffré F 19 E3
Ligiá GR 92 B4
Lignano Pineta I 72 C3
Lignano Sabbiadoro I 72 C3
Lignières F 25 F1
Ligny-en-Barrois F 22 C2
Ligny-le-Châtel F 22 A4
Ligourió GR 97 E1
Ligueil F 25 D1
Liháda GR 93 F2
Liikasenvaara FIN 109 F2
Likenäs S 118 C1
Likófos GR 91 E2
Likoporiá GR 93 E4
Likórahi GR 87 D3
Likóstomo GR 89 E1
Likouría GR 96 C1
Liland N 104 A4
Lílea GR 93 E3
Lilienfeld A 69 D1
Liljendal FIN 121 D3
Lilla Edet S 118 B3
Lillby FIN 114 B3
Lille F 15 F4
Lillebonne F 16 A4
Lillehammer N 111 D4
Lillers F 16 C2
Lillerød DK 123 D3
Lillesand N 116 C3
Lillestrøm N 117 D1
Lillholmsjön S 112 B1
Lillhärdal S 112 A3
Lillo E 42 C3
Lillögda S 112 C1
Lima S 112 A4
Limáni Hersonissou GR 101 E3
Limáni Litohórou GR 88 A3
Limavady GB 3 D1
Limbach D 63 F1
Limburg a. d. Lahn D 62 A2
Limenária GR 89 E2

Lille

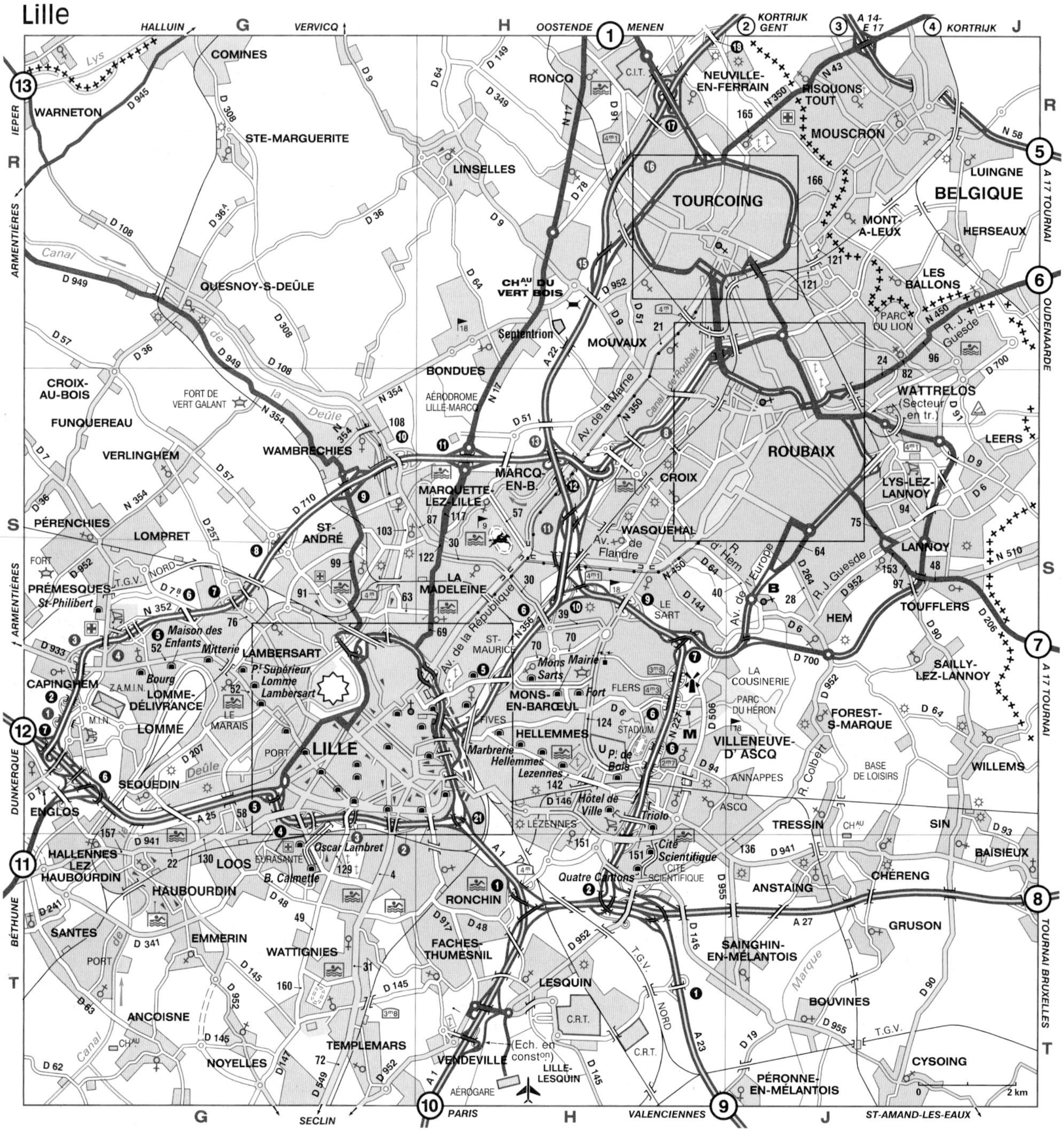
HALLUIN
VERVICQ
OOSTENDE
MENEN
KORTRIJK GENT
KORTRIJK
COMINES
WARNETON
STE-MARGUERITE
LINSELLES
RONCQ
NEUVILLE-EN-FERRAIN
RISQUONS-TOUT
MOUSCRON
TOURCOING
BELGIQUE
LUINGNE
HERSEAUX
MONT-A-LEUX
LES BALLONS
QUESNOY-S-DEÛLE
CHAU DU VERT BOIS
Septentrion
MOUVAUX
BONDUES
CROIX-AU-BOIS
FORT DE VERT GALANT
AÉRODROME LILLE-MARCQ
FUNQUEREAU
VERLINGHEM
WAMBRECHIES
MARCQ-EN-B.
CROIX
ROUBAIX
WATTRELOS
LEERS
LYS-LEZ-LANNOY
PÉRENCHIES
LOMPRET
ST-ANDRÉ
MARQUETTE-LEZ-LILLE
WASQUEHAL
LANNOY
PRÉMESQUES
LA MADELEINE
LE SART
HEM
TOUFFLERS
LAMBERSART
ST-MAURICE
SAILLY-LEZ-LANNOY
CAPINGHEM
LOMME-DÉLIVRANCE
MONS-EN-BARŒUL
FLERS
LA COUSINERIE
FOREST-S-MARQUE
LOMME
LILLE
HELLEMMES
VILLENEUVE-D'ASCQ
SEQUEDIN
ANNAPPES
WILLEMS
ENGLOS
LEZENNES
ASCQ
TRESSIN
SIN
BAISIEUX
HALLENNES-LEZ-HAUBOURDIN
LOOS
CHERENG
HAUBOURDIN
RONCHIN
ANSTAING
SANTES
EMMERIN
WATTIGNIES
FACHES-THUMESNIL
SAINGHIN-EN-MÉLANTOIS
GRUSON
LESQUIN
BOUVINES
ANCOISNE
TEMPLEMARS
VENDEVILLE
NOYELLES
LILLE-LESQUIN
CYSOING
PÉRONNE-EN-MÉLANTOIS
SECLIN
PARIS
VALENCIENNES
ST-AMAND-LES-EAUX
TOURNAI BRUXELLES
DUNKERQUE
BÉTHUNE
ARMENTIÈRES
IEPER
A 17 TOURNAI
OUDENAARDE

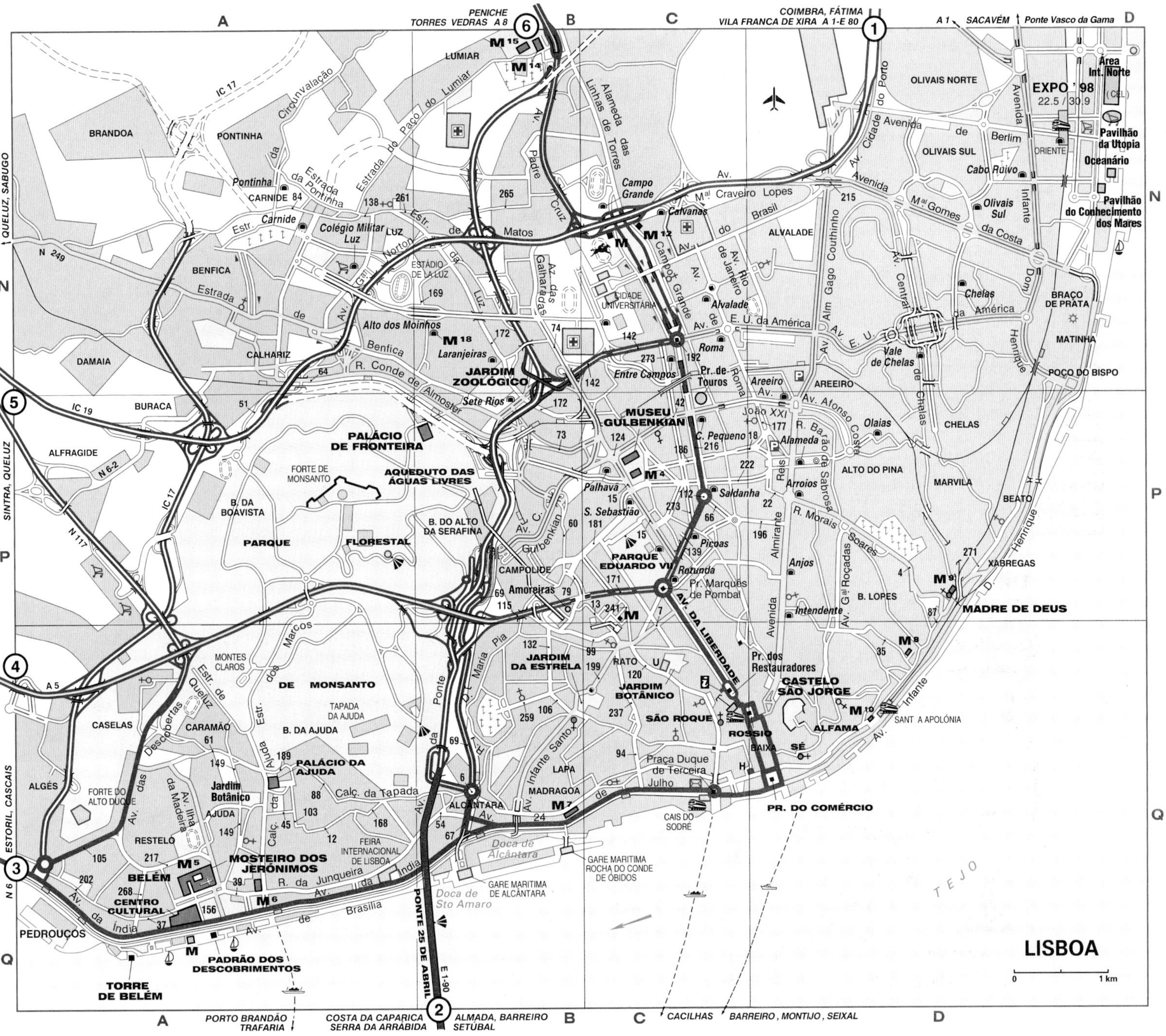
LISBOA
PENICHE
TORRES VEDRAS A 8
COIMBRA, FÁTIMA
VILA FRANCA DE XIRA A 1-E 80
A 1 SACAVÉM
Ponte Vasco da Gama
QUELUZ, SABUGO
SINTRA, QUELUZ
N 6 ESTORIL, CASCAIS
PORTO BRANDÃO
TRAFARIA
COSTA DA CAPARICA
SERRA DA ARRÁBIDA
ALMADA, BARREIRO
SETÚBAL
CACILHAS
BARREIRO, MONTIJO, SEIXAL
LUMIAR
BRANDOA
PONTINHA
CARNIDE
BENFICA
DAMAIA
CALHARIZ
BURACA
ALFRAGIDE
OLIVAIS NORTE
OLIVAIS SUL
ALVALADE
EXPO '98
22.5 / 30.9
Área Int. Norte
Pavilhão da Utopia
Oceanário
Pavilhão do Conhecimento dos Mares
ORIENTE
Campo Grande
CIDADE UNIVERSITÁRIA
Alvalade
Roma
Entre Campos
Areeiro
AREEIRO
Chelas
BRAÇO DE PRATA
MATINHA
POÇO DO BISPO
CHELAS
Olaias
ALTO DO PINA
MARVILA
BEATO
XABREGAS
MADRE DE DEUS
JARDIM ZOOLÓGICO
Sete Rios
Laranjeiras
Alto dos Moinhos
Colégio Militar Luz
ESTÁDIO DE LA LUZ
PALÁCIO DE FRONTEIRA
FORTE DE MONSANTO
AQUEDUTO DAS ÁGUAS LIVRES
MUSEU GULBENKIAN
Saldanha
Picoas
Rotunda
Pr. Marquês de Pombal
PARQUE EDUARDO VII
Amoreiras
CAMPOLIDE
PARQUE FLORESTAL
DE MONSANTO
B. DA BOAVISTA
B. DO ALTO DA SERAFINA
JARDIM DA ESTRELA
RATO
JARDIM BOTÂNICO
SÃO ROQUE
Pr. dos Restauradores
CASTELO SÃO JORGE
ALFAMA
ROSSIO
BAIXA
SÉ
SANT A APOLÓNIA
PR. DO COMÉRCIO
CAIS DO SODRE
Praça Duque de Terceira
LAPA
MADRAGOA
ALCÂNTARA
Doca de Alcântara
GARE MARITIMA ROCHA DO CONDE DE ÓBIDOS
GARE MARITIMA DE ALCÂNTARA
Doca de Sto Amaro
PONTE 25 DE ABRIL
E 1-90
PALÁCIO DA AJUDA
Jardim Botânico
AJUDA
B. DA AJUDA
TAPADA DA AJUDA
CARAMÃO
MONTES CLAROS
CASELAS
ALGÉS
FORTE DO ALTO DUQUE
RESTELO
FEIRA INTERNACIONAL DE LISBOA
MOSTEIRO DOS JERÓNIMOS
BELÉM
CENTRO CULTURAL
PEDROUÇOS
TORRE DE BELÉM
PADRÃO DOS DESCOBRIMENTOS
TEJO
0
1 km

Limerick / Luimneach IRL 4 C2
Limingen N 107 E4
Liminka FIN 114 C1
Liminpuro FIN 115 D1
Límnes GR 97 E1
Límni GR 93 F2
Limniá GR 89 E1
Limnítsa GR 93 D3
Límnos GR 89 F4
Limoges F 25 E3
Limogne-en-Quercy F 29 E1
Limone Piemonte I 31 F1
Limonest F 26 C3
Limours-en-Hurepoix F 21 E2
Limoux F 29 F3
Linares E 48 B1
Linares de Mora E 43 F2
Linares de Riofrío E 41 E1
Linariá GR 94 C2
Lincoln GB 11 E3
Lindau i. Bodensee D 66 C3
Linden D 63 D2
Lindenberg i. Allgäu D 66 C3
Lindern D 55 E2
Lindesberg S 119 D2
Lindesnes N 116 B3
Líndos GR 103 F2
Lindoso P 32 B4
Lindow D 51 F4
Lindsdal S 123 F2
Lindås N 110 A4
Lindö S 119 D3
Línea de la Concepción (La) E 47 E4
Lingbo S 112 C4
Linge N 110 C3
Lingen D 55 E3
Linghem S 119 D3
Linguaglossa I 85 E2
Linken D 52 A3
Linköping S 119 D3
Linlithgow GB 9 D2
Linsell S 112 A3
Linslade GB 14 B2
Linthal CH 66 B4
Linyola E 38 B4
Linz A 68 B1
Linz A 68 B1
Linz a. Rhein D 61 F2
Le Lion-d'Angers F 19 F4
Lion-sur-Mer F 19 F1
Lioni I 80 B3
Lióprasso GR 87 F4
Le Lioran F 25 F4
Liperi FIN 115 F3
Lipica SLO 73 D3
Lippstadt D 55 F4
Lipsí GR 99 F2
Lipsí (Nissí) GR 99 F2
Liptovský Mikuláš SK 126 A3
Lírkia GR 97 D1
Lisboa P 40 A3
Lisburn GB 3 E2
Lisdoonvarna / Lios Dúin Bhearna IRL 2 A4
Lisieux F 20 C2
Liskeard GB 12 C3
Lisle-sur-Tarn F 29 E2
Lismore / Lios Mór IRL 4 C3
Lisnaskea GB 2 C3
Lisse NL 54 B3
List D 50 A1
Listowel / Lios Tuathail IRL 4 B2
Lit S 112 B2
Lit-et-Mixe F 28 B2
Lithakiá GR 96 A1
Lithínes GR 101 F4
Lithío GR 95 F3
Lití GR 88 B2
Litija SLO 73 E2
Litóhoro GR 88 A3
Litoměřice CZ 64 A1
Litomyšl CZ 65 D2
Litschau A 64 C4
Littlehampton GB 14 B4
Littleport GB 11 F4
Livaderó GR 89 D1
Livaderó GR 87 F3
Livádi GR 98 B2
Livádi GR 88 B2
Livádi GR 97 E4
Livádi GR 87 F3
Livádia GR 103 D2
Livadiá GR 93 F3
Livadítis GR 89 E1
Livadohóri GR 89 F4
Livanátes GR 93 F3
Livarot F 20 C2
Liverá GR 87 E3
Liverdun F 22 C2
Livernon F 29 E1
Liverpool GB 10 C3
Livigno I 67 D4
Livingston GB 9 D3
Livno BIH 128 A2
Livo FIN 109 E3
Livold SLO 73 E3
Livorno I 75 F3
Livorno Ferraris I 74 C1
Livron-sur-Drôme F 30 C1
Lixoúri GR 92 A4
Lizard GB 12 B4
Lizarra / Estella E 28 A4
Lizy F 17 D4
Lizzano in Belvedere I 76 A2
Ljubašivka UA 127 E3
Ljubljana SLO 73 D3
Ljubno SLO 73 E2
Ljuboml' UA 126 C2
Ljugarn S 119 F4
Ljungby S 123 E2
Ljungbyhed S 123 D2
Ljungdalen S 112 A2
Ljungsbro S 119 D3
Ljungskile S 118 B3
Ljusdal S 112 B4
Ljusne S 112 C4
Ljutomer SLO 73 F2
Llagostera E 39 E3
Llanberis GB 10 B3
Llançà E 39 E2
Llandeilo GB 12 C1
Llandovery / Llanymddyfri GB 13 D1
Llandrindod Wells GB 13 D1
Llandudno GB 10 B3
Llandysul GB 12 C1
Llanelli GB 12 C1
Llanerchymedd GB 3 F4
Llanes E 33 F2
Llanfairfechan GB 10 B3
Llanfyllin GB 10 B4
Llangadog GB 13 D1
Llangefni GB 10 A3
Llangollen GB 10 B3
Llangurig GB 10 B4
Llanidloes GB 10 B4
Llanrhystud GB 10 A4
Llanrwst GB 10 B3
Llanwrtyd Wells GB 13 D1
Llavorsí E 29 E4
Lleida / Lérida E 38 B4
Llera E 41 E4
Llerena E 47 E1
Lles E 38 C2
Llessui E 29 D4
Llíria E 43 F3
Laudio / Llodio E 36 C1
Lloret de Mar E 39 D4
Llosses (Les) E 39 D3
Llucena E 44 A2
Llucmajor E 45 E3
Llynclys GB 10 C4
Loanhead GB 9 D3
Loano I 74 C2
Lobenstein D 63 E2
Lobón E 41 D4
Lobos (Los) E 49 D3
Loburg D 57 E3
Locana I 27 F3
Locarno CH 71 D3
Lochaline GB 8 B1
Lochcarron GB 6 C4
Lochearnhead GB 8 C2
Lochem NL 55 D3
Loches F 25 D1
Lochgelly GB 9 D2
Lochgilphead GB 8 B2
Lochinver GB 6 C3
Lochmaben GB 9 D4
Lochmaddy GB 6 A3
Lochranza GB 8 B3
Lochvycja UA 127 F1
Lockenhaus A 69 E2
Lockerbie GB 9 D4
Locle (Le) CH 27 E1
Locmariaquer F 18 C4
Locminé F 18 C3
Locorotondo I 81 E3
Locquirec F 18 C2
Locri I 83 E4
Locronan F 18 B3
Loctudy F 18 B3
Lodè I 78 A4
Lodève F 30 A2
Lodi I 71 E4
Lodosa E 37 D2
Łódź PL 126 A1
Löbau D 58 B4

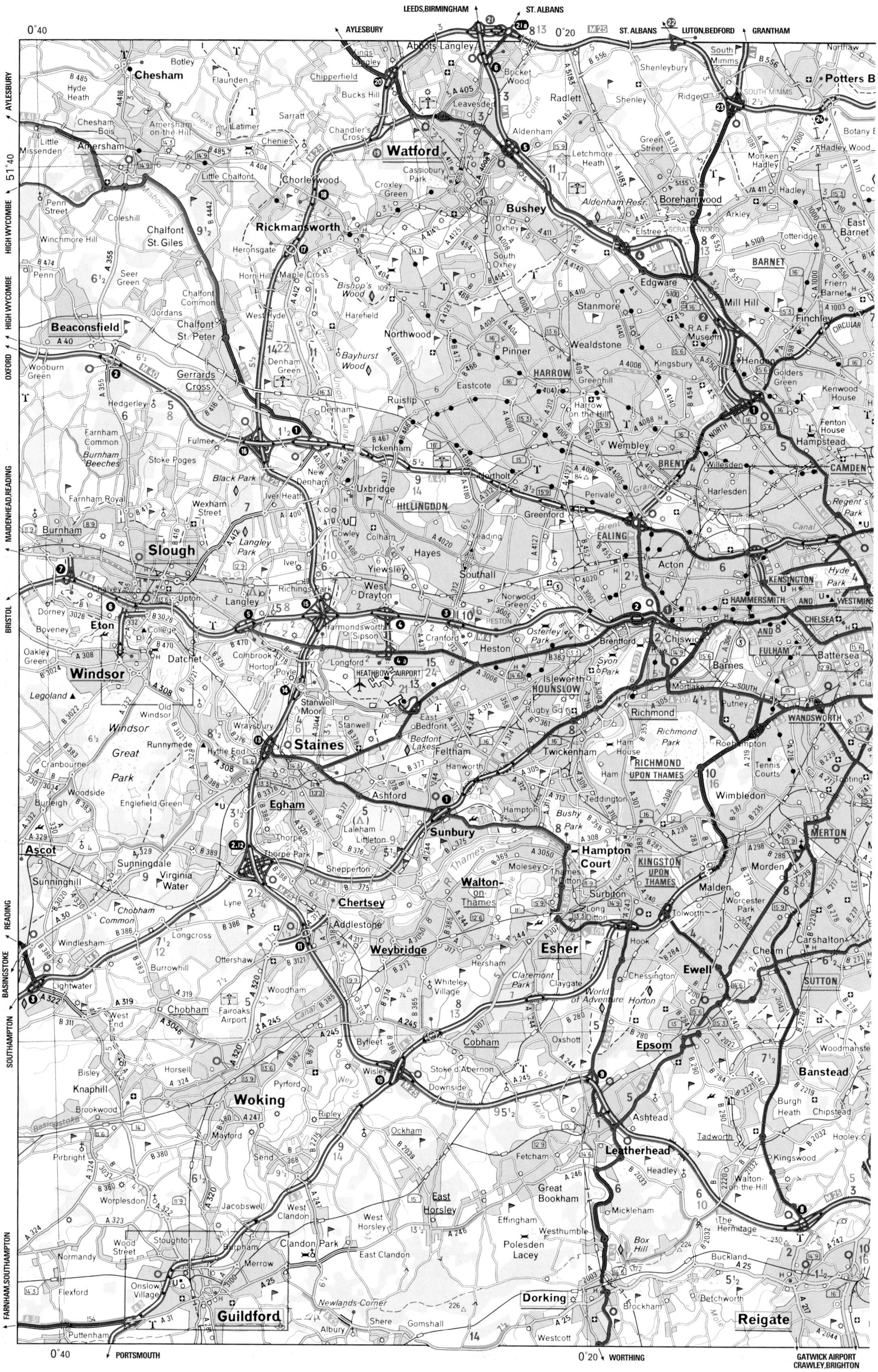
LEEDS,BIRMINGHAM
ST. ALBANS
AYLESBURY
LUTON,BEDFORD
GRANTHAM
0°40
0°20
AYLESBURY
HIGH WYCOMBE
HIGH WYCOMBE
OXFORD
MAIDENHEAD,READING
BRISTOL
READING
BASINGSTOKE
SOUTHAMPTON
FARNHAM,SOUTHAMPTON
51°40
PORTSMOUTH
WORTHING
GATWICK AIRPORT
CRAWLEY,BRIGHTON
Chesham
Amersham
Beaconsfield
Gerrards Cross
Slough
Windsor
Eton
Ascot
Watford
Rickmansworth
Bushey
Radlett
Borehamwood
Edgware
Stanmore
Wealdstone
Pinner
Northwood
Ruislip
Uxbridge
Hayes
HILLINGDON
HARROW
Wembley
BRENT
EALING
Acton
HOUNSLOW
Staines
Egham
Sunbury
Chertsey
Weybridge
Walton-on-Thames
Esher
Hampton Court
KINGSTON UPON THAMES
RICHMOND UPON THAMES
Richmond
Twickenham
Wimbledon
MERTON
SUTTON
Ewell
Epsom
Leatherhead
Banstead
Woking
Guildford
Dorking
Reigate
BARNET
CAMDEN
HAMMERSMITH AND FULHAM
KENSINGTON AND CHELSEA
WANDSWORTH
Heathrow Airport
Potters Bar

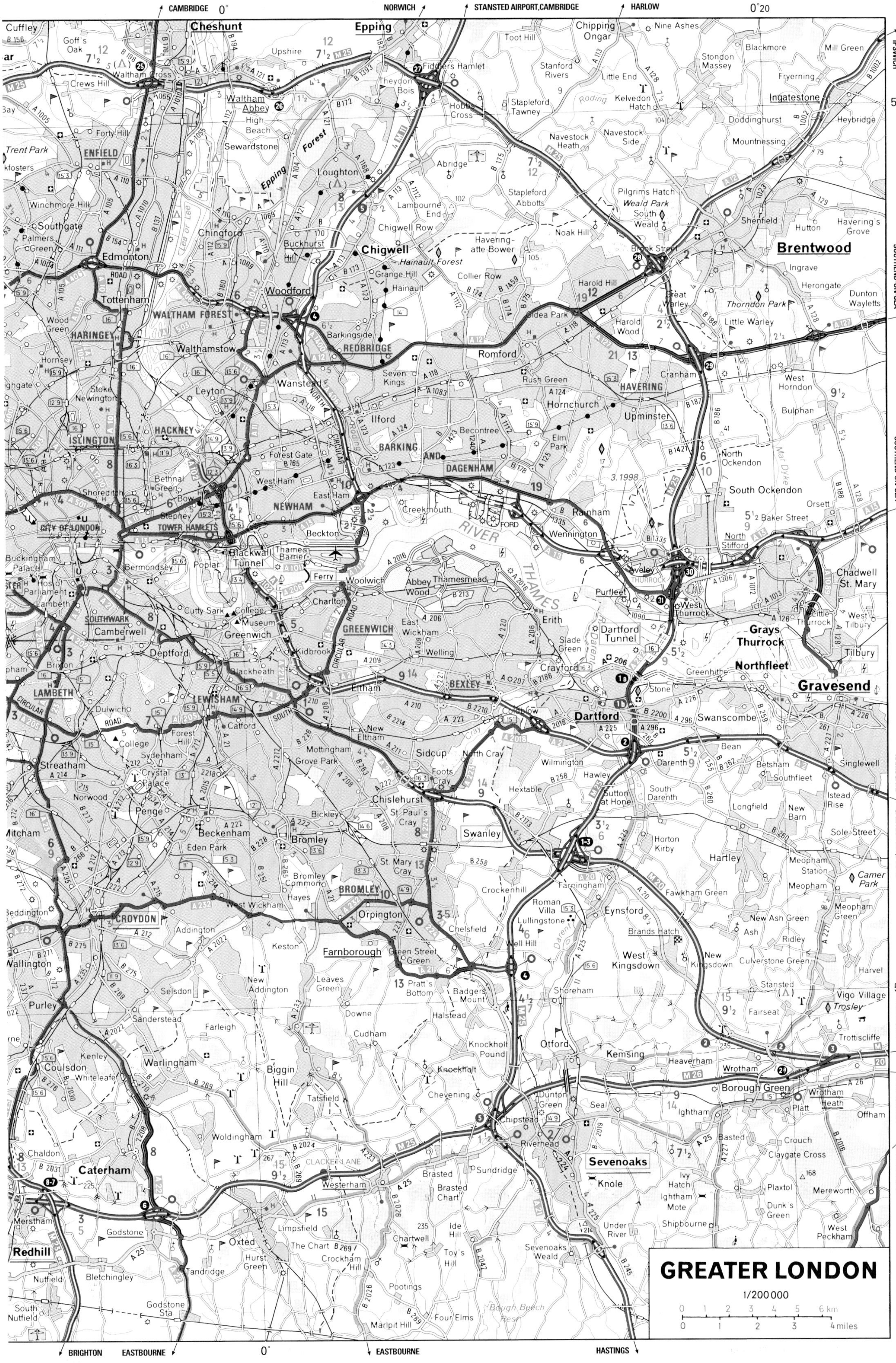
CAMBRIDGE
NORWICH
STANSTED AIRPORT,CAMBRIDGE
HARLOW
IPSWICH
SOUTHEND-ON-SEA
RAMSGATE
CANTERBURY,DOVER
FOLKESTONE
MAIDSTONE
BRIGHTON
EASTBOURNE
HASTINGS
51°40
51°20
0°
0°20
Cuffley
Goff's Oak
Cheshunt
Waltham Cross
Crews Hill
Upshire
Epping
Fiddlers Hamlet
Theydon Bois
Toot Hill
Chipping Ongar
Nine Ashes
Stanford Rivers
Little End
Kelvedon Hatch
Stondon Massey
Blackmore
Mill Green
Fryerning
Ingatestone
Doddinghurst
Heybridge
Mountnessing
Waltham Abbey
High Beach
Sewardstone
Hobbs Cross
Stapleford Tawney
Navestock Heath
Navestock Side
Forty Hill
Trent Park
ENFIELD
Epping Forest
Loughton
Abridge
Stapleford Abbotts
Pilgrims Hatch
Weald Park
South Weald
Shenfield
Hutton
Havering's Grove
Winchmore Hill
Southgate
Palmers Green
Edmonton
Chingford
Lambourne End
Chigwell Row
Buckhurst Hill
Chigwell
Hainault Forest
Havering-atte-Bower
Noak Hill
Brook Street
Brentwood
Ingrave
Herongate
Dunton Wayletts
Grange Hill
Hainault
Collier Row
Harold Hill
Great Warley
Thorndon Park
Little Warley
Tottenham
Woodford
WALTHAM FOREST
Gidea Park
Harold Wood
Wood Green
HARINGEY
Barkingside
REDBRIDGE
Romford
Walthamstow
Hornsey
Wanstead
Seven Kings
Rush Green
HAVERING
Cranham
West Horndon
Stoke Newington
Leyton
NORTH CIRCULAR
Ilford
Hornchurch
Upminster
Bulphan
HACKNEY
ISLINGTON
Forest Gate
BARKING
AND
DAGENHAM
Becontree
Elm Park
North Ockendon
Bethnal Green
West Ham
Shoreditch
East Ham
Bow
NEWHAM
South Ockendon
Orsett
CITY OF LONDON
Stepney
TOWER HAMLETS
Creekmouth
Rainham
Baker Street
Beckton
Wennington
North Stifford
Buckingham Palace
Bermondsey
Poplar
Blackwall Tunnel
Thames Barrier
RIVER THAMES
Ferry
Woolwich
Thamesmead
Abbey Wood
Aveley
Purfleet
West Thurrock
Chadwell St. Mary
Houses of Parliament
Lambeth
Charlton
Cutty Sark
College
Museum
Greenwich
Erith
Little Thurrock
West Tilbury
SOUTHWARK
Camberwell
East Wickham
Slade Green
Dartford Tunnel
Grays Thurrock
Tilbury
Brixton
Deptford
Kidbrook
GREENWICH
Welling
Crayford
Greenhithe
Northfleet
Gravesend
LAMBETH
Blackheath
Eltham
BEXLEY
Stone
LEWISHAM
Dulwich
Catford
Coldblow
Dartford
Swanscombe
Forest Hill
New Eltham
Bean
Streatham
Sydenham
Mottingham
Grove Park
Sidcup
North Cray
Wilmington
Darenth
Betsham
Southfleet
Singlewell
Crystal Palace
Norwood
Foots Cray
Hawley
Hextable
South Darenth
Sutton at Hone
Istead Rise
Penge
Chislehurst
St. Paul's Cray
Longfield
New Barn
Mitcham
Beckenham
Bickley
Bromley
Swanley
Sole Street
Eden Park
Horton Kirby
Hartley
Meopham Station
St. Mary Cray
Bromley Common
Farningham
Meopham
Camer Park
Hayes
BROMLEY
Crockenhill
Fawkham Green
Beddington
West Wickham
CROYDON
Orpington
Roman Villa
Eynsford
Lullingstone
New Ash Green
Meopham Green
Addington
Chelsfield
Brands Hatch
Ash
Keston
Wallington
Farnborough
Green Street Green
Well Hill
West Kingsdown
New Kingsdown
Ridley
Culverstone Green
Harvel
New Addington
Leaves Green
Pratt's Bottom
Badgers Mount
Shoreham
Stansted
Vigo Village
Trosley
Selsdon
Purley
Downe
Halstead
Fairseal
Sanderstead
Farleigh
Cudham
Knockholt Pound
Otford
Trottiscliffe
Kenley
Warlingham
Kemsing
Heaverham
Coulsdon
Whiteleafe
Biggin Hill
Knockholt
Wrotham
Borough Green
Wrotham Heath
Platt
Offham
Tatsfield
Chevening
Dunton Green
Seal
Ightham
Chipstead
Woldingham
Riverhead
Basted
Crouch
Claygate Cross
Chaldon
Caterham
CLACKET LANE
Brasted
Sundridge
Sevenoaks
Knole
Ivy Hatch
Plaxtol
Mereworth
Westerham
Brasted Chart
Ightham Mote
Dunk's Green
Merstham
Godstone
Limpsfield
Ide Hill
Under River
Shipbourne
West Peckham
Redhill
Oxted
Chartwell
The Chart
Crockham Hill
Toy's Hill
Sevenoaks Weald
Hurst Green
Tandridge
Nutfield
Bletchingley
Pootings
Godstone Sta.
South Nutfield
Marlpit Hill
Four Elms
Bough Beech Resr
GREATER LONDON
1/200 000
0 1 2 3 4 5 6 km
0 1 2 3 4 miles
M25
M11
M26
M20
A12
A13
A2
A20
A21
A23
A127
A13
A406
A205
A232
A22
A25
A225
A227
A228
A226
A206
A282
A1306
A1012
A1013
A10
A11
A13
A118
A124
A125
A128
A129
A1023
A1089
B1002

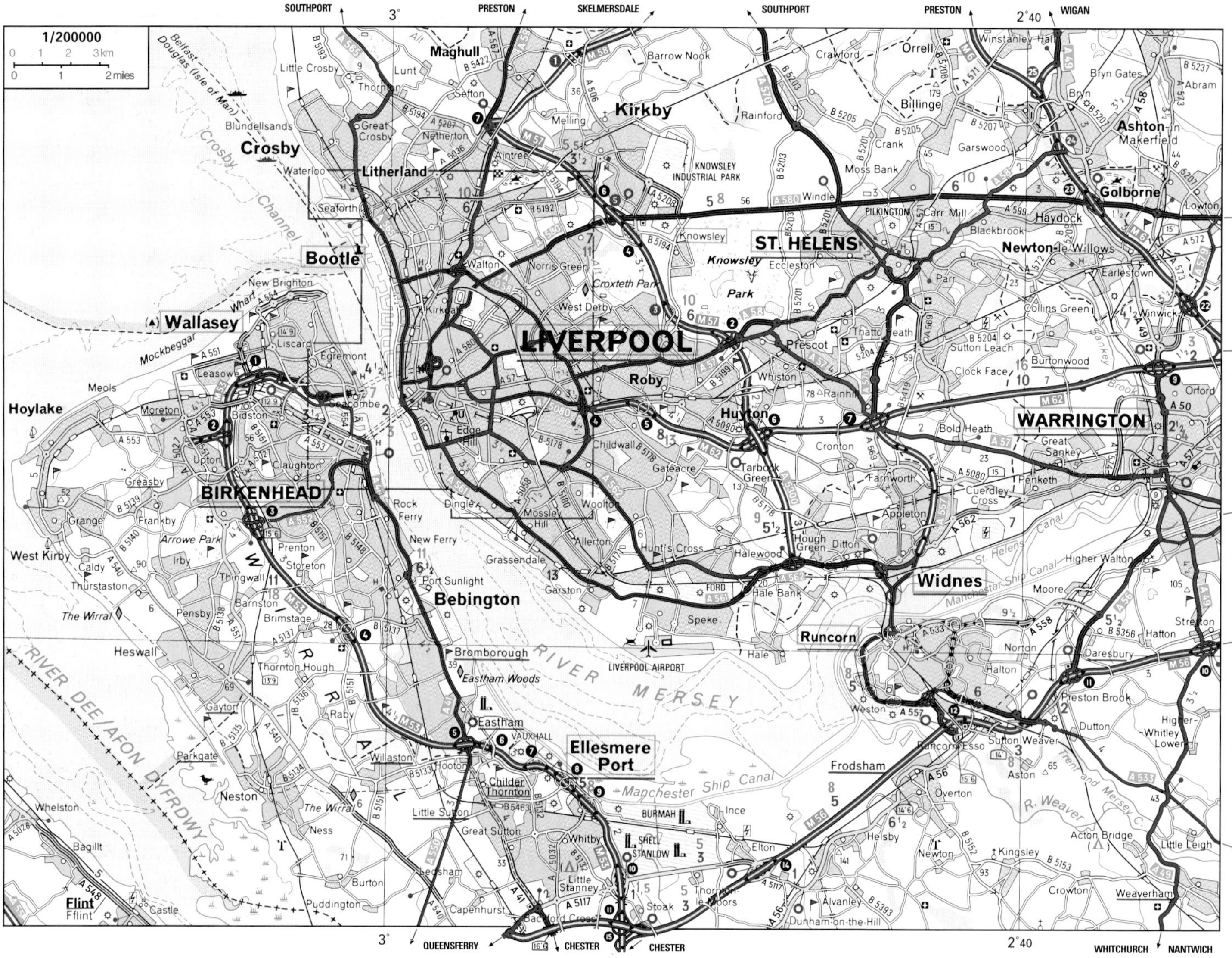
1/200000
SOUTHPORT
PRESTON
SKELMERSDALE
WIGAN
MANCHESTER
STOKE-ON-TRENT
MACCLESFIELD
STOCKPORT
NORTHWICH
WHITCHURCH
NANTWICH
CHESTER
QUEENSFERRY
LIVERPOOL
Bootle
Crosby
Litherland
Maghull
Kirkby
ST. HELENS
Wallasey
Hoylake
BIRKENHEAD
Bebington
Huyton
Prescot
Widnes
Runcorn
WARRINGTON
Ellesmere Port
Newton-le-Willows
Golborne
Ashton-in-Makerfield
Haydock
Neston
Heswall
West Kirby
Flint
Fflint
LIVERPOOL AIRPORT
RIVER MERSEY
RIVER DEE/AFON DYFRDWY
Manchester Ship Canal
Frodsham
Helsby

Löbejün D 57 E4
Loeches E 42 C1
Löcknitz D 52 A3
Löffingen D 23 F3
Löhne D 55 F3
Loen N 110 B3
Löningen D 55 E2
Lörrach D 23 E4
Lößnitz D 63 F1
Löwenberg D 51 F4
Lofário GR 91 D2
Lofer A 67 F2
Lofsdalen S 112 A3
Lofthus N 116 B1
Loftus GB 11 E1
Log SLO 72 C2
Logarska dolina SLO 73 D2
Logroño E 37 D2
Logrosán E 41 F3
Lohals DK 122 C3
Lohberg D 64 A4
Lohilahti FIN 121 F2
Lohiniva FIN 109 D2
Lohja FIN 120 C4
Lohne (Oldenburg) D 55 F2
Lohr a. Main D 62 C3
Lohtaja FIN 114 C2
Loiano I 76 A2
Loimaa FIN 120 C3
Loimaan kunta FIN 120 C3
Loiri I 78 A4
Loiron F 19 F3
Loitz D 51 F2
Loja E 48 A3
Lojsta S 119 F4
Lokalahti FIN 120 B3
Lokeren B 17 E1
Lokka FIN 109 E1
Lokn'a RUS 125 D2
Lokve SLO 73 D3
Lom BG 128 C2
Lom N 110 C3
Lomazzo I 71 D4
Lombez F 29 D3
Lomello I 75 D1
Lomen N 110 C4
Lomma S 123 D3
Lommatzsch D 57 F4
Lommel B 17 F1
Lomonosov RUS 124 C1
Lompolo FIN 109 D1
Lonato I 71 F4
Londinières F 16 B3
London GB 14 C3
Barking
and Dagenham GB 14 C3
Croydon GB 14 C3
Londonderry GB 3 D1
Kingston-
upon-Thames GB 14 B3
Richmond-
upon-Thames GB 14 B3
Sutton GB 14 C3
Long Eaton GB 11 D4
Long Preston GB 10 C2
Long Sutton GB 11 F4
Longá GR 96 C3
Longádes GR 87 D4
Longaníkos GR 96 C2
Longares E 37 E4
Longarone I 67 F4
Longeau F 22 C4
Longford /
An Longfort IRL 2 C3
Longny-au-Perche F 20 C3
Longobucco I 83 E2
Longós GR 92 A1
Longtown GB 9 D4
Longué F 19 F4
Longueville-sur-Scie F 16 A3
Longuyon F 17 F4
Longwy F 22 C1
Lonigo I 72 A4
Lons-le-Saunier F 27 D1
Loosdorf A 68 C1
Lopcombe Corner GB 13 F2
Lopera E 48 A1
Loppa N 104 C2
Loppi FIN 120 C3
Lora N 110 C3
Lora del Río E 47 E2
Lorca E 49 D2
Lorcé B 17 F2
Lorch D 62 A3
Lorch D 66 C1
Loreo I 76 B1
Loreto I 77 D3
Loreto Aprutino I 77 E4
Lorgues F 31 E3
Lorica I 83 E2
Lorient F 18 C4
Loriga P 40 C1
Loriol-sur-Drôme F 30 C1
Lormes F 26 B1
Loro Ciuffenna I 76 B3
Le Loroux-Bottereau F 24 B1
Lorquin F 23 D2
Lorrez-le-Bocage F 21 F3
Lorris F 21 E4
Los S 112 B4
Losa (La) E 48 C1
Losar de la Vera E 41 F2
Losenstein A 68 B1
Losheim D 23 D1
Lošinj HR 77 E1
Loßburg D 23 F2
Lossiemouth GB 7 E4
Lostwithiel GB 12 C3
Lote N 110 B3
Loudéac F 18 C3
Loudes F 26 B4
Loudías GR 88 A2
Loudun F 24 C1
Loué F 19 F3
Loughborough GB 11 D4
Loughrea / Baile Locha
Riach IRL 2 B4
Louhans F 26 C2
Louhisaari FIN 120 B3
Louisburgh IRL 2 A3
Loukíssia GR 94 A3
Loulay F 24 C3
Loulé P 46 B2
Louny CZ 64 A2
La Loupe F 21 D3
Lourdes F 28 C3
Loures P 40 A3
Louriçal P 40 B1

Luxembourg

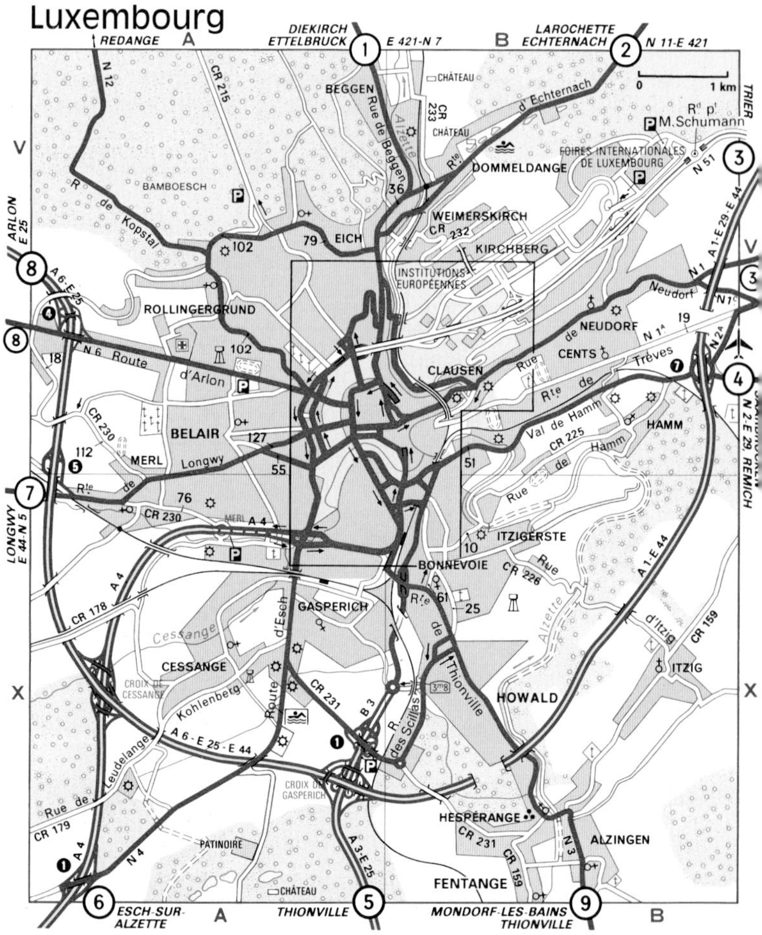
DIEKIRCH
ETTELBRUCK
LAROCHETTE
ECHTERNACH
REDANGE
TRIER
ARLON
E 25
LONGWY
E 44-N 5
ESCH-SUR-ALZETTE
THIONVILLE
MONDORF-LES-BAINS
THIONVILLE
REMICH
BEGGEN
DOMMELDANGE
WEIMERSKIRCH
KIRCHBERG
EICH
BAMBOESCH
ROLLINGERGRUND
INSTITUTIONS EUROPÉENNES
FOIRES INTERNATIONALES DE LUXEMBOURG
NEUDORF
CENTS
CLAUSEN
HAMM
BELAIR
MERL
ITZIGERSTE
BONNEVOIE
GASPERICH
CESSANGE
HOWALD
ITZIG
HESPERANGE
ALZINGEN
FENTANGE
M.Schumann

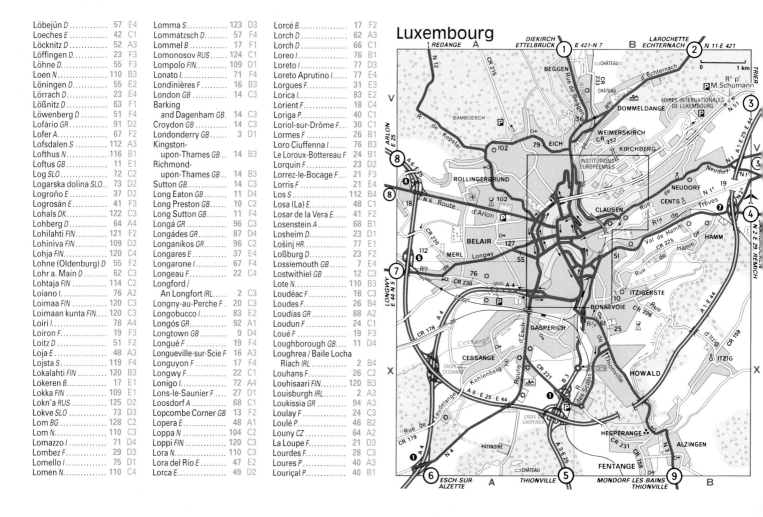

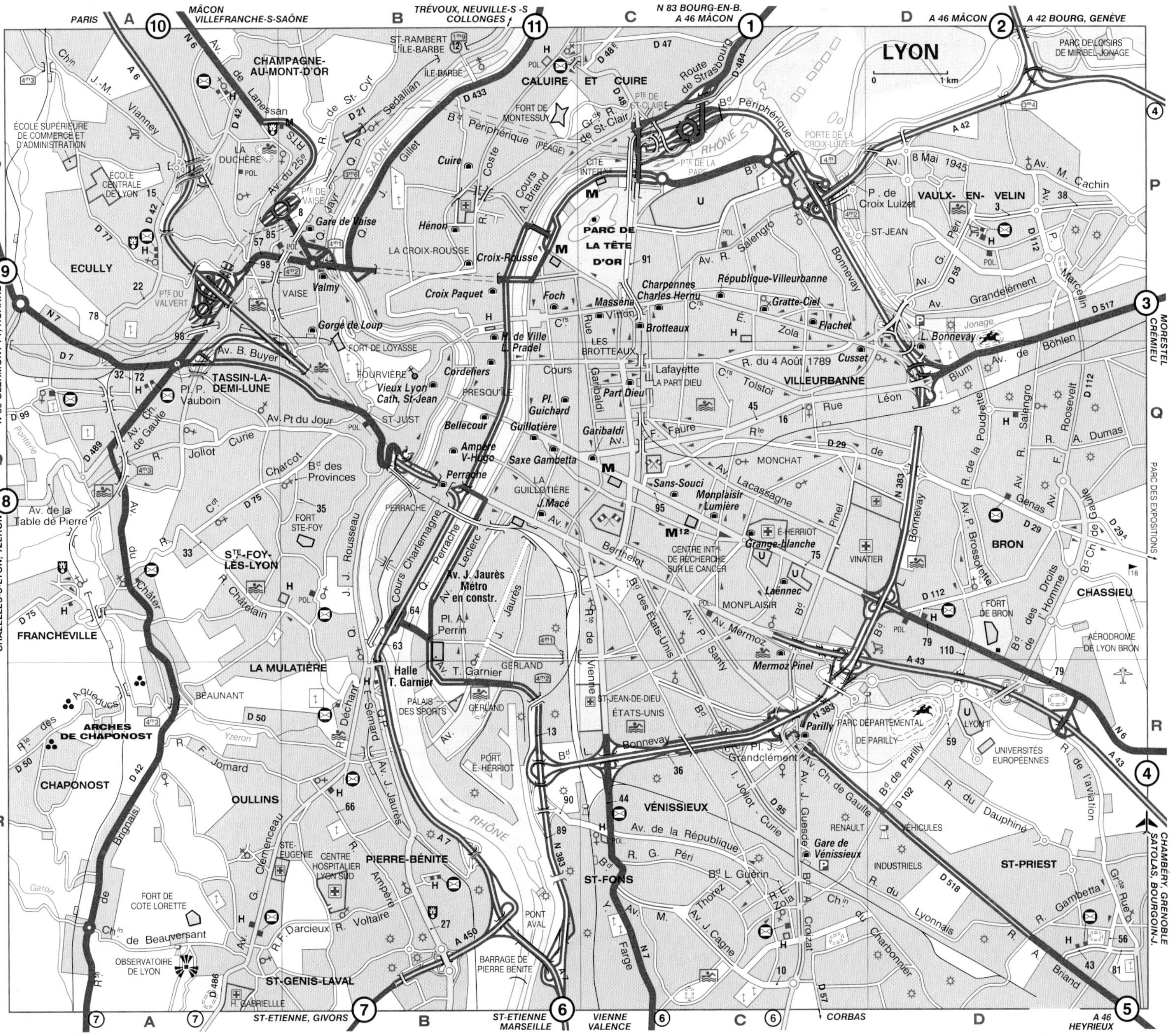
LYON
0 1 km
PARIS
MÂCON VILLEFRANCHE-S-SAÔNE
TRÉVOUX, NEUVILLE-S-S COLLONGES
N 83 BOURG-EN-B. A 46 MÂCON
A 46 MÂCON
A 42 BOURG, GENÈVE
PARC DE LOISIRS DE MIRIBEL JONAGE
CHAMPAGNE-AU-MONT-D'OR
CALUIRE ET CUIRE
ÉCOLE SUPÉRIEURE DE COMMERCE ET D'ADMINISTRATION
ÉCOLE CENTRALE DE LYON
LA DUCHÈRE
Bd Périphérique
PARC DE LA TÊTE D'OR
Gare de Vaise
LA CROIX-ROUSSE
Croix-Rousse
VAULX-EN-VELIN
ECULLY
VAISE
Charpennes Charles Hernu
République-Villeurbanne
Gratte-Ciel
Flachet
Brotteaux
LES BROTTEAUX
Hôtel de Ville L. Pradel
FOURVIÈRE
Vieux Lyon Cath. St-Jean
Cordeliers
TASSIN-LA-DEMI-LUNE
Gorge de Loup
Cusset
VILLEURBANNE
Laurent Bonnevay
Part Dieu
Bellecour
Guillotière
Ampère V-Hugo
Perrache
Saxe Gambetta
Sans-Souci
Monplaisir Lumière
Grange-Blanche
BRON
CHASSIEU
Av. J. Jaurès Métro en constr.
STE-FOY-LÈS-LYON
FRANCHEVILLE
LA MULATIÈRE
Laënnec
MONPLAISIR
Mermoz Pinel
AÉRODROME DE LYON BRON
Halle T. Garnier
GERLAND
PALAIS DES SPORTS
ARCHES DE CHAPONOST
CHAPONOST
OULLINS
PORT E. HERRIOT
Parilly
PARC DÉPARTEMENTAL DE PARILLY
UNIVERSITÉS EUROPÉENNES
VÉNISSIEUX
Gare de Vénissieux
PIERRE-BÉNITE
CENTRE HOSPITALIER LYON SUD
ST-FONS
ST-PRIEST
FORT DE COTE LORETTE
OBSERVATOIRE DE LYON
BARRAGE DE PIERRE BÉNITE
ST-GENIS-LAVAL
ST-ETIENNE, GIVORS
ST-ETIENNE MARSEILLE
VIENNE VALENCE
CORBAS
A 46 HEYRIEUX
CHAMBERY, GRENOBLE SATOLAS, BOURGOIN-J.
MORESTEL CREMIEU
N 89 CLERMONT-FD, ROANNE
CHAZELLES-S-LYON, YZERON

Lourinhã P 40 A3
Loúros GR 92 B1
Le Louroux-Béconnais F 19 F4
Lousa P 40 A3
Lousã P 40 B1
Lousada P 34 B3
Louth GB 11 F3
Loutrá GR 98 B2
Loutrá GR 96 C1
Loutrá GR 88 C4
Loutrá GR 95 F2
Loutrá Aridéas GR 87 F2
Loutrá Edipsoú GR 93 F2
Loutrá Elefterón GR 89 D2
Loutrá Ipátis GR 93 D2
Loutrá Kaítsas GR 93 D2
Loutrá Kilínis GR 92 B4
Loutrá Langadá GR 88 B2
Loutrá Smokóvou GR 93 D2
Loutrá Vólvis GR 88 C2
Loutráki GR 94 A2
Loutráki GR 92 B2
Loutráki GR 93 F4
Loutró Elénis GR 97 E1
Loutropigí GR 93 D2
Loutrópirgos GR 94 A4
Loutrós GR 91 D2
Loútsa GR 92 A1
Loútsa GR 94 B4
Louvain-la-Neuve B 17 E2
Louvière (La) B 17 E2
Louviers F 16 B4
Louvigné-du-Désert F 19 E3
Loveč BG 129 D2
Lovere I 71 E4
Loviisa/Lovisa FIN 121 D3
Lovrenc na P. SLO 73 E2
Lovund N 107 D2
Low Street GB 15 D1
Lowestoft GB 15 E1
Lož SLO 73 D3
Loznica YU 128 A1
Lozoyuela E 42 B1
Luanco E 33 E2
Luarca E 33 D2
Lubań PL 58 B4
L'ubercy RUS 125 F2
Lubersac F 25 E4
L'ubim RUS 125 F1
Lubin PL 58 C4
Lublin PL 126 B2
Lubliniec PL 126 A2
Lubmin D 51 F2
Lubny UA 127 F2
Lubrín E 49 D3
Le Luc F 31 E3
Luc-en-Diois F 31 D1
Luc-sur-Mer F 19 F1
Lucainena de las Torres E 48 C3
Lucan IRL 3 D4
Lucca I 75 F3
Luče SLO 73 E2
Lucena E 47 F2
Lucenay-l'Évêque F 26 B1
Luceni E 37 E3
Lucera I 80 B2
Luciana E 42 A4
Lucito I 80 A1
Luc'k UA 126 C2
Lucka D 63 E1
Luckau D 58 A3
Luckenwalde D 57 F3
Luçon F 24 B2
Lučenec SK 126 A3
Le Lude F 20 C4
Ludiente E 44 A2
L'udinovo RUS 125 F3
Ludlow GB 10 C4
Ludvika S 119 D1
Ludwigsburg D 66 B1
Ludwigsfelde D 57 F3
Ludwigshafen D 66 B2
Ludwigshafen D 23 F1
Ludwigslust D 51 D4
Ludwigsstadt D 63 D2
Lübars D 57 E3
Lübbecke D 55 F3
Lübben D 58 A3
Lübbenau D 58 A3
Lübbow D 51 D4
Lübeck D 50 C3
Lübz D 51 E3
Lüchow D 51 D4
Lüdenscheid D 61 F1
Lüdinghausen D 55 E4
Lügde D 56 B4
Lüneburg D 50 C4
Lünen D 55 E4
Lütjenburg D 50 C2
Lützen D 57 E4
Luga RUS 125 D1
Lugagnano Val d'Arda I 75 E1
Lugano CH 71 D3
Lugau D 63 F1
Lugnano in Teverina I 79 D1
Lugo E 32 C3
Lugo I 76 B2
Lugoj RO 128 B1
Lugones E 33 E2
Luhačovice CZ 65 F3
Luhalahti FIN 120 C2
Luhanka FIN 121 D2
Luhtapohja FIN 115 F3
Luino I 71 D3
Luisiana (La) E 47 E2
Lukavac BIH 128 A1
Lukovica SLO 73 E2
Lukovit BG 128 C2
Lüleburgaz TR 129 E3
Luleå S 108 C3
Lumbier E 28 A4
Lumbrales E 35 D4
Lumbres F 15 E4
Lumezzane I 71 E4
Lumijoki FIN 114 C1
Lumparland FIN 120 A4
Lumsheden S 119 D1
Lumsås DK 122 C3
Luna E 37 F3
Lunas F 30 A2
Lund S 123 D3
Lund N 107 D4
Lunde N 110 B3
Lunde N 116 C2
Lunden D 50 A2
Lunel F 30 B2
Lunéville F 23 D2
Lungern CH 66 A4
Lungro I 80 C4
Luninec BY 126 C1
Lunz A 68 C1
Luogosanto I 82 B1
Luopioinen FIN 120 C3
Luosto FIN 109 E1
Luque E 48 A2
Lurbe-St-Christau F 28 B3
Lurcy-Lévis F 26 A1
Lure F 23 D4
Lurgan GB 3 E2
Luri F 78 B2
Lurisia I 74 C2
Lury-sur-Arnon F 25 F1
Lushnjë AL 128 B3
Lusi FIN 121 D3
Lusignan F 24 C2
Lusigny-sur-Barse F 22 A3
Lusk IRL 3 E4
Luso P 40 B1
Lussac F 24 C4
Lussac-les-Châteaux F 25 D2
Lussan F 30 B2
Lustenau A 66 C3
Luster N 110 C4
Luton GB 14 B2
Lutterberg D 56 B4
Lutterworth GB 11 D4
Lutzelbourg F 23 E2
Lutzerath D 61 F3
Lutzmannsburg A 69 E2
Luumäki FIN 121 E3
Luupuvesi FIN 115 D2
Luusua FIN 109 E2
Luvia FIN 120 B3
Luxembourg L 22 C1
Luxeuil-les-Bains F 23 D4
Luynes F 20 C4
Luz-St-Sauveur F 28 C4
Luzarches F 21 E2
Luzech F 29 E1
Luzern CH 66 B4
Luzy F 26 B1
Luzzara I 75 F1
Luzzi I 83 E2
L'viv UA 126 C2
Lychen D 51 F4
Lycksele S 113 D1
Lydd GB 15 D4
Lydney GB 13 E1
Lye S 119 F4
Lyme Regis GB 13 D3
Lymington GB 13 F3
Lyndhurst GB 13 F3
Lyngdal N 116 B3
Lyngseidet N 104 C3
Lyngsnes N 106 C4
Lynmouth GB 13 D2
Lynton GB 13 D2
Lyon F 26 C3
Lyons-la-Forêt F 16 B4
Lysekil S 118 A3
Lyss CH 27 F1

Lysvik S 118 C1
Lytham St. Anne's GB 10 C2
Lærdalsøyri N 110 C4
Løding N 107 E2
Lødingen N 104 A4
Løfallstrand N 116 B1
Løgstør DK 122 B1
Løgten DK 122 B2
Løgumkloster DK 122 A3
Løken N 117 E2
Løkken DK 122 B1
Løkken N 111 D2
Lønsdal N 107 E2
Løten N 111 E4
Långeserud S 118 B2
Långsele S 112 C2
Långshyttan S 119 D1
Långträsk S 108 B4
Låvong N 107 D3
Łeba PL 53 D1
Łomża PL 126 A1
Łowicz PL 126 A1
Läckö S 118 C3
Längelmäki FIN 120 C2
Länkipohja FIN 120 C2
Lärbro S 119 F4
Löbnitz D 51 E2
Lönsboda S 123 E2
Löttorp S 123 F1
Lövberga S 112 B1
Lövstabruk S 119 E1
Lövånger S 113 E1
Lübtheen D 51 D4
Lützow D 51 D3

M

M. Doukáto GR 89 F1
Maam Cross / An Teach Dóite IRL 2 A4
Maaninka FIN 115 E3
Maaninkavaara FIN 109 E2
Maanselkä FIN 115 E2
Maarianvaara FIN 115 E3
Maaseik B 61 D1
Maasmechelen B 17 F1
Maassluis NL 54 B4
Maastricht NL 17 F2
Maastricht NL 61 D1
Mablethorpe GB 11 F3
Macael E 48 C3
Maço P 40 C2
Macclesfield GB 11 D3
Macduff GB 7 E4
Maceda E 32 B4
Macedo de Cavaleiros P 35 D3
Macerata I 77 D3
Macerata Feltria I 76 B3
Machault F 17 E4
Machecoul F 24 A1
La Machine F 26 A1
Machrihanish GB 3 E1
Machynlleth GB 10 B4
Mackenrode D 56 C4
Mačkovci SLO 73 F1
Macomer I 82 B2
Mâcon F 26 C2
Macotera E 41 F1
Macroom / Maigh Chromtha IRL 4 B3
Macugnaga I 70 C4
Maddaloni I 80 A3
Maderuelo E 36 B4
Madesimo I 71 D3
Madona LV 124 C2
Madonna di Campiglio I 71 F3
Madrid E 42 B1
Madridejos E 42 B3
Madrigal de las Altas Torres E 35 F4
Madrigal de la Vera E 41 F2
Madrigalejo E 41 F3
Madrona E 42 B1
Madroñera E 41 E3
Madroño (El) E 47 D2
Mähring D 63 F3
Maël-Carhaix F 18 C3
Maella E 38 A4
Märkisch Buchholz D 58 A3
Maesteg GB 13 D1
Mafra P 40 A3
Magacela E 41 E4
Magallón E 37 E3
Magaña E 37 D3
Magaz E 36 A3
Magdalena (La) E 33 E3
Magdeburg D 57 D3
Magenta I 71 D4
Maghera GB 3 D2
Magherafelt GB 3 D2
Magione I 76 B4
Maglaj BIH 128 A1
Magliano de' Marsi I 79 E1
Magliano in Toscana I 78 C1
Magliano Sabina I 79 D1
Maglie I 81 F3
Magnac-Laval F 25 E2
Magnor N 117 E1
Magny-en-Vexin F 21 E2
Magoúla GR 96 B1
Maherádo GR 96 A1
Mahilëŭ BY 125 D4
Mahlu FIN 114 C3
Mahora E 43 E4
Maia P 34 B3
Maials E 38 B4
Maîche F 23 D4
Maida I 83 E3
Maidenhead GB 14 B3
Maidstone GB 14 C3
Maienfeld CH 66 C4
Maignelay-Montigny F 16 C4
Maijanen FIN 109 D2
Maillezais F 24 B2
Mailly-le-Camp F 22 A2
Mainar E 37 E4
Mainburg D 67 E1
Maintenon F 21 D2
Mainz D 62 A3
Maiori I 80 A3
Mairena del Alcor E 47 E2
Maisach D 67 E1
Maison-Neuve F 22 B3
Maissau A 65 D4
Maizières-lès-Metz F 22 C1
Majdanpek YU 128 B1
Majšperk SLO 73 F2
Makarska HR 128 A2
Makó H 126 B4
Makrahómi GR 93 D2
Mákri GR 91 D2
Makríamos GR 89 E2
Makrígialos GR 88 A3
Makrigialós GR 101 F4
Makrihóri GR 88 A4
Makrihóri GR 89 E1
Makrinítsa GR 93 F1
Makriplágio GR 89 D1
Makrirráhi GR 93 D2
Makrohóri GR 88 A2
Makroníssi (Nissí) GR 98 A1
Maksniemi FIN 109 D3
Mala Vyska UA 127 F2
Maladzečna BY 124 C4
Málaga E 47 F3
Malagón E 42 B3
Malahide / Mullach de IRL 3 E4
Malaja Višera RUS 125 D1
Malalbergo I 76 A1
Malámata GR 93 D3
Malandríno GR 93 D3
Malaucène F 30 C2
Malax/Maalahti FIN 114 B3
Malbork PL 124 A4
Malbuisson F 27 E1
Malcesine I 71 F4
Malchin D 51 E3
Malchow D 51 E3
Maldegem B 15 F3
Maldon GB 14 C3
Malé I 67 E4
Máleme GR 100 A3
La Malène F 30 A1
Malente D 50 C2
Máles GR 101 E4
Malesherbes F 21 E3
Malessína GR 93 F3
Malestroit F 19 D4
Malgrat de Mar E 39 D4
Mali Lošinj HR 77 E1
Mália GR 101 E3
Malicorne-sur-Sarthe F 19 F4
Maliskylä FIN 114 C2
Malko Tărnovo BG 129 E2
Mallaig GB 6 B4
Mallén E 37 E3
Mallersdorf D 63 F4
Malles Venosta / Mals I 67 D4
Mallnitz A 68 A3
Mallow / Mala IRL 4 C3
Mallwyd GB 10 B4
Malm N 111 E1
Malmberget S 108 B2
Malmédy B 61 E2
Malmesbury GB 13 E2
Malmköping S 119 E3
Malmslätt S 119 D3
Malmö S 123 D3

Madrid

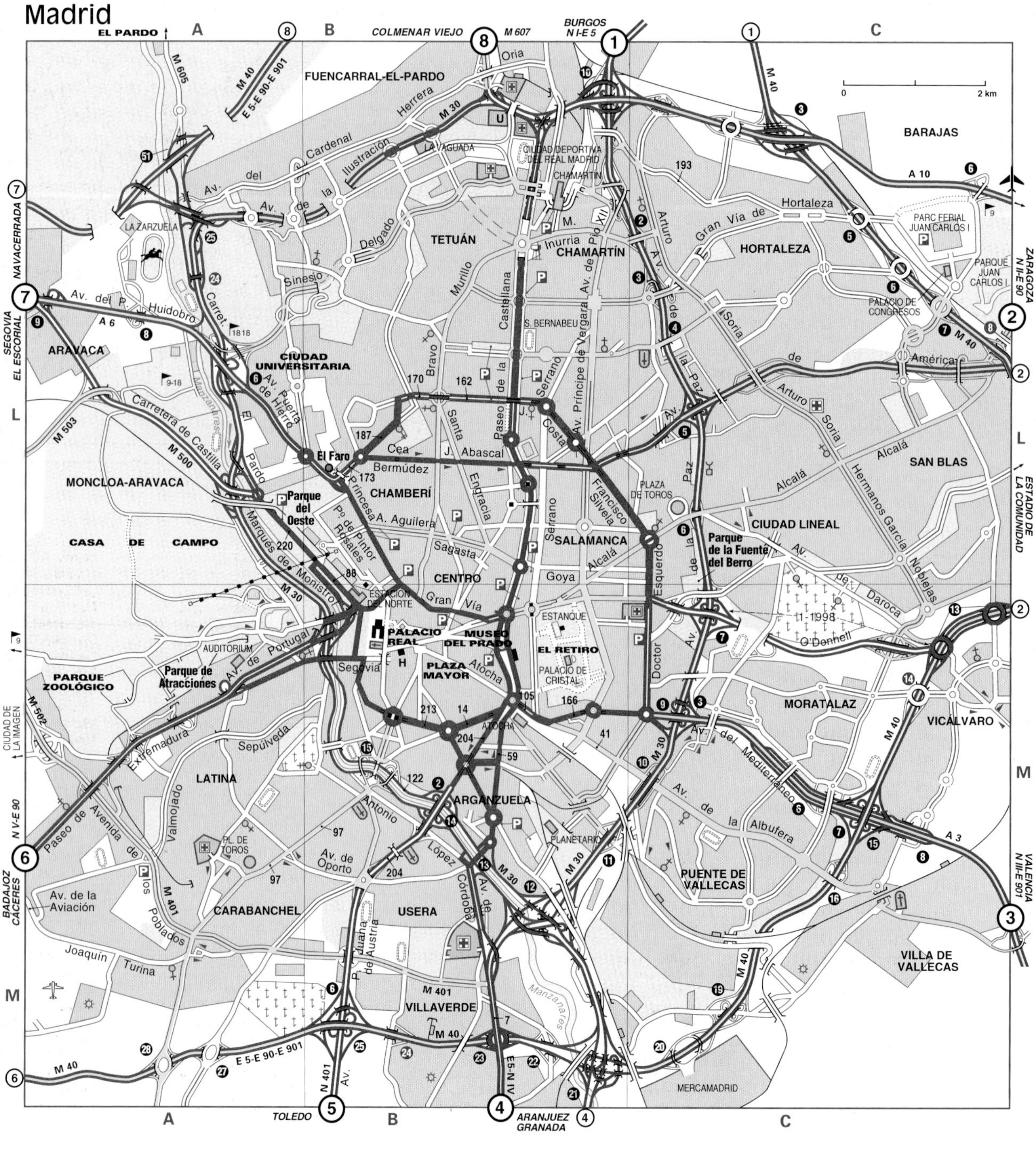
EL PARDO
COLMENAR VIEJO
BURGOS N I-E 5
FUENCARRAL-EL-PARDO
BARAJAS
TETUÁN
CHAMARTÍN
HORTALEZA
ZARAGOZA N II-E 90
SEGOVIA EL ESCORIAL
NAVACERRADA
ARAVACA
CIUDAD UNIVERSITARIA
MONCLOA-ARAVACA
CASA DE CAMPO
CHAMBERÍ
SALAMANCA
CIUDAD LINEAL
SAN BLAS
ESTADIO DE LA COMUNIDAD
CENTRO
PALACIO REAL
MUSEO DEL PRADO
EL RETIRO
PLAZA MAYOR
PARQUE ZOOLÓGICO
Parque de Atracciones
MORATALAZ
VICÁLVARO
LATINA
ARGANZUELA
PUENTE DE VALLECAS
VALENCIA N III-E 901
BADAJOZ CÁCERES N V-E 90
CARABANCHEL
USERA
VILLA DE VALLECAS
VILLAVERDE
MERCAMADRID
TOLEDO
ARANJUEZ GRANADA
0 2 km

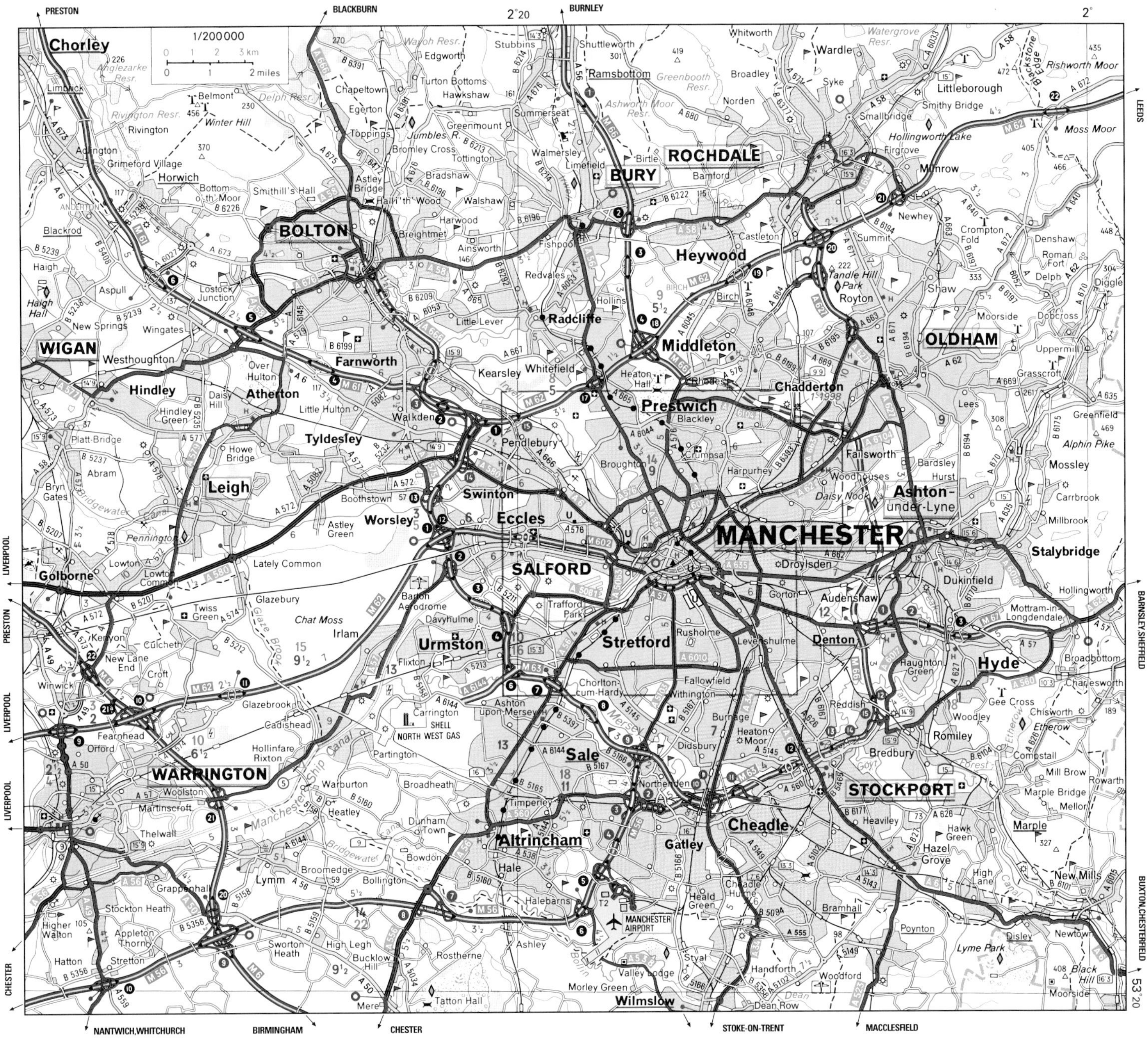
1/200000
PRESTON
BLACKBURN
BURNLEY
LEEDS
LIVERPOOL
BARNSLEY,SHEFFIELD
BUXTON,CHESTERFIELD
CHESTER
NANTWICH,WHITCHURCH
BIRMINGHAM
STOKE-ON-TRENT
MACCLESFIELD
Chorley
BOLTON
BURY
ROCHDALE
Heywood
WIGAN
Middleton
OLDHAM
Prestwich
Leigh
Eccles
MANCHESTER
SALFORD
Stretford
Urmston
Ashton-under-Lyne
Stalybridge
Hyde
Denton
WARRINGTON
Sale
STOCKPORT
Altrincham
Cheadle
Wilmslow
MANCHESTER AIRPORT

Malo *I* 72 A4
Malo-les-Bains *F* 15 E4
Malo-archangel'sk *RUS* 125 F4
Maloja *CH* 71 E3
Malojaroslavec *RUS* 125 F3
Malónas *GR* 103 F2
Malpartida de Cáceres *E* 41 E3
Malpartida de Plasencia *E* 41 E2
Malpica de Bergantiños *E* 32 A2
Malpica do Tejo *P* 40 C2
Malsta *S* 112 C4
Malta *A* 68 B3
Maltby *GB* 11 E3
Malton *GB* 11 E2
Maluenda *E* 37 E4
Malung *S* 118 C1
Malungsfors *S* 118 C1
Malveira *P* 40 A3
Malveira *P* 40 A3
Malvik *N* 111 E2
Malyn *UA* 127 E1
Le Malzieu-Ville *F* 30 A1
Malå *S* 108 A4
Mamaia *RO* 129 E1
Mamarrosa *P* 40 B1
Mamers *F* 20 C3
Mammola *I* 83 E4
Mamonovo *RUS* 125 A4
Manacor *E* 45 E3
Manacore *I* 80 C1
Manamansalo *FIN* 115 D1
Mancha Real *E* 48 B2
Manchester *GB* 10 C2
Manching *D* 67 E1
Manciano *I* 78 C1
Mandal *N* 116 B3
Mandamádos *GR* 95 F1
Mandas *I* 82 B3
Mandela *I* 79 E1
Mandelieu-la-Napoule *F* 31 F3
Manderscheid *D* 61 F3
Mandoúdi *GR* 94 A2
Mándra *GR* 94 A4
Mándra *GR* 97 E1
Mandráki *GR* 103 D1
Mandrikó *GR* 103 E2
Manduria *I* 81 E3
Manerbio *I* 71 E4
Manfredonia *I* 80 C1
Mangalia *RO* 129 E1
Mángana *GR* 89 E1
Manganári *GR* 98 C3
Manger *N* 110 A4
Mangualde *P* 40 C1
Máni *GR* 91 E1
Maniago *I* 72 B3
Manilva *E* 47 E4
Manisa *TR* 129 E4
Manises *E* 43 F3
Mank *A* 68 C1
Manlleu *E* 39 D3
Mannersdorf am Leithagebirge *A* 69 E1
Mannheim *D* 23 F1
Manoppello *I* 79 F1
Manorhamilton / Cluainín *IRL* 2 C2
Mánormos *GR* 100 C3
Manosque *F* 31 D2
Manresa *E* 38 C4
Le Mans *F* 20 C3
Manschnow *D* 58 A2
Mansfeld *D* 57 D4
Mansfield *GB* 11 D3
Mansilla de las Mulas *E* 33 E4
Mansle *F* 24 C3
Manteigas *P* 40 C1
Mantes-la-Jolie *F* 21 E2
Mantiel *E* 43 D1
Mantorp *S* 119 D3
Mantova *I* 75 F1
Manzanares *E* 42 C4
Manzanares el Real *E* 42 B1
Manzaneda *E* 32 C4
Manzanera *E* 43 F2
Manzat *F* 26 A3
Manziana *I* 79 D1
Maó / Mahón *E* 45 F3
Maqueda *E* 42 A2
Maranchón *E* 37 D4
Maranello *I* 75 F2
Marano di Napoli *I* 80 A3
Marano Lagunare *I* 72 C3
Marans *F* 24 B2
Marássia *GR* 91 E1
Maratea *I* 80 C4
Marateca *P* 40 A4
Marathéa *GR* 93 D1
Marathiás *GR* 93 D3
Marathókambos *GR* 99 F1
Marathónas *GR* 94 B4
Marathópoli *GR* 96 B2
Márathos *GR* 93 F1
Marbach a. Neckar *D* 62 B4
Marbella *E* 47 F4
Marburg *D* 62 B1
Marby *S* 112 A2
March *GB* 11 F4
Marchamalo *E* 42 C1
Marchaux *F* 23 D4
Marche-en-Famenne *B* 17 F3
Marchegg *A* 65 E4
Marchena *E* 47 E2
Marchenoir *F* 21 D4
Marchiennes *F* 17 D2
Marciac *F* 28 C3
Marcianise *I* 80 A3
Marcigny *F* 26 B2
Marcilla *E* 37 E2
Marcillac-Vallon *F* 29 F1
Marcillat-en-Combraille *F* 25 F2
Marcilly-le-Hayer *F* 22 A3
Marckolsheim *F* 23 E3
Marco de Canaveses *P* 34 B4
Marcoule *F* 30 C2
Marene *I* 74 C2
Marennes *F* 24 B3
Marentes *E* 33 D3
Mareuil *F* 25 D4
Mareuil-sur-Lay *F* 24 B2
Margarítes *GR* 100 C3
Margaríti *GR* 92 A1
Margate *GB* 15 D3
Margherita di Savoia *I* 80 C2
Marguerittes *F* 30 C2
María *E* 49 D2
Maria Saal *A* 68 C3
Maria Taferl *A* 68 C1
Mariánské Lázně *CZ* 63 F2
Mariazell *A* 68 C2
Maribo *DK* 122 C4
Maribor *SLO* 73 F2
Mariborsko Pohorje *SLO* 73 F2
Mariefred *S* 119 E2
Mariehamn/ Maarianhamina *FIN* 120 A4
Marienberg *D* 63 F1
Marienborn *D* 57 D3
Marienstedt *D* 50 C3
Mariestad *S* 118 C3
Marignane *F* 31 D3
Marigny *F* 19 E2
Marigny-le-Châtel *F* 22 A3
Marijampolė *LT* 124 B4
Marín *E* 32 A4
Marina di Camerota *I* 80 B4
Marina di Campo *I* 78 A1
Marina di Carrara *I* 75 F2
Marina di Castagneto-Marina di Donoratico *I* 75 F4
Marina di Gioiosa Ionica *I* 83 E4
Marina di Grosseto *I* 76 A4
Marina di Leuca *I* 81 F4
Marina di Massa *I* 75 F3
Marina di Pietrasanta *I* 75 F3
Marina di Pisa *I* 75 F3
Marina di Ragusa *I* 85 D4
Marina di Ravenna *I* 76 B1
Marina di Torre Grande *I* 82 A3
Mar"ina Horka *BY* 125 D4
Marinella *I* 84 B3
Marineo *I* 84 B3
Marines *F* 21 E2
Maringues *F* 26 A3
Marinha Grande *P* 40 A2
Marinkainen *FIN* 114 C2
Marino *I* 79 E2
Marjaniemi *FIN* 114 C1
Markaryd *S* 123 E2
Markdorf *D* 66 C2
Market Drayton *GB* 10 C3
Market Harborough *GB* 11 E4
Markethill *GB* 3 D3
Market Rasen *GB* 11 E3
Market Weighton *GB* 11 E2
Markgröningen *D* 66 B1
Markina *E* 37 D1

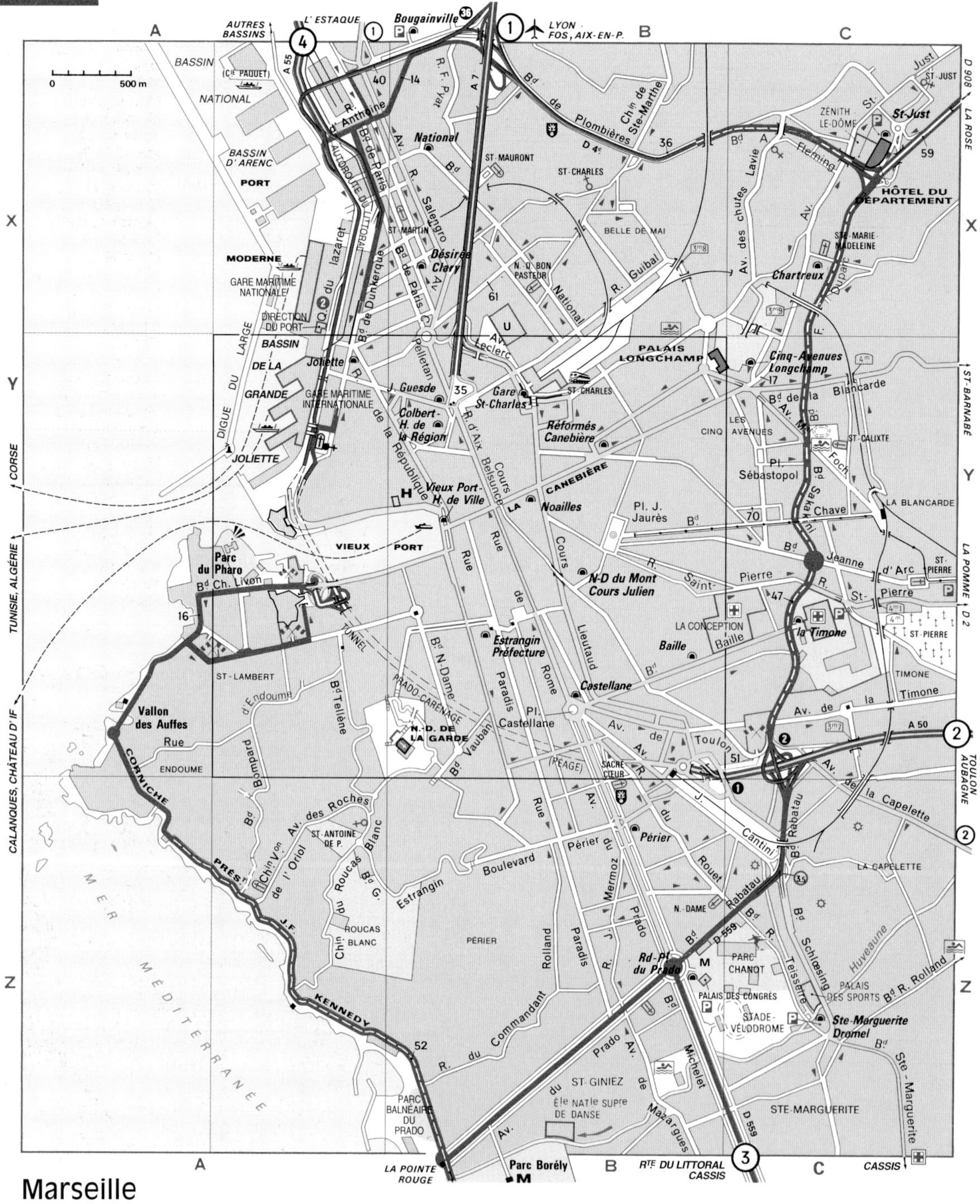

A
B
C
X
Y
Z
AUTRES BASSINS
L'ESTAQUE
Bougainville
LYON FOS, AIX-EN-P.
0 500 m
BASSIN NATIONAL
BASSIN D'ARENC
PORT
National
ST-MAURONT
ST-CHARLES
BELLE DE MAI
MODERNE
GARE MARITIME NATIONALE
DIRECTION DU PORT
BASSIN DE LA GRANDE JOLIETTE
DIGUE DU LARGE
Joliette
GARE MARITIME INTERNATIONALE
Désirée Clary
PALAIS LONGCHAMP
Cinq-Avenues Longchamp
Chartreux
HÔTEL DU DÉPARTEMENT
St-Just
ZÉNITH LE-DÔME
STE-MARIE-MADELEINE
J. Guesde
Gare St-Charles
Colbert-H. de la Région
Réformés Canebière
CANEBIÈRE
Vieux Port-H. de Ville
Noailles
VIEUX PORT
Parc du Pharo
CORSE
TUNISIE, ALGÉRIE
CALANQUES, CHÂTEAU D'IF
Pl. J. Jaurès
Sébastopol
LA BLANCARDE
N-D du Mont Cours Julien
Estrangin Préfecture
LA CONCEPTION
Baille
la Timone
TIMONE
ST-LAMBERT
Vallon des Auffes
ENDOUME
N.-D. DE LA GARDE
Castellane
Pl. Castellane
SACRÉ CŒUR
Périer
LA CAPELETTE
CORNICHE PRÉST J.F. KENNEDY
MER MÉDITERRANÉE
ST-ANTOINE DE P.
ROUCAS BLANC
PÉRIER
N.-DAME
Rd-Pt du Prado
PARC CHANOT
PALAIS DES CONGRÈS
STADE-VÉLODROME
PALAIS DES SPORTS
Ste-Marguerite Dromel
STE-MARGUERITE
ST-GINIEZ
PARC BALNÉAIRE DU PRADO
LA POINTE ROUGE
Parc Borély
RTE DU LITTORAL CASSIS
CASSIS
TOULON AUBAGNE
A 50
ST-BARNABÉ
LA POMME
LA ROSE

Marseille

Melgar de Fernamental E .. 36 B2
Melhus N ... 111 D2
Melía GR ... 93 E1
Melide E ... 32 B3
Melides P ... 40 A4
Melidóni GR ... 100 C3
Meligalás GR ... 96 C2
Melíki GR ... 88 A2
Melilli I ... 85 E3
Mélisey F ... 23 D4
Mélissa GR ... 89 E1
Melíssi GR ... 93 E4
Melissohóri GR ... 93 F4
Melissópetra GR ... 86 C3
Melissourgós GR ... 88 C2
Melíti GR ... 87 E2
Melito Porto Salvo I .. 83 E4
Melívia GR ... 90 B1
Melívia GR ... 88 B4
Melk A ... 68 C1
Melksham GB ... 13 E2
Mellansel S ... 113 D2
Melle F ... 24 C2
Melle D ... 55 F3
Mellendorf D ... 56 B3
Mellerud S ... 118 B3
Mellieha M ... 85 F4
Mellilä FIN ... 120 C3
Mellin D ... 57 D2
Mellingen D ... 63 D1
Mellrichstadt D ... 62 C2
Mělni>'k CZ ... 64 B2
Melpers D ... 62 C2
Melrose GB ... 9 E3
Melsungen D ... 62 B1
Meltaus FIN ... 109 D2
Melton Mowbray GB . 11 E4
Meltosjärvi FIN ... 109 D2
Melun F ... 21 F3
Melvich GB ... 7 D2
Membrilla E ... 42 C4
Membrío E ... 41 D2
Memmingen D ... 67 D2
Mena UA ... 127 E1
Menaggio I ... 71 D3
Menai Bridge/ Porthaethwy GB ... 10 A3
Menasalbas E ... 42 A3
Menat F ... 26 A2
Mendavia E ... 37 D2
Mende F ... 30 A1
Menden (Sauerland) D ... 55 E4
Mendenítsa GR ... 93 E2
Mendig D ... 61 F2
Mendrisio CH ... 71 D4
Menen B ... 15 F4
Menesjärvi FIN ... 105 E3
Menetés GR ... 103 D4
Ménez-Hom F ... 18 B3
Menfi I ... 84 B3
Mengamuñoz E ... 42 A1
Mengara I ... 76 C3
Mengen D ... 66 C2
Mengeš SLO ... 73 D2
Mengibar E ... 48 A1
Menídi GR ... 92 B2
Ménigoute F ... 24 C2
Mennetou-sur-Cher F 25 E1
Mens F ... 31 D1
Mentana I ... 79 D1
Menthon-St-Bernard F ... 27 E3
Menton F ... 31 F2
Méntrida E ... 42 B2
Les Menuires F ... 27 E4
Meppel NL ... 55 D3
Meppen D ... 55 E2
Mequinenza E ... 38 A4
Mer F ... 21 D4
Merano / Meran I ... 67 E4
Merate I ... 71 E4
Merca (A) E ... 32 B4
Mercadal (es) E ... 45 F2
Mercatale I ... 76 C3
Mercatale I ... 76 B3
Mercatino Conca I ... 76 C2
Mercato S. Severino I 80 A3
Mercato Saraceno I .. 76 B2
Mercœur F ... 25 F4
Merdrignac F ... 19 D3
Méréville F ... 21 E3
Mere GB ... 13 E2
Mergozzo I ... 70 C3
Méribel F ... 27 E4
Mérida E ... 41 E4
Mérignac F ... 24 B4
Mérihas GR ... 98 B2
Merijärvi FIN ... 114 C2
Merikarvia FIN ... 120 B2
Mering D ... 67 D1
Merkendorf D ... 63 D4
Merklingen D ... 66 C1
Le Merlerault F ... 20 C2
Mers-les-Bains F ... 16 B3
Mersch L ... 61 E3
Merseburg D ... 57 E4
Merthyr Tydfil GB ... 13 D1
Mértola P ... 46 B1
Méru F ... 16 C4
Merville F ... 15 F4
Merville-Franceville-Plage F ... 19 F1
Méry-sur-Seine F ... 22 A3
Merzig D ... 23 D1
Meråker N ... 111 E2
Mesagne I ... 81 E3
Mešo Frio P ... 34 C4
Mesa Roldán (La) E .. 49 D3
Mesas (Las) E ... 42 C3
Meschede D ... 62 A1
Mescherin D ... 52 A3
Meschers-sur-Gironde F ... 24 B3
Meslay-du-Maine F . 19 F3
Mesocco CH ... 71 D3
Mesola I ... 76 B1
Mesón do Vento E ... 32 B2
Mesoraca I ... 83 F2
Mespelbrunn D ... 62 B3
Messanagrós GR ... 103 E3
Messariá GR ... 98 C1
Messei F ... 19 F2
Méssi GR ... 89 F1
Messiméri GR ... 88 B3
Messimvría GR ... 91 D2
Messina I ... 83 D4
Messíni GR ... 96 A1
Meßkirch D ... 66 B2
Messlingen S ... 112 A3
Messohóra GR ... 92 C1
Messohóri GR ... 103 D3
Messohóri GR ... 87 F4
Messolonghi GR ... 92 C3
Messongí GR ... 86 B4
Messopótamo GR ... 92 A1
Messótopos GR ... 95 F2
Meßstetten D ... 66 B2
Mestá GR ... 95 E4
Mestanza E ... 42 B4
Mésti GR ... 91 D2
Mestlin D ... 51 D3
Mestre I ... 72 B4
Mesvres F ... 26 B1
Metalikó GR ... 88 B1
Metalío GR ... 93 E2
Metamórfossi GR ... 88 A1
Metamórfossi GR ... 88 C3
Metangitsi GR ... 88 C3
Metaxádes GR ... 91 E1
Méthana GR ... 97 F1
Methil GB ... 9 D2
Methóni GR ... 88 A3
Methóni GR ... 96 B3
Metlika SLO ... 73 E3
Metnitz A ... 68 B3
Metóhi GR ... 94 B3
Metóhi GR ... 92 C4
Metóhi GR ... 97 E1
Metóhi GR ... 93 F1
Métsovo GR ... 87 E4
Metsäkylä FIN ... 109 F3
Metsäkylä FIN ... 121 E3
Metsämaa FIN ... 120 C3
Mettingen D ... 55 E3
Mettlach D ... 23 D1
Mettmann D ... 61 F1
Metz F ... 23 D1
Metzervisse F ... 23 D1
Metzingen D ... 66 B1
Meulan F ... 21 E2
Meung-sur-Loire F ... 21 E4
Meursault F ... 26 C1
Meuselwitz D ... 63 E1
Mevagissey GB ... 12 B4
Meximieux F ... 26 C3
Meyenburg D ... 51 E4
Meymac F ... 25 F3
Meyrueis F ... 30 A2
Meyzieu F ... 26 C3
Mezdra BG ... 128 C2
Mèze F ... 30 B3
Mézel F ... 31 E2
Mežica SLO ... 73 E2
Mézidon F ... 20 C2
Mézières-en-Brenne F ... 25 E1
Mézières-sur-Issoire F ... 25 D2
Mézin F ... 28 C2
Mezőberény H ... 126 B4
Mezőkövesd H ... 126 B4
Mezőtúr H ... 126 B4

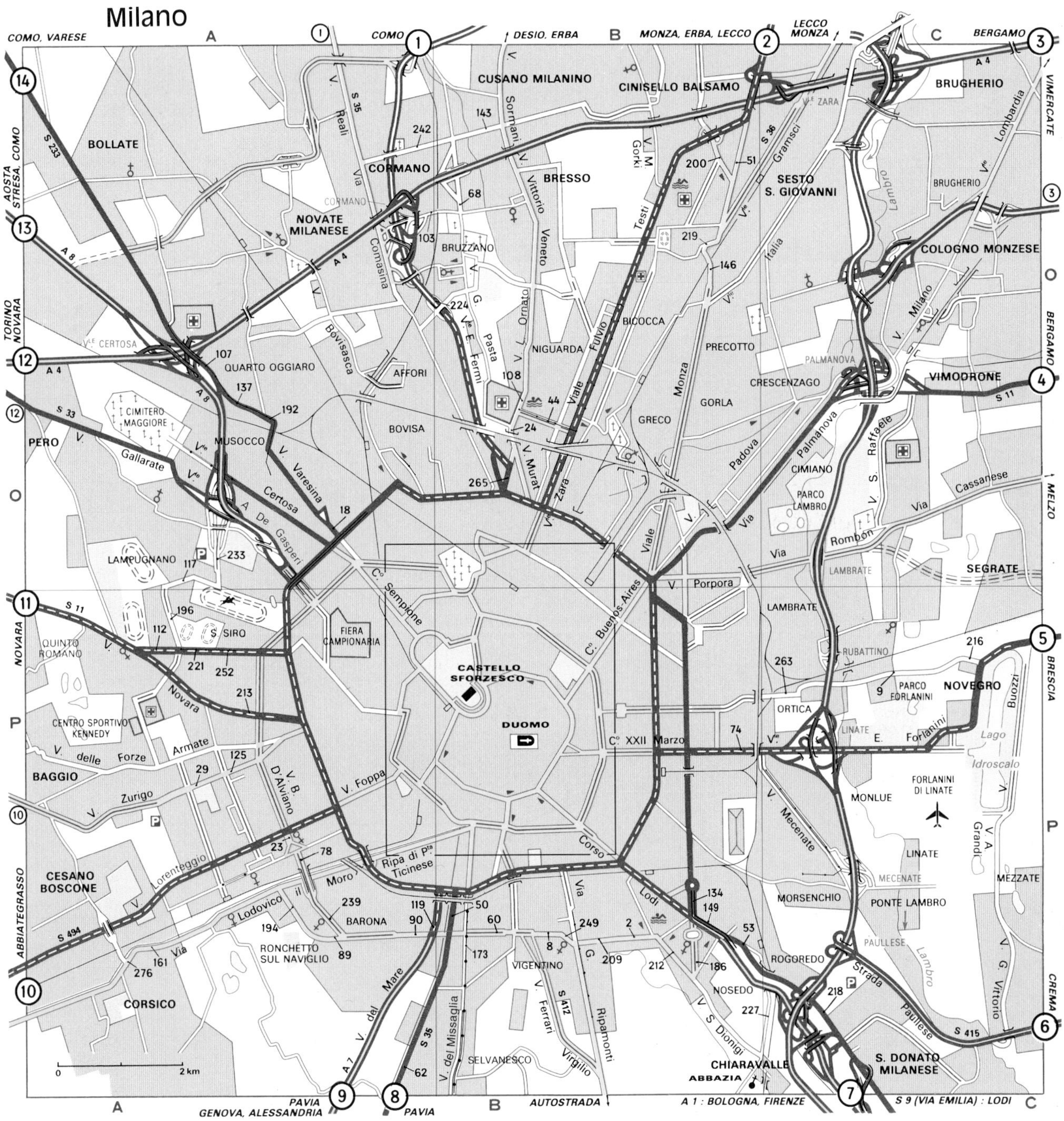

Milano
COMO, VARESE
COMO
DESIO, ERBA
MONZA, ERBA, LECCO
LECCO MONZA
BERGAMO
CUSANO MILANINO
CINISELLO BALSAMO
BRUGHERIO
BOLLATE
CORMANO
BRESSO
SESTO S. GIOVANNI
NOVATE MILANESE
BRUZZANO
COLOGNO MONZESE
QUARTO OGGIARO
AFFORI
BICOCCA
NIGUARDA
PRECOTTO
VIMODRONE
CRESCENZAGO
GORLA
GRECO
BOVISA
CIMITERO MAGGIORE
PERO
MUSOCCO
CIMIANO
LAMPUGNANO
SEGRATE
LAMBRATE
S. SIRO
FIERA CAMPIONARIA
QUINTO ROMANO
CASTELLO SFORZESCO
DUOMO
CENTRO SPORTIVO KENNEDY
ORTICA
NOVEGRO
PARCO FORLANINI
BAGGIO
FORLANINI DI LINATE
MONLUE
LINATE
CESANO BOSCONE
MORSENCHIO
PONTE LAMBRO
MEZZATE
BARONA
RONCHETTO SUL NAVIGLIO
VIGENTINO
ROGOREDO
NOSEDO
CORSICO
SELVANESCO
CHIARAVALLE ABBAZIA
S. DONATO MILANESE
PAVIA
GENOVA, ALESSANDRIA
AUTOSTRADA
A 1 : BOLOGNA, FIRENZE
S 9 (VIA EMILIA) : LODI
CREMA
BRESCIA
MELZO
VIMERCATE
NOVARA
TORINO NOVARA
AOSTA STRESA, COMO
ABBIATEGRASSO

Mezquita (A) E 32 C4
Mezquita de Jarque E 43 F1
Mezzano I 72 A3
Mezzolombardo I 71 F3
Meßdorf D 57 D2
Mgarr M 85 F4
Miajadas E 41 E3
Miastko PL 52 C2
Micheldorf A 68 B2
Michelstadt D 62 B3
Michendorf D 57 F3
Mid Yell GB 7 F2
Middelburg NL 17 D1
Middelfart DK 122 B3
Middelharnis NL 54 B4
Middelkerke-Bad B 15 F4
Middlesbrough GB 11 E1
Middleton-in-Teesdale GB 11 D1
Middlewich GB 10 C3
Midhurst GB 14 B4
Midleton / Mainistir na Corann IRL 4 C3
Midsund N 110 B2
Miedes E 37 E4
Miehikkälä FIN 121 E3
Miélan F 28 C3
Mielec PL 126 B2
Mieluskylä FIN 114 C2
Miercurea-Ciuc RO 127 D4
Mieres E 33 E3
Miesbach D 67 E2
Mietoinen FIN 120 B3
Miettila FIN 121 F2
Międzychód PL 52 C4
Międzylesie PL 65 D1
Międzyrzec Podlaski PL 126 B1
Migennes F 22 A3
Migliarino I 76 B1
Miglionico I 81 D3
Miguel Esteban E 42 C3
Miguelturra E 42 B4
Míhas GR 93 D4
Mihóï GR 92 C4
Michalovce SK 126 B3
Mijas E 47 F4
Mijoux F 27 D2
Míki GR 89 E1
Mikínes GR 97 D1
Mikkelbostad N 104 B3
Mikkeli FIN 121 E2
Mikkelvik N 104 B2
Míkonos GR 98 C2
Míkonos (Nissí) GR 98 C2
Mikr. Dério GR 91 E1
Mikr. Eleftherohóri GR 87 F4
Mikr. Horió GR 92 C2
Mikrí Mandínia GR 96 C3
Mikrókambos GR 88 B2
Mikroklissoúra GR 90 A1
Mikrolímni GR 87 D2
Mikromiliá GR 90 A1
Mikrópoli GR 88 C1
Mikulov CZ 65 E4
Milagro E 37 E3
Milano I 71 D4
Milano Marittima I 76 B2
Milatos GR 101 E3
Milazzo I 83 D4
Milestone IRL 4 C2
Mileto I 83 E3
Milford GB 14 B4
Milford Haven/ Aberdaugleddau GB 5 F4
Milho P 35 E3
Míli GR 97 D1
Miliá GR 97 D1
Miliá GR 91 E1
Miliá GR 87 E3
Miliés GR 93 F1
Milína GR 93 F1
Milis I 82 B3
Militello in Val di Catania I 85 D3
Millares E 43 F4
Millas F 29 F4
Millau F 30 A2
Millesimo I 74 C2
Millford IRL 2 C1
Millom GB 10 C1
Millport GB 8 B3
Millstatt A 68 B3
Millstreet IRL 4 B3
Milltown Malbay / Sráid na Cathrach IRL 4 B2
Milly-la-Forêt F 21 E3
Milmarcos E 37 D4
Milmersdorf D 51 F4
Milopótamos GR 97 E4
Mílos GR 98 B3
Mílos (Nissí) GR 98 B2
Miltach D 63 F4
Miltenberg D 62 B3
Milton Keynes GB 14 B2
Mimizan F 28 B2
Mimizan-Plage F 28 B1
Mína GR 97 D4
Mina de São Domingos P 46 B1
Minas (Las) E 49 D1
Minas de Riotinto E 47 D1
Minaya E 43 D3
Mindelheim D 67 D2
Minden D 56 B3
Mindin F 19 D4
Minehead GB 13 D2
Minerbe I 72 A4
Minerbio I 76 A1
Minervino Murge I 80 C2
Minglanilla E 43 E3
Mingorría E 42 A1
Minkiö FIN 120 C3
Minsk BY 125 D4
Minsterley GB 10 C4
Mintlaw GB 7 F4
Mińsk Mazowiecki PL 126 A1
Mionnay F 26 C3
Mira P 40 B1
Mira I 72 B4
Mira E 43 E3
Mirabella Imbaccari I 85 D3
Mira de Aire P 40 B2
Miraflores E 36 B2
Miraflores de la Sierra E 42 B1
Miramar P 34 B4
Miramar F 31 F3
Miramare I 76 C2
Miramas F 30 C3
Mirambeau F 24 C4
Miramont-de-Guyenne F 29 D1
Miranda de Ebro E 36 C2
Miranda del Castañar E 41 E1
Miranda do Corvo P 40 B1
Miranda do Douro P 35 E3
Mirande F 29 D3
Mirandela P 35 D3
Mirandola I 76 A1
Mirano I 72 B4
Mirebeau F 25 D1
Mirebeau-sur-Bèze F 22 C4
Mirecourt F 23 D3
Mirepoix F 29 E3
Míres GR 101 D4
Miribel F 26 C3
Mírina GR 89 F4
Mirna SLO 73 E3
Mirow D 51 E4
Mirsíni GR 97 D3
Mirtiés GR 99 F3
Mírtos GR 101 E4
Mirueña de los Infanzones E 42 A1
Misi FIN 109 E2
Misilmeri I 84 B2
Miskolc H 126 B3
Mislinja SLO 73 E2
Mistelbach A 65 E4
Misterbianco I 85 E3
Mistretta I 85 D2
Místros GR 94 A3
Misurina I 67 F4
Misvær N 107 E2
Mitchelstown / Baile Mhistéala IRL 4 C3
Míthimna GR 95 F1
Mítikas GR 92 B3
Mitilíni GR 95 F2
Mitilinií GR 99 F1
Mitrópoli GR 93 D1
Mitrovica YU 128 B2
Mittelberg A 67 E4
Mittelberg A 67 D3
Mittenwald D 67 E3
Mittenwalde D 57 F3
Mittersill A 67 F3
Mitterteich D 63 E2
Mittweida D 63 F1
Mižhir"ja UA 126 C3
Mjadzel BY 124 C3
Mjøndalen N 117 D2
Mjällom S 112 D2
Mjöbäck S 123 D1
Mjölby S 119 D3
Mladá Boleslav CZ 64 B1
Mladenovac YU 128 B1
Mljet HR 128 A2
Mława PL 126 A1
Mo i Rana N 107 E3
Moaña E 32 A4
Moate / An Móta IRL 2 C4
Mocejón E 42 B2
Moclín E 48 A2
Modane F 27 E4
Modbury GB 12 C4
Modena I 75 F1
Módi GR 93 E3
Modica I 85 D4
Modigliana I 76 B2
Mödling A 69 D1
Modugno I 81 D2
Möckern D 57 E3
Möckmühl D 62 B4
Moëlan-sur-Mer F 18 B3
Möllbrücke A 68 A3
Mölln D 50 C3
Moelv N 111 D4
Moen / Målselv N 104 B3
Moena I 67 F4
Mönchengladbach D 61 E1
Mönkebude D 51 F3
Moers D 61 E1
Mössingen D 66 B1
Moffat GB 9 D3
Mogadouro P 35 D4
Moglia I 75 F1
Mogliano Veneto I 72 B4
Mogón E 48 B1
Moguer E 46 C2
Mohács H 128 A1
Mohill / Maothail IRL 2 C3
Móhlos GR 101 F4
Moholm S 118 C3
Mohyliv-Podil's'kyj UA 127 D3
Moi N 116 B3
Moià E 39 D3
Moie I 76 C3
Moimenta P 35 D3
Moimenta da Beira P 34 C4
Moirans F 27 D4
Moirans-en-Montagne F 27 D2
Moisdon-la-Rivière F 19 E4
Moisiovaara FIN 115 E1
Moisling D 50 C3
Moissac F 29 D2
Moita P 40 A4
Moixent E 43 F4
Mojácar E 49 D3
Mojados E 36 A4
Mojstrada SLO 73 D2
Mokronog SLO 73 E3
Mol B 17 F1
Mola di Bari I 81 D2
Molái GR 97 E3
Molar (El) E 42 C1
Mold/ Yr Wyddgrug GB 10 C3
Molde N 110 C2
Moldova Nouă RO 128 B1
Moledo do Minho P 32 A4
Molfetta I 81 D2
Molières F 29 E2
Molina (La) E 38 C3
Molina de Aragón E 43 E1
Molina de Segura E 49 E1
Molinella I 76 A1
Molinicos E 49 D1
Molinillo (El) E 42 B3
Molinos E 44 A1
Molins de Rei E 38 C4
Moliterno I 80 C4
Molitg-les-Bains F 29 F4
Molkom S 118 C2
Mollerussa E 38 B4
Molliens-Dreuil F 16 B3
Mollina E 47 F3
Mollösund S 118 A4
Mólos GR 93 E2
Molpe FIN 114 A3
Molsheim F 23 E2
Molveno I 71 F3
Mombeltrán E 42 A2
Mombuey E 33 D4
Mommark DK 122 B4
Momo I 71 D4
Mon Idée F 17 E3
Monaco (Principauté de) MC 31 F2
Monaghan / Muineachán IRL 3 D3
Monasterace Marina I 83 F3
Monasterevin IRL 3 D4
Monasterio de Rodilla E 36 C2
Le Monastier F 30 A1
Monastir I 82 B4
Monastiráki GR 92 B2
Monastiráki GR 91 E2
Monbazillac F 29 D1
Moncalieri I 27 F4
Moncalvo I 74 C1
Monção P 32 A4
Moncarapacho P 46 B2
Mönchdorf A 68 C1
Monchique P 46 A2
Monclar-de-Quercy F 29 E2
Moncofa E 44 A3
Moncontour F 24 C1
Moncontour F 19 D3
Moncoutant F 24 C1
Monda E 47 F3
Mondariz E 32 A4
Mondavio I 76 C3
Mondéjar E 42 C2
Mondello I 84 B2
Mondim de Basto P 34 C3
Mondolfo I 76 C3
Mondoñedo E 32 C2
Mondorf-les-Bains L 23 D1
Mondoubleau F 21 D3
Mondovì I 74 C2
Mondragon F 30 C1
Mondragone I 79 F3
Mondsee A 68 A2
Monein F 28 B3
Monemvassía GR 97 E3
Mónesi di Triora I 74 C3
Monesterio E 47 D1
Monestier-de-Clermont F 27 D4
Monestiés F 29 F2
Le Monêtier-les-Bains F 27 E4
Moneygall IRL 5 D2
Moneymore GB 3 D2
Monfalcone I 72 C3
Monflanquin F 29 D1
Monforte P 40 C3
Monforte de Lemos E 32 C4
Monfortinho P 41 D2
Monguelfo / Welsberg I 67 F4
Monheim D 63 D4
Moní (Nissí) GR 97 F1
Mönichkirchen A 69 D2
Monifieth GB 9 E2
Monistrol-d'Allier F 26 B4
Monistrol-sur-Loire F 26 B4
Monistrol de Montserrat E 38 C4
Monmouth/ Trefynwy GB 13 E1
Monnickendam NL 54 B3
Monodéndri GR 87 D4
Monódrio GR 94 B3
Monólithos GR 103 E2
Monopoli I 81 E2
Monor H 126 A4
Monòver E 49 E1
Monpazier F 29 D1
Monreal D 61 F2
Monreal del Campo E 43 E1
Monreale I 84 B2
Monroy E 41 E2
Monroyo E 44 A1
Mons B 17 E2
Monsanto P 41 D2
Monsaraz P 40 C4
Monschau D 61 E2
Monségur F 28 C1
Monselice I 72 A4
Monsols F 26 C2
Monsummano Terme I 75 F3
Mont-de-Marsan F 28 C2
Le Mont-Dore F 26 A3
Mont-Louis F 29 F4
Mont-roig del Camp E 44 B1
Le Mont-St-Michel F 19 E2
Mont-St-Vincent F 26 C2
Mont-sous-Vaudrey F 27 D1
Montabaur D 62 A2
Montagnac F 30 A3
Montagnana I 72 A4
Montagrier F 25 D4

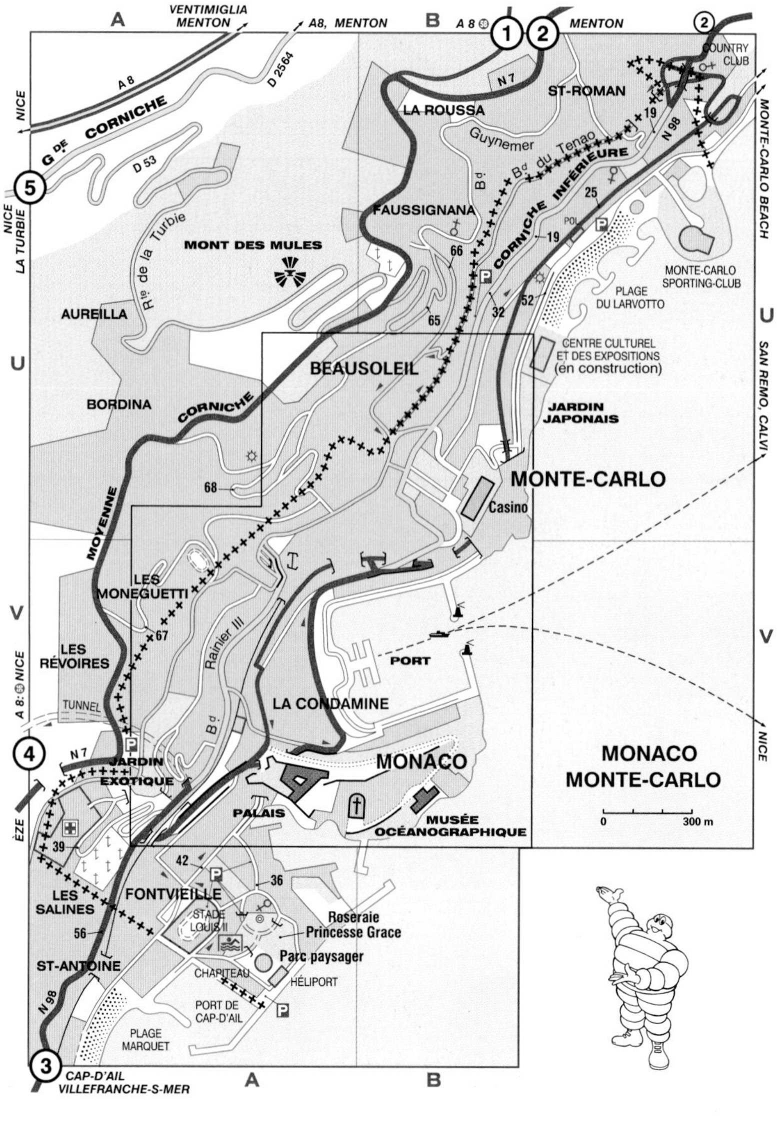
VENTIMIGLIA MENTON
A8, MENTON
MENTON
COUNTRY CLUB
ST-ROMAN
LA ROUSSA
CORNICHE
FAUSSIGNANA
MONT DES MULES
AUREILLA
MONTE-CARLO BEACH
MONTE-CARLO SPORTING-CLUB
PLAGE DU LARVOTTO
BEAUSOLEIL
CENTRE CULTUREL ET DES EXPOSITIONS (en construction)
JARDIN JAPONAIS
BORDINA
MONTE-CARLO
Casino
MOYENNE
LES MONEGUETTI
LES RÉVOIRES
PORT
LA CONDAMINE
TUNNEL
MONACO
JARDIN EXOTIQUE
PALAIS
MUSÉE OCÉANOGRAPHIQUE
FONTVIEILLE
LES SALINES
STADE LOUIS II
Roseraie Princesse Grace
Parc paysager
ST-ANTOINE
CHAPITEAU
HÉLIPORT
PORT DE CAP-D'AIL
PLAGE MARQUET
CAP-D'AIL VILLEFRANCHE-S-MER
NICE
LA TURBIE
ÈZE
SAN REMO, CALVI
MONACO MONTE-CARLO
0 300 m

Montaigu F 24 B1
Montaigu-de-Quercy F 29 D1
Montaigut F 26 A2
Montaione I 76 A3
Montalbán E 43 F1
Montalbo E 43 D2
Montalcino I 76 A4
Montalegre P 34 C3
Montalieu-Vercieu F 27 D3
Montalivet-les-Bains F 24 B4
Montalto di Castro I 78 C1
Montalto di Marche I 77 D4
Montalto Uffugo I 83 E2
Montalvo P 40 C2
Montamarta E 35 F3
Montana BG 128 C2
Montana CH 27 F2
Montánchez E 41 E3
Montanejos E 43 F2
Montañana E 37 F4
Montargil P 40 B3
Montargis F 21 F3
Montastruc-la-Conseillère F 29 E2
Montauban F 29 E2
Montauban-de-Bretagne F 19 D3
Montbard F 22 B4
Montbazens F 29 F1
Montbazon F 25 D1
Montbéliard F 23 D4
Montbenoît F 27 E1
Montblanc E 38 B4
Montbozon F 23 D4
Montbrió del Camp E 44 B1
Montbrison F 26 B3
Montbron F 25 D3
Montceau-les-Mines F 26 B2
Montcenis F 26 B1
Montchanin F 26 B1
Montcornet F 17 E4
Montcuq F 29 E1
Montdidier F 16 C4
Monte S. Angelo I 80 C1
Monte S. Savino I 76 B3
Monteagudo de las Vicarías E 37 D4
Montealegre E 36 A3
Montealegre del Castillo E 43 E4
Montebello Ionico I 83 E4
Montebello Vicentino I 72 A4
Montebelluna I 72 B3
Montebourg F 19 E1
Montecarotto I 76 C3
Montecassino (Abbazia di) I 79 F2
Montecatini Terme I 75 F3
Montecchio I 76 C2
Montecchio Maggiore I 72 A4
Montech F 29 E2
Montecorvino Rovella I 80 B3
Monte da Pedra P 40 C3
Montedoro I 84 C3
Montefalco I 76 C4
Montefalcone di Val Fortore I 80 B2
Montefalcone nel Sannio I 80 A1
Montefiascone I 79 D1
Montefiore di Aso I 77 D4
Montefiorino I 75 F2
Montefrío E 48 A2
Montegallo I 77 D4
Montegiorgio I 77 D3
Montegranaro I 77 D3
Montegrotto Terme I 72 A4
Montehermoso E 41 E2
Montejicar E 48 B2
Montejo de Tiermes E 36 C4
Monteleone di Spoleto I 76 C4
Montélimar F 30 C1
Montella I 80 B3
Montellano E 47 E3
Montelupo Fiorentino I 76 A3
Montemaggiore Belsito I 84 C3
Montemagno I 74 C1
Montemayor E 47 F2
Montemayor de Pililla E 36 A4
Montemor-o-Novo P 40 B4
Montemor-o-Velho P 40 B1
Montendre F 24 C4
Montenegro de Cameros E 36 C3
Montenero di Bisaccia I 80 A1
Montenero Sabino I 79 E1
Montepulciano I 76 B4
Monte Real P 40 B2
Montereale I 77 D4
Montereale Valcellina I 72 B3
Montereau-Fault-Yonne F 21 F3
Monte Redondo P 40 B2
Monterenzio I 76 A2
Monteriggioni I 76 A3
Monteroni di Lecce I 81 F3
Monterosso al Mare I 75 E2
Monterotondo I 79 D1
Monterotondo Marittimo I 76 A4
Monterroso E 32 B3
Monterrubio de la Serena E 41 F4
Monterubbiano I 77 D3
Montesano sulla Marcellana I 80 C4
Montesarchio I 80 A3
Montescaglioso I 81 D3
Montesilvano Marina I 77 E4
Montesquieu-Volvestre F 29 E3
Montesquiou F 29 D3
Le Montet F 26 A2
Montevarchi I 76 A3
Montfaucon F 24 B1
Montfaucon-d'Argonne F 17 F4
Montfaucon-en-Velay F 26 B4
Montfort-en-Chalosse F 28 B2
Montfort-l'Amaury F 21 E2
Montfort-sur-Meu F 19 D3
Montfort-sur-Risle F 16 A4
Montgaillard F 29 E4
Montgenèvre F 27 E4
Montgiscard F 29 E3
Montgomery/Trefaldwyn GB 10 B4
Montguyon F 24 C4
Monthermé F 17 E3
Monthey CH 27 E2
Monthois F 17 E4
Monthureux-sur-Saône F 22 C3
Monti I 82 B1
Montichiari I 71 F4
Monticiano I 76 A4
Montiel E 42 C4
Montier-en-Der F 22 B3
Montignac F 25 E4
Montigny-le-Roi F 22 C3
Montigny-sur-Aube F 22 B3
Montijo P 40 A3
Montijo E 41 D4
Montilla E 47 F2
Montioni I 76 A4
Montivilliers F 20 C1
Montjean-sur-Loire F 19 F4
Montlhéry F 21 E2
Montlieu-la-Garde F 24 C4
Montlouis-sur-Loire F 21 D4
Montluçon F 25 F2
Montluel F 26 C3
Montmarault F 26 A2
Montmartin-sur-Mer F 19 E2
Montmédy F 17 F4
Montmélian F 27 D3
Montmirail F 22 A2
Montmirail F 20 C3
Montmirey-le-Château F 27 D1
Montmoreau-St-Cybard F 24 C4
Montmorency F 21 E2
Montmorillon F 25 D2
Montmort F 22 A2
Montoggio I 75 D2
Montoire-sur-le-Loir F 21 D4
Montoito P 40 C4
Montorio al Vomano I 77 D4
Montoro E 48 A1
Montpellier F 30 B3
Montpezat-de-Quercy F 29 E2
Montpezat-sous-Bauzon F 30 B1
Montpon-Ménestérol F 24 C4

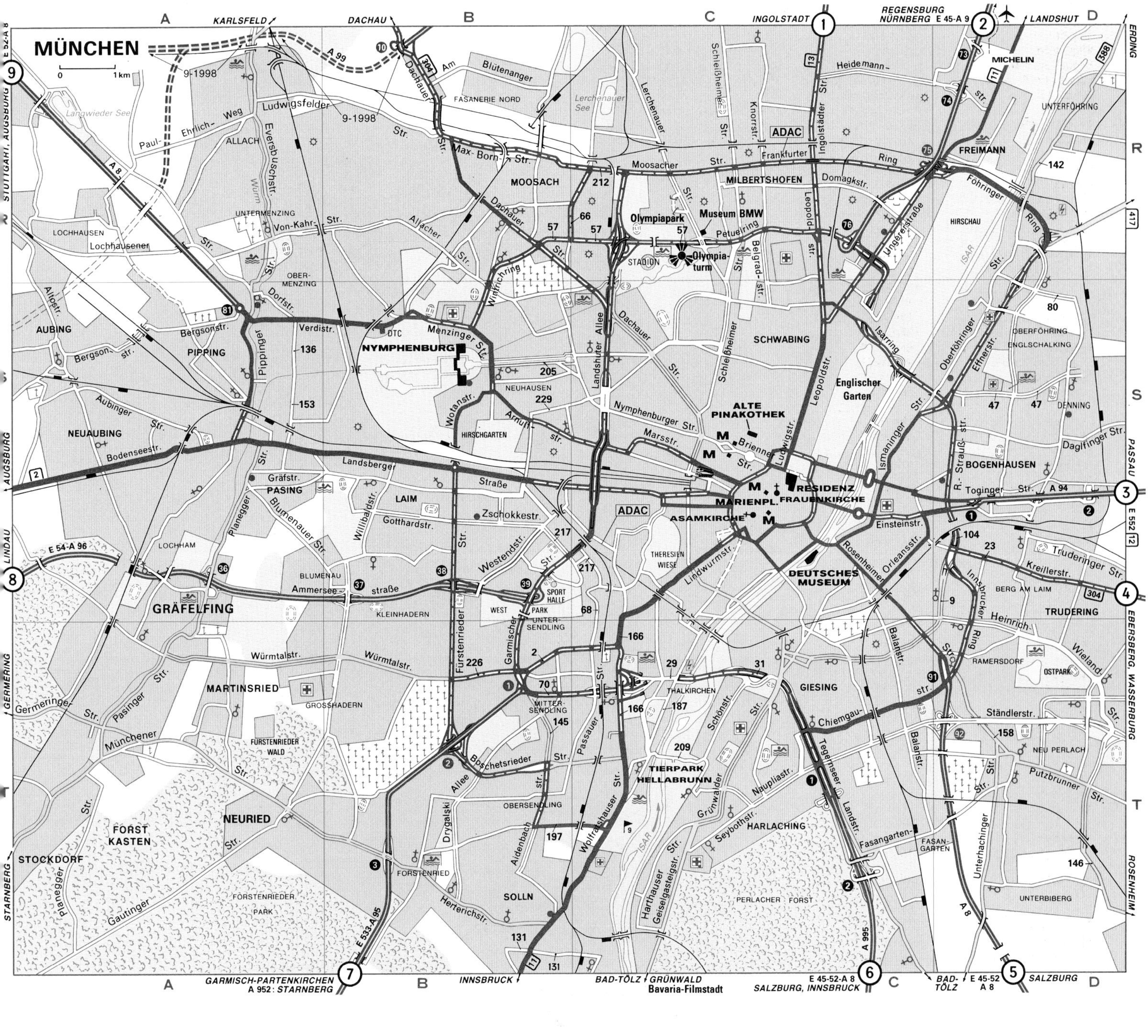
MÜNCHEN
KARLSFELD
DACHAU
INGOLSTADT
REGENSBURG NÜRNBERG E 45-A 9
LANDSHUT
ERDING
MOOSACH
MILBERTSHOFEN
FREIMANN
UNTERFÖHRING
Olympiapark
Museum BMW
Olympia-turm
NYMPHENBURG
SCHWABING
Englischer Garten
ALTE PINAKOTHEK
RESIDENZ
MARIENPL.
FRAUENKIRCHE
ASAMKIRCHE
DEUTSCHES MUSEUM
BOGENHAUSEN
AUBING
PIPPING
NEUAUBING
PASING
LAIM
GRÄFELFING
MARTINSRIED
NEURIED
FORST KASTEN
STOCKDORF
SOLLN
GIESING
HARLACHING
TIERPARK HELLABRUNN
TRUDERING
BERG AM LAIM
NEUHAUSEN
THALKIRCHEN
OBERSENDLING
MITTER-SENDLING
UNTER-SENDLING
GARMISCH-PARTENKIRCHEN A 952: STARNBERG
INNSBRUCK
BAD-TÖLZ GRÜNWALD Bavaria-Filmstadt
E 45-52-A 8 SALZBURG, INNSBRUCK
SALZBURG
PASSAU
EBERSBERG, WASSERBURG
ROSENHEIM
STARNBERG
GERMERING
LINDAU
AUGSBURG
STUTTGART, AUGSBURG

Montpont-en-Bresse F 26 C2
Montréal F 28 C2
Montréal F 29 F3
Montréal-la-Cluse F 27 D2
Montredon-Labessonnié F 29 F2
Montréjeau F 29 D3
Montrésor F 25 E1
Montresta I 82 A2
Montret F 26 C2
Montreuil F 16 B2
Montreuil-Bellay F 24 C1
Montreux CH 27 E2
Montrevault F 24 B1
Montrevel-en-Bresse F 26 C2
Montrichard F 21 D4
Montrond-les-Bains F 26 B3
Montrose GB 9 E1
Monts-sur-Guesnes F 25 D1
Montsalvy F 29 F1
Montsauche-les-Settons F 26 B1
Montseny E 39 D3
Montserrat E 43 F3
Montserrat (Monasterio) E 38 C4
Montsûrs F 19 F3
Montuenga E 36 A4
Montuïri E 45 E3
Monza I 71 D4
Monzón E 38 A3
Monzón de Campos E 36 A3
Moordorf D 55 E1
Moosburg a. d. Isar D 67 E1
Mór H 126 A4
Mora S 112 A4
Mora P 40 B3
Mora E 42 B3
Móra d'Ebre E 44 B1
Mora de Rubielos E 43 F2
Morais P 35 D3
Moraítika GR 86 B4
Moral (El) E 49 D1
Móra la Nova E 44 B1
Moral de Calatrava E 42 B4
Moraleda de Zafayona E 48 A3
Moraleja E 41 D2
Moraleja del Vino E 35 F3
Moraleja de Sayago E 35 E4
Morales de Rey E 33 E4
Morales de Toro E 35 F3
Morano Calabro I 80 C4
Morasverdes E 41 E1
Morata de Jalón E 37 E4
Morata de Tajuña E 42 C2
Moratalla E 49 D1
Moravce SLO 73 E2
Moravci SLO 73 F2
Moravske Toplice SLO 73 F1
Morbach D 61 F3
Morbegno I 71 E3
Mörbisch A 69 E1
Morcenx F 28 B2
Morciano di Romagna I 76 C2
Morcone I 80 A2
Morcote CH 71 D4
Mordelles F 19 D3
Morecambe GB 10 C1
Moreda E 48 B2
Morée F 21 D4
Morella E 44 A1
Mores I 82 B2
Morestel F 27 D3
Moret-sur-Loing F 21 F3
Moreton-in-Marsh GB 13 F1
Moreton-hampstead GB 13 D3
Moreuil F 16 C4
Morez F 27 D2
Morfasso I 75 E1
Mórfio GR 92 A1
Morgat F 18 B3
Morges CH 27 E2
Morgex I 27 F3
Morhange F 23 D2
Mori I 71 F3
Moritzburg D 58 A4
Morjärv S 108 C3
Morlaàs F 28 C3
Morlaix F 18 B2
Mormanno I 80 C4
Mormant F 21 F2
Mormoiron F 30 C2
Mornant F 26 C3
Morón de Almazán E 37 D4
Morón de la Frontera E 47 E3
Morosaglia F 78 A3
Morpeth GB 9 F4
Morsbach D 61 F1
Morsleben D 57 D3
Mortagne-au-Perche F 20 C3
Mortagne-sur-Gironde F 24 B3
Mortagne-sur-Sèvre F 24 B1
Mortain F 19 F2
Mortara I 75 D1
Morteau F 27 E1
Mortrée F 20 C2
Morzine F 27 E2
Mosbach D 62 B4
Mosby N 116 B3
Moschendorf A 69 E2
Moshokariá GR 93 D2
Moshopótamos GR 88 A3
Mosjøen N 107 D3
Moskosel S 108 A3
Moskva RUS 125 F2
Mosonmagyaróvár H 69 F1
Mosqueruela E 44 A2
Moss N 116 D2
Mossala FIN 120 B4
Mossat GB 7 E4
Most CZ 64 A1
Most na Soči SLO 73 D3
Mosta M 85 F4
Mostar BIH 128 A2
Mosteiro E 32 A3
Mosterhamn N 116 A1
Móstoles E 42 B2
Mostrim IRL 2 C4
Mostys'ka UA 126 D2
Mosvik N 111 E1
Mota del Cuervo E 42 C3
Mota del Marqués E 35 F3
Motala S 119 D3
La Mothe-Achard F 24 A2
La Mothe-St-Héray F 24 C2
Motherwell GB 8 C3
Motilla del Palancar E 43 E3
Motril E 48 B3
Motta di Livenza I 72 B3
Motta S. Anastasia I 85 D3
Motta Visconti I 75 D1
La Motte-Chalancon F 31 D1
La Motte-du-Caire F 31 D1
Mottola I 81 D3
Mouchard F 27 D1
Moudon CH 27 E1
Moúdros GR 89 F4
Mougins F 31 F2
Mouhijärvi FIN 120 C2
Mouilleron-en-Pareds F 24 B1
Moulins F 26 A2
Moulins-Engilbert F 26 B1
Moulins-la-Marche F 20 C2
Moult F 19 F2
Mount Bellew / An Creagán IRL 2 B4
Mountain Ash/ Aberpennar GB 13 D1
Mountmellick / Móinteach Mílic IRL 5 D2
Mountrath IRL 5 D2
Moura P 46 C1
Mouřo P 40 C4
Mourenx F 28 B3
Mouríki GR 94 A3
Mourmelon-le-Grand F 22 B2
Mourniés GR 100 B3
Mourujärvi FIN 109 E2
Mouscron B 15 F4
Moustiers-Ste-Marie F 31 E2
Mouthe F 27 D1
Mouthier-Haute-Pierre F 27 E1
Mouthoumet F 29 F4
Moutier CH 23 E4
Moûtiers F 27 E3
Moutiers-les-Mauxfaits F 24 B2
Moutsoúna GR 99 D2
Mouy F 16 C4
Mouzakéi GR 87 D4
Mouzáki GR 92 C1
Mouzon F 17 F4
Moville / Bun an Phobail IRL 3 D1
Moyenneville F 16 B3
Moyuela E 37 F4
Možajsk RUS 125 F2
Mozirje SLO 73 E2
Mrągowo PL 124 A4
Mscislaŭ BY 125 E4
Muccia I 76 C4
Much D 61 F1
Much Wenlock GB 10 C4
Mucientes E 36 A3
Mudanya TR 129 F3
Mudau D 62 B4
Mudurnu TR 129 F3
Mudurra (La) E 36 A3
Mücheln D 57 E4
Mügeln D 57 F4
Mühlacker D 62 B4
Mühlberg D 57 F4
Mühldorf D 67 F1
Mühlhausen D 62 C1
Muel E 37 E4
Muela (La) E 37 E4
Muelas del Pan E 35 E3
Mülheim a. d. Ruhr D 61 E1
Müllheim D 23 E4
Müllrose D 58 A2
Münchberg D 63 E2
Müncheberg D 58 A2
München D 67 E2
Münchhausen D 62 B1
Münnerstadt D 62 C2
Münsingen D 66 C1
Münster (Westfalen) D 55 E4
Münstertal D 23 E3
Münzenberg D 62 B2
Muff IRL 3 D1
Muge P 40 B3
Muggia I 73 D3
Mugron F 28 B2
Mugueimes E 32 B4
Mühlbach am Hochkönig A 68 A3
Mühltroff D 63 E2
Muhniemi FIN 121 E3
Muhos FIN 115 D3
Muhu EST 124 B2
Muir of Ord GB 7 D4
Muirkirk GB 8 C3
Mukačeve UA 126 B3
Mula E 49 E1
Mulhouse F 23 E4
Mullingar / An Muileann gCearr IRL 2 C4
Mullsjö S 118 C4
Mulrany / An Mhala Raithní IRL 2 A3
Multia FIN 114 C4
Mumbles (The) GB 12 C2
Mundesley GB 15 D1
Mundford GB 11 F4
Munera E 43 D4
Mungia E 36 C1
Muniesa E 43 F1
Munkebo DK 122 C3
Munkedal S 118 B3
Munkfors S 118 C2
Munsala FIN 114 B3
Münsingen CH 27 F1
Münster CH 70 C3
Munster D 50 C4
Munster F 23 E3
Münzkirchen A 68 A1
Muñana E 42 A1
Muñico E 42 A1
Muñogalindo E 42 A1
Muodoslompolo S 108 C1
Muonio FIN 108 C1
Mur-de-Barrez F 29 F1
Mur-de-Bretagne F 18 C3
Murano I 72 B4
Murat F 26 A4
Murat-sur-Vèbre F 30 A2
Murato F 78 A3
Murau A 68 B3
Muravera I 82 C3
Murcia E 49 E2
Murça P 34 C3
Murchante E 37 E3
La Mure F 27 D4
Mureck A 69 D3
Muret F 29 E3
Murguía E 36 C1
Muri CH 23 F4
Murias de Paredes E 33 D3
Murjek S 108 B2
Murnau D 67 E2
Muro F 78 A3
Muro d'Alcoi E 43 F4
Muro Lucano I 80 B3
Murol F 26 A3
Murole FIN 120 C2
Muros E 32 A3
Mürren CH 27 F2
Murrhardt D 62 C4
Murska Sobota SLO 73 F1
Murten CH 27 F1
Murtosa P 34 B4
Murtovaara FIN 109 F3
Murviel-lès-Béziers F 30 A3
Mürzsteg A 69 D2
Mürzzuschlag A 69 D2
Mussalo FIN 121 E3
Musselburgh GB 9 D2
Musselkanaal NL 55 D2
Mussidan F 25 D4
Mussomeli I 84 C3
Mussy-sur-Seine F 22 B3
Müstair CH 67 D4
Mustion as FIN 120 C4
Mustvee EST 124 C1
Muta SLO 73 E2
Mutala FIN 120 C2
Mutterstadt D 23 F1
Mutzschen D 57 F4
Muurame FIN 121 D2
Muurasjärvi FIN 114 C2
Muurla FIN 120 C4
Muurola FIN 109 D2
Muuruvesi FIN 115 E3
Muxia E 32 A2
Le Muy F 31 E3
Muzillac F 19 D4
Muzzana del Turgnano I 72 C3
Myckelgensjö S 112 C2
Mykines (Færøerne) DK 106 A3
Mykolaïv UA 126 C2
Mykolaïv UA 127 F3
Myllykoski FIN 121 E3
Myllykylä FIN 114 B4
Myllymäki FIN 114 C4
Mynämäki FIN 120 B3
Myre / Øksnes N 104 A3
Myrhorod UA 127 F2
Myronivka UA 127 E2
Myrskylä FIN 121 D3
Myrviken S 112 A2
Mysen N 117 D2
Myślibórz PL 52 B4
Mytišči RUS 125 F2
Mære N 111 E1
Møldrup DK 122 B2
Målsnes N 104 B3
Måløy N 110 A3
Månkarbo S 119 E1
Mårbacka S 118 C2
Mäntlahti FIN 121 E3
Mäntsälä FIN 121 D3
Mänttä FIN 120 C2
Mäntyharju FIN 121 E2
Mäntyjärvi FIN 109 E3
Mäntyluoto FIN 120 B2
Märsta S 119 E2
Määttälänvaara FIN 109 F2
Möhkö FIN 115 F3
Mönsterås S 123 F1
Mörarp S 123 D2
Mörbylånga S 123 F2
Mörrum S 123 E2
Mörsil S 112 A2
Mühlen Eichsen D 51 D3

N

N. Agathoúpoli GR ... 88 A3
N. Alikarnassós GR ... 101 D3
N. Anhíalos GR ... 93 F1
N. Apolonía GR ... 88 C2
N. Artáki GR ... 94 A3
N. Éfessos GR ... 88 A3
N. Erásmio GR ... 89 E1
N. Fókea GR ... 88 C3
N. Hilí GR ... 91 D2
N. Iraklítsa GR ... 89 D2
N. Kalikrátia GR ... 88 B3
N. Kariá GR ... 89 E1
N. Karváli GR ... 89 E1
N. Kerassoús GR ... 92 B1
N. Kerdília GR ... 88 C2
N. Mákri GR ... 94 B4
N. Marmarás GR ... 88 C3
N. Messángala GR ... 88 A4
N. Mihanióna GR ... 88 B2
N. Monastíri GR ... 93 E1
N. Moudaniá GR ... 88 B3
N. Pagassés GR ... 93 F1
N. Péla GR ... 88 A2
N. Péramos GR ... 94 A4
N. Péramos GR ... 89 D2
N. Perivóli GR ... 93 E1
N. Petrítsi GR ... 88 B1
N. Potídea GR ... 88 C3
N. Róda GR ... 89 D3
N. Sánda GR ... 88 B2
N. Sánda GR ... 91 D2
N. Sílata GR ... 88 B3
N. Skióni GR ... 88 C4
N. Skopós GR ... 88 C1
N. Stíra GR ... 94 B4
N. Tríglia GR ... 88 B3
N. Víssa GR ... 91 E1
N. Zíhni GR ... 88 C1
N. Zoí GR ... 87 F2
Na Logu SLO ... 72 C2
Naamijoki FIN ... 108 C2
Naantali FIN ... 120 B4
Naarajärvi FIN ... 115 E4
Naarva FIN ... 115 F3
Naas / An Nás IRL ... 3 D4
Nabburg D ... 63 F3
Naddvik N ... 110 C4
Nadela E ... 32 C3
Nădlac RO ... 126 B4
Nadur M ... 85 F4
Nadvirna UA ... 126 C3
Näfels CH ... 66 B3
Náfpaktos GR ... 93 D3
Náfplio GR ... 97 D1
Naggen S ... 112 B3
Nagold D ... 23 F2
Nagu/Nauvo FIN ... 120 B4
Nagyatád H ... 69 F4
Nagykanizsa H ... 69 F3
Nagykálló H ... 126 B3
Nagykőrös H ... 126 A4
Nahe D ... 50 C3
Náchod CZ ... 65 D1
Naila D ... 63 E2
Nailloux F ... 29 E3
Nailsworth GB ... 13 E1
Nairn GB ... 7 D4
Najac F ... 29 F2
Nájera E ... 36 C2
Nakkila FIN ... 120 B3
Nakło n. Notecią PL ... 53 D3
Nakskov DK ... 122 C4
Naltijärvi FIN ... 105 E3
Namdalseid N ... 111 E1
Namsos N ... 106 C4
Namsskogan N ... 107 D4
Namur B ... 17 F2
Nancy F ... 23 D2
Nangis F ... 21 F2
Nannestad N ... 117 D1
Nant F ... 30 A2
Nanterre F ... 21 E2
Nantes F ... 24 B1
Nanteuil-le-Haudouin F ... 21 F2
Nantiat F ... 25 E3
Nantua F ... 27 D2
Nantwich GB ... 10 C3
Náoussa GR ... 98 C2
Náoussa GR ... 87 F2
Napoli I ... 80 A3
La Napoule F ... 31 F3
Narberth/Arberth GB ... 12 C1
Narbolia I ... 82 A3
Narbonne F ... 30 A3
Narbonne-Plage F ... 30 A3
Narcao I ... 82 B4
Nardo I ... 81 F3
Narila FIN ... 121 E2
Narkaus FIN ... 109 D2
Narni I ... 79 D1
Naro I ... 84 C4
Naro-Fominsk RUS ... 125 F2
Narthäki GR ... 93 E1
Narva EST ... 124 C1
Narvik N ... 104 B4
Năsăud RO ... 126 C4
Nasbinals F ... 30 A1
Našice HR ... 128 A1
Naso I ... 85 D2
Nassereith A ... 67 D3
Nastola FIN ... 121 D3
Nattavaara S ... 108 B2
Nassau D ... 62 A2
Naucelle F ... 29 F2
Nauders A ... 67 D4
Nauen D ... 57 F2
Naul IRL ... 3 D4
Naumburg D ... 63 E1
Naunhof D ... 57 F4
Naustdal N ... 110 B3
Nava E ... 33 E2
Navacepeda de Tormes E ... 41 F1
Navacerrada E ... 42 B1
Navaconcejo E ... 41 F2
Nava de la Asunción E ... 36 A4
Nava del Rey E ... 35 F4
Nava de Ricomalillo (La) E ... 42 A2
Nava de Santiago (La) E ... 41 D3
Navahermosa E ... 42 A3
Navahrudak BY ... 124 C4
Navalcán E ... 41 F2
Navalcarnero E ... 42 B2
Navaleno E ... 36 C3
Navalmanzano E ... 36 A4
Navalmoral de la Mata E ... 41 F2
Navalmorales (Los) E ... 42 A2
Navalperal de Pinares E ... 42 A1
Navalucillos (Los) E ... 42 A3
Navaluenga E ... 42 A1
Navalvillar de Pela E ... 41 F3
Navamorcuende E ... 42 A2
Navan / An Uaimh IRL ... 3 D4
Navarredonda de Gredos E ... 41 F1
Navarrenx F ... 28 B3
Navarrés E ... 43 F4
Navarrete E ... 37 D2
Navàs E ... 38 C3
Navascués E ... 28 B4
Navas de la Concepción (Las) E ... 47 E1
Navas del Madroño E ... 41 D2
Navas del Marqués (Las) E ... 42 B1
Navas de Oro E ... 36 A4
Navas de San Juan E ... 48 B1
Navasfrias E ... 41 D1
Navatalgordo E ... 42 A1
Nave I ... 71 F4
Navelli I ... 79 F1
Nave Redonda P ... 46 A2
Naveros E ... 47 D4
Navia E ... 33 D2
Navia de Suarna E ... 32 C3
Navl'a RUS ... 125 F4
Náxos GR ... 98 C2
Náxos (Nissí) GR ... 99 D2
Nay F ... 28 C3
Nazaré P ... 40 A2
Nazilli TR ... 129 F4
Néa Epídavros GR ... 97 E1
Néa Koróni GR ... 96 C3
Neápoli GR ... 87 E3
Neápoli GR ... 101 E3
Neápoli GR ... 97 E4
Neath/Castell-nedd GB ... 13 D1
Nebel D ... 50 A2
Nebra D ... 57 E4
Neckarelz D ... 62 B4
Neckargemünd D ... 23 F1
Neckarsteinach D ... 23 F1
Neckarsulm D ... 62 B4
Neda E ... 32 B2
Nedervetil FIN ... 114 B2
Nedstrand N ... 116 A2
Neede NL ... 55 D3
Neermoor D ... 55 E1
Nefyn GB ... 10 A3
Negotin YU ... 128 C1
Negrar I ... 71 F4
Negras (Las) E ... 49 D3
Negreira E ... 32 A3
Nègrepelisse F ... 29 E2
Negru Vodă RO ... 129 E1
Neheim-Hüsten D ... 55 F4
Neiden N ... 105 F2

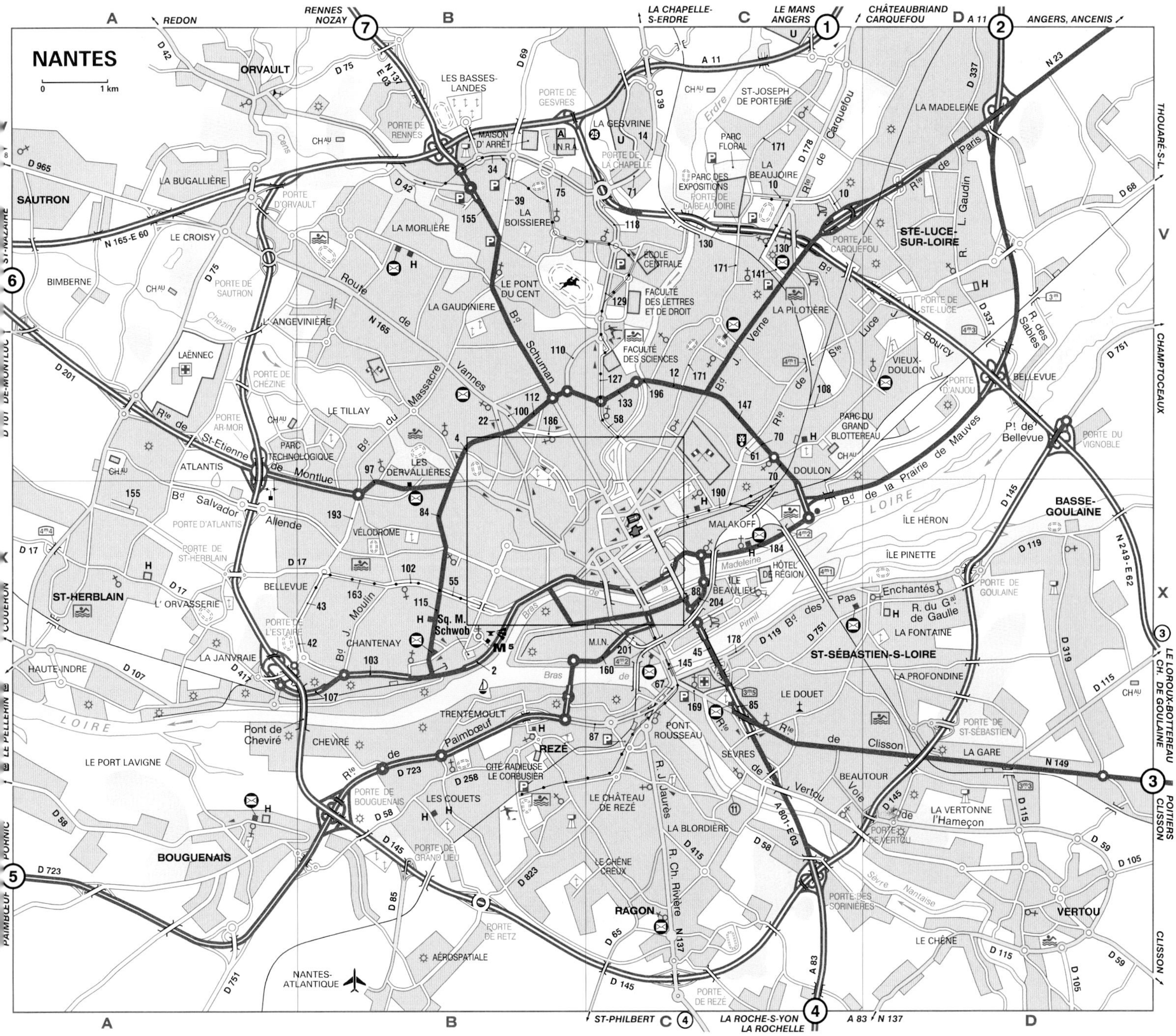

NANTES
0
1 km
A
B
C
D
V
X
REDON
RENNES NOZAY
LA CHAPELLE-S-ERDRE
LE MANS ANGERS
CHÂTEAUBRIAND CARQUEFOU
ANGERS, ANCENIS
THOUARÉ-S-L.
CHAMPTOCEAUX
LE LOROUX-BOTTEREAU CH. DE GOULAINE
POITIERS CLISSON
CLISSON
ST-PHILBERT
LA ROCHE-S-YON LA ROCHELLE
ORVAULT
SAUTRON
LES BASSES-LANDES
PORTE DE GESVRES
PORTE DE RENNES
MAISON D'ARRÊT
LA GESVRINE
ST-JOSEPH DE PORTERIE
LA MADELEINE
PARC FLORAL
LA BEAUJOIRE
PARC DES EXPOSITIONS
PORTE DE LA BEAUJOIRE
LA BUGALLIÈRE
PORTE D'ORVAULT
LA MORLIÈRE
LA BOISSIÈRE
STE-LUCE-SUR-LOIRE
LE CROISY
BIMBERNE
PORTE DE SAUTRON
ÉCOLE CENTRALE
LE PONT DU CENT
FACULTÉ DES LETTRES ET DE DROIT
LA PILOTIÈRE
PORTE DE CARQUEFOU
PORTE DE STE-LUCE
LA GAUDINIÈRE
L'ANGEVINIÈRE
FACULTÉ DES SCIENCES
LAËNNEC
PORTE DE CHÉZINE
VIEUX-DOULON
BELLEVUE
PORTE D'ANJOU
LE TILLAY
PORTE AR-MOR
PARC TECHNOLOGIQUE
PARC DU GRAND BLOTTEREAU
Pt de Bellevue
PORTE DU VIGNOBLE
ATLANTIS
LES DERVALLIÈRES
DOULON
PORTE D'ATLANTIS
VÉLODROME
MALAKOFF
BASSE-GOULAINE
PORTE DE ST-HERBLAIN
ÎLE HÉRON
ÎLE PINETTE
HÔTEL DE RÉGION
ST-HERBLAIN
L'ORVASSERIE
BELLEVUE
ÎLE BEAULIEU
PORTE DE GOULAINE
PORTE DE L'ESTAIRE
CHANTENAY
Sq. M. Schwob
LA FONTAINE
HAUTE-INDRE
LA JANVRAIE
M.I.N.
ST-SÉBASTIEN-S-LOIRE
LA PROFONDINE
LOIRE
Pont de Cheviré
TRENTEMOULT
LE DOUET
PORTE DE ST-SÉBASTIEN
CHEVIRÉ
REZÉ
PONT ROUSSEAU
SEVRES
LA GARE
LE PORT LAVIGNE
CITÉ RADIEUSE LE CORBUSIER
BEAUTOUR
PORTE DE BOUGUENAIS
LES COUETS
LE CHÂTEAU DE REZÉ
LA VERTONNE
l'Hameçon
PORTE DE VERTOU
BOUGUENAIS
PORTE DE GRAND LIEU
LA BLORDIÈRE
LE CHÊNE CREUX
PORTE DES SORINIÈRES
VERTOU
RAGON
LE CHÊNE
PORTE DE RETZ
AÉROSPATIALE
NANTES-ATLANTIQUE
PORTE DE REZÉ

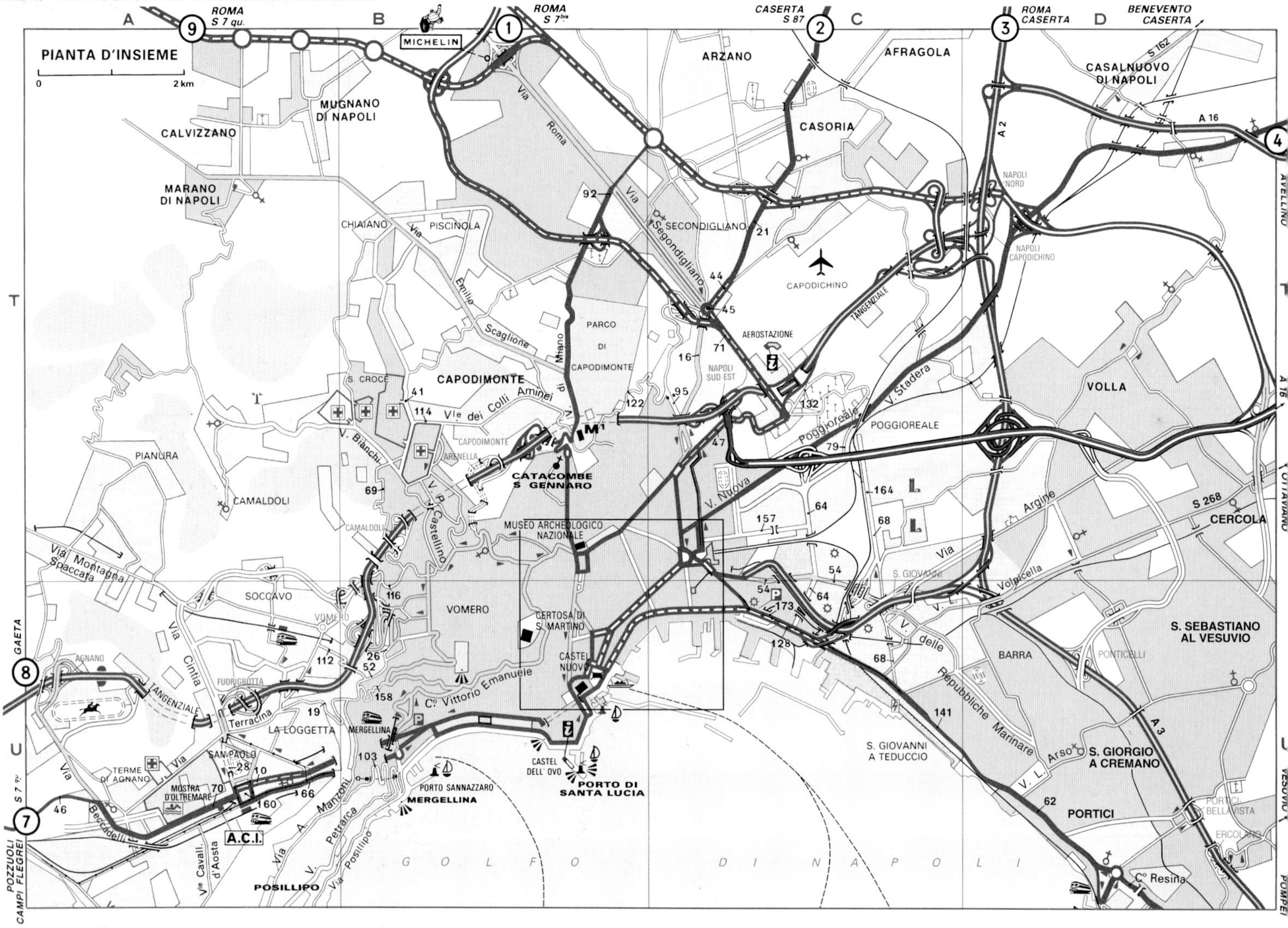
PIANTA D'INSIEME
0 2 km
MICHELIN
ROMA S 7 qu.
ROMA S 7bis
CASERTA S 87
ROMA CASERTA
BENEVENTO CASERTA
ARZANO
AFRAGOLA
CASALNUOVO DI NAPOLI
MUGNANO DI NAPOLI
CALVIZZANO
CASORIA
MARANO DI NAPOLI
CHIAIANO
PISCINOLA
SECONDIGLIANO
CAPODICHINO
AEROSTAZIONE
PARCO DI CAPODIMONTE
CAPODIMONTE
VOLLA
POGGIOREALE
CATACOMBE S. GENNARO
PIANURA
CAMALDOLI
MUSEO ARCHEOLOGICO NAZIONALE
CERCOLA
SOCCAVO
VOMERO
CERTOSA DI S. MARTINO
CASTEL NUOVO
S. SEBASTIANO AL VESUVIO
BARRA
LA LOGGETTA
MERGELLINA
PORTO SANNAZZARO MERGELLINA
CASTEL DELL' OVO
PORTO DI SANTA LUCIA
S. GIOVANNI A TEDUCCIO
S. GIORGIO A CREMANO
PORTICI
POSILLIPO
A.C.I.
G O L F O D I N A P O L I
GAETA
POZZUOLI CAMPI FLEGREI
AVELLINO
POMPEI

Napoli

Neila E 36 C3
Neksø DK 123 E4
Nelas P 40 C1
Nelidovo RUS 125 E2
Nellim FIN 105 F3
Nelson GB 11 D2
Neman RUS 124 B4
Neméa GR 97 D1
Nemours F 21 F3
Nemyriv UA 127 E2
Nenagh / An tAonach IRL 4 C2
Nénita GR 95 F4
Nenzing A 66 C3
Neohoráki GR 94 A4
Neohóri GR 96 B1
Neohóri GR 92 B2
Neohóri GR 94 B3
Neohóri GR 92 C1
Neohóri GR 92 C3
Neohóri GR 93 D2
Neohóri GR 91 E1
Neohóri GR 93 F1
Neohóri GR 87 F4
Nérac F 29 D2
Neráida GR 92 C1
Nerdvika N 110 C1
Neresheim D 67 D1
Nereto I 77 D4
Néris-les-Bains F 25 F2
Nerja E 48 A3
Néronde F 26 B3
Nérondes F 26 A1
Nerotriviá GR 94 A3
Nerpio E 48 C1
Nerva E 47 D1
Nervesa d. Battaglia I 72 B3
Nervi I 75 D2
Nes N 117 D1
Nes N 117 E1
Nes NL 54 C1
Nesbyen N 116 C1
Nesebăr BG 129 E2
Nesjahverfi IS 106 C2
Neskaupstaður IS 106 C1
Nesle F 16 C4
Nesna N 107 D3
Nesoddtangen N 117 D2
Nesseby N 105 F2
Nesselwang D 67 D2
Nestáni GR 97 D1
Nestório GR 87 D3
Nesvik N 116 A2
Nettetal D 61 E1
Nettuno I 79 E2
Neuastenberg D 62 A1
Neubeckum D 55 F4
Le Neubourg F 21 D2
Neubrandenburg D 51 F3
Neubukow D 51 D2
Neuburg a. d. Donau D 67 E1
Neuchâtel CH 27 E1
Neu Darchau D 50 C4
Neuenbürg D 23 F2
Neuenburg D 55 E1
Neuendorf D 51 E2
Neuendorf (b. Hiddensee) D 51 E2
Neuenhaus D 55 D3
Neuenkirchen D 50 B4
Neuenstadt D 62 B4
Neuenstein D 62 B1
Neuerburg D 61 E3
Neuf-Brisach F 23 E3
Neufahrn D 63 F4
Neufchâteau F 22 C3
Neufchâteau B 17 F3
Neufchâtel-en-Bray F 16 B4
Neufchâtel-sur-Aisne F 17 E4
Neufelden A 68 B1
Neuffen D 66 C1
Neugersdorf D 58 B4
Neuhardenberg D 58 A2
Neuharlingersiel D 55 E1
Neuhaus D 50 C4
Neuhaus D 63 D2
Neuhaus (Oste) D 50 A3
Neuhaus i. Solling D 56 B4
Neuhaus-Schierschnitz D 63 D2
Neuhausen CH 23 F4
Neuhofen an der Krems A 68 B1
Neuillé-Pont-Pierre F 20 C4
Neuilly-en-Thelle F 16 C4
Neuilly-le-Réal F 26 A2
Neuilly-l'Évêque F 22 C3
Neuilly-St-Front F 17 D4
Neu-Isenburg D 62 B3
Neukalen D 51 E3
Neukirch D 58 A4
Neukirchen D 50 A1
Neukirchen am Großvenediger A 67 F3
Neukloster D 51 D3
Neuleugbach A 69 D1
Neu Lübbenau D 58 A3
Neumarkt A 68 A2
Neumarkt i. d. Oberpfalz D 63 E4
Neumarkt in Steiermark A 68 C3
Neumarkt-St. Veit D 67 F1
Neumünster D 50 B3
Neunagelberg A 64 C4
Neunburg v. Wald D 63 F3
Neung-sur-Beuvron F 21 E4
Neunkirchen A 69 D1
Neunkirchen (Saar) D 23 E1
Neuötting D 67 F1
Neupölla A 64 C4
Neuruppin D 51 E4
Neusiedl am See A 69 E1
Neuss D 61 E1
Neustadt D 58 A4
Neustadt D 63 E1
Neustadt D 51 E4
Neustadt (Hessen) D 62 B1
Neustadt a. d. Weinstraße D 23 F1
Neustadt a. Rübenberge D 56 B3
Neustadt-Glewe D 51 D4
Neustadt i. Holstein D 50 C2
Neustadt a. d. Aisch D 63 D3
Neustadt a. d. Donau D 63 E4
Neustadt a. d. Waldnaab D 63 E3
Neustadt b. Coburg D 63 D2
Neustift im Stubaital A 67 E3
Neustrelitz D 51 F3
Neu Ulm D 66 C1
La Neuve-Lyre F 20 C2
Neuves-Maisons F 22 C2
Neuveville (La) CH 27 F1
Neuvic F 25 D4
Neuvic F 25 F4
Neuville-aux-Bois F 21 E3
Neuville-de-Poitou F 25 D2
Neuville-sur-Saône F 26 C3
Neuvy-le-Roi F 20 C4
Neuvy-St-Sépulchre F 25 E2
Neuvy-sur-Barangeon F 25 F1
Neuwied D 61 F2
Névache F 27 E4
Nevel RUS 125 D3
Nevers F 26 A1
Neves (As) E 32 A4
Nevlunghavn N 117 D3
New Abbey GB 9 D4
New Alresford GB 13 F2
New Cumnock GB 8 C3
New Deer GB 7 F4
New Galloway GB 8 C4
New Quay/Ceinewydd GB 10 A4
New Romney GB 15 D4
New Ross / Ros Mhic Thriúin IRL 5 E3
Newark-on-Trent GB 11 E3
Newbiggin-by-the-Sea GB 9 F4
Newborough GB 10 A3
Newbridge / An Droichead Nua IRL 3 D4
Newburgh GB 7 F4
Newburgh GB 9 D2
Newbury GB 13 F2
Newcastle GB 3 E3
Newcastle Emlyn/Castell Newydd Emlyn GB 12 C1
Newcastle-under-Lyme GB 10 C3
Newcastle-upon-Tyne GB 9 F4
Newcastle West / An Caisleán Nua IRL 4 B2
Newhaven GB 14 C4
Newmarket IRL 4 B3
Newmarket GB 14 C2
Newmarket on Fergus IRL 4 C2
Newnham GB 13 E1
Newport/Casnewydd GB 13 D2
Newport GB 12 C1
Newport GB 13 F3
Newport / Baile Uí Fhiacháin IRL 2 A3
Newport GB 10 C4
Newport IRL 4 C2
Newport-on-Tay GB 9 D2
Newport Pagnell GB 14 B2
Newquay GB 12 B3
Newry GB 3 E3
Newton Abbot GB 13 D3
Newton-Aycliffe GB 11 D1
Newton Ferrers GB 12 C4
Newton Stewart GB 3 F2
Newtonmore GB 8 C1
Newtown GB 13 E1
Newtown/Drenewydd GB 10 B4
Newtownabbey GB 3 E2
Newtownards GB 3 E2
Newtownbutler GB 2 C3
Newtown-hamilton GB 3 D3
Newtown St. Boswells GB 9 E3
Newtown-stewart GB 3 D2
Nexon F 25 E3
Neyland GB 12 C1
Niáta GR 97 E3
Nibe DK 122 B1
Nicastro I 83 E3
Nice F 31 F2
Nickelsdorf A 69 E1
Nicolosi I 85 E3
Nicosia I 85 D3
Nicotera I 83 E3
Nidderau D 62 B2
Nideggen D 61 E2
Nidrí GR 92 A2
Niebla E 46 C2
Niebüll D 50 A2
Niederalteich D 64 A4
Niederaula D 62 B1
Niederbronn-les-Bains F 23 E2
Niederelsungen D 56 B4
Niederjossa D 62 B1
Niederkrüchten D 61 E1
Niederstetten D 62 C4
Niederstotzingen D 67 D1
Niegripp D 57 E3
Niemegk D 57 F3
Niemisel S 108 B3
Nienburg D 56 B2
Nienburg D 57 E3
Nierstein D 62 A3
Niesky D 58 B4
Nieul F 25 E3
Nieuweschans NL 55 E2
Nieuwpoort-Bad B 15 F4
Niforéka GR 92 C4
Nigrita GR 88 C1
Niinisalo FIN 120 B2
Níjar E 48 C3
Nijkerk NL 54 C3
Nijmegen NL 54 C4

Nijverdal NL 55 D3
Níkea GR 93 E1
Níki GR 87 E1
Nikiá GR 103 D1
Nikifóros GR 89 D1
Nikíssiani GR 89 D1
Nikítas GR 88 C3
Nikkaluokta S 108 A1
Nikoléika GR 93 D4
Nikopol BG 129 D2
Nikopol' UA 127 F3
Nikópoli GR 92 B2
Nikšić YU 128 A2
Nilivaara S 108 B2
Nilsiä FIN 115 E3
Nîmes F 30 B2
Nimféa GR 89 F1
Nimféo GR 87 E2
Ninove B 17 E2
Niort F 24 C2
Nípsa GR 91 D2
Niš YU 128 B2
Nisa P 40 C2
Niscemi I 85 D4
Nissáki GR 86 B4
Nissilä FIN 115 D2
Níssiros (Nissí) GR 103 D1
Niton GB 13 F3
Nitra SK 126 A3
Nitry F 22 A4
Nittedal N 117 D1
Nittenau D 63 F4
Nittendorf D 63 E4
Nivala FIN 114 C2
Nivelles B 17 E2
Nižyn UA 127 E1
Nizza Monferrato I 74 C1
Njasviž BY 124 C4
Njurunda-
bommen S 112 C3
Noailles F 16 C4
Noáin E 28 A4
Noblejas E 42 C2
Nocera Inferiore I 80 A3
Nocera Terinese I 83 E3
Nocera Umbra I 76 C4
Noceto I 75 F1
Noci I 81 D3
Nodeland N 116 B3
Nördlingen D 63 D4
Nörten-
Hardenberg D 56 C4
Nœux-les-Mines F 16 C2
Nogara I 72 A4
Nogaro F 28 C2
Nogent F 22 C3
Nogent-le-Roi F 21 D2
Nogent-le-Rotrou F 21 D3
Nogent-sur-Seine F 22 A3
Noginsk RUS 125 F2
Nogueira
de Ramuín E 32 B4
Noguera E 43 E1
Nohfelden D 23 E1
Noia E 32 A3
Noirétable F 26 B3
Noirmoutier-
en-l'Ile F 24 A1
Noja E 36 C1
Nokia FIN 120 C2
Nola I 80 A3
Nolay F 26 C1
Noli I 75 D2
Nomeny F 23 D2
Nomexy F 23 D3
Nómia GR 97 E3
Nonancourt F 21 D2
Nonant-le-Pin F 20 C2
Nonaspe E 38 A4
None I 27 F4
Nonio I 70 C4
Nontron F 25 D3
Nonza F 78 A2
Noordwijk
aan Zee NL 54 B3
Noormarkku FIN 120 B2
Nora S 119 D2
Norberg S 119 D1
Nòrcia I 76 C4
Nord-Lenangen N 104 C2
Nordborg DK 122 B3
Nordby (Ribe) DK 122 A3
Nordby (Århus) DK 122 C2
Norddeich D 55 E1
Nord Edewecht D 55 E2
Nordeide N 110 B4
Norden D 55 E1
Nordenau D 62 A1
Nordenham D 50 A4
Norderney D 55 E1
Norderstedt D 50 B3
Nordfjordeid N 110 B3
Nordfold N 107 E1
Nordhalben D 63 E2
Nordhausen D 57 D4
Nordhorn D 55 E3
Nordingrå S 112 D2
Nordkjosbotn N 104 B3
Nordli N 111 F1
Nordmaling S 113 D2
Nordmark S 118 C2
Nordseter N 111 D4
Norðurfjörður IS 106 A1
Nore N 116 C1
Noresund N 117 D1
Norg NL 55 D2
Norheimsund N 116 B1
Norra Bergnäs S 108 A3
Norra Råda S 118 C1
Norrby S 108 A4
Norrent-Fontes F 16 C2
Norrköping S 119 D3
Norrnäs FIN 114 A4
Norrsunda S 119 E2
Norrsundet S 119 E1
Norrtälje S 119 F2
Norrviken S 123 D2
Norråker S 112 B1
Norsjö S 108 A4
Nort-sur-Erdre F 19 E4
North Berwick GB 9 E2
North Walsham GB 15 D1
Northallerton GB 11 D1
Northam GB 12 C2
Northampton GB 14 B2
Northeim D 56 C4
Northleach GB 13 F1
Northwich GB 10 C3
Norton GB 11 E2
Nortorf D 50 B2
Norwich GB 15 D1
Nosivka UA 127 E1
Nossebro S 118 B3
Nossen D 63 F1
Nótia GR 88 A1
Noto I 85 E4
Notodden N 116 C2
Notre-Dame-de-
Bellecombe F 27 E3
Nottingham GB 11 E3
Nouan-le-Fuzelier F 21 E4
Nousiainen FIN 120 B3
Nouvion-
en-Ponthieu F 16 B3
Le Nouvion-
en-Thiérache F 17 D3
Nouzonville F 17 E3
Nova Gorica SLO 72 C3
Nova Gradiška HR 128 A1
Nova Kachovka UA 127 F3
Nova Levante /
Welschnofen I 67 E4
Nova Siri Stazione I 81 D4
Nova Vas SLO 73 E3
Nova Zagora BG 129 D2
Novafeltria I 76 B2
Novales E 38 A3
Novara I 71 D4
Novara di Sicilia I 83 D4
Nové Měs
to nad Váhom SK 126 A3
Nové Zámky SK 126 A4
Novelda E 49 F1
Novellara I 75 F1
Noventa Vicentina I 72 A4
Noves F 30 C2
Novgorod RUS 125 D1
Novhorod-
Sivers'kyj UA 127 F1
Novi di Modena I 75 F1
Novi Ligure I 75 D1
Novi Pazar YU 128 B2
Novi Pazar BG 129 E2
Novi Sad YU 128 B1
Novion-Porcien F 17 E4
Novo mesto SLO 73 E3
Novohrad-
Volyns'kyj UA 127 D2
Novomyrhorod UA 127 F2
Novoržev RUS 125 D2
Novoselycja UA 127 D3
Novosil' RUS 125 F4
Novoukraïnka UA 127 F3
Novovolyns'k UA 126 C2
Novozybkov RUS 125 E4
Novska HR 128 A1
Nový Jičín CZ 65 F2
Novyj Buh UA 127 F2
Nowa Sól PL 58 C3
Nowogard PL 52 B3
Nowy Targ PL 126 A3
Nowy Sącz PL 126 B3
Noyant F 20 C4
Noyers F 22 A4
Noyers-sur-Jabron F 31 D2
Noyon F 17 D4
Nozay F 19 E4
Nürburg D 61 F2
Nürnberg D 63 D3
Nürnberg D 63 D3
Nürtingen D 66 C1
Nueva E 33 F2
Nueva Carteya E 47 F2
Nuévalos E 37 E4
Nuevo Baztán E 42 C2
Nuez de Arriba (La) E 36 B2
Nuijamaa FIN 121 E3
Nuits-St-Georges F 26 C1
Nules E 44 A3
Nulvi I 82 B1
Numana I 77 D3
Numancia E 37 D3
Nummela FIN 120 C4
Nummi FIN 120 C4
Nuneaton GB 11 D4
Nunnanen FIN 105 E4
Nunspeet NL 54 C3
Nuñomoral E 41 E1
Nuorgam FIN 105 F2
Nuoro I 82 B2
Nurallao I 82 B3
Núria E 39 D2
Nurmes FIN 115 E2
Nurmijärvi FIN 121 D4
Nurmijärvi (Pohjois-
Karjala) FIN 115 F2
Nurmo FIN 114 B3
Nus I 27 F3
Nusse D 50 C3
Nuttlar D 62 A1
Nuttupera FIN 115 D2
Nybergsund N 111 E4
Nyborg DK 122 C3
Nybro S 123 F2
Nýidalur IS 106 B2
Nyíregyháza H 126 B3
Nykarleby/
Uusikaarlepyy FIN 114 B3
Nykvarn S 119 E2
Nykøbing F DK 122 C4
Nykøbing M
(Viborg) DK 122 B1
Nykøbing S
(Vestsjælland) DK 122 C3
Nyköping S 119 E3
Nynäshamn S 119 E3
Nyon CH 27 E2
Nyons F 30 C1
Nyrud N 105 F3
Nysa PL 65 E1
Nyseter N 110 C3
Nysted DK 122 C4
Nysäter S 118 B2
Nyvoll N 105 D2
Nyåker S 113 D1
Nærbø N 116 A2
Nærøy N 106 C4
Næstved DK 122 C3
Nørre Alslev DK 122 C4
Nørre Nebel DK 122 A2
Nørre Snede DK 122 B2
Nørre Vorupør DK 122 A1
Nørre Åby DK 122 B3
Nås S 118 C1
Näljänkä FIN 109 F3
Närpes/
Närpiö FIN 114 B4
Nässjö S 118 C4
Näsåker S 112 C2
Nättraby S 123 F2
Nävekvarn S 119 E3
Nyírbátor H 126 B3

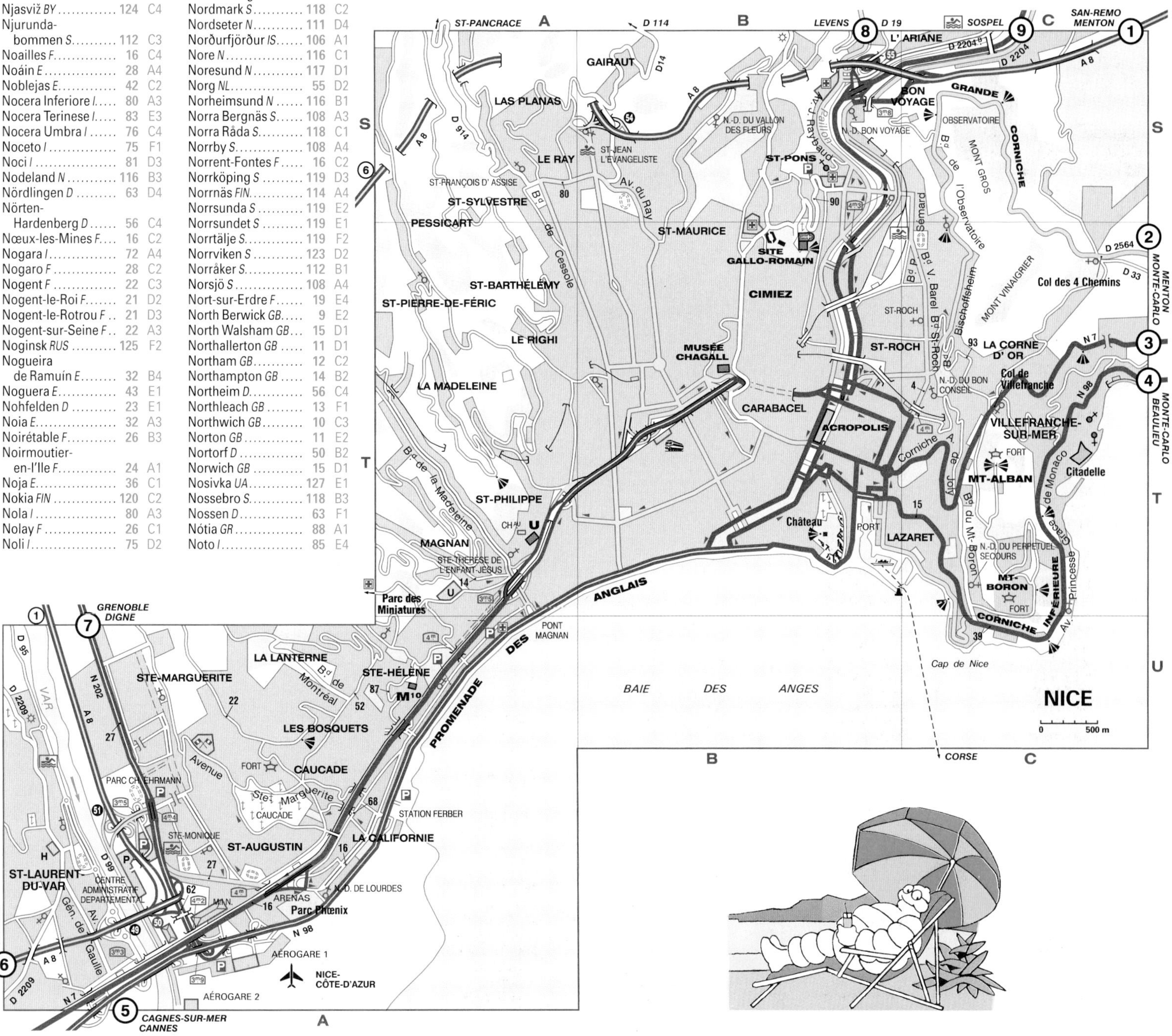
NICE
BAIE DES ANGES
PROMENADE DES ANGLAIS
ST-PANCRACE
GAIRAUT
LAS PLANAS
LE RAY
ST-SYLVESTRE
PESSICART
ST-MAURICE
ST-PONS
BON VOYAGE
SITE GALLO-ROMAIN
CIMIEZ
ST-BARTHÉLÉMY
ST-PIERRE-DE-FÉRIC
LE RIGHI
MUSÉE CHAGALL
LA MADELEINE
CARABACEL
ACROPOLIS
ST-ROCH
LA CORNE D'OR
Col de Villefranche
VILLEFRANCHE-SUR-MER
MT-ALBAN
Citadelle
Col des 4 Chemins
ST-PHILIPPE
MAGNAN
Château
PORT
LAZARET
MT-BORON
CORNICHE INFÉRIEURE
GRANDE CORNICHE
Cap de Nice
CORSE
SAN-REMO MENTON
MONTE-CARLO BEAULIEU
LEVENS
SOSPEL
L' ARIANE
GRENOBLE DIGNE
CAGNES-SUR-MER CANNES
STE-MARGUERITE
LA LANTERNE
STE-HÉLÈNE
LES BOSQUETS
CAUCADE
ST-AUGUSTIN
LA CALIFORNIE
ST-LAURENT-DU-VAR
Parc des Miniatures
Parc Phœnix
AÉROGARE 1
AÉROGARE 2
NICE-CÔTE-D'AZUR
STATION FERBER
0 500 m

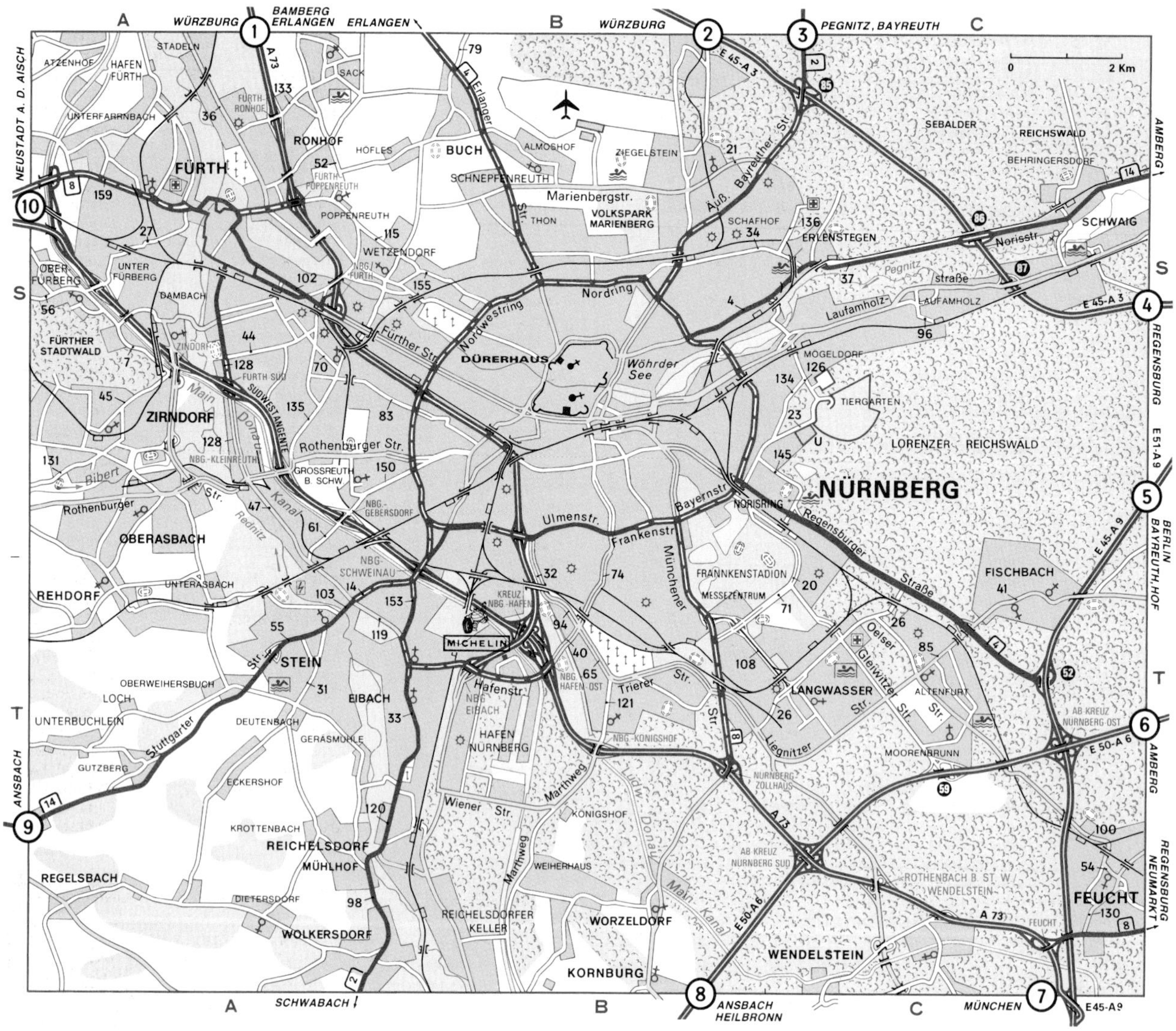
NÜRNBERG
FÜRTH
ZIRNDORF
OBERASBACH
STEIN
FEUCHT
FISCHBACH
LANGWASSER
WENDELSTEIN
KORNBURG
WORZELDORF
REICHELSDORF
MÜHLHOF
WOLKERSDORF
REHDORF
REGELSBACH
EIBACH
BUCH
RONHOF
SCHWAIG
DÜRERHAUS
MICHELIN
FRANKENSTADION
Wöhrder See
LORENZER REICHSWALD
SEBALDER REICHSWALD
WÜRZBURG
BAMBERG ERLANGEN
PEGNITZ, BAYREUTH
AMBERG
REGENSBURG
BERLIN BAYREUTH, HOF
REGENSBURG NEUMARKT
MÜNCHEN
ANSBACH HEILBRONN
SCHWABACH
ANSBACH
NEUSTADT A. D. AISCH
0 2 Km

O

Oadby GB 11 E4
Oakham GB 11 E4
Oanes N 116 A2
Óassi GR 93 E4
Oban GB 8 B1
Obbola S 113 E1
Obdach A 68 C3
Obejo E 47 F1
Oberammergau D 67 E2
Oberau D 67 E3
Oberaudorf D 67 F2
Oberdrauburg A 68 A4
Obereßfeld D 63 D2
Obergrafendorf A 69 D1
Obergünzburg D 67 D2
Obergurgl A 67 E4
Oberhaslach F 23 E2
Oberhausen D 61 E1
Oberhof D 63 D1
Oberkirch D 23 F2
Oberkirchen D 62 A1
Oberkochen D 66 C1
Obermarchtal D 66 C2
Obernai F 23 E2
Obernberg am Inn A 68 A1
Obernburg D 62 B3
Oberndorf a. Neckar D 23 F3
Oberndorf bei Salzburg A 68 A2
Obernzell D 68 A1
Oberölsbach D 63 E4
Oberprechtal D 23 F3
Oberpullendorf A 69 E2
Obersontheim D 62 C4
Oberstaufen D 66 C3
Oberstdorf D 67 D3
Obertauern A 68 A3
Obertraun A 68 B2
Oberursel D 62 A2
Obervellach A 68 A3
Oberviechtach D 63 F3
Oberwart A 69 E2
Oberwesel D 62 A3
Oberwiesenthal D 63 F2
Oberwölz A 68 B3
Oberzeiring A 68 C3
Óbidos P 40 A2
Obing D 67 F2
Objat F 25 E4
Obninsk RUS 125 F3
Obojan' RUS 127 F1
Obón E 43 F1
Oborniki PL 53 D4
Obrenovac YU 128 B1
Obrov SLO 73 D3
Obrovac HR 77 F1
Obsteig A 67 E3
Obzor BG 129 E2
Očakiv UA 127 F3
Ocaña E 42 C2
Occhiobello I 76 A1
Ochagavía E 28 B4
Ochsenfurt D 62 C3
Ochsenhausen D 66 C2
Ochtrup D 55 E3
Ochtyrka UA 127 F1
Ockelbo S 119 E1
Odda N 116 B1
Odden Færgehavn DK 122 C2
Odder DK 122 B2
Odeceixe P 46 A2
Odeleite P 46 B2
Odelzhausen D 67 E1
Odemira P 46 A1
Ödemiş TR 129 F4
Odense DK 122 B3
Odenthal D 61 F1
Oderberg D 52 A4
Oderzo I 72 B3
Odesa UA 127 F4
Odivelas P 40 B4
Odolo I 71 F4
Odorheiu Secuiesc RO 127 D4
Oebisfelde D 57 D3
Oederan D 63 F1
Öhringen D 62 C4
Oeiras P 40 A3
Oelde D 55 F4
Oelsnitz D 63 E2
Oettingen D 63 D4
Oetz A 67 E3
Oever (Den) NL 54 B2
Offenbach D 62 B3
Offenburg D 23 F2
Offida I 77 D4
Offranville F 16 A3
Ofir P 34 B3
Oggiono I 71 D4
Ogliastro Cilento I 80 B4
Ogre LV 124 B2
Ogulin HR 73 E4
Ohanes E 48 C3
Ohiró GR 89 D1
Ohlstadt D 67 E2
Ohorn D 58 A4
Ohrdruf D 63 D1
Ohrid MK 128 B3
Óhthia GR 92 C3
Ohthoniá GR 94 B3
Oiartzun E 28 A3
Oijärvi FIN 109 D3
Oikarainen FIN 109 D2
Oion E 37 D2
Oirschot NL 17 F1
Oisemont F 16 B3
Oisterwijk NL 17 F1
Oitti FIN 121 D3
Ojakylä FIN 114 C1
Ojos Negros E 43 E1
Ojuelos E 47 E1
Okehampton GB 12 C3
Oker D 56 C4
Oknö S 123 F2
Oksby DK 122 A3
Oksbøl DK 122 A3
Okulovka RUS 125 E1
Ólafsfjörður IS 106 B1
Olafsvík IS 106 A1
Olargues F 30 A3
Olazti E 37 D2
Olbernhau D 64 A1
Olbia I 78 A4
Oldcastle / An Seanchaisleán IRL 3 D3
Oldebroek NL 54 C3
Oldeide N 110 A3
Olden N 110 B3
Oldenburg D 50 A4
Oldenburg i. Holstein D 50 C2
Oldenzaal NL 55 D3
Olderdalen N 104 C2
Oldervik N 104 B2
Oldham GB 11 D2
Oldmeldrum GB 7 F4
Oldsum D 50 A2
Oleggio I 71 D4
Oleiros P 40 C2
Oleiros E 32 B2
Oleksandrija UA 127 F2
Olesa de Montserrat E 38 C4
Oleśnica PL 59 E4
Oletta F 78 B2
Olette F 29 F4
Olevs'k UA 127 D1
Olhő P 46 B2
Olhava FIN 109 D3
Oliana E 38 C3
Oliena I 82 B2
Oliete E 43 F1
Olimbía GR 96 B1
Olimbiáda GR 88 A4
Olimbiáda GR 88 C2
Ólimbos GR 103 D3
Ólinthos GR 88 C3
Olite E 28 A4
Oliva E 44 A4
Oliva de la Frontera E 41 D4
Oliva de Mérida E 41 E4
Olivares de Júcar E 43 D3
Oliveira de Azeméis P 34 B4
Oliveira de Frades P 34 B4
Oliveira do Bairro P 40 B1
Oliveira do Douro P 34 C4
Oliveira do Hospital P 40 C1
Olivenza E 41 D4
Olivet F 21 E4
Olivone CH 66 B4
Olleria (L') E 43 F4
Ollerton GB 11 E3
Les Ollières-sur-Eyrieux F 30 C1
Olliergues F 26 B3
Ollioules F 31 D3
Olmedillo de Roa E 36 B3
Olmedo I 82 A2
Olmedo E 36 A4
Olmeto F 78 A4
Olocau del Rey E 44 A1
Olofström S 123 E2
Olombrada E 36 B4
Olomouc CZ 65 E2
Olonzac F 29 F3
Oloron-Ste-Marie F 28 B3
Olost E 39 D3
Olot E 39 D3
Olpe D 62 A1
Olsberg D 62 A1
Olshammar S 118 C3
Olst NL 55 D3
Olsztyn PL 124 A4
Oltedal N 116 A2
Olten CH 23 F4
Oltenia RO 129 D1
Olula del Río E 48 C3
Ólvega E 37 D3
Olvera E 47 E3
Omagh GB 3 D2
Omalí GR 87 E3
Omalós GR 100 B3
Omegna I 70 C4
Omiš HR 128 A2
Ommen NL 55 D3
Omorfohóri GR 88 A4
Onda E 44 A2
Ondara E 44 A4
Ondarroa E 37 D1
Oneglia I 74 C3
Onesse-et-Laharie F 28 B2
Oneşti RO 127 D4
Onich GB 8 B1
Onkamo (Lappi) FIN 109 F2
Onkamo (Pohjois-Karjala) FIN 115 F3
Ontaneda E 36 B1
Ontinyent E 43 F4
Ontiñena E 38 A4
Ontur E 43 E4
Onzain F 21 D4
Oña E 36 C2
Oñati E 37 D1
Oost-Vlieland NL 54 B2
Oostburg NL 15 F3
Oostende B 15 F3
Oosterbeek NL 54 C4
Oosterend NL 54 C1
Oosterhout NL 54 B4
Oostkamp B 15 F4
Oostmalle B 17 E1
Ootmarsum NL 55 D3
Opatija HR 73 D4
Opava CZ 65 F2
Opladen D 61 F1
Opočka RUS 125 D2
Opole PL 59 E4
Oppach D 58 B4
Oppdal N 111 D2
Oppenau D 23 F2
Oppenheim D 62 A3
Opphaug N 111 D1
Oppido Lucano I 80 C3
Oppido Mamertina I 83 E4
Ora / Auer I 67 E4
Oradea RO 126 B4
Oradour-sur-Glane F 25 D3
Oradour-sur-Vayres F 25 D3
Oraison F 31 D2
Orajärvi FIN 108 C2
Orange F 30 C2
Orani I 82 B2
Oranienbaum D 57 E3
Oranienburg D 51 F4
Oranmore IRL 2 B4
Orăştie RO 128 C1
Oravais/Oravainen FIN 114 B3
Oravikoski FIN 115 E3
Oraviţa RO 128 B1
Orbassano I 27 F4
Orbe CH 27 E1
Orbec F 20 C2
Orbetello I 78 C1
Orbey F 23 E3
Orce E 48 C2
Orcera E 48 C1
Orchies F 17 D2

Orcières F 31 E1
Orcival F 26 A3
Ordes E 32 B2
Ordizia E 37 D1
Orduña E 36 C1
Ordžonikidze UA 127 F3
Ore S 112 B4
Orea E 43 E1
Orechovo-Zujevo RUS 125 F2
Oreí GR 93 F2
Orellana de la Sierra E 41 F3
Orellana la Vieja E 41 F3
Oréo GR 89 E1
Oreókastro GR 88 B2
Orestiáda GR 91 E1
Orgáni GR 91 D1
Organyà E 38 C3
Orgaz E 42 B3
Orgelet F 27 D2
Orgères-en-Beauce F 21 E3
Orgiva E 48 B3
Orgon F 30 C2
Orgosolo I 82 B2
Orhei MOL 127 E3
Orhomenós GR 93 F3
Oria I 81 E3
Oria E 48 C2
Origny-Ste-Benoite F 17 D3
Orihuela E 49 E1
Orihuela del Tremedal E 43 E1
Orimattila FIN 121 D3
Oriní GR 88 C1
Oriolo I 81 D4
Oripää FIN 120 B3
Orissaare EST 124 B2
Oristano I 82 A3
Orivesi FIN 120 C2
Orjahovo BG 128 C2
Orkanger N 111 D2
Ìórlákshöfn IS 106 A2
Orléans F 21 E4
Orly F 21 E2
Orménio GR 91 E1
Ormília GR 88 C3
Órmos GR 88 B3
Órmos Korthíou GR 98 C1
Órmos Panagías GR 88 C3
Órmos Prínou GR 89 E2
Ormož SLO 73 F2
Ormsjö S 112 B1
Ormskirk GB 10 C2
Ornans F 27 D1
Ornós GR 98 C2
Or'ol RUS 125 F4
Oron-la-Ville CH 27 E2
Oropa I 70 C4
Oropesa E 41 F2
Orosei I 78 A4
Orosháza H 126 B4
Orpesa / Oropesa del Mar E 44 A2
Orpierre F 31 D1
Orpington GB 14 C3
Orreaga / Roncesvalles E 28 A3
Orrefors S 123 F2
Orsa S 112 B4
Orša BY 125 C4
Orsay F 21 E2
Ìórshöfn IS 106 C1
Orsières CH 27 F2
Ìórsmörk IS 106 B2
Orsogna I 79 F1
Orșova RO 128 C1
Orta Nova I 80 B2
Orta S. Giulio I 70 C4
Orte I 79 D1
Orth A 69 E1
Orthez F 28 B3
Ortigueira E 32 C2
Ortisei / St. Ulrich I 67 F4
Ortnevik N 110 B4
Orton GB 10 C1
Ortona I 80 A1
Ortrand D 58 A4
Orune I 78 A4
Orusco E 42 C2
Orvalho P 40 C2
Orvieto I 76 B4
Orvinio I 79 E1
Orzinuovi I 71 E4
Os N 111 E3
Osa de la Vega E 42 C3
Osby S 123 E2
Oschatz D 57 F4
Oschersleben D 57 D3
Oschiri I 82 B1
Oseja de Sajambre E 33 F3
Osen N 111 E1
Osera E 37 F4
Osijek HR 128 A1
Osilo I 82 A1
Osimo I 77 D3
Oskarshamn S 123 F1
Oskarström S 123 D2
Oslo N 117 D1
Osnabrück D 55 F3
Osoppo I 68 A4
Osorno la Mayor E 36 A2
Ospedaletti I 74 C3
Ospitaletto I 71 E4
Oss NL 54 C4
Óssa GR 88 B2
Ossa de Montiel E 42 C4
Ossiach A 68 B4
Ossun F 28 C3
Ostaškov RUS 125 E2
Oster UA 127 E1
Osterburg D 57 D2
Osterburken D 62 B4
Osterfeld D 63 E1
Osterhofen D 64 A4
Osterholz-Scharmbeck D 50 A4
Osteria del Gatto I 76 C3
Osterode D 56 C4
Osterwieck D 56 C3
Ostheim v. d. Rhön D 62 C2
Ostia Antica I 79 D2
Ostiglia I 76 A1
Ostra I 76 C3
Ostrach D 66 C2
Ostrava CZ 65 F2
Ostritz D 58 B4
Ostroh UA 127 D2
Ostrołęka PL 126 B1
Ostrov RUS 125 C2
Ostrov RO 129 E1
Ostrowiec-Świętokrzyski PL 126 B2
Ostrów Wielkopolski PL 59 E3
Ostróda PL 124 A4
Ostrów Mazowiecka PL 126 B1
Ostuni I 81 E3
Osuna E 47 F2
Oswestry GB 10 C3
Oświęcim PL 126 A2
Osøyro N 116 A1
Otanmäki FIN 115 D2
Otava FIN 121 E2
Oteren N 104 C3
Othem S 119 F4
Othery GB 13 E2
Othoní (Nissí) GR 86 A4
Otívar E 48 A3
Otley GB 11 D2
Otnes N 111 E3
Otocac HR 73 F4
Otranto I 81 F3
Otta N 111 D3
Ottana I 82 B2
Ottaviano I 80 A3
Ottenschlag A 68 C1
Ottensheim A 68 B1
Otter Ferry GB 8 B2
Otterburn GB 9 E4
Otterlo NL 54 C4
Otterndorf D 50 A3
Ottersberg D 50 B4
Otterup DK 122 B3
Ottery St. Mary GB 13 D3
Otterøy N 106 C4
Ottmarsheim F 23 E4
Ottnang A 68 A1
Ottobeuren D 67 D2
Ottobrunn D 67 E2
Ottsjö S 112 A2
Ottweiler D 23 E1
Otwock PL 126 B1
Otziás GR 98 A1
Ouchy CH 27 E2
Oucques F 21 D4
Oud-Beijerland NL 54 B4
Ouddorp NL 54 A4
Oude Pekela NL 55 D2
Oudenaarde B 17 D2
Oudenbosch NL 17 E1
Oughterard / Uachtar Ard IRL 2 A4
Ouistreham F 19 F1
Oulainen FIN 114 C2
Oulchy-le-Château F 17 D4
Oulu (Uleåborg) FIN 114 C1
Oulunsalo FIN 114 C1
Oulx I 27 E4
Oundle GB 11 E4
Ouranópoli GR 89 D3
Ourém P 40 B2
Ourense / Orense E 32 B4
Ourique P 46 A1
Ourol E 32 C2
Ourville-en-Caux F 16 A4
Oust F 29 E4
Outeiro de Rei E 32 C3
Outokumpu FIN 115 F3
Outomuro E 32 B4
Outwell GB 11 F4
Ouzouer-le-Marché F 21 D4
Ouzouer-sur-Loire F 21 E4
Ovada I 75 D2
Ovanåker S 112 B4
Ovar P 34 B4
Ovedskloster S 123 E3
Overath D 61 F1
Overhalla N 107 D4
Overijse B 17 E2
Oviedo E 33 E2
Ovindoli I 79 F1
Ovruč UA 127 D1
Oxelösund S 119 E3
Oxford GB 13 F1
Oxiá GR 92 C1
Oxiá (Nissí) GR 92 B3
Oxie S 123 D3
Oxílithos GR 94 B3
Oybin D 64 B1
Oy-Mittelberg D 67 D2
Oyntdartfjørdur (Færøerne) DK 106 A3
Oyonnax F 27 D2
Oyten D 50 B4
Ožbalt SLO 73 E2
Ózd H 126 B3
Ozieri I 82 B2

P

Paakkila FIN 115 E3
Paalasmaa FIN 115 F2
Paavola FIN 114 C1
Pabianice PL 126 A2
Paca (La) E 49 D2
La Pacaudière F 26 B2
Paceco I 84 A3
Pachino I 85 E4
Paço de Sousa P 34 B4
Paços de Ferreira P 34 B3
Pacy-sur-Eure F 21 D2
Padasjoki FIN 121 D3
Paderborn D 55 F4
Paderne P 46 A2
Padiham GB 10 C2

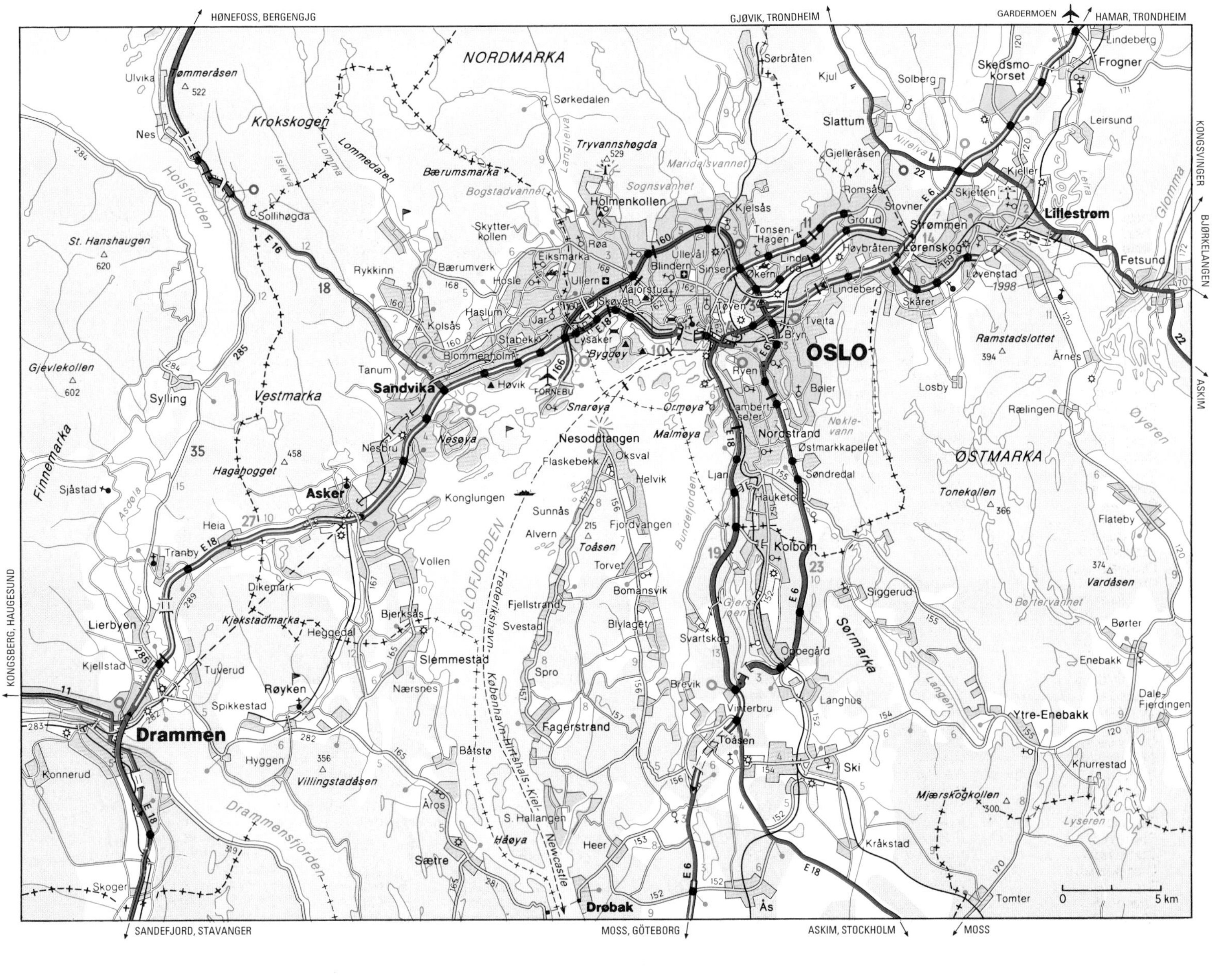
HØNEFOSS, BERGENGJG
GJØVIK, TRONDHEIM
GARDERMOEN
HAMAR, TRONDHEIM
KONGSVINGER
BJØRKELANGEN
ASKIM
KONGSBERG, HAUGESUND
SANDEFJORD, STAVANGER
MOSS, GÖTEBORG
ASKIM, STOCKHOLM
MOSS
NORDMARKA
Krokskogen
Tryvannshøgda
Holmenkollen
OSLO
Sandvika
Asker
Drammen
Lillestrøm
Vestmarka
ØSTMARKA
OSLOFJORDEN
Drammensfjorden
Nesoddtangen
Drøbak
Ski
Ås
Vinterbru
Tomter
0
5 km

DU VEXIN FRANÇAIS
Pontoise
Cergy-Pontoise
L'Isle-Adam
Forêt de l'Isle-Adam
Auvers-s-Oise
Méry
Villiers-Adam
Forêt de Montmorency
Montmorency
Taverny
St Leu-la-Forêt
Beauchamp
St Ouen-l'Aumône
Pierrelaye
Bessancourt
Franconville
Ermont
Eaubonne
Soisy
Deuil-la-Barre
Enghien-les-Bains
St Gratien
Sannois
Cormeilles-en-Parisis
Herblay
Conflans-Ste Honorine
Maisons-Laffitte
Argenteuil
Épinay-s-Seine
Gennevilliers
Villeneuve-la-Garenne
Colombes
Bois-Colombes
Asnières
Clichy
Levallois-Perret
Neuilly-s-Seine
Courbevoie
La Garenne-Colombes
Puteaux
Nanterre
Suresnes
Rueil-Malmaison
St Cloud
Boulogne-Billancourt
Sartrouville
Houilles
Bezons
Carrières-s-Seine
Chatou
Le Vésinet
Le Pecq
Croissy-s-Seine
Bougival
La Celle-St Cloud
Garches
Vaucresson
Marnes-la-Coquette
Ville-d'Avray
Sèvres
Meudon
Chaville
Viroflay
Vélizy-Villacoublay
Clamart
Châtillon
Vanves
Malakoff
Montrouge
Issy-les-M.
Bagneux
Fontenay-aux-Roses
Le Plessis-Robinson
Bourg-la-Reine
Sceaux
Châtenay-Malabry
Antony
Bièvres
Verrières-le-Buisson
Massy
Fresnes
Chilly-Mazarin
Longjumeau
Palaiseau
Saclay
Orsay
Gif
Les Ulis
Villebon
Ballainvilliers
Épinay-s-Orge
Villemoisson-s-Orge
Villiers-s-O.
Longpont
Ste Geneviève
Montlhéry
Linas
St Michel-s-O.
Le Plessis-Pâté
Brétigny-s-Orge
Marcoussis
Camp de Linas-Montlhéry
Autodrome
Nozay
La Ville-du-Bois
St Germain
Leuville
Bruyères-le-Châtel
Fontenay-lès-Briis
Briis-s-Forges
Forges-les-Bains
Limours-en-Hurepoix
Janvry
Gometz-le-Châtel
Gometz-la-Ville
Les Molières
Pecqueuse
Bonnelles
Bullion
Chevreuse
St Rémy-lès-Chevreuse
Dampierre-en-Y.
Senlisse
Les Vaux de Cernay
Cernay-la-Ville
HAUTE VALLÉE
PARC RÉGIONAL
St Lambert
Magny-les-Hameaux
Voisins-le-Bretonneux
Montigny-le-Bretonneux
St Quentin-en-Yvelines
Trappes
Élancourt
France Miniature
Maurepas
Coignières
Le Mesnil-St Denis
Lévis-St Nom
Guyancourt
Buc
Jouy-en-Josas
Les Loges-en-Josas
Toussus-le-Noble
Châteaufort
Camp de Satory
VERSAILLES
Le Chesnay
Rocquencourt
St Cyr-l'École
Fontenay-le-Fleury
Bois-d'Arcy
Les Clayes-s-Bois
Plaisir
Villepreux
Rennemoulin
Noisy-le-Roi
Bailly
St Nom-la-Bretèche
Marly-le-Roi
Louveciennes
Port-Marly
Mareil-Marly
L'Étang-la-Ville
Fourqueux
Aigremont
Chambourcy
ST GERMAIN-EN-LAYE
Poissy
Carrières-s-Poissy
Achères
Andrésy
Chanteloup
Triel-s-S.
Vernouillet
Médan
Villennes-s-Seine
Orgeval
Les Alluets-le-Roi
Morainvilliers
Feucherolles
Chavenay
Crespières
Davron
Thiverval-Grignon
Beynes
Neauphle-le-Château
Jouars-Pontchartrain
Le Tremblay-s-Mauldre
Montfort-l'Amaury
Les Essarts-le-Roi
Le Perray-en-Yvelines
Rambouillet
Forêt de Rambouillet
FORÊT DE RAMBOUILLET
Auffargis
St Léger-en-Yvelines
Meulan
Les Mureaux
Flins
Aubergenville
Épône
Mézières
Verneuil-s-Seine
Vaux-s-Seine
Évecquemont
Maule
Vigny
Magny-en-Vexin
Cormeilles-en-Vexin
Marines
Courcelles-s-Viosne
Osny
Puiseux-Pontoise
Vauréal
Jouy-le-Moutier
PA

Luzarches
Mortefontaine
Plailly
Silly-le-Long
Chèvreville
Survilliers
Bellefontaine
Fosses
Lassy
Belloy-en-France
Epinay-Champlâtreux
Le Plessis-Luzarches
Jagny-s/s-Bois
Marly-la-Ville
St Witz
Vémars
Othis
Eve
Le Plessis-Belleville
Lagny-le-Sec
Ognes
Brégy
Oissery
Douy
Puisieux
St Pathus
Mareil-en-France
Châtenay-en-France
Puiseux-en-France
Fontenay-en-Parisis
Moussy-le-Neuf
Dammartin-en-Goële
Longperrier
Rouvres
Marchémoret
Forfry
Gesvres-le-Chapitre
Marcilly
Le Mesnil-Aubry
Le Plessis-Gassot
Ezanville
Ecouen
Bouqueval
Goussainville
Villeron
Louvres
Chennevières-lès-Louvres
Epiais-lès-L.
Mauregard
Moussy-le-Vieux
Villeneuve-s/s-Dammartin
St Mard
Montgé-en-Goële
St Soupplets
Etrépilly
Barcy
Villiers-le-Bel
Sarcelles
Le Thillay
Gonesse
Vaudherland
Roissy-en-France
Le Mesnil-Amelot
AÉROPORT CHARLES DE GAULLE
Thieux
Juilly
Vinantes
Le Plessis-aux-Bois
Cuisy
Le Plessis-l'Evêque
Monthyon
Chambry
Varreddes
Arnouville
Tremblay-Vieux-Pays
Mitry-Mory
Compans
Nantouillet
Iverny
Villeroy
Chauconin-Neufmontiers
Penchard
Crégy
Poincy
Pierrefitte
Garges-lès-G.
AÉROPORT DU BOURGET
PARC DES EXPOSITIONS
Gressy
St Mesmes
Messy
Charny
Stains
Dugny
Tremblay-en-France
Villepinte
Sevran
Villeparisis
Claye-Souilly
Charmentray
Trilbardou
Meaux
Le Blanc-Mesnil
Le Bourget
Aulnay-s/s-Bois
Fresnes-s-Marne
Précy-s-Marne
Vignely
Villenoy
Nanteuil-lès-Meaux
La Courneuve
Drancy
Livry-Gargan
Vaujours
Coubron
Courtry
Le Pin
Villevaudé
Annet-s-M.
Jablines
Mareuil-lès-Meaux
Isles-lès-Villenoy
Aubervilliers
Les Pavillons-s/s-Bois
Clichy-s/s-Bois
Carnetin
Lesches
Esbly
Condé-St Libiaire
Quincy-Voisins
Bobigny
Pantin
Bondy
Le Raincy
Montfermeil
Gagny
Chelles
Brou-s-Chantereine
Thorigny-s-M.
Dampmart
Chalifert
Coupvray
Montry
Couilly-Pont-aux-Dames
Noisy-le-Sec
Romainville
Les Lilas
Bagnolet
Villemomble
Rosny-s/s-Bois
Neuilly-Plaisance
Neuilly-s-M.
Vaires-s-M.
Pomponne
St Thibault
Chessy
St Germain-s-Morin
Couteyrolle
Montreuil
Champs-s-M.
Noisiel
Torcy
Lagny-s-M.
Montévrain
Disneyland Paris
Magny-le-Hongre
Crécy-la-Chapelle
Vincennes
Fontenay-s/s-Bois
Le Perreux
Nogent-s-M.
Bry-s-M.
Noisy-le-Grand
Marne-la-Vallée
Lognes
Bussy-St Martin
Bussy-St Georges
Collégien
Guermantes
Chanteloup-en-Brie
Jossigny
Serris
Bailly-Romainvilliers
Voulangis
St Mandé
Charenton
Joinville
Champigny
Villiers-s-M.
Malnoue
Croissy-Beaubourg
Ferrières-en-Brie
Villeneuve-le-Comte
Dammartin
Ivry
Alfortville
Maisons-Alfort
St Maur
Créteil
Le Plessis-Trévise
Chennevières-s-M.
La Queue-en-Brie
Emerainville
Roissy-en-Brie
Pontcarré
Villeneuve-St Denis
Forêt de Crécy
Mortcerf
Vitry-s-Seine
Bonneuil-s-M.
Ormesson
Pontault-Combault
Ozoir-la-Ferrière
Forêt d'Armainvilliers
Favières
Neufmoutiers-en-Brie
Crèvecœur-en-Brie
Choisy-le-Roi
Thiais
Sucy-en-Brie
Forêt de Notre-Dame
Gretz-Armainvilliers
Tournan-en-Brie
La Houssaye-en-Brie
Orly
Valenton
Limeil-Brévannes
Boissy-St Léger
Lésigny
Marolles-en-Brie
Santeny
Férolles-Attilly
Chevry-Cossigny
Les Chapelles-Bourbon
Marles-en-Brie
Villeneuve-le-Roi
Villeneuve-St Georges
Ablon-s-Seine
Athis-Mons
Yerres
Crosne
Villecresnes
Servon
Presles-en-Brie
Châtres
Fontenay-Trésigny
Vigneux
Montgeron
Brunoy
Mandres-les-Roses
Périgny
Brie-Comte-Robert
Grisy-Suisnes
Liverdy-en-Brie
Draveil
Forêt de Sénart
Epinay-s/s-Sénart
Boussy-St Antoine
Varennes-Jarcy
Coubert
Courquetaine
Chaumes-en-Brie
Bernay-en-Brie
Grigny
Quincy-s/s-Sénart
Combs-la-Ville
Grégy-s-Yerres
Evry-Grégy-s-Yerres
Solers
Ozouer-le-Voulgis
Argentières
Courtomer
Ris-Orangis
Soisy-s-Seine
Etiolles
Tigery
Sénart (Ville Nlle)
Lieusaint
Moissy-Cramayel
Soignolles-en-Brie
Yèbles
Guignes
Verneuil-l'Etang
Beauvoir
Evry
St Germain-lès-C.
Limoges
Lissy
Champdeuil
Aubepierre
Courcouronnes
St Pierre-du-Perray
Corbeil-Essonnes
Réau
Le Plessis-Picard
Suscy-s/s-Yèbles
Andrezel
Mormant
Ozouer-le-Repos
Bondoufle
Saintry
Crisenoy
Champeaux
Lisses
Villabé
Fief des Epoisses

Padornelo E 32 C4
Padova I 72 A4
Padrón E 32 A3
Padru I 78 A4
Padstow GB 12 B3
Padul E 48 B3
Paesana I 31 F1
Paestum I 80 B4
Paestum Antica I 80 B4
Pag HR 77 E1
Paganico I 76 A4
Pagny-sur-Moselle F 22 C2
Pagóndas GR 94 A3
Pagóndas GR 99 F1
Pagoúria GR 90 C2
Páhi GR 94 A4
Pahiá Ámos GR 101 E4
Paide EST 124 B1
Paignton GB 13 D3
Paimbœuf F 19 D4
Paimio FIN 120 B4
Paimpol F 18 C2
Painswick GB 13 E1
Paisley GB 8 C3
Pajala S 108 C2
Pajanosas (Las) E 47 D2
Paks H 126 A4
Pal. Kavála GR 89 E1
Pal. Krovíli GR 91 D2
Palacios
de la Sierra E 36 C3
Palacios del Sil E 33 D3
Palacios
de Sanabria E 33 D4
Palacios y Villafranca
(Los) E 47 D2
Paládio GR 89 F1
Paladru F 27 D3
Palafrugell E 39 E3
Palagía GR 91 D2
Palagiano I 81 D3
Palagonia I 85 D3
Palaia I 75 F3
Le Palais F 18 C4
Palaiseau F 21 E2
Palamás GR 93 D1
Palamós E 39 E3
Palanga LT 124 A3
Palas de Rei E 32 B3
Palata I 80 A1
Palau I 82 B1
Palavas-les-Flots F 30 B3
Palazzo del Pero I 76 B3
Palazzo S. Gervasio I 80 C3
Palazzolo Acreide I 85 D4
Palazzolo sull'Oglio I 71 E4
Palazzuolo
sul Senio I 76 A2
Paldiski EST 124 B1
Paleá Epídavros GR 97 E1
Palékastro GR 101 F4
Palena I 79 F1
Palencia E 36 A3
Paleohóra GR 100 A4
Paleohóri GR 92 B1
Paleohóri GR 92 C1
Paleohóri GR 88 C2
Paleohóri GR 97 D2
Paleohóri GR 87 E3
Paleohóri GR 87 E4
Paleohóri GR 95 F2
Paleokastrítsa GR 86 B4
Paleókastro GR 88 C1
Paleókastro GR 88 C3
Paleókastro GR 93 D2
Paleókastro GR 87 E3
Paleókastro GR 99 F1
Paleokómi GR 89 D2
Paleópirgos GR 88 A4
Paleópirgos GR 93 D3
Paleópoli GR 98 B1
Paleópoli GR 91 D3
Palermo I 84 B2
Páleros GR 92 B2
Palestrina I 79 E2
Páli GR 103 D1
Paliano I 79 E2
Palidoro I 79 D2
Palinges F 26 B2
Palinuro I 80 B4
Palioúri GR 88 C4
Paliouriá GR 87 F4
Paliseul B 17 F3
La Pallice F 24 B2
Palluau F 24 A1
Palma E 45 E3
Palma
di Montechiaro I 84 C4
Palma del Condado
(La) E 47 D2
Palma del Río E 47 E2
Palmadula I 82 A1
Palmanova I 72 C3
Palmela P 40 A4
Palmi I 83 E4
Palo del Colle I 81 D2
Palojoensuu FIN 105 D4
Palokki FIN 115 E3
Palomares
del Campo E 43 D2
Palomas E 41 E4
Palombara Sabina I 79 E1
Palomäki FIN 115 E2
Palos de la Frontera E 46 C2
Pals E 39 E3
Paltamo FIN 115 E1
Paltaniemi FIN 115 E2
Paluzza I 68 A4
Pámfila GR 95 F1
Pamhagen A 69 E1
Pamiers F 29 E3
Pampilhosa P 40 B1
Pampilhosa
da Serra P 40 C1
Pampliega E 36 B2
Pamporovo BG 129 D3
Panagía GR 92 B1
Panagía GR 89 E2
Panagía GR 87 E4
Panagía GR 87 F4
Panagía GR 89 F4
Panagjurište BG 128 C2
Pancalieri I 27 F4
Pančevo YU 128 B1
Pancorbo E 36 C2
Pandánassa GR 97 E4
Pandeleimónas GR 88 A4
Pandino I 71 E4
Pandrup DK 122 B1
Panes E 33 F3
Panetólio GR 92 C3
Panevėžys LT 124 B3
Pangbourne GB 13 F2
Pankakoski FIN 115 F2
Pankow D 57 F2
Panne (De) B 15 F4
Panórama GR 88 B2
Panórama GR 88 C1
Panormítis GR 103 E1
Pánormos GR 98 C1
Pantelleria I 84 A4
Paola I 83 E2
Pápa H 69 F2
Papádes GR 94 A2
Papádos GR 95 F2
Páparis GR 96 C2
Papasidero I 80 C4
Papenburg D 55 E2
Pápingo GR 87 D4
Pappenheim D 63 D4
Parabita I 81 F3
Paracuellos
de Jiloca E 37 E4
Paradas E 47 E2
Paradela P 34 C3
Paradissiá GR 96 C2
Parádissos GR 89 E1
Parajes E 32 C2
Parakálamos GR 86 C4
Parákila GR 95 F1
Paralía GR 88 A3
Paralía GR 92 C4
Paralía GR 97 E3
Paralía GR 93 F4
Paralía Akrátas GR 93 E4
Paralía Ástros GR 97 D2
Paralía Kímis GR 94 B3
Paralía Kotsikiás GR 94 A2
Paralía Skotínas GR 88 A3
Paralía Tiroú GR 97 E2
Paramé F 19 D2
Paramithía GR 92 A1
Páramo del Sil E 33 D3
Parapésti GR 89 E1
Parapótamos GR 86 C4
Paray-le-Monial F 26 B2
Parchim D 51 D3
Pardo (El) E 42 B1
Pardubice CZ 64 C2
Paredes P 34 B4
Paredes de Coura P 32 A4
Paredes de Nava E 33 F4
Pareja E 43 D1
Parentis-en-Born F 28 B1
Párga GR 92 A1
Pargas/Parainen FIN 120 B4
Parikkala FIN 121 F2
Paris F 21 E2
Parkalompolo S 108 C1
Parkano FIN 120 B2
Parla E 42 B2
Parlavà E 39 E3
Parma I 75 F1
Parndorf A 69 E1
Pärnu EST 124 B2
Parola FIN 120 C3
Páros GR 98 C2
Páros (Nissí) GR 98 C2
Parsberg D 63 E4
Parsdorf D 67 E1
Partakko FIN 105 F3
Partanna I 84 B3
Partenen A 67 D4
Parthenay F 24 C2
Parthéni GR 99 F2
Partille S 118 B4
Partinico I 84 B2
Partney GB 11 F3
Pas-en-Artois F 16 C3
Pasaia / Pasajes E 28 A3
Pasewalk D 52 A3
Pashalítsa GR 93 D1
Passá-Limáni GR 95 E4
Passais F 19 F2
Passás (Nissí) GR 95 F3
Passau D 68 A1
Passignano
sul Trasimeno I 76 B4
Pastavy BY 124 C3
Pastrana E 42 C1
Pásztó H 126 A4
Patay F 21 E3
Pateley Bridge GB 11 D2
Pateniemi FIN 114 C1
Paterna de Rivera E 47 D3
Paternion A 68 B4
Paternò I 85 D3
Paternopoli I 80 B3
Patersdorf D 64 A4
Patiópoulo GR 92 C2
Patitíri GR 94 A2
Pátmos GR 99 F2
Pátmos (Nissí) GR 99 F2
Patras GR 92 C4
Patreksfjörður IS 106 A1
Patrington GB 11 F2
Pattada I 82 B2
Patterdale GB 10 C1
Patti I 85 D2
Pattijoki FIN 114 C1
Pau F 28 C3
Pauillac F 24 B4
Paúl P 40 C1
Paular (El) E 42 B1
Paularo I 68 A4
Paulhaguet F 26 A4
Paullo I 71 E4
Pavia P 40 B3
Pavia I 75 D1
Pavia (Certosa di) I 75 D1
Pavilly F 16 A4
Pávliani GR 93 E2
Pávlos GR 93 F3
Pavlovskij Posad RUS 125 F2
Pavullo
nel Frignano I 75 F2
Paxí GR 92 A1
Paxí (Nissí) GR 86 A1
Payerne CH 27 E1
Paymogo E 46 C1
Payrac F 29 E1
Pazardžik BG 129 D2
Pazin HR 73 D4
Le Péage-
de-Roussillon F 26 C4
Peal de Becerro E 48 B2
Peanía GR 94 A4
Peć YU 128 B2
Peccioli I 75 F3
Peckelsheim D 56 B4
Pécs H 128 A1
Pedaso I 77 D3
Pedernoso (El) E 42 C3
Pedersker DK 123 E4
Pedersöre/
Pedersören K. FIN 114 B3
Pédi GR 103 E1
Pedrafita
do Cebreiro E 32 C3
Pedrajas
de San Esteban E 36 A4
Pedralba E 43 F3
Pedralba
de la Pradería E 33 D4
Pedras Salgadas P 34 C3
Pedraza de la Sierra E 36 B4
Pedrera E 47 F2
Pedro Abad E 48 A1
Pedro Bernardo E 42 A2
Pedrógão P 46 B1
Pedrógão P 40 A1
Pedrógão Grande P 40 B2
Pedrola E 37 E3
Pedro Muñoz E 42 C3
Pedroñeras (Las) E 43 D3
Pedrosas (Las) E 37 F3
Pedroso (El) E 47 E1
Peebles GB 9 D3
Peel GB 3 F3
Peenemünde D 51 F2
Pefkári GR 89 E2
Pefkí GR 93 F2
Péfkos GR 87 D3
Pega P 41 D1
Pegalajar E 48 B2
Pegau D 63 E1
Pegli I 75 D2
Pegnitz D 63 E3
Pego E 44 A4
Pegognaga I 75 F1
Pegolotte I 72 B4
Peguera E 45 D3
Peine D 56 C3
Peio I 67 D4
Peïra-Cava F 31 F2
Peißenberg D 67 E2
Peiting D 67 D2
Peitz D 58 A3
Péla GR 88 A2
Pelasgía GR 93 F2
Pelekános GR 87 E3
Pélekas GR 86 B4
Peletá GR 97 E2
Pelhřimov CZ 64 C3
Pelješac HR 128 A2
Pelkosenniemi FIN 109 E1
Pellegrino
Parmense I 75 E1
Pellegrue F 28 C1
Le Pellerin F 24 A1
Pellesmäki FIN 115 E3
Pello FIN 108 C2
Peltosalmi FIN 115 D2
Peltovuoma FIN 105 D4
Pélussin F 26 C4
Pembroke Dock/
Doc Penfro GB 12 C1
Pembroke/Penfro GB 12 C1
Penacova P 40 B1
Penafiel P 34 B4
Penalva do Castelo P 34 C4
Penamacor P 41 D1
Penarth GB 13 D2
Pendagií GR 93 D3
Pendálofo GR 92 C3
Pendálofos GR 87 D3
Pénde Vrísses GR 88 B2
Pendéli GR 94 A4
Pendeória GR 93 E3
Pendine GB 12 C1
Penedono P 34 C4
Penela P 40 B1
Pénestin F 19 D4
Penhas da Saúde P 40 C1
Penhas Juntas P 35 D3
Peniche P 40 A2
Penicuik GB 9 D3
Penig D 63 F1
Peníscola/Peñíscola E 44 B2
Penkun D 52 A3
Penmaenmawr GB 10 B3
Penna (Punta di) I 80 A1
Pennabilli I 76 B3
Penne I 77 E4
Penne-d'Agenais F 29 D1
Penrhyndeu-
draeth GB 10 B3
Penrith GB 10 C1
Penryn GB 12 B4
Pentrofoelas GB 10 B3
Penzance GB 12 B4
Penzberg D 67 E2
Penzlin D 51 F3
Peñafiel E 36 B3
Peñaflor E 47 E2
Peñaranda
de Bracamonte E 35 F4
Peñaranda
de Duero E 36 B3
Peñarroya-
Pueblonuevo E 47 F1
Peñascosa E 43 D4
Peñas de San Pedro E 43 D4
Peñausende E 35 E4
Perahóra GR 93 F4
Peraleda
del Zaucejo E 41 F4
Peralejos
de las Truchas E 43 E1
Perales
del Alfambra E 43 F1
Perales del Puerto E 41 D1

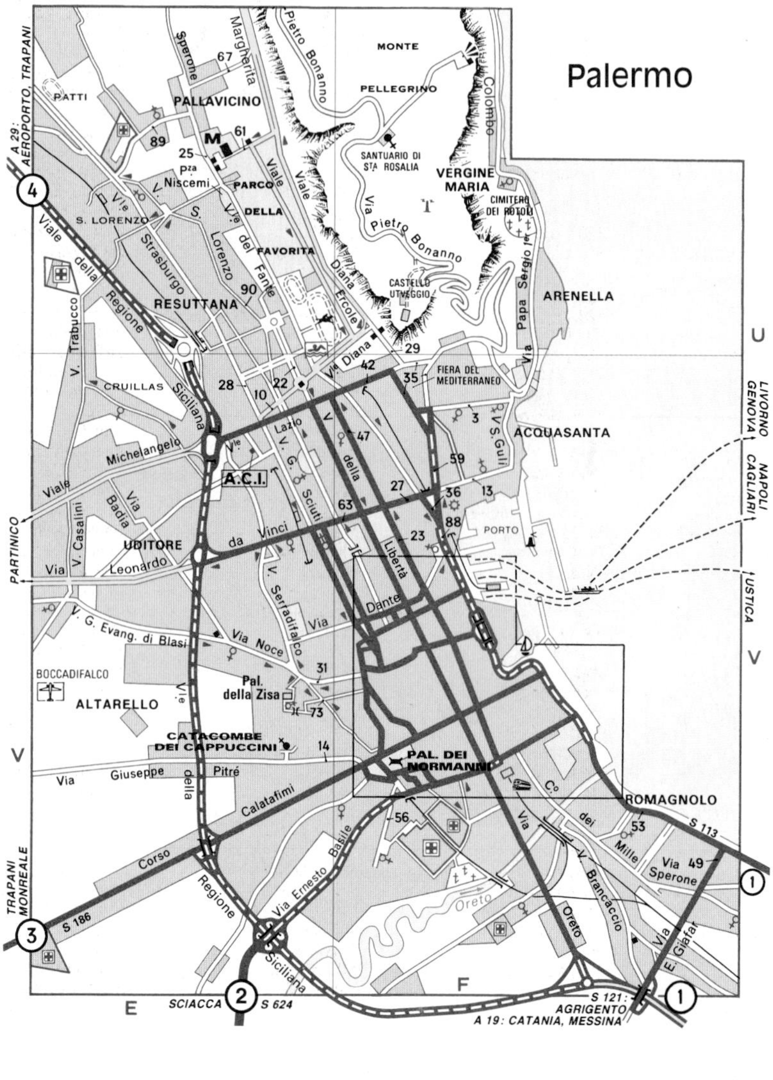

Palermo
MONTE PELLEGRINO
SANTUARIO DI STA ROSALIA
VERGINE MARIA
CIMITERO DEI ROTOLI
PALLAVICINO
RESUTTANA
ARENELLA
ACQUASANTA
FIERA DEL MEDITERRANEO
PORTO
S. LORENZO
CRUILLAS
UDITORE
ALTARELLO
BOCCADIFALCO
CATACOMBE DEI CAPPUCCINI
PAL. DEI NORMANNI
Pal. della Zisa
ROMAGNOLO
A.C.I.
A 29: AEROPORTO, TRAPANI
TRAPANI MONREALE
PARTINICO
LIVORNO GENOVA
NAPOLI CAGLIARI
USTICA
SCIACCA
S 624
S 186
S 113
S 121: AGRIGENTO
A 19: CATANIA, MESSINA
U
V
E
F

Perales de Tajuña E 42 C2
Peralta E 37 E2
Peralta de Alcofea E 38 A3
Peralva P 46 B2
Pérama GR 94 A4
Pérama GR 86 B4
Pérama GR 100 C3
Pérama GR 87 D4
Pérama GR 95 F2
Peranka FIN 109 F3
Peratáta GR 92 A4
Percy F 19 E2
Pérdika GR 92 A1
Pérdika GR 92 B1
Pérdika GR 97 F1
Perdikáki GR 92 C2
Perdíkas GR 87 F2
Peréa GR 88 B2
Peréa GR 87 F2
Perejaslav-Chmel'nyc'kyj UA 127 E2
Perelló (El) E 44 B1
Perelló (El) E 44 A3
Pereruela E 35 E4
Pereslavl'-Zalesskij RUS 125 F1
Perg A 68 B1
Pergine Valsugana I 72 A3
Pergola I 76 C3
Perho FIN 114 C3
Periana E 48 A3
Périers F 19 E1
Périgueux F 25 D4
Períklia GR 88 A1
Perino I 75 E1
Períssa GR 99 D4
Perísta GR 93 D3
Peristerá GR 88 B2
Perithório GR 88 C1
Perívlepto GR 93 E1
Perivóli GR 87 D4
Perivólio GR 93 D2
Perleberg D 51 D4
Përmet AL 128 B4
Pernes-les-Fontaines F 30 C2
Pernik BG 128 C2
Pernitz A 69 D1
Perniö FIN 120 C4
Pernå/Pernaja FIN 121 D3
Péronne F 16 C3
Perosa Argentina I 27 F4
Pérouges F 26 C3
Perpignan F 30 A4
Perrero I 27 F4
Perreux F 26 B3
Perros-Guirec F 18 C2
Persenbeug A 68 C1
Pershore GB 13 E1
Persistéra (Nissí) GR 94 B1
Perstorp S 123 D2
Perth GB 9 D2
Le Perthus F 30 A4
Pertisau A 67 E3
Pertoča SLO 73 F1
Pertoúli GR 92 C1
Pertteli FIN 120 C4
Pertuis F 31 D2
Pertunmaa FIN 121 D2
Pertusa E 38 A3
Perugia I 76 C4
Péruwelz B 17 D2
Pervenchères F 20 C3
Pervomajs'k UA 127 E3
Perä-Posio FIN 109 E2
Peräseinäjoki FIN 114 B4
Pesaro I 76 C2
Pescara I 77 E4
Pescasseroli I 79 F2
Peschici I 80 C1
Peschiera del Garda I 71 F4
Pescia I 75 F3
Pescina I 79 F1
Pescocostanzo I 79 F1
Pescolanciano I 80 A2
Pescopagano I 80 B3
Pescorocchiano I 79 E1
Peshkopi AL 128 B3
Pesiökylä FIN 115 E1
Pesmes F 27 D1
Peso da Régua P 34 C4
Pesoz E 33 D2
Pessáni GR 91 E2
Pestovo RUS 125 E1
Petalax FIN 114 B3
Petalídi GR 96 C3
Petalií (Nissiá) GR 94 B4
Pétange L 22 C1
Pétas GR 92 B1
Peterborough GB 11 E4
Peterhead GB 7 F4
Peterlee GB 9 F4
Petersfield GB 14 B4
Petershagen D 56 B3
Pethelinós GR 88 C1
Petilia Policastro I 83 F2
Petina I 80 B3
La Petite-Pierre F 23 E2
Petite-Rosselle F 23 D1
Petkula FIN 109 D1
Petoússio GR 92 A1
Pétra GR 88 A3
Petra E 45 E3
Pétra GR 95 F1
Petralia Sottana I 84 C3
Petrálona GR 88 B3
Petraná GR 87 F3
Petrer E 49 F1
Pétres GR 87 E2
Petreto-Bicchisano F 78 A4
Petrič BG 128 C3
Petrína GR 96 C2
Petrodvorec RUS 125 D1
Petrohóri GR 92 C3
Pétrola E 43 E4
Petróna GR 92 C2
Petroşani RO 128 C1
Petrotá GR 91 E1
Petrothálassa GR 97 E2
Petrotó GR 92 C1
Petroússa GR 89 D1
Petrovac YU 128 B1
Pettenbach A 68 B1
Pettigoe IRL 2 C2
Petworth GB 14 B4
Petäjäskoski FIN 109 D3
Petäjävesi FIN 121 D2
Peuerbach A 68 A1
Peura FIN 109 D3
Pewsey GB 13 F2
Peyrat-le-Château F 25 E3
Peyrehorade F 28 B3
Peyriac-Minervois F 29 F3
Peyrolles-en-Provence F 31 D2
Peyruis F 31 D2
Pézenas F 30 A3
Pezinok SK 126 A3
Pezoúla GR 89 F1
Pfaffenhofen a. d. Ilm D 67 E1
Pfäffikon CH 66 B3
Pfalzgrafenweiler D 23 F2
Pfarrkirchen D 68 A1
Pfeffenhausen D 67 E1
Pforzheim D 23 F2
Pfreimd D 63 F3
Pfronten D 67 D3
Pfullendorf D 66 C2
Pfullingen D 66 B1
Pfunds A 67 D4
Pfungstadt D 62 B3
Phalsbourg F 23 E2
Philippeville B 17 E3
Philippsreut D 64 A4
Piacenza I 75 E1
Piadena I 75 F1
Pian del Voglio I 76 A2
Piana F 78 A3
Piana degli Albanesi I 84 B2
Piancastagnaio I 76 B4
Piancavallo I 72 B3
Piandelagotti I 75 F2
Pianella I 79 F1
Pianello I 76 C3
Piano del Cansiglio I 72 B3
Pianoro I 76 A2
Piansano I 78 C1
Piatra-Neamţ RO 127 D4
Piazza al Serchio I 75 F2
Piazza Armerina I 85 D3
Piazza Brembana I 71 E3
Piazzola sul Brenta I 72 A4
Piber A 68 C3
Picassent E 43 F3
Picazo (El) E 43 D3
Picerno I 80 C3
Pickering GB 11 E1
Pico I 79 F2
Picquigny F 16 C3
Piedicavallo I 70 C4
Piedicroce F 78 A1
Piedicroce F 78 B3
Piediluco I 79 D1
Piedimonte Matese I 80 A2
Piedra (Monasterio de) E 37 E4
Piedrabuena E 42 B4
Piedrafita de Babia E 33 D3
Piedrahita E 41 F1
Piedralaves E 42 A1
Piedras Albas E 41 D2
Piedratajada E 37 F3
Pieksämäki FIN 115 E4
Pielavesi FIN 115 D3
Piennes F 22 C1
Pienza I 76 B4
Pierowall GB 7 E1
Pierre-Buffière F 25 E3
Pierre-de-Bresse F 26 C1
Pierrefitte-Nestalas F 28 C4
Pierrefitte-sur-Aire F 22 C2
Pierrefonds F 17 D4
Pierrefontaine-les-Varans F 27 E1
Pierrefort F 26 A4
Pierrelatte F 30 C1
Piešťany SK 126 A3
Pietra Ligure I 74 C2
Pietralunga I 76 C3
Pietraperzia I 84 C3
Pietrasanta I 75 F3
Les Pieux F 19 E1
Pieve del Cairo I 75 D1
Pieve di Bono I 71 F3
Pieve di Cadore I 67 F4
Pieve di Soligo I 72 B3
Pieve di Teco I 74 C3
Pieve Sto Stefano I 76 B3
Pievepelago I 75 F2
Pigádi GR 93 F2
Pigés GR 92 C1
Pigí GR 93 D3
Pigna I 74 C3
Pihlajaveden as FIN 114 C4
Pihlajavesi (Keski-Suomen lääni) FIN 114 C4
Pihlava FIN 120 B2
Pihtipudas FIN 115 D3
Piikkiö FIN 120 B4
Piippola FIN 115 D2
Piispajärvi FIN 109 F3
Pikal'ovo RUS 125 E1
Pikérmi GR 94 B4
Piła PL 52 C3
Pilas E 47 D2
Pilat-Plage F 28 B1
Piléa GR 91 E2
Piles E 44 A4
Pilés GR 103 D4
Pili GR 94 A4
Pili GR 92 C1
Pili GR 87 D2
Pílio GR 94 A2
Pilío GR 103 D1
Pilori GR 87 E3
Pilos GR 96 B3
Pilštanj SLO 73 F2
Pina de Ebro E 37 F4
Pineda de la Sierra E 36 C2
Pineda de Mar E 39 D4
Pinell de Brai (El) E 44 B1
Pinerolo I 27 F4
Pineto I 77 E4
Piney F 22 B3
pingeyri IS 106 A1
pingvellir IS 106 A2
Pinhal Novo P 40 A4
Pinhão P 34 C4
Pinheiro P 34 B3
Pinhel P 35 D4
Pinilla (La) E 36 B4
Pinkafeld A 69 D2
Pinneberg D 50 B3
Pino F 78 A2
Pinofranqueado E 41 E1
Pinols F 26 A4
Pinós (El) E 49 E1
Pinos Puente E 48 A3
Pinsk BY 126 C1
Pintamo FIN 109 E3
Pinto E 42 B2
Pinzano al Tagliamento I 68 A4
Pinzolo I 71 F3
Piña de Campos E 33 F4
Piobbico I 76 C3
Piombino I 75 F4
Pione I 75 E2
Pionsat F 25 F2
Piotrków Trybunalski PL 126 A2
Piove di Sacco I 72 B4
Piovene Rocchette I 72 A3
Pipéri (Nissí) GR 94 B1
Pipriac F 19 D4
Piran SLO 72 C4
Pireás GR 94 A4
Pirgadíkia GR 88 C3
Pirgetós GR 88 A4
Pirgí GR 86 B4
Pirgi GR 89 D1
Pirgí GR 87 F2
Pirgí GR 95 F4
Pírgos GR 88 A2
Pírgos GR 96 B1
Pírgos GR 101 D4
Pírgos GR 99 F1
Pírgos GR 93 F3
Pírgos Diroú GR 97 D3
Piriac-sur-Mer F 19 D4
Pirkkala FIN 120 C2
Pirmasens D 23 E1
Pirna D 64 A1
Pirot YU 128 C2
Pirsógiani GR 87 D3
Pirttikoski FIN 109 E2
Pisa I 75 F3
Pisciotta I 80 B4
Písek CZ 64 B3
Pisogne I 71 E4
Písses GR 98 A1
Pissodéri GR 87 E2
Pissónas GR 94 A3
Pissos F 28 B1
Pisticci I 81 D3
Pistoia I 76 A3
Piteşti RO 129 D1
Piteå S 108 B4
Pithagório GR 99 F1
Píthio GR 91 F1
Píthio GR 87 F3
Pithiviers F 21 E3
Pitigliano I 78 C1
Pitlochry GB 9 D1
Pittenween GB 9 E2
Pivka SLO 73 D3
Pizarra E 47 F3
Pizzighettone I 75 E1
Pizzo I 83 E3
Pizzoli I 79 E1
P"jatychatky UA 127 F2
Plabennec F 18 B2
Plagiá GR 88 B1
Plagiá GR 91 D2
La Plagne F 27 E3
Plaisance F 28 C3
Pláka GR 91 D2
Pláka GR 97 E2
Pláka GR 89 F4
Pláka Litohórou GR 88 A3
Plakiás GR 100 C4
Les Planches-en-Montagne F 27 D2
Plancoët F 19 D2
Planina SLO 73 D2
Planina SLO 73 D3
Planina SLO 73 E2
Plános GR 96 A1
Plasencia E 41 E2
Platamona Lido I 82 A1
Platamónas GR 88 A4
Platamónas GR 89 E1
Platanákia GR 88 B1
Platanés GR 100 C3
Platánia GR 96 C2
Plataniá GR 89 E1
Plataniá GR 93 F2
Platanistós GR 94 C4
Platanítis GR 93 D3
Plátanos GR 100 A3
Plátanos GR 97 D2
Plátanos GR 93 E2
Platariá GR 92 A1
Plateau-d'Assy F 27 E3
Plateés GR 93 F4
Pláti GR 91 E1
Platiána GR 96 B1
Platígiali GR 92 B3
Platíkambos GR 88 A4
Platís Gialós GR 92 A4
Platís Gialós GR 98 B3
Platístomo GR 93 D2
Platja de Sant Joan E 49 F1
Platja i Grau de Gandia E 44 A4
Platja d'Aro (La) E 39 E3
Plattling D 63 F4
Plau D 51 E3
Plaue D 57 E2
Plauen D 63 E2
Plavsk RUS 125 F3
Plaza (La) E 33 E3
Pleaux F 25 F4
Pleine-Fougères F 19 E2
Pleinfeld D 63 D4
Plélan-le-Grand F 19 D3
Plélan-le-Petit F 19 D3
Pléneuf-Val-André F 19 D2
Plentzia E 36 C1
Plépi GR 97 F2
Plestin-les-Grèves F 18 C2
Plettenberg D 62 A1
Pleumartin F 25 D1
Pleumeur-Bodou F 18 C2
Pleven BG 129 D2
Pleyben F 18 B3
Pliego E 49 E2
Plítra GR 97 D3
Plitvice HR 73 F4
Pljevlja YU 128 A2
Ploaghe I 82 B2
Plochingen D 66 C1
Płock PL 126 A1
Ploemeur F 18 C4
Plön D 50 C2
Ploërmel F 19 D3
Plœuc-sur-Lié F 18 C3
Ploieşti RO 129 D1
Plomári GR 95 F2
Plombières-les-Bains F 23 D3
Plomin HR 73 D4
Plonéour-Lanvern F 18 B3
Plouagat F 18 C2
Plouaret F 18 C2
Plouay F 18 C3
Ploubalay F 19 D2
Ploudalmézeau F 18 A2
Plouescat F 18 B2
Plougasnou F 18 B2
Plougastel-Daoulas F 18 B2
Plougonven F 18 B2
Plouguenast F 19 D3
Plouha F 18 C2
Plouigneau F 18 B2
Ploumanach F 18 C2
Plouzévédé F 18 B2
Plovdiv BG 129 D2
Plumbridge GB 3 D2
Plungė LT 124 B3
Pl'ussa RUS 125 D1
Pluvigner F 18 C4
Plymouth GB 12 C3
Plympton GB 12 C3
Plymstock GB 12 C3
Plzeň CZ 64 A3
Płońsk PL 126 A1
Pobla de Benifassà (La) E 44 A1
Pobla Tornesa (La) E 44 A2
Pobla de Lillet (La) E 38 C3
Pobla de Massaluca (La) E 38 A4
Pobla de Segur (La) E 38 B3
Pobla de Vallbona (La) E 43 F3
Pobla Llarga (La) E 43 F4
Pobo de Dueñas (El) E 43 E1
Počep RUS 125 F4
Pöchlarn A 68 C1
Počinok RUS 125 E3
Pocking D 68 A1
Podčetrtek SLO 73 F2
Podensac F 28 C1
Podersdorf am See A 69 E1
Podgorica YU 128 A3
Podgrad SLO 73 D3
Podkoren SLO 72 C2
Podogorá GR 92 C2
Podohóri GR 89 D2
Podol'sk RUS 125 F2
Podpec SLO 73 D3
Podsreda SLO 73 F2
Pörnbach D 67 E1
Pößneck D 63 E1
Pöttmes D 67 D1
Poggibonsi I 76 A3
Poggio Imperiale I 80 B1
Poggio Mirteto I 79 D1
Poggio Renatico I 76 A1
Poggio Rusco I 76 A1
Pöggstall A 68 C1
Pogoniani GR 86 C3
Pogradec AL 128 B3
Pohja/Pojo FIN 120 C4
Pohja-Lankila FIN 121 F2
Pohjaslahti (Häme) FIN 120 C2
Pohjaslahti (Lappi) FIN 109 E2
Poiana Braşov RO 129 D1
Poio E 32 A3
Le Poiré-sur-Vie F 24 B1
Poirino I 74 C1
Poissons F 22 C3
Poitiers F 25 D2
Poix-de-Picardie F 16 B4
Poix-Terron F 17 E4
Pokka FIN 105 E4
Polack BY 125 D3
Pola de Allande E 33 D2
Pola de Gordón (La) E 33 E3
Pola de Laviana E 33 E3
Pola de Lena E 33 E3
Pola de Siero E 33 E2
Polán E 42 B2
Polčane SLO 73 F2
Polcenigo I 72 B3
Połczyn Zdrój PL 52 C2
Polegate GB 14 C4
Polesella I 76 A1
Polessk RUS 124 A4
Polhov Gradec SLO 73 D3
Policastro Bussentino I 80 C4
Policoro I 81 D4
Polidéndri GR 94 A4
Polídrossos GR 93 E3
Políegos (Nissí) GR 98 B3
Polígiros GR 88 C3
Polignano a Mare I 81 D2
Poligny F 27 D1
Polihnítos GR 95 F2
Polikárpi GR 87 F1
Polikástano GR 87 D2
Polikastro GR 88 A1
Polímilos GR 87 F3
Polinéri GR 92 C1
Polinéri GR 87 E3
Polipótamo GR 87 E2
Polipótamos GR 94 B4
Políraho GR 87 F3
Políssito GR 89 F1
Polistena I 83 E4
Polithéa GR 87 E4
Politiká GR 94 A3
Poljana SLO 73 E2
Polla I 80 B3
Pöllau A 69 D2
Polle D 56 B4
Pollença E 45 E3
Pollfoss N 110 C3
Pollos E 35 F4
Polmak N 105 F2
Polonne UA 127 D2
Polperro GB 12 C4
Poltava UA 127 F2
Põltsamaa EST 124 C1
Põlva EST 124 C2
Polvijärvi FIN 115 F3
Polzela SLO 73 E2
Pomar E 38 A3
Pomarance I 76 A4
Pomarkku FIN 120 B2
Pombal P 40 B2
Pómbia GR 100 D4
Pomellen D 52 A3
Pomezia I 79 D2
Pomigliano d'Arco I 80 A3
Pommersfelden D 63 D3
Pomorie BG 129 E2
Pompei I 80 A3
Pomposa (Abbazia di) I 76 B1
Poncin F 27 D2
Pondoiráklia GR 88 A1
Pondokómi GR 87 F3
Ponferrada E 33 D4
Pons F 24 C3
Ponsacco I 75 F3
Pont-à-Marcq F 17 D2
Pont-à-Mousson F 22 C2
Pont-Audemer F 16 A4
Pont-Aven F 18 B3
Pont Canavese I 27 F3
Pont-Croix F 18 A3
Pont-d'Ain F 27 D3
Le Pont-de-Beauvoisin F 27 D3
Pont-de-Chéruy F 26 C3
Le Pont-de-Claix F 27 D4
Pont-de-Dore F 26 A3
Pont-de-l'Arche F 16 A4
Le Pont-de-Montvert F 30 B1
Pont-de-Roide F 23 D4
Pont-de-Salars F 29 F1
Pont-de-Vaux F 26 C2
Pont-de-Veyle F 26 C2
Pont-d'Ouilly F 19 F2
Pont-du-Château F 26 A3
Pont du Gard F 30 C2
Pont-en-Royans F 27 D4
Pont-d'Espagne F 28 C4
Pont-l'Abbé F 18 B3
Pont-l'Évêque F 20 C1
Pont-St-Esprit F 30 C1
Pont-St-Vincent F 22 C2
Pont-Ste-Maxence F 16 C4
Pont-St. Martin I 27 F3
Pont-Scorff F 18 C3
Pont-sur-Yonne F 21 F3
Pontacq F 28 C3
Pontailler-sur-Saône F 22 C4
Pontö P 40 B2
Pontardawe GB 13 D1
Pontarddulais GB 12 C1
Pontarion F 25 E3
Pontarlier F 27 E1
Pontassieve I 76 A3
Pontaubault F 19 E2
Pontaumur F 25 F3

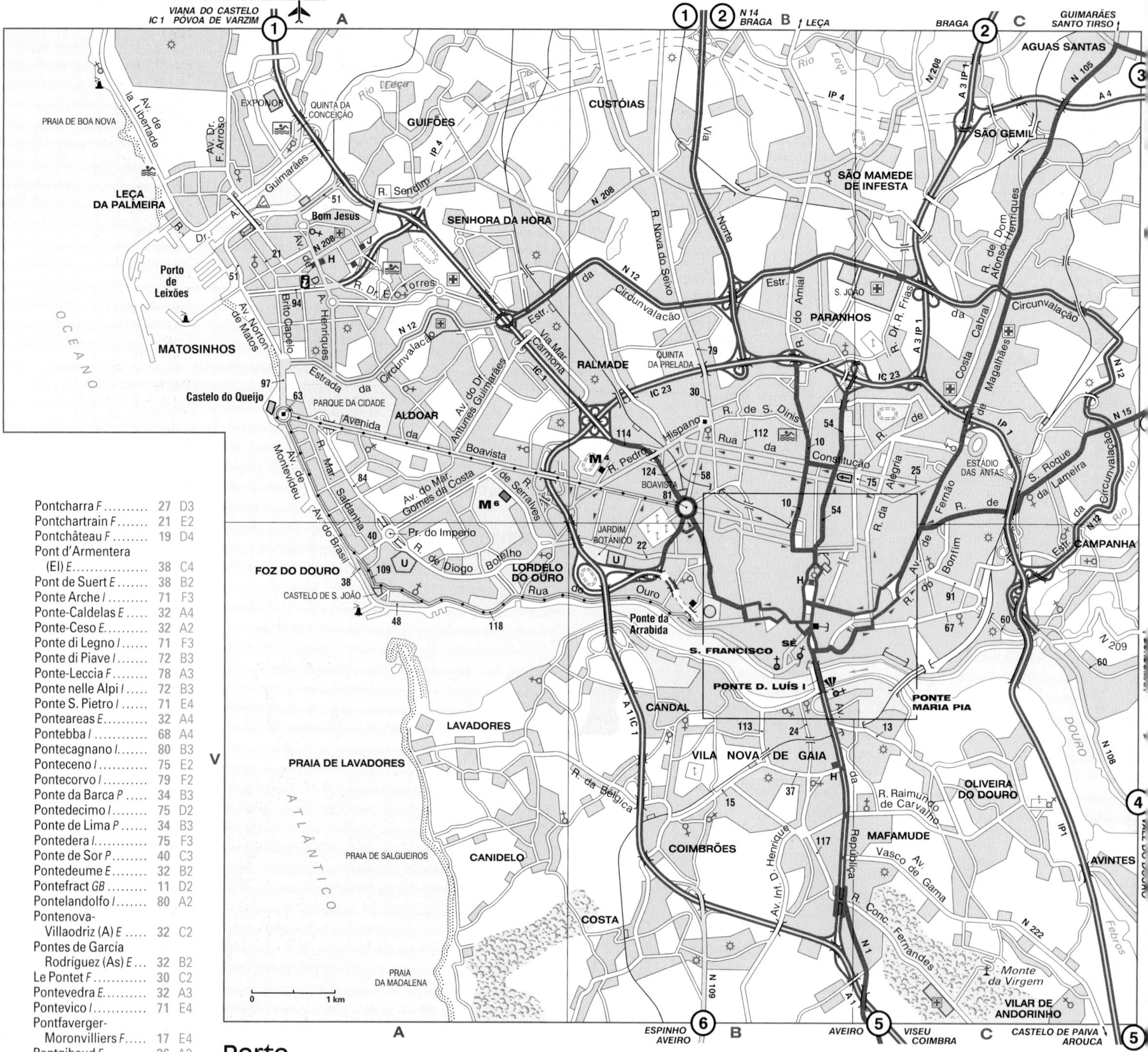
VIANA DO CASTELO
IC 1 PÓVOA DE VARZIM
N 14 BRAGA
LEÇA
BRAGA
GUIMARÃES SANTO TIRSO
AGUAS SANTAS
SÃO GEMIL
CUSTÓIAS
GUIFÕES
EXPONOR
QUINTA DA CONCEIÇÃO
PRAIA DE BOA NOVA
LEÇA DA PALMEIRA
Porto de Leixões
MATOSINHOS
OCEANO
Castelo do Queijo
PARQUE DA CIDADE
SENHORA DA HORA
SÃO MAMEDE DE INFESTA
Bom Jesus
PARANHOS
RALMADE
QUINTA DA PRELADA
ALDOAR
Circunvalação
Boavista
ESTÁDIO DAS ANTAS
CAMPANHA
FOZ DO DOURO
Pr. do Imperio
LORDELO DO OURO
CASTELO DE S. JOÃO
JARDIM BOTÂNICO
Ponte da Arrábida
S. FRANCISCO
SÉ
PONTE D. LUÍS I
PONTE MARIA PIA
CANDAL
LAVADORES
PRAIA DE LAVADORES
ATLÂNTICO
VILA NOVA DE GAIA
OLIVEIRA DO DOURO
DOURO
R. da Bélgica
MAFAMUDE
COIMBRÕES
CANIDELO
PRAIA DE SALGUEIROS
AVINTES
COSTA
PRAIA DA MADALENA
Monte da Virgem
VILAR DE ANDORINHO
0 1 km
ESPINHO AVEIRO
AVEIRO
VISEU COIMBRA
CASTELO DE PAIVA AROUCA

Porto

Pontcharra *F* 27 D3
Pontchartrain *F* 21 E2
Pontchâteau *F* 19 D4
Pont d'Armentera (El) *E* 38 C4
Pont de Suert *E* 38 B2
Ponte Arche *I* 71 F3
Ponte-Caldelas *E* 32 A4
Ponte-Ceso *E* 32 A2
Ponte di Legno *I* 71 F3
Ponte di Piave *I* 72 B3
Ponte-Leccia *F* 78 A3
Ponte nelle Alpi *I* 72 B3
Ponte S. Pietro *I* 71 E4
Ponteareas *E* 32 A4
Pontebba *I* 68 A4
Pontecagnano *I* 80 B3
Ponteceno *I* 75 E2
Pontecorvo *I* 79 F2
Ponte da Barca *P* 34 B3
Pontedecimo *I* 75 D2
Ponte de Lima *P* 34 B3
Pontedera *I* 75 F3
Ponte de Sor *P* 40 C3
Pontedeume *E* 32 B2
Pontefract *GB* 11 D2
Pontelandolfo *I* 80 A2
Pontenova-Villaodriz (A) *E* 32 C2
Pontes de García Rodríguez (As) *E* 32 B2
Le Pontet *F* 30 C2
Pontevedra *E* 32 A3
Pontevico *I* 71 E4
Pontfaverger-Moronvilliers *F* 17 E4
Pontgibaud *F* 26 A3
Pontigny *F* 22 A4
Pontinia *I* 79 E2
Pontinvrea *I* 75 D2
Pontivy *F* 18 C3
Pontlevoy *F* 21 D4
Pontoise *F* 21 E2
Pontones *E* 48 C1
Pontoon *IRL* 2 B3
Pontorson *F* 19 E2
Pontremoli *I* 75 E2
Pontresina *CH* 66 C4
Pontrieux *F* 18 C2
Pontrilas *GB* 13 E1
Ponts *E* 38 B3
Les Ponts-de-Cé *F* 19 F4
Pontvallain *F* 20 C4
Pontypool/Pontypwl *GB* 13 D1
Pontypridd *GB* 13 D2
Poole *GB* 13 E3
Poperinge *B* 15 F4
Popoli *I* 79 F1
Popovo *BG* 129 D2
Poppenhausen *D* 62 C2
Poppi *I* 76 B3
Poprad *SK* 126 A3
Porcari *I* 75 F3
Porchov *RUS* 125 D2
Porcuna *E* 48 A1
Pordenone *I* 72 B3
Poreč *HR* 73 D4
Pori (Björneborg) *FIN.* 120 B3
Porjus *S* 108 A2
Porlock *GB* 13 D2
Pornainen *FIN* 121 D3
Pornic *F* 24 A1
Pornichet *F* 19 D4
Póros *GR* 92 A3
Póros *GR* 92 B4
Póros *GR* 97 F1
Póros (Nissí) *GR* 97 F1
Pórpi *GR* 89 F1
Porrentruy *CH* 23 E4
Porretta Terme *I* 76 A2
Porriño *E* 32 A4
Porsgrunn *N* 116 C2
Port Askaig *GB* 8 A2
Port-Barcarès *F* 30 A4
Port Charlotte *GB* 8 A3
Port d'Alcúdia *E* 45 E3
Port d'Andratx *E* 45 D3
Port-de-Bouc *F* 30 C3
Port de la Selva (El) / Puerto de la Selva *E* 39 E3
Port de Pollença *E* 45 E2
Port de Sagunt (El) *E* 44 A3
Port de Sóller / Puerto de Sóller *E* 45 E3
Port Ellen *GB* 8 A3
Port-en-Bessin *F* 19 F1
Port Erin *GB* 3 F3
Port-Eynon *GB* 12 C2
Port Glasgow *GB* 8 C2
Port-Joinville *F* 18 C2
Port-la-Nouvelle *F* 30 A4
Port-Leucate *F* 30 A4
Port-Louis *F* 18 C4
Port-Manech *F* 18 B3
Port-Navalo *F* 18 C4
Port of Ness *GB* 6 B2
Port-Ste-Marie *F* 29 D1
Port St. Mary *GB* 3 F3
Port-St-Louis-du-Rhône *F* 30 C3
Port-sur-Saône *F* 22 C4
Port Talbot *GB* 13 D2
Port-Vendres *F* 30 A4
Port William *GB* 3 F2
La Porta *F* 78 B3
Portadown *GB* 3 D2
Portaferry *GB* 3 E3
Portal (El) *E* 47 D3
Portalegre *P* 40 C3
Portalrubio *E* 43 F1
Portariá *GR* 93 F1
Portarlington / Cúil an tSúdaire *IRL* 2 C4
Portavogie *GB* 3 E2
Porta Westfalica *D* 56 B3
Portbail *F* 19 E1
Portbou *E* 30 A4
Port de Llançà (El) *E* 39 E2
Portel *P* 40 C4
Portelo *P* 35 D3
Port'Ercole *I* 78 C1
Pórtes *GR* 97 F1
Portet de Morella (El) *E* 44 A4
Portezuelo *E* 41 E2
Portglenone *GB* 3 D2
Porthcawl *GB* 13 D2
Porthmadog *GB* 10 A3
Portici *I* 80 A3
Portilla de la Reina *E* 33 F3
Portillo *E* 36 A4
Portimão *P* 46 A2
Portimo *FIN* 109 D3
Portinho da Arrábida *P* 40 A4
Portishead *GB* 13 E2
Portlaoise / Port Laoise *IRL* 5 D2
Portman *E* 49 E2
Portmarnock *IRL* 3 E4
Portnacroish *GB* 8 B1
Portnaguran *GB* 6 B2
Portnahaven *GB* 8 A3
Porto *F* 78 A3
Porto *P* 34 B4
Porto Alto *P* 40 A3
Porto Azzurro *I* 75 F4
Pórto Carrás *GR* 88 C3
Porto Ceresio *I* 71 D4
Porto Cervo *I* 78 A3
Porto Cesareo *I* 81 F3
Porto do Barqueiro *E* 32 C2
Porto do Son *E* 32 A3
Porto Empedocle *I* 84 C4
Porto Garibaldi *I* 76 B1
Portó Germenó *GR* 93 F4
Pórto Kágio *GR* 97 D4
Porto Pino *I* 82 B4
Pórto Ráfti *GR* 98 A1
Porto Recanati *I* 77 D3
Porto Rotondo *I* 78 A3
Porto S. Elpidio *I* 77 D3
Porto S. Giorgio *I* 77 D3
Porto Sto Stefano *I* 78 C1
Porto Tolle *I* 76 B1
Porto Torres *I* 82 A1
Porto-Vecchio *F* 78 B4
Portocristo *E* 45 E3
Porto de Lagos *P* 46 A2
Porto de Mós *P* 40 B2
Portoferraio *I* 75 F4
Portofino *I* 75 D2
Portogruaro *I* 72 C3
Portohéli *GR* 97 E2
Portomaggiore *I* 76 B1
Portomarín *E* 32 C3
Portomouro *E* 32 A3
Portonovo *E* 32 A4
Portopetro *E* 45 E3
Portorož *SLO* 72 C4
Portoscuso *I* 82 A4
Portovenere *I* 75 E2
Portpatrick *GB* 3 F2
Portree *GB* 6 B4
Portrush *GB* 3 D1
Portsalon *IRL* 2 C1
Pörtschach *A* 68 B4
Portsmouth *GB* 13 F3
Portstewart *GB* 3 D1
Portugalete *E* 36 C1
Portumna / Port Omna *IRL* 2 B4
Porvoo/Borgå *FIN* 121 D4
Porzuna *E* 42 B3
Posada *I* 78 A4
Posadas *E* 47 F1
Poschiavo *CH* 71 E3
Pošechonje-Volodarsk *RUS* 125 F1
Posio *FIN* 109 E2
Positano *I* 80 A3
Possídi *GR* 88 C4
Possidonía *GR* 98 C2
Posta *I* 77 D4
Postojna *SLO* 73 D3
Potamí *GR* 90 A1
Potamiá *GR* 97 D3
Potamiés *GR* 101 E3
Potamós *GR* 100 A2
Potamós *GR* 97 E4
Potamoúla *GR* 92 C2
Potenza *I* 80 C3
Potenza Picena *I* 77 D3
Potes *E* 33 F3
Potigny *F* 19 F2
Potós *GR* 89 E2
Potsdam *D* 57 F2
Pottenstein *A* 69 D1
Potters Bar *GB* 14 C3
Potton *GB* 14 C2
Pouancé *F* 19 E4
Pougues-les-Eaux *F* 26 A1
Pouilly-en-Auxois *F* 26 C1
Pouilly-sous-Charlieu *F* 26 B2

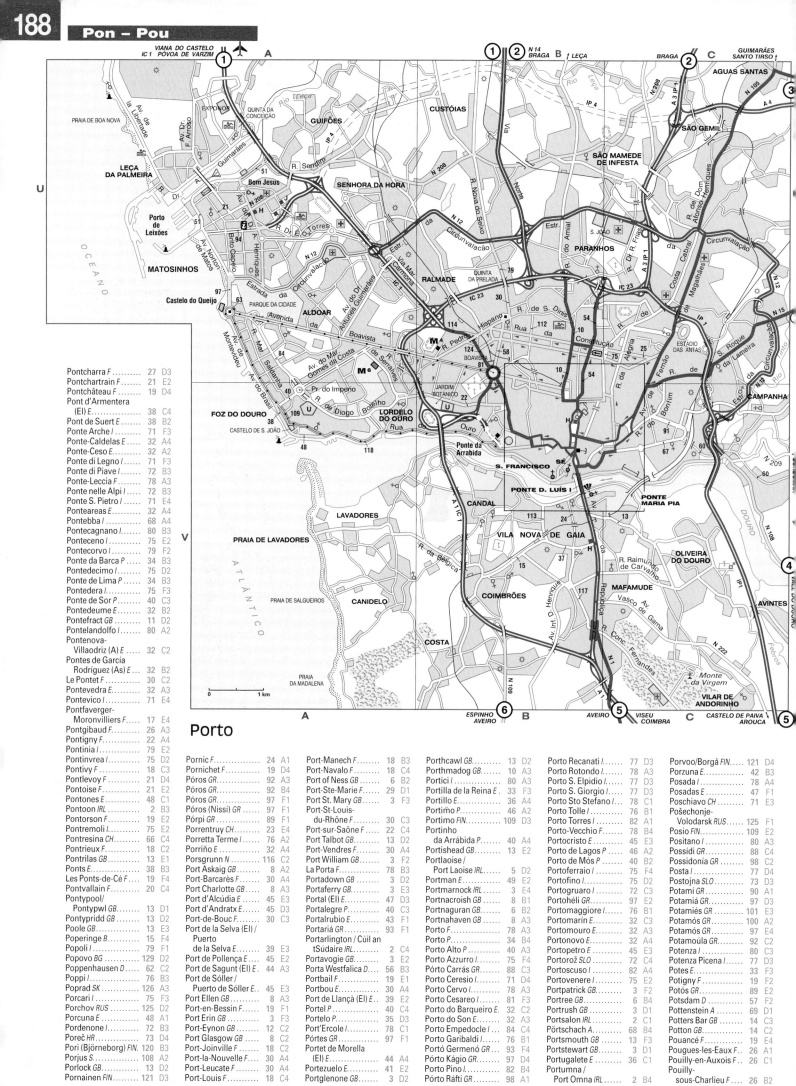

Pouilly-sur-Loire F 26 A1
Le Pouldu F 18 C4
Le Pouliguen F 19 D4
Poúlithra GR 97 E2
Poúnda GR 98 C3
Pournári GR 93 E1
Poussu FIN 109 F3
Pouyastruc F 28 C3
Pouzauges F 24 B1
Le Pouzin F 30 C1
Považská Bystrica SK 126 A3
Poveda de la Sierra E 43 D1
Póvoa de Lanhoso P 34 B3
Póvoa de Varzim P 34 B3
Poysdorf A 65 E4
Poza de la Sal E 36 C2
Požarevac YU 128 B1
Požega HR 128 A1
Poznań PL 53 D4
Pozo Alcón E 48 C2
Pozoblanco E 47 F1
Pozo Cañada E 43 E4
Pozo de Guadalajara E 42 C1
Pozo Higuera E 49 D2
Pozohondo E 43 D4
Pozondón E 43 E1
Pozuelo E 43 D4
Pozuelo de Calatrava E 42 B4
Pozuelo de Zarzón E 41 E2
Pozzallo I 85 E4
Pozzomaggiore I 82 B2
Pozzuoli I 80 A3
Pozzuolo del Friuli I 72 C3
Pra-Loup F 31 E1
Pradelles F 30 B1
Prádena E 36 B4
Prades F 29 F4
Prado del Rey E 47 E3
Pradoluengo E 36 C2
Prägraten A 67 F3
Praha CZ 64 B2
Prahecq F 24 C2
Prachatice CZ 64 B4
Praia a Mare I 80 C4
Praia da Tocha P 40 B1
Praia da Barra P 34 B4
Praia da Rocha P 46 A2
Praia da Vieira P 40 A2
Praia de Mira P 40 B1
Praia de Santa Cruz P 40 A3
Prali I 27 F4
Pralognan-la-Vanoise F 27 E4
Prámanda GR 92 B1
Prangío GR 91 E1
Prassiá GR 92 C1
Prassiés GR 100 C3
Prat de Comte E 44 B1
Prat de Llobregat (El) E 39 D4
Pratella I 80 A2
Prati di Tivo I 77 D4
Prato I 76 A3
Prato I 76 B4
Pratola Peligna I 79 F1
Prats-de-Mollo-la-Preste F 39 D2
Prats de Lluçanès E 38 C3
Prauthoy F 22 C4
Pravdinsk RUS 124 A4
Pravia E 33 E2
Pré-en-Pail F 19 F3
Pré-St. Didier I 27 F3
Prebold SLO 73 E2
Précy-sous-Thil F 22 B4
Predappio I 76 B2
Predazzo I 67 E4
Preddvor SLO 73 D2
Predeal RO 129 D1
Predel SLO 72 C2
Predoi / Prettau I 67 F3
Preetz D 50 C2
Pregarten A 68 B1
Prémery F 26 A1
Premià de Mar E 39 D4
Premilcuore I 76 B2
Premnitz D 57 E2
Prenzlau D 51 F3
Prerow D 51 E2
Pressath D 63 E3
Pressbaum A 69 D1
Prestatyn GB 10 B3
La Preste F 39 D2
Presteigne GB 10 C4
Prestfoss N 117 D1
Preston GB 10 C2
Prestonpans GB 9 D2
Prestwick GB 3 F1
Prešov SK 126 B3
Pretoro I 79 F1
Prettin D 57 F4
Pretzsch D 57 F4
Preuilly-sur-Claise F 25 D1
Préveza GR 92 B2
Priego E 43 D1
Priego de Córdoba E 48 A2
Prien D 67 F2
Prienai LT 124 B4
Prievidza SK 126 A3
Prijedor BIH 128 A1
Prijepolje YU 128 B2
Prilep MK 128 B3
La Primaube F 29 F1
Primel-Trégastel F 18 B2
Primolano I 72 A3
Primorsk RUS 124 C1
Primstal D 23 D1
Princetown GB 12 C3
Prinés GR 100 C3
Prínos GR 89 E2
Priština YU 128 B2
Pritzerbe D 57 E2
Pritzier D 51 D4
Pritzwalk D 51 E4
Privas F 30 C1
Priverno I 79 E2
Prizren YU 128 B3
Prizzi I 84 B3
Proaza E 33 E3
Probstzella D 63 D2
Procida I 79 F3
Pródromos GR 93 F4
Proença-a-Nova P 40 C2
Prötzel D 52 A4
Profondeville B 17 F2
Próhoma GR 88 A2
Prokópi GR 94 A3
Prokuplje YU 128 B2
Prómahi GR 87 F1
Promahónas GR 88 C1
Promíri GR 93 F1
Pronsfeld D 61 E3
Propriano F 78 A4
Proskinás GR 93 F3
Prossedi I 79 E2
Prossílio GR 89 E1
Prossotsáni GR 89 D1
Prostějov CZ 65 E2
Próti GR 89 D1
Próti (Nissí) GR 96 B2
Protoklíssio GR 91 E1
Proussós GR 92 C2
Provatónas GR 91 E2
Provenchères-sur-Fave F 23 E3
Provencio (El) E 43 D3
Provins F 21 F2
Prudhoe GB 9 E4
Prüm D 61 E3
Pruna E 47 E3
Prunetta I 75 F2
Pružany BY 126 C1
Pryluky UA 127 F1
Przasnysz PL 126 A1
Przemyśl PL 126 B2
Præstø DK 122 C3
Přerov CZ 65 E2
Příbram CZ 64 A3
Psahná GR 94 A3
Psáka GR 92 A1
Psará GR 95 E3
Psará (Nissí) GR 95 E3
Psarádes GR 87 D2
Psári GR 96 C2
Psári GR 97 D1
Psáthi GR 98 B3
Psathópirgos GR 93 D3
Psathotópi GR 92 B2
Pserimos (Nissi) GR 103 D1
Psihikó GR 93 E1
Psihró GR 101 E4
Psínthos GR 103 F2
Pskov RUS 125 C2
Pteléa GR 89 E1
Ptolemaïda GR 87 E2
Ptuj SLO 73 F2
Puchberg am Schneeberg A 69 D1
Puckeridge GB 14 C2
Puçol E 44 A3
Pudasjärvi/Kurenalus FIN 109 E3
Puebla de Alcocer E 41 F4
Puebla de Almenara E 42 C2
Puebla de Almoradiel (La) E 42 C3
Puebla de Beleña E 42 C1
Puebla de Cazalla (La) E 47 E2
Puebla de Don Fadrique E 48 C1
Puebla de Don Rodrigo E 42 A3

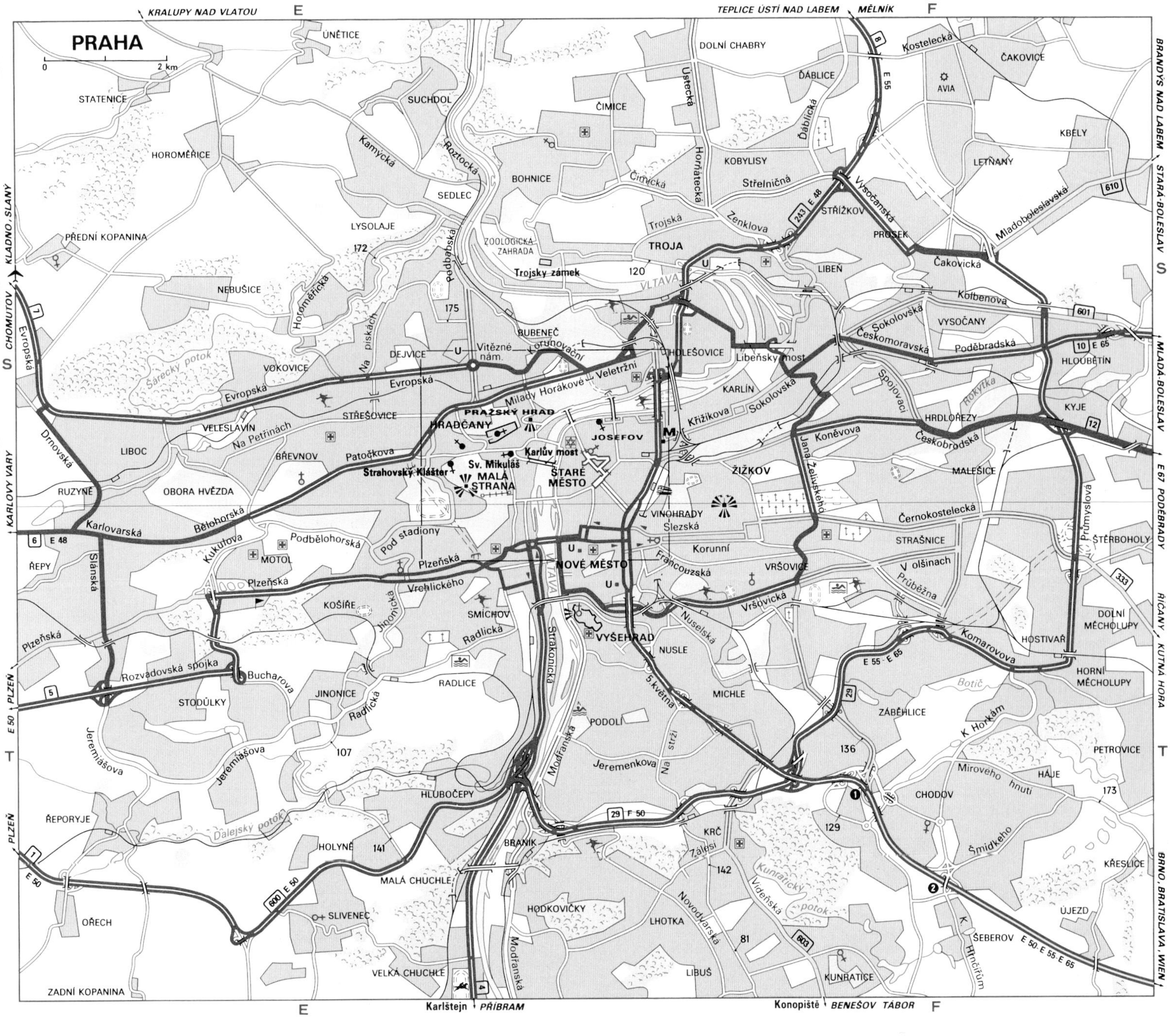

PRAHA
0
2 km
KRALUPY NAD VLATOU
TEPLICE ÚSTÍ NAD LABEM
MĚLNÍK
BRANDÝS NAD LABEM
STARÁ BOLESLAV
MLADÁ BOLESLAV
E 67 PODĚBRADY
ŘÍČANY, KUTNÁ HORA
BRNO, BRATISLAVA, WIEN
KLADNO, SLANÝ
CHOMUTOV
KARLOVY VARY
PLZEŇ
Karlštejn
PŘÍBRAM
Konopiště
BENEŠOV TÁBOR
ÚNĚTICE
STATENICE
SUCHDOL
HOROMĚŘICE
SEDLEC
LYSOLAJE
BOHNICE
ČIMICE
DOLNÍ CHABRY
ĎÁBLICE
KOBYLISY
TROJA
Trojský zámek
ZOOLOGICKÁ ZAHRADA
VLTAVA
LIBEŇ
PROSEK
ČAKOVICE
LETŇANY
KBELY
AVIA
VYSOČANY
HLOUBĚTÍN
KYJE
HRDLOŘEZY
MALEŠICE
ŠTĚRBOHOLY
STRAŠNICE
HOSTIVAŘ
DOLNÍ MĚCHOLUPY
HORNÍ MĚCHOLUPY
PETROVICE
ZÁBĚHLICE
CHODOV
HÁJE
KŘESLICE
ÚJEZD
ŠEBEROV
KUNRATICE
LIBUŠ
LHOTKA
KRČ
HODKOVIČKY
BRANÍK
PODOLÍ
MICHLE
NUSLE
VYŠEHRAD
VRŠOVICE
ŽIŽKOV
KARLÍN
HOLEŠOVICE
JOSEFOV
STARÉ MĚSTO
NOVÉ MĚSTO
MALÁ STRANA
HRADČANY
PRAŽSKÝ HRAD
Karlův most
Sv. Mikuláš
Strahovský Klášter
VINOHRADY
DEJVICE
BUBENEČ
VOKOVICE
STŘEŠOVICE
VELESLAVÍN
LIBOC
BŘEVNOV
OBORA HVĚZDA
RUZYNĚ
ŘEPY
MOTOL
KOŠÍŘE
SMÍCHOV
RADLICE
JINONICE
STODŮLKY
Bucharova
HLUBOČEPY
HOLYNĚ
MALÁ CHUCHLE
VELKÁ CHUCHLE
SLIVENEC
ŘEPORYJE
OŘECH
ZADNÍ KOPANINA
PŘEDNÍ KOPANINA
NEBUŠICE
Evropská
Karlovarská
Bělohorská
Plzeňská
Patočkova
Vrchlického
Strakonická
Modřanská
Jeremiášova
Rozvadovská spojka
Dalejský potok
Šárecký potok
Kunratický potok
Rokytka
Botič
Vysočanská
Kbelská
Čakovická
Kolbenova
Českomoravská
Poděbradská
Sokolovská
Spojovací
Koněvova
Českobrodská
Černokostelecká
Průmyslová
Komarovova
Vršovická
Korunní
Slezská
Francouzská
Nuselská
5. května
Jeremenkova
Novodvorská
Vídeňská
Zálesí
Mirového hnutí
Šmidkého
K Horkám
Milady Horákové
Veletržní
Vítězné nám.
Střelničná
Zenklova
Čimická
Trojská
Ústecká
Dáblická
Horňatecká
Mladoboleslavská
Roztocká
Kamýcká
Podbabská
Na Petřinách
Pod stadiony
Kukulova
Podbělohorská
Drnovská
Slánská
Křižíkova
Libeňský most
Jana Želivského
V olšinách
Průběžná
Radlická
Jinonická
Na pískách
Horoměřická
E 48
E 50
E 55
E 65

Puebla de Guzmán E 46 C2
Puebla de Híjar (La) E 37 F4
Puebla de la Calzada E 41 D4
Puebla de la Reina E 41 E4
Puebla del Caramiñal E 32 A3
Puebla de Lillo E 33 F3
Puebla de los Infantes (La) E 47 E1
Puebla del Río (La) E 47 D2
Puebla de Montalbán (La) E 42 A2
Puebla de Obando E 41 D3
Puebla de Sanabria E 33 D4
Puebla de Trives E 32 C4
Puebla de Valverde (La) E 43 F2
Pueblanueva (La) E 42 A2
Pueblica de Valverde E 35 E3
Puente (El) E 36 C1
Puente de Domingo Flórez E 33 D4
Puente de Génave E 48 C1
Puente del Arzobispo (El) E 41 F2
Puente de los Fierros E 33 E3
Puente de Montañana E 38 B3
Puente-Genil E 47 F2
Puente la Reina E 28 A4
Puente la Reina de Jaca E 28 B4
Puentenansa E 36 B1
Puente Viesgo E 36 B1
Puerta de Segura (La) E 48 C1
Puerto Castilla E 41 F1
Puerto de la Encina E 47 E3
Puerto de Mazarrón E 49 E2
Puerto de San Vicente E 41 F3
Puerto de Santa María (El) E 47 D3
Puerto Lápice E 42 B3
Puertollano E 42 B4
Puerto Lumbreras E 49 D2
Puerto Real E 47 D3
Puerto Serrano E 47 E3
Puget-Théniers F 31 F2
Puhos (Oulu) FIN 109 E3
Puhos FIN 115 F4
Puig-reig E 38 C3
Puigcerdà E 29 E4
Puiseaux F 21 E3
Puisserguier F 30 A3
Pujols F 28 C1
Pukë AL 128 B3
Pukkila FIN 121 D3
Pula I 82 B4
Pula HR 77 D1
Pulborough GB 14 B4
Pulkau A 65 D4
Pulkkila FIN 115 D2
Pulpí E 49 D2
Pulsnitz D 58 A4
Puławy PL 126 B2
Pułtusk PL 126 A1
Punkaharju FIN 121 F2
Punkalaidun FIN 120 C3
Punta Ala I 76 A4
Punta Umbría E 46 C2
Puokio FIN 115 D1
Puolanka FIN 115 D1
Purbach am Neusiedler See A 69 E1
Purchena E 48 C3
Purgstall A 68 C1
Purkersdorf A 69 D1
Purmerend NL 54 B3
Purnu FIN 121 C2
Purullena E 48 B2
Puškin RUS 125 D1
Pustoška RUS 125 D2
Pusula FIN 120 C4
Putanges-Pont-Écrepin F 19 F2
Putbus D 51 F2
Putgarten D 51 F1
Putignano I 81 D2
Putlitz D 51 E4
Puttelange-aux-Lacs F 23 D2
Putten NL 54 C3
Puttgarden D 51 D2
Putyv'l UA 127 F1
Puumala FIN 121 E2
Le Puy-en-Velay F 26 B4
Puy-Guillaume F 26 A3
Puy-l'Évêque F 29 E1
Puylaurens F 29 F3
Puymirol F 29 D2
Püspökladány H 126 B4
Pwllheli GB 10 A3
Pyhtää/Pyttis FIN 121 E3
Pyhäjoki FIN 120 B3
Pyhäjoki FIN 114 C2
Pyhäjärvi FIN 115 D2
Pyhältö FIN 121 E3
Pyhäntä FIN 115 D2
Pyhäntä FIN 115 E1
Pyhäranta FIN 120 B3
Pyhäsalmi FIN 115 D2
Pyhäselkä FIN 115 F3
Pyla-sur-Mer F 28 B1
Pylkönmäki FIN 114 C3
Pyrjatyn UA 127 F1
Pyrzyce PL 52 B4
Pålkem S 108 B3
Pålsboda S 119 D3
Pälkäne FIN 120 C3
Päntäne FIN 120 B2
Pöllåkkä FIN 115 F4
Pörtom FIN 114 B4
Pöytyä FIN 120 B3

Q

Quakenbrück D 55 E2
Quarré-les-Tombes F 22 A4
Quarteira P 46 A2
Quarto d'Altino I 72 B4
Quartu S. Elena I 82 B4
Les Quatre Chemins F 24 B2
Quatretonda E 43 F4
Quedlinburg D 57 D4
Queenborough GB 15 D3
Queensferry GB 10 C3
Queluz P 40 A3
Queralbs E 39 D2
Querfurt D 57 E4
Quérigut F 29 F4
Quero E 42 C3
Quesada (Estación de) E 48 B2
Le Quesnoy F 17 D3
Questembert F 19 D4
Quettehou F 19 E1
Quiberon F 18 C4
Quickborn D 50 B3
Quiévrain B 17 D2
Quigley's Point IRL 3 D1
Quillan F 29 F4
Quillebeuf-sur-Seine F 16 A4
Quimper F 18 B3
Quimperlé F 18 C3
Quincinetto I 27 F3
Quincoces de Yuso E 36 C1
Quingey F 27 D1
Aldea Quintana E 47 F2
Quintana de la Serena E 41 E4
Quintana del Puente E 36 B3
Quintana-Martín Galíndez E 36 C2
Quintanar de la Orden E 42 C3
Quintanar de la Sierra E 36 C3
Quintanar del Rey E 43 E3
Quintana Redonda E 37 D3
Quintanilha P 35 E3
Quintanilla de Onésimo E 36 A3
Quintin F 18 C3
Quinto E 37 F4
Quinzano d'Oglio I 71 E4
Quiroga E 32 C4
Quissac F 30 B2

R

Raab A 68 A1
Raabs an der Thaya A 64 C4
Raahe FIN 114 C1
Raajärvi FIN 109 E2
Raalte NL 55 D3
Raanujärvi FIN 109 D2
Raattama FIN 108 C1
Rab HR 77 E1
Rábade E 32 C3
Rabastens F 29 E2
Rabastens-de-Bigorre F 28 C3
Rabat M 85 F4
Rábida (Monasterio de la) E 46 C2
Rábita (La) E 48 B3
Rabka PL 126 A3
Racconigi I 27 F4
Rače SLO 73 F2
Rachiv UA 126 C3
Racibórz PL 126 A2
Rădăuţi RO 127 D3
Rade D 50 B4
Radeberg D 58 A4
Radebeul D 58 A4
Radeburg D 58 A4
Radeče SLO 73 E2
Radechiv UA 126 C2
Radenci SLO 73 F1
Radenthein A 68 B3
Radevormwald D 61 F1
Radicondoli I 76 A4
Radlje SLO 73 E2
Radolfzell D 66 B2
Radom PL 126 B2
Radomsko PL 126 A2
Radomyšl' UA 127 E2
Radovljica SLO 73 D2
Radstädt A 68 A2
Radstock GB 13 E2
Radviliškis LT 124 B3
Radzyń Podlaski PL 126 B1
Raesfeld D 55 D4
Raffadali I 84 C3
Rafína GR 94 B4
Rágama E 35 F4
Ragaz, Bad CH 66 C4
Raglan GB 13 E1
Raguhn D 57 E4
Ragunda S 112 C2
Ragusa I 85 D4
Rahačoŭ BY 125 D4
Rahden D 55 F3
Ráhes GR 93 E2
Rahlstedt D 50 C3
Rain a. Lech D 67 D1
Raisio FIN 120 B4
Raittijärvi FIN 104 C3
Raja Jooseppi FIN 105 F3
Rajadell E 38 C4
Rajamäki FIN 121 D3
Raka SLO 73 E3
Rakitna SLO 73 D3
Rakkestad N 117 D2
Rakvere EST 124 C1
Ramacca I 85 D3
Ramales de la Victoria E 36 C1
Ramallosa E 32 A3
Ramallosa (A) E 32 A4
Ramberg N 107 E1
Rambervillers F 23 D3
Rambla (La) E 47 F2
Rambouillet F 21 E2
Rambucourt F 22 C2
Ramsau b. Berchtesgaden D 68 A2
Ramsau am Dachstein A 68 B2
Ramsele S 112 C2
Ramsey GB 11 F4
Ramsey GB 3 F3
Ramsgate GB 15 D3
Ramsjö S 112 B3
Ramstein-Miesenbach D 23 E1
Ramsund N 104 A4
Ramundberget S 112 A2
Ramvik S 112 C2
Ranalt A 67 E3
Randaberg N 116 A2
Randalstown GB 3 E2
Randan F 26 A3
Randanne F 26 A3
Randazzo I 85 D2
Randers DK 122 B2
Rangsdorf D 57 F3
Rankweil A 66 C3
Rantasalmi FIN 121 E2
Rantsila FIN 115 D1
Ranua FIN 109 E3
Raon-l'Étape F 23 D3
Rapallo I 75 D2
Rapla EST 124 B1
Rapolano Terme I 76 B3
Rapolla I 80 C3
Rapperswil CH 66 B3
Rapsáni GR 88 A4
Raptópoulo GR 96 B2
Rasbo S 119 E2
Rascafría E 42 B1
Rasdorf D 62 C2
Raseiniai LT 124 B3
Rasquera E 44 B1
Rastatt D 23 F2
Rastede D 50 A4
Rastenberg D 63 D1
Rastenfeld A 64 C4
Rasueros E 35 F4
Ratece SLO 72 C2
Ratekau D 50 C3
Rates P 34 B3
Rath Luirc (Charleville)/An Ráth IRL 4 C3
Rathdowney IRL 5 D2
Rathdrum/Ráth Droma IRL 5 E2
Rathenow D 57 E2
Rathfriland GB 3 E3
Rathkeale/Ráth Caola IRL 4 C2
Rathmelton IRL 2 C1
Rathmore IRL 4 B3
Rathmullan IRL 2 C1
Rathnew IRL 5 F2
Ratingen D 61 E1
Ratten A 69 D2
Rattenberg A 67 F3
Rattersdorf-Liebing A 69 E2
Rattray GB 9 D1
Ratzeburg D 50 C3
Raubling D 67 F2
Raucourt-et-Flaba F 17 F4
Raudaskylä FIN 114 C2
Raufarhöfn IS 106 C1
Raufoss N 117 D1
Rauha FIN 121 F2
Rauhamäki FIN 121 D2
Rauland N 116 C1
Rauma FIN 120 B3
Rauris A 68 A3
Rautalampi FIN 115 D3
Rautas S 108 A1
Rautavaara FIN 115 E2
Rautio FIN 114 C2
Rautjärvi FIN 121 F2
Ravanusa I 84 C4
Ravello I 80 A3
Ravenna I 76 B2
Ravensbrück D 51 F4
Ravensburg D 66 C2
Ravne na K. SLO 73 E2
Rawicz PL 59 D3
Rawtenstall GB 10 C2
Rayleigh GB 14 C3
Rayol-Canadel-sur-Mer F 31 E3
Razgrad BG 129 D2
Razlog BG 128 C3
Reading GB 14 B3
Real de la Jara (El) E 47 D1
Real de San Vicente (El) E 42 A2
Réalmont F 29 F2
Rebais F 21 F2
Rebordelo P 35 D3
Recanati I 77 D3
Recco I 75 D2
Recey-sur-Ource F 22 B4
Rechnitz A 69 E2
Recke D 55 E3
Recklinghausen D 55 E4
Recoaro Terme I 72 A4
Recuerda E 36 C4
Rečyca BY 127 E1
Redalen N 111 D4
Redange L 61 E3
Redcar GB 11 E1
Redditch GB 14 A2
Redhill GB 14 C3
Redon F 19 D4
Redondela E 32 A4
Redondo P 40 C4
Redruth GB 12 B4
Rees D 55 D4
Reeth GB 11 D1
Refsnes N 104 A3
Reftele S 123 E1
Regalbuto I 85 D3
Regen D 64 A4
Regensburg D 63 F4
Regenstauf D 63 F4
Reggello I 76 A3
Reggio di Calabria I 83 D4
Reggio nell'Emilia I 75 F1
Reggiolo I 75 F1
Reghin RO 126 C4
Reguengos de Monsaraz P 40 C4
Rehau D 63 E2
Rehburg-Loccum D 56 B3
Rehden D 55 F3
Rehna D 50 C3
Reichenau CH 66 C4
Reichenau A 69 D2
Reichenbach D 58 B4
Reichenbach D 63 E1
Reichertshofen D 67 E1
Reichshoffen F 23 E2
Reigate GB 14 C3
Reignier F 27 E2
Reillanne F 31 D2
Reims F 17 E4
Reinach CH 23 F4
Reinbek D 50 C3
Reinberg D 51 F2
Reine N 107 E1
Reinfeld D 50 C3
Reinheim D 62 B3
Reinli N 111 D4
Reinosa E 36 B1
Reischenhart D 67 F2
Reisjärvi FIN 114 C2
Reiss GB 7 E2
Reit i. Winkl D 67 F2
Reitzenhain D 63 F1
Remagen D 61 F2
Rémalard F 20 C3
Remeskylä FIN 115 D2
Remich L 23 D1
Remiremont F 23 D3
Remolinos E 37 E3
Remoulins F 30 C2
Rempstone GB 11 E4
Remscheid D 61 F1
Rémuzat F 31 D1
Rena N 111 E4
Renazé F 19 E4
Renchen D 23 F2
Rende I 83 E2
Rendína GR 88 C2
Rendína GR 93 D2
Rendsburg D 50 B2
Rengínio GR 93 E3
Rengsdorf D 61 F2
Reni UA 127 E4
Renko FIN 121 C3
Renkum NL 54 C4
Rennebu N 111 D2
Rennerod D 62 A2
Rennes F 19 E3
Rennes-les-Bains F 29 F4
Rennweg A 68 B3
Rensjön S 108 A1
Renwez F 17 E3
La Réole F 28 C1
Replot FIN 114 B3
Repojoki FIN 105 E4
Reposaari FIN 120 B2
Repvåg N 105 E1
Requena E 43 F3
Réquista F 29 F2
Rerik D 51 D2
Resen MK 128 B3
Resende P 34 C4
Reşiţa RO 128 B1
Resmo S 123 F2
Ressons-l'Abbaye F 16 C4
Resuttano I 84 C3
Retford GB 11 E3
Rethel F 17 E4
Rethem D 56 B2
Rethen (Leine) D 56 B3
Réthimno GR 100 C3
Retiers F 19 E3
Retortillo de Soria E 36 C4
Retournac F 26 B4
Retuerta del Bullaque E 42 A3
Retz A 65 D4
Reuilly F 25 F1
Reus E 38 B4
Reusel NL 17 F1
Reutlingen D 66 B1
Reutte A 67 D3
Revel F 29 F3
Revigny-sur-Ornain F 22 B2
Revin F 17 E3
Revonlahti FIN 114 C1
Revsnes N 110 B4
Reyðarfjörður IS 106 C1
Reykhólar IS 106 A1
Reykholt IS 106 A2
Reykjahlið IS 106 B1
Reykjavík IS 106 A2
Rēzekne LV 124 C3
Rezzato I 71 F4
Rezzoaglio I 75 E2
Rhade D 50 B4
Rhayader/Rhaeadr GB 10 B4
Rheda-Wiedenbrück D 55 F4
Rhede D 55 D4
Rheinbach D 61 F2
Rheinberg D 55 D4
Rheinböllen D 61 F3
Rheine D 55 E3
Rheinfelden D 23 E4
Rheinfelden CH 23 F4
Rheinhausen D 61 E1
Rheinsberg D 51 F4
Rhêmes-Notre Dame I 27 F3
Rhenen NL 54 C4
Rheydt D 61 E1
Rheydt D 61 E1
Rhinau F 23 E3
Rhinow D 57 E2
Rho I 71 D4
Rhodes GR 103 F1
Rhondda GB 13 D1
Rhosneigr GB 10 A3
Rhossili GB 12 C2
Rhüden D 56 C3
Rhyl GB 10 B3
Rhynern D 55 F4
Rhynie GB 7 E4
Riaillé F 19 E4
Riákia GR 88 A3
Rial E 32 A4
Rians F 31 D2
Rianxo E 32 A3
Riaño E 33 F3
Riaza E 36 B4
Ribadavia E 32 B4
Ribadelago E 33 D4
Ribadeo E 32 C2
Riba de Saelices E 43 D1
Riba de Santiuste E 36 C4
Ribadesella E 33 F2
Ribas de Campos E 33 F4
Ribčev Laz SLO 73 D2
Ribe DK 122 A3
Ribeauvillé F 23 E3
Ribécourt F 16 C4
Ribeira de Pena P 34 C3
Ribemont F 17 D3
Ribera I 84 B3
Ribérac F 25 D4
Ribera de Cardós E 29 E4
Ribera del Fresno E 41 E4
Ribes de Freser E 39 D3
Ribiers F 31 D1
Ribnica SLO 73 D3
Ribnica SLO 73 E3
Ribnica na P. SLO 73 E2
Rîbniţa MOL 127 E3
Ribnitz-Damgarten D 51 E2
Ribolla I 76 A4
Riccia I 80 A2
Riccione I 76 C2
Les Riceys F 22 B3
Richelieu F 25 D1
Richmond GB 11 D1
Richtenberg D 51 E2
Rickling D 50 C3
Ricla E 37 E4
Riec-sur-Belon F 18 B3
Riedenburg D 63 E4
Ried im Innkreis A 68 A1
Ried im Oberinntal A 67 D3
Riedlingen D 66 C2
Riegel D 23 E3
Riegersburg A 69 D3
Riego de la Vega E 33 E4
Riesa D 57 F4
Riesi I 84 C3
Riestedt D 57 D4
Rietberg D 55 F4
Rieti I 79 E1
Rieumes F 29 E3
Rieupeyroux F 29 F1
Rieux F 29 E3
Riez F 31 E2
Riezlern A 67 D3
Rīga LV 124 B2
Rigáni GR 92 C3
Rígeo GR 93 E1
Rignac F 29 F1
Rignano Flaminio I 79 D1
Rihéa GR 97 E3
Riihimäki FIN 121 D3
Riistavesi FIN 115 E3
Rijeka HR 73 E4
Rijssen NL 55 D3
Riksgränsen S 104 B4
Rillo E 43 F1
Rillo de Gallo E 43 E1
Rimavská Sobota SK 126 A3
Rimbo S 119 F2
Rimini I 76 C2
Rîmnicu Sărat RO 127 D4
Rîmnicu Vîlcea RO 128 C1
Rímnio GR 87 F3
Rimske Toplice SLO 73 E2
Rinconada (La) E 47 D2
Rincón de la Victoria E 48 A3
Rincón de Soto E 37 E3
Rindal N 111 D2
Ringaskiddy IRL 4 C4
Ringe DK 122 B3
Ringebu N 111 D4
Ringford GB 8 C4
Ringkøbing DK 122 A2
Ringsaker N 111 D4
Ringstad N 110 A3

Ringsted *DK* 122 C3
Ringwood *GB* 13 F3
Rínia (Nissí) *GR* 98 C2
Rinkaby *S* 123 E3
Rinteln *D* 56 B3
Río *GR* 93 D3
Rio Marina *I* 75 F4
Riocavado
de la Sierra *E* 36 C3
Ríogordo *E* 48 A3
Riola Sardo *I* 82 A3
Riolo Terme *I* 76 B2
Riom *F* 26 A3
Riom-
ès-Montagnes *F* 25 F4
Riomaggiore *I* 75 E2
Rio Maior *P* 40 A2
Rionero in Vulture *I* 80 C3
Rioseco de Tapia *E* 33 E3
Rioveggio *I* 76 A2
Rioz *F* 23 D4
Riparbella *I* 75 F3
Ripatransone *I* 77 D4
Ripley *GB* 11 D3
Ripoll *E* 39 D3
Ripollet *E* 39 D4
Ripon *GB* 11 D2
Riquewihr *F* 23 E3
Risbäck *S* 107 E4
Risca *GB* 13 D2
Riscle *F* 28 C2
Risnes *N* 116 B2
Rissa *N* 111 D1
Ristiina *FIN* 121 E2
Ristijärvi *FIN* 115 E1
Ristilampi *FIN* 109 E2
Risum-Lindholm *D* 50 A2
Risør *N* 116 C3
Risøyhamn *N* 104 A3
Ritíni *GR* 88 A3
Ritoniemi *FIN* 115 E3
Ritsóna *GR* 94 A3
Rittmannshausen *D* 62 C1
Ríumar *E* 44 B1
Riva del Garda *I* 71 F3
Rivarolo Canavese *I* 27 F4
Rive-de-Gier *F* 26 C3
Rives *F* 27 D4
Rivesaltes *F* 30 A4
La Rivière-
Thibouville *F* 20 C2
Rívio *GR* 92 B2
Rivisondoli *I* 79 F1
Rivne *UA* 126 C2
Rivoli *I* 27 F4
Rivolta d'Adda *I* 71 E4
Ríza *GR* 92 C3
Rizário *GR* 87 F2
Rízia *GR* 91 E1
Rízoma *GR* 87 F4
Rizómilos *GR* 93 E1
Rizovoúni *GR* 93 D1
Rjukan *N* 116 C1
Rjånes *N* 110 B2
Roa de Duero *E* 36 B3
Roadside *GB* 7 E2
Roan *N* 111 D1
Roanne *F* 26 B3
Robbio *I* 75 D1
Robertsfors *S* 113 E1
Robertville *B* 61 E2
Robič *SLO* 72 C2
Robla (La) *E* 33 E3
Robledillo de Gata *E* 41 E1
Robledo *E* 43 D4
Robledo (El) *E* 42 A3
Robledo de Chavela *E* 42 B1
Robres *E* 37 F3
Roca de la Sierra
(La) *E* 41 D3
Roca del Vallès (La) *E* 39 D4
Rocamadour *F* 29 E1
Rocca di Mezzo *I* 79 F1
Rocca di Papa *I* 79 E2
Rocca S. Casciano *I* 76 B2
Rocca Sinibalda *I* 79 E1
Roccadaspide *I* 80 B4
Roccalbegna *I* 76 B4
Roccalumera *I* 83 D4
Roccamonfina *I* 79 F2
Roccapalumba *I* 84 C3
Roccaraso *I* 79 F1
Roccastrada *I* 76 A4
Roccella Ionica *I* 83 E4
Rocchetta
S. Antonio *I* 80 B2
Rochdale *GB* 11 D2
La Roche-Bernard *F* 19 D4
La Roche-Canillac *F* 25 F4
La Roche-Chalais *F* 24 C4
La Roche-Derrien *F* 18 C2
Roche-en-Ardenne
(La) *B* 17 F3
La Roche-Guyon *F* 21 D2
La Roche-Posay *F* 25 D1
La Roche-sur-Foron *F* 27 E2
La Roche-sur-Yon *F* 24 B1
Rochechouart *F* 25 D3
Rochefort *F* 24 B3
Rochefort *B* 17 F3
Rochefort-en-Terre *F* 19 D4
Rochefort-
Montagne *F* 26 A3
Rochefort-
sur-Nenon *F* 27 D1
La Rochefoucauld *F* 25 D3
Rochehaut *B* 17 F3
La Rochelle *F* 24 B2
Rochemaure *F* 30 C1
La Rochepot *F* 26 C1
Rocheservière *F* 24 B1
Rochester *GB* 14 C3
La Rochette *F* 27 E3
Rochlitz *D* 63 F1
Rociana
del Condado *E* 47 D2
Rocío (El) *E* 47 D2
Rockenhausen *D* 23 E1
Rocroi *F* 17 E3
Róda *GR* 86 B4
Roda (La) *E* 43 D3
Rodach *D* 63 D2
Rodacherbrunn *D* 63 E2
Roda de Andalucía
(La) *E* 47 F3
Roda de Isábena *E* 38 B3
Rodavgí *GR* 92 B1
Rodeiro *E* 32 B3
Rodel *GB* 6 A3
Rodellar *E* 38 A3
Roden *NL* 55 D2
Ródenas *E* 43 E1
Rodewisch *D* 63 F2
Rodez *F* 29 F1
Rodi Garganico *I* 80 C1
Rodiezmo *E* 33 E3
Roding *D* 63 F4
Rodítis *GR* 89 F1
Rododáfni *GR* 93 D4
Rodohóri *GR* 87 F2
Rodolívos *GR* 89 D1
Rodópoli *GR* 88 B1
Rodopós *GR* 100 A3
Ródos (Nissí) *GR* 103 F2
Rodováni *GR* 100 A3
Rodvattnet *S* 112 C1
Röbel *D* 51 E3
Rödermark *D* 62 B3
Römhild *D* 63 D2
Roermond *NL* 61 E1
Roeselare *B* 15 F4
Rötha *D* 57 E4
Röthenbach
a. d. Pegnitz *D* 63 D3
Rötz *D* 63 F3
Rogätz *D* 57 E3
Rogaška Slatina *SLO* 73 F2
Rogatec *SLO* 73 F2
Rogatica *BIH* 128 A2
Roggendorf *D* 50 C3
Roggiano Gravina *I* 83 E2
Roggosen *D* 58 A3
Rogliano *F* 78 B2
Rogliano *I* 83 E2
Rognan *N* 107 E2
Rohan *F* 18 C3
Rohatyn *UA* 126 C2
Rohr *D* 62 C2
Rohrbach-
lès-Bitche *F* 23 E2
Rohrbach im
Oberösterreich *A* 64 B4
Rohrbrunn *D* 62 B3
Roisel *F* 17 D3
Roissy-en-France *F* 21 E2
Rojales *E* 49 F1
Rokiškis *LT* 124 C3
Rolfstorp *S* 123 D1
Rollag *N* 116 C1
Rolle *CH* 27 E2
Roma *I* 79 D2
Romagnano Sesia *I* 70 C4
Roman *RO* 127 D4
Romana *I* 82 A2
Romangordo *E* 41 F2
Romans-sur-Isère *F* 26 C4
Romanshorn *CH* 66 C3
Rombas *F* 22 C1
Romeral (El) *E* 42 C3
Romilly-sur-Seine *F* 22 A3
Romny *UA* 127 F1
Romont *CH* 27 E1
Romorantin-
Lanthenay *F* 21 E4
Rompido (El) *E* 46 C2
Romsey *GB* 13 F3
Roncade *I* 72 B4
Roncal *E* 28 B4
Ronce-les-Bains *F* 24 B3
Roncegno *I* 72 A3
Ronchamp *F* 23 D4
Ronchi
dei Legionari *I* 72 C3
Ronciglione *I* 79 D1
Roncobilaccio *I* 76 A2
Ronda *E* 47 E3
Rondissone *I* 74 C1
Rondvassbu *N* 111 D3
Ronneburg *D* 63 E1
Ronneby *S* 123 F2
Ronquillo (El) *E* 47 D1
Ronse *B* 17 D2
Roosendaal *NL* 17 E1
Roperuelos
del Páramo *E* 33 E4
Ropinsalmi *FIN* 104 C3
La Roque-Gageac *F* 29 E1
Roquebillière *F* 31 F2
Roquebrun *F* 30 A3
Roquebrune-
Cap-Martin *F* 31 F2
La Roquebrussanne *F* 31 D3
Roquecourbe *F* 29 F2
Roquefort *F* 28 C2
Roquefort-
sur-Soulzon *F* 30 A2
Roquemaure *F* 30 C2
Roquesteron *F* 31 F2
Roquetas de Mar *E* 48 C3
Roquevaire *F* 31 D3
Rorschach *CH* 66 C3
Rosà *I* 72 A4
Rosal de la Frontera *E* 46 C1
Rosans *F* 31 D1
Rosarno *I* 83 E3
Roscoff *F* 18 B2
Roscommon /
Ros Comáin *IRL* 2 C4
Roscrea / Ros Cré *IRL* 5 D2
Rose *I* 83 E2
Rosegg *A* 68 B4
Rosendal *N* 116 B1
Rosenheim *D* 67 F2
Rosenthal *D* 64 A1
Roses / Rosas *E* 39 E3
Roseto degli Abruzzi *I* 77 E4
Rosheim *F* 23 E2
La Rosière-1850 *F* 27 E3
Rosières-
en-Santerre *F* 16 C3
Les Rosiers-sur-Loire *F* 19 F4
Rosignano
Marittimo *I* 75 F3
Rosignano Solvay *I* 75 F3
Roşiori de Vede *RO* 129 D1
Roskilde *DK* 123 D3
Roslavl' *RUS* 125 E3
Rosmaninhal *P* 41 D2
Rosolina Mare *I* 72 B4
Rosolini *I* 85 E4
Rosporden *F* 18 B3
Ross-on-Wye *GB* 13 E1
Rossano *I* 83 E2
Roßberg *A* 64 B4
Rosscarbery *IRL* 4 B4
Roßdorf *D* 62 B3
Rossell *E* 44 A1
Rosses Point *IRL* 2 B2
Roßhaupten *D* 67 D2
Rossio
ao Sul do Tejo *P* 40 B2
Rosslare / Ros Láir *IRL* 5 E3
Rosslare Harbour/
Calafort Ros
Láir *IRL* 5 E3
Roßlau *D* 57 E3
Rosslea *GB* 3 D3
Roßwein *D* 63 F1
Rossön *S* 112 C1
Rosthwaite *GB* 10 C1
Rostock *D* 51 E2
Rostov *RUS* 125 F1
Rostrenen *F* 18 C3
Rostrevor *GB* 3 E3
Rosvik *S* 108 B4
Rota *E* 47 D3
Rotenburg *D* 50 B4
Rotenburg *D* 62 C1
Roth *D* 63 D4
Rothbury *GB* 9 E4
Rothenburg *D* 58 B4
Rothenburg
o. d. Tauber *D* 62 C4

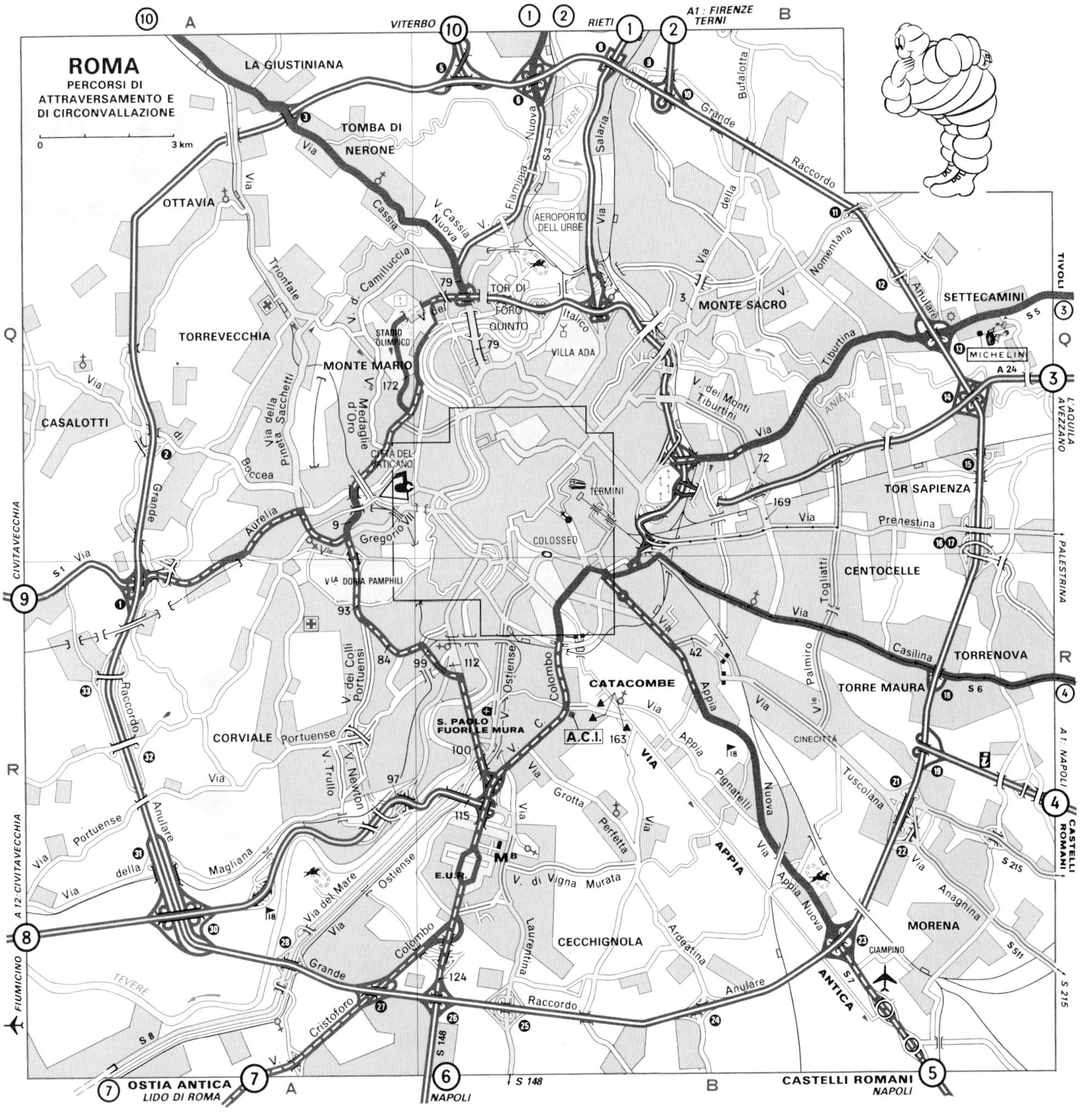
ROMA
PERCORSI DI ATTRAVERSAMENTO E DI CIRCONVALLAZIONE
3 km
VITERBO
RIETI
A1 : FIRENZE TERNI
LA GIUSTINIANA
TOMBA DI NERONE
OTTAVIA
TORREVECCHIA
MONTE MARIO
CASALOTTI
AEROPORTO DELL'URBE
TOR DI QUINTO
VILLA ADA
MONTE SACRO
SETTECAMINI
TIVOLI
MICHELIN
A 24
L'AQUILA AVEZZANO
TOR SAPIENZA
CENTOCELLE
PALESTRINA
TORRENOVA
TORRE MAURA
CITTÀ DEL VATICANO
TERMINI
COLOSSEO
V. LA DORIA PAMPHILI
CATACOMBE
S. PAOLO FUORI LE MURA
A.C.I.
CORVIALE
E.U.R.
CECCHIGNOLA
MORENA
CIAMPINO
CINECITTÀ
CIVITAVECCHIA
A 12: CIVITAVECCHIA
FIUMICINO
A1: NAPOLI
CASTELLI ROMANI
OSTIA ANTICA
LIDO DI ROMA
NAPOLI
CASTELLI ROMANI NAPOLI
S 148
TEVERE
Raccordo Anulare
Aurelia
Cassia
Flaminia
Salaria
Nomentana
Tiburtina
Prenestina
Casilina
Tuscolana
Appia Nuova
Via Appia Antica
Ardeatina
Laurentina
Colombo
Ostiense
Portuense
Via del Mare
Cristoforo Colombo

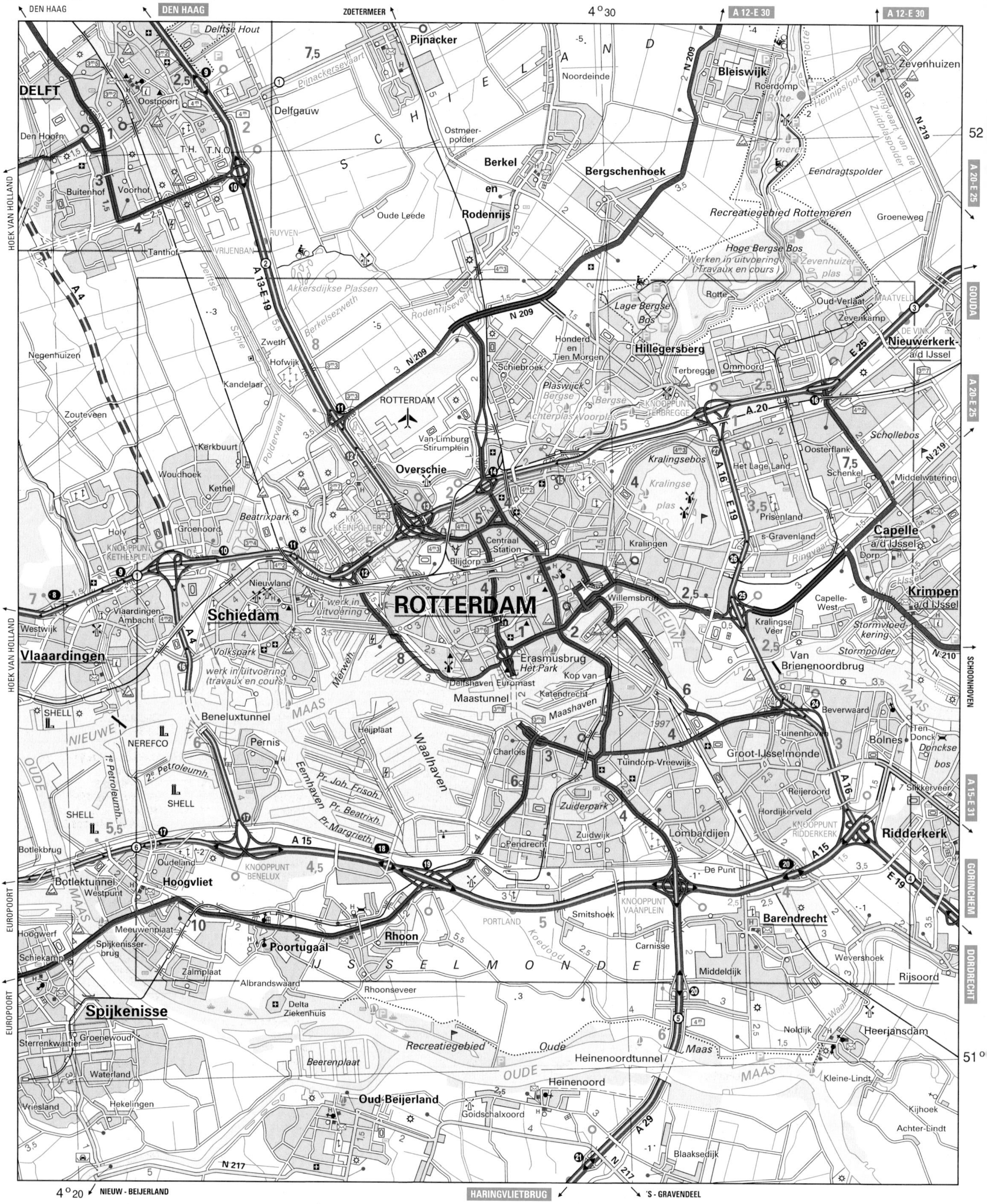
DEN HAAG
DEN HAAG
ZOETERMEER
4°30
A 12-E 30
A 12-E 30
52
A 20-E 25
GOUDA
A 20-E 25
SCHOONHOVEN
A 15-E 31
GORINCHEM
DORDRECHT
51°
4°20
NIEUW - BEIJERLAND
HARINGVLIETBRUG
'S - GRAVENDEEL
HOEK VAN HOLLAND
HOEK VAN HOLLAND
EUROPOORT
EUROPOORT
Delftse Hout
Pijnacker
Zevenhuizen
Bleiswijk
DELFT
Delfgauw
Den Hoorn
Noordeinde
Berkel en Rodenrijs
Bergschenhoek
Oude Leede
Recreatiegebied Rottemeren
Eendragtspolder
Groeneweg
Hoge Bergse Bos
Lage Bergse Bos
Hillegersberg
Terbregge
Ommoord
Nieuwerkerk-a/d IJssel
Schiebroek
Negenhuizen
Zouteveen
Kandelaar
Zweth
Hofwijk
Akkersdijkse Plassen
ROTTERDAM
Overschie
Kralingse plas
Kralingen
Prinsenland
Capelle a/d IJssel
Krimpen a/d IJssel
Schollebos
Oosterflank
Het Lage Land
Woudhoek
Kethel
Beatrixpark
Centraal Station
Blijdorp
ROTTERDAM
Schiedam
Vlaardingen
Westwijk
Willemsbrug
Erasmusbrug
Het Park
Euromast
Delfshaven
Maastunnel
Kop van
Katendrecht
Maashaven
Van Brienenoordbrug
Beneluxtunnel
Pernis
Heijplaat
Waalhaven
Charlois
Tuindorp-Vreewijk
Groot-IJsselmonde
Beverwaard
Bolnes
Ridderkerk
Zuiderpark
Zuidwijk
Lombardijen
Pendrecht
Botlekbrug
Botlektunnel
Hoogvliet
Oudeland
De Punt
Barendrecht
Smitshoek
Carnisse
Rhoon
Poortugaal
Portland
IJSSELMONDE
Middeldijk
Rijsoord
Wevershoek
Spijkenisse
Albrandswaard
Rhoonsveveer
Delta Ziekenhuis
Recreatiegebied
Oude Maas
Beerenplaat
Heinenoordtunnel
Heinenoord
Heerjansdam
Kleine-Lindt
Kijhoek
Achter-Lindt
Oud-Beijerland
Goidschalxoord
Blaaksedijk
Waterland
Hekelingen
Vriesland
Sterrenkwartier
Groenewoud
Zalmplaat
Meeuwenplaat
Hoogwerf
Schiekamp
A 13-E 19
A 15
A 16
A 29
N 209
N 217
N 219
A 4
A 20

Rubí
de Bracamonte E 36 A4
Rubielos de Mora E 43 F2
Rubiera I 75 F1
Rubio (El) E 47 F2
Rudkøbing DK 122 C4
Rudn'a RUS 125 E3
Rudolphstein D 63 E2
Rudolstadt D 63 D1
Rue F 16 B3
Rueda E 36 A4
Rueda de Jalón E 37 E4
Rüdersdorf D 58 A2
Rüdesheim
a. Rhein D 62 A3
Rügen D 51 E2
Ruelle-sur-Touvre F 25 D3
Rüsselsheim D 62 A3
Rüthen D 55 F4
Ruffec F 24 C3
Ruffieux F 27 D3
Rugby GB 11 D4
Rugeley GB 11 D4
Rugles F 20 C2
Ruhla D 62 C1
Ruhland D 58 A4
Ruhpolding D 67 F2
Ruidera E 42 C4
Ruidoms E 38 B4
Rūjiena LV 124 B2
Ruka FIN 109 F2
Ruma YU 128 B1
Rumengol F 18 B3
Rumigny F 17 E3
Rumilly F 27 D3
Runcorn GB 10 C3
Runde N 110 B2
Rundvik S 113 D2
Runni FIN 115 D2
Runtuna S 119 E3
Ruokojärvi FIN 121 F2
Ruokolahti FIN 121 F2
Ruokto S 108 A2
Ruoms F 30 B1
Ruotsinpyhtää/
Strömfors FIN 121 E3
Ruovesi FIN 120 C2
Rupt-sur-Moselle F 23 D3
Ruse BG 129 D1
Ruše SLO 73 E2
Rush / An Ros IRL 3 E4
Rushden GB 14 B2
Rusko FIN 120 B4
Rusksele S 108 A4
Russenes N 105 D1
Le Russey F 27 E1
Russi I 76 B2
Rust A 69 E1
Rustefjelbma N 105 F1
Ruswil CH 66 A4
Rute E 48 A2
Ruthin/Rhuthun GB 10 B3
Rüti CH 66 B3
Rutigliano I 81 D2
Rutledal N 110 A4
Ruukki FIN 114 C1
Ruuponsaari FIN 115 D3
Ruurlo NL 55 D4
Ruvo di Puglia I 81 D2
Ruwer D 61 E3
Ruynes-
en-Margeride F 26 A4
Ružomberok SK 126 A3
Ry DK 122 B2
Rybinsk RUS 125 F1
Rybnik PL 126 A2
Ryd S 123 E2
Ryde GB 13 F3
Rye GB 15 D4
Rygge N 117 D2
Rychnov
nad Kněžnou CZ 65 D2
Rykene N 116 C3
Ryl'sk RUS 127 F1
Rymättylä FIN 120 B4
Rypefjord N 105 D1
Rysjedalsvika N 110 A4
Ryttylä FIN 121 D3
Rzeszów PL 126 B2
Ržev RUS 125 E2
Rødberg N 116 C1
Rødby DK 122 C4
Rødbyhavn DK 122 C4
Rødding DK 122 B2
Rødding DK 122 B3
Rødekro DK 122 B3
Rødven N 110 C2
Rødvig DK 123 D3
Røkland N 107 E2
Røldal N 116 B1
Rønde DK 122 C2
Rønne DK 123 E4
Rønnede DK 122 C3
Røros N 111 E3
Rørvig DK 122 C3
Rørvik
(Nord-Trøndelag) N 106 C4
Rørvik
(Sør-Trøndelag) N 111 D1
Rørøy N 107 D3
Røstlandet N 107 D1
Røsvik N 107 F1
Røyrvik N 107 E4
Råde N 117 D2
Råneå S 108 C3
Räisälä FIN 109 E2
Räsälä FIN 115 E3
Rätan S 112 B3
Rättvik S 119 D1
Räyrinki FIN 114 C3
Rääkkylä FIN 115 F4
Rödeby S 123 F2
Rödön S 112 B2
Rök S 118 C3
Rönnäng S 118 A1
Rönnöfors S 112 A1
Röyttä FIN 109 D3

S

Sa Calobra E 45 E3
Sa Pobla E 45 E3
Saal a. d. Donau D 63 E4
Saalbach A 67 F3
Saales F 23 E3
Saalfeld D 63 D1
Saalfelden A 68 A2
Saanen CH 27 F2
Saarbrücken D 23 D1
Saarburg D 23 D1
Saaremaa EST 124 A2
Saarenkylä FIN 109 D2
Saari FIN 121 F2
Saariharju FIN 109 E3
Saarijärvi FIN 115 D3
Saarikoski FIN 104 C3
Saariselkä FIN 105 F3
Saarlouis D 23 D1
Saas Fee CH 70 C3
Šabac YU 128 A1
Sabadell E 39 D4
Sabaudia I 79 E2
Sabbioneta I 75 F1
Sabero E 33 F3
Sabiñánigo E 28 C4
Sabiote E 48 B1
Sablé-sur-Sarthe F 19 F4
Les Sables-
d'Olonne F 24 A2
Sables-d'Or-
les-Pins F 19 D2
Sabóia P 46 A2
Sabres F 28 B2
Sabrosa P 34 C4
Sabugal P 41 D1
Sacavém P 40 A3
Sacedón E 43 D1
Saceruela E 42 A4
Sacile I 72 B3
Sacramenia E 36 B4
Sada E 32 B2
Sádaba E 37 E3
Saelices E 42 C2
Safara P 46 C1
Saffron Walden GB 14 C2
Safonovo RUS 125 E3
Sagard D 51 F1
S'Agaró E 39 E3
Sagéika GR 92 C4
Sagiáda GR 86 C4
Sagres P 46 A2
Sagunt / Sagunto E 44 A3
Sagvåg N 116 A1
Sahagún E 33 F4
Sahalahti FIN 120 C2
Sahl DK 122 B2
Sahloinen FIN 121 D2
Saignelégier CH 23 E4
Saija FIN 109 E1
Saillagouse F 29 F4
Saillans F 30 C1
Saimaanranta FIN 121 E2
Sains-du-Nord F 17 E3
Sains-
Richaumont F 17 D3
St-Affrique F 30 A2
St-Agnant F 24 B3
St-Agrève F 26 B4
St-Aignan F 25 E1
St-Aignan-sur-Roë F 19 E4
St-Alban-
sur-Limagnole F 30 A1
St-Amand-
en-Puisaye F 21 F4
St-Amand-les-Eaux F 17 D2
St-Amand-Longpré F 21 D4
St-Amand-
Montrond F 25 F1
St-Amans F 30 A1
St-Amans-des-Cots F 29 F1
St-Amans-Soult F 29 F3
St-Amant-
Roche-Savine F 26 B3
St-Amant-Tallende F 26 A3
St-Amarin F 23 E3
St-Ambroix F 30 B1
St-Amé F 23 D3
St-Amour F 27 D2
St-André-
de-Cubzac F 24 C4
St-André-
de-l'Eure F 21 D2
St-André-
de-Valborgne F 30 B2
St-André-les-Alpes F 31 E2
St-Anthème F 26 B3
St-Antonin-
Noble-Val F 29 E2
St-Arnoult-
en-Yvelines F 21 E2
St-Astier F 25 D4
St-Auban F 31 E2
St-Aubin-
d'Aubigné F 19 E3
St-Aubin-
du-Cormier F 19 E3
St-Aubin-sur-Mer F 19 F1
St-Aulaye F 24 C4
St-Avold F 23 D1
St-Aygulf F 31 E3
St-Béat F 29 D4
St-Beauzély F 30 A2
St-Benin-d'Azy F 26 A1
St-Benoît-du-Sault F 25 E2
St-Benoît-sur-Loire F 21 E4
St-Bertrand-
de-Comminges F 29 D3
St-Blin F 22 C3
St-Bonnet-de-Joux F 26 B2
St-Bonnet-
en-Champsaur F 31 E1
St-Bonnet-
le-Château F 26 B4
St-Brevin-les-Pins F 19 D4
St-Briac-sur-Mer F 19 D2
St-Brice-en-Coglès F 19 E3
St-Brieuc F 19 D2
St-Calais F 20 C4
St-Cast-le-Guildo F 19 D2
St-Céré F 29 E1
St-Cernin F 25 F4
St-Chamas F 30 C3
St-Chamond F 26 C3
St-Chély-d'Apcher F 30 A1
St-Chély-d'Aubrac F 30 A1
St-Chinian F 30 A3
St-Ciers-
sur-Gironde F 24 B4
St-Cirq-Lapopie F 29 E1
St-Clair-sur-l'Elle F 19 F1
St-Clar F 29 D2
St-Claud F 25 D3
St-Claude F 27 D2
St-Cyprien F 25 D4
St-Cyprien-Plage F 30 A4
St-Denis F 21 E2
St-Denis-d'Oléron F 24 B3
St-Denis-d'Orques F 19 F3
St-Didier-en-Velay F 26 B4
St-Dié F 23 D3
St-Dier-d'Auvergne F 26 A3
St-Dizier F 22 B2
St-Donat-
sur-l'Herbasse F 26 C4
St-Éloy-les-Mines F 26 A2
St-Émilion F 24 C4
St-Étienne F 26 B4
St-Étienne-
de-Baïgorry F 28 A3
St-Étienne-
de-Lugdarès F 30 B1
St-Étienne-
de-Montluc F 19 E4
St-Étienne-
de-Saint-Geoirs F 27 D4
St-Étienne-de-Tinée F 31 F1
St-Étienne-
en-Dévoluy F 31 D1
St-Étienne-
les-Orgues F 31 D2
St-Fargeau F 21 F4
St-Félicien F 26 C4
St-Firmin F 31 D1
St-Florent F 78 A2
St-Florent-le-Vieil F 19 E4
St-Florent-sur-Cher F 25 F1
St-Florentin F 22 A3
St-Flour F 26 A4
St-François-
Longchamp F 27 E4
St-Fulgent F 24 B1
St-Galmier F 26 B3
St-Gaudens F 29 D3
St-Gaultier F 25 E2
St-Genest-Malifaux F 26 B4
St-Gengoux-
le-National F 26 C2
St-Geniez-d'Olt F 30 A1
St-Genis-
de-Saintonge F 24 C3
St-Genis-Laval F 26 C3
St-Genix-
sur-Guiers F 27 D3
St-Geoire-
en-Valdaine F 27 D3
St-Georges-
de-Didonne F 24 B3
St-Georges-
en-Couzan F 26 B3
St-Georges-
sur-Loire F 19 F4
St-Germain-
de-Calberte F 30 B2
St-Germain-
des-Fossés F 26 A2
St-Germain-
du-Bois F 26 C1
St-Germain-
du-Plain F 26 C1
St-Germain-du-Teil F 30 A1
St-Germain-
en-Laye F 21 E2
St-Germain-Laval F 26 B3
St-Germain-
Lembron F 26 A4
St-Germain-
les-Belles F 25 E3
St-Germain-l'Herm F 26 A4
St-Gervais-
d'Auvergne F 26 A3
St-Gervais-
les-Bains F 27 E3
St-Gervais-les-Trois-
Clochers F 25 D1
St-Gervais-
sur-Mare F 30 A2
St-Géry F 29 E1
St-Gildas-de-Rhuys F 18 C4
St-Gildas-des-Bois F 19 D4
St-Gilles F 30 C2
St-Gilles-
Croix-de-Vie F 24 A1
St-Gingolph F 27 E2
St-Girons F 29 E4
St-Girons-Plage F 28 A2
St-Gobain F 17 D4
St-Guénolé F 18 B3
St-Guilhem-
le-Désert F 30 A2
St-Haon-le-Châtel F 26 B3
St-Herblain F 24 A1
St-Hilaire F 29 F3
St-Hilaire-
de-Villefranche F 24 C3
St-Hilaire-
des-Loges F 24 B2
St-Hilaire-
du-Harcouët F 19 E2
St-Hippolyte F 23 D4
St-Hippolyte-
du-Fort F 30 B2
St-Honoré-
les-Bains F 26 B1
St. Hubert B 17 F3
St-Jacques-
de-la-Lande F 19 E3
St-Jacut-
de-la-Mer F 19 D2
St-James F 19 E2
St-Jean-Brévelay F 18 C3
St-Jean-Cap-Ferrat F 31 F2
St-Jean-d'Angély F 24 C3
St-Jean-
de-Bournay F 26 C3
St-Jean-de-Daye F 19 E1
St-Jean-de-Losne F 26 C1
St-Jean-de-Luz F 28 A3
St-Jean-
de-Maurienne F 27 E4
St-Jean-de-Monts F 24 A1
St-Jean-du-Bruel F 30 A2
St-Jean-du-Gard F 30 B2
St-Jean-en-Royans F 27 D4
St-Jean-
Pied-de-Port F 28 B3
St-Jeoire F 27 E2
St-Jouin-
de-Marnes F 24 C1
St-Juéry F 29 F2
St-Julien F 27 D2
St-Julien-Chapteuil F 26 B4
St-Julien-
de-Vouvantes F 19 E4
St-Julien-du-Sault F 21 F3
St-Julien-
en-Genevois F 27 D2
St-Julien-l'Ars F 25 D2
St-Junien F 25 D3
St-Just-
en-Chaussée F 16 C4
St-Just-en-Chevalet F 26 B3
St-Justin F 28 C2
St-Lary-Soulan F 28 C4
St-Laurent-
de-Chamousset F 26 C3
St-Laurent-
de-la-Salanque F 30 A4
St-Laurent-du-Pont F 27 D4
St-Laurent-
en-Grandvaux F 27 D2
St-Laurent-
les-Bains F 30 B1
St-Laurent-Médoc F 24 B4
St-Laurent-
sur-Gorre F 25 D3
St-Laurent-sur-Mer F 19 F1
St-Laurent-
sur-Sèvre F 24 B1
St-Léger-du-Bois F 26 B1
St-Léonard-
de-Noblat F 25 E3
St-Lô F 19 E2
St-Louis F 23 E4
St-Loup-Lamairé F 24 C1
St-Loup-
sur-Semouse F 23 D3
St-Lunaire F 19 D2
St-Lys F 29 E3
St-Macaire F 28 C1
St-Maixent-l'École F 24 C2
St-Malo F 19 D2
St-Malo-
de-la-Lande F 19 E2
St-Mamet-
la-Salvetat F 29 F1
St-Mandrier-
sur-Mer F 31 D3
St-Marcellin F 27 D4
St-Mars-la-Jaille F 19 E4
St-Martin-
d'Auxigny F 25 F1
St-Martin-
de-Belleville F 27 E4
St-Martin-de-Crau F 30 C2
St-Martin-
de-Londres F 30 B2
St-Martin-de-Ré F 24 B2
St-Martin-
de-Seignanx F 28 A3
St-Martin-
de-Valamas F 26 B4
St-Martin-
en-Bresse F 26 C1
St-Martin-Vésubie F 31 F2
St-Martory F 29 D3
St-Mathieu F 25 D3
St-Maximin-la-Sainte-
Baume F 31 D3
St-Médard-
en-Jalles F 24 B4
St-Méen-le-Grand F 19 D3
St-Michel F 17 E3
St-Michel-
de-Maurienne F 27 E4
St-Michel-en-Grève F 18 C2
St-Michel-
en-l'Herm F 24 B2
St-Michel-
Mont-Mercure F 24 B1
St-Mihiel F 22 C2
St-Nazaire F 19 D4
St-Nectaire F 26 A3
St-Nicolas-
d'Aliermont F 16 B3
St-Nicolas-
de-la-Grave F 29 D2
St-Nicolas-de-Port F 23 D2
St-Nicolas-
du-Pélem F 18 C3
St-Omer F 15 E4
St-Pair-sur-Mer F 19 E2
St-Palais F 28 B3
St-Palais-sur-Mer F 24 B3
St-Pardoux-
la-Rivière F 25 D3
St-Paul F 31 E1
St-Paul F 31 F2
St-Paul-
Cap-de-Joux F 29 F3
St-Paul-
de-Fenouillet F 29 F4
St-Paul-
Trois-Châteaux F 30 C1
St-Paulien F 26 B4
St-Pé-de-Bigorre F 28 C3
St-Pée-sur-Nivelle F 28 A3
St-Péray F 26 C4
St-Père-en-Retz F 24 A1
St-Philbert-
de-Grand-Lieu F 24 A1
St-Pierre-d'Albigny F 27 E3
St-Pierre-
de-Chartreuse F 27 D4
St-Pierre-
de-Chignac F 25 D4
St-Pierre-d'Oléron F 24 B3
St-Pierre-Église F 19 E1
St-Pierre-le-Moûtier F 26 A1
St-Pierre-Quiberon F 18 C4
St-Pierre-sur-Dives F 20 C2
St-Pois F 19 E2
St-Pol-de-Léon F 18 B2
St-Pol-sur-Ternoise F 16 C3
St-Pons-
de-Thomières F 30 A3
St-Porchaire F 24 B3
St-Pourçain-
sur-Sioule F 26 A2
St-Privat F 25 F4
St-Quay-Portrieux F 18 C2
St-Quentin F 17 D3
St-Rambert-
d'Albon F 26 C4
St-Rambert-
en-Bugey F 27 D3
St-Raphaël F 31 E3
St-Rémy-
de-Provence F 30 C2
St-Rémy-
sur-Durolle F 26 A3
St-Renan F 18 A2
St-Riquier F 16 B3
St-Romain-
de-Colbosc F 16 A4
St-Rome-de-Tarn F 30 A2
St-Saëns F 16 B4
St-Satur F 21 F4
St-Saulge F 26 A1
St-Sauveur-
en-Puisaye F 21 F4
St-Sauveur-
le-Vicomte F 19 E1
St-Sauveur-
Lendelin F 19 E1
St-Sauveur-
sur-Tinée F 31 F2
St-Savin F 24 C4
St-Savin F 25 D2
St-Savinien F 24 B3
St-Seine-l'Abbaye F 22 B4
St-Sernin-
sur-Rance F 29 F2
St-Servan-sur-Mer F 19 D2
St-Sever F 28 B2
St-Sever-Calvados F 19 E2
St-Sulpice-
les-Feuilles F 25 E2
St-Symphorien F 28 C1
St-Symphorien-
de-Lay F 26 B3
St-Symphorien-
d'Ozon F 26 C3
St-Symphorien-
sur-Coise F 26 C3
St-Thégonnec F 18 B2
St-Trivier-
de-Courtes F 26 C2
St-Trivier-
sur-Moignans F 26 C2
St-Trojan-les-Bains F 24 B3
St-Tropez F 31 E3
St-Vaast-la-Hougue F 19 E1
St-Valery F 16 B4
St-Valery-en-Caux F 16 A3
St-Vallier F 26 C4
St-Vallier-de-Thiey F 31 F2
St-Varent F 24 C1
St-Vaury F 25 E2
St-Véran F 31 E1
St-Vincent-
de-Tyrosse F 28 B2
St-Vivien-de-Médoc F 24 B4
St-Wandrille-
Rançon F 16 A4
St-Yorre F 26 A3
St-Yrieix-la-Perche F 25 E3
St. Albans GB 14 B3
St. Andrews GB 9 E2
St. Asaph GB 10 B3
St. Austell GB 12 B3
St. Clears/Sanclêr GB 12 C1
St. David's/
Tyddewi GB 5 F4
Ste-Adresse F 20 C1
Ste-Anne-d'Auray F 18 C4
Ste-Croix-du-Mont F 28 C1
Ste-Croix-Volvestre F 29 E3

Ste-Enimie F 30 A1
Ste-Foy-la-Grande F 28 C1
Ste-Foy-l'Argentière F 26 C3
Ste-Geneviève-sur-Argence F 30 A1
Ste-Hélène F 24 B4
Ste-Hermine F 24 B2
Ste-Livrade-sur-Lot F 29 D1
Ste-Lucie-de-Tallano F 78 A4
Ste-Marie-aux-Mines F 23 E3
Ste-Marie-Sicché F 78 A4
Ste-Maure-de-Touraine F 25 D1
Ste-Maxime F 31 E3
Ste-Menehould F 22 B2
Ste-Mère-Église F 19 E1
Ste-Sévère-sur-Indre F 25 F2
Ste-Suzanne F 19 F3
Ste-Tulle F 31 D2
Saintes F 24 B3
Stes-Maries-de-la-Mer F 30 C3
Saintfield GB 3 E2
St. Helens GB 10 C3
St. Ives GB 14 C2
St. Ives GB 12 B4
St. Just GB 12 A4
St. Keverne GB 12 B4
St. Mawes GB 12 B4
St. Monans GB 9 E2
St. Neots GB 14 C2
Saissac F 29 F3
St-Cergue CH 27 D2
Ste Croix CH 27 E1
St. Gallen CH 66 C3
St-Imier CH 27 E1
St-Luc CH 27 F2
St-Maurice CH 27 E2
St. Moritz CH 66 C4
St. Niklaus CH 27 F2
Sakskøbing DK 122 C4
Saky UA 127 F4
Sala S 119 E2
Sala Consilina I 80 C3
Salacgrīva LV 124 B2
Salamajärvi FIN 114 C3
Salamanca E 35 F4
Salamína GR 94 A4
Salamína (Nissí) GR 94 A4
Salándi GR 97 E2
Salar E 48 A3
Salardú E 29 D4
Salas E 33 D2
Salas de los Infantes E 36 C3
Salbohed S 119 D2
Salbris F 21 E4
Salceda (La) E 36 B4
Salcombe GB 12 C4
Saldaña E 33 F4
Saldus LV 124 B3
Sale I 75 D1
Salem D 66 C2
Salemi I 84 A3
Salen GB 8 B1
Saler (El) E 44 A3
Salernes F 31 E3
Salerno I 80 A3
Salers F 25 F4
Salgótarján H 126 A3
Salgueiro do Campo P 40 C2
Salice Terme I 75 D1
Salies-de-Béarn F 28 B3
Salies-du-Salat F 29 D3
Salignac-Eyvigues F 25 E4
Salihli TR 129 F4
Salihorsk BY 125 D4
Salinas E 33 E2
Salindres F 30 B2
Salins-les-Bains F 27 D1
Salisbury GB 13 F2
Salla FIN 109 E2
Sallanches F 27 E3
Sallent E 38 C3
Sallent de Gállego E 28 C4
Salles-Curan F 30 A2
Salles-d'Aude F 30 A3
Salmerón E 43 D1
Salmoral E 41 F1
Salo FIN 120 C4
Salò I 71 F4
Salobral (El) E 43 D4
Salobreña E 48 B3
Salon-de-Provence F 30 C2
Salonta RO 126 B4
Salorino E 41 D3
Salou E 44 C1
Salsbruket N 107 D4
Salses-le-Château F 30 A4
Salsomaggiore Terme I 75 E1
Salsta S 119 E1
Saltash GB 12 C3
Saltburn-by-the-Sea GB 11 E1
Saltcoats GB 3 F1
Salto P 34 C3
Saltoluokta S 108 A1
Saltvik FIN 120 A4
Saluggia I 74 C1
Saluzzo I 31 F1
Salvacañete E 43 E2
Salvagnac F 29 E2
Salvan CH 27 F2
Salvaterra de Magos P 40 A3
Salvaterra de Miño E 32 A4
Salvatierra E 37 D2
Salvatierra de los Barros E 41 D4
La Salvetat-Peyralès F 29 F2
La Salvetat-sur-Agout F 29 F3
Salviac F 29 E1
Salzburg A 68 A2
Salzburg A 68 A2
Salzgitter-Bad D 56 C3
Salzhausen D 50 C4
Salzkotten D 55 F4
Salzwedel D 51 D4
Sama de Langreo E 33 E2
Samarína GR 87 D3
Samatan F 29 D3
Sambatiki GR 97 E2
Sambiase I 83 E3
Sambir UA 126 D3
Samboal E 36 A4
Sambuca di Sicilia I 84 B3
Samedan CH 66 C4
Samer F 15 E4
Sámi GR 92 A4
Samikó GR 96 B1
Sammatti FIN 120 C4
Sammichele di Bari I 81 D2
Samnanger N 110 A4
Samoëns F 27 E2
Samokov BG 128 C2
Samos E 32 C3
Sámos GR 99 F1
Sámos (Nissí) GR 99 F1
Samothráki GR 91 D3
Samothráki (Nissí) GR 91 D3
Samper de Calanda E 37 F4
Sampeyre I 31 F1
Samtens D 51 F2
Samugheo I 82 B3
San Adrián E 28 A4
San Agustín del Guadalix E 42 B1
San Amaro E 32 B4
San Andrés del Rabanedo E 33 E4
San Bartolomé de las Abiertas E 42 A2
San Bartolomé de la Torre E 46 C2
San Bernardino CH 71 D3
San Bernardino (Passo del) CH 66 C4
San Carlos del Valle E 42 C4
San Clemente E 43 D3
San Cosme E 32 C2
San Cristóbal de Entreviñas E 35 F3
San Cristóbal de la Vega E 36 A4
San Emiliano E 33 E3
San Esteban E 33 E2
San Esteban de Gormaz E 36 C4
San Esteban del Molar E 35 F3
San Felices de los Gallegos E 35 D4
San Fernando E 47 D4
San Ildefonso-La Granja E 42 B1
San Isidro E 49 D3
San Javier E 49 E2
San José E 49 D3
San Juan del Olmo E 42 A1
San Juan de los Terreros E 49 D3
San Juan del Puerto E 46 C2
San Leonardo de Yagüe E 36 C3
San Lorenzo de Calatrava E 48 A1
San Lorenzo de la Parrilla E 43 D2

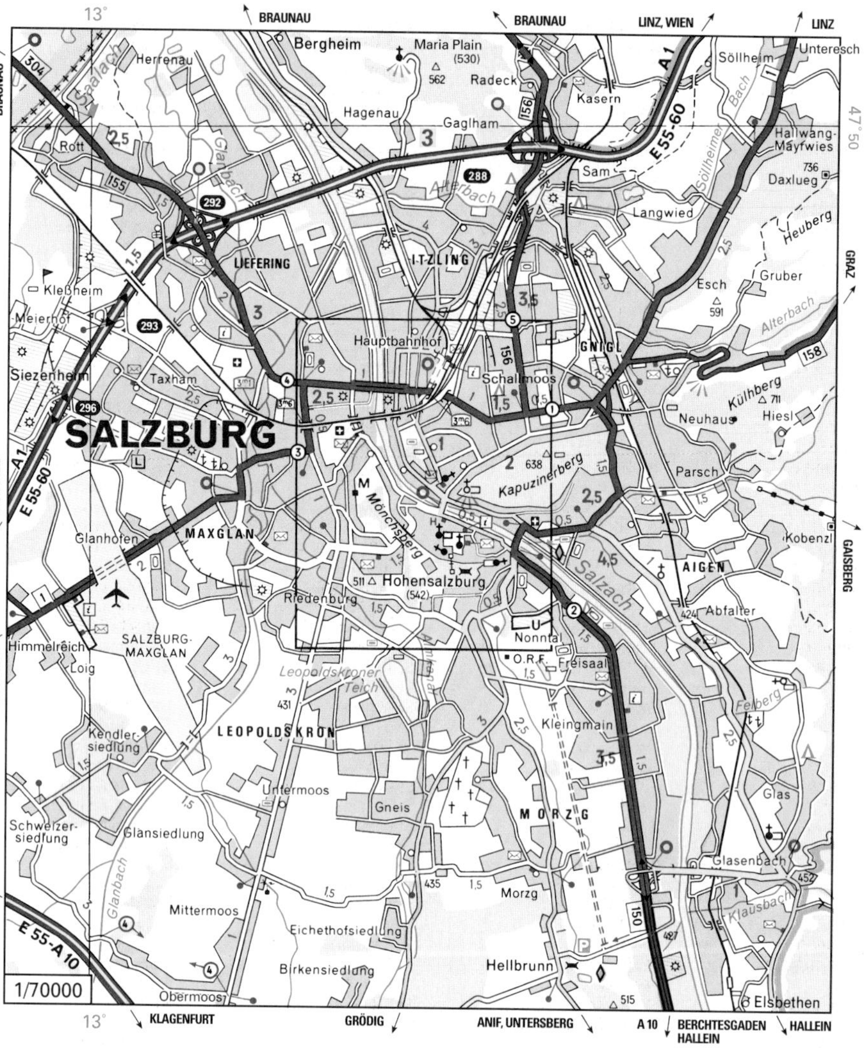

SALZBURG
BRAUNAU
LINZ, WIEN
LINZ
GRAZ
GAISBERG
MÜNCHEN
INNSBRUCK
KLAGENFURT
GRÖDIG
ANIF, UNTERSBERG
A 10
BERCHTESGADEN HALLEIN
HALLEIN
Bergheim
Maria Plain
Hagenau
Radeck
Kasern
Söllheim
Unteresch
Hallwang-Mayfwies
Daxlueg
Langwied
Heuberg
Gruber
Esch
Gaglham
LIEFERING
ITZLING
Kleßheim
Meierhof
Siezenheim
Taxham
Hauptbahnhof
GNIGL
Schallmoos
Kühlberg
Hiesl
Neuhaus
Parsch
Kapuzinerberg
Mönchsberg
MAXGLAN
Glanhofen
Hohensalzburg
Riedenburg
AIGEN
Kobenzl
Abfalter
Nonntal
Freisaal
Himmelreich
Loig
SALZBURG-MAXGLAN
Leopoldskroner Teich
LEOPOLDSKRON
Kendler-siedlung
Kleingmain
Untermoos
Gneis
MORZG
Glas
Schweizer-siedlung
Glansiedlung
Glasenbach
Morzg
Mittermoos
Eichethofsiedlung
Birkensiedlung
Hellbrunn
Obermoos
Elsbethen
Klausbach
Alterbach
Salzach
Glanbach
1/70000

San Luis de Sabinillas E 47 E4
San Marino RSM 76 B2
San Martín de Castañeda E 33 D4
San Martín de la Vega E 42 B2
San Martín de Mondoñedo E 32 C2
San Martín de Montalbán E 42 A2
San Martín de Valdeiglesias E 42 A1
San Mateo de Gállego E 37 F3
San Miguel de Escalada E 33 E4
San Miguel del Arroyo E 36 A4
San Miguel de Salinas E 49 E2
San Millán de la Cogolla E 36 C2
San Millán de Lara E 36 C3
San Nicolás del Puerto E 47 E1
San Pedro E 43 D4
San Pedro de Alcántara E 47 F4
San Pedro del Arroyo E 42 A1
San Pedro de Latarce E 35 F3
San Pedro del Pinatar E 49 E2
San Pedro de Mérida E 41 E3
San Pedro Manrique E 37 D3
San Rafael E 42 B1
San Remo I 74 C3
San Roque E 47 E4
San Roque E 32 A2
San Sadurniño E 32 B2
San Salvador de Cantamuda E 33 F3
San Silvestre de Guzmán E 46 C2
San Telmo E 46 C1
San Vicente de la Barquera E 33 F2
San Vicente de Alcántara E 41 D3
San Vincente de la Cabeza E 35 E3
San Vitero E 35 E3
Saná GR 88 C2
Sanary-sur-Mer F 31 D3
Sancergues F 26 A1
Sancerre F 26 A1
Sanchidrián E 42 A1
Sancoins F 26 A1
Sancti Petri E 47 D4
Sancti-Spíritus E 41 E1
Sand N 116 B2
Sand N 117 E1
Sandane N 110 B3
Sandanski BG 128 C3
Sandarne S 112 C4
Sandau D 51 E4
Sandbach GB 10 C3
Sande N 110 B2
Sande N 117 D2
Sande D 55 E1
Sande P 34 B4
Sandefjord N 117 D2
Sandeid N 116 A1
Sandgerði IS 106 A2
Sandıklı TR 129 F4
Sandnes N 116 A2
Sandness GB 7 F3
Sandnessjøen N 107 D3
Sando E 35 E4
Sandoméri GR 92 C4
Sandomierz PL 126 B2
Sandown GB 13 F3
Sandrigo I 72 A4
Sandstad N 111 D2
Sandur (Færøerne) DK 106 A4
Sandviken S 119 E1
Sandvikvåg N 116 A1
Sandwich GB 15 D3
Sandy GB 14 B2
San Esteban del Valle E 42 A1
Sangarcía E 36 A4
Sangerhausen D 57 D4
Sangis S 108 C3
Sangüesa E 28 A4
Sanguinaires (Iles) F 74 C3
Sanguinet F 28 B1
Saní GR 88 B3
Sanitz D 51 E2
St-Olof S 123 E3
St. Aegyd A 69 D1
St. Andrä A 68 C3
St. Andreas-berg D 56 C4
St. Anton am Arlberg A 67 D3
St. Blasien D 23 F4
St. Christophen A 69 D1
St. Gallen A 68 C2
St. Gallenkirch A 66 C4
St. Georgen D 23 F3
St. Georgen am Längsee A 68 C3
St. Georgen im Attergau A 68 A2
St. Gilgen A 68 A2
St. Goar D 62 A3
St. Goarshausen D 62 A3
St. Ingbert D 23 E1
St. Jakob i. Rosental A 68 B4
St. Johann im Pongau A 68 A3
St. Johann in Tirol A 67 F2
St. Lambrecht A 68 B3
St. Leonhard a. Forst A 68 C1
St. Leonhard im Pitztal A 67 D3
St. Lorenzen im Lesachtal A 68 A4
St. Märgen D 23 F3
St. Margarethen D 50 B3
St. Michael im Lungau A 68 B3
St. Michael in Obersteiermark A 68 C2
St. Michaelisdonn D 50 A3
St. Oswald A 68 B3
St. Paul im Lavanttal A 68 C3
St. Peter-Ording D 50 A2
St. Peter in der Au Markt A 68 C1
St. Peterburg RUS 125 D1
St. Pölten A 69 D1
St. Valentin A 68 B1
St. Veit an der Glan A 68 C3
St. Vith B 61 E2
St. Wendel D 23 E1
St. Wolfgang im Salzkammergut A 68 A2
Sanlúcar de Barrameda E 47 D3
Sanlúcar de Guadiana E 46 B2
Sanlúcar la Mayor E 47 D2
Sanluri I 82 B3
Sannainen FIN 121 D4
Sannazzaro de' Burgondi I 75 D1
Sannicandro di Bari I 81 D2
Sannicandro Garganico I 80 B1
Sanok PL 126 B3
Sanquhar GB 8 C3
Sansepolcro I 76 B3
Sanski Most BIH 128 A1
Sant Agustí de Lluçanès E 39 D3
Sant Andreu de Llavaneres E 39 D4
Sant Antoni de Portmany / San Antonio de Portmany E 44 C4
Sant Antoni de Calonge E 39 E3
Sant Boi de Lluçanès E 39 D3
Sant Carles de la Ràpita E 44 B1
Sant Celoni E 39 D4
Sant Cugat del Vallès E 39 D4
Sant Esteve d'En Bas E 39 D3
Sant Feliu de Guixols / San Feliú de Guixols E 39 E3
Sant Francesc E 44 C4
Sant Hilari Sacalm E 39 D3
Sant Hipòlit de Voltregà E 39 D3
Sant Joan d'Alacant E 49 F1

Sant Joan de Labritja E 44 C4
Sant Joan de les Abadesses E 39 D3
Sant Josep E 44 C4
Sant Lluís E 45 F3
Sant Mateu E 44 A2
Sant Miquel E 44 C4
Sant Pau de Segúries E 39 D3
Sant Pol de Mar E 39 D4
Sant Quirze de Besora E 39 D3
Sant Quirze Safaja E 39 D4
Sant Ramon E 38 C4
Sant Sadurní d'Anoia E 38 C4
Sant Salvador E 45 E3
Sant Vicent del Raspeig E 49 F1
Santa Amalia E 41 E3
Santa Ana E 43 D4
Santa Bárbara E 44 B1
Santa Bárbara de Casa E 46 C1
Santa Catarina da Fonte do Bispo P 46 B2
Santa Clara-a-Velha P 46 A1
Santa Coloma de Farners E 39 D3
Santa Coloma de Queralt E 38 C4
Santa Colomba de Somoza E 33 D4
Santa Comba E 32 A2
Santa Comba Dão P 40 C1
Santa Comba de Rosas P 35 D3
Santa Cristina de Lena E 33 E3
Santa Cruz E 37 D2
Santa Cruz de la Sierra E 41 E3
Santa Cruz de la Zarza E 42 C2
Santa Cruz del Retamar E 42 B2
Santa Cruz de Moya E 43 E2
Santa Cruz de Mudela E 42 B4
Santa Elena E 48 B1
Santa Eufemia E 41 F4
Santa Eugenia E 32 A3
Santa Eulália P 40 C3
Santa Eulalia E 43 E1
Santa Eulalia de Oscos E 32 C2
Santa Eulària des Riu / Santa Eulalia del Río E 44 C4
Santa Fé E 48 A3
Santa Liestra y San Quilez E 38 A3
Santa Luzia P 46 A1
Santa Magdalena de Polpís E 44 A2
Santa Margalida E 45 E3
Santa Margarida do Sádo P 46 A1
Santa Margarida i els Monjós E 38 C4
Santa Maria da Feira P 34 B4
Santa María de Huerta E 37 D4
Santa María del Campo E 36 B3
Santa María del Campo Rus E 43 D3
Santa María del Páramo E 33 E4
Santa María de Nieva E 49 D2
Santa María de Valverde E 35 E3
Santa María la Real de Nieva E 36 A4
Santa María La Real de Oseira (Monasterio) E 32 B3
Santa Marina del Rey E 33 E4
Santa Marina de Valdeón E 33 F3
Santa Marta E 41 D4
Santa Marta de Penaguiáo P 34 C4
Santa Marta de Tormes E 35 F4
Santa Olalla E 42 A2
Santa Olalla del Cala E 47 D1
Santa Pau E 39 D3
Santa Pola E 49 F1
Santa Ponça E 45 D3
Santa Susanna E 39 D4
Santaella E 47 F2
Santana P 40 A4
Santana da Serra P 46 A2
Santander E 36 B1
Santanyí E 45 E3
Santarcangelo di Romagna I 76 B2
Santarém P 40 B3
Santas Martas E 33 E4
Santeramo in Colle I 81 D3
Santhià I 70 C4
Santiago de Alcántara E 41 D2
Santiago de Compostela E 32 A3
Santiago de la Espada E 48 C1
Santiago de la Ribera E 49 E2
Santiago do Cacém P 46 A1
Santiago do Escoural P 40 B4
Santibáñez de Béjar E 41 F1
Santibáñez de la Peña E 33 F3
Santibáñez de la Sierra E 41 E1
Santibáñez de Vidriales E 33 D4
Santillana del Mar E 36 B1
Santiponce E 47 D2
Santisteban del Puerto E 48 B1
Sant Llorenç de Morunys E 38 C3
Santo Domingo de la Calzada E 36 C2
Santo Domingo de Silos E 36 C3
Santo Estêvo P 41 D1
Santo Estêvo P 40 A3
Santo-Pietro-di-Tenda F 78 A3
Santo Tirso P 34 B3
Santo Tomé E 48 B1
Santoña E 36 C1
Santos (Los) E 41 F1
Santos de Maimona (Los) E 41 D4
Santurtzi E 36 C1
Sanxenxo / Sangenjo E 32 A4
Sanza I 80 C4
S. Agata de' Goti I 80 A3
S. Agata di Militello I 85 D2
S. Agata di Puglia I 80 B2
S. Andrea Frius I 82 B3
S. Angelo dei Lombardi I 80 B3
S. Angelo in Vado I 76 B3
S. Angelo Lodigiano I 75 E1
S. Antioco I 82 A4
S. Antonio di Gallura I 82 B1
S. Apollinare in Classe I 76 B2
S. Bartolomeo in Galdo I 80 B2
S. Benedetto del Tronto I 77 D4
S. Benedetto in Alpe I 76 B2
S. Benedetto Po I 75 F1
S. Biagio Platani I 84 C3
S. Bonifacio I 72 A4
S. Candido / Innichen I 67 F4
S. Casciano in Val di Pesa I 76 A3
S. Cataldo I 84 C3
S. Cataldo I 81 F3
Sta Caterina di Pittinuri I 82 A2
Sta Caterina Valfurva I 67 D4
Sta Caterina Villarmosa I 84 C3
Sta Cesarea Terme I 81 F3
S. Cipirello I 84 B3
S. Clemente a Casauria (Abbazia) I 79 F1
S. Colombano al Lambro I 75 E1
Sta Cristina Valgardena / St. Christina in Gröden I 67 F4
Sta Croce di Magliano I 80 A1
S. Damiano d'Asti I 74 C1
S. Daniele del Friuli I 72 C3
S. Daniele Po I 75 F1
S. Demetrio Corone I 83 E2
S. Donà di Piave I 72 B4
S. Donaci I 81 F3
S. Elia a Pianisi I 80 A2
S. Elpidio a Mare I 77 D3
S. Eufemia Lamezia I 83 E3
S. Fele I 80 B3
S. Felice a Cancello I 80 A3
S. Felice Circeo I 79 E3
S. Felice sul Panaro I 76 A1
S. Ferdinando di Puglia I 80 C2
Sta Fiora I 76 B4
S. Fratello I 85 D2
S. Gavino Monreale I 82 B3
Sta Geltrude / St. Gertraud I 67 E4
S. Gemini I 76 C4
S. Giacomo / St. Jakob I 67 E3
S. Gimignano I 76 A3
S. Ginesio I 77 D4
S. Giorgio Canavese I 74 C1
S. Giorgio del Sannio I 80 A3
S. Giorgio di Nogaro I 72 C3
S. Giorgio Ionico I 81 E3
S. Giorgio Piacentino I 75 E1
S. Giovanni a Piro I 80 B4
S. Giovanni di Sinis I 82 A3
S. Giovanni in Fiore I 83 E2
S. Giovanni in Persiceto I 76 A1
S. Giovanni Lupatoto I 71 F4
S. Giovanni Rotondo I 80 B1
S. Giovanni Suergiu I 82 A4
S. Giovanni Valdarno I 76 A3
S. Giuliano Terme I 75 F3
Sta Giusta I 82 B3
S. Giustino I 76 B3
S. Lazzaro di Savena I 76 A2
S. Leo I 76 B2
S. Leonardo in Passiria / St. Leonhard in Passeier I 67 E4
S. Lorenzo Nuovo I 76 B4
Sta Lucia del Mela I 83 D4
S. Lucido I 83 E2
Santu Lussurgiu (Località) I 82 B2
S. Marcello I 76 C3
S. Marcello Pistoiese I 75 F2
S. Marco Argentano I 83 E2
S. Marco dei Cavoti I 80 A2
S. Marco in Lamis I 80 B1
Sta Margherita I 82 B4
Sta Margherita di Belice I 84 B3
Sta Margherita Ligure I 75 D2
Sta Maria Capua Vetere I 80 A3
Sta Maria degli Angeli I 76 C4
Sta Maria della Versa I 75 D1
Sta Maria Maggiore I 70 C3
Sta Marinella I 78 C1
S. Martino di Castrozza I 72 A3
S. Mauro Forte I 80 C3
S. Michele all'Adige I 71 F3
S. Miniato I 76 A3
S. Nicolò I 76 A1
S. Nicolò Gerrei I 82 B3
Sta Ninfa I 84 B3
S. Onofrio I 83 E3
S. Pancrazio Salentino I 81 E3
S. Pellegrino Terme I 71 E4
S. Piero a Sieve I 76 A2
S. Pietro in Casale I 76 A1
S. Pietro Vernotico I 81 F3
S. Polo d'Enza I 75 F1
S. Quirico d'Orcia I 76 B4
S. Rufo I 80 B3
S. Salvo I 80 A1
S. Sebastiano Curone I 75 D1
Sta Severa I 79 D1
S. Severino Marche I 76 C3
S. Severo I 80 B1
Sta Sofia I 76 B2
Sta Sofia d'Epiro I 83 E2
S. Sperate I 82 B4
Sto Stefano d'Aveto I 75 E2
Sto Stefano di Cadore I 72 B2
Sto Stefano di Camastra I 84 C2
Sto Stefano Quisquina I 84 B3
Sto Stino di Livenza I 72 B3
Sta Teresa di Riva I 83 D4
Sta Teresa Gallura I 82 B1
S. Valentino alla Muta / St. Valentin a. d. Haide I 67 D4
S. Vigilio di Marebbe / St. Vigil I 67 F4
St. Vincent I 27 F3
S. Vincenzo I 75 F4
S. Vito I 82 C3
S. Vito al Tagliamento I 72 C3
S. Vito Chietino I 80 A1
S. Vito dei Normanni I 81 E3
S. Vito di Cadore I 67 F4
S. Vito lo Capo I 84 A2
S. Vito sullo Ionio I 83 E3
S. Vittore del Lazio I 79 F2
São Bartolomeu de Messines P 46 A2
São Brás de Alportel P 46 B2
São Cristóvo P 40 B4
São Domingos P 46 A1
São Gregório P 32 B4
São Jacinto P 34 B4
São Jöo da Madeira P 34 B4
São Jöo da Pesqueira P 34 C4
São Jöo de Tarouca P 34 C4
São Jöo dos Caldeireiros P 46 B1
São José da Lamarosa P 40 B3
São Leonardo P 40 C4
São Manços P 40 C4
São Marcos da Serra P 46 A2
São Marcos do Campo P 40 C4
São Martinho das Amoreiras P 46 A1
São Martinho do Porto P 40 A2
São Matias P 46 B1
São Miguel de Machede P 40 C4
São Pedro da Torre P 32 A4
São Pedro de Moel P 40 A2
São Pedro do Sul P 34 B4
São Romo P 40 C1
São Teotónio P 46 A1
São Vicente da Beira P 40 C2
Saorge F 31 F2
Sapanca TR 129 F3
Sapataria P 40 A3
Sápes GR 91 D2
Sapiéndza (Nissí) GR 96 B3
Sappada I 68 A4
Sappee FIN 120 C3
Sapri I 80 C4
Sarajevo BIH 128 A2
Sarajärvi FIN 109 E3
Sarakiní GR 87 F1
Sarakíniko GR 94 A2
Saramon F 29 D3
Sarandáporo GR 87 F3
Sarandë AL 128 B4
Saraváli GR 92 C4
Saray TR 129 E3
Sarayköy TR 129 F4
Sárbogárd H 126 A4
Sardara I 82 B3
Sardínia GR 92 B2
Sardoal P 40 B2
S'Arenal E 45 E3
Sarentino / Sarntal I 67 E4
Sargans CH 66 C4
Sari-d'Orcino F 78 A3
Sariá (Nissí) GR 103 D3
Sariñena E 38 A3
Sarlat-la-Canéda F 25 E4
Sarnano I 77 D4
Sarnen CH 66 B4
Sarnico I 71 E4
Sarno I 80 A3
Sarny UA 127 D1
Sarón E 36 B1
Sarone I 72 B3
Saronída GR 98 A1
Saronno I 71 D4
Sárospatak H 126 B3
Sarpsborg N 117 D2
Sarracín E 36 B2
Sarral E 38 B4
Sarralbe F 23 D2
Sarre-Union F 23 E2
Sarrebourg F 23 E2
Sarreguemines F 23 E1
Sarria E 32 C3
Sarrión E 43 F2
Sarroch I 82 B4
Sars-Poteries F 17 E3
Sarsina I 76 B2
Sarstedt D 56 C3
Sarteano I 76 B4
Sartène F 78 A4
Sárti GR 89 D3
Sartilly F 19 E2
Sarule I 82 B2
Sárvár H 69 E2
Sarvsjö S 112 A3
Sarzana I 75 E2
Sarzeau F 18 C4
Sarzedas P 40 C2
Sassari I 82 A1
Sassello I 75 D2
Sassenage F 27 D4
Sassenberg D 55 F4
Sassenheim NL 54 B3
Sassetta I 75 F4
Sasso I 79 D1
Sasso Marconi I 76 A2
Sassoferrato I 76 C3
Sassoleone I 76 A2
Sassuolo I 75 F2
Sástago E 37 F4
Sáto P 34 C4
Satillieu F 26 C4
Satolas-et-Bonce F 26 C3
Sátoraljaújhely H 126 B3
Satow D 51 D3
Sátres GR 89 F1
Satrup D 50 B2
Sattel CH 66 B4
Sattledt A 68 B1
Satu Mare RO 126 C3
Sauca E 37 D4
Saucejo (El) E 47 F3
Sauda N 116 B1
Sauðárkrókur IS 106 B1
Sauerlach D 67 E2
Saugues F 26 A4
Saujon F 24 B3
Sauland N 116 C2
Saulgau D 66 C2
Saulieu F 26 B1
Sault F 31 D2
Saulx F 23 D4
Saulxures-sur-Moselotte F 23 D3
Saumur F 24 C1
Saundersfoot GB 12 C1
Sauris di Sopra I 68 A4
Sauve F 30 B2
Sauveterre-de-Béarn F 28 B3
Sauveterre-de-Guyenne F 28 C1
Sauveterre-de-Rouergue F 29 F2
Sauvo FIN 120 B4
Sauxillanges F 26 A3
Le Sauze F 31 E1
Sauze d'Oulx I 27 E4
Sauzé-Vaussais F 24 C2
Sauzon F 18 C4
Sava I 81 E3
Savália GR 96 B1
Savelli I 83 F2
Savenay F 19 D4
Saverdun F 29 E3
Saverne F 23 E2
Savigliano I 31 F1
Savignac-les-Églises F 25 D4
Savignano Irpino I 80 B2
Savignano sul Rubicone I 76 B2
Savigny-sur-Braye F 21 D4
Savines-le-Lac F 31 E1
Saviñán E 37 E4
Savitaipale FIN 121 E2
Savognin CH 66 C4
Savona I 75 D2
Savonlinna FIN 121 F2
Savonranta FIN 115 F4
Savukoski FIN 109 E1
Sawbridgeworth GB 14 C2
Sax E 49 E1
Saxmundham GB 15 D2
Saxnäs S 107 E4
Sayatón E 42 C2
Scaër F 18 B3
Scafa I 79 F1
Scafati I 80 A3
Scalasaig GB 8 A2
Scalby GB 11 E1
Scalea I 80 C4
Scalloway GB 7 F3
Scandiano I 75 F1
Scanno I 79 F1
Scansano I 76 A4
Scanzano Ionico I 81 D3
Scarborough GB 11 E1
Scardovari I 76 B1
Scarinish GB 8 A1
Scarriff / An Scairbh IRL 4 C2
Ščekino RUS 125 F3
Scey-sur-Saône-et-St-Albin F 22 C4
Schachendorf A 69 E2
Schärding A 68 A1
Schaffhausen CH 23 F4
Schafstädt D 57 E4
Schagen NL 54 B2
Schaprode D 51 E2
Scharbeutz D 50 C3
Scharnitz A 67 E3
Scheeßel D 50 B4
Scheggia I 76 C3
Scheibbs A 68 C1
Scheifling A 68 C3
Scheinfeld D 63 D3
Schenefeld D 50 B3
Scherfede D 56 B4
Schermbeck D 55 D4
Scheßlitz D 63 D3
Scheveningen NL 54 B4
Schieder-Schwalenberg D 56 B4
Schierling D 63 F4
Schiermonnikoog NL 55 D1
Schiers CH 66 C4
Schifferstadt D 23 F1
Schildau D 57 F4
Schilpario I 71 E3
Schiltach D 23 F3
Schio I 72 A4
Schirmeck F 23 E2
Schirnding D 63 E2
Schkeuditz D 57 E4
Schkölen D 63 E1
Schladming A 68 B2
Schlagbrügge D 50 C3
Schlangenbad D 62 A3
Schleching D 67 F2
Schleiden D 61 E2
Schleiz D 63 E2
Schleswig D 50 B2
Schleusingen D 63 D2
Schlieben D 57 F3
Schliersee D 67 F2
Schlitz D 62 B2
Schlotheim D 63 D1
Schluchsee D 23 F3
Schlüchtern D 62 B2
Schlüsselfeld D 63 D3
Schlutup D 50 C3
Schmalkalden D 62 C1
Schmallenberg D 62 A1
Schmidmühlen D 63 E4
Schmilka D 64 A1
Schmölln D 52 A3
Schmölln D 63 E1
Schnackenburg D 51 D4
Schnaittenbach D 63 E3
Schneeberg D 63 F1
Schneverdingen D 50 B4
Schönau D 23 F4
Schönberg D 63 F2
Schönberg D 50 C2
Schönberg D 64 A4
Schönebeck D 57 E3
Schöneck D 63 E2
Schönecken D 61 E3
Schönewalde D 57 F3
Schöningen D 57 D3
Schönmünzach D 23 F2
Schönsee D 63 F3
Schönthal D 63 F3
Schönwalde D 50 C2
Schönwald i. Schwarzwald D 23 F3
Schöppenstedt D 57 D3
Schönberg im Stubaital A 67 E3
Schönbrunn A 69 D1
Schongau D 67 D2
Schoonhoven NL 54 B4
Schopfheim D 23 F4
Schoppernau A 66 C3
Schorndorf D 66 C1
Schortens D 55 E1
Schotten D 62 B2
Schramberg D 23 F3
Schrems A 64 C4
Schrobenhausen D 67 E1
Schröcken A 67 D3
Schrozberg D 62 C4
Schruns A 66 C3
Schüttorf D 55 E3
Schwaan D 51 E3

Schwabach D 63 D4
Schwabmünchen D .. 67 D2
Schwäbisch-
Gmünd D 66 C1
Schwäbisch-Hall D ... 62 C4
Schwaigern D 62 B4
Schwalstadt-Treysa D 62 B1
Schwalstadt-
Ziegenhain D 62 B1
Schwandorf D 63 E4
Schwanebeck D 57 D3
Schwanenstadt A 68 B1
Schwanewede D 50 A4
Schwarmstedt D 56 B2
Schwarza D 63 D1
Schwarzach
im Pongau A 68 A3
Schwarzenbach
a. d. Saale D 63 E2
Schwarzenbek D 50 C3
Schwarzenberg D 63 F1
Schwarzenburg CH ... 27 F1
Schwarzenfeld D 63 E3
Schwarzheide D 58 A4
Schwarzsee CH 27 F1
Schwaz A 67 E3
Schwechat A 69 E1
Schwedt D 52 A4
Schweich D 61 F3
Schweinfurt D 62 C3
Schweinitz D 57 F3
Schwelm D 61 F1
Schwendi D 66 C2
Schwerin D 51 D3
Schwerte D 61 F1
Schwetzingen D 23 F1
Schwyz CH 66 B4
Sciacca I 84 B3
Scicli I 85 D4
Scilla I 83 D4
Scole GB 15 D2
Sconser GB 6 B4
Scopello I 70 C4
Scordia I 85 D3
Ščors UA 127 E1
Scorzé I 72 B4
Scourie GB 6 C2
Scrabster GB 7 D2
Ščučyn BY 124 C4
Scunthorpe GB 11 E2
Scuol/Schuls CH 67 D4
Seaford GB 14 C4
Seaham GB 9 F4
Seaton GB 13 D3
Seaton Delaval GB 9 F4
Sebeş RO 126 C4
Sebež RUS 125 D3
Sebnitz D 64 A1
Seca (La) E 36 A4
Seckau A 68 C2
Seclin F 17 D2
Secondigny F 24 C2
Sedan F 17 F4
Sedano E 36 B2
Sedbergh GB 10 C1
Séderon F 31 D2
Sedgefield GB 11 D1
Sedico I 72 B3
Sedilo I 82 B2
Sedini I 82 B1
Seebenau D 51 D4
Seeboden A 68 B3
Seebruck D 67 F2
Seefeld in Tirol A 67 E3
Seehaus A 68 B2
Seehausen D 51 D4
Seeheim-
Jugenheim D 62 B3
Seelisberg CH 66 B4
Seelow D 58 A2
Sées F 20 C2
Seesen D 56 C4
Seevetal D 50 C4
Seewalchen A 68 A2
Seewiesen A 68 C2
Segesta I 84 A3
Segni I 79 E2
Segonzac F 24 C3
Segorbe E 43 F3
Segovia E 36 B4
Segré F 19 F4
Segura P 41 D2
Segura de la Sierra E. 48 C1
Segura de Léon E 47 D1
Segura
de los Baños E 43 F1
Sehnde D 56 C3
Seia P 40 C1
Seiches-sur-le-Loir F. 19 F4
Seierstad N 106 C4
Seifhennersdorf D 64 B1
Seignelay F 22 A4
Seilhac F 25 E4

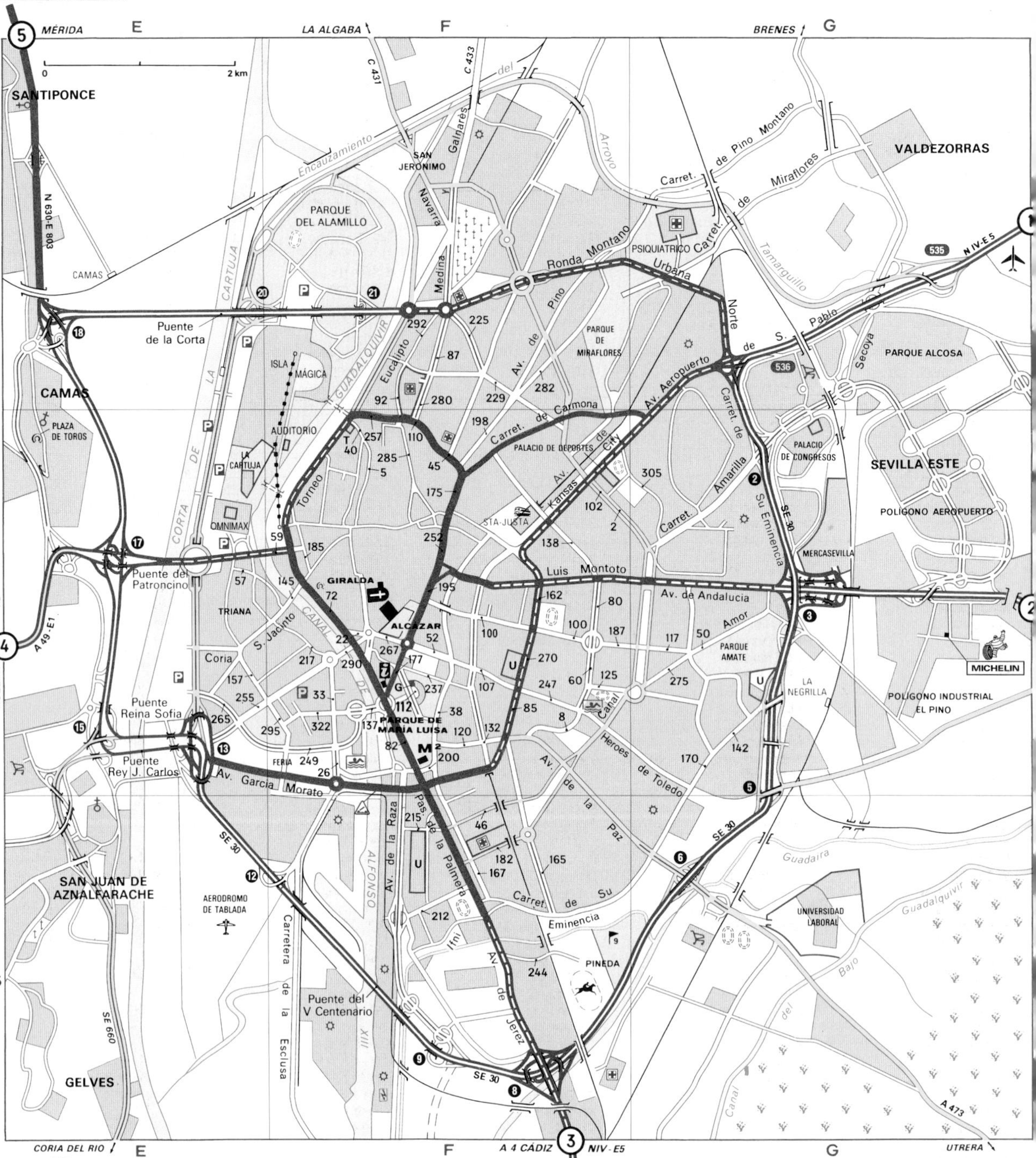
MÉRIDA
LA ALGABA
BRENES
E
F
G
0
2 km
SANTIPONCE
C 431
C 433
SAN JERÓNIMO
VALDEZORRAS
PARQUE DEL ALAMILLO
PSIQUIATRICO
CAMAS
Puente de la Corta
ISLA MÁGICA
PARQUE DE MIRAFLORES
PARQUE ALCOSA
AUDITORIO
PLAZA DE TOROS
PALACIO DE DEPORTES
PALACIO DE CONGRESOS
SEVILLA ESTE
POLÍGONO AEROPUERTO
OMNIMAX
STA-JUSTA
MERCASEVILLA
Puente del Patroncino
GIRALDA
TRIANA
ALCÁZAR
PARQUE AMATE
MICHELIN
Coria
LA NEGRILLA
POLÍGONO INDUSTRIAL EL PINO
Puente Reina Sofía
PARQUE DE MARÍA LUISA
Puente Rey J. Carlos
FERIA
Av. García Morato
SAN JUAN DE AZNALFARACHE
AERODROMO DE TABLADA
UNIVERSIDAD LABORAL
PINEDA
Puente del V Centenario
GELVES
SE 30
SE 660
HUELVA
CORIA DEL RIO
A 4 CÁDIZ
NIV-E5
UTRERA
A 473

Sevilla

Seinäjoki FIN 114 B3
Seissan F 29 D3
Seitenstetten Markt A 68 C1
Seixal P 40 A4
Sékoulas GR 96 C1
Selargius I 82 B4
Selassía GR 97 D2
Selb D 63 E2
Selbekken N 111 D2
Selbu N 111 E2
Selby GB 11 E2
Selçuk TR 129 E4
Sélero GR 89 F1
Sélestat F 23 E3
Selfoss IS 106 A2
Séli GR 87 F2
Selía GR 100 C4
Selianítika GR 93 D4
Seligenstadt D 62 B3
Selínia GR 94 A4
Selinunte I 84 B3
Selje N 110 B3
Seljord N 116 C2
Selkirk GB 9 D3
Sella Nevea I 68 B4
Selles-sur-Cher F 25 E1
Sellières F 27 D1
Sellin D 51 F2
Selm D 55 E4
Selmsdorf D 50 C3
Selommes F 21 D4
Selongey F 22 C4
Selsey GB 14 B4
Selters D 62 B2
Seltz F 23 F2
Selva di Fasano I 81 E2
Selva di Val Gardena /
Wölkenstein
in Gröden I 67 F4
Selva del Camp (La) E 38 B4
Selvino I 71 E4
Seløy N 107 D3
Semič SLO 73 E3
Seminara I 83 E4
Semproniano I 76 B4
Semur-en-Auxois F .. 22 B4
Semur-
en-Brionnais F 26 B2
Sena E 38 A4
Sénas F 30 C2
Senden D 66 C1
Sendim P 35 E3
Senez F 31 E2
Senftenberg D 58 A4
Sénia (La) E 44 A1
Senigallia I 76 C3
Senise I 81 D4
Senj HR 73 E4
Senlis F 16 C4
Sennecey-le-Grand F 26 C2
Sennen GB 12 A4
Sennestadt D 55 F4
Sennori I 82 A1
Sennybridge GB 13 D1
Senonches F 21 D2
Senones F 23 D3
Senorbì I 82 B3
Senožeče SLO 73 D3
Sens F 21 F3
Senta YU 128 B1
Sentilj SLO 73 F1
Šentjernej SLO 73 E3
Šentjur SLO 73 E2
Šentvid
na Slemenu SLO 73 E2
Sépeaux F 21 F3
Šepetivka UA 127 D2
Sepino I 80 A2
Sepúlveda E 36 B4
Sequeros E 41 E1
Seraing B 17 F2
Seravezza I 75 F3
Seregno I 71 D4
Séres GR 88 C1
Serfaus A 67 D3
Serfopoúla (Nissí) GR 98 B2
Sergijev Posad RUS .. 125 F2
Seriate I 71 E4
Sérifos GR 98 B2
Sérifos (Nissí) GR 98 B2
Sermaize-les-Bains F 22 B2
Sermide I 76 A1
Sermoneta I 79 E2
Sernancelhe P 34 C4
Serón E 48 C3
Serón de Nágima E .. 37 D4
Serós E 38 A4
Serpa P 46 B1
Serpuchov RUS 125 F3
Serra E 44 A3
Serra S. Bruno I 83 E3
Serracapriola I 80 B1
Serrada E 36 A4
Serra de Outes E 32 A3
Serradifalco I 84 C3
Serradilla E 41 E2
Serramanna I 82 B4
Serravalle Scrivia I ... 75 D1
Serres F 31 D1
Serrières F 26 C4
Sersale I 83 F2
Sertã P 40 C2
Sérvia GR 87 F3
Servian F 30 A3
Serviglianio I 77 D4
Sesa E 38 A3
Seseña E 42 B2
Sesimbra P 40 A4
Sesklío (Nissí) GR 103 E1
Sesma E 37 D2
Sessa Aurunca I 79 F2
Sesta Godano I 75 E2
Sestino I 76 B3
Sesto / Sexten I 67 F4
Sesto Calende I 71 D4
Sesto Fiorentino I 76 A3
Sesto S. Giovanni I ... 71 D4
Sestola I 75 F2
Sestri Levante I 75 E2
Sestriere I 27 E4
Sestu I 82 B4
Séta GR 94 B3
Setcases E 39 D2
Sète F 30 B3
Setenil E 47 E3
Setermoen / Bardu N. 104 B3
Settebagni I 79 D1
Settimo Torinese I 74 C1
Settle GB 10 C2
Les Settons F 26 B1
Setúbal P 40 A4
Seu d'Urgell (La) /
Seo de Urgel E 38 C2
Seui I 82 B3
Seulo I 82 B3
Seurre F 26 C1
Sevastianá GR 87 F2
Sevenoaks GB 14 C3
Sévérac-le-Château F 30 A1
Sever do Vouga P 34 B4
Seveso I 71 D4
Sevettijärvi FIN 105 F2
Sevilla E 47 D2
Sevilleja de la Jara E . 42 A3
Sevlievo BG 129 D2
Sevnica SLO 73 E2
Sévrier F 27 D3
Sevsk RUS 125 F4
Seyches F 29 D1
Seyda D 57 F3
Seyðisfjörður IS 106 C1
Seyne F 31 E1
La Seyne-sur-Mer F .. 31 D3
Seyssel F 27 D3
Sežana SLO 73 D3

Sézanne F 22 A2
Sezze I 79 E2
Sfáka GR 101 F4
Sfakiá GR 100 B4
Sfaktiría (Nissí) GR 96 B3
Sferracavallo I 84 B2
Sfîntu Gheorghe RO 127 D4
Sforzacosta I 77 D3
Shaftesbury GB 13 E3
Shanklin GB 13 F3
Shap GB 10 C1
Sheerness GB 15 D3
Sheffield GB 11 D3
Shefford GB 14 B2
Shëngjin AL 128 B3
Shepshed GB 11 D4
Shepton Mallet GB 13 E2
Sherborne GB 13 E3
Shercock IRL 3 D3
Sheringham GB 15 D1
Shiel Bridge GB 6 C4
Shieldaig GB 6 B4
Shijak AL 128 B3
Shinás GR 88 A2
Shiniás GR 94 B4
Shínos GR 92 C3
Shinoússa (Nissí) GR 99 D3
Shipston-
on-Stour GB 13 F1
Shizá (Nissí) GR 96 B3
Shkodër AL 128 B3
Sholári GR 88 B2
Shoreham GB 14 B4
Shrewsbury GB 10 C4
Shrewton GB 13 F2
Siátista GR 87 E3
Šiauliai LT 124 B3
Sibari I 81 D4
Sibbhult S 123 E2
Sibbo/Sipoo FIN 121 D4
Šibenik HR 77 F2
Sibiu RO 126 C4
Sicignano
degli Alburni I 80 B3
Sick D 50 B4
Šid YU 128 A1
Sidári GR 86 B4
Sideby FIN 114 B2
Sidensjö S 112 C2
Siderno I 83 E4
Sidiró GR 91 E1
Sidirókastro GR 88 C1
Sidirónero GR 90 A1
Sidmouth GB 13 D3
Siebenlehn D 63 F1
Siedlce PL 126 B1
Siegburg D 61 F2
Siegen D 62 A1
Siegsdorf D 67 F2
Siena I 76 A3
Sieppijärvi FIN 108 C2
Sieradz PL 126 A2
Sierck-les-Bains F 23 D1
Sierentz F 23 E4
Sierninghofen A 68 B1
Sierpc PL 126 A1
Sierra de Fuentes E 41 E3
Sierra de Yeguas E 47 F3
Sierra Nevada E 48 B3
Sierre CH 27 F2
Sievi FIN 114 C2
Sievin as FIN 114 C2
Sífnos (Nissí) GR 98 B3
Sigean F 30 A4
Sigerfjord N 104 A4
Siggjarvåg N 116 A1
Sighetu
Marmaţiei RO 126 C3
Sighişoara RO 126 C4
Siglufjörður IS 106 B1
Sigmaringen D 66 B2
Signy-l'Abbaye F 17 E4
Sígri GR 95 E1
Sigtuna S 119 E2
Sigüenza E 36 C4
Sigulda LV 124 B2
Siikainen FIN 120 B2
Siikajoki FIN 114 C1
Siilinjärvi FIN 115 E3
Sikaminiá GR 95 F1
Sikí GR 93 F1
Sikiá GR 89 D3
Sikiá GR 97 E3
Síkinos GR 98 C3
Síkinos (Nissí) GR 98 C3
Sikióna GR 93 E4
Sikoráhi GR 91 D2
Sikoúrio GR 88 A4
Sikovuono FIN 105 E3
Sikås S 112 B2
Silandro /
Schlanders I 67 D4
Şile TR 129 F3
Siles E 48 C1
Siliqua I 82 B4
Silistra BG 129 E1
Silivri TR 129 E3
Siljan N 117 D2
Siljansnäs S 119 D1
Silkeborg DK 122 B2
Silla E 43 F3
Sillé-le-Guillaume F 19 F3
Silleda E 32 B3
Sillian A 67 F4
Silloth GB 9 D4
Sils E 39 D3
Siltakylä FIN 121 E3
Šilutė LT 124 A3
Silvalen N 107 D3
Silvaplana CH 66 C4
Silvares P 40 C1
Silves P 46 A2
Silvi Marina I 77 E4
Silz A 67 E3
Simancas E 36 A3
Símandra GR 88 B3
Simav TR 129 F4
Simaxis I 82 B3
Simbach D 67 F1
Simbach a. Inn D 68 A1
Sími GR 103 E1
Sími (Nissí) GR 103 E1
Simlångsdalen S 123 D2
Simmerath D 61 E2
Simmern
(Hunsrück) D 61 F3
Simo FIN 109 D3
Simola FIN 121 E3
Simonsbath GB 13 D2
Simonswald D 23 F3
Simópoulo GR 96 B1
Simrishamn S 123 E3
Sinaia RO 129 D1
Sinalunga I 76 B4
Sinarádes GR 86 B4
Sinarcas E 43 E3
Sindelfingen D 66 B1
Sındırgı TR 129 E4
Sindos GR 88 B2
Sines P 46 A1
Sinettä FIN 109 D2
Sineu E 45 E3
Singen
(Hohentwiel) D 66 B2
Siniscola I 78 A4
Sinj HR 128 A2
Sînnicolau Mare RO 128 B1
Sinopoli I 83 E4
Sinsheim D 62 B4
St.-Niklaas B 17 E1
St.-Truiden B 17 F2
St.-Oedenrode NL 17 F1
Sintra P 40 A3
Sinzig D 61 F2
Siófok H 126 A4
Sion CH 27 F2
Sippola FIN 121 E3
Sira N 116 B2
Siracusa I 85 E4
Siret RO 127 D3
Sirevåg N 116 A3
Sirkka FIN 109 D1
Sirma N 105 E2
Sirmione I 71 F4
Sirna (Nissí) GR 99 F4
Sirolo I 77 D3
Síros (Nissí) GR 98 C2
Siruela E 41 F4
Sisak HR 73 F3
Sisante E 43 D3
Sisges GR 100 C3
Sissa I 75 F1
Sissach CH 23 F4
Sissonne F 17 E4
Sisteron F 31 D2
Sistiana I 72 C3
Sistranda N 111 D1
Sitges E 38 C4
Sitía GR 101 F4
Sittard NL 61 D1
Sittensen D 50 B4
Sittingbourne GB 15 D3
Siuntio/Sjundeå FIN 120 C4
Siuro FIN 120 C2
Siurua FIN 109 E3
Siusi / Seis I 67 E4
Sıvaslı TR 129 F4
Siviri GR 88 C3
Sívota GR 92 A1
Sívros GR 92 A3
Six-Fours-
les-Plages F 31 D3
Siziano I 71 D4
Sizun F 18 B2
Sjoutnäset S 107 E4
Sjulsmark S 113 E1
Sjusjøen N 111 D4
Sjøholt N 110 B2
Sjøvegan /
Salangen N 104 B3
Sjøåsen N 111 E1
Sjöbo S 123 E3
Sjötorp S 118 C3
Skadovs'k UA 127 F4
Skafidiá GR 96 B1
Skaftafell IS 106 B2
Skagaströnd IS 106 A1
Skage N 107 D4
Skagen DK 122 C1
Skaill GB 7 E2
Skála GR 92 B4
Skála GR 97 D3
Skála GR 95 F2
Skála GR 99 F2
Skála GR 93 F3
Skála Eressoú GR 95 E2
Skála Kaliráhis GR 89 E2
Skála Oropoú GR 94 A4
Skála Potamiás GR 89 E2
Skála Rahoníou GR 89 E2
Skála Volissoú GR 95 E3
Skaland / Berg N 104 A3
Skalavik
(Færøerne) DK 106 A4
Skalohóri GR 87 E3
Skalohóri GR 95 F1
Skalotí GR 90 A1
Skamnéli GR 87 D4
Skandáli GR 89 F4
Skanderborg DK 122 B2
Skandzoúra
(Nissí) GR 94 B2
Skanör-Falsterbo S 122 D3
Skara S 118 C3
Skaramangás GR 94 A4
Skarberget N 104 A4
Skárfia GR 93 E2
Skarnes N 117 E1
Skarplinge S 119 E1
Skarsvåg N 105 E1
Skarżysko-
Kamienna PL 126 A2
Skattungbyn S 112 B4
Skatval N 111 E1
Skaulo S 108 B1
Skaun N 111 D2
Skee S 118 A3
Skegness GB 11 F3
Skei N 110 B3
Skei (Sogn
og Fjordane) N 111 D2
Skelleftehamn S 108 B4
Skellefteå S 108 B4
Skelmersdale GB 10 C2
Skepastó GR 88 C2
Skerries /
Na Sceirí IRL 3 E4
Ski N 117 D2
Skíathos GR 94 A2
Skíathos (Nissí) GR 94 A1
Skibbereen /
An Sciobairín IRL 4 B4
Skibby DK 122 C3
Skibotn N 104 C3
Skídra GR 87 F2
Skien N 116 C2
Skierniewice PL 126 A1
Skillingaryd S 118 C4
Skiniás GR 101 D4
Skinnarbu N 116 C1
Skinnskatteberg S 119 D2
Skipagurra N 105 F2
Skipton GB 11 D2
Skíros GR 94 C2
Skíros (Nissí) GR 94 C2
Skíti GR 88 B4
Skive DK 122 B2
Skjeberg N 117 D2
Skjelvik N 107 E2
Skjern DK 122 A2
Skjersholmane N 116 A1
Skjerstad N 107 E2
Skjervøy N 104 C2
Skjønhaug N 117 D2
Sklavopoúla GR 100 A3
Sklíthro GR 88 B4
Skloŭ BY 125 D4
Skodje N 110 B2
Škofja Loka SLO 73 D2
Škofljica SLO 73 E3
Skog S 112 C2
Skog S 112 C4
Skogar IS 106 B2
Skoghall S 118 C2
Skogstorp S 119 D2
Skokloster S 119 E2
Skollenborg N 117 D2
Skópelos GR 94 A2
Skópelos GR 95 F2
Skópelos (Nissí) GR 94 A1
Skopiá GR 93 E2
Skopje MK 128 B3
Skopós GR 87 E1
Skopun
(Færøerne) DK 106 A3
Skorovatn N 107 D4
Skorped S 112 C2
Skotina GR 88 A4
Skotterud N 117 E1
Skoulikariá GR 92 C1
Skoúra GR 97 D3
Skoúrta GR 94 A4
Skoútari GR 88 C1
Skoútari GR 97 D3
Skoutáros GR 95 F1
Skrá GR 88 A1
Skreia N 117 D1
Skrolsvik N 104 A3
Skrydstrup DK 122 B3
Skudeneshavn N 116 A2
Skull / Schull IRL 4 B4
Skultuna S 119 D2
Skuodas LT 124 A3
Skurup S 123 D3
Skutskär S 119 E1
Skutvik N 107 E1
Skvyra UA 127 E2
Skælskør DK 122 C3
Skærbæk DK 122 A2
Skåbu N 111 D3
Skålevik N 116 B3
Skånevik N 116 A1
Skåningsbukt N 104 C2
Skåre S 118 C2
Skänninge S 119 D3
Skärhamn S 118 A4
Skärvången S 112 A1
Skövde S 118 C3
Slagelse DK 122 C3
Slagnäs S 108 A3
Slănčev Brjag BG 129 E2
Slancy RUS 125 C1
Slane IRL 3 D4
Slangerup DK 123 D3
Slatina RO 128 C1
Slaŭharad BY 121 E4
Slavkov u Brna CZ 65 E3
Slavonski Brod HR 128 A1
Slavuta UA 127 D2
Sleaford GB 11 E3
Sliedrecht NL 54 B4
Sliema M 85 F4
Sligachan (Loch) GB 6 B4
Sligo / Sligeach IRL 2 B2
Slite S 119 F4
Sliven BG 129 D2
Slobozia RO 129 E1
Slonim BY 124 C4
Sloten NL 54 C2
Slough GB 14 B3
Slovenj Gradec SLO 73 E2
Slovenska
Bistrica SLO 73 F2
Slovenske
Konjice SLO 73 E2
Sluck BY 125 D4
Sluderno /
Schluderns I 67 D4
Sluis NL 15 F3
Slunj HR 73 F4
Słupsk PL 52 C1
Sławno PL 52 C1
Smaljavičy BY 125 D4
Smarhon' BY 124 C4
Šmarjeske
Toplice SLO 73 E3
Šmartin SLO 73 E2
Smedby S 123 F2
Smederevo YU 128 B1
Smedjebacken S 119 D1
Smigáda GR 91 D1
Smila UA 127 F2
Smilde NL 55 D2
Smiltene LV 124 C2
Smolensk RUS 125 E3
Smoljan BG 129 D3
Smygehamn S 123 D3
Smørhamn N 110 A3
Smålands-stenar S 123 D1
Snaith GB 11 E2
Sneek NL 54 C2
Sneem IRL 4 A3
Snihurivka UA 127 F3
Snillfjord N 111 D2
Snåsa N 111 F1
Soave I 72 A4
Sobrado
dos Monxes E 32 B3
Sobral da Adiça P 46 C1
Sobral de
Monte Agraço P 40 A3
Sobreira Formosa P 40 C2
Soča SLO 72 C2
Soccia F 78 A3
Sochaczew PL 126 A1
Sochaux F 23 D4
Socovos E 49 D1
Socuéllamos E 42 C3
Sodankylä FIN 109 D1
Sodražica SLO 73 E3
Sodupe E 36 C1
Sögel D 55 E2
Söll A 67 F2
Sömmerda D 63 D1
Soest NL 54 C3
Soest D 55 F4
Soestdijk NL 54 C3
Sofádes GR 93 D1
Sofia BG 128 C2
Sofiero S 123 D2
Sofikó GR 97 E1
Sofó GR 93 E1
Sogliano
al Rubicone I 76 B2
Soglio CH 71 E3
Soham GB 14 C2
Sohós GR 88 C2
Soignies B 17 E2
Soini FIN 114 C3
Soinlahti FIN 115 D2
Soissons F 17 D4
Söke TR 129 E4
Sokna N 117 D1
Soko Banja YU 128 B2
Sokołów Podlaski PL 126 B1
Sola N 116 A2
Solana (La) E 42 C4
Solana
de los Barros E 41 D4
Solana del Pino E 48 A1
Solares E 36 B1
Solberg S 112 C1
Solčava SLO 73 E2
Sol'cy RUS 125 D1
Solda / Sulden I 67 D4
Sölden A 67 E3
Solenzara F 78 B4
Solesmes F 17 D3
Solesmes F 19 F4
Solevåg N 110 B2
Solf FIN 114 B3
Solferino I 71 F4
Solholmen N 110 C2
Solignac F 25 E3
Solignac-sur-Loire F 26 B4
Solihull GB 11 D4
Solingen D 61 F1
Sollana E 44 A3
Sollefteå S 112 C2
Sollenau A 69 D1
Sollentuna S 119 E2
Sóller E 45 E3
Sollerön S 118 C1
Solliès-Pont F 31 E3
Solnečnogorsk RUS 125 F2
Solofra I 80 B3
Solosancho E 42 A1
Solothurn CH 27 F1
Solre-le-Château F 17 E3
Solrød DK 123 D3
Solsona E 38 C3
Šolta HR 128 A2
Soltau D 50 B4
Solvorn N 110 B4
Soma TR 129 E4
Sombernon F 26 C1
Sombor YU 128 A1
Someren NL 17 F1
Somero FIN 120 C3
Sommarøy N 104 B2
Sommatino I 84 C3
Sommesous F 22 A2
Sommières F 30 B2
Somolinos E 36 C4
Soncillo E 36 B1
Soncino I 71 E4
Sondershausen D 57 D4
Sondrio I 71 E3
Songeons F 16 B4
Sonkajärvi FIN 115 E2
Sonneberg D 63 D2
Sonnewalde D 58 A3
Sonogno CH 71 D3
Sonsbeck D 55 D4
Sonseca E 42 B3
Son Servera E 45 E3
Sonthofen D 67 D3
Sontra D 62 C1
Sopeira E 38 B3
Sopot PL 124 A4
Sopron H 69 E1
Sora I 79 F2
Soragna I 75 E1
Sorbas E 49 D3
Sore F 28 B1
Soresina I 71 E4
Sorga D 62 C1
Sorgono I 82 B3
Sorgues F 30 C2
Soria E 37 D3
Soriano nel Cimino I 79 D1
Soroca MOL 127 D3
Soroní GR 103 F2
Sorrento I 80 A3
Sorsakoski FIN 115 E4
Sorsele S 107 F4
Sorso I 82 A1
Sort E 38 B2
Sortino I 85 E4
Sortland N 104 A3
Sorunda S 119 E3
Sorø DK 122 C3
Sos
del Rey Católico E 28 B4
Soses E 38 A4
Sosnovyj Bor RUS 124 C1
Sosnowiec PL 126 A2
Sospel F 31 F2
Šoštanj SLO 73 E2
Sóstis GR 89 F1
Šostka UA 127 F1
Sotaseter N 110 C3
Sotillo de la Adrada E 42 A1
Sotíra GR 87 F2
Sotkamo FIN 115 E2
Soto del Barco E 33 E2
Soto de los Infantes E 33 D2
Soto de Luiña E 33 D2
Soto de Sajambre E 33 F3
Sotogrande E 47 E4
Sotopalacios E 36 B2
Sotrondio E 33 E3
Sottomarina I 72 B4
Sottrum D 50 B4
Sottunga FIN 120 A4
Sotuélamos E 43 D4
Soúda GR 100 B3
Souesmes F 21 E4
Soufflenheim F 23 F2
Souflí GR 91 E2
Soúgia GR 100 A3
Sougné-
Remouchamps B 17 F2
Souillac F 25 E4
Souilly F 22 C2
Soulac-sur-Mer F 24 B3
Soulaines-Dhuys F 22 B3
Soulinári GR 96 B3
Soulópoulo GR 86 C4
Soultz-Haut-Rhin F 23 E3
Soultz-sous-Forêts F 23 E2
Soúnio GR 98 A1
Souppes-sur-Loing F 21 F3
Sourdeval F 19 F2
Soure P 40 B1
Sournia F 29 F4
Sourotí GR 88 B2
Soúrpi GR 93 F2
Sousceyrac F 29 F1
Sousel P 40 C3
Soustons F 28 B2
Soutelo E 32 B3
La Souterraine F 25 E2
South Molton GB 13 D2
South
Queensferry GB 9 D2
South Shields GB 9 F4
Southam GB 13 F1
Southampton GB 13 F3
Southborough GB 14 C4
Southend GB 3 E1
Southend-on-Sea GB 14 C3
Southport GB 10 C2
Southsea GB 13 F3
Southwell GB 11 E3
Southwold GB 15 E2
Souvála GR 97 F1
Souvigny F 26 A2
Sovata RO 126 C4
Soverato I 83 E3
Soveria Mannelli I 83 E2
Sozopol BG 129 E2
Sp. Brnik SLO 73 D2
Spa B 61 D2
Spaichingen D 66 B2
Spakenburg NL 54 C3
Spalding GB 11 F4
Spandau D 57 F2
Spangenberg D 62 B1
Sparlösa S 118 B3
Spárta GR 93 F4
Spárti GR 97 D2
Spárto GR 92 B2
Spas-Demensk RUS 125 F3
Spáta GR 94 B4
Spatharéi GR 99 F1
Spean Bridge GB 8 C1
Spello I 76 C4

Spennymoor GB 11 D1
Sperhiáda GR 93 D2
Sperlonga I 79 F2
Spétses GR 97 E2
Spétses (Nissí) GR 97 E2
Spetsopoúla (Nissí) GR 97 E2
Speyer D 23 F1
Spezzano Albanese I. 81 D4
Spezzano della Sila I. 83 E2
Spiddal / An Spidéal IRL 2 A4
Spiekeroog D 55 E1
Spielfeld A 69 D3
Spiez CH 27 F1
Spijkenisse NL 54 B4
Spíli GR 100 C4
Spiliá GR 88 A4
Spilimbergo I 72 C3
Spilsby GB 11 F3
Spinazzola I 80 C2
Spincourt F 22 C1
Spišská Nová Ves SK 126 B3
Spital am Pyhrn A 68 B2
Spittal an der Drau A 68 B3
Spitz A 68 C1
Spjelkavik N 110 B2
Split HR 128 A2
Splügen CH 66 C4
Spodsbjerg DK 122 C4
Špola UA 127 F2
Spoleto I 76 C4
Sportnitz D 51 D4
Spotorno I 75 D2
Spremberg D 58 A4
Spresiano I 72 B3
Springe D 56 B3
Squillace I 83 E3
Squinzano I 81 F3
Srbobran YU 128 A1
Središče SLO 73 F2
Sremska Mitrovica YU 128 A1
Stade D 50 B3
Stádio GR 97 D1
Stadskanaal NL 55 D2
Stadthagen D 56 B3
Stadtilm D 63 D1
Stadtkyll D 61 E2
Stadtlohn D 55 D4
Stadtoldendorf D 56 B4
Stadtroda D 63 E1
Stadtsteinach D 63 E2
Stadt Wehlen D 64 A1
Staffanstorp S 123 D3
Staffelstein D 63 D2
Staffin GB 6 B3
Stafford GB 11 D4
Stágira GR 88 C2
Stahle D 56 B4
Stahovica SLO 73 E2
Staines GB 14 B3
Stainz A 69 D3
Štalcerji SLO 73 E3
Stalída GR 101 E3
Stall A 68 A3
Stalowa Wola PL 126 B2
Stamford GB 11 E4
Stamnes N 110 B4
Stams A 67 E3
Stamsund N 107 E1
Stange N 117 E1
Štanjel SLO 73 D3
Stanley GB 9 E4
Stános GR 92 B2
Stanós GR 88 C2
Stans CH 66 B4
Stansstad CH 66 B4
Stansted Mountfitched GB 14 C2
Stara Zagora BG 129 D2
Starachowice PL 126 B2
Staraja Russa RUS 125 D1
Stargard Szczeciński PL 52 B3
Stari Log SLO 73 E3
Starica RUS 125 F2
Starigrad Paklenica HR 77 F1
Starnberg D 67 E2
Starodub RUS 125 E4
Starogard Gdański PL 124 A4
Starokostjantyniv UA 127 D2
Starý Smokovec SK 126 A3
Staßfurt D 57 D3
Stathm. Angístis GR 89 D1
Statland N 106 C4
Stavanger N 116 A2
Staveley GB 11 D3
Stavelot B 61 E2
Stavenhagen Reuterstadt D 51 E3
Stavenisse NL 17 E1
Stavern N 117 D2
Stavoren NL 54 C2
Stavrodrómi GR 92 C4
Stavrohóri GR 101 F4
Stavrós GR 88 A2
Stavrós GR 94 A3
Stavrós GR 92 A3
Stavrós GR 100 B3
Stavrós GR 88 C2
Stavrós GR 93 D1
Stavroúpoli GR 89 E1
Stavsjo N 111 D4
Steckborn CH 66 B3
Steeg A 67 D3
Steenbergen NL 17 E1
Steenvoorde F 15 E4
Steenwijk NL 55 D2
Stefáni GR 94 A4
Stefáni GR 92 B1
Stefaniná GR 88 C2
Stefanovíkio GR 93 E1
Stege DK 123 D4
Stegersbach A 69 E2
Steibis D 66 C3
Steigen N 107 E1
Stein A 65 D4
Stein N 111 D4
Stein am Rhein CH 66 B3
Stein D 63 D3
Steinach D 63 D2
Steinach A 67 E3
Steinau a. d. Straße D 62 B2
Steinbach-Hallenberg D 63 D1
Steine N 110 A4
Steinfeld A 68 A4
Steinfeld (Oldenburg) D 55 F3
Steinfurt D 55 E3
Steingaden D 67 D2
Steinhausen D 66 C2
Steinheim D 56 B4
Steinheim D 67 D2
Steinheim a. Albuch D 66 C1
Steinkjer N 111 E1
Steinshamn N 110 B2

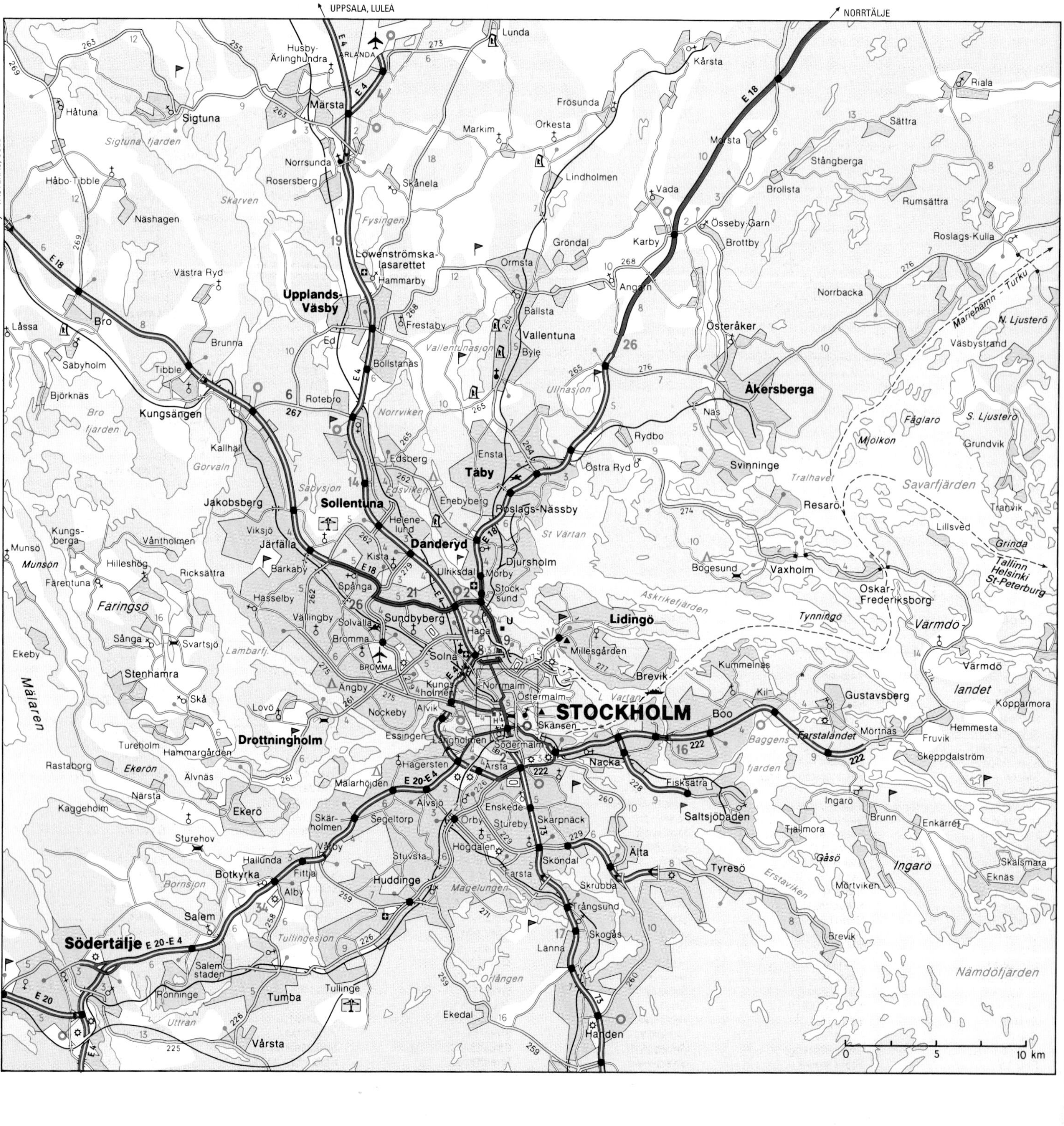

UPPSALA, LULEÅ
NORRTÄLJE
VÄSTERÅS, OSLO
ÖREBRO, GÖTEBORG
STOCKHOLM
Märsta
Sigtuna
Upplands-Väsby
Vallentuna
Åkersberga
Täby
Sollentuna
Danderyd
Järfälla
Kungsängen
Bro
Lidingö
Sundbyberg
Solna
Bromma
Drottningholm
Nacka
Boo
Vaxholm
Huddinge
Tyresö
Saltsjöbaden
Södertälje
Botkyrka
Handen
Ekerö
Mälaren
Värmdö
Gustavsberg
Ingarö
Mariehamn - Turku
Tallinn
Helsinki
St-Peterburg
0 5 10 km

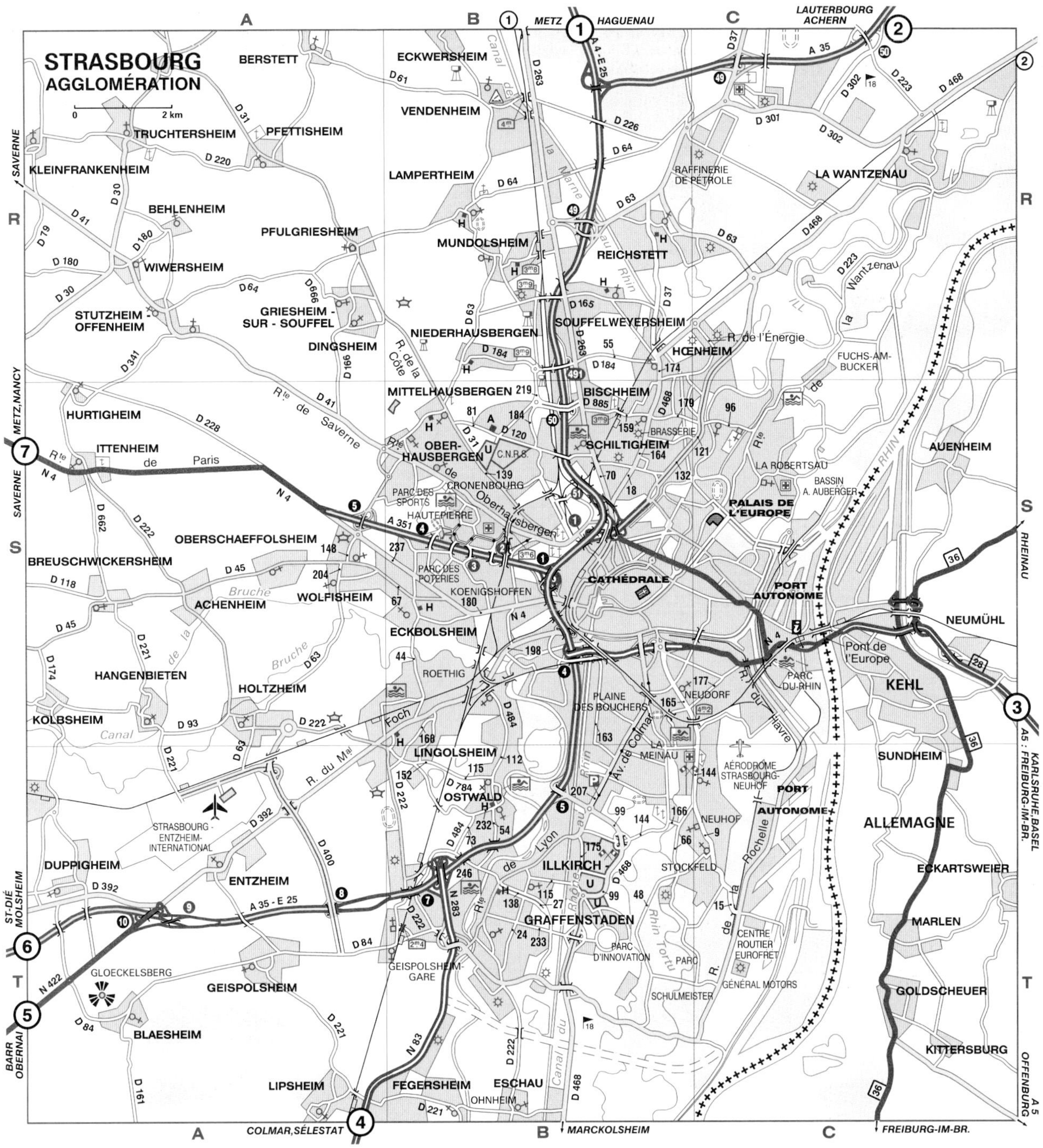

STRASBOURG
AGGLOMÉRATION

0   2 km

BERSTETT
ECKWERSHEIM
METZ HAGUENAU
LAUTERBOURG
ACHERN

KLEINFRANKENHEIM
TRUCHTERSHEIM
PFETTISHEIM
VENDENHEIM
LA WANTZENAU

BEHLENHEIM
LAMPERTHEIM
RAFFINERIE
DE PÉTROLE

WIWERSHEIM
PFULGRIESHEIM
MUNDOLSHEIM
REICHSTETT

STUTZHEIM
OFFENHEIM
GRIESHEIM -
SUR - SOUFFEL
NIEDERHAUSBERGEN
SOUFFELWEYERSHEIM
HŒNHEIM
FUCHS-AM-
BUCKER

DINGSHEIM
MITTELHAUSBERGEN
BISCHHEIM
R. de l'Énergie

HURTIGHEIM
SCHILTIGHEIM
BRASSERIE
AUENHEIM

ITTENHEIM
OBER-
HAUSBERGEN
C.N.R.S.
LA ROBERTSAU

OBERSCHAEFFOLSHEIM
CRONENBOURG
HAUTEPIERRE
PALAIS DE
L'EUROPE
BASSIN
A. AUBERGER

BREUSCHWICKERSHEIM
PARC DES
SPORTS
Oberhausbergen
PARC DES
POTERIES
KOENIGSHOFFEN
CATHÉDRALE
PORT
AUTONOME
NEUMÜHL

ACHENHEIM
WOLFISHEIM
ECKBOLSHEIM
ROETHIG
PLAINE
DES BOUCHERS
PARC
DU RHIN
KEHL

HANGENBIETEN
HOLTZHEIM
NEUDORF
Pont de
l'Europe

KOLBSHEIM
LINGOLSHEIM
LA MEINAU
SUNDHEIM

STRASBOURG -
ENTZHEIM -
INTERNATIONAL
OSTWALD
AÉRODROME
STRASBOURG-
NEUHOF
PORT
AUTONOME
ALLÉMAGNE

DUPPIGHEIM
ENTZHEIM
NEUHOF
ECKARTSWEIER

ILLKIRCH
STOCKFELD
MARLEN

GLOECKELSBERG
GEISPOLSHEIM-
GARE
GRAFFENSTADEN
PARC
D'INNOVATION
CENTRE
ROUTIER
EUROFRET
GÉNÉRAL MOTORS
GOLDSCHEUER

GEISPOLSHEIM
SCHULMEISTER
KITTERSBURG

BLAESHEIM
LIPSHEIM
FEGERSHEIM
ESCHAU
OHNHEIM
COLMAR, SÉLESTAT
MARCKOLSHEIM
FREIBURG-IM-BR.

Steinsland N	116	A1	Stirling GB	8	C2	Storebro S	119	D4	Strakonice CZ	65	A3	Street GB	13	E2	Stühlingen D	23	F4

Steinsland N 116 A1
Stekene B. 17 E1
Stenay F. 17 F4
Stendal D. 57 E2
Steni GR 94 A3
Stenlille DK 122 C3
Stenløse DK 123 D3
Stenness GB. 7 E2
Stenó GR. 97 D1
Sténoma GR. 92 C2
Stenudden S 107 F2
Stenungsund S 118 B4
Sterkrade D 55 D4
Stérna GR. 97 D1
Stérna GR. 89 E1
Stérna GR. 91 E1
Sternberg D. 51 D3
Stérnes GR 100 A3
Sterup D. 50 B2
Stevenage GB 14 C2
Stewarton GB 8 C3
Steyr A. 68 B1
Steyrermühl A 68 B1
Stia I. 76 B3
Stigliano I. 80 C3
Stigtomta S 119 E3
Stilida GR. 93 E2
Stilo I. 83 E3
Stintino I 82 A1
Štip MK 128 C3
Stípsi GR. 95 F1
Stíra GR. 94 B4

Stirling GB. 8 C2
Stjørdal N 111 E2
Stjärnhov S 119 E3
Stjärnsund S 119 D3
Stockach D 66 B2
Stockbridge GB 13 F2
Stockelsdorf D 50 C3
Stockerau A 65 D4
Stockholm S 119 E2
Stockport GB 11 D3
Stocksbridge GB 11 D3
Stockton-on-Tees GB. 11 D1
Stoke-on-Trent GB ... 10 C3
Stokke N 117 D2
Stokmarknes N 104 A3
Stolberg D. 57 D4
Stolberg D. 61 E2
Stolin BY 127 D1
Stollberg D. 63 F1
Stolpen D. 58 A4
Stolzenau D 56 B3
Stómio GR. 88 A4
Stone GB. 11 D4
Stonehaven GB 9 E1
Stonglandet N 104 A3
Stora Blåsjön S 107 E4
Stora Skedvi S 119 D1
Stora Sundby S 119 D2
Storby FIN 120 A4
Stordal N 110 C2
Store Heddinge DK . 123 D3
Store Molvik N 105 F1

Storebro S 119 D4
Storebø N 116 A1
Storfors S 118 C2
Storforshei N 107 E2
Storkow D 58 A3
Stormi FIN 120 C3
Stornoway GB 6 B2
Storo I 71 F3
Storožynec' UA 127 D3
Storsjö S. 112 A2
Storslett /
   Nordreisa N 104 C2
Storsteinen N 104 C2
Storsteinnes N. 104 B3
Storuman S 107 F4
Storvik N 104 C2
Storvik S. 119 E1
Storå S. 119 D2
Stotel D. 50 A4
Stoúbcy BY 124 C4
Stoúpa GR. 96 C2
Stourbridge GB 10 C4
Stournaréika GR 92 C1
Stourport-
   on Severn GB. 10 C4
Stow-on-the-Wold GB 13 F1
Stowmarket GB 15 D2
Strà I. 72 B4
Strabane GB. 2 C2
Stradella I. 75 D2
Stradsett GB. 11 F4
Straelen D 61 E1

Strakonice CZ 65 A3
Stralsund D 51 E2
Stranda N 110 B3
Strandebarm N 116 A1
Strandhill IRL 2 B2
Strangford GB. 3 E3
Stranice SLO. 73 E2
Stranorlar IRL 2 C1
Stranraer GB. 3 F2
Strasbourg F. 23 E2
Strasburg D 51 F3
Straßburg A. 68 B3
Straßwalchen A 68 A2
Stratford-
   upon-Avon GB. 13 F1
Strathaven GB 8 C3
Stratóni GR. 88 C2
Stratoníki GR. 88 C2
Strátos GR. 92 C3
Stratton GB. 12 C3
Straubing D. 63 F4
Straumen N 107 F1
Straumen ((Nord
   Trøndelag)) N. 111 E1
Straumen
   (Nordland) N 107 E2
Straumsjøen N 104 A3
Straumsnes N 107 E2
Straupitz D 58 A3
Strausberg D. 58 A2
Straußfurt D. 63 D1
Streatley GB. 13 F2

Street GB 13 E2
Strehaia RO. 128 C1
Strehla D 57 F4
Streitberg D. 63 D3
Strengberg A 68 C1
Stresa I 70 C4
Strimonikó GR 88 C1
Strobl A. 68 A2
Strofádes (Nissiá) GR 96 A2
Strofiliá GR 94 A3
Strokestown IRL 2 C3
Stromberg D 62 A3
Stromeferry GB. 6 B4
Stromness GB. 7 E2
Strongoli I. 83 F2
Strontian GB 8 B1
Stroud GB 13 E1
Stroviés GR. 100 A3
Struer DK 122 A2
Struga MK 128 B3
Struge SLO 73 E3
Strumica MK 128 C3
Stryj UA 126 C2
Stryn N 110 B3
Strzelce Krajeńskie PL 52 B4
Strängnäs S 119 E2
Strömfors FIN 121 E3
Strömsbruk S. 112 C4
Strömsnasbruk S. .. 123 E2
Strömstad S. 118 A3
Strömsund S 112 B1
Stubbekøbing DK ... 122 C4

Stühlingen D 23 F4
Stugun S 112 B2
Stuhr D 50 A4
Stupino RUS 125 F2
Sturehov S 119 E2
Sturminster
   Newton GB. 13 E3
Sturup S 123 D3
Stuttgart D 66 B1
Stykkishólmur IS ... 106 A1
Støren N 111 D2
Støvring DK 122 B1
Stårheim N 110 B3
Stöde S 112 C3
Stöllet S 118 C1
Suances E 33 F2
Subbiano I 76 B3
Subiaco I 79 E1
Subijana E. 36 C2
Subotica YU 128 A1
Suceava RO 127 D3
Suceviţa RO 127 D3
Suchiniči RUS 125 F1
Sucina E 49 E2
Sudbury GB 11 D4
Sudbury GB 15 D3
Suddesjaur S 108 A3
Sudža RUS 127 F1
Sueca E 44 A4
Süchteln D 61 E1
Süderbrarup D. 50 B2
Sueros de Cepeda E. 33 E4

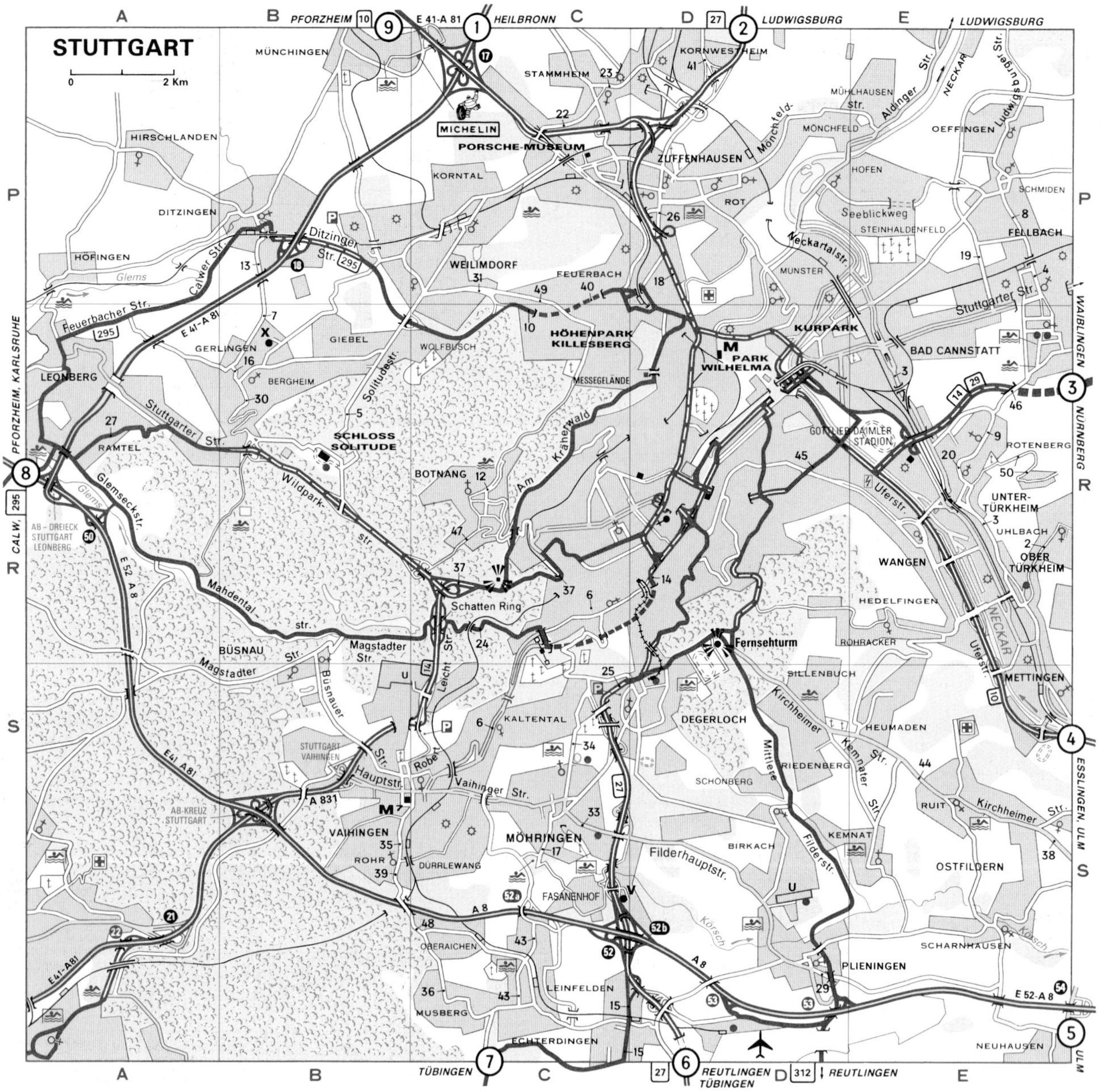
STUTTGART
0 2 Km
PFORZHEIM
HEILBRONN
LUDWIGSBURG
KARLSRUHE
WAIBLINGEN
NÜRNBERG
ESSLINGEN, ULM
ULM
CALW
TÜBINGEN
REUTLINGEN
MÜNCHINGEN
STAMMHEIM
KORNWESTHEIM
MICHELIN
PORSCHE-MUSEUM
ZUFFENHAUSEN
HIRSCHLANDEN
DITZINGEN
HÖFINGEN
LEONBERG
GERLINGEN
WEILIMDORF
FEUERBACH
HÖHENPARK KILLESBERG
PARK WILHELMA
KURPARK
BAD CANNSTATT
SCHLOSS SOLITUDE
BOTNANG
GOTTLIEB-DAIMLER STADION
UNTERTÜRKHEIM
OBERTÜRKHEIM
WANGEN
HEDELFINGEN
Fernsehturm
SILLENBUCH
DEGERLOCH
KALTENTAL
VAIHINGEN
MÖHRINGEN
HEUMADEN
RIEDENBERG
SCHÖNBERG
BIRKACH
OSTFILDERN
PLIENINGEN
LEINFELDEN
ECHTERDINGEN
MUSBERG
OBERAICHEN
FASANENHOF
DÜRRLEWANG
BÜSNAU
RAMTEL
FELLBACH
METTINGEN
NEUHAUSEN

Süßen D 66 C1
Suhl D 63 D2
Suinula FIN 120 C2
Suippes F 22 B2
Sukeva FIN 115 E2
Sulina RO 127 E4
Sulingen D 55 F2
Sulitjelma N 107 F2
Sulkava FIN 121 E2
Sully-sur-Loire F 21 E4
Sulmona I 79 F1
Sultanhisar TR 129 F4
Sulz a. Neckar D 23 F3
Sulzbach (Saar) D 23 D1
Sulzbach a. d. Murr D 62 C4
Sulzbach-Rosenberg D 63 E3
Sulzemoos D 67 E1
Sumba (Færøerne) DK 106 A4
Sumburgh GB 7 F3
Sümeg H 69 F2
Šumen BG 129 E2
Sumiainen FIN 115 D3
Sumiswald CH 27 F1
Sumy UA 127 F1
Sund FIN 120 A4
Sunde N 116 A1
Sunde (Sør-Trøndelag) N 111 D1
Sunderland GB 9 F4
Sundern (Sauerland) D 62 A1
Sundom FIN 114 B3
Sundsvall S 112 C3
Suni I 82 A2
Sunnansjö S 119 D1
Sunndalsøra N 110 C2
Sunne S 112 B2
Sunne S 118 C2
Sunnemo S 118 C2
Suodenniemi FIN 120 B2
Suolahti FIN 115 D4
Suolijoki FIN 109 D3
Suomenlinna FIN 121 D4
Suomenniemi FIN 121 E2
Suomusjärvi FIN 120 C4
Suomussalmi FIN 115 E1
Suonenjoki FIN 115 E3
Suopelto FIN 121 D2
Suopelto FIN 115 D3
Super-Besse F 26 A3
Super Molina E 38 C3
Supino I 79 E2
Surahammar S 119 D2
Suraž RUS 125 E4
Surbo I 81 F3
Surdulica YU 128 C2
Surenenpass CH 66 B4
Surgères F 24 B2
Súria E 38 C3
Surnadalsøra N 111 D2
Sursee CH 66 A3
Survilliers F 21 E2
Susa I 27 F4
Susch CH 67 D4
Susurluk TR 129 E3
Sutri I 79 D1
Sutterton GB 11 F4
Sutton Coldfield GB 11 D4
Sutton-in-Ashfield GB 11 D3
Suvereto I 75 F4
Suwałki PL 124 B4
La Suze-sur-Sarthe F 20 C4
Suzzara I 75 F1
Svaljava UA 126 B3
Svalöv S 123 D3
Svaneke DK 123 E4
Svanstein S 108 C2
Svanvik N 105 F2
Svappavaara S 108 B1
Svarstad N 117 D2
Svarta S 118 C2
Svartevatn N 116 B2
Svedala S 123 D3
Sveg S 112 A3
Svelgen N 110 B3
Svelvik N 117 D2
Svendborg DK 122 B3
Svenljunga S 118 B4
Svensby N 104 B2
Svenstavik S 112 B2
Svetlahorsk BY 125 D4
Svetlogorsk RUS 124 A4
Svetozarevo YU 128 B2
Svidník SK 126 B3
Svilengrad BG 129 D2
Svingvoll N 111 D4
Svinoy (Færøerne) DK 106 A3
Svištov BG 129 D2
Svitavy CZ 65 D2
Svitlovods'k UA 127 F2
Šmarje SLO 73 F2
Svolvær N 104 A4
Svorkmo N 111 D2
Svoronáta GR 92 A4
Svorónos GR 88 A3
Svärdsjö S 119 D1
Swadlincote GB 11 D4
Swaffham GB 11 F4
Swalmen NL 61 E1
Swanage GB 13 E3
Swanley GB 14 C3
Swanlinbar IRL 2 C3
Swansea/Abertawe GB 12 C1
Świdnica PL 59 D4
Swindon GB 13 F2
Swinford / Béal Atha na Muice IRL 2 B3
Świnoujście PL 52 A2
Swords / Sord IRL 3 D4
Syčovka RUS 125 E2
Syke D 55 F2
Sykkylven N 110 B2
Sykäräinen FIN 114 C2
Sylling N 117 D1
Sylt-Ost D 50 A1
Syltefjord N 105 F1
Synod Inn GB 12 C1
Syre GB 7 D2
Sysmä FIN 121 D2
Sysslebäck S 118 B1
Syvde N 110 B3
Syvdsnes N 110 B3
Syväjärvi FIN 109 D1
Syyspohja FIN 121 F2
Syötekylä FIN 109 E3
Szarvas H 126 B4
Szczecin PL 52 A3
Szczecinek PL 52 C2
Szczytno PL 124 A4
Szécsény H 126 A3
Szeged H 126 B4
Székesfehérvár H 126 A4
Szekszárd H 126 A4
Szentendre H 126 A4
Szentes H 126 B4
Szigetvár H 128 A1
Szolnok H 126 B4
Szombathely H 69 E2
Sæby DK 122 C1
Sæbø N 110 B3
Sælvig DK 122 C3
Sævråsvåg N 110 A4
Søby DK 122 B4
Søgne N 116 B3
Søllested DK 122 C4
Søndeled N 117 C3
Sønder Felding DK 122 A2
Sønderborg DK 122 B4
Sønderby DK 122 B4
Søndersø DK 122 B3
Sør-Flatanger N 106 C4
Sørarnøy N 107 E2
Sørgutvik N 107 D4
Sørkjosen N 104 C2
Sørreisa N 104 B3
Sørrollnes N 104 A3
Sørvagur (Færøerne) DK 106 A3
Sørvik N 104 A3
Sørvær N 104 C1
Sørværøy N 107 D1
Sørvågen N 107 D1
Søvik N 110 B2
Środa Wielkopolska PL 59 D2
Šumperk CZ 65 E2
Świebodzin PL 58 B2
Świecie PL 126 A1
Säffle S 118 B2
Säkylä FIN 120 B3
Sälen S 112 A4
Sälinkää FIN 121 D3
Särkisalmi FIN 121 F2
Särkisalo FIN 120 C4
Särna S 112 A4
Säräisniemi FIN 115 D1
Särö S 118 B4
Säter S 119 D1
Sävar S 113 E1
Sävja S 119 E2
Sävsjö S 123 E1
Säyneinen FIN 115 E3
Säynätsalo FIN 121 D2
Sääksjärvi FIN 114 C3
Söderbärke S 119 D1
Söderfors S 119 E1
Söderhamn S 112 C4
Söderköping S 119 D3
Södertälje S 119 E2
Söderåkra S 123 F2
Sölvesborg S 123 E3
Sörfors S 113 D1
Sörvattnet S 112 D4
Söråker S 112 C3
Sövdeborg S 123 E3

T

Tábara E 35 E3
Taberg S 118 C4
Tabernas E 48 C3
Taboada E 32 B3
Tábor CZ 64 B3
Tábua P 40 C1
Tabuaço P 34 C4
Tabuenca E 37 E3
Tadcaster GB 11 D2
Tafalla E 28 A4
Tafjord N 110 C2
Taggia I 74 C3
Tagliacozzo I 79 E1
Taglio di Po I 76 B1
Tahal E 48 C3
Tahkvuori FIN 115 E3
Tailfingen D 66 B2
Tain GB 7 D3
Tain-l'Hermitage F 26 C4
Taipadas P 40 B3
Taipalsaari FIN 121 E3
Taivalkoski FIN 109 E3
Taivassalo/Tövsala FIN 120 B4
Taktikoúpoli GR 97 F1
Tálanda GR 97 E3
Talarrubias E 41 F3
Talaván E 41 E2
Talavera de la Reina E 42 A2
Talavera la Real E 41 D4
Talayuela E 41 F2
Talayuelas E 43 E2
Taldom RUS 125 F2
Talgarth GB 13 D1
Talla I 76 B3
Tallante E 49 E2
Tallard F 31 E1
Tallinn EST 124 B1
Talloires F 27 E3
Tallow IRL 4 C3
Talluskylä FIN 115 D3
Talmont-St-Hilaire F 24 A2
Tal'ne UA 127 E2
Talsi LV 124 B2
Talvik N 105 D2
Tamames E 41 E1
Támara E 33 F4
Tamarinda E 45 F2
Tamarite de Litera E 38 A3
Tamási H 126 A4
Tammela FIN 120 C3
Tampere FIN 120 C3
Tamsweg A 68 B3
Tamworth GB 11 D4
Tana N 105 F2
Tanágra GR 94 A3
Tandragee GB 3 D3
Tandsbyn S 112 B2
Tandsjöborg S 112 B4
Tandådalen S 112 A4
Tanganheira P 46 A1
Tangerhütte D 57 E2
Tangermünde D 57 E2
Tanhua FIN 109 E1
Taninges F 27 E2
Tanlay F 22 A4
Tann D 62 C2
Tannheim A 67 D3
Tannila FIN 109 D3
Tanumshede S 118 A3
Taormina I 85 E2
Tapa EST 124 B1
Tapia de Casariego E 33 D2
Taracena E 42 C1
Tarancón E 42 C2
Taranto I 81 E3
Tarare F 26 B3
Tarašča UA 127 E2
Tarascon F 30 C2
Tarascon-sur-Ariège F 29 E4
Tarazona E 37 E3
Tarazona de la Mancha E 43 E3
Tarbert IRL 4 B2
Tarbert GB 8 B2
Tarbert GB 6 A3
Tarbes F 28 C3
Tarbet GB 8 C2

Tarcento I. 68 A4
Tardets Sorholus F. 28 B3
Tardienta E. 37 F3
Targon F. 28 C1
Tîlrgovište BG 129 D2
Târgu Mureş RO 126 C4
Tarifa E. 47 E4
Tarm DK 122 A2
Tarmstedt D 50 B4
Tarnobrzeg PL 126 B2
Tarnos F 28 A3
Tarnów PL 126 B2
Tarouca P. 34 C4
Tarp D. 50 B2
Tarporley GB 10 C3
Tarquinia I. 78 C1
Tarragona E. 44 C1
Tàrrega E. 38 B4
Tarsia I. 83 E2
Tartas F 28 B2
Tartu EST 124 C2
Tarvasjoki FIN 120 B3
Tarvisio I. 68 B4
Täsch CH 27 F2
Tassin-la-Demi-Lune F. 26 C3
Tata H 126 A4
Tatabánya H. 126 A4
Tatarbunary UA 127 E4
Tau N. 116 A2
Tauberbischofsheim D 62 C3
Taucha D. 57 E4
Taufkirchen D 67 F1
Taulé F 18 B2
Taunton GB 13 D3
Taunusstein-Neuhof D. 62 A3
Tauplitz A. 68 B2
Tauragė LT 124 B3
Taurianova I. 83 E4
Tauste E 37 E3
Tauves F. 25 F3
Tavannes CH 27 F1
Tavarnelle Val di Pesa I. 76 A3
Tavastila FIN 121 E3
Tavaux F. 27 D1
Taverna I 83 E2
Tavernelle I. 76 B4
Tavernes F. 31 E2
Tavernes de la Valldigna E 44 A4
Tavira P. 46 B2
Tavistock GB 12 C3
Tavşanlı TR 129 F3
Taxenbach A 68 A3
Taxiárhis GR 88 C3
Tayinloan GB 8 B3
Taynuilt GB 8 B1
Tayport GB 9 D2
Tazones E. 33 E2
Tczew PL 124 A4
Teano I. 79 F2
Teba E. 47 F3
Tebay GB 10 C1
Techendorf A 68 A4
Tecklenburg D 55 E3
Tecuci RO 127 D4
Teeriranta FIN 109 F3
Teféli GR 101 D4
Tegelen NL 61 E1
Tegernsee D. 67 E2
Teggiano I. 80 C4
Teignmouth GB 13 D3
Teijo FIN 120 C4
Le Teil F. 30 C1
Le Teilleul F 19 F2
Teisendorf D 68 A2
Teisko FIN 120 C2
Teixeiro E. 32 B2
Teixoso P. 40 C1
Tekirdağ TR 129 E3
Telavåg N. 116 A1
Telč CZ 64 C3
Télendos (Nissí) GR 99 F3
Telese I 80 A2
Telford GB 10 C4
Telfs A. 67 E3
Telgte D. 55 E4
Tellingstedt D 50 B2
Telšiai LT 124 B3
Telti I 82 B1
Teltow D 57 F2
Tembleque E 42 B3
Temerin YU 128 B1
Temmes FIN 115 D1
Tempio Pausania I. 82 B1
Templemore / An Teampall Mór IRL 5 D2
Templin D 51 F4
Temse B 17 E1
Tenala/Tenhola FIN 120 C4
Tenbury Wells GB 10 C4
Tenby/Dinbych-y-pysgod GB 12 C1
Tence F 26 B4
Tende F 31 F2
Tendilla E 42 C1
Tennes N 104 B3
Tensta S 119 E2
Tenterden GB 14 C4
Teolo I 72 A4
Tepasto FIN 108 C1
Tepelenë AL 128 B4
Teplice CZ 64 A1
Tepsa FIN 109 D1
Teramo I. 77 D4
Terebovlja UA 126 C2
Terena P. 40 C4
Terespol PL 126 B1
Tergnier F 17 D4
Terjärv FIN 114 C3
Terlizzi I. 81 D2
Termas de Monfortinho P. 41 D2
Terme Luigiane I. 83 D2
Termini Imerese I. 84 C2
Terminillo I. 79 E1
Termoli I. 80 A1
Terneuzen NL 17 D1
Terni I 79 D1
Ternitz A 69 D2
Ternopil' UA 126 C2
Térovo GR 92 B1
Térpilos GR 88 B1
Terpní GR 88 C1
Terpsithéa GR 93 D3
Terracina I. 79 E2
Terralba I 82 B3
Terranova di Pollino I 81 D4
Terranuova Bracciolini I. 76 A3
Terras de Bouro P 34 B3
Terrassa / Tarrasa E. 38 C4
Terrasson-la-Villedieu F 25 E4
Terrenoire F. 26 C4
Terriente E. 43 E2
Terråk N. 107 D4
Teruel E. 43 F2
Tervakoski FIN 120 C3
Tervo FIN 115 D3
Tervola FIN 109 D3
Tervuren B. 17 E2
Terzaga E 43 E1
Teslić BIH 128 A1
Tessin D. 51 E2
Tessy-sur-Vire F 19 E2
La Teste-de-Buch F 28 B1
Tetbury GB 13 E2
Teterow D 51 E3
Tetiïv UA 127 E2
Tetovo MK 128 B3
Tetrákomo GR 92 C1
Tettnang D. 66 C2
Teuchern D. 63 E1
Teufen CH. 66 C3
Teulada I. 82 B4
Teupitz D. 57 F3
Teuva FIN 114 B4
Tewkesbury GB 13 E1
Tezze I. 72 B3
Thale D 57 D4
Thalfang D 61 F3
Thalgau A 68 A2
Thalheim D. 63 F1
Thalmässing D. 63 E4
Thalwil CH. 23 F4
Thame GB 14 B3
Thann F. 23 E4
Thannhausen D. 67 D1
Thaon-les-Vosges F. 23 D3
Tharandt D 64 A1
Tharsis E. 46 C2
Thássos GR 89 E2
Thássos (Nissí) GR 89 E2
Thèbes GR. 93 F3
Le Theil F 20 C3
Themar D. 63 D2
Thénezay F 24 C1
Thenon F 25 D4
Theológos GR 89 E2
Theológos GR 93 F3
Théoule-sur-Mer F 31 F3
Thermá GR 88 C1
Thérma GR 91 D3
Thérma GR 99 E1
Thérma Lefkádas GR 99 E1
Thérmi GR 88 B2
Thermí GR 95 F1
Thermissía GR 97 E2
Thérmo GR 92 C3
Thermopíles GR 93 E2
Thérouanne F. 15 E4
Thespiés GR 93 F4
Thesprotikó GR 92 B1
Thessaloníki GR 88 B2
Thetford GB 11 F4
Theux B. 61 D2
Thèze F 28 C3
Thiaucourt-Regniéville F. 22 C2
Thiberville F. 20 C2
Thiéblemont-Farémont F 22 B2
Thiendorf D 58 A4
Thiene I. 72 A4

Torino

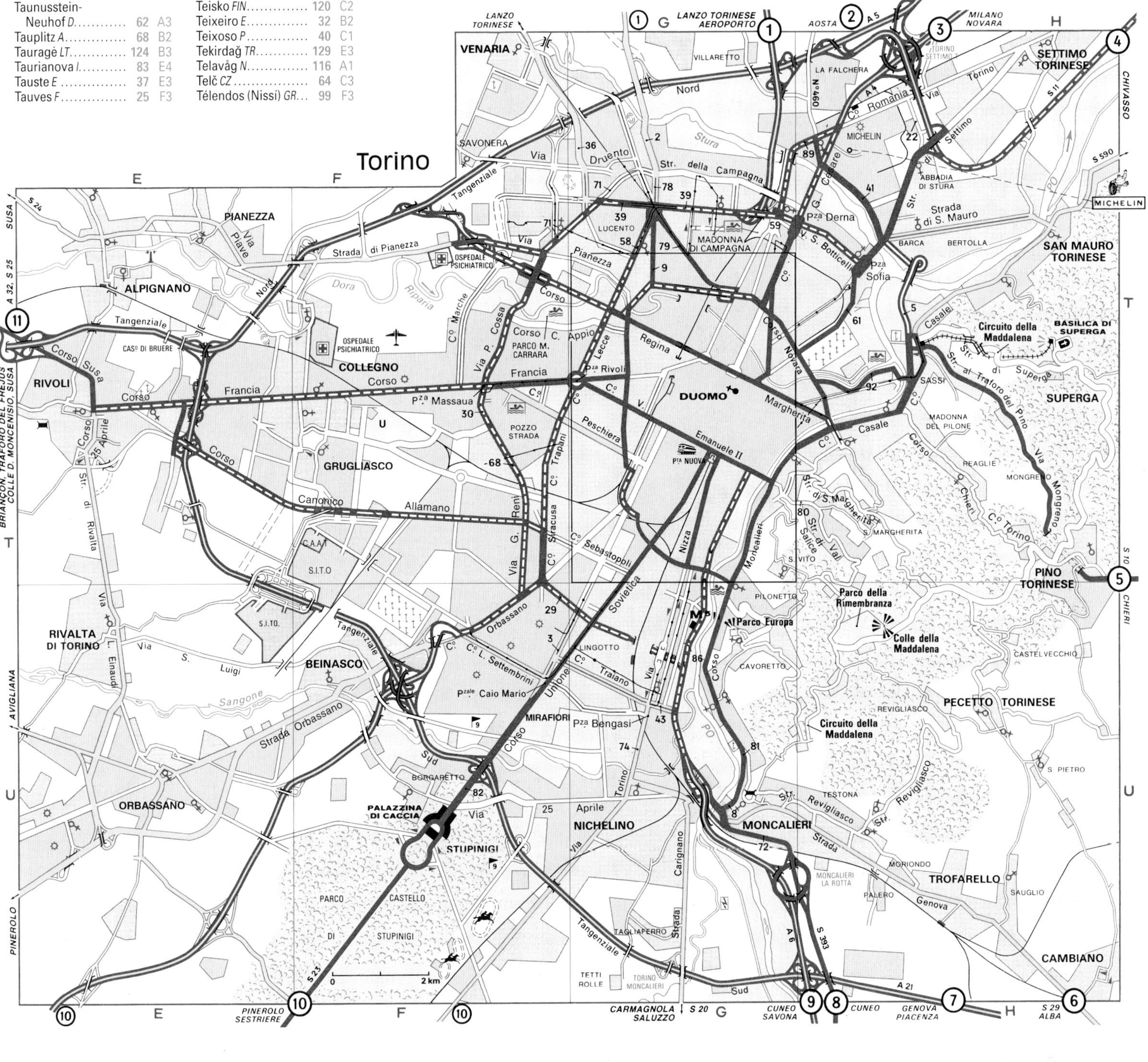

VENARIA
LANZO TORINESE
LANZO TORINESE AEROPORTO
AOSTA
MILANO NOVARA
SETTIMO TORINESE
CHIVASSO
SAVONERA
PIANEZZA
ALPIGNANO
RIVOLI
COLLEGNO
GRUGLIASCO
BEINASCO
RIVALTA DI TORINO
ORBASSANO
STUPINIGI
PALAZZINA DI CACCIA
NICHELINO
MONCALIERI
TROFARELLO
CAMBIANO
PECETTO TORINESE
PINO TORINESE
SUPERGA
BASILICA DI SUPERGA
SAN MAURO TORINESE
DUOMO
MIRAFIORI
LINGOTTO
LUCENTO
MADONNA DI CAMPAGNA
Parco della Rimembranza
Colle della Maddalena
Circuito della Maddalena
Parco Europa
MICHELIN
BRIANÇON, TRAFORO DEL FRÉJUS COLLE D. MONCENISIO, SUSA
AVIGLIANA
PINEROLO
PINEROLO SESTRIERE
CARMAGNOLA SALUZZO
CUNEO SAVONA
CUNEO
GENOVA PIACENZA
ALBA
CHIERI
0 2 km

Thiers F 26 A3
Thiesi I 82 B2
Thiessow D 51 F2
Le Thillot F 23 D3
Thimariá GR 91 E2
Thímena GR 99 F1
Thímena (Nissí) GR 99 E1
Thionville F 22 C1
Thíra GR 99 D4
Thíra GR 99 D4
Thirassía (Nissí) GR 98 C4
Thirsk GB 11 D1
Thisted DK 122 B1
Thiviers F 25 D4
Thizy F 26 B3
Thoissey F 26 C2
Tholey D 23 D1
Thollon-les-Mémises F 27 E2
Tholó GR 96 B2
Tholopotámi GR 95 F4
Thológ GR 88 C1
Thomastown / Baile Mhic Andáin IRL 5 D3
Thônes F 27 E3
Thonon-les-Bains F 27 E2
Thorens-Glières F 27 E3
Thorikó GR 98 A1
Thorne GB 11 E2
Thornhill GB 8 C4
Thouarcé F 24 C1
Thouars F 24 C1
Thouría GR 96 C2
Thoúrio GR 91 E1
Thrapston GB 11 E4
Threshfield GB 11 D2
Thüringen A 66 C3
Thueyts F 30 B1
Thuile (la) I 27 E3
Thuin B 17 E3
Thuir F 30 A4
Thum D 63 F1
Thun CH 27 F1
Thurles / Durlas IRL 5 D2
Thursby GB 9 D4
Thurso GB 7 E2
Thury-Harcourt F 19 F2
Thusis CH 66 C4
Thyborøn DK 122 A1
Tibro S 118 C3
Tichvin RUS 125 E1
Tidö S 119 D2
Tiefenbronn D 23 F2
Tiefencastel CH 66 C4
Tiefensee D 52 A4
Tiel NL 54 C4
Tielt B 15 F4
Tiemblo (El) E 42 A1
Tienen B 17 F2
Tiercé F 19 F4
Tierga E 37 E4
Tierp S 119 E1
Tigharry GB 6 A3
Tighnabruaich GB 8 B2
Tignes F 27 E3
Tiheró GR 91 E2
Tihío GR 87 E2
Tiistenjoki FIN 114 C3
Tíjola E 48 C3
Tikkakoski FIN 115 D4
Tikkala FIN 115 F3
Tilburg NL 17 F1
Tilbury GB 14 C3
Tillberga S 119 E2
Tillières-sur-Avre F 21 D2
Tilly-sur-Seulles F 19 F1
Tílos (Nissí) GR 102 D2
Tilsit RUS 124 B4
Timbáki GR 100 C4
Tímbano GR 89 E1
Timfristós GR 93 D2
Timişoara RO 128 B1
Timmendorfer Strand D 50 C3
Timoleague IRL 4 C4
Timrå S 112 C3
Tinahely IRL 5 E2
Tinchebray F 19 F2
Tineo E 33 D2
Tingáki GR 103 D1
Tinglev DK 122 B3
Tingsryd S 123 E2
Tingvoll N 110 C2
Tinnoset N 116 C2
Tínos GR 98 C1
Tínos (Nissí) GR 98 C1
Tintagel GB 12 C3
Tinténiac F 19 E3
Tiñosillos E 36 A4
Tione di Trento I 71 F3
Tipasoja FIN 115 E2
Tipperary / Tiobraid Árann IRL 4 C3
Tiranë AL 128 B3
Tirano I 71 E3
Tiraspol MOL 127 E4
Tire TR 129 E4
Tîrgovişte RO 129 D1
Tîrgu Frumos RO 127 D4
Tîrgu Jiu RO 128 C1
Tîrgu-Neamţ RO 127 D4
Tîrgu Secuiesc RO 127 D4
Tirig E 44 A2
Tiriolo I 83 E3
Tírnavos GR 88 A4
Tirós GR 97 E2
Tirrenia I 75 F3
Tirschenreuth D 63 F3
Tirstrup DK 122 C2
Tisvildeleje DK 123 D2
Tiszafüred H 126 B4
Tiszavasvári H 126 B3
Titaguas E 43 F2
Titisee-Neustadt D 23 F3
Tito I 80 C3
Titov Veles MK 128 C3
Titran N 110 C1
Tittmoning D 67 F1
Tivenys E 44 B1
Tiverton GB 13 D3
Tivissa E 44 B1
Tivoli I 79 E1
Tjeldstø N 110 A4
Tjong N 107 E2
Tjøme N 117 D2
Tjørnuvik (Færøerne) DK 106 A3
Tjøtta N 107 D3
Tjällmo S 119 D3
Tobarra E 49 D1
Tobercurry / Tobar an Choire IRL 2 B3
Tobermore GB 3 D2
Tobermory GB 8 A1
Toberonochy GB 8 B2
Toboso (El) E 42 C3
Tocha P 40 B1
Tocina E 47 E2
Todi I 76 C4
Todmorden GB 11 D2
Todtmoos D 23 F4
Todtnau D 23 F3
Tönning D 50 A2
Töpen D 63 E2
Toft GB 7 F2
Tofte N 117 D2
Toftir (Færøerne) DK 106 A3
Toftlund DK 122 B3
Tohmajärvi FIN 115 F4
Toholampi FIN 114 C2
Toijala FIN 120 C3
Toivakka FIN 121 D2
Toivala FIN 115 E3
Tokaj H 126 B3
Toledo E 42 B2
Tolentino I 77 D3
Tolfa I 79 D1
Tolga N 111 E3
Tollarp S 123 E3
Tolmezzo I 68 A4
Tolmin SLO 72 C2
Toló GR 97 E1
Tolosa P 40 C2
Tolosa E 28 A3
Tolox E 47 F3
Tolva FIN 109 F2
Tolve I 80 C3
Tomar P 40 B2
Tomaszów Lubelski PL 126 C2
Tomaszów Mazowiecki PL 126 A2
Tombebœuf F 29 D1
Tomelilla S 123 E3
Tomelloso E 42 C3
Tomintoul GB 7 D4
Tomiño E 32 A4
Tomra N 110 C2
Tona E 39 D3
Tonara I 82 B3
Tonbridge GB 14 C4
Tondela P 40 C1
Tongeren B 17 F2
Tongue GB 7 D2
Tonnay-Boutonne F 24 B3
Tonnay-Charente F 24 B3
Tonneins F 29 D1
Tonnerre F 22 A4
Tonstad N 116 B2
Topeno FIN 120 C3
Topla SLO 73 E2
Topliţa RO 127 D4
T'oploje RUS 125 F3
Topoľčany SK 126 A3
Topólia GR 100 A3
Torà E 38 C3
Torano Castello I 83 E2
Torbole I 71 F3
Torcello I 72 B4
Torchiarolo I 81 F3
Torcy F 16 B2
Tordera E 39 D4
Tordesillas E 36 A3
Tordesilos E 43 E1
Tore GB 7 D4
Torella del Sannio I 80 A2
Toreno E 33 D3
Torgau D 57 F4
Torgelow D 52 A3
Torhout B 15 F4
Torigni-sur-Vire F 19 F2
Torija E 42 C1
Torino I 27 F4
Torla E 28 C4
Tormos E 37 F3
Tornavacas E 41 F1
Tornio FIN 109 D3
Toro E 35 F3
Toróni GR 89 D4
Toropec RUS 125 E2
Torpo N 110 C4
Torpoint GB 12 C3
Torpshammar S 112 B3
Torquay GB 13 D3
Torquemada E 36 A3
Torralba de Calatrava E 42 B4
Torrão P 40 B4
Torre Annunziata I 80 A3
Torre Beretti I 75 D1
Torre Canne I 81 E2
Torre de' Passeri I 79 F1
Torre del Greco I 80 A3
Torre dell'Impiso I 84 A2
Torre d'en Besora (La) E 44 A2
Torre Faro I 83 D4
Torre la Cárcel E 43 E1
Torre Orsaia I 80 C4
Torre Pellice I 27 F4
Torrebaja E 43 E2
Torreblanca F 44 A2
Torrecaballeros E 36 B4
Torrecampo E 42 A4
Torrecilla en Cameros E 37 D2
Torrecillas de la Tiesa E 41 F3
Torre de Dom Chama P 35 D3
Torre de Juan Abad E 42 C4
Torre de la Higuera E 47 D3
Torre del Bierzo E 33 D4
Torre del Campo E 48 A2
Torre del Mar E 48 A3
Torre del Valle (La) E 33 E4
Torredembarra E 38 C4
Torre de Moncorvo P 35 D4
Torredonjimeno E 48 A2
Torregrossa E 38 B4
Torreira P 34 B4
Torrejoncillo E 41 E2
Torrejoncillo del Rey E 43 D2
Torrejón de Ardoz E 42 C1
Torrejón de la Calzada E 42 B2
Torrejón el Rubio E 41 E2
Torrelaguna E 42 C1
Torrelapaja E 37 D4
Torrelavega E 36 B1
Torrellano E 49 F1
Torrelobatón E 36 A3
Torrelodones E 42 B1
Torremaggiore I 80 B1
Torremegía E 41 E4
Torremocha E 41 E3
Torremolinos E 47 F4
Torrent E 43 F3
Torrente de Cinca E 38 A4
Torrenueva E 42 C4
Torre Pacheco E 49 E2
Torreperogil E 48 B1
Torres del Río E 37 D2
Torres Novas P 40 B2
Torres Vedras P 40 A3
Torrevieja E 49 F2
Torri del Benaco I 71 F4
Torridon GB 6 C4
Torriglia I 75 D2
Torrijas E 43 F2
Torrijo E 37 D4
Torrijos E 42 A2
Torrita di Siena I 76 B4
Torroella de Montgrí E 39 E3
Torrox E 48 A3
Torröjen S 118 C3
Torsby S 118 C1

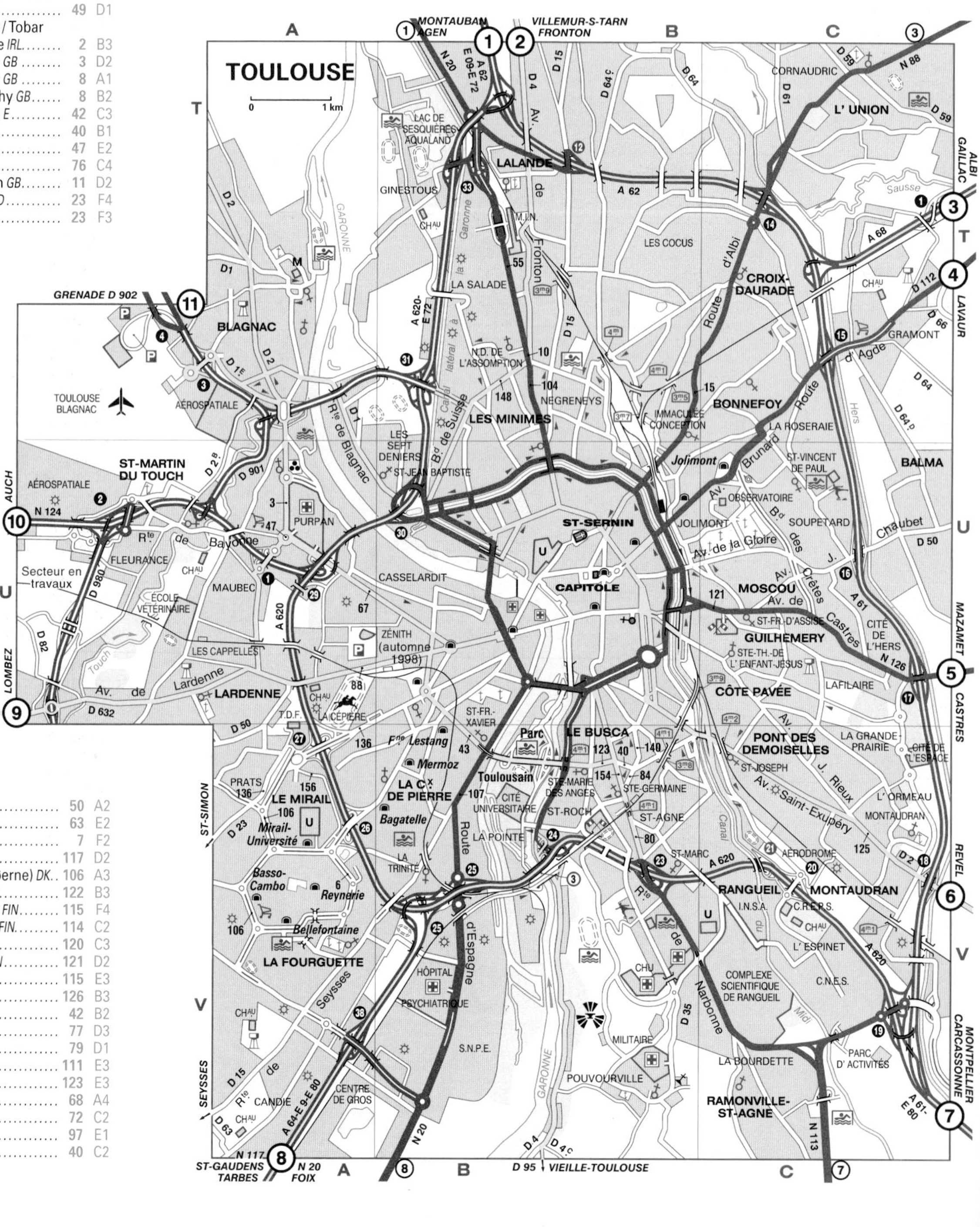

TOULOUSE
0 1 km
MONTAUBAN AGEN
VILLEMUR-S-TARN FRONTON
ALBI GAILLAC
LAVAUR
MAZAMET
CASTRES
REVEL
MONTPELLIER CARCASSONNE
D 95 VIEILLE-TOULOUSE
ST-GAUDENS TARBES
N 20 FOIX
SEYSSES
ST-SIMON
LOMBEZ
AUCH
GRENADE D 902
L'UNION
CORNAUDRIC
LALANDE
GINESTOUS
LES COCUS
CROIX-DAURADE
GRAMONT
BLAGNAC
TOULOUSE BLAGNAC
AÉROSPATIALE
LA SALADE
N.D. DE L'ASSOMPTION
NEGRENEYS
LES MINIMES
BONNEFOY
LA ROSERAIE
BALMA
ST-MARTIN DU TOUCH
PURPAN
ST-SERNIN
JOLIMONT
SOUPETARD
CAPITOLE
MOSCOU
GUILHEMERY
CASSELARDIT
FLEURANCE
MAUBEC
Secteur en travaux
ZÉNITH (automne 1998)
LES CAPPELLES
LARDENNE
LA CÉPIÈRE
LE BUSCA
CÔTE PAVÉE
PONT DES DEMOISELLES
LAFILAIRE
LA GRANDE-PRAIRIE
LA Cx DE PIERRE
Parc Toulousain
ST-AGNE
ST-ROCH
PRATS
LE MIRAIL
Mirail-Université
Bagatelle
LA POINTE
LA TRINITÉ
Basso-Cambo
Reynerie
Bellefontaine
LA FOURGUETTE
RANGUEIL
MONTAUDRAN
L'ORMEAU
AÉRODROME
L'ESPINET
COMPLEXE SCIENTIFIQUE DE RANGUEIL
C.N.E.S.
HÔPITAL PSYCHIATRIQUE
MILITAIRE
S.N.P.E.
POUVOURVILLE
LA BOURDETTE
PARC D'ACTIVITÉS
RAMONVILLE-ST-AGNE
CANDIE
CENTRE DE GROS
GARONNE
A 62
A 620
A 61
A 68
N 20
N 124
N 126
N 113

Torshavn (Færøerne) DK 106 A3
Torshälla S 119 D2
Torsminde DK 122 A2
Torsås S 123 F2
Tórtoles de Esgueva E 36 B3
Tortoli I 82 C3
Tortona I 75 D1
Tortorici I 85 D2
Tortosa E 44 B1
Tortosendo P 40 C1
Toruń PL 126 A1
Torup S 123 D1
Toržok RUS 125 E2
Tosbotn N 107 D4
Toscolano-Maderno I 71 F4
Tosno RUS 125 D1
Tossa de Mar E 39 E4
Tostedt D 50 B4
Totana E 49 E2
Tôtes F 16 A4
Totnes GB 13 D3
Toucy F 21 F4
Toul F 22 C2
Toulon F 31 D3
Toulon-sur-Arroux F 26 B2
Toulouse F 29 E3
Toumbítsi GR 96 C1
Le Touquet-Paris-Plage F 16 B2
La Tour-d'Auvergne F 25 F3
La Tour-du-Pin F 27 D3
La Tour-Fondue F 31 E3
Tourcoing F 15 F4
Tourlída GR 92 C3
Tournai B 15 F4
Tournan-en-Brie F 21 F2
Tournay F 28 C3
Tournon-d'Agenais F 29 D1
Tournon-St-Martin F 25 D1
Tournon-sur-Rhône F 26 C4
Tournus F 26 C2
Tourouvre F 20 C2
Tours F 20 C4
Toury F 21 E3
La Toussuire F 27 E4
Le Touvet F 27 D4
Towcester GB 14 B2
Törökszentmiklós H 126 B4
Trabanca E 35 E2
Trabazos E 35 E3
Traben-Trarbach D 61 F3
Trabia I 84 C2
Tracino I 84 A4
Trafaria P 40 A3
Trafoi I 67 D4
Tragacete E 43 E2
Trahiá GR 97 E1
Trahíli GR 94 B3
Traiguera E 44 A1
Traisen A 69 D1
Traiskirchen A 69 D1
Traismauer A 69 D1
Trakai LT 124 C4
Tralee / Trá Lí IRL 4 B3
Tramagal P 40 B2
Tramariglio I 82 A2
Tramatza I 82 B3
Tramonti di Sopra I 68 A4
Tramore / Trá Mhór IRL 5 D3
TrÍaÍn BG 128 C2
La Tranche-sur-Mer F 24 B2
Trancoso P 34 C4
Tranebjerg DK 122 C3
Tranemo S 118 B4
Tranent GB 9 D2
Trani I 80 C2
Tranóvalto GR 87 F3
Transtrand S 112 A4
Tranås S 119 D4
Trapani I 84 A3
Trápeza GR 93 D4
Trappstadt D 63 D2
Trasacco I 79 F1
Trassem D 23 D1
Traun A 68 B1
Traunkirchen A 68 B2
Traunreut D 67 F2
Traunstein D 67 F2
Travemünde D 50 C3
Travnik BIH 128 A2
Le Trayas F 31 F3
Trbovlje SLO 73 E2
Trebbin D 57 F3
Trébeurden F 18 C2
Trebinje BIH 128 A2
Trebisacce I 81 D4
Trebišov SK 126 B3
Trebnje SLO 73 E3
Tréboul F 18 B3
Trebsen D 57 F4
Trebujena E 47 D3
Trecastagni I 85 E3
Trecate I 71 D4
Tredegar GB 13 D1
Tredozio I 76 B2
Treffort F 27 D2
Treffurt D 62 C1
Tregaron GB 10 B4
Trégastel F 18 C2
Tregnago I 72 A4
Tregony GB 12 B4
Tréguier F 18 C2
Trehörningsjö S 113 D1
Treia D 50 B2
Treia I 77 D3
Treignac F 25 E3
Trelleborg DK 122 C3
Trelleborg S 123 D3
Trélon F 17 E3
La Tremblade F 24 B3
Tremestieri I 83 D4
Tremezzo I 71 D3
Tremp E 38 B3
Trenčín SK 126 A3
Trendelburg D 56 B4
Trento I 71 F3
Le Tréport F 16 B3
Trepuzzi I 81 F3
Trescore Balneario I 71 E4
Tresenda I 71 E3
Tresfjord N 110 C2
Tresjuncos E 42 C3
Trespaderne E 36 C2
Trets F 31 D3
Tretten N 111 D4
Treuchtlingen D 63 D4
Treuen D 63 E2
Treuenbrietzen D 57 F3
Treungen N 116 C2
Trevélez E 48 B3
Trèves F 30 A2
Trevi I 76 C4
Trévières F 19 F1
Treviglio I 71 E4
Trevignano Romano I 79 D1
Treviño E 37 D2
Treviso I 72 B4
Trévoux F 26 C3
Trezzo sull'Adda I 71 E4
Tría Nissiá (Nissiá) GR 99 F4
Triánda GR 103 F2
Triaucourt-en-Argonne F 22 B2
Triberg D 23 F3
Tribsees D 51 E2
Tricarico I 80 C3
Tricase I 81 F4
Tricesimo I 68 A4
Trichiana I 72 B3
Trie-sur-Baïse F 29 D3
Trieben A 68 C2
Trier D 61 E3
Trieste I 73 D3
Trifíli GR 91 E2
Trigóna GR 87 E4
Trigueros E 46 C2
Trijueque E 42 C1
Tríkala GR 88 A2
Tríkala GR 93 D1
Tríkala GR 93 E4
Tríkeri GR 93 F2
Trillevallen S 112 A2
Trillo E 43 D1
Trílofo GR 93 D2
Trim / Baile Átha Troim IRL 3 D4
Trindade P 35 D3
Tring GB 14 B2
Trinità d'Agultu e Vignola I 82 B1
Trinitapoli I 80 C2
La Trinité-Porhoët F 19 D3
La Trinité-sur-Mer F 18 C4
Trino I 74 C1
Triora I 74 C3
Trípi GR 97 D2
Tripití GR 89 D3
Trípoli GR 97 D1
Triponzo I 76 C4
Tripótama GR 96 C1
Triptis D 63 E1
Trittau D 50 C3
Trittenheim D 61 F3
Trivento I 80 A1
Trnava SK 126 A3
Trnovo SLO 72 C2
Troarn F 19 F1
Trofa P 34 B3
Trofaiach A 68 C2
Trofors N 107 D3
Trogir HR 128 A2
Troia I 80 B2
Troina I 85 D3
Les Trois-Épis F 23 E3
Les Trois-Moutiers F 24 C1
Troisdorf D 61 F2
Trois-Ponts B 61 D2
Trojan BG 129 D2
Trojane SLO 73 E2
Trollhättan S 118 B3
Tromsdalen N 104 B2
Tromsø N 104 B2
Trondheim N 111 D1
Tronö S 112 C4
Troo F 20 C4
Troon GB 3 F1
Trópea GR 96 C1
Tropea I 83 E3
Trosa S 119 E3
Trostberg D 67 F2
Trostjanec' UA 127 F1
Trouville F 16 A4
Trowbridge GB 13 E2
Troyes F 22 A3
Trubčevsk RUS 125 F4
Trubia E 33 E2
Truchas E 33 D4
Truchtersheim F 23 E2
Trujillo E 41 E3
Trun F 20 C2
Truro GB 12 B4
Trutnov CZ 64 C1
Truva TR 129 E3
Tryde S 123 E3
Tržič SLO 73 D2
Třebíč CZ 65 D3
Třeboň CZ 64 B4
Třinec CZ 65 F2
Tsamandás GR 86 C4
Tsangaráda GR 93 F1
Tsangário GR 92 A1
Tsarítsani GR 87 F4
Tsarkassiános GR 92 A4
Tsotíli GR 87 E3
Tsoukaládes GR 92 A2
Tuam / Tuaim IRL 2 B4
Tubilla del Agua E 36 B2
Tubre / Taufers im Münstertal I 67 D4
Tuchan F 29 F4
Tudela E 37 E3
Tudela de Duero E 36 A3
Tübingen D 66 B1
Türkheim D 67 D2
Tuffé F 20 C3
Tuhkakylä FIN 115 E2
Tui E 32 A4
Tukums LV 124 B2
Tula RUS 125 F3
Tulcea RO 127 E4
Tul'čyn UA 127 E3
Tulla IRL 4 C2
Tullamore / Tulach Mhór IRL 2 C4
Tulle F 25 E4
Tullgarn S 119 E3
Tullins F 27 D4
Tulln A 69 D1
Tullow / An Tulach IRL 5 E2
Tulppio FIN 109 E1
Tulsk IRL 2 C3
Tumba S 119 E2
Tuohikotti FIN 121 E3
Tuoro sul Trasimeno I 76 B4
La Turballe F 19 D4
La Turbie F 31 F2
Turckheim F 23 E3
Turda RO 126 C4
Turégano E 36 B4
Turenki FIN 120 C3
Turgutlu TR 129 E4
Türi EST 124 B1
Turi I 81 D2
Turinge S 119 E2
Turis E 43 F3
Turjak SLO 73 E3
Turku/Åbo FIN 120 B4
Turmiel E 43 D1
Turnberry GB 3 F1
Turnhout B 17 F1
Türnitz A 69 D1
Turnov CZ 64 B1
Turnu Măgurele RO 129 D2
Turre E 49 D3
Turriers F 31 E1
Turriff GB 7 E4
Tursi I 81 D4
Turtola FIN 108 C2
Tuscania I 78 C1
Tuse DK 122 C3
Tutajev RUS 125 F1
Tutrakan BG 129 D1
Tuttlingen D 66 B2
Tuturano I 81 F3
Tutzing D 67 E2
Tuulos FIN 121 D3
Tuupovaara FIN 115 F3
Tuusniemi FIN 115 E3
Tuusula FIN 121 D4
Tuxford GB 10 C3
Tuzla BIH 128 A1
Tvedestrand N 116 C3
Tver' RUS 125 F1
Tvøroyri (Færøerne) DK 106 A4
Twimberg A 68 C3
Twist D 55 E3
Twistringen D 55 F2
Tydal N 111 E2
Tyin N 110 C4
Tyndaris I 83 D4
Tyndrum GB 8 C2
Tynemouth GB 9 F4
Tynkä FIN 114 C2
Tynset N 111 E3
Tyresö S 119 E2
Tyringe S 123 E2
Tyristrand N 117 D1
Tyrnävä FIN 115 D1
Tysse N 116 A1
Tyssebotn N 110 A4
Tyssedal N 116 B1
Tywyn GB 10 A4
Tølløse DK 122 C3
Tømmervåg N 110 C2
Tønder DK 122 A3
Tønsberg N 117 D2
Tørring DK 122 B2
Tørvikbygd N 116 B1
Tøtlandsvik N 116 B2
Tåme S 108 B4
Tårs DK 122 C4
Tåsjö S 112 B1
Tåstrup DK 123 D3
Täby S 119 E2
Tällberg S 119 D1
Tänndalen S 112 A3
Tännäs S 112 A3
Tärendö S 108 C2
Tärnaby S 107 E3
Töre S 108 C3
Töreboda S 118 C3
Törmänen FIN 105 F3
Törmänmäki FIN 115 E1
Töysä FIN 114 C4

U

Úbeda E 48 B1
Ubľa SK 126 B3
Ubrique E 47 E3
Uchte D 55 F3
Uckange F 22 C1
Uckfield GB 14 C4
Uclés E 42 C2
Udbyhøj DK 122 B2
Uddevalla S 118 B3
Uddheden S 118 B2
Uden NL 54 C4
Udine I 72 C3
Überlingen D 66 B2
Uebigau D 57 F4
Ueckermünde D 52 A3
Uelzen D 50 C4
Uetersen D 50 B3
Uetze D 56 C3
Uffenheim D 62 C3
Ugento I 81 F4
Ugíjar E 48 B3
Ugine F 27 E3
Uglič RUS 125 F1
Uherské Hradiště CZ 65 E3
Uhingen D 66 C1
Uhrsleben D 57 D3
Uig GB 6 B4
Uimaharju FIN 115 F3
Uithoorn NL 54 B3
Uithuizen NL 55 D1
Ukkola FIN 115 F3
Ukmergė LT 124 C3
Ulcinj YU 128 A3
Ulefoss N 116 C2
Uleila del Campo E 49 D3
Ulfborg DK 122 A2
Ul'janovka UA 127 E3
Ullapool GB 6 C3
Ullared S 123 D1
Ullava FIN 114 C2
Ulldecona E 44 B1
Ullånger S 112 C2
Ulm (Donau) D 66 C1
Ulmen D 61 F3
Ulricehamn S 118 C4
Ulrichsberg A 64 B4
Ulsberg N 111 D2
Ulsta GB 7 F2
Ulsteinvik N 110 B2
Ulverston GB 10 C1
Ulvik N 116 B1
Ulvila FIN 120 B3
Ulvsjö S 112 A4
Uman' UA 127 E2
Umbertide I 76 B3
Umbukta N 107 E3
Umeå S 113 D1
Umhausen A 67 E3
Unari FIN 109 D2
Uncastillo E 37 E2
Undersåker S 112 A2
Undredal N 110 B4
Uneča RUS 125 E4
Ungheni MOL 127 D3
Ungilde E 33 D4
Unhais da Serra P 40 C1
Unión (La) E 49 E2
Unna D 55 E4
Unnaryd S 123 E1
Unquera E 36 A1
Unterach A 68 A2
Unterhaching D 67 E2
Unterschleißheim D 67 E1
Unterwasser CH 66 C3
Unterweißenbach A 68 C1
Upavon GB 13 F2
Upinniemi FIN 120 C3
Uppingham GB 11 E4
Upplands-Väsby S 119 E2
Uppsala S 119 E2
Upton-upon-Severn GB 13 E1
Uras I 82 B3
Urbania I 76 C3
Urbe I 75 D2
Urbino I 76 C3
Urda E 42 B3
Urdos F 28 B4
Urepel F 28 A3
Urfahr A 68 B1
Urfeld D 67 E2
Uri I 82 A2
Uriage-les-Bains F 27 D4
Urjala FIN 120 C3
Urk NL 54 C3
Urla TR 129 E4
Urlingford IRL 5 D2
Urnäsch CH 66 C3
Urnes N 110 C4
Urshult S 123 E2
Ururi I 80 A1
Ury F 21 F3
Urziceni RO 129 D1
Usagre E 41 E4
Uşak TR 129 F4
Usedom D 51 F2
Useres (Les) E 44 A2
Usingen D 62 A2
Usk/Brynbuga GB 13 E1
Üsküdar TR 129 F3
Uslar D 56 B4
Ussat F 29 E4
Ussé F 25 D1
Usseglio I 27 F4
Ussel F 25 F3
Usseln D 62 A1
Ustaoset N 116 C1
Ustaritz F 28 A3
Uster CH 66 B3
Ústí nad Labem CZ 64 A1
Ustka PL 52 C1
Ust'užna RUS 125 F1
Utajärvi FIN 115 D1
Utbjoa N 116 A1
Utebo E 37 F3
Utelle F 31 F2
Utena LT 124 C3
Utiel E 43 E3
Utne N 116 B1
Utrecht NL 54 C4
Utrera E 47 E2
Utrillas E 43 F1
Utsjoki FIN 105 E2
Uttendorf A 68 A1
Uttendorf A 67 F3
Utting D 67 E2
Uttoxeter GB 11 D4
Utåker N 116 A1
Uukuniemi FIN 121 F2
Uurainen FIN 115 D4
Uusikaupunki FIN 120 B3
Uvdal N 116 C1
Uzel F 18 C3
Uzerche F 25 E4
Uzès F 30 C2
Užhorod UA 126 B3
Užice YU 128 B2
Uzunköprü TR 129 E3
Uzyn UA 127 E2

V

Vaajakoski FIN 115 D4
Vaala FIN 115 D1
Vaalajärvi FIN 109 D1
Vaalimaa FIN 121 E3
Vaals NL 61 E2
Vaaraslahti FIN 115 D3
Vaasa/Vasa FIN 114 B3
Vaassen NL 54 C3
Vabre F 29 F2
Vác H 126 A4
Vacha D 62 C1
Vadheim N 110 B4
Vado Ligure I 75 D2
Vadstena S 118 C3
Vadsø N 105 F2
Vaféika GR 89 F1
Vafiohóri GR 88 A1
Vaggeryd S 118 C4
Vágia GR 93 F3
Vagioniá GR 101 D4
Vagnhärad S 119 E3
Vagos P 40 B1
Vagur (Færøerne) DK 106 A4
Vahto FIN 120 B3
Vaiano I 76 A2
Vaiges F 19 F3
Vaihingen a. d. Enz D 62 B4
Vailly-sur-Aisne F 17 D4
Vailly-sur-Sauldre F 21 F4
Vainikkala FIN 121 E3
Vaisaluokta S 107 F1
Vaison-la-Romaine F 30 C1
Vaksdal N 110 A4
Le Val-André F 19 D2
Le Val-d'Ajol F 23 D3
Val-de-Reuil F 16 B4
Val-d'Isère F 27 F3
Val-Thorens F 27 E4
Valadares P 34 B4
Valamen FIN 115 E3
Valareña E 37 E3
Valašské Meziříčí CZ 65 F2
Valax FIN 121 D4
Valbella CH 66 C4
Valberg F 31 F2
Valbo S 119 E1
Valbondione I 71 E3
Valbonnais F 27 D4
Valcarlos E 28 A3
Valdagno I 72 A4
Valdahon F 27 E1
Valdaj RUS 125 E1
Valdaora / Olang I 67 F4
Valdecaballeros E 41 F3
Valdecabras E 43 D2
Valdecarros E 41 F1
Valdedíos E 33 E2
Valdefuentes E 41 E3
Valdeganga E 43 E4
Valdelacasa de Tajo E 41 F2
Valdelinares E 43 F2
Valdemarsvik S 119 E4
Valdemeca E 43 E2
Valdemorillo E 42 B1
Valdemoro E 42 B2
Valdenoceda E 36 B1
Valdepeñas E 42 C4
Valdepeñas de Jaén E 48 A2
Valderas E 35 F3
Valderiès F 29 F2
Valderrobres E 44 A1
Valdestillas E 36 A4
Valdeverdeja E 41 F2
Valdevimbre E 33 E4
Valdezcaray E 36 C2
Valdieri I 31 F1
Valdobbiadene I 72 B3
Vale de Açor P 46 B1
Vale de Cambra P 34 B4
Vale de Estrela P 41 D1
Vale de Prazeres P 40 C1
Valeggio sul Mincio I 71 F4
Valença do Minho P 32 A4
Valençay F 25 E1
Valence F 26 C4
Valence-d'Agen F 29 D2
Valence-d'Albigeois F 29 F2
Valence-sur-Baïse F 29 D2
València E 44 A3
Valencia
de Alcántara E 41 D3
Valencia
de Don Juan E 33 E4
Valencia
de las Torres E 41 E4
Valencia
del Ventoso E 47 D1
Valenciennes F 17 D3
Valensole F 31 D2
Valentano I 78 C1
Valentigney F 23 D4
Valenza I 75 D1
Valeria E 43 D2
Valevåg N 116 A1
Valfabbrica I 76 C4
Valga EST 124 C2
Valgorge F 30 B1
Valgrisenche I 27 F3
Valguarnera I 85 D3
Valhelhas P 41 D1
Valimítika GR 93 D4
Valíra GR 96 C2
Valjevo YU 128 B2
Valjok N 105 E2
Valjunquera E 44 A1
Valkeakoski FIN 120 C3
Valkeala FIN 121 E3
Valkenburg
aan de Geul NL 61 D2
Valkenswaard NL 17 F1
Valko FIN 121 D3
Vall d'Uixó (La) E 44 A3
Valladolid E 36 A3
Vallata I 80 B3
Vallbo S 112 A2
Valldal N 110 C3
Vall d'Alba E 44 A2
Valldemossa E 45 D3
Valle N 116 B2
Valle Castellana I 77 D4
Valle Mosso I 70 C4
Valleberga S 123 E3
Valle de Abdalajís E 47 F3
Valle de la Serena E 41 E4
Valle de los Caídos E 42 B1
Valle de Matamoros E 41 D4
Vallentuna S 119 E2
Valleraugue F 30 B2
Vallet F 24 B1
Valletta M 85 F4
Vallgrund FIN 114 B3
Vallo della Lucania I 80 B4
Valloire F 27 E4
Vallombrosa I 76 A3
Vallon-en-Sully F 25 F2
Vallon-Pont-d'Arc F 30 B1
Vallorbe CH 27 E1
Vallorcine F 27 E2
Vallouise F 27 E4
Valls E 38 B4
Vallsta S 112 B4
Vallø DK 123 D3
Valmiera LV 124 B2
Valmojado E 42 B2
Valmont F 16 A4
Valmontone I 79 E2
Valmorel F 27 E3
Valognes F 19 E1
Valongo P 34 B4
Valoria la Buena E 36 A3
Valožyn BY 124 C4
Valpaços P 35 D3
Valpalmas E 37 F3
Valprato Soana I 27 F3
Valras-Plage F 30 A3
Valréas F 30 C1
Vals-les-Bains F 30 B1
Valsavarenche I 27 F3
Valset N 111 D1
Valsjöbyn S 112 A1
Valtessiníko GR 96 C1
Valtierra E 37 E3
Valtimo FIN 115 E2
Váltos GR 91 E1
Valtotópi GR 88 C1
Valtournenche I 27 F3
Valvasone I 72 C3
Valverde
de Cervera E 37 E3
Valverde de Júcar E 43 D3
Valverde
del Camino E 46 C2
Valverde
de Leganés E 41 D4
Valverde del Fresno E 41 D1
Valøya N 106 C4
Vamlingbo S 119 F4
Vammala FIN 120 B3
Vampula FIN 120 B3
Vamvakoú GR 97 D2
Vamvakoú GR 93 E1
Vandellós E 44 B1
Vangsnes N 110 B4
Vangsvik N 104 B3
Vanha Vaasa FIN 114 B3
Vannavålen N 104 C2
Vannes F 18 C4
Les Vans F 30 B1
Vansbro S 118 C1
Vantaa/Vanda FIN 121 D4
Vanttauskoski FIN 109 E2
Vaour F 29 E2
Vara S 118 B3
Varades F 19 E4
Varallo I 70 C4
Varangerbotn N 105 F2
Varano de Melegari I 75 E1
Varaždin HR 73 F2
Varazze I 75 D2
Varberg S 123 D1
Várda GR 92 C4
Varde DK 122 A3
Vardø N 105 F1
Varel D 50 A4
Vareleíi GR 94 B4
Varengeville-
sur-Mer F 16 A3
Varenna I 71 D3
Varennes-
en-Argonne F 17 F4
Varennes-sur-Allier F 26 A2
Varennes-
sur-Amance F 22 C4
Varese I 71 D4
Varese Ligure I 75 E2
Vargas E 36 B1
Varhaug N 116 A2
Vári GR 98 C2
Vári GR 97 F1
Varilhes F 29 E3
Varimbómbi GR 94 A4
Váris GR 87 E3
Varkaus FIN 115 E4
Várkiza GR 97 F1
Varmahlíð IS 106 B1
Varmo I 72 C3
Varna BG 129 E2
Varnhem S 118 C3
Varpaisjärvi FIN 115 E3
Várpalota H 126 A4
Vars F 31 E1
Vartholomió GR 92 B4
Vartius FIN 115 F1
Varvára GR 88 C2
Varzi I 75 D1
Varzy F 21 F4
Vasaraperä FIN 109 F2
Vásárosnamény H 126 B3
Vaskio FIN 120 C4
Vaskivesi FIN 120 C2

Valencia

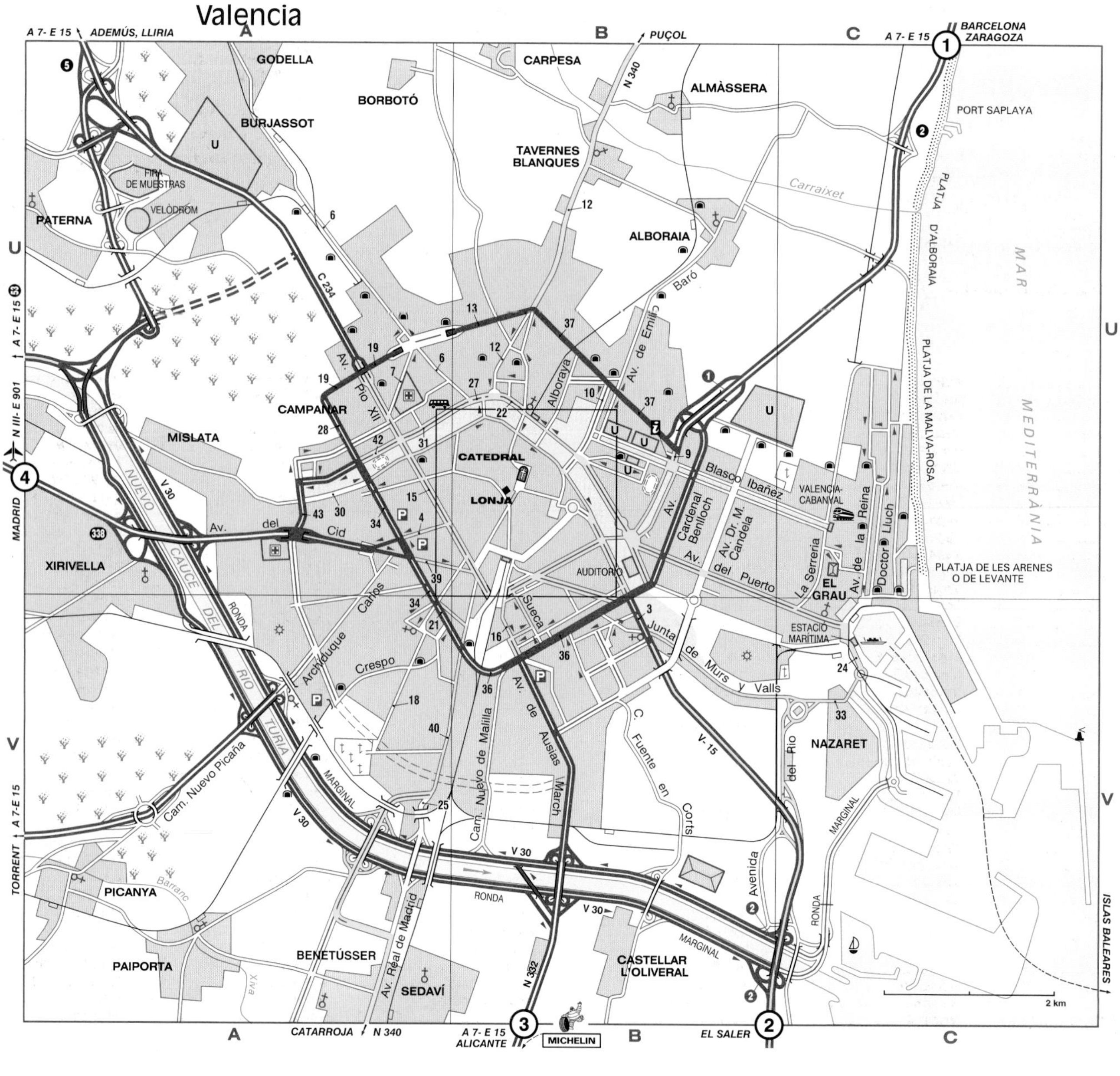

A 7- E 15 ADEMÚS, LLIRIA
A
B
PUÇOL
C
A 7- E 15
BARCELONA ZARAGOZA
GODELLA
CARPESA
BORBOTÓ
ALMÀSSERA
BURJASSOT
PORT SAPLAYA
TAVERNES BLANQUES
FIRA DE MUESTRAS
VELÓDROM
PATERNA
ALBORAIA
Carraixet
PLATJA D'ALBORAIA
MAR MEDITERRÀNIA
PLATJA DE LA MALVA-ROSA
CAMPANAR
MISLATA
CATEDRAL
LONJA
Blasco Ibanez
VALENCIA-CABANYAL
XIRIVELLA
AUDITORIO
EL GRAU
PLATJA DE LES ARENES O DE LEVANTE
ESTACIÓ MARÍTIMA
NAZARET
NUEVO CAUCE DEL RIO TURIA
Av. del Cid
Av. Cardenal Benlloch
Av. del Puerto
Av. de Aragón
Junta de Murs y Valls
Cam. Nuevo Picanya
Av. Real de Madrid
Cam. Nuevo de Malilla
Av. de Ausias March
C. Fuente en Corts
Avenida
V 30
V 15
RONDA
MARGINAL
N 340
N 332
N III- E 901
A 7- E 15
MADRID
TORRENT
PICANYA
PAIPORTA
BENETÚSSER
SEDAVÍ
CASTELLAR L'OLIVERAL
CATARROJA
A 7- E 15 ALICANTE
EL SALER
MICHELIN
ISLAS BALEARES
2 km

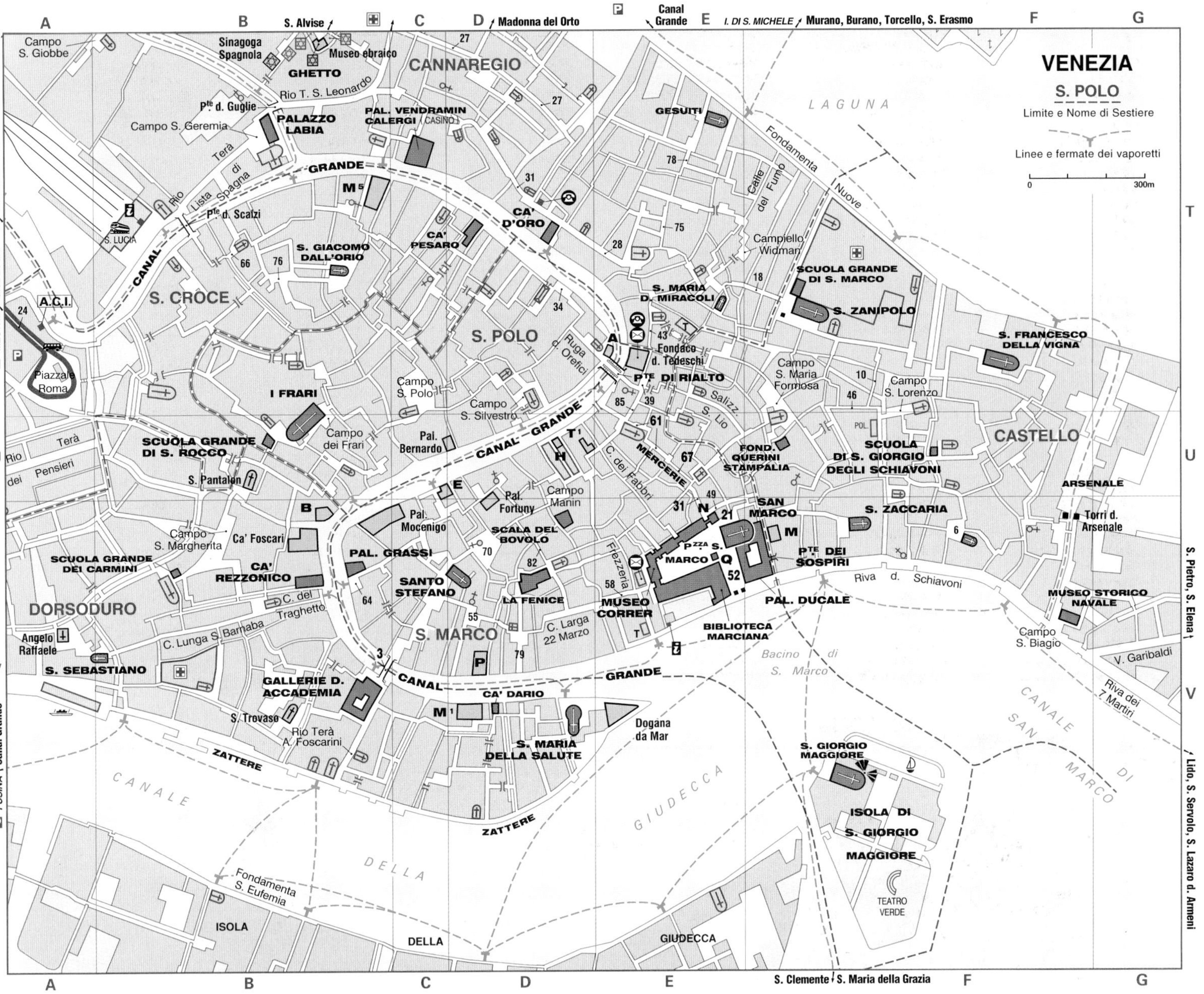
VENEZIA
S. POLO
Limite e Nome di Sestiere
Linee e fermate dei vaporetti
0
300m
A
B
C
D
E
F
G
T
U
V
S. Alvise
Madonna del Orto
Canal Grande
I. DI S. MICHELE
Murano, Burano, Torcello, S. Erasmo
Campo S. Giobbe
Sinagoga Spagnola
Museo ebraico
GHETTO
CANNAREGIO
Rio T. S. Leonardo
Pte d. Guglie
PALAZZO LABIA
PAL. VENDRAMIN CALERGI
CASINO
Campo S. Geremia
GESUITI
LAGUNA
Fondamenta Nuove
Calle del Fumo
GRANDE
Lista di Spagna
Rio Terà
Pte d. Scalzi
S. LUCIA
CA' D'ORO
CA' PESARO
S. GIACOMO DALL'ORIO
Campiello Widman
SCUOLA GRANDE DI S. MARCO
S. ZANIPOLO
S. MARIA D. MIRACOLI
CANAL
S. CROCE
A.C.I.
S. POLO
Ruga d. Orefici
Fondaco d. Tedeschi
PTE DI RIALTO
S. FRANCESCO DELLA VIGNA
Campo S. Maria Formosa
Campo S. Lorenzo
Piazzale Roma
I FRARI
Campo S. Polo
Campo S. Silvestro
Salizz. S. Lio
CASTELLO
Rio Terà dei Pensieri
SCUOLA GRANDE DI S. ROCCO
Campo dei Frari
Pal. Bernardo
CANAL GRANDE
MERCERIE
C. dei Fabbri
FOND. QUERINI STAMPALIA
SCUOLA DI S. GIORGIO DEGLI SCHIAVONI
ARSENALE
S. Pantalon
Pal. Fortuny
Campo Manin
SAN MARCO
S. ZACCARIA
Torri d. Arsenale
Campo S. Margherita
Ca' Foscari
Pal. Mocenigo
SCALA DEL BOVOLO
PZZA S. MARCO
PTE DEI SOSPIRI
SCUOLA GRANDE DEI CARMINI
PAL. GRASSI
Frezzeria
Riva d. Schiavoni
CA' REZZONICO
SANTO STEFANO
LA FENICE
MUSEO CORRER
PAL. DUCALE
MUSEO STORICO NAVALE
DORSODURO
C. del Traghetto
S. MARCO
C. Larga 22 Marzo
BIBLIOTECA MARCIANA
Campo S. Biagio
Angelo Raffaele
C. Lunga S. Barnaba
Bacino di S. Marco
V. Garibaldi
S. SEBASTIANO
GALLERIE D. ACCADEMIA
CANAL GRANDE
CA' DARIO
Riva dei 7 Martiri
S. Trovaso
Rio Terà A. Foscarini
S. MARIA DELLA SALUTE
Dogana da Mar
CANALE SAN MARCO
ZATTERE
S. GIORGIO MAGGIORE
CANALE DELLA GIUDECCA
ISOLA DI S. GIORGIO MAGGIORE
Fondamenta S. Eufemia
TEATRO VERDE
ISOLA
DELLA
GIUDECCA
S. Clemente
S. Maria della Grazia
S. Pietro, S. Elena
Lido, S. Servolo, S. Lazaro d. Armeni
MESTRE
FUSINA
Canal Grande

Vaslui *RO* 127 D4
Vassarás *GR* 97 D2
Vassieux-en-Vercors *F* 27 D4
Vassiliká *GR* 94 A2
Vassiliká *GR* 88 B2
Vassiliká *GR* 95 F2
Vassilikí *GR* 92 A3
Vassilikí *GR* 87 E4
Vassilikó *GR* 94 A3
Vassilikós *GR* 96 A1
Vassilís *GR* 93 E1
Vassy *F* 19 F2
Vasto *I* 80 A1
Vasyl'kiv *UA* 127 E2
Vatan *F* 25 E1
Vaterá *GR* 95 F2
Vateró *GR* 87 F3
Vathí *GR* 94 A3
Váthi *GR* 88 B1
Vathí *GR* 92 B3
Vathí *GR* 99 F3
Váthia *GR* 97 D4
Vathílakos *GR* 88 A2
Vathílakos *GR* 89 D1
Vathílakos *GR* 87 F3
Vathís *GR* 99 F4
Vatne *N* 110 B2
Vatólakos *GR* 87 E3
Vatra Dornei *RO* 126 C4
Vattholma *S* 119 E2
Vaucouleurs *F* 22 C2
Vaŭkavysk *BY* 124 C4
Vauvert *F* 30 B2
Vauvillers *F* 23 D3
Vávdos *GR* 88 C3
Vayrac *F* 25 E4
V'az'ma *RUS* 125 F3
Veberöd *S* 123 D3
Vechta *D* 55 F2
Vecilla (La) *E* 33 E3
Vecinos *E* 41 F1
Vedelago *I* 72 B4
Veendam *NL* 55 D2
Veenendaal *NL* 54 C4
Veere *NL* 17 D1
Vega de Espinareda *E* 33 D3
Vegadeo *E* 32 C3
Vega de Valcarce *E* 32 C3
Vegarienza *E* 33 E3
Vegas del Condado *E* 33 E3
Vegesack *D* 50 A4
Veghel *NL* 54 C4
Veguellina de Órbigo *E* 33 E4
Veguillas (Las) *E* 41 F1
Vegårshei *N* 116 C3
Vehkalahti *FIN* 121 E3
Vehmaa *FIN* 120 B3
Vehmersalmi *FIN* 115 E3
Veidnesklubben *N* 105 E1
Veiga (A) *E* 32 C4
Veikkola *FIN* 120 C3
Veinge *S* 123 D2
Veiros *P* 40 C3
Vejen *DK* 122 B3
Vejer de la Frontera *E* 47 D4
Vejle *DK* 122 B3
Vel. Lašče *SLO* 73 E3
Velada *E* 42 A2
Velanídia *GR* 97 E4
Velayos *E* 42 A1
Velbert *D* 61 F1
Velburg *D* 63 E4
Velde *N* 111 E1
Velden *A* 68 B4
Velden *D* 67 F1
Velden *D* 63 E3
Veldhoven *NL* 17 F1
Velenje *SLO* 73 E2
Velestíno *GR* 93 E1
Vélez Blanco *E* 49 D2
Vélez de Benaudalla *E* 48 B3
Vélez Málaga *E* 48 A3
Vélez Rubio *E* 49 D2
Veliés *GR* 97 E3
Veliki Preslav *BG* 129 D2
Velikije Luki *RUS* 125 D2
Veliko Tărnovo *BG* 129 D2
Velilla del Río Carrión *E* 33 F3
Vélines *F* 24 C4
Velingrad *BG* 128 C2
Veliž *RUS* 125 E3
Velkua *FIN* 120 B4
Vellahn *D* 50 C4
Vellés (La) *E* 35 F4
Velletri *I* 79 E2
Vellinge *S* 123 D3
Velopoúla (Nissí) *GR* 97 F3
Vélos *GR* 94 B3
Velpke *D* 57 D3
Velten *D* 57 F2
Velvendós *GR* 87 F3
Velyka Lepetycha *UA* 127 F3
Vemdalen *S* 112 A3
Vemdalsskalet *S* 112 A3
Vemhån *S* 112 A3
Véna *GR* 91 D2
Venaco *F* 78 A3
Venafro *I* 79 F2
Venarey-les-Laumes *F* 22 B4
Venaria *I* 27 F4
Vence *F* 31 F2
Venda Nova *P* 34 C3
Vendas Novas *P* 40 B4
Vendel *S* 119 E1
Vendeuvre-sur-Barse *F* 22 B3
Vendôme *F* 21 D4
Vendrell (El) *E* 38 C4
Veneheitto *FIN* 115 D1
Venezia *I* 72 B4
Vengjaneset *N* 116 A1
Venialbo *E* 35 F4
Venjan *S* 112 A4
Venlo *NL* 61 E1
Vennesla *N* 116 B3
Vennesund *N* 107 D4
Venosa *I* 80 C3
Venray *NL* 55 D4
Venta Nueva *E* 33 D3
Ventas con Peña Aguilera *E* 42 B3
Ventas de Huelma *E* 48 A3
Ventimiglia *I* 31 F2
Ventnor *GB* 13 F3
Ventspils *LV* 124 A2
Venturina *I* 75 F4
Vera *N* 111 E1
Vera *E* 49 D3
Verbania *I* 70 C4
Verberie *F* 16 C4
Verbicaro *I* 80 C4
Verbier *CH* 27 F2
Vercel-Villedieu-le-Camp *F* 27 E1
Vercelli *I* 74 C1
Verchnjadzvinsk *BY* 124 C3
Verchn'odniprovs'k *UA* 127 F2
Verdalsøra *N* 111 E1
Verde (Col de) *F* 75 D2
Verden *D* 56 B2
Verdikoússa *GR* 87 F4
Le Verdon-sur-Mer *F* 24 B3
Verdun *F* 17 F4
Verdun-sur-Garonne *F* 29 E2
Verdun-sur-le-Doubs *F* 26 C1
Vergato *I* 76 A2
Vérgi *GR* 88 C1
Vergiate *I* 71 D4
Vergína *GR* 88 A2
Vergio (Col de) *F* 75 D2
Vergt *F* 25 D4
Véria *GR* 87 F2
Verín *E* 32 C4
Verl *D* 55 F4
Vermand *F* 17 D3
Vermenton *F* 22 A4
Vernet-les-Bains *F* 29 F4
Verneuil-sur-Avre *F* 21 D2
Vernon *F* 21 D2
Vernoux-en-Vivarais *F* 26 C4
Verny *F* 23 D2
Veroli *I* 79 E2
Verona *I* 71 F4
La Verpillière *F* 26 C3
Verran *N* 111 E1
Verrès *I* 27 F3
Versailles *F* 21 E2
Versmold *D* 55 F3
Verteillac *F* 25 D4
Vertientes (Las) *E* 48 C2
Vertus *F* 22 A2
Verucchio *I* 76 B2
Verviers *B* 61 D2
Vervins *F* 17 E3
Verzuolo *I* 31 F1
Verzy *F* 22 A2
Vesanto *FIN* 115 D3
Vescovato *F* 78 B3
Vesilahti *FIN* 120 C3
Vesivehmaa *FIN* 121 D3
Vesjegonsk *RUS* 125 F1
Veskoniemi *FIN* 105 F3
Vesoul *F* 23 D4
Véssa *GR* 95 F4
Vestby *N* 117 D2
Vestbygda *N* 116 A2
Vestertana *N* 105 F1
Vesterø Havn *DK* 122 C1
Vestmanna (Færøerne) *DK* 106 A3
Vestnes *N* 110 C2
Vestone *I* 71 F4
Vestre Jakobselv *N* 105 F2
Veszprém *H* 126 A4
Veteli *FIN* 114 C3
Vetlanda *S* 123 F1
Vetralla *I* 79 D1
Vetriolo Terme *I* 72 A3
Vetschau *D* 58 A3
Veules-les-Roses *F* 16 A3
Veulettes-sur-Mer *F* 16 A3
Veurne *B* 15 F4
Vevey *CH* 27 E2
Vévi *GR* 87 E2
Veynes *F* 31 D1
Veyre-Monton *F* 26 A3
Veyrier-du-Lac *F* 27 E3
Vezdemarbán *E* 35 F3
Vézelay *F* 22 A4
Vézelise *F* 22 C3

Vézénobres F 30 B2
Vézins-de-Lévézou F 30 A1
Vezzani F 78 A3
Vezzano I 71 F3
Viadana I 75 F1
Viana E 37 D2
Viana do Alentejo P 40 B4
Viana do Bolo E 32 C4
Viana do Castelo P 34 B3
Vianden L 61 E3
Vianen NL 54 C4
Viareggio I 75 F3
Vias F 30 A3
Vibo Valentia I 83 E3
Viborg DK 122 B2
Vibraye F 20 C3
Vič SLO 73 E2
Vic-en-Bigorre F 28 C3
Vic-Fezensac F 29 D2
Vic-le-Comte F 26 A3
Vic-sur-Aisne F 17 D4
Vic-sur-Cère F 25 F4
Vicálvaro E 42 B1
Vicdessos F 29 E4
Vicebsk BY 125 D3
Vicenza I 72 A4
Vich / Vic E 39 D3
Vichy F 26 A2
Vico F 78 A3
Vico del Gargano I 80 C1
Vico Equense I 80 A3
Victoria M 85 F4
Vidago P 34 C3
Vidareidi (Færøerne) DK 106 A3
Vidauban F 31 E3
Viddal N 110 B3
Videbæk DK 122 A2
Videm SLO 73 E3
Vidiáki GR 96 C1
Vidigueira P 40 C4
Vidin BG 128 C2
Vidreres E 39 D3
Vidsel S 108 B3
Viechtach D 63 F4
Viechtwang A 68 B2
Vieira de Leiria P 40 A2
Vieira do Minho P 34 C3
Vielha E 29 D4
Vielle-Aure F 28 C4
Vielmur-sur-Agout F 29 F3
Vielsalm B 61 E2
Vienenburg D 56 C3
Vienne F 26 C3
Vieremä FIN 115 D2
Viernheim D 23 F1
Vierraden D 52 A4
Viersen D 61 E1
Vierumäki FIN 121 D3
Vierzon F 25 F1
Vieste I 80 C1
Vietas S 108 A1
Vietri di Potenza I 80 B3
Vietri sul Mare I 80 A3
Vieux-Boucau-les-Bains F 28 A2
Vif F 27 D4
Vig DK 122 C3
Le Vigan F 30 B2
Vigeland N 116 B3
Vigeois F 25 E4
Vigevano I 71 D4
Viggiano I 80 C3
Vígla GR 92 B2
Vignale Monferrato I 74 C1
Vignanello I 79 D1
Les Vignes F 30 A1
Vigneulles-lès-Hattonchâtel F 22 C2
Vignola I 76 A2
Vignole Borbera I 75 D1
Vignory F 22 B3
Vigo di Fassa I 67 F4
Vigo E 32 A4
Vigone I 27 F4
Vigonza I 72 B4
Vihanti FIN 114 C1
Vihiers F 24 C1
Vihtavuori FIN 115 D4
Vihteljärvi FIN 120 B2
Vihti FIN 120 C3
Viiala FIN 120 C3
Viiksimo FIN 115 F1
Viinijärvi FIN 115 F3
Viitasaari FIN 115 D3
Vik IS 106 B2
Vik N 116 C3
Vik (Nordland) N 107 D4
Vik (Sogn og Fjordane) N 110 B4
Vika S 119 D1
Vikajärvi FIN 109 D2
Vikanes N 110 A4
Vikedal N 116 A1
Vikersund N 117 D1
Vikeså N 116 A2
Vikevåg N 116 A2
Vikingstad S 119 D3
Vikran N 104 B3
Viksdalen N 110 B3
Viksjö S 112 C2
Viksta S 119 E1
Vila de Cruces E 32 B3
Vila Nova de Santo André P 46 A1
Vila-real / Villarreal E 44 A2
Vila-rodona E 38 C4
Vila Boim P 40 C3
Vilada E 38 C3
Viladamat E 39 E3
Vila de Rei P 40 B2
Vila do Bispo P 46 A2
Vila do Conde P 34 B3
Viladrau E 39 D3
Vilafamés E 44 A2
Vila Fernando P 40 C3
Vila Flor P 35 D4
Vilafranca E 44 A2
Vila Franca das Naves P 35 D4
Vilafranca del Penedès E 38 C4
Vila Franca de Xira P 40 A3
Vila Fresca de Azeitão P 40 A4
Vilagarcía de Arousa E 32 A3
Vila Joiosa (La) / Villajoyosa E 49 F1
Vilalba/Villalba E 32 C2
Vilaller E 29 D4
Vilallonga E 44 A4
Vilamarxant E 43 F3
Vilanova d'Alcolea E 44 A2
Vilanova E 32 C2
Vila Nova da Barquinha P 40 B2
Vilanova de Arosa E 32 A3
Vila Nova de Cerveira P 32 A4
Vila Nova de Famalicão P 34 B3
Vila Nova de Foz Côa P 35 D4
Vila Nova de Gaia P 34 B4
Vila Nova de Milfontes P 46 A1
Vila Nova de Paiva P 34 C4
Vila Nova de Poiares P 40 B1
Vila Nova de São Bento P 46 C1
Vilanova de Sau E 39 D3
Vilanova i la Geltrú / Villanueva y Geltrú E 38 C4
Vila Pouca de Aguiar P 34 C3
Vila Praia de Âncora P 32 A4
Vilar de Barrio E 32 B4
Vilar Formoso P 41 D1
Vila Real P 34 C3
Vila Real de Santo António P 46 B2
Vila-seca E 44 C1
Vila Velha de Ródão P 40 C2
Vila Verde P 34 B3
Vila Verde da Raia P 35 D3
Vila Verde de Ficalho P 46 C1
Vila Viçosa P 40 C4
Vilches E 48 B1
Vilejka BY 124 C4
Vilhelmina S 107 F1
Vília GR 93 F4
Viljakkala FIN 120 C2
Viljandi EST 124 B2
Vilkaviškis LT 124 B4
Villa Adriana I 79 E1
Villa Bartolomea I 72 A4
Villa Literno I 79 F3
Villa Minozzo I 75 F2
Villa Opicina I 73 D3
Villa Potenza I 77 D3
Villa Santina I 68 A4
Villa S. Giovanni I 83 D4
Villa Sta Maria I 80 A1
Villa Vomano I 77 D4
Villabassa / Niederdorf I 67 F4
Villablanca E 46 C2
Villablino E 33 D3
Villabona E 28 A3
Villabrágima E 35 F3
Villabuena del Puente E 35 F4
Villacañas E 42 C3
Villacarriedo E 36 B1
Villacarrillo E 48 B1
Villacastín E 42 A1
Villach A 68 B4
Villacidro I 82 B4
Villada E 33 F4
Villa de Don Fadrique (La) E 42 C3
Villa del Prado E 42 B2
Villa del Río E 48 A1
Villadiego E 36 B2
Villadossola I 70 C3
Villaescusa de Haro E 43 D3
Villafáfila E 35 F3
Villaflores E 35 F4
Villafranca di Verona I 71 F4
Villafranca in Lunigiana I 75 E2
Villafranca Piemonte I 27 F4
Villafranca Tirrena I 83 D4
Villafranca E 37 E3
Villafranca del Bierzo E 33 D3
Villafranca de los Barros E 41 E4
Villafranca de los Caballeros E 42 C3
Villafranca-Montes de Oca E 36 C2
Villafranco del Guadalquivir E 47 D2
Villafrati I 84 B3
Villafrechós E 35 F3
Villafruela E 36 B3
Villafuerte E 36 A3
Villager de Laciana E 33 D3
Villaggio Mancuso I 83 E2
Villaharta E 47 F1
Villahermosa E 42 C4
Villahoz E 36 B3
Villaines-la-Juhel F 19 F3
Villala FIN 115 F4
Villalba de la Sierra E 43 D2
Villalba de los Barros E 41 D4
Villalba del Rey E 43 D2
Villalcázar de Sirga E 33 F4
Villalgordo del Marquesado E 43 D3
Villalón de Campos E 36 A3
Villalpando E 35 F3
Villalpardo E 43 E3
Villaluenga E 37 E4
Villamanrique E 42 C4
Villamañan E 33 E4
Villamartín E 47 E3
Villamartín de Campos E 36 A3
Villamassargia I 82 B4
Villamayor E 37 F4
Villamayor de Campos E 35 F3
Villamayor de Santiago E 42 C3
Villandraut F 28 C1
Villandry F 20 C4
Villanova Monteleone I 82 A2
Villanubla E 36 A3
Villanueva de Alcardete E 42 C3
Villanueva de Alcorón E 43 D1
Villanueva de Algaidas E 47 F3
Villanueva de Argaño E 36 B2
Villanueva de Bogas E 42 B3
Villanueva de Cameros E 37 D3
Villanueva de Córdoba E 47 F1
Villanueva de Franco E 42 C4
Villanueva de Gállego E 37 F3
Villanueva de la Concepción E 47 F3
Villanueva de la Fuente E 42 C4
Villanueva de la Jara E 43 D3
Villanueva de la Reina E 48 A1
Villanueva del Arzobispo E 48 C1
Villanueva de la Serena E 41 E4
Villanueva de la Sierra E 41 E1
Villanueva de las Torres E 48 B2
Villanueva de la Vera E 41 F2
Villanueva del Campo E 35 F3
Villanueva del Duque E 47 F1
Villanueva del Fresno E 40 C4
Villanueva del Huerva E 37 F4
Villanueva de los Castillejos E 46 C2
Villanueva de los Infantes E 42 C4
Villanueva del Rey E 47 F1
Villanueva del Río y Minas E 47 E2
Villanueva del Trabuco E 48 A3
Villanueva de San Carlos E 42 B4
Villaquejida E 33 E4
Villaquilambre E 33 E4
Villar de Peralonso E 35 E4
Villarcayo E 36 C1
Villard-de-Lans F 27 D4
Villar de Arnedo (El) E 37 D2
Villar de Cañas E 43 D3
Villardeciervos E 35 E3
Villar de Domingo García E 43 D2
Villardefrades E 35 F3
Villar del Arzobispo E 43 F3
Villar del Rey E 41 D3
Villarejo de Fuentes E 43 D3
Villarejo de Salvanés E 42 C2
Villarente E 33 E4
Villares (Los) E 48 A2
Villares de la Reina E 35 F4
Villares del Saz E 43 D2
Villargarcía del Llano E 43 E3
Villargordo del Cabriel E 43 E3
Villaricos E 49 D3
Villarino E 35 E4
Villaroya E 37 D3
Villaroya de los Pinares E 43 F1
Villarquemado E 43 E1
Villarramiel E 36 A3
Villarrín de Campos E 35 F3
Villarrobledo E 43 D3
Villarroya de la Sierra E 37 E4
Villarrubia de los Ojos E 42 B3
Villarrubia de Santiago E 42 C2
Villarrubio E 42 C2
Villars-les-Dombes F 26 C3
Villars-sur-Ollon CH 27 F2
Villarta de San Juan E 42 C3
Villasalto I 82 C3
Villasana de Mena E 36 C1
Villasandino E 36 B2
Villasante de Montija E 36 C1
Villasarracino E 33 F4
Villaseco de los Reyes E 35 E4
Villasequilla de Yepes E 42 B2
Villasimius I 82 C4
Villasor I 82 B4
Villatobas E 42 C2
Villatoya E 43 E3
Villava E 28 A4
Villaverde del Río E 47 E2
Villaviciosa E 33 E2
Villaviciosa de Córdoba E 47 F1
Villaviciosa de Odón E 42 B1
Villavieja de Yeltes E 35 E4
Villé F 23 E3
Ville-en-Tardenois F 17 D4
Ville-sur-Tourbe F 17 F4
Villebois-Lavalette F 25 D3
La Villedieu-du-Clain F 25 D2
Villedieu-les-Poêles F 19 E2
Villefagnan F 24 C3
Villefort F 30 B1
Villefranche-d'Albigeois F 29 F2
Villefranche-de-Lauragais F 29 E3
Villefranche-de-Lonchat F 24 C4
Villefranche-de-Rouergue F 29 F1
Villefranche-du-Périgord F 29 D1
Villefranche-sur-Cher F 25 E1
Villefranche-sur-Mer F 31 F2
Villefranche-sur-Saône F 26 C3
Villel E 43 F2
Villemur-sur-Tarn F 29 E2
Villena E 43 F4
Villenauxe-la-Grande F 22 A2
Villeneuve F 29 F1
Villeneuve-d'Ascq F 15 F4
Villeneuve-de-Berg F 30 C1
Villeneuve-de-Marsan F 28 C2
Villeneuve-l'Archevêque F 22 A3
Villeneuve-lès-Avignon F 30 C2
Villeneuve-sur-Lot F 29 D1
Villeneuve-sur-Yonne F 21 F3
Villeréal F 29 D1
Villers-Bocage F 16 C3
Villers-Bocage F 19 F2
Villers-Bretonneux F 16 C3
Villers-Cotterêts F 17 D4
Villers-devant-Orval B 17 F4
Villers-Farlay F 27 D1
Villers-la-Ville B 17 E2
Villers-le-Lac F 27 E1
Villers-sur-Mer F 20 C1
Villersexel F 23 D4
Villerupt F 22 C1
Villerville F 20 C1
Villetta Barrea I 79 F2
Villiers-St-Georges F 21 F2
Villingen-Schwenningen D 23 F3
Villoldo E 33 F4
Villoria E 35 F4
Villotta I 72 B3
Vilnius LT 124 C4
Vil'nohirs'k UA 127 F2
Vilppula FIN 120 C2
Vilsbiburg D 67 F1
Vilseck D 63 E3
Vilshofen D 64 A4
Vilvoorde B 17 E2
Vimercate I 71 D4
Vimianzo E 32 A2
Vimieiro P 40 C3
Vimioso P 35 E3
Vimmerby S 119 D4
Vimoutiers F 20 C2
Vimpeli/Vindala FIN 114 C3
Vinadio I 31 F1
Vinaixa E 38 B4
Vinarós E 44 B2
Vinay F 27 D4
Vinça F 29 F4
Vinchiaturo I 80 A2
Vinci I 76 A3
Vindeln S 113 D1
Vinderup DK 122 B2
Vindsvik N 116 B2
Vingelen N 111 E3
Vingåker S 119 D3
Vinhais P 35 D3
Vinica SLO 73 E3
Vinje N 116 C2
Vinkovci HR 128 A1
Vinnycja UA 127 D2
Vinsternes N 110 C2
Vinstra N 111 D3
Vinuesa E 36 C3
Viñas (Las) E 48 A1
Viñuelas E 42 C1
Vipava SLO 73 D3
Vipiteno / Sterzing I 67 E4
Vire F 19 F2
Vireux-Wallerand F 17 E3
Virgen A 67 F3
Virgen de la Cabeza (Santuario) E 48 A1
Virgen del Camino (La) E 33 E4
Virginia IRL 3 D3
Virieu F 27 D3
Virieu-le-Grand F 27 D3
Virkkala/Virkby FIN 120 C4
Virkkula FIN 109 F2
Virmutjoki FIN 121 F2
Virolahti FIN 121 E3
Virónia GR 88 B1
Virovitica HR 128 A1
Virrat FIN 120 C4
Virsbo S 119 D2
Virserum S 123 F1
Virtasalmi FIN 121 E2
Virton B 17 F4
Virtsu EST 124 B2
Vis HR 128 A2
Visby S 119 F4
Visé B 17 F2
Višegrad BIH 128 A2
Viserba I 76 C2
Viseu P 34 C4
Višnjagora SLO 73 E3
Viso (El) E 41 F4
Viso del Alcor (El) E 47 E2
Viso del Marqués E 42 B4
Visp CH 70 C3
Víssani GR 86 C4
Visselhövede D 50 B4
Vissenbjerg DK 122 B3
Vissiniá GR 87 E2
Visso I 76 C4
Vistabella del Maestrat E 44 A2
Vistheden S 108 B3
Visuvesi FIN 120 C2
Vitaby S 123 E3
Vítala GR 94 B3
Viterbo I 79 D1
Vitigudino E 35 E4
Vitína GR 96 C1
Vítoli GR 93 D2
Vitré F 19 E3
Vitrey-sur-Mance F 22 C4
Vitriola I 75 F2
Vitry-en-Artois F 17 D3
Vitry-le-François F 22 B2
Vítsa GR 87 D4
Vitsand S 118 C1
Vittangi S 108 B1
Vitteaux F 22 B4
Vittel F 22 C3
Vittoria I 85 D4
Vittorio Veneto I 72 B3
Vittoriosa M 85 F4
Vittsjö S 123 E2
Vitznau CH 66 B4
Viù I 27 F4
Vivaro I 72 B3
Viveiro E 32 C2
Vivel del Río Martín E 43 F1
Viver E 43 F2
Viverols F 26 B4
Viveros E 43 D4
Le Vivier-sur-Mer F 19 E2
Viviers F 30 C1
Vivonne F 25 D2
Vizille F 27 D4
Vizítsa GR 93 F1
Vizzavona F 78 A3
Vizzavona (Col de) F 75 D2
Vizzini I 85 D4
Vlaardingen NL 54 B4
Vlagtwedde NL 55 E2
Vlaháva GR 87 E4
Vlahéma GR 96 C1
Vlahiótis GR 97 D3
Vlahokerassiá GR 97 D2
Vlahomándra GR 92 C3
Vlahópoulo GR 96 B2
Vlasenica BIH 128 A2
Vlássio GR 92 C1
Vlásti GR 87 E2
Vlihó GR 92 A3
Vlissingen NL 17 D1
Vlorë AL 128 B4
Vlotho D 55 F3
Vobbia I 75 D2
Voe GB 7 F3
Vöcklabruck A 68 A1
Vöhringen D 66 C1
Völkermarkt A 68 C3
Völklingen D 23 D1
Vogatsikó GR 87 E3
Vogelsdorf D 58 A2
Voghera I 75 D1
Vohenstrauß D 63 F3
Void F 22 C2
Voikka FIN 121 E3
Voikoski FIN 121 E3
Voiron F 27 D4
Voiteur F 27 D1
Voitsberg A 68 C3
Vojakkala FIN 108 C3
Vojens DK 122 B3
Vojnik SLO 73 E2
Vólakas GR 89 D1
Volchov RUS 125 D1
Volda N 110 B3
Volders A 67 E3

Volendam NL 54 C3
Volímes GR 92 A4
Volissós GR 95 E3
Volkach D 62 C3
Volkmarsen D 56 B4
Volmunster F 23 E1
Voločys'k UA 127 D2
Volodymyr-Volyns'kyj UA 126 C2
Volokolamsk RUS 125 F2
Volonne F 31 D2
Vólos GR 93 F1
Volpiano I 27 F4
Volta Mantovana I 71 F4
Volterra I 76 A3
Voltri I 75 D2
Volturara Appula I 80 B2
Volvic F 26 A3
Volx F 31 D2
Vónitsa GR 92 B2
Vonnas F 26 C2
Voorschoten NL 54 B4
Voorst NL 55 D3
Voorthuizen NL 54 C3
Vopnafjörður IS 106 C1
Vorau A 69 D2
Vorchdorf A 68 B1
Vordernberg A 68 C2
Vorderriß D 67 E2
Vordingborg DK 122 C3
Voreppe F 27 D4
Vorey F 26 B4
Vóri GR 100 C4
Vormsi EST 124 B1
Vorna FIN 115 D2
Voroneț RO 127 D3
Vorsfelde D 57 D3
Võru EST 124 C2
Voss N 110 B4
Votonóssi GR 87 D4
Voúdia GR 98 B3
Vouhorína GR 87 E3
Vouillé F 24 C2
Voukoliés GR 100 A3
Voúla GR 97 F1
Vouliagméni GR 97 F1
Voúlpi GR 92 C2
La Voulte-sur-Rhône F 30 C1
Vourkári GR 98 A1
Vourliótes GR 99 F1
Voúrvoura GR 97 D2
Vourvouroú GR 88 C3
Voutás GR 93 F2
Vouvant F 24 B2
Vouvray F 20 C4
Vouzela P 34 B4
Vouziers F 17 E4
Voves F 21 D3
Vovoússa GR 87 D4
Voznesens'k UA 127 F3
Vraca BG 128 C2
Vraháti GR 93 E4
Vrahnéika GR 92 C4
Vrams-Gunnarstorp S 123 D2
Vranjc YU 128 C2
Vransko SLO 73 E2
Vrástama GR 88 C3
Vrbas YU 128 A1
Vreden D 55 D4
Vresse-sur-Semois B. 17 F3
Vreta Kloster S 119 D3
Vrhnika SLO 73 D3
Vría GR 88 A3
Vrínena GR 93 E2
Vríssa GR 95 F2
Vrísses GR 100 B3
Vrissiá GR 93 E1
Vrissoúla GR 92 B1
Vrnjačka Banja YU 128 B2
Vrondádos GR 95 F3
Vrondamás GR 97 D3
Vronderó GR 87 D2
Vrondoú GR 88 A3
Vrossína GR 86 C4
Vrouhás GR 101 E3
Vrå DK 122 B1
Vrådal N 116 C2
Vukovar HR 128 A1
Vuohijärvi FIN 121 E3
Vuokatti FIN 115 E2
Vuoksenniska FIN 121 F2
Vuolijoki FIN 115 D2
Vuollerim S 108 B2
Vuonislahti FIN 115 F3
Vuoskojaure S 104 C4
Vuostimo FIN 109 E2
Vuotso FIN 105 F4
Vylkove UA 127 E4
Vyšnij Voločok RUS 125 E1
Vyškov CZ 65 E3
Væggerløse DK 122 C4
Vågaholmen N 107 E2
Vågan N 107 E2
Våge N 116 A1
Vågåmo N 111 D3
Vålberg S 118 C2
Våler (Hedmark) N 117 E1
Våler (Østfold) N 117 D2
Våládalen S 112 A2
Vämb S 118 C3
Våmhus S 112 A4
Vårdö FIN 120 A4
Vårgårda S 118 B4
Våxtorp S 123 D2
Vä S 123 E3
Väddö S 119 F2
Vähäkyrö FIN 114 B3
Vänersborg S 118 B3
Vännäs S 113 D1
Värnamo S 123 E1
Värö S 123 D1
Västanfjärd FIN 120 B4
Västenbäck S 112 B2
Väster-Haninge S 119 E3
Västervik S 119 E4
Västerås S 119 D2
Väte S 119 F4
Växjö S 123 E2
Vääkiö FIN 115 E1
Vörå/Vöyri FIN 114 B3

W

Waalwijk NL 54 C4
Waasmunster B 17 E1
Wabern D 62 B1
Wachow D 57 E2
Wadebridge GB 12 B3
Wädenswil CH 66 B3
Wächtersbach D 62 B2
Wagenfeld D 55 F3
Wageningen NL 54 C4
Waging a. See D 67 F2
Wagrain A 68 A3
Wahlstedt D 50 C3
Waiblingen D 66 B1
Waidhaus D 63 F3
Waidhofen an der Thaya A 64 C4
Waidhofen an der Ybbs A 68 C1
Waidring A 67 F2
Waischenfeld D 63 E3
Waizenkirchen A 68 B1
Wakefield GB 11 D2
Wałbrzych PL 65 D1
Walchensee D 67 E2
Walchsee A 67 F2
Wald CH 66 B3
Waldbröl D 61 F1
Waldeck D 62 B1
Waldenbuch D 66 B1
Waldenburg D 63 F1
Waldfischbach-Burgalben D 23 E1
Waldheim D 63 F1
Waldkappel D 62 C1
Waldkirch D 23 F3
Waldkirchen D 64 A4
Waldkraiburg D 67 F1
Wald-Michelbach D 23 F1
Waldmünchen D 63 F3
Waldsassen D 63 F2
Waldshut-Tiengen D 23 F4
Walenstadt CH 66 C3
Wallasey GB 10 C3
Walldorf D 23 F1
Walldürn D 62 B3
Wallenfels D 63 E2
Wallersdorf D 63 F4
Wallerstein D 63 D4
Wallingford GB 13 F2
Walls GB 7 F3
Walsall GB 11 D4
Walsrode D 56 B2
Walsum D 55 D4
Waltershausen D 62 C1
Walton-on-the-Naze GB 15 D2
Waltrop D 55 E4
Wałcz PL 52 C3
Wanderup D 50 B2
Wandlitz D 51 F4
Wanfried D 62 C1
Wangenbourg F 23 E2
Wangen i. Allgäu D 66 C2

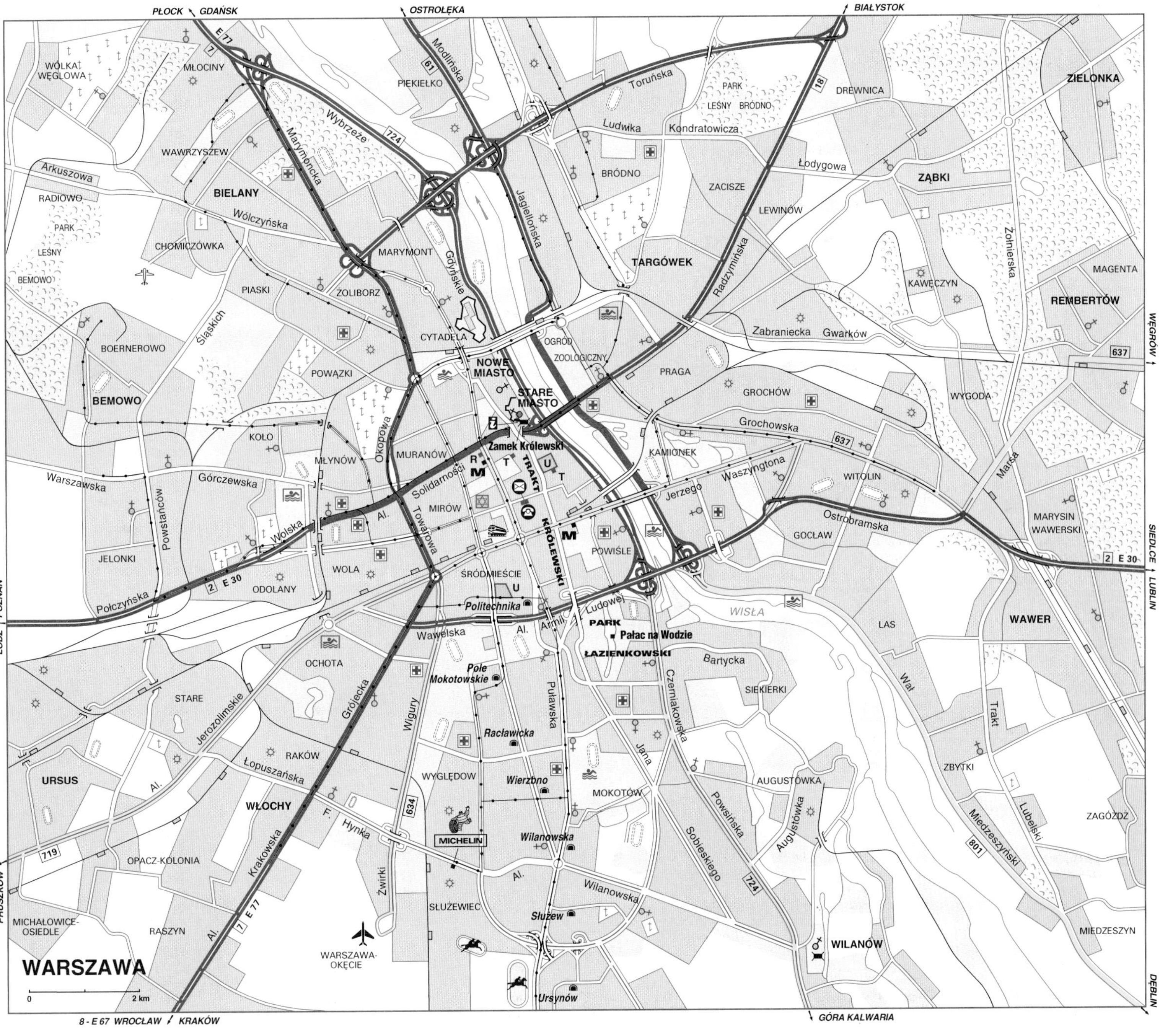

WARSZAWA
PŁOCK GDAŃSK
OSTROŁĘKA
BIAŁYSTOK
WĘGRÓW
SIEDLCE LUBLIN
DĘBLIN
GÓRA KALWARIA
8 - E 67 WROCŁAW KRAKÓW
BIELANY
BEMOWO
TARGÓWEK
PRAGA
ZĄBKI
ZIELONKA
REMBERTÓW
WAWER
URSUS
WŁOCHY
WILANÓW
NOWE MIASTO
STARE MIASTO
Zamek Królewski
Politechnika
PARK ŁAZIENKOWSKI
Pałac na Wodzie
WISŁA
WARSZAWA-OKĘCIE
MICHELIN
0 2 km

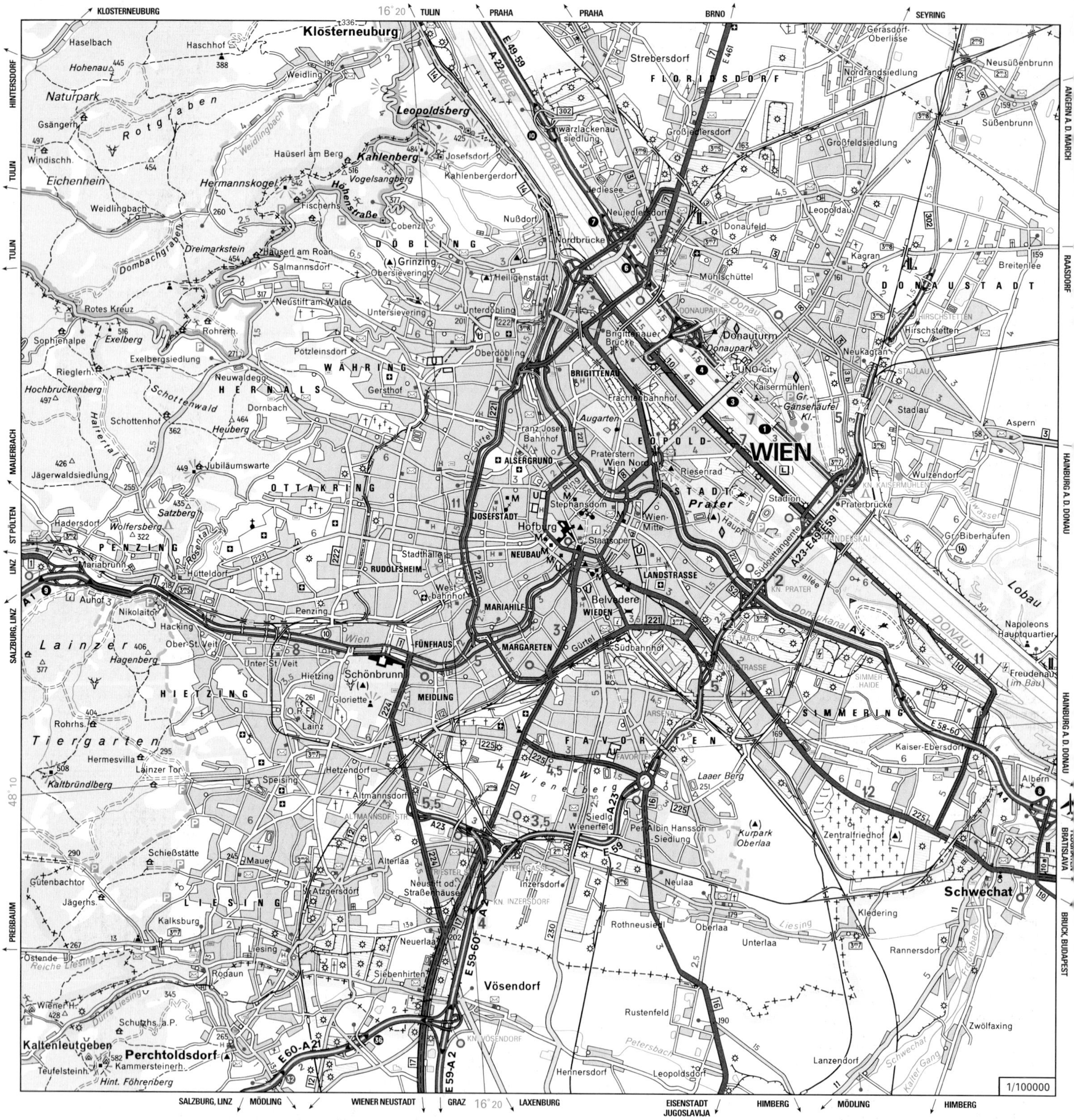
KLOSTERNEUBURG
TULLN
PRAHA
PRAHA
BRNO
SEYRING
HINTERSDORF
TULLN
TULLN
MAUERBACH
ST PÖLTEN
LINZ
SALZBURG, LINZ
PRESSBAUM
ANGERN A.D. MARCH
RAASDORF
HAINBURG A.D. DONAU
BRATISLAVA
BRUCK, BUDAPEST
Klosterneuburg
Leopoldsberg
Kahlenberg
Hermannskogel
Naturpark
FLORIDSDORF
DÖBLING
WÄHRING
HERNALS
OTTAKRING
PENZING
HIETZING
Lainzer Tiergarten
DONAUSTADT
LEOPOLDSTADT
BRIGITTENAU
ALSERGRUND
JOSEFSTADT
NEUBAU
MARIAHILF
RUDOLFSHEIM-FÜNFHAUS
MARGARETEN
WIEDEN
LANDSTRASSE
MEIDLING
FAVORITEN
SIMMERING
LIESING
WIEN
Prater
Donauturm
Donaupark
Stephansdom
Hofburg
Schönbrunn
Belvedere
Riesenrad
Stadion
Zentralfriedhof
Kurpark Oberlaa
Laaer Berg
Lobau
Donau
Wien
Schwechat
Vösendorf
Perchtoldsdorf
Kaltenleutgeben
Strebersdorf
Leopoldau
Aspern
Breitenlee
Süßenbrunn
Kagran
Stadlau
Essling
Albern
Kaiser-Ebersdorf
Oberlaa
Unterlaa
Rothneusiedl
Inzersdorf
Atzgersdorf
Mauer
Kalksburg
Rodaun
Siebenhirten
Hennersdorf
Leopoldsdorf
Lanzendorf
Rustenfeld
Rannersdorf
Kledering
Zwölfaxing
SALZBURG, LINZ
MÖDLING
WIENER NEUSTADT
GRAZ
16°20
LAXENBURG
EISENSTADT JUGOSLAVIJA
HIMBERG
MÖDLING
HIMBERG
1/100000

Wermelskirchen D 61 F1
Wermsdorf D 57 F4
Wernberg-Köblitz D 63 E3
Werne D 55 E4
Werneck D 62 C3
Werneuchen D 57 F2
Wernigerode D 57 D4
Wertach D 67 D3
Wertheim D 62 C3
Werther D 55 F3
Wertingen D 67 D1
Wervik B 15 F4
Wesel D 55 D4
Wesenberg D 51 F4
Wesendorf D 56 C2
Wesselburen D 50 A2
Wessobrunn D 67 E2
West Auckland GB 11 D1
West Bridgford GB 11 E4
West Kilbride GB 8 B3
West Linton GB 9 D3
West Looe GB 12 C3
West Mersea GB 15 D3
West-Terschelling NL 54 C1
Westbury GB 13 E2
Westendorf A 67 F3
Westenholz D 56 B2
Westerburg D 62 A2
Westerholt D 55 E1
Westerland D 50 A1
Westerlo B 17 F1
Westernbödefeld D 62 A1
Westerstede D 55 E1
Westhofen D 62 A3
Weston-super-Mare GB 13 D2
Westport / Cathair na Mart IRL 2 A3
Wetherby GB 11 D2
Wetter (Ruhr) D 61 F1
Wetteren B 17 D1
Wettin D 57 E4
Wettringen D 55 E3
Wetwang GB 11 E2
Wetzikon CH 66 B3
Wetzlar D 62 A2
Wexford / Loch Garman IRL 5 E3
Weyer Markt A 68 C2
Weyhausen D 56 C2
Weyhill GB 13 F2
Weymouth GB 13 E3
Weyregg a. Attersee A 68 A2
Węgorzewo PL 124 B4
Whaley Bridge GB 11 D3
Whitburn GB 9 D3
Whitby GB 11 E1
Whitchurch GB 10 C3
White Bridge GB 6 C4
Whitehaven GB 10 B1
Whitehead GB 3 E2
Whiteness GB 7 F3
Whithorn GB 8 C4
Whitland GB 12 C1
Whitley Bay GB 9 F4
Whitstable GB 15 D3
Whittlesey GB 11 F4
Wick GB 7 E2
Wickford GB 14 C3
Wicklow / Cill Mhantáin IRL 5 F2
Widnes GB 10 C3
Wiefelstede D 50 A4
Wiehe D 57 D4
Wiek D 51 F1
Wieluń PL 126 A2
Wien A 69 D1
Wien-Schwechat A 69 E1
Wiener Neudorf A 69 D1
Wiener Neustadt A 69 D1
Wies A 69 D3
Wiesau D 63 E3
Wiesbaden D 62 A3
Wieselburg A 68 C1
Wiesenburg D 57 E3
Wiesensteig D 66 C1
Wiesentheid D 62 C3
Wiesenttal D 63 D3
Wiesing A 67 F3
Wiesloch D 23 F1
Wiesmath A 69 E2
Wiesmoor D 55 E1
Wigan GB 10 C2
Wigton GB 9 D4
Wigtown GB 8 C4
Wijhe NL 55 D3
Wil CH 66 B3
Wildalpen A 68 C2
Wildbad i. Schwarzwald D 23 F2
Wildeck D 62 C1
Wildeck D 62 C1
Wildeshausen D 55 F2
Wildon A 69 D3
Wilfersdorf A 65 E4
Wilhelmsburg A 69 D1
Wilhelmshaven D 50 A4
Wilhemsburg D 50 B4
Wilhering A 68 B1
Wilkau-Haßlau D 63 F1
Willebroek B 17 E1
Willemstad NL 54 B4
Willingen D 62 A1
Williton GB 13 D2
Wilmslow GB 10 C3
Wilnsdorf D 62 A1
Wilsdruff D 64 A1
Wilster D 50 B3
Wilton GB 13 F2
Wiltz L 61 E3
Wimborne Minster GB 13 E3
Wimereux F 15 D4
Wincanton GB 13 E2
Winchcombe GB 13 F1
Winchelsea GB 14 C4
Winchester GB 13 F3
Windeck D 61 F2
Windermere GB 10 C1
Windischeschenbach D 63 E3
Windischgarsten A 68 B2
Windsbach D 63 D4
Windsor GB 14 B3
Winkleigh GB 12 C3
Winklern A 68 A3
Winnenden D 66 C1
Winnigstedt D 57 D3
Winnweiler D 23 E1
Winschoten NL 55 D2
Winsen D 50 C4
Winsen (Aller) D 56 C2
Winsford GB 10 C3
Winsum NL 55 D1
Winterberg D 62 A1
Winterswijk NL 55 D4
Winterthur CH 66 B3
Wintzenheim F 23 E3
Wipperfürth D 61 F1
Wisbech GB 11 F4
Wischhafen D 50 B3
Wishaw GB 8 C3
Wismar D 51 D3
Wissant F 15 E4
Wissembourg F 23 F2
Wissen D 61 F2
Witham GB 14 C3
Withernsea GB 11 F2
Witney GB 13 F1
Wittdün D 50 A2
Witten D 61 F1
Wittenberg D 57 F3
Wittenberge D 51 D4
Wittenburg D 51 D3
Wittichenau D 58 A4
Wittingen D 56 C2
Wittlich D 61 F3
Wittmund D 55 E1
Wittstock D 51 E4
Witzenhausen D 56 C4
Włocławek PL 53 F4
Władysławowo PL 53 E1
Włodawa PL 126 B1
Woburn GB 14 B2
Wöllersdorf A 69 D1
Woensdrecht NL 17 E1
Woerden NL 54 B4
Wörgl A 67 F3
Wörlitz D 57 E3
Wörrstadt D 62 A3
Wœrth F 23 E2
Wörth a. d. Donau D 63 F4
Wörth a. Main D 62 B3
Wörth a. Rhein D 23 F1
Wohlen CH 23 F4
Woippy F 22 C1
Woking GB 14 B3
Wokingham GB 14 B3
Woldegk D 51 F3
Wolfach D 23 F3
Wolfegg D 66 C2
Wolfen D 57 E4
Wolfenbüttel D 56 C3
Wolfhagen D 62 B1
Wolfratshausen D 67 E2
Wolfsberg A 68 C3
Wolfsburg D 56 C3
Wolgast D 51 F2
Wolkersdorf A 65 E4
Wollersheim D 61 E2
Wollin D 57 E3
Wolmirstedt D 57 D3
Wolnzach D 67 E1
Wolsingham GB 11 D1
Wolsztyn PL 58 C2
Wolvega NL 54 C2
Wolverhampton GB 14 A1
Wolverton GB 14 B2
Woodbridge GB 15 D2
Woodhall Spa GB 11 E3
Woodstock GB 13 F1
Wooler GB 9 E3
Worb CH 27 F1
Worbis D 56 C4
Worcester GB 13 E1
Workington GB 9 D4
Worksop GB 11 E3
Workum NL 54 C2
Wormerveer NL 54 B3
Wormhout F 15 E4
Worms D 23 F1
Worthing GB 14 B4
Wragby GB 11 E3
Wrexham/ Wrecsam GB 10 C3
Wriezen D 52 A4
Wrocław PL 59 D4
Wroughton GB 13 F2
Września PL 53 D4
Wünnenberg D 55 F4
Wünsdorf D 57 F3
Würzburg D 62 C3
Wulfen D 55 E4
Wullowitz A 64 B4
Wunsiedel D 63 E2
Wunstorf D 56 B3
Wuppertal D 61 F1
Wurzen D 57 F4
Wusterhausen D 51 E4
Wustrow D 51 E2
Wuustwezel B 17 E1
Wyk a. Föhr D 50 A2
Wymondham GB 15 D1
Wöbbelin D 51 D4

X

Xàbia / Jávea E 44 A4
Xanten D 55 D4
Xánthi GR 89 E1
Xeresa E 44 A4
Xert E 44 A1
Xerta E 44 B1
Xertigny F 23 D3
Xifianí GR 87 F1
Xilaganí GR 89 F1
Xilikí GR 93 E3
Xilókastro GR 93 E4
Xilopáriko GR 92 C1
Xilópoli GR 88 B1
Xilóskalo GR 100 B3
Xiniáda GR 93 E2
Xinó Neró GR 87 E2
Xinzo de Limia E 32 B4
Xirokámbi GR 97 D3
Xirókambos GR 99 F2
Xirolímni GR 87 E3
Xixona E 49 F1
Xubia E 32 B2
Xunqueira de Ambía E 32 B4

Y

Yalova TR 129 F3
Yanguas E 37 D3
Yarmouth GB 13 F3
Ybbs an der Donau A 68 C1
Yébenes (Los) E 42 B3
Yebra E 42 C2
Yecla E 49 E1
Yenne F 27 D3
Yeovil GB 13 E3
Yepes E 42 B2
Yerville F 16 A4
Yesa E 28 B4
Yesa (La) E 43 F2
Yeşilova TR 129 F4
Yeste E 48 C1
Yli-Ii FIN 109 D3
Yli-Kärppä FIN 109 D3
Yli-Muonio FIN 108 C1
Yli Nampa FIN 109 D2
Yli-Olhava FIN 109 D3
Ylihärmä FIN 114 B3
Ylikiiminki FIN 115 D1
Ylistaro FIN 114 B3
Ylitornio FIN 108 C3
Ylivieska FIN 114 C2
Ylläsjärvi FIN 108 C1
Ylämaa FIN 121 E3
Ylämylly FIN 115 F3
Yläne FIN 120 B3
Ylöjärvi FIN 120 C2
York GB 11 E2
Youghal / Eochaill IRL 5 D3
Yoxford GB 15 D2
Yport F 16 A4
Yppäri FIN 114 C2
Ypäjä FIN 120 C3
Yseure F 26 A2
Yssingeaux F 26 B4
Ystad S 123 E3
Ytterhogdal S 112 B3
Yttermalung S 118 C1
Yuncos E 42 B2
Yunquera E 47 F3
Yunquera de Henares E 42 C1
Yuste (Monasterio de) E 41 F2
Yverdon-les-Bains CH 27 E1
Yvetot F 16 A4
Yvoir B 17 F3
Yvoire F 27 E2

Z

Zaandam NL 54 B3
Žabljak YU 128 A2
Zadar HR 77 F2
Zafarraya E 48 A3
Zafóra (Nissí) GR 101 F1
Zafra E 41 D4
Žaga SLO 72 C2
Zagorá GR 93 F1
Zagorje SLO 73 E2
Zagreb HR 73 F3
Zahara de los Atunes E 47 D4
Zaháro GR 96 B1
Zahinos E 41 D4
Zahna D 57 F3
Záhony H 126 B3
Zaidín E 38 A4
Zaječar YU 128 C2
Zákinthos GR 96 A4
Zákinthos (Nissí) GR 96 A1
Zakopane PL 126 A3
Zákros GR 101 F4
Zalaegerszeg H 69 E3
Zalamea de la Serena E 41 E4
Zalamea la Real E 47 D2
Zalău RO 126 C4
Zalec SLO 73 E2
Zališčyky UA 126 C3
Zalla E 36 C1
Zaltbommel NL 54 C4
Zambrana E 36 C2
Zamora E 35 F3
Zamość PL 126 B2
Zandvoort NL 54 B3
Zanglivéri GR 88 B2
Zaorejas E 43 D1
Zapadnaja Dvina RUS 125 E2
Zápio GR 93 E1
Zapponeta I 80 C2
Zaragoza E 37 F4
Zárakes GR 94 B4
Zaratán E 36 A3
Zarautz E 37 D1
Zarcilla de Ramos E 49 D2
Zárkos GR 87 F4
Zarós GR 101 D4
Zaroúhla GR 93 D4
Zarrentin D 50 C3
Zarza la Mayor E 41 D2
Žaškiv UA 127 E2
Zavattarello I 75 D1
Zawiercie PL 126 A2
Zbaraž UA 126 C2
Zduńska Wola PL 126 A2
Zebreira P 41 D2
Zeebrugge B 15 F3
Zefiría GR 98 B3
Zehdenick D 51 F4
Zeist NL 54 C4
Zeitz D 63 E1
Zejtun M 85 F4
Žekovec SLO 73 E2
Zele B 17 E1
Zelenogorsk RUS 124 C1
Železniki SLO 73 D2
Železnogorsk RUS 125 F4
Želin SLO 73 D3
Zélio GR 93 F3
Zell (Mosel) D 61 F3
Zella-Mehlis D 63 D2
Zell am See A 68 A3
Zell am Ziller A 67 F3
Zell an der Pram A 68 A1
Zeltweg A 68 C3
Zelzate B 17 D1
Zenica BIH 128 A2
Zerbst D 57 E3
Zerf D 23 D1
Zeri I 75 E2
Zermatt CH 27 F2
Zernez CH 67 D4
Zerqan AL 128 B3
Zestoa E 37 D1
Zetel D 55 E1

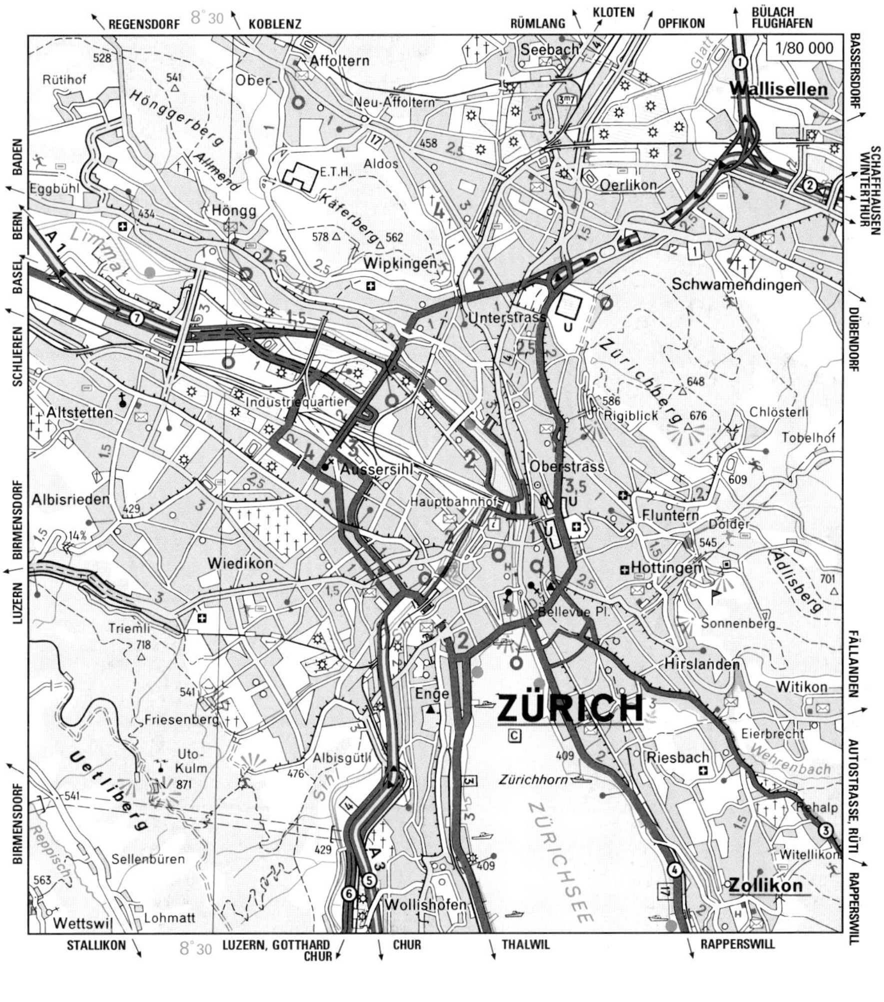

REGENSDORF
KOBLENZ
RÜMLANG
KLOTEN
OPFIKON
BÜLACH FLUGHAFEN
1/80 000
BASSERSDORF
Wallisellen
SCHAFFHAUSEN WINTERTHUR
DÜBENDORF
FÄLLANDEN
AUTOSTRASSE, RÜTI
RAPPERSWIL
BADEN
BERN
BASEL
SCHLIEREN
BIRMENSDORF
LUZERN
STALLIKON
LUZERN, GOTTHARD CHUR
CHUR
THALWIL
Affoltern
Seebach
Rütihof
Hönggerberg
Neu-Affoltern
E.T.H.
Aldos
Oerlikon
Eggbühl
Höngg
Käferberg
Wipkingen
Schwamendingen
Unterstrass
Zürichberg
Altstetten
Industriequartier
Rigiblick
Chlösterli
Tobelhof
Aussersihl
Oberstrass
Hauptbahnhof
Albisrieden
Fluntern
Dolder
Wiedikon
Hottingen
Adlisberg
Bellevue Pl.
Triemli
Sonnenberg
Hirslanden
Enge
ZÜRICH
Witikon
Friesenberg
Eierbrecht
Uto-Kulm
Albisgütli
Riesbach
Zürichhorn
Uetliberg
ZÜRICHSEE
Rehalp
Witellikon
Sellenbüren
Zollikon
Wettswil
Lohmatt
Wollishofen

Zeulenroda *D* 63 E1
Zeven *D*............... 50 B4
Zevenaar *NL*.......... 55 D4
Zevgaráki *GR*......... 92 C3
Zevgolatió *GR*........ 96 C2
Zevio *I*................ 72 A4
Zicavo *F*.............. 78 A4
Zicavo *F*.............. 75 D3
Ziegenrück *D*......... 63 E1
Zielona Góra *PL*...... 58 B3
Zierikzee *NL*.......... 54 A4
Ziersdorf *A*........... 65 D4
Zierzow *D*............. 51 D4
Ziesar *D*............... 57 E3
Zimnicea *RO*.......... 129 D2
Zinal *CH*............... 27 F2
Zingst *D*............... 51 E2
Zin'kiv *UA*............. 127 F1
Zinnowitz *D*.......... 51 F2
Zinnwald *D*........... 64 A1
Zirchow *D*............ 52 A2
Žiri *SLO*................ 73 D3
Zirl *A*................... 67 E3
Zirndorf *D*............ 63 D3
Zíros *GR*............... 101 F4
Zistersdorf *A*......... 65 E4
Zittau *D*............... 64 B1
Žizdra *RUS*............ 125 F3
Zlatica *BG*............. 128 C2
Zlatni Pjasĺalci *BG* 129 E2
Zlín *CZ*................ 65 F3
Žlobin *BY*............. 125 E4
Žmerynka *UA*......... 127 D2
Znam"janka *UA*....... 127 F2
Znojmo *CZ*............ 65 D4
Zöblitz *D*.............. 63 F1
Zörbig *D*.............. 57 E4
Zoetermeer *NL*....... 54 B4
Zollikofen *CH*......... 27 F1
Zoločiv *UA*............ 126 C2
Zolotonoša *UA*........ 127 F2
Zonguldak *TR*......... 129 F2
Zóni *GR*................ 91 E1
Zonianá *GR*............ 100 C3
Zonza *F*................ 78 A4
Zoodóhos Pigí *GR* 87 F3
Zorita *E*................ 41 F3
Zossen *D*.............. 57 F3
Zoutkamp *NL*......... 55 D1
Zoutleeuw *B*.......... 17 F2
Zoúzouli *GR*.......... 87 D3
Žovkva *UA*............ 126 C2
Žovti Vody *UA*........ 127 F2
Zrenjanin *YU*......... 128 B1
Zschopau *D*........... 63 F1
Zubcov *RUS*........... 125 F2
Zucaina *E*............. 44 A2
Zudar *D*............... 51 F2
Zülpich *D*............. 61 E2
Zuera *E*................ 37 F3
Zürs *A*................. 67 D3
Zufre *E*................ 47 D1
Zug *CH*................ 66 B3
Zuidlaren *NL*......... 55 D2
Zújar *E*................ 48 C2
Žukovka *RUS*......... 125 F4
Zumaia *E*.............. 37 D1
Zumarraga *E*......... 37 D1
Zundert *NL*........... 17 E1
Zuoz *CH*............... 67 D4
Zürich *CH*............. 23 F4
Zurrieq *M*............. 85 F4
Zurzach *CH*........... 23 F4
Zusmarshausen *D*.... 67 D1
Zutphen *NL*........... 55 D3
Zvenyhorodka *UA* 127 E2
Zvolen *SK*............. 126 A3
Zvornik *BIH*........... 128 A1
Žužemberk *SLO*....... 73 E3
Zweibrücken *D*........ 23 E1
Zweisimmen *CH*...... 27 F2
Zwenkau *D*............ 57 E4
Zwettl *A*................ 64 C4
Zwettl an der Rodl *A* . 68 B1
Zwickau *D*............ 63 F1
Zwiefalten *D*......... 66 C2
Zwiesel *D*............. 64 A4
Zwijndrecht *NL*....... 54 B4
Zwönitz *D*............. 63 F1
Zwolle *NL*............. 55 D3
Żytkavičy *BY*.......... 127 D1
Żytomyr *UA*.......... 127 D2
Žd'ár nad Sázavou *CZ* 65 D3
Žilina *SK*.............. 126 A3
Zagań *PL*.............. 58 B3
Zary *PL*................ 58 B3
Zyrardów *PL*.......... 126 A1
Zywiec *PL*............. 126 A3

AE

Ænes *N*................ 116 B1
Ærøskøbing *DK*....... 122 B4

Ø

Øksfjord *N*............ 104 C2
Ølen *N*................. 116 A1
Ølgod *DK*.............. 122 A2
Ølstykke *DK*........... 123 D3
Ørbæk *DK*............. 122 C3
Ørje *N*.................. 117 E2
Ørnes *N*................ 107 E2
Ørsta *N*................ 110 B3
Østby *N*................ 111 E4
Øster Vrå *DK*.......... 122 C1
Østerby Havn *DK* 122 C1
Øverbygd *N*........... 104 B3
Øvre Årdal *N*......... 110 C4
Øye *N*.................. 110 C4
Øyer *N*................. 111 D4
Øysang *N*.............. 116 C3
Øystese *N*............. 116 B1

Å

Åbenrå *DK*............ 122 B3
Åby *S*.................. 119 D3
Åbybro *DK*............ 122 B1
Åfarnes *N*............. 110 C2
Ågskaret *N*........... 107 E2
Åheim *N*.............. 110 B3
Åhus *S*................. 123 E3
Åkers styckebruk *S*... 119 E2
Åkersberga *S*......... 119 F2
Åkirkeby *DK*.......... 123 E4
Åkrehamn *N*.......... 116 A2
Ål *N*.................... 110 C4
Ålborg *DK*............. 122 B1
Ålbæk *DK*............. 122 C1
Ålestrup *DK*........... 122 B2
Ålesund *N*............. 110 B2
Ålgård *N*.............. 116 A2
Ålvik *N*................ 116 B1
Åmli *N*................. 116 C2
Åmot *N*................ 116 C2
Åmot *S*................ 112 C4
Åmot *N*................ 117 D1
Åmotfors *S*........... 118 B2
Åmål *S*................ 118 B2
Åna Sira *N*............ 116 A3
Åndalsnes *N*......... 110 C3
Ånes *N*................ 110 C2
Ånge (Jämtland) *S* ... 112 A2
Ånge
(Västernorrland) *S*. 112 B3
Ånn *S*.................. 112 A2
Ånäset *S*.............. 113 E1
Årdalstangen *N*....... 110 C4
Åre *S*.................. 112 A2
Århus *DK*.............. 122 B2
Årjäng *S*.............. 118 B2
Årnes *N*............... 117 E1
Åros *N*................ 117 D2
Års *DK*................ 122 B1
Årsunda *S*............ 119 E1
Årvik *N*............... 110 B3
Årviksand *N*.......... 104 C2
Årøysund *N*.......... 117 D2
Åsa *S*................. 118 B4
Åsarna *S*............. 112 A3
Åsarp *S*.............. 118 C4
Åse *N*................. 104 A3
Åseda *S*.............. 123 F1
Åsele *S*............... 112 C1
Åsen *N*................ 111 E1
Åseral *N*.............. 116 B3
Åsgårdstrand *N*....... 117 D2
Åstorp *S*.............. 123 D2
Åtvidaberg *S*......... 119 D4

Ä

Äetsä *FIN*............. 120 B3
Ähtäri *FIN*............. 114 C4
Äkäsjokisuu *FIN*....... 108 C1
Äkäslompolo *FIN* 108 C1
Älmhult *S*............. 123 E2
Älvdalen *S*............ 112 A4
Älvkarleby *S*......... 119 E1
Älvros *S*.............. 112 B3
Älvsbyn *S*............ 108 B3
Ämmänsaari *FIN*...... 115 E1
Ängelholm *S*.......... 123 D2
Äppelbo *S*............ 118 C1
Ätran *S*................ 123 D1
Äänekoski *FIN*......... 115 D3

Ö

Öckerö *S*.............. 118 A4
Ödeshög *S*........... 118 C3
Ödåkra *S*............. 123 D2
Öja *FIN*................ 114 B2
Öje *S*.................. 118 C1
Öjebyn *S*............. 108 B4
Öjung *S*.............. 112 B4
Ömossa *FIN* 114 B2
Örebro *S*............. 119 D2
Öregrund *S*........... 119 F1
Örkelljunga *S*........ 123 D2
Örnsköldsvik *S*....... 113 D2
Örsundsbro *S*......... 119 E2
Örträsk *S*............. 113 D1
Ösmo *S*............... 119 E3
Österbybruk *S*........ 119 E1
Österbymo *S*.......... 119 D4
Österfärnebo *S*....... 119 E1
Östersund *S*.......... 112 B2
Östersundom *FIN*..... 121 D4
Östervåla *S*........... 119 E1
Östhammar *S*......... 119 F1
Östmark *S*............ 118 B1
Överhörnäs *S*......... 113 D2
Överkalix *S*........... 108 C3
Övermark *FIN* 114 B4
Övertorneå *S*......... 108 C2
Överum *S*............. 119 D4
Övre Soppero *S* 108 B1

Collection
Guides Rouges
Michelin.

Michelin
ed Guides.

Kollektion der
Roten Michelin.

Colección
Guías Rojas
Michelin

Reeks Rode
Gidsen
Michelin.

Collezione
Guide Rosse
Michelin

Colecção
Guias Vermelhos
Michelin

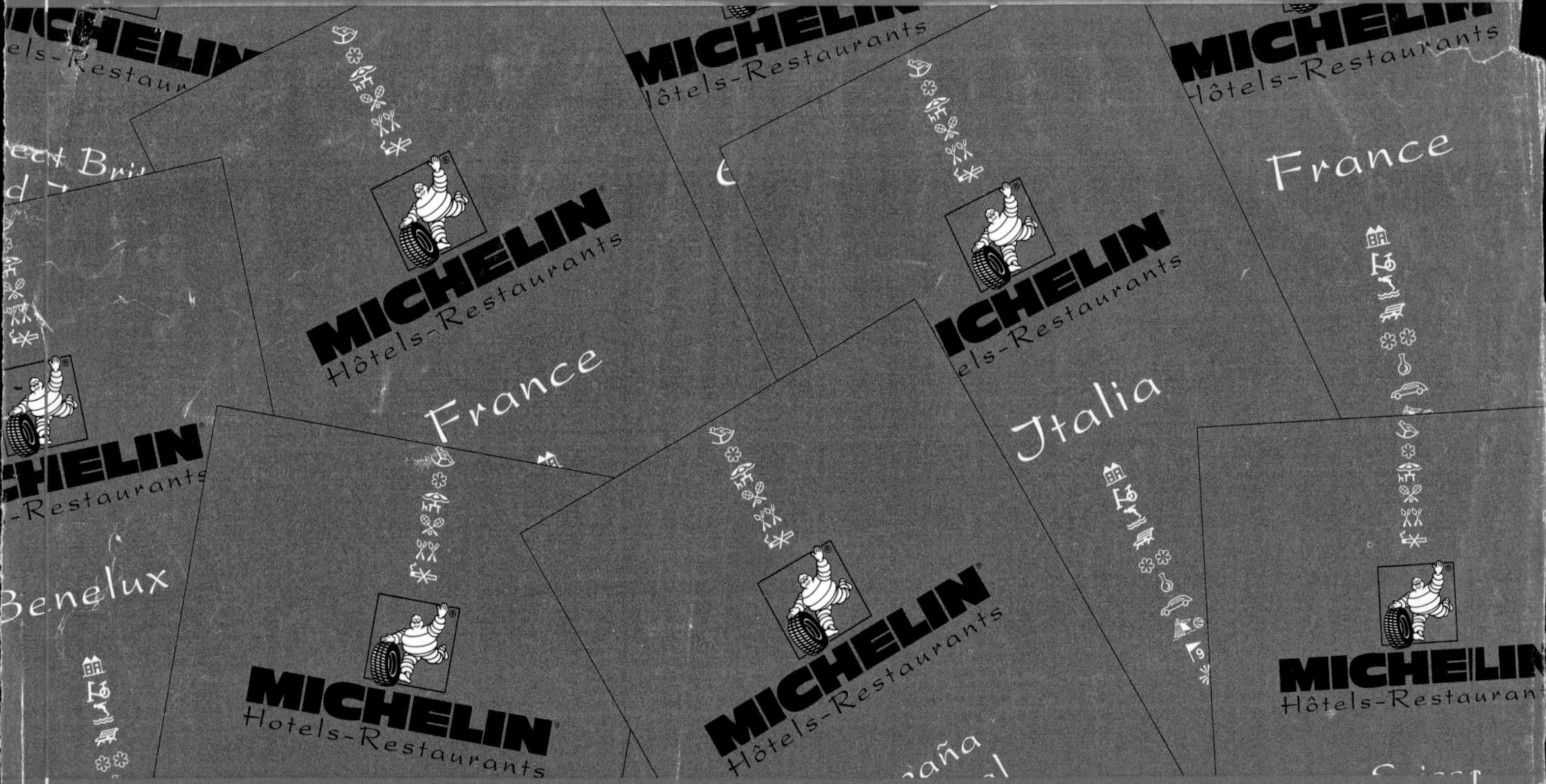

Benelux • Deutschland •
España/Portugal • Europe • France •
Great Britain and Ireland • Ireland •
Italia • London • Paris • Portugal •
Suisse, Schweiz, Svizzera

MICHELI